中国工程院院士
是国家设立的工程科学技术方面的最高学术称号，为终身荣誉。

中国工程院院士传记

赵文津自传

赵文津 著

人民出版社
科学出版社

内 容 简 介

赵文津是我国著名地质学家，主要从事矿产勘查和深部地球物理探测。因完成喜马拉雅山和青藏高原的深部探测并获得多项重大发现，荣获2000年国家自然科学奖二等奖。本书由赵文津院士亲笔书写，他以真实的笔触记录了自己的求学经历、受教育情况以及科研经历，勾勒出他在中国的矿产勘查和深部地球物理探测方面所做出的开创性和发展性工作。阅读本书，可以充分感受科学家敏于思考、勤于探索、勇于开拓、善于总结的学术作风和工作态度，彰显科学家的精神风范和人格魅力。

本书适合从事矿产勘测、地质学研究的专家、学者、学生等阅读，也适合大众读者阅读。

图书在版编目(CIP)数据

赵文津自传 / 赵文津著 . —北京：科学出版社，2020.4

（中国工程院院士传记）

ISBN 978-7-03-064316-2

Ⅰ. ①赵… Ⅱ. ①赵… Ⅲ. ①赵文津-自传 Ⅳ. ①K826.14

中国版本图书馆 CIP 数据核字（2020）第008675号

责任编辑：张 莉 / 责任校对：韩 杨

责任印制：徐晓晨 / 封面设计：有道文化

科学出版社 出版

北京东黄城根北街16号

邮政编码：100717

http://www.sciencep.com

北京建宏印刷有限公司印刷

科学出版社发行 各地新华书店经销

*

2020年4月第 一 版 开本：720 × 1000 1/16

2021年5月第二次印刷 印张：35 1/4 插页：18

字数：500 000

定价：158.00元

（如有印装质量问题，我社负责调换）

赵文津　中国工程院院士

在昆仑山口西 8.1 级地震纪念碑前

2005 年 8 月，考察昆仑山口西 8.1 级地震的断裂带，两脚分别踩在断裂的两侧

2012 年，参加 1952 年参加地质部物探工作老专家座谈会合影

参加两院资深院士联谊会理事会扩大会合影

2006 年 1 月中国遥感应用协会专家委员会秘书处迁入核工业地质研究院时合影
（前排左三为陈述彭院士，左四为庄逢甘院士，右二为赵文津院士）

2006 年中国地质科学院地质力学研究所成立
五十周年时合影
（从左至右依次为：赵文津、孙殿卿、康玉柱）

2009 年 10 月，参加李四光诞辰
120 周年及李四光铜像揭幕仪式

北京地球物理学会成立十周年合影

1995 年 9 月 24 日访问康奈尔大学，参加青藏深剖面讨论会

西南物探大队功臣李廷芳（左二）、曾可兴（右二）

与哥伦比亚大学郭宗汾教授合影

2016 年 7 月 16 日，参加深空探测发展战略研讨会合影

参加中国遥感应用协会环境遥感分会工作会议合影

2003 年获何梁何利基金科学与技术进步奖

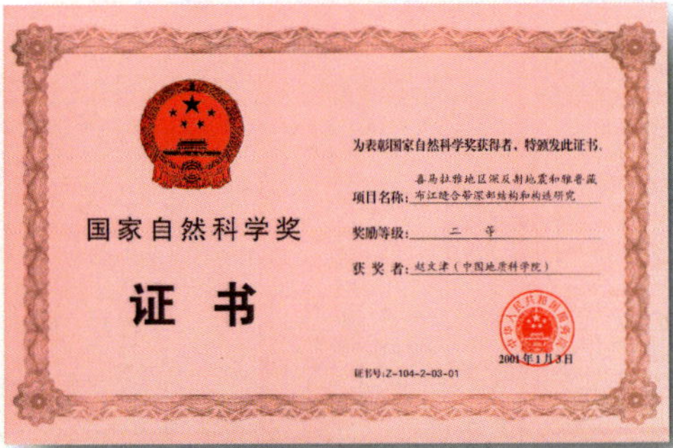

2001 年获国家自然科学奖二等奖

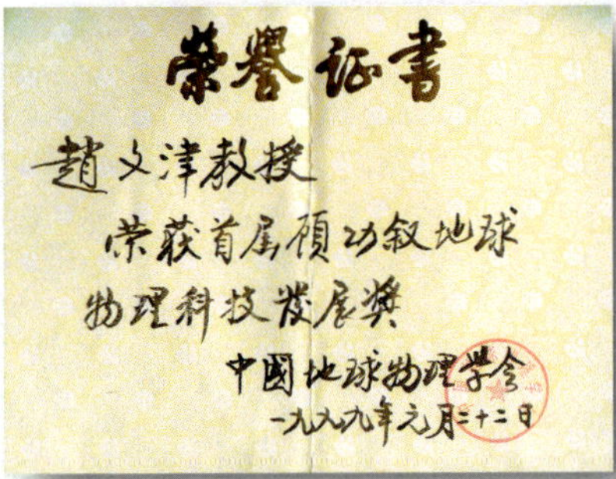

1999 年获首届顾功叙地球物理科技发展奖

2007 年获全国地震科技工作先进个人荣誉称号

2019 年，中国工程院的新年贺信

2012 年 9 月，在大连海事大学做报告时留影

2017 年 9 月 11 日，与同事及博士生合影

2017 年 5 月 18 日，在中山大学做报告后合影

1961 年，与爱人张菡英合影

1982 年，全家四口合影

2013 年家庭合影

中国工程院院士传记系列丛书

领导小组

顾　问：宋　健　徐匡迪　周　济

组　长：李晓红

副组长：陈左宁　黄书元　辛广伟

成　员：宋德雄　任　超　沈水荣　于　青　徐　进
　　　　梁晓捷　唐海英　王元晶

编审委员会

主　任：陈左宁　黄书元

副主任：于　青　徐　进　宋德雄

成　员：葛能全　唐海英　陈鹏鸣　侯俊智　王　萍
　　　　张　健　黎青山　侯　春

编撰出版办公室

主　任：侯俊智　张　健

成　员：侯　春　贺　畅　徐　晖　邵永忠　陈佳冉
　　　　汪　逸　吴广庆　郑召霞　姬　学　黄海涛
　　　　王爱红　宗玉生　张　松　王小文　张秉瑜
　　　　张文韬　聂淑琴

总　序

20世纪是中华民族千载难逢的伟大时代。千百万先烈前贤用鲜血和生命争得了百年巨变、民族复兴，推翻了帝制，击败了外侮，建立了新中国，独立于世界，赢得了尊严，不再受辱。改革开放，经济腾飞，科教兴国，生产力大发展，告别了饥寒，实现了小康。工业化雷鸣电掣，现代化指日可待。巨潮洪流，不容阻抑。

忆百年前之清末，从慈禧太后到满朝文武开始感到科学技术的重要，办“洋务”，派留学，改教育。但时机瞬逝，清廷被辛亥革命推翻。五四运动，民情激昂，吁求“德、赛”升堂，民主治国，科教兴邦。接踵而来的，是14年抗日战争和3年解放战争。恃科学救国的青年学子，负笈留学或寒窗苦读，多数未遇机会，辜负了碧血丹心。

1928年6月9日，蔡元培主持建立了中国近代第一个国立综合科研机构——中央研究院，设理化实业研究所、地质研究所、社会科学研究所和观象台4个研究机构，标志着国家建制科研机构的诞生。20年后，1948年3月26日遴选出81位院士（理工53位，人文28位），几乎都是20世纪初留学海外、卓有成就的科学家。

中国科技事业的大发展是在新中国成立以后。1949年11月1日成立了中国科学院，郭沫若任院长。1950—1960年有2500多名留学海外的科学家、工程师回到祖国，成为大规模发展中国科技事业的第一批领导骨干。国家按计划向苏联、东欧各国派遣1.8万名各类科技人员留学，全都按期回国，成为建立科研和现代工业的骨干力量。高等学校从新中国成立初期的200所增加到600多所，年招生增至28万人。到21世纪初，高等学校有2263所，年招生600多万人，科技人力总资源量超过5000万人，具有大学本科以上学历的科技人才达1600万人，已接近最发达国家水平。

新中国成立60多年来，从一穷二白成长为科技大国。年产钢铁从1949年的15万吨增加到2011年的粗钢6.8亿吨、钢材8.8亿吨，几乎是8个最发达国家（G8）总年产量的两倍，20世纪50年代钢铁超英赶美的梦想终于成真。水泥年产20亿吨，超过全世界其他国家总产量。中国已是粮、棉、肉、蛋、水产、化肥等世界第一生产大国，保障了13亿人口的食品和穿衣安全。制造业、土木、水利、电力、交通、运输、电子通信、超级计算机等领域正迅速逼近世界前沿。“两弹一星”、高峡平湖、南水北调、高公高铁、航空航天等伟大工程的成功实施，无可争议地表明了中国科技事业的进步。

党的十一届三中全会以后，改革开放，全国工作转向以经济建设为中心。加速实现工业化是当务之急。大规模社会性基础设施建设、大科学工程、国防工程等是工业化社会的命脉，是数十年、上百年才能完成的任务。中国科学院张光斗、王大珩、师昌绪、张维、侯祥麟、罗沛霖等学部委员（院士）认为，为了顺利完成中华民族这项历史性任务，必须提高工程科学的地位，加速培养更多的工程科技人才。中国科学院原设的技术科学部已不能满足工程科学发展的时代需要。他们于1992年致书党中央、国务院，建议建立“中国工程科学技术院”，选举那些在工程科学中做出重大创造性成就和贡献，热爱祖国，学风正派的科学家和工程师为院士，授予终身荣誉，赋予科研和建设任务，指导学科发展，培养人才，对国家重大工程科学问题提出咨询建议。中央接受了他们的建议，于1993年决定建立中国工程院，聘请30名中国科学院院士和遴选66名院士共96名为中国工程院首批院士。1994年6月3日，召开了中国工程院成立大会，选举朱光亚院士为首任院长。中国工程院成立后，全体院士紧密团结全国工程科技界共同奋斗，在各条战线上都发挥了重要作用，做出了新的贡献。

中国的现代科技事业起步比欧美落后了200年，虽然在20世纪有了巨大进步，但与发达国家相比，还有较大差距。祖国的工业化、现代化建设，任重道远，还需要数代人的持续奋斗才能完成。况且，世界在进步，科学无止境，社会无终态。欲把中国建设成科技强国，屹立于世界，必须接续培养造就数代以千万计的优秀科学家和工程师，服膺接力，担当使命，开拓创新，更立新功。

中国工程院决定组织出版《中国工程院院士传记》丛书，以记录他们对祖国和社会的丰功伟绩，传承他们治学为人的高尚品德、开拓创新的科学精神。他们是科技战线的功臣、民族振兴的脊梁。我们相信，这套传记的出版，能为史书增添新章，成为史乘中宝贵的科学财富，俾后人传承前贤筚路蓝缕的创业勇气、魄力和为国家、人民舍身奋斗的奉献精神。这就是中国前进的路。

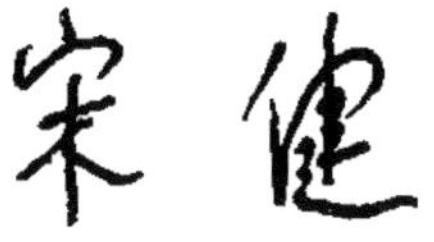

自　序

中国工程院希望每位院士都能总结自己的成长过程，谈谈个人在工程科技发展上所做出的贡献及体会，以为参阅者借鉴，据此要求写出如下自传。

我于 1931 年出生于天津，1936 年移居北平，之后就长期在北平生活、学习、工作，中间曾在长江中下游及西南地区从事找寻金属矿产及油气资源的工作多年。2019 年，我已整整 88 岁了。88 岁，在过去是古来稀，但在今天已是“不稀”了，我觉得 60 岁还可以算是青年人，这是时代的进步，是中华人民共和国成立以来生活改善的结果。

我这 88 年的生活可以分成以下几个阶段。

1931～1945 年是日本侵略中国的时期，受日本侵略者的压迫，我立志科学救国，不再当亡国奴。1945～1948 年是国民党统治时期，我在北平上中学，后来国内又爆发了内战，家庭生活面临很大的困难，我因有补贴，读书几年还比较顺利。1949 年 1 月 31 日，北平宣布和平解放。北平人民迎来了新生活！中华人民共和国成立后，我于高二时以同等学力考入清华大学物理系读书，在人民助学金支持下，顺利地读完大学，1952 年提前一年毕业参加了工作，这是我根本没有想到的事。

中华人民共和国成立后这 70 年，我的生活大致可分为以下几个阶段。

1949～1952 年，我在大学读书，其间参加各项政治运动。

1952 年提前结束大学生活，被分配到中华人民共和国地质部工作，随后到长江中下游及西南地区野外队从事找铜矿、铁矿及油气资源等工作。

1958 年 9 月，我被调到地质部地球物理探矿研究所，从事物理、化学探矿新技术的研究开发工作。

1972 年 4 月，我被调到中国地质科学院生产办公室工作，负责规划组，从事组织编制科技发展规划和参与科技攻关活动。

1977 年 10 月，地质矿产部机关组建科技司，我被调到科技司任副司长，在部长和司长的领导下推动开展科技进步工作。

1986 年 8 月，我被调回中国地质科学院任常务副院长，直到 1990 年主动提出退休。

1991 年，地质矿产部、中国地质科学院领导提议由我负责与美方谈判合作事宜。谈判成功后，地质矿产部又任命我担任“中美合作喜马拉雅和西藏高原的深部剖面”项目的中方首席科学家。2001 年我被推选为中国工程院院士后，一直工作到今天，先后进行了喜马拉雅和青藏高原深部研究 40 年。

2002 年和 2003 年，我先后被聘为地震预报和深空探测的评审委员。2003 年起担任国土资源部探月科学家小组组长，进行了 10 多年的探月研究，并被聘为国家探月、深空探测专家组成员，以及中国遥感应用协会专家委员会主任。

回顾过去，我非常感谢组织和同志们给予我的信任和支持。特别是在我人生转折关头给了我帮助的各位领导和同志，如何善远、顾功叙、周镜涵、田实斋、田树本、沈时全、郭云麟，以及孙大光、朱训、张同钰、夏国治和张宏仁等。人生苦短，取得一些成绩很不容易。无奈我做科技专业工作的时间太少了，实属遗憾！

我的自传分为 10 章，主要内容是关于金属矿找矿，油气勘查理论与方法，深部找矿的理论与方法技术，青藏高原形成演化研究，月球、火星探测与比较行星学研究，地震预报的理论与探测技术，李四光的地质力学与构造体系，以及地质科技工作管理与人才培养等。内容都是个人亲身的经历和教训，也是个人一生的科学追求和自我改造的过程。

赵文津

2019年12月

目　　录

第一章 小学和中学时期

一、颠沛流离的岁月

我生于 1931 年，也就是日本发动“九一八事变”那一年。父亲是辽宁省沈阳市大北关望花屯的一个农民，仅读过几年私塾，学过一点儿写字算账的东西，参加了一个警察培训班后就开始了闯关内的生涯。大约从 1929 年起，父亲就在河北省和河南省的一些地方谋生活。为了挣钱养家，他几乎什么工作都肯干。

1929～1941 年，我们全家都随着父亲工作地点的变化而不断搬家，先后在黑龙江的呼兰、哈尔滨，北平，天津大沽，河北的衡水、曲阳、大城、雄县、唐山，河南的修武、新乡等地待过。在颠沛流离中，我的一个姐姐和一个妹妹都因病夭折，大姐因病未得到及时治疗而落下残疾，母亲姚振华也因得了黄疸病不治而去。我因为出生在天津，所以家人为我取名“文津”（“文”字是我们这一辈人的家谱用字）。

1937 年，日本侵略者发动卢沟桥事变，全面侵占了北平及华北地区。那一年我 6 岁，一开始住在北平地安门东的妞妞房胡同，在东不压桥小学上一年级，后来又转到黄化门小学读二年级，后又随父亲到天津大沽口，在当地小学读三年级。1941 年秋，父亲找不到工作，向北平的一个朋友借房，住在北平的罗儿胡同（即现在新街口积水潭医院南面的一条胡同），我也因此到北平德胜门内花枝胡同小学读四年级。后来，父亲在北平铁路局下属的一个工务段谋得一个工作职位，我们家才在北平正式居住下来，但住处还是常常搬迁，先后住过罗儿胡同、后海北河沿、灯市口的奶子府胡同、景山东街三眼井胡同、新街口航空署街、中帽胡同。频繁搬家的原因，不是被房东催走，就是铁路局要调整住户。直到北平解放、我弟弟也进了北京车务段工作时，我们家才在中帽胡同安顿下来。

1944 年夏天，我家住在后海北河沿时，我在教子胡同小学读五年级和六年级。毕业后，我在北平市立第一中学上寄宿学校，学习生活总算安稳了下来，可以不用随家搬动和天天奔波了。这对我来说，已是一件很满足、很幸福的事情了！

从日本侵占华北直到1945年8月日本投降，我所受的都是日本奴化教育。从小学开始就要学习日语，听日本人的训斥；日本对中国采取严密的消息封锁措施，不允许大家收听短波广播，收音机只允许销售日本人监制的三管机，仅能接收他们指定的几个电台。但是，北平的中小学里除去日本人担任的训导主任等外，从教员、校工作人员到学生都在悄悄地传播各种日本人屠杀中国人、日军节节败退等消息，宣传抗日思想。

在日本占领北平的后期，父亲很长时间失业在家，全家很长一段时间靠借贷过日子。有一个时期只能借到发霉的玉米粒，我们每天用白水煮着吃，连咸菜都没有，一吃就是十多天。我还和弟弟一起到德胜门里果子市早市去摆地摊卖东西，开始将自己的玩具和家里能变卖的物品尽量出售，卖完了又想方设法进一些可卖的东西，但因无资金进货都很难。

教子胡同小学附近有个广化寺，每周有两天向穷人施舍小米粥。粥很稠，很解饿。大家就把这个日子记得牢牢的，到时都去求舍粥。这碗粥虽然量不多，但也能解决我们一时之难，至今回想起来还感到温馨。

我们的房东是一家地主，在城外有地，地由佃户种着，佃户年年来交租；他们家有一个儿子考上了辅仁大学，后来生肺病在家休养，所以全院的小孩一律不准在院里玩耍打闹，不准发出声响。记得我当时很喜欢种花、摆弄花，就在院中一个小角落里种了一棵喇叭花。经过我的精心侍弄，它长得特别好，花朵开得很大，颜色又极鲜艳，一时成为街坊四邻的观赏物，成为大家生活中的一个安慰。但有一天早晨，我突然发现它被人连根割断，花死了。我心痛极了，整整三天像着了魔一样。

房东家的金老头又是这一地带的甲长[①]，常常要派差到德胜门城墙上、城门内外清理杂草垃圾，拆破房破墙。我们家因是外来户，所以常被派差，因为请不起人，就只有我出工，所以从小学五年级到初中一年级，除读书外这也算是我的一件差事，一年要出工几次。我因为年纪小，劳动中常常得到大人们的关照，这也令我深深感受到劳动人民的温暖之情、互助之意。

记得我转学到教子胡同小学时，班主任对校长接收我这个转学生很不满意。开始时，他当着全班同学的面出了几道数学题考我。我没有经历过这样的场面，当场发了蒙，字也看不清。一道很简单的计算三角形面积的题目，我都吓得忘了算。老师当场奚落我，结果造成我产生条件反射，每逢数学课考试心里就哆嗦，每次考数学准不及格，总是在 20～30 分。但是由于我的其他课程如历史、地理、语文、美术、体育等都考得很好，有时可以拿到五六个 100 分，老师为了照顾我，给我的数学考分上加上一二十分，但是我的数学考试成绩还是不及格。怎么办？我想，我又不笨，为什么我就过不了关？出路只有奋发图强，勤思考，苦思考。就这样，经过一年半的努力，不断总结经验，提高自信心，考试时要沉着稳定，这样克服着自己的心理障碍，我的数学成绩终于有了进步。到六年级下半年临近毕业时，我可以考到 70～80 分了，学习也更有信心了。

考入北平市立第一中学初中后，一些老师特别是初二的数学老师经常给我鼓励，不断增强我学好数学的信心、热情和乐趣，也使我常常思考着如何进一步学好数学的问题。

1944 年下半年，抗日战争胜利的前夕，我读初中一年级下学期，由于高度营养不良，我们班大部分同学得了夜盲症。一到夜晚，大家什么都看不到，看电灯也只能看到一个小黄点，似乎四周一片漆黑，不得不摸着墙走路，晚上上厕所都十分困难。当时大家悲观

① 甲长是中华人民共和国成立前保甲制度下诞生的产物。保甲制度的最本质特征是以户为社会组织的基本单位，规定 10 户为甲，10 甲为保，每一甲选一管事谓甲长。

极了，也恨透了日本侵略者，我们天天都在盼着赶走日本侵略者，迎接新生活。

二、抗日战争胜利

1945 年 8 月，日本宣布投降，我们全校师生和全国人民一样欢欣鼓舞地迎接新时代的到来。我们盼星星盼月亮，终于盼来了联合国善后救济总署。他们来学校了解有关学生患夜盲症的情况，感到形势紧迫，必须尽快救治，就用汽车拉来了大批瓶装鱼肝油，给每个生病的学生发一大瓶，以后差不多 10 天左右就发一瓶，这可真是应了急了。第一次喝鱼肝油，许多人都呕吐不止，我也是如此。但是良药苦口，为了抢救自己的眼睛，大家硬着头皮过了空口喝鱼肝油这一关。结果，很快就有了实效，我们首先感到眼睛疼痛有了缓解。随着眼睛症状的缓解，同学们增强了康复的信心和对未来的希望。大家真真切切地感受到联合国善后救济总署对穷苦百姓的关心和爱护。冬天到了，许多学生还没有过冬衣物，联合国又送来了棉衣。我得到一件黑色棉大衣，虽然是旧的，但是它不仅使我度过了 1948 年和 1949 年的寒冬，还被我穿到了 1950 年上大学。每次穿在身上，我都充满感激之情。身上暖和了，夜盲症也逐渐好转，我们开始畅想今后的人生，同时更渴望努力学习。

读初中一年级时，我从算术起步到学习代数，逐步入门。随后，我自己探索着学习了几何学、三角学、解析几何学等，一步步读了下来，通过大量解题的实践，都很快过了关。经过自己的努力，我从数学总不及格到数学能考得好，还可以通过自学赶在课程进度之前，大大增强了我学习数学的信心。总结这段经历，我感到数学这门功课很重要，不仅生活中离不开，今后要向科技进军，向复杂工种进军也都离不开，所以必须学好。数学是一门逻辑推理十分严密的课程，对训练人的思维逻辑性十分有用，而具备这种素质，也是我们研究复杂事物最起码的条件。学数学不能死背公式，一定要理解其每一步运算的内涵和意义。解数学题，一定要抓住解题的关键，如从何下手和如何逐步推演等，分析和推演也要严格。就这样，主要通过自学，初中期间我就开始学习高中的数学课，高一时已自学完了高中全部的数学课程，并做了大量的算题。考高中时，在2000多名报考北平市立第一中学的考生中，我的成绩排名第一。

但是，我一直期待的是到北平市立第四中学上高中。可是当时即使考上了北平市立第四中学，也会因得不到商家的担保而无法入学。相反，在地安门附近的河北省立北平高级中学（即河北高中）的师资条件也很好，学校校风正派，不但学生上学不需要商家担保，学校还管吃管住。这对我太有吸引力了，所以我最后还是选择了到河北高中就读，离开了我的母校——北平市立第一中学。

三、期待与彷徨

1947年8月，我考上了河北高中，全家都为我高兴。

河北高中的学生主要来自河北省各县农村，大家吃住生活在一起。虽然生活是艰苦的，但团结互助共渡难关的精神与争取时间多学文化的毅力，努力学习做人的道理和工作本领、时刻准备着报效国家的决心是突出的。1947年8月25日，河北高中正式开学，我真切地感觉到眼前是一片新天地。有吃有住又有好老师，这是多好的学习条件啊，这回更要好好学习了。

但是，学校小环境离不开国内的大环境。没有思想准备的是，国内爆发了全面内战。许多同学的家在河北省各县农村，战争断绝了他们的经济来源，大家又面临着生计问题，到后来河北高中的学校经费也成了问题。这一切使大家再度陷入了苦恼之中。全校师生都极为关注国内时局的发展，也为国家的前途和命运忧心忡忡。我当时就想，看来河北高中也不是一个“世外桃源”，或许书也要读不下去了。怎么办？混日子？把生命和时间都浪费太可惜，自己一定要珍惜，绝不能把大好时光浪费掉。

无论如何，我有一颗报国的心，我要为国家兴盛，为民族富强贡献自己的力量。科技落后是中国落后的一个主要原因，而科技进步又不是一下子可以实现的，需要我们很多人的刻苦努力和知识储备才能实现。所以，我想抓住机会把数学、物理、化学学好，掌握科学技术知识，将来总能有用武之地。

河北高中有三位老师对学生的影响较大，一位是物理老师，一位是化学老师，还有一位是生物老师，大家都爱听他们的课，他们对大家未来的道路选择起着决定性作用。当时，我对生物学很感兴趣，但是因为更习惯于多思考，见到什么现象都愿意想一想其中的道理，所以更喜欢学物理，觉得还是从自己的兴趣出发寻求未来的发展更好些。当时，美国向日本投了两颗原子弹，这两颗原子弹显示出巨大的能量和破坏力。我想若是将来也能去搞原子能研究，应该会对国家大有用处，所以我的计划就是加强物理课程的学习和准备。高一时，我还对相对论理论很感兴趣，因为它与我们过去学习的牛顿运动学的许多基本概念完全不同。比如，我原来认为长度、时间、质量等都是不变的，怎么会又变成都与物体运动速度有关了呢？而且质量又与能量有关，非常神奇。我就想弄个明白，总想找个人讨论又找不到，多次拜访物理老师求教也得不到满足。

然而就在这个时候，从 1948 年年初开始到 4 月 17 日，形势急转直下，学校学习环境急剧恶化，已变得没有一点学习氛围了。

四、北平“四一七”事件

1948 年的春节过后，学校学生自治会决定于 1948 年 4 月 17 日晚举办师生联欢大会，会上将演出许多解放区的节目，许多同学都投入活动准备之中。

大会于晚上 7 点半开始。会前就有几十人提着垒球棒子进入会场，坐在第一排等待着什么，他们显然是有预谋的。

后来听说联欢会演出到了“兄妹开荒”这个节目时，一些持垒球棒子的人就开始上台打人抓人了，会场乱作一团，接着便衣警察、宪兵出现，开始全校大搜捕，还抓了 20 多人。第二天学校继续被围困着，警察、宪兵、特务都集中包围着河北高中，任何人进出学校都要严格登记。

这次“围剿”造成学校停课达三四个月，不过我还是住在学校自习备课。但是，由于不上课，自由时间多，我们这些学生也想去了解中国共产党的政治主张是什么，马克思主义是什么，历史唯物主义是什么……于是，大家就常到位于沙滩的北京大学红楼地下室图书馆看书。我们家住在三眼井胡同，去那里读书更方便。我先后钻研了《新民主主义论》《论联合政府》《论共产党员的修养》和有关马克思主义、唯物辩证法、历史唯物主义书籍。

经过学习，我开始对共产党、共产主义有了新的认识，知道中国共产党党员是一批真正的爱国者，是一些真正为国家、为人民服务的人，他们不腐化、不贪污，亲近人民百姓，值得肯定和信赖。因此，我在心理上也对他们产生了亲近感，进而更想去多了解一些。这是我人生观转变的开始，后来学校有了革命活动，我也从敬而远之到开始参加地下活动。

五、围城中的冬令营

1948 年下半年，学校宣布停课，我们几个同学仍然留在学校里，等待事态发展。

当时，天气很冷，宿舍没有生火炉，日子很不好过。于是，留校同学开始在校内捡破旧桌子和破旧凳子，几个人围坐在一起烧木取暖了。后来破旧桌椅也找不到了，就到市内公共场所（如图书馆、商场）有暖气的地方取暖，真是度日如年。

1948 年 12 月 26 日，学校早上 9 点召开全体留校学生会议，宣布停止膳食供应，这下子可把大家搞急了。河北省教育厅来人对同学们讲话，说政府不能眼看着学生没饭吃，一定会想办法。后来就成立了冬令营，以暂时解决学生们的吃饭问题。

1949 年 1 月 1 日，学校开始登记参加冬令营的人数，制作花名册。我们许多同学都报了名，我也报了名。当时报载："河北省开办冬令营，预计成立四个大队，共计收容流亡北平的学生约 3000 人。"校长还宣布每人可以分到几十斤杂粮，先解决大家的吃饭问题，至于军事训练、生活管理还没有商定具体办法，并决定 1 月 4 日开伙，1 月 10 日冬令营正式开办。由于大家还缺冬衣，后来学校还发了衣服，解决了大家的过冬问题。什么样的衣服都有，好的、破的，中国的、外国的都有，自己不能穿的可以互相调换。

在冬令营内，10～20 人编为一小队，每天早晨出操，一天座谈一会儿，谈的就是当前以及未来的形势。学员们的情绪都很坏，不知未来会是什么样子的。好在我们楼上 8 号宿舍的伙伴们多数又集中在一起了，大家心里感到很温暖。冬令营内的主要活动就是 4 件事：做早操、学习功课、讨论时事、学习有关书籍了解新社会是怎么回事。这样，我不但能有机会学习数学、物理、化学，还可以进一步学到新民主主义论等新知识，收获很大。冬令营是我生活中的又一转折点，给我留下深远的影响。

1 月 31 日，国共双方达成和平解决北平问题的协议。北平宣布和平解放后，全城百姓都长长地舒了一口气。我们兴高采烈地天天往街上跑，看新鲜事。北平市面上的物资供应形势也好转了，街头又出现了敲锣打鼓的声音，大家的生活也逐步恢复正常。

2 月 3 日，解放军正式从正阳门进城，学校举办了多种庆祝活动，大家沉浸在一片欢乐之中。2 月 28 日学校宣布正式复课，晚上同学们去看歌剧《赤叶河》，接受了第一堂生动的阶级教育课。

1949 年 1 月开办的河北高中冬令营虽然不到 20 天，却发挥了积极作用。在中华人民共和国成立前夕，解决了同学们的温饱问题，并把大家的情绪稳定下来，使大家做好了迎接解放的准备，等待新生活的到来。

六、考上清华大学

从2月3日起，北平完全解放了，大家欢欣鼓舞，人人情绪高涨。随之政治学习多了，社会活动多了，校际之间的交流也多了起来。特别是我们与河北女子职业专科学校因同属过去河北省政府直接领导下的学校，联谊活动就更多了，占用了很多时间。与此同时，社会上在招募大量干部组成南下工作团，要将中国革命推向南方，推向全国。一部分同学将去革命大学学习，以适应新工作的需要；一部分同学要参加北平地方政权建设工作；一部分同学则要留校继续上学，把高三读完。人人都在思考自己下一步的去向问题，我决定继续留校读书。这时，要不是人民政府设立了人民助学金，创造条件允许一些同学继续学习，我就不能考虑继续读书了。我们班内有张芷超等5位同学决定参加南下工作团，其中张芷超是我同宿舍的好朋友，我们都为他做出重大的人生选择而高兴。但是，据说他后来不幸牺牲了，英年早逝很是可惜。他是个很有抱负的青年，一直梦想着通过自己的努力去改造这个世界。

留校学习的同学在闲谈时，有人提议在当年的高考中也试一下，积累一下高考的经验，以备毕业后考大学时增加些高考经验，提高过高考关的把握。就这样，大家匆忙地做了决定，有十多人还制订了具体计划。后来，我们把自己的想法与学校领导一说，校方欣然同意，并给我们开出同等学力证明，鼓励大家试一试。这也是中华人民共和国成立后出现的新气象。

我当时报考了清华大学物理系，这是我认为最难考的，我想借此检验一下自己的学习成果。另外，我又报了北洋大学电机系，设想今后国家建设会需要各种各样的电机，报考这个专业有利于今后就业。7月报名，8月考试，月底发榜，时间仅有三四个月，很紧张，大家也没抱多大希望。但当8月发榜时，我被清华大学录取了，十分幸运。后来，我还收到了北洋大学的录取通知书。同学们为我大大庆贺了一番。虽然大家没有钱，买不了什么东西，但为我开办的聚会开得很隆重。

1949 年 8 月 24 日，同学们又给我开了一个欢送会和祝福会。然后，我就离开了河北高中到清华大学物理系报到，开始了我的大学生活。

第二章

大学时期

1949 年 9 月底，我由河北高中直接搬进了清华大学清华园。说来也巧，迎接我的是河北高中的一位高年级的校友，他做过校学生会干部，所以我感到十分亲切。我由他引领住进了明斋二楼学生宿舍，从此开始了我的大学生活，学号是 38024。

刚进入清华大学，我对一切都感到新鲜，这可是我国最有名的高等学府之一啊！更多地了解了学校的情况以后，我的心里更是充满着幸福感。一是校园很美，美得像个大花园；二是老师们的专业水平很高，都是一些国内外知名的教授学者，学术氛围十分好，找老师请教指导做学问如鱼得水，学习和科研条件真是太优越了；三是适逢中华人民共和国刚成立，“解放区的天是明朗的天”，这歌声唱到了我们每个人的心坎里。我感到眼前天高地阔，未来一片光明，令人心情舒爽愉悦。

但是，当时的我却无法预知，即将到来的美好的大学生活，也同样给我带来了很多烦恼和困惑。

一、迎接开国大典

入校后的第一件大事就是参加开国大典。全校师生总动员，做好到天安门前游行的准备工作。1949 年 10 月 1 日，大家半夜就起床向天安门进发，坐着火车进城，在西直门附近下车，然后开赴东单广场集中待命，听候大会调动。上午，队伍一直在广场待命，午饭是自带的馒头加咸菜；午后，队伍被调到天安门广场，大家席地而坐。几十万人齐聚在广场上，声势浩大，展现了觉醒的中国人民团结一致、奋发图强的昂扬斗志。下午 3 点，大会开始了，在一片礼炮声中传来毛主席的声音：中华人民共和国中央人民政府今天成立了！立刻，大家心潮澎湃，热血沸腾，深切感受到长期受列强欺侮的中国人民终于在中国共产党的领导下团结起来，显示了强大的力量。

我也在心里默念：中国人民站起来了，中国人一定要争气，绝不能再让帝国主义列强任意欺侮掠夺了！我浑身充满力量，也充满着责任感，心想一定要在科技发展上为中国人争口气，重现中华民族昔日的辉煌！

开始是军队检阅与大游行，清华大学的队伍是压轴的。我们从天安门前走过时高呼"毛主席万岁"等口号，每个人都充满朝气。

游行一直持续到晚上 9 点，我们的队伍又游行经过西四牌楼和护国寺到西直门，再坐专列回到清华园。

一天活动下来真是太累了，许多人的脚都磨出了泡，走路都一瘸一拐的。但对我来说，这是平生经历的第一次大场面，也是受到爱国主义教育最深刻的一天，真是刻骨铭心啊！直到现在，每次从电视上看到开国大典时群众振臂高呼的画面，我也总是心潮澎湃。

从此，我有了更多的转变，不仅想着学科学技术，也开始关注中国共产党与社会发展问题，探索历史唯物主义理论及其应用。

10 月 3 日，陈毅等领导要来清华大学视察。应校方邀请，陈毅要在学校做报告，全校师生知道后欣喜若狂。陈毅同志说：清华同学将来作为科技人员，会遇到许多工程技术方面的决策问题，如果没有真才实学，不但担负不起建设的重任，还会造成人民生命、财产的损失。这些话给我们留下了深刻印象。

此后又听了一系列报告，提高了我对个人与集体关系的认识，也开始考虑今后该走的道路。我决定要争取参加新民主主义青年团，希望能在集体中发挥自己的作用。1949 年 12 月，青年团组织批准了我的入团申请。后来，我担任了团小组长，还担任了班团支部的组织委员，直到 1952 年 6 月被批准加入中国共产党，成为一名光荣的共产党员。我的入党介绍人是唐孝威和齐卉荃，同时入党的还有胡慧玲、田德诚等。唐孝威是江苏太仓人，祖父唐文治做过上海交通大学校长，是一位最早推动中国改革的著名人物。唐孝威喜欢物理实验，提前毕业后进入原子能部门，进行核探测技术研究，后来成为一位卓越的核试验物理学家。研制原子弹要有核原料，当时国内还没有发现什么资源，所以，开始时的1953年他还随着地质部铀矿勘查队在湖南和江西一带用研究所自制的仪器，开展放射性找矿工作，历时3个月，在向地质队传授了用仪器测量岩矿石放射性做法后才回到所里；后来还从事核辐射云的规模和影响评估。后来，他参加了中国“两弹一星”研制工作并做出重大贡献。齐卉荃是我的同班同学，原北平市立第一女子中学毕业，不仅是我的入团介绍人，还是我的入党介绍人，后来一直在清华大学工程物理系教书育人，为我国原子能科学技术干部队伍的培养和发展做出重大的贡献。我在申请入党的过程中得到过他们很多重要的帮助，在转变人生观和提高组织觉悟方面受益颇多。

1950年6月朝鲜战争打响了，10月开始抗美援朝，掀起保家卫国报名参军的热潮；1951年开始的知识分子“思想改造”运动，我们这些学子不但要“帮助”老师进行“思想改造”，还要进行自我革命……一件接着一件，各种政治运动占用了大量的学习时间，课程学习时间被压缩得很紧，专业课学习几乎成为“业余”活动，读书只能靠见缝插针了。回想起来，清华大学这三年的大学生活其实是很艰苦的。

二、徜徉在知识的海洋中

开国大典以后，我们开始上课，有必修课和选修课，无论是必修课还是选修课，只要是我感兴趣的，我都会去上课学习。面对新的课程和书本里那个未知的世界，我全身心投入知识的海洋里。这三年里，我先后听过课的老师有：教普通物理的钱三强，教光学的叶企孙、葛庭燧，教热力学统计物理的王竹溪，教无线电电子学的孟昭英，教理论力学和相对论的周培源，教微积分的赵访熊，教高等数学的闵嗣鹤，教普通物理、数学物理方程和量子力学的彭桓武，教原子物理的杨立铭，教普通化学的张子高，教物理化学的黄子卿，教数论的华罗庚，教结晶学的余瑞璜，等等。他们每一位都是中国的科学大师。这些老师授课的一个共同特点是教学方式非常灵活，特别是彭桓武老师，把课程内容都讲活了，每一堂课对大家都很有吸引力。当然，课程听得多了，其中有许多内容难免一下子还搞不懂。但是，他们丰富的知识和精彩的讲授给我留下终生难忘的印象，他们也成为我崇拜的偶像。这些课程相互之间都有联系，不能孤立起来。这些课程中，我特别喜欢和痴迷的有两门课：一门课是彭桓武先生讲的数学物理方法，用解各种偏微分方程的办法，就可以将许多复杂的物理现象用一个数学方法或数学模型表达出来，做出高度的概括；另一门课是黄子卿先生教的物理化学课程，它把许多化学现象和问题用物理方法解释清楚，令人惊奇不已。

可以说，听这些大师讲课，不但能学到新的知识，还会启发学生的丰富想象。比如，我在听普通物理课的时候就常常有这样的想法：物理学真是奇妙啊！法拉第发现了电磁感应定律，把电与磁的关系建立起来，电线切割磁力线就能产生电流；反之，电线中有电流通过又会产生磁场。依据这一原理还设计生产了发电机和电动机，形成了今天庞大的电力产业群，这真是太奇妙了！还有，从电磁感应出发，人们发现了无线电波，发现了麦克斯韦电磁场方程，把电波与磁波联系起来，推导出广阔的电磁波段。不同段的波谱特征，又为人类打开了一个新的更为丰富多彩的世界。放射性元素的发现，又打开了物质和能量转变的世界。一定条件下，原子核可以产生庞大的裂变能和聚变能，制成像原子弹那样的炸弹，甚至可以改变世界的秩序。量子力学与相对论理论又可使人们在宏观世界和微观世界中感受宇宙的奥妙。这些都使我深深地感受到在这个知识的海洋中，还会包含有无穷的秘密和无限的快乐等待人们进一步地挖掘和分享。我越学越想学，越学越想去探索自然的奥秘，还设想或许将来自己也能在物理学中有所发现。

在学习中我也深深地感受到，科学发展与人类生活、社会发展的关系越来越紧密。人类发展中的许多问题从科技发展中得到解决，从直接烧煤炭到煤炭发电再到利用电能，对社会经济发展起着决定性的作用，使我们的生活发生了质的飞跃。

在学习中我也深深地体会到，科学技术的发展和应用又与政治密切相关。原子内部聚集的能量既可以转化为工业生产的动力，实现更大规模的生产，造福人类，也可用于制造武器用于战争。日本科技发达，造了坚船利炮用来侵占中国，大规模地屠杀中国老百姓；中国科技落后就要挨打。真希望新社会将有利于发展我国的科学技术，并能造福人类社会。

社会主义是美好的。我感到今后科技人员将会大有用武之地，我一定要坚持不懈地继续努力，争取为新社会做出贡献，也争取能在科学技术上有所创新，为人类文明建设增砖添瓦。

同时，我也深深感到自己的业务基础还是较差的，需要加倍努力学习。后来学得越多，这种感受就越强烈，甚至于苦恼起来，情绪也变得低落起来。怎么办？最后还是需要自己去解决，从实际出发，一步一个脚印踏踏实实地做，不能脱离实际要求自己，要走出一条自己的路。心态调整好了，学习自然也就进步了。

在听课中，我还感受到老师们的治学态度非常严谨，对科学事业极其负责任，并受到了他们的高尚道德的熏陶。孟昭英老师教无线电电子学，特别强调要动手，要亲自做实验，以求得第一手资料。王竹溪老师教热力学统计物理，热力学就不太强调动手做试验。王竹溪先生的数理学得特别好，听说在清华大学读书时找不到难题，老师把别人遇到的难题都交给他做。王先生分析问题极为严谨，逻辑性极强，给大家留下很深刻的形象。彭桓武先生强调要学会分析问题，解决问题，要善解各种偏微分方程。

从物理课的学习中我认识到理论与实践的关系，实践应放在第一位，发现新现象后给以理论解释，再通过进一步的实验去求证，不管是实验物理还是理论物理都是这样。我们班有的同学比较重视实验课，爱做实验，但大多数同学对实验重视不够。我想可能是由于实验工作比较烦琐、细致，时间不易掌握，心粗的同学不易做好吧！我的实验做得也较少，实际动手能力较差。因为政治运动太多，学习时间相对较少，我的理解能力又差，学东西较慢。但在学习中，我逐步改进了学习方法，将重点放在能听懂讲课内容，再琢磨如何做实验求证，深化认识，同时抓紧一切时间不断地复习，争取向学得好的同学多请教。其实，在大学期间，我心中总有些顾虑：我们学成这个样子，能称得上是一个合格的大学生吗？能承担起一个大学生未来应该承担的工作重任吗？清华大学物理系在中国科技发展史上有着辉煌的一页，我们今后的工作如何能不辜负学校的培养？

我们宿舍共有四人，除我之外，另外三位是聂馨伍、王殖东、赵壮华。大家为人处世、生活习惯、学习水平都相近，在校期间都住在一起，结成很要好的朋友。聂馨伍同学也是我河北高中的学长，后来我们一同被分配到地质部工作，从事电法探矿研究。他比我年长几岁，在学习上、生活上及工作上都很照顾我，帮助我，“文化大革命”中因与我关系密切，还受到我的牵连挨过批斗，令我深感歉意。现在他已因病离我们而去了，我心中常常怀念他。王殖东同学毕业后被分配到北京理工大学教物理，业务水平很高，曾长期担任《物理》杂志的主编，他还曾经请我到北京理工大学做有关青藏高原的学术报告，现在已退休在家，颐养天年。赵壮华学问做得很好，我素常与他来往甚密，常常向他请教，现在他在加拿大生活，我们还常有信息沟通。

三、观天象活动

记得在大学二年级时，高年级学长组织了天文爱好者活动，利用学校提供的一架 6 英寸[①] 口径的光学望远镜观天象。我们在科学馆前的大草坪上活动，半夜起来观天。当时参加活动和指导大家的

① 1 英寸 =2.54 厘米。

学长们有孙良方、叶铭汉、沈良照等，我们因此而收获很大。我们一起观测狮子座流星雨、日食、月食、月相变化、猎户座三星等，增加了自己的天文学知识，特别是了解到天空中蕴藏着极大的秘密等待物理学家去探知，去解释明白。同时也知道了意大利的布鲁诺，了解了这位天文学家因坚持日心说而被宗教裁判所判处火刑的事迹，这令我们深深地感到，发现真理不容易，坚持尚不被大众认知的真理更是不容易，有的还要付出生命的代价。可见科学的进步同样需要与各种偏见、守旧思想进行斗争，而且是一场十分艰苦的过程。

老学长叶铭汉现在是国内加速器方面的知名专家。当时为鼓励我更好地钻研天文学，他还送给我一本《恒星图表》(图 2-1)。这是 1937 年出版的我国第一本恒星图表，是陈遵妫先生编制的，非常珍贵。

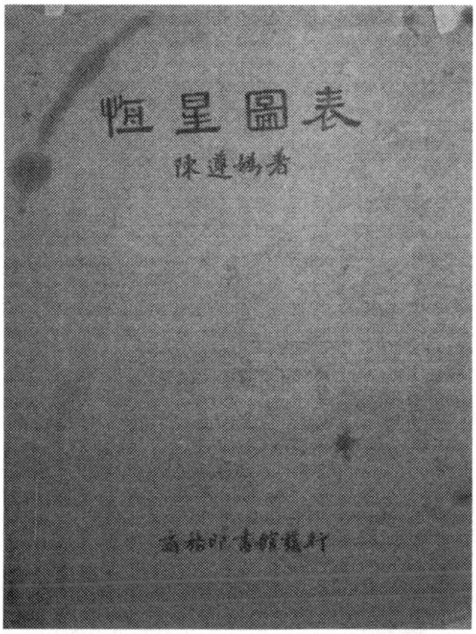

图 2-1　叶铭汉学长赠送的《恒星图表》(1951 年)

天文学的观测，直接与狭义及广义相对论相关，因为天体的运动是空间引力场作用下的高速运动。天文观测活动使我将眼光放在更宏观的宇宙，开阔了眼界和思维，一生受用。

四、抗美援朝，保家卫国参军热

1950 年 8 月暑假期间，校团组织派遣我到颐和园附近的肖家河乡去建立青年团组织，并接受贫下中农的再教育。我住在乡政府的办公大院内，吃的是派饭，轮流到各农家去吃。青年团的活动地点也不固定，有时在农家院内，有时在村公所内，有时集体活动。当时，北京刚刚解放，郊区农村还是很贫穷的，好房子不多。在建团中要对农村青年进行青年团基本知识的宣讲，还要进行人生观和世界观的解释，探讨农村为什么要建立青年团组织和青年人为什么要加入青年团。通过这些活动，我也进一步学到了团的知识，受到团的教育，加强了我与中国农村和中国农民的结合，提高了自己的觉悟。在组织和调解青年人之间的关系时，我学到很多社会知识，进一步认识了中国社会，觉得要实现农村的现代化，首先需要解决教育问题，需要农民广开眼界，多掌握农业科学技术。

记得有一次下大雨，山洪从西山倾泻而下，瞬间，河水就漫出河床，带着吼声冲了下来，声势浩大，很是吓人。大水将沿河农家的家什都冲到河中，大树、破桌子、破凳子、破门板等顺流而下。青年团组织人力抢救落水的人员和家具，减少损失扩大，真是打了一场硬战！在救灾中我又得到一次深刻的锻炼，认识到在灾难面前大家的团结互助的重要性。

1950 年 10 月，抗美援朝战争开始了。打着“联合国军”旗号的美国军队于 9 月 14 日突袭了汉城（今首尔）西部的仁川港，并在仁川成功登陆，切断了人民军的后方运输线，使朝鲜人民军突然处于腹背受敌的境遇，开始全线大溃败。麦克阿瑟还叫嚣着要立即打到鸭绿江边，我们国家的安全受到威胁。10 月 19 日中国人民志愿军开始入朝，国内掀起了抗美援朝、保家卫国的参军热潮。当时我这些大学生都极关注时局，担心着两件事：一是朝鲜是不是能顶住；二是美军会不会真的打到鸭绿江边，再杀到中国境内。如果这种担心变成现实，刚刚到来的和平局面又将被破坏。国内外形势顿时变得非常紧张，大家的情绪也跟着紧张起来，书也读不下去了。

学校组织大家学习和讨论这次战争的影响，帮助大家克服各种恐惧心理。通过学习和讨论，大家端正了思想，并认识到了形势的严峻性和抗美援朝的重要性，纷纷投入支援朝鲜前线的活动中。学校先是发动大家写信慰问志愿军战士，我也写过几封长信，向战士们表达敬意和关心之情，并表示慰问。还记得我在信中写过这样的话：你们面对的美国帝国主义军队，他们已武装到牙齿，也极其残暴，你们要保护好自己，才能更好地打击敌人，我们会做你们的坚强后盾。后来志愿军同志也纷纷抽空写来回信，我也先后收到两封信，写得非常好，让我很受鼓舞。

学校里还举办了各种抗美援朝宣传与声援活动。记得我们班同学到北京郊外做宣传，大概是在城东南崇文门至左安门一带的龙须沟附近，也是大家第一次看到北京底层人民的生活状况，也深刻了解到人民群众是多么渴望改善基本的生活条件，我们国家是多么需要稳定持续的发展环境。当时正值秋冬季节，那里的卫生条件很差，大家又都在室外活动，又演出又走访，工作十分紧张劳累，连吃饭和休息都是在凛冽的寒风中进行。回校后我突然发起高烧，体温高达 39～40℃，经校医检查是得了具有高度传染性的猩红热，全班男同学都被隔离到明斋二楼的西头，观察了一个星期才解除隔离。我当时的病情比较严重，治疗带休养，差不多用了一个多月。生病期间，同学们的关心、学校的照顾令我深受感动，更体会到了新社会中人与人之间互相关心、互相帮助的温暖与友爱。

在组织号召下，我们班的同学人人报名参加志愿军和军干校，形成了当时的又一股热潮。特别值得骄傲的是，我们班成为全校表现最好、最突出的班级。我班的吴思慧同学，为了争取全校第一个报名，夜里 3 点就去排队，充分体现了大家当时的热情。血气方刚的我们，都怀着热切的报国心，准备为了保家卫国，甚至可以献出自己的生命。在学校统一安排下，我们班报名的同学很多，但是被批准参军的仅仅四五个。我们班里当时被批准参军的同学是吴思慧、侯伯宇、徐毓英和李二希（图 2-2），后来又增加了蔡秉霖（图 2-3）。没有被批准参军的同学得到了组织的安慰，要求我们这些被留下来的同学做好准备，以便将来投入国家的经济建设中。

图 2-2　四位参军的同学合影

图 2-3　送同学参军时的合影
（前排左一为李二希，左二为蔡秉霖，左三为吴思慧，右二为徐毓英；
第二排右三为赵文津）

蔡秉霖，浙江绍兴人，到部队后一直做首长秘书。“文化大革命”期间被严格审查，最后被还以清白。

侯伯宇参军后的经历更加曲折，直到 1963 年才有机会到中国科学院数学研究所攻读研究生，毕业后一直在西北大学教书育人，经过多年的努力，在理论物理领域取得了突出成绩，先后获得过国家自然科学奖二等奖、三等奖，成为国家级有突出贡献的专家。

吴思慧同学复员后又回北京大学物理系读书，后又被保送读研究生，1958 年被补划为右派，1965 年在洛阳“五反”运动中被判处 10 年徒刑；1970 年在“一打三反”运动中遇害，到 1981 年被认定是错杀，令人唏嘘。

经历了这次参军热潮，同学们的思想都受到了一次深刻的洗礼。以我个人为例，组织号召我参军，我该怎么办？大学还没有学成就要放弃，这对我这个心存知识报国愿望的人来说真是一个转不过来的大弯。经过同学们的自我革命，自己批判个人的成名成家思想以后，我慢慢地也想通了，明白了干什么都是干革命，自己既然已向组织宣过誓就一定要兑现，就要把自己的一切献给国家，献给党。这同时也是我做人的准则，要忠诚，要守信，绝不能说一套做一套。虽然我心里很喜欢学物理，放弃了总感到有些难舍之情，但我还是说服自己，真心实意地报了名，准备好参军报国。

参军热过去了，学校中又逐渐恢复了读书的气氛。但是，今后可能随时服从组织需要参加工作，应该怎样做准备？需要准备些什么知识技能？我感到十分茫然。老师们也感到课程拖得太久了不知道如何赶进度，如何要求学生们继续学习，也有些无从下手之感。

不久，学校又开展了政治思想教育活动，号召大家看小说，看电影，包括《钢铁是怎样炼成的》《卓娅和舒拉的故事》《静静的顿河》《红莓花儿开》《远离莫斯科的地方》等，同学们又沉浸在对共产主义社会的美好向往中。乌克兰辽阔的原野上，到处是农场和集体农庄，年轻的农庄工人整天在农场中快乐地劳动，谈恋爱，相互追逐，好幸福啊！同时，保尔·柯察金又给青年人做出了表率，保尔的一句名言："人最宝贵的东西是生命。生命对于我们只有一次。一个人的一生应该这样度过：当他回首往事的时候，他不会因为虚度年华而悔恨，也不会因为过去碌碌无为而羞耻；这样，在临死的时候，他就能够说：我的整个生命和全部精力，都已经献给世界上最壮丽的事业——为人类的自由和解放而斗争。"这句名言已为广大青年所熟知，并深深地鼓励着我们那一代人为建设新社会而努力奋斗。一想起保尔，就联想到电影中保尔高举着战刀骑在战马上冲向白卫军的情景，大家心中就充满豪情壮志，仿佛自己也要站起来冲锋似的。当然，中国学生一下子也很难全盘接受这些内容，特别是《红莓花儿开》中的许多场面，人们一时还很不理解。为此，学校还专门组织了讨论会，请人指导讲解如何去欣赏这些电影。

面对建设新社会的任务，我们又把艾思奇的《大众哲学》和刘少奇的《论共产党员的修养》反复对照学习，明确要加强个人人生观、世界观的改造，以及科学方法论的修养。

与此同时，学校还请来了许多国家领导人和知名人士来校做报告。记忆最深刻的是钱正英的报告，她以自己的经历诠释了青年人只有投身革命，并在革命实践中不断成长，才能实现个人的理想。当时已经成为中国水利专家的她，让大家羡慕不已，也使同学们开阔了眼界，打开了思路，懂得了只有投身革命事业，才是自己的成才之道。

五、知识分子"思想改造"运动

1951 年，校园里政治运动的气氛日渐浓厚，上级宣布开展知识分子"思想改造"运动。9 月 29 日，周恩来总理受中央委托，向北京、天津两市高校教师学习会做了《关于知识分子的改造问题》的报告。同年 11 月 30 日，中共中央发出《关于在学校中进行思想改造和组织清理工作的指示》，要求在所有大中小学学校教职员和高中以上学生中普遍进行初步思想改造的工作，号召他们认真学习马列主义、毛泽东思想，联系实际，开展批评和自我批评，进行自我教育和自我改造；并指出这次运动的目的，主要是分清革命和反革命，树立为人民服务的思想。此后，运动由教育界逐步扩展到文艺界和整个学术界，到 1952 年秋才基本结束。这次运动是鉴于从旧社会来的知识分子大多出身于剥削阶级家庭，长期受封建主义、资本主义的教育，在思想上均打上了很深的烙印，为了帮助他们树立为人民服务的思想，学习马列主义基础知识和党的方针政策而进行的。对我们学生来说，主要是学习、检查、自我批评，大家并没有什么其他想法。但是，没想到的是，后来我们这些学生却变成了“改造”我们老师的“主要力量”。

我们的老师都是人品很好、在国内外享有盛誉的教授，都是极受学生尊重的学者。怎么去帮助他们、改造他们呢？ 我们全都不得要领。当时，每个学生小组有 4～5 人，我所属的小组先后分配的任务是“帮助”王竹溪教授和余瑞璜教授。学校领导先找了几位思想交代和改造做得较好的老师在全校大会上做大会汇报，现身说法，揭批自己过去在旧社会所做的不好的事情，表示与旧社会如何彻底决裂，以此引导大家去学习和改造自己。

在大会汇报中，地质采矿系主任孟宪民教授的汇报给我留下了最深的印象。他于 1922 年毕业于清华学堂（清华大学前身），1924 年，赴美国科罗拉多矿业学院深造，1927 年获麻省理工学院硕士学位，同年回国后到中央研究院地质研究所任研究员，1946 年任清华大学地质系教授、采矿系主任。自 1937 年以来，他对个旧锡矿的找矿与开发做出了重大贡献。汇报中，他谈到 20 世纪 40 年代在个旧锡矿任矿长时期经历的复杂斗争。在旧社会，为了自己生存，为了个旧矿山的发展，除了要不断扩大锡矿的资源量之外[①]，还要与

① 个旧过去是采银矿的，银矿采完才注重采锡，后来原生锡矿也采得差不多了，又开始采砂锡。

各方利益集团及各股政治势力做斗争，需要针对不同对象采用不同的策略。许多情景对我们年轻学子来说都是闻所未闻的，令我们这些尚未踏入社会的年轻人听了以后感到很新鲜，也很惊讶，并深受教育。到哪里能听到这么丰富的社会实践教育课！一方面，大家深深感到学习科学技术专业知识不容易；另一方面，也认识到做人处事同样是很不容易的。孟宪民老师的现身说法表明一位大专家学者勇于揭露过去、积极自我改造的勇气与决心，令人很受感动。汇报收到很好的效果，学生们也对自己的老师更为尊重了。新社会不需要旧社会的那一套，但是人们应当认识它，并与其彻底决裂，特别是人生观和为人处世的那套做法。孟宪民老师后来调到中国地质科学院工作，研究有色金属成矿学，积极推动中华人民共和国的找矿事业发展。他的治学一直是很有创新意识的，他提出岩浆岩成层产出的理论，提倡要用地球物理方法研究岩体产状，指导找矿，推动了成矿理论的发展。1955 年，孟宪民当选为中国科学院学部委员（院士）。

在帮助王竹溪老师进行“思想改造”时，我们整天与他交谈，了解了他的思想活动，以及他是如何待人处事的，可以说是又上了一堂生动的课程。

王竹溪老师于 1911 年 6 月 7 日出生于湖北省公安县麻豪口镇一个书香世家，父亲王才俊和祖父王槐亭都是清末秀才。他于 1927 年考入武昌第二中山大学理预科，还加入了中国共产主义青年团。1928 年春，插班进入上海麦伦中学高二。1929 年夏高中毕业，先后投考了清华大学和中央大学，在被两校都录取的情况下，因慕梁启超之名，决定进清华大学学习物理学。王竹溪在班上最受叶企孙和周培源的器重。周培源对他的评价是：“对物理概念理解深入，并具有数学计算的特殊才能。”

1933 年，王竹溪进清华研究院，跟随周培源研究湍流理论，次年发表第一篇论文《旋转体后之湍流尾流》。1935 年，刚好狄拉克

（P.A.M.Dirac）来中国访问，周培源就把王竹溪推荐给自己的老师福勒（R.H.Fowler）。王竹溪于 1935 年 8 月到剑桥大学师从福勒教授研究统计物理，在此期间与狄拉克来往密切，成为好友。

1938 年夏，王竹溪以论文《吸附理论及超晶格理论的一个推广》获博士学位，旋即回国，到位于昆明的西南联合大学任清华大学教授，时年 27 岁。在西南联合大学的 8 年，是工作艰难、生活困苦的时期，也恰恰是王竹溪先生科学研究硕果累累、培养人才桃李芬芳的时期。他的关于热力学、统计物理、生物物理方面的一系列重要论文，在这时期相继发表于《英国皇家学会会刊》《剑桥哲学学会会刊》《物理评论》《物理化学杂志》《中国物理学报》等刊物。抗日战争胜利后，1946 年夏天，王竹溪随清华大学从昆明迁回北平。1951 年，王竹溪先生被任命为清华大学物理系主任。1952 年全国高等院校调整，王竹溪到北京大学任物理系教授、理论物理教研室主任。1955 年，王竹溪当选为中国科学院学部委员（院士）。

在“思想改造”运动中，王竹溪先生认真挖掘自己在长期学习教学中的错误思想，态度非常积极。这样的学者，能严以律己，重视改造，是一位多么难得的高级知识分子啊！与其说是我们在帮助他，不如说是他给我们上了一堂堂生动的思想教育课，他是我们学习的榜样。他在旧社会条件非常差的条件下取得那么多成就，很不容易啊！

王竹溪先生 1979 年当选为九三学社中央副主席，1979 年加入中国共产党。“文化大革命”期间，60 岁的王竹溪教授到江西鄱阳湖滨的鲤鱼洲放牛，1971 年夏天，王竹溪才从鲤鱼洲回到北京。但是在鲤鱼洲的那段艰难生活，种下了后来导致他过早离世的病根，1981 年王竹溪被发现身患肝炎已到肝硬化后期。1983 年 1 月 30 日，王竹溪与世长辞，享年 71 岁。李政道在唁电中说：“我极其悲痛地获悉王竹溪教授逝世……世界上失去了一位大科学家，中国失去了一位良师。”

第三位是周培源教授，他教我们理论力学课，是中国相对论方面的大专家。我中学时热衷于学习相对论，所以在大学里非常崇拜这位老师，总想多听一听他的课，和他交谈，向他请教，可惜机会太少，这是我印象最深刻的一点。周培源先生生于1902年8月，是江苏省宜兴县人，1924年毕业于清华学堂，1927年被派往美国加州理工学院学习。他先师从贝德曼，后跟从贝尔做相对论方面的研究，次年获理学博士学位，并获得最高荣誉奖。1928年秋，他赴德国莱比锡大学，在海森堡（W.K.Heisenberg）教授领导下从事量子力学的研究。1929年，赴瑞士苏黎世高等工业学校，在泡利（S.Pauli）教授领导下从事量子力学研究。1929年回国，被聘为清华大学物理系教授，时年仅27岁。1936～1937年再赴美国，在普林斯顿高等研究院从事理论物理的研究。其间参加了爱因斯坦（Einstein）亲自领导的广义相对论讨论班，并从事相对论引力论和宇宙论的研究。1937年8月，侵华日军开进了清华园，周培源受校长梅贻琦之托，安排学校南迁事宜。他抱着科学家应为反战服务，以科学拯救祖国于危亡的志向，转向流体力学方面的研究。1943～1946年，周培源再次利用休假之机赴美国，他先在加州理工学院从事湍流理论研究，随后参加美国国防委员会战时科学研究与发展局海军军工试验站，从事鱼雷空投入水问题的研究。1947年2月，与夫人偕3个女儿全家离开美国回到北平，继续在清华大学担任教授。1955年，当选为中国科学院学部委员（院士）。1959年加入中国共产党，1958～1986年，先后任北京大学教务长、副校长和校长，中国科学院副院长，中国科学技术协会书记处书记、副主席、代主席、主席、名誉主席。1993年11月24日因病在北京逝世。

综上所述，周培源老师应是另一种知识分子的典型，长期转战于国外多个国家的学术集体，力争在一些物理前沿领域保持自己科学研究的领先地位，以及适时转向开展与战争有关的湍流研究。

他为人豁达而公正，不惜为探求真理献身，不计荣辱、不为物役，具有敢于坚持真理、实事求是的科学精神。在“思想改造”运动中，他也是很愿意向党组织靠拢的，并努力作检查，改造自己的人生观。

在这次运动中，我对老师们的长处和短处都有了新的认识。但无论如何，他们都是爱国、辛勤工作的，都用自己的聪明才智努力地为国家做着贡献。他们是祖国的一批科技精英，是国家的宝贵财富。关于这一点，在后来的“两弹一星”攻关中，他们所做出的杰出贡献就是明证。当时的我是一个年轻学子，更需要加强自己人生观、世界观的改造，应摈弃各种唯心史观和形而上学的方法论，逐步建立起唯物史观、唯物论辩证法的思想方法。

经历过多次运动的考验，我终于被批准加入中国共产党，成为一名光荣的共产党员。1952 年 6 月 25 日，在党的生日的前夕，我和其他一些同学集体向党宣了誓。图 2-4 是我与两位介绍人的合影（1992 年），这是毕业 40 年之时所拍摄的。

图 2-4　我与唐孝威（左一）、齐卉荃（中）两位入党介绍人于 1992 年毕业 40 年聚会时留影

响应政府号召，我们于 1952 年 8 月提前毕业。随后我与一些同学一起被分配到地质部，为解决国家经济发展所需要的矿产资源和能源问题，加入了野外找矿的队伍，开始了我的地质生涯。当然，这些都是后话了。图 2-5 为我的毕业证书，是叶企孙和周培源两人签发的。

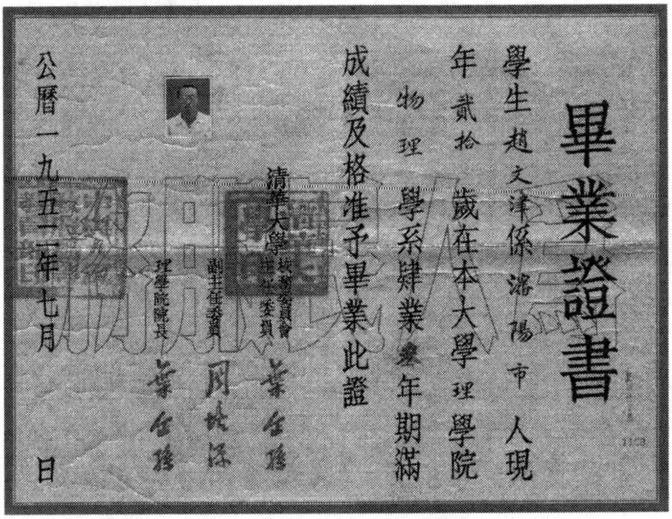
畢業證書
學生趙文津係瀋陽市人現
年貳拾歲在本大學理學院
物理學系肄業肆年期滿
成績及格准予畢業此證
清華大學校務委員會
主任委員 葉企孫
副主任委員 周培源
理學院院長 葉企孫
公曆一九五二年七月 日

图 2-5 我的毕业证书

第三章

投身野外找矿实践

1953 年我国开始实行第一个五年计划，此时最紧迫的任务就是保证苏联援建的 156 项重大工程项目对能源、矿产资源的巨大需求。为此，国家特别批准从全国物理系毕业生中选拔一批人充实找矿第一线。当时共选调了约 100 名毕业生，其中包括一些三年级被批准提前毕业的学生。这些学生中有 60 名到石油部门去找油气，另外约 40 名到地质部门从事找铁、铜、铬等金属矿产工作。我是属于被派到地质部门的学生之一。

一、第一次听说地球物理探矿

1952 年 6 月，地球物理学家顾功叙先生到清华大学物理系做报告，介绍什么叫地球物理探矿，以及地球物理探矿在国民经济建设中的作用，号召物理系学生报名参加工作。我听了报告以后，觉得地质找矿工作与我们物理系所学的相差太远，思维方式及精确性的要求也大不一样。就拿一个块状体来说，从地球物理探矿的角度看，只要是三度体，什么形状都可以近似地看成圆球或正方体，很难定性与定量，而且找矿需要大量的地质学和矿床学知识，我也尚不具备，所以没想到要参加这方面的工作。再说，我还有一年才能毕业，现在让我马上离开学校还有些舍不得，因此也并没把这当回事儿。听说仅有高年级的顾振津大姐一人响应号召，去了冶金部门从事物理探矿工作，后来就职于位于保定的中国冶金地质总局地球物理勘查院。

但是，世事总是难料，中央一声令下，我不但提前毕业，还被分配到地质部门做地球物理探矿工作。当时，一同到地质部门的还有我们理学院的党支部书记夏国治、组织委员邹光华、班长钱宁、班干事聂馨伍，我是班团支部组织委员。也就是说，班上的大部分学生干部都被分配到了艰苦的地质部门。此外，到地质部的还有潘道均（到北京地质学院，现称中国地质大学），章家骥（先到石油部门，后又转到地质部门），秦葆瑚和寿宝奎（后转到了核工业部）。

由此可见，组织上对我们这批学生的工作分配还是相当重视的，是作为一项重要的政治任务来完成的。

来到地质部后，著名地球物理学家顾功叙先生自然也就成为我的领导和导师，当年的一面之缘续就了我与顾老、与地球物理事业的不解之缘。

班长钱宁热情、活跃、很阳光，给人的印象总是乐观向上的，对自己从事地质事业感到很光荣和自豪。她常带动大家一起欢歌笑语，是我们这一群人的核心和榜样。聂馨伍同学比我大 5 岁，是我在河北高中时的校友和学长，在清华大学时也一直与我住在同一间宿舍。他是我心目中的大哥，在学习和生活上都对我照顾甚多，到地质部之后又与我在一个队工作，一直非常支持我的工作。“文化大革命”中他受到我的牵连，挨了批斗，让我很是揪心和歉疚。他真是一位好朋友、好战友、好兄弟，我非常感谢他，永远怀念他！夏国治同志在学校时是我们理学院的党支部书记，是我们的领导，为人沉稳老练，很有领导能力，我们都很尊重他，在工作中他一直是我的良师益友，支持我的工作，也放手让我做事，我得到他的很多关心和照顾。

1952 年 7～8 月，学校安排我提前到中央人事部帮忙，做毕业生档案材料的整理与派送工作，9 月初才到地质部报到。1952 年 8 月 7 日中央决定成立地质部，9 月 5 日举行了部成立大会，李四光任部长，何长工任副部长，我和同学们先后被分配到部地矿司下属的物探室工作。

二、突击补习，一个月学了 20 多门功课

矿是什么样的？该怎么找？对我们这些物理系的学生来讲，可真是一头雾水。大家空有找矿热情，却没有任何勘探找矿的基础知识和经验，也不了解找矿的工作方法、工作程序，这让我们如何找矿呢？真应了陈毅副总理 1949 年 10 月在清华大学做报告时所讲的：清华同

学将来作为科技人员，会遇到许多工程技术方面的决策问题，如果没有真才实学，不但担负不起建设的重任，还会造成人民生命、财产的损失。现在我就面临着这种情况，一切来得太快了，让我深深地陷入这种两难的境地。其实还不只两难，而是处在多难的矛盾之中啊！

我们如何应对目前这个局面呢？要进行地球物理探矿，连个基本的地球物理探矿的仪器设备都没有，又该如何开展工作？但是，大家面对困难并没有退缩，而是想办法摸索着前进。大家深信，有国家对地矿事业的重视、苏联专家的无私帮助以及顾功叙先生的悉心指导，再加上我们年轻人的热情和干劲，只要发挥我们的特长，运用我们的知识和智慧，努力实践，就一定能克服困难，开拓前进。

这一年的 10 月，地质部与燃料工业部两部联合在北京南锣鼓巷秦老胡同石油工业学校内专门开办了大学班，集中对我们这批大学生进行强化培训。一个月的学习时间内讲了 20 多门与地质矿产及找矿相关的基础课程，包括岩石、矿物、地层、断裂、构造、矿产、矿床、盆地、矿田等，物探方法包括磁法、重力、电法、地震等各种方法，以及大地测量制图知识，真可谓是“填鸭式”教学。大家听完课，连许多基本概念都未能搞明白就结业了。矿是什么，究竟怎样找，还是不得要领。再说，这次恶补只是专业内容的概略介绍，完全未涉及矿是怎样形成的，成矿条件是什么，到什么地方去找矿，以及按什么原则筛选找矿靶区等问题。

学习结束后，大家就分头行动，组队到矿山去实习，补上找矿的感性知识这一课。地质部的学生分成两队，一队由顾功叙老师带队到安徽铜陵铜官山铜矿；另一队由秦馨菱、曾融生两位老师带队到湖北大冶铁矿。我有幸被分配到铜官山矿区，跟着顾功叙老师摸索如何找铜矿。当时我们找有色金属矿——铜铅锌矿的物探方法只有 3 种：磁法、温纳排列的四极电阻率法和自然电场法。找磁性铁矿则以磁法为主，工作方式也完全是就矿找矿。在矿山范围内找矿，地质勘探人员指到哪里，物探就跟到哪里布置工作。

三、一下长江中下游，到铜陵铜官山、狮子山铜矿找矿实习

到铜官山的一拨人中有邹光华、袁学诚、桂燮泰、李玉芳、蒋帮远、秦积庚、聂馨伍和我八人。我们从北京出发，先到南京，再转芜湖，通过长江水路到大通镇，再转到铜陵铜官山。

初到南京时，本以为南方天气不会太冷，可是11月的夜晚实际上又潮又冷。住在南京城，一人一张行军床，既无铺的也无盖的，冻得一夜难眠。紧接着，水陆交替一路颠簸，辗转来到了铜官山矿区，令人特别疲惫。可是，到了铜官山又出现了一件让我们没想到的事：我们在矿山睡的是个大通铺，男女同学需要混住在一个大铺上，更加让我尴尬的是，我旁边就睡着一位女同学，搞得我十分紧张。好在当时天气冷，我就用被子紧紧裹住身体，躺下去一动也不敢动，都不知道这头一夜是怎么过来的。

虽然困难重重，但头一次来到矿区，投入大自然的怀抱，对什么都感到好奇。大清早，我们几个同学跑到附近山上看风景，呼吸新鲜空气。阳光照耀在一串串山头上，许多小山头上都有一只小豹子伏在那里晒太阳，十分可爱、有趣。清晨的山野一片清新、宁静、祥和，让我们的心胸一下子开阔了许多。

在这里的休整期间，主要任务是了解铜官山的地质、矿产和找矿进展情况，看一看实际的矿石，测一测物性，增加一些找矿的感性认识，并对物探方法在铜官山铜矿上的应用效果及存在的问题进行探讨和研究。经过几天的休整，全队人员步行到铜官山矿的东北方——相距这里十多千米的狮子山矿区，进行野外生产实习。

虽说是矿区，但那时候的开发程度还非常有限，星星点点的开挖点完全被原生态的环境所包围，山中的景色很美，空气十分清新，这是我们在城里根本无法见识和体会的。一路上，同学热热闹闹地一路走一路唱，一边欣赏着美景一边憧憬着未来，十分惬意。

到了狮子山矿区才知道，我们即将面临的生活和工作条件要比睡大通铺时艰苦得多。没有住处，我们就选择在簸箕山脚下的一个农民家里安营扎寨。女同学就在农民家的堂屋角落里，每个人的床用一张小席子一围就算是自己的“卧室”了；男同学一部分住在屋顶的阁楼上，一部分则在屋外一个猪圈的上方搭个木板做成一个大通铺，再放上些干草当铺垫。猪圈里臭气熏天，令人窒息。为了预防火灾，晚上连根蜡烛都不敢点。每天晚上，我们就在黑暗中忍受着难闻的味道，苦不堪言！或许有人会问，为什么不选一个条件好一点的地方呢？就是住帐篷也要比这个条件好得多啊！可是当时我们并没有帐篷可住。

我们这些刚走出校门的学生娃，从北京这样的大都市一下子来到生活如此艰苦的小山村，真正感受到了从事地质工作的艰辛。但是大家同吃同住同学习，一起克服生活和工作中的困难，也使得我们的同学情谊中又增加了一份战友情，让我们更加团结和亲密，觉得吃这点儿苦也是很值得的。现在回想起来，仍然觉得那段青春的岁月珍贵无比。

图 3-1 是我们在西狮子山矿体露头上的一张合影，虽然是黑白照片，也看不清每个人的表情，但那些充满朝气的年轻身影，似乎在诉说着对未来的憧憬。

图 3-1　在西狮子山头爆破角砾岩筒上合影
（右二为赵文津）

前面已经提到，当时的物探工作方法只有 3 种：磁法、温纳排列的四极电阻率法、自然电场法。据了解，过去日本人占领铜陵后也就是用这 3 种方法找矿的，效果不错。而我们工作时使用的仪器设备，也正是国民党中央研究院时期遗留下来的、运用这 3 种方法找矿的仪器。

狮子山物探组原有 4 个人：张恺、赵明、刘敏、施鹏飞，后两位是 1952 年刚刚从南京矿产专科学校物探班毕业的，也是来实习的。我们新来的几个人分别到这三个方法组里实习，了解如何操作仪器以及工作流程，我参加的是自然电场法组。记得当时大家对磁法比较认可，认为磁法勘探仪器读取的数据稳定可靠，可信度比较高；自然电场法对硫化物矿如黄铁矿及磁黄铁矿有效，但是勘探深度有限，仅能勘探十几米深，而且其他非矿含碳质的地质体如炭质页岩、煤系地层等引起的干扰还很大，因此找矿效果也很有限；直流电阻率法探测深度浅，地形影响大，成果资料复杂，得到的曲线难以做出明确的地质解释。

狮子山矿区包括西狮子山、东狮子山、冬瓜山等几个矿区。西狮子山顶是一个大的爆破角砾岩筒，地表有一个小的含铜磁铁矿体露头；东狮子山的山头和山坡都遍布着矿化蚀变岩——矽卡岩，但未见有矿体出露；而冬瓜山的地表全部被岩石覆盖，深部是否有大矿体存在，也是需要我们解决的问题。

图 3-2 是铜陵地区区域地质图，上面标有铜官山和狮子山矿区位置。铜官山矿区在图左，中左部为狮子山矿区，中部为矶头山矿区，东部为凤凰山矿区。我们就工作在这东西一线上。

铜官山铜矿区矿床地质图见图 3-3，物探工作结果见图 3-4。

这个矿区的含矿岩体为燕山期侵入体，同位素年龄为 1.38 亿～1.58 亿年，岩体出露面积为 1.5 平方千米，岩性为石英闪长岩，围岩主要为三叠系、二叠系及石炭系的灰岩，矿体产在侵入体和围岩的接触带上。沿岩体北部从西向东，依次有罗家山、笔山、松树

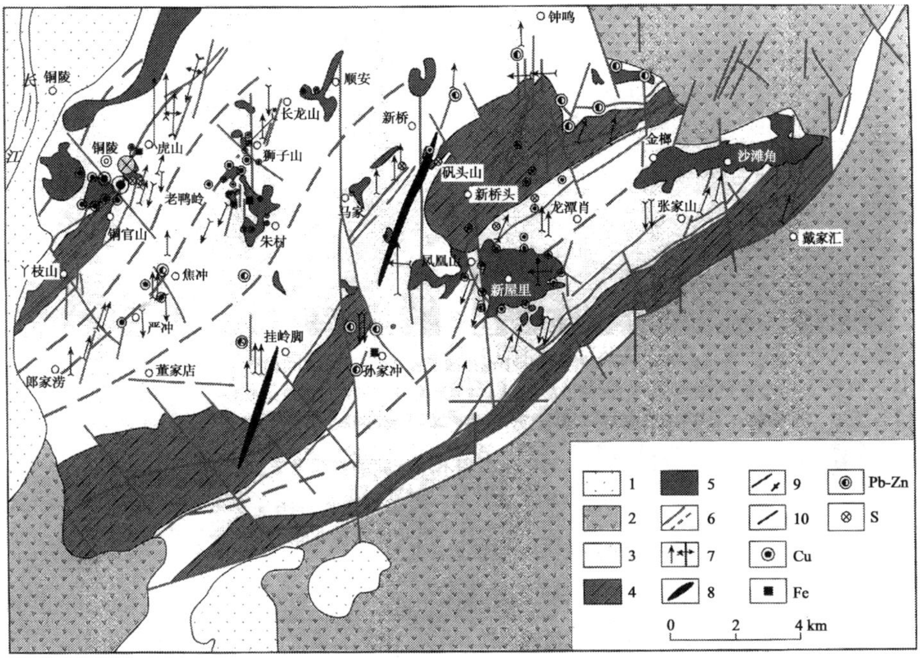

图 3-2　铜陵地区区域地质图（据吴淦国等，2008）

1—第三系泥岩、砾岩夹玄武岩；2—侏罗-白垩系凝灰质砂砾岩、英安质火山岩；3—泥盆-三叠系碳酸盐岩；4—志留系砂岩、粉砂岩；5—中生代石英二长闪长岩、花岗闪长岩；6—印支期复式向斜、复式背斜；7—燕山早期中小型褶皱；8—燕山晚期复式褶皱；9—燕山晚期复式中小型褶皱；10—断裂

山、老庙基山、小铜官山、老山、宝山、白家山等矿段。矿石主要为：含铜矽卡岩、含铜磁铁矿、含铜磁黄铁矿-黄铁矿、含铜滑石蛇纹岩、含铜石英闪长岩、含铜大理岩等。

物探磁法在铜官山的笔山、松树山、老庙基山、小铜官山等几个主要矿体上都有明显的异常显示，主要是因为矿体为含铜磁铁矿、含铜磁黄铁矿-黄铁矿矿石（图 3-4）。

自然电场法仅在黄铁矿及含铜黄铁矿上有异常反应，而且矿体埋藏深度在 10～20 米以内才有效。电阻率法基本上只对地表覆盖层、破碎带有效，对找矿没有起到作用。

西狮子山山势很美，山头就像一头昂首挺胸的雄狮，威风凛凛，非常好看。每天早晨天刚亮大家就出工，迎着朝阳走在山间的小路

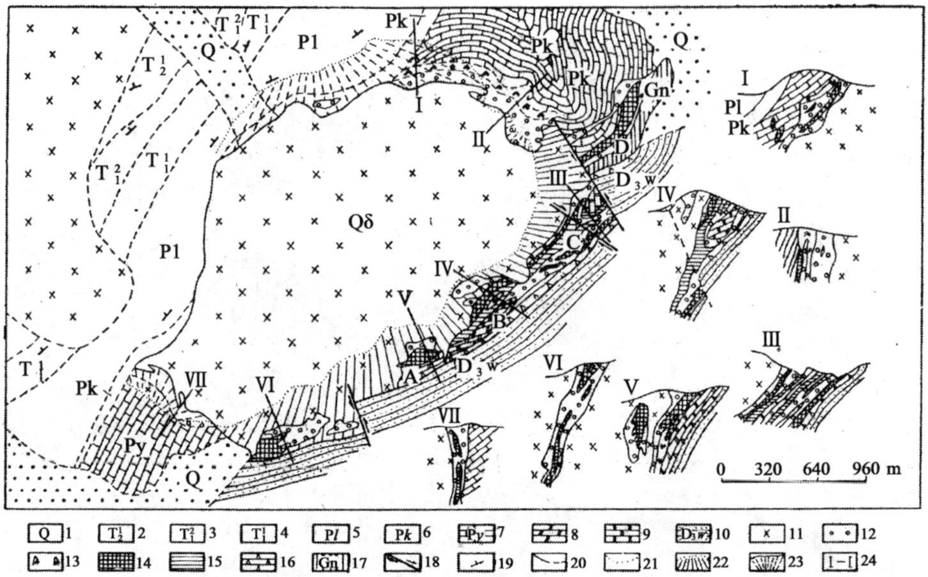

图 3-3 铜官山铜铁矿床地质图［据翟裕生等（1981），郭文魁（1963）修改］

Ⅰ—笔山西；Ⅱ—笔山东；Ⅲ—老庙基山；Ⅳ—小铜官山；Ⅴ—老山；Ⅵ—宝山；Ⅶ—白家山；1—第四系堆积；2、3、4—青龙组灰岩；5—龙潭组煤系；6—孤峰组；7—阳新灰岩；8—白云岩；9—大理岩；10—五通组石英岩及粉砂岩；11—石英闪长岩；12—石榴石矽卡岩；13—透辉石矽卡岩；14—磁铁矿矿石；15—磁黄铁矿矿石；16—蛇纹岩或蛇纹石化透辉石矽卡岩；17—铁帽；18—主断层；19—岩层产状；20—地质界线；21—岩体（-135 米）界线；22—岩体内倾接触带；23—岩体外倾接触带；24—剖面线；A—钙铁榴石段；B—磁铁矿段；C—磁铁矿-磁黄铁矿段；D—磁黄铁矿-黄铜矿-黄铁矿段；F—黄铁矿段

上，小鸟在我们头顶歌唱，令人心旷神怡。记得有一次，我们正好走在半山腰时，看到了初升的太阳，阳光从东照到西，把天空染成一片金色，三四只丹顶鹤在空中展翅向西飞去，在阳光下构成一幅漂亮的水彩画，美得让我们惊叹。

但是，当时山野中潜在的危险也不少。记得有一次，刘敏等几个人傍晚要过小山梁到胡村去，在西狮子山脚草丛中，突然蹿出一只老虎，虎视眈眈地瞪着他们，跃跃欲试地要扑过来。他们手中唯一的武器就是一个大手电筒，好在手电筒大，光很强，照着老虎的眼睛，使得老虎不敢轻举妄动。双方对峙着，谁都不敢眨眼。这时有人趁机大声呼救，好在离队部不远，声音传了过去，大家闻讯立

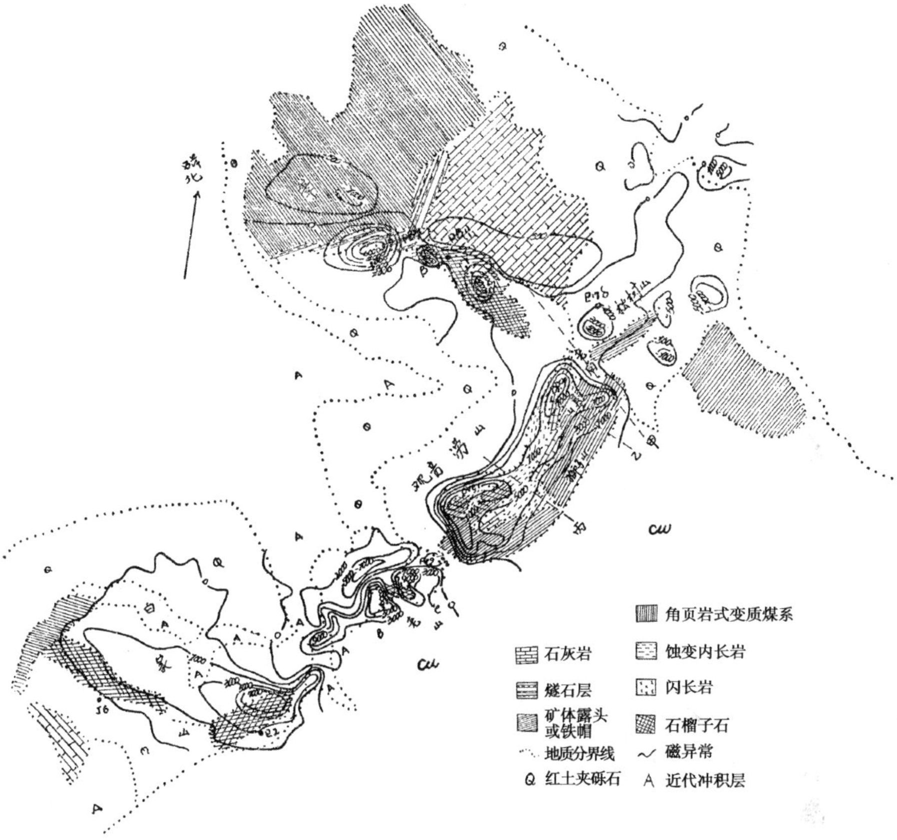

图 3-4　铜官山矿区重点磁异常分布图（引自秦积庚等，1957）

刻手持各种武器（主要是长电极），打着灯笼、火把跑去救援。由于人多势众，终于把老虎吓跑了，但是也把大家吓坏了，整整闹腾了一个晚上。虽说胡村没有去成，但这件事却锻炼了大家的胆量和应变能力，培养了集体主义意识。后来听说，在顺安镇上有猛虎伤人事件发生。顺安就在狮子山以北，是一个较大的镇子，集市贸易很发达。

12 月中旬，经过了大约一个月的实习，狮子山物探队全体人员都撤到了中国科学院南京地球物理研究所，进行第二次业务培训，由傅承义、秦馨菱、曾融生等几位老师结合矿区实际情况讲授物探知识。

这批年轻人来到研究所，一到下课时间，大家就像出了笼子的小鸟一样叽叽喳喳，有说有笑，有的还唱歌，热闹起来，完全打破了研究所的静谧氛围。当时在研究所工作的地震学家李善邦先生因工作受到干扰而大为恼火，常常站在楼梯口大声斥责。他一开口，大家就迅速收敛，悄悄溜走。可是没过多久大家就故伎重演，所以那阵子大家没少挨老先生的骂。

当时，恰逢地质部代表团访苏归来，带回来一些苏联制定的物探工作规范，同学们非常高兴，似乎得到了找矿法宝一样。为了尽快掌握，大家就掀起一股学俄文、翻译物探规程规范的高潮，整天手不离规范，口不离俄文。有了这些规范、规程及工作手册，我们大大增强了对物探找矿作用的信心。没有电法仪器，我们就学着自己组装，但是由于时间太仓促，来不及对仪器性能做系统测试，就拿到野外边测试仪器边进行野外生产，结果只能是欲速则不达。可想而知，连仪器性能都没弄清楚，又怎么能发挥它们的作用呢！当时的行为虽然十分幼稚可笑，但也反映了我们这群年轻人的工作热情。虽然失败了，却为我们后来的工作积累了经验和教训。这就是我们交的第一笔学费吧！

1953 年 4 月，地质部地矿司领导再次做出决定，要扩大和组建 13 个物探队，在全国范围内找矿。组成人员除了我们这些大学生以外，还有从上海市和河北省正定县招收的几百名初中生，由他们担当仪器操作员。紧接着，4～5 月，由这几百名学生组成的 13 个物探队分别奔赴西部和北部的十几个矿山，开展不同矿种和不同类型矿床的物探方法有效性试验与找矿工作。由我、朱梅生、秦积庚、黄树棠、王懋基和另外一位测绘专业的 1952 年毕业生吴青山同学，组成了新的 321 物探队，再赴皖南铜陵等地开展找矿工作。

四、二下长江中下游，到铜陵、贵池地区找矿

1953 年 5 月，时隔离开狮子山不到半年，我们再次回到这里。

但是，这次回来我接替了顾功叙老师成为321物探队的队长。物探队技术人员有二三十人，再加上在当地招募的民工共有五六十人。第一次要当这么多人的家，我感到自己身上的担子沉甸甸的。

1953年，皖南地区刚刚解放不久，社会治安情况比较差，敌特活动也比较多。我们这些学生从书本上知道有阶级敌人，知道存在着敌我各种残酷斗争，但是没有实际斗争经验，一遇到和阶级斗争沾边的事情，就感到束手无策。记得有一次，当地派出所从我们队上抓走了一人，说此人利用上山工作之便，在山上到处放火烧山。后来，队上开批斗大会，要找队长发言时，我才知道队上出了这样一件大事。这件事让我很被动，也让大家都很紧张。我完全不懂如何利用这一机会在队里开展阶级斗争教育，只好向党委书记滕野翔、队长郭文魁求援，请求另派有这方面能力的人来队指导。

1953年8～9月，四川彭县物探队（孙文珂任队长）与长江北的庐江物探队（聂馨伍任队长）完成原定试验找矿任务后，物探处领导为了加强321物探队的力量，决定将这两个队一同合并到321物探队。这样，321物探队一下子就扩大到100多人，管理难度骤然加大，既有三队合并带来的隔阂，又有上海人与河北正定人之间因方言不同而带来的误会。我这个刚走出校门的学生，哪里遇到过这种情况？于是就一次次地找321地质勘探队领导，请求派人下队帮助解决问题，但又一次次受到领导的批评。同时，领导又鼓励我想办法，找对策，自己解决问题。当时滕野翔任队长兼书记，郭文魁任技术队长，他们对我的帮助很大，鼓励我要勇敢地面对这些困难，并教导我说，革命工作不会没有矛盾，遇到矛盾要积极想办法解决。无奈，我只能自己试着想办法解决问题了。和队里的几位组长商议之后，大家分头给有矛盾的同志做工作，能帮他们解释的尽量解释，并劝他们要以工作为重，不要计较小事。通过耐心的劝说，各种误会渐渐消除了。在这个过程中，我的管理能力得以提升，同时这对找矿工作也起到了推动作用。

五、找到大矿了

321物探队先后在铜陵县的狮子山、凤凰山，贵池县的铜山及安子山等矿区开展找矿工作。在铜山地区，我们获得了很好的找矿成果，大家深受鼓舞。

铜山铜矿位于贵池市西南30千米的铜山乡境内，矿区面积为4平方千米，位于沿江弧形褶皱带西端的姥山背斜南翼。地层走向由近东西方向转向北东，区内有泥盆纪、石炭纪、二叠纪地层，花岗闪长斑岩体侵入，成矿条件较好。但是矿区内许多地段都有水田覆盖，地表地质出露条件很差。矿体主要赋存于岩体与围岩的接触带、层间界面和角砾岩中，为矽卡岩型矿床。

1953年，李锡之、常印佛填制铜山一带1∶10 000地质图，预言铁帽下有隐伏矿体存在；7月，物探队用物探方法圈定了几个磁异常，其中位于水田中的铜山异常最强、形状最规整，其次是前山异常。针对这两个异常，我们提出了钻孔验证的建议，为进一步找矿指出了方向。同年10月，地质队通过地质和物探提供的资料综合研究后决定，先在铜山、前山施工第一批钻孔。前两个钻孔部署在前山，见到矿层。矿层虽然厚度不大，但成矿条件有利，矿层稳定且具有一定规模，很有远景，很有可能是抓住了大牛的“牛腿”了。经过后来的进一步勘探证实，该矿层即前山、前山南、岩山吴、青岩山等的主矿层的一部分，还真的是一条大“牛腿”。1954年，在铜山水田里的磁异常中心处打了第三个钻孔，见到了厚度大、品位高的矿层，这一突破性的进展给全面展开铜山地区铜矿勘查工作奠定了基础。1955～1957年，地质队经过进一步勘探，探明了此地铜金属储量为15万吨，继续勘探前山向深部延伸的矿体，又新增探明铜金属储量11.5万吨。从1959年建矿投产至1985年，累计生产铜金属8.28万吨、硫精砂（35%）19.71万吨、铁（60 %）20.1万吨、金47千克。

铜山矿区靠近长江，河流湖泊较多，到处是水田，物探施工也都在水田中进行，条件十分艰苦，劳动强度很大。但同志们的工作热情很高，还搞起劳动竞赛，劳动场面热火朝天，天天都超额完成施工任务。电阻率法组人最多，劳动时组织难度也最大，但在秦积庚的组织下任务完成得最好。当时，虽然也进行评比，但是由于太看重工作量，未能对电阻率法组进行足够的表彰，这是件憾事。

特别值得一提的是，当时的贵池县沿江地带是中国八大血吸虫病的重灾区之一。物探队的小青年都不懂这种病的危害，每天泡在水田里却浑然不觉。好在大家事后都没有什么明显的不适，真是万幸。后来，我于 1964～1965 年三下长江中下游会战，因病住在九江人民医院，作为病员代表看到多次血吸虫患者开刀，才知道这种病有多么可怕。许多农村青壮劳动力因下水田患上了血吸虫病，造成脾脏肿大（有的可达到 5.5 斤重），导致他们完全丧失劳动能力。

1953 年 9 月，321 物探队转战到了凤凰山，在凤凰山花岗闪长岩体的四周开展物探工作。在那里，岩体出露在一个区域性大向斜的轴部，岩体四周分布有中、下三叠统地层，向外依次见到二叠系、石炭系、泥盆系、志留系地层。岩体侵入三叠系石灰岩地层内，接触变质岩带非常发育，形成一系列矿点。岩体西部的药园山铜铁矿床是当时的主要矿体，地质队勘探探明铜金属储量为 33 万吨，铜铁矿石储量为 1155 万吨，还含有其他的金、钼、钴、银等金属。

物探队沿着岩体西缘的万迎山-虎形山-药园山矿段开展了 1∶2000 物探详查工作，最后得出结论：本区有一定的找矿前景。1958 年，常印佛等地质专家综合研究了这个区的资料后，认为“药园山的物探异常与地表地质、矿化情况都比较好”。1959 年钻探验证的结果揭示了药园山半隐伏的Ⅱ号矿体，长 350 米，厚 25～30 米，并倾斜延伸至 400 米以下。矿体均产出于岩体与围岩的接触带内。

凤凰山一个令人难忘的特点是，这个巨大的花岗闪长岩体表层形成了一层较厚的风化层，含有特别适合牡丹花生长的矿物质。因为牡丹花的根皮是一种贵重的中药药材——丹皮，所以当地家家户户都大量种植牡丹花。虽然我们在这里工作的季节并不是牡丹花的开花季，但可以想象，当漫山遍野的牡丹花绽放时，凤凰山一定到处呈现出一派欣欣向荣的景象。我们就在这愉悦的想象中展开了找矿工作，也希望这美景给我们的找矿工作带来福音，为国家找到大矿。

进入凤凰山矿区的公路边，在新桥地区的矶头山发现了在泥盆系五通组砂岩层（D_3w）上石炭系底部（$C_{2\text{-}3}$）有一层含铜黄铁矿层，规模很大。其中，新桥矿床Ⅰ号矿体长2560米，最大延伸1810米，平均厚度为21米，最厚可达60米；Ⅴ号矿体长1000米，最大延深550米，平均厚度为20米，最厚可达55米。矿体主要位于泥盆系五通砂岩组之上的黄龙组灰岩及部分船山组灰岩中；矿石主要由黄铁矿、黄铜矿、磁铁矿、褐铁矿、菱铁矿等组成，分浸染型铜矿石、黄铁矿型铜矿石、磁铁矿型铜矿石、黄铁矿矿石等。

在这一地区，地表出露的黄铁矿体已变为褐铁矿铁帽。过去冶金部门长时间都把它当作褐铁矿勘探评价，后来又作为化工矿产黄铁矿勘探，制订了露天开采方案，推测褐铁矿层的厚度可达几十米。可是，当时的苏联专家否认有找铜矿的前景，一直作为黄铁矿床勘查。经过17年6次勘探后，才发现了黄铁矿层中含铜，随即向深部勘探，逐步发现原来它是一个大铜矿，最后勘探得出铜储量竟达58万吨。同类型铜矿在铜官山矿田已有发现，但是人们一直没有关注。我们物探队则最为关注这类找矿对象，它最符合顾功叙老师提出的物探找矿对象的条件——矿体大、埋藏浅、导电性高。

中南矿冶学院和重工业厅物探队于1965年10月～1966年5月在新桥含铜黄铁矿体上联合开展了物探试验工作，投入了磁法、自然电场法、联合剖面法、激发极化法及电测深法，结论是：几种电法可圈定矿体与炭质岩层，用电测深辅以模拟计算，可以将矿体和炭质岩层加以区分。但是我未见具体资料，在此不做评论。

在长江中下游地区普遍存在的二叠及三叠系煤系地层是一种还原性好的地层，是有利于金属成矿的环境。但是这也会产生强区域性自然电场异常，有时区域电场强度可达几百毫伏，从这个区域场上辨别出矿致异常将成为物探工作的一个新难点。而且，煤系地层与矿层产出在一起，激发极化法和电阻率法也无法加以区分。显然，这也是找矿极难克服的问题。

1953 年 10 月，321 物探队转战到铜陵县的安子山黄铁矿区开展物探工作。从成矿地质条件看，它也可能为含铜的黄铁矿体，但区内岩浆活动不太强烈，表层含铜量也不高。印象中，磁法效果不好，自然电场法有些反应，电阻率法还是没有什么结果。为什么会是这样的结果？没有找到答案，工作成果也没有引起地质勘探人员的注意。但是，这次安子山的物探工作，我们付出的代价很大，也给我们留下了深刻的记忆。

安子山是个小山村，漫山遍野长满了密密麻麻的手指般粗细的小竹子，人钻不进去，无法进行物探施工。因此，为了施工，每天都要雇用民工负责砍伐竹子，开辟道路。即便如此，工作起来还是很困难。因为砍掉小竹子后，地面上就像倒插着密密麻麻的钉子，锋利异常，一般的劳保鞋踩上去就会把脚穿透。很多民工和队员不小心因此受了伤，而且伤势很重，以至于不得不停工休息养伤。后来想办法临时加工了一批厚底皮靴，才解决了问题。但这种靴子底太厚，沉重无比，在其他地方就派不上用场了。

安子山是个很奇特的地方，这个小山村非常闭塞，交通不便。物探队住在大庙内，没有什么遮拦。有时在夜间，大庙的四周常常有老虎吼叫，好像随时会冲到庙里似的，把物探队的小女孩吓得大哭大叫，把大家搞得惶恐不安。在这个矿区内，饮用水也存在问题，这里的水中含有大量硫酸根离子，我们喝了后都拉肚子。

就是在这么个十分可怕的地方，我们付出了艰苦的努力，但是没有绩效，只是在我的记忆里留下了很深的印记。

从理论和经验上讲，物探方法在这类矿床上是可以发挥作用的。这次没有成功，但更激发起大家的兴趣，使大家要研究探索个究竟。为什么会如此？这成为后来我去物探所科研攻关的对象，即如何找“大、浅、良导电”矿体。

1954 年年底，归属于地质部物探处（前身是 1953 年成立的地矿司地球物理探矿室）的十几个物探队先后收队回到北京，在北京地质学院进行工作交流总结以及地质找矿成果评估。此时的北京地质学院正在建设中，我们住进了刚刚完工的一座新楼。对比野外的生活条件，我们感到十分幸福。

非常荣幸的是，当年年终总结评比时，321 物探队被评为模范物探队，我也获得了劳动模范称号，部党委成员保卫司安司长给我戴上了大红花。那一刻我的感受是，所有努力和付出都是值得的！感动之际，我回想起一路走过来取得的成绩，又有哪一个不是在领导的帮助和支持下取得的呢？功劳应当属于上级领导，所以我毅然决然地摘下大红花给安司长戴上了。

六、对铜陵地区找矿的再认识

在 1954 年物探队集中整训的基础上，物探处成立了综合研究组，任务是对去年的物探工作进行评估，并确定今后的工作任务。随后，物探处又成立了生产技术科，我被委派为技术科的负责人，暂时代管科里的工作，任务是总结这 13 个物探队 1953 年全年的找矿试验工作。虽然这一年小有成绩，但大家总觉得远远不够，都在思考下一步物探工作应如何做。在此，我也对那一段的工作以及对该矿区的找矿认识总结一下。

结合自己在 321 物探队的找矿实践，我深深体会到，要想把工作做好，关键是要明确自己能解决的问题和解决不了的问题。承担任务也要以目前自己可以完成的任务为准；目前的技术水平还不足以完成的任务可以进行试验探索，但不能作为生产任务来要求，否则完不成任务会给自己带来挫败感，既影响情绪也不利于工作开展。321 物探队在这一年里之所以能取得较好的找矿成果，很大程度上取决于磁法在该矿区找矿的有效性，而且我们的工作又恰巧部署在没有矿床露头的隐伏矿体上。在这种情况下，由于单一的地质工作效果不大，这就使我们充分发挥了我们物探的找矿作用，因此找矿效果显著。同时，物探方法的科技进步对提高找矿效果非常重要。例如，含铜黄铁矿体规模很大，应该是物探工作的一个非常好的勘探对象，外国已经有很多成功的案例，但我们的技术方法还不行，因此，在这方面我们的物探方法就起不到指导找矿的作用。

经过几十年的勘探，铜陵地区各个矿区矿体的产出部位可归纳为下述成矿模式图（图 3-5）。

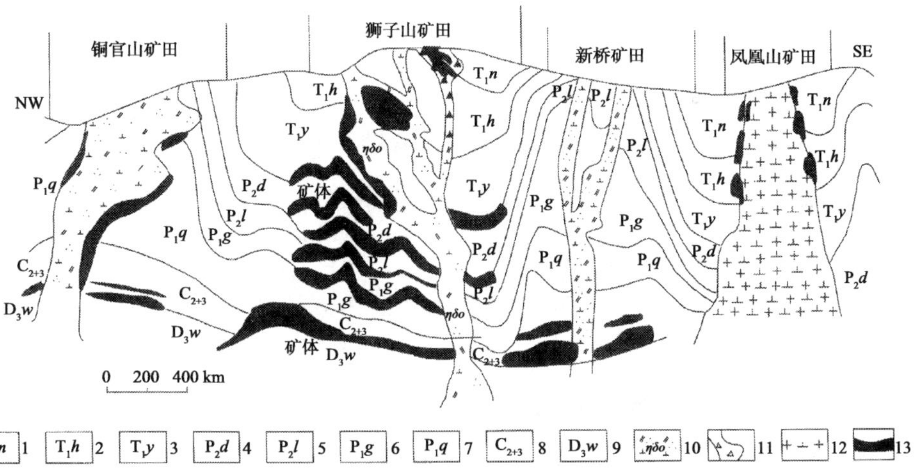

图 3-5 铜陵地区矿集区重要矿田构造分层成矿特征示意图
（引自毛景文，张作衡，裴荣富，2012）
13 代表矿体，10、11 及 12 代表携带成矿流体的火成岩体，
其他图标代表不同时代的地层

从图 3-5 中可见，钙碱性岩浆与灰岩接触交代形成的铜铁金矿床可以有多种类型矿体产出。埋藏较深的泥盆系顶部与石炭系底部黄龙组间层状含铜黄铁矿层，是一种远离接触带的层间矿体，岩体与围岩的接触部位还可能有浸染型矽卡岩型铜矿。另外，尚未出露

地表的隐伏岩体和矿体以及岩株的深部是否有大岩体，其含矿性如何，都需要我们去探索。过去，我们仅仅关注了接触带附近的含铜磁铁矿和浅部的矿产，这只是我们找矿的第一步，接下来我们还要不断地研究和探索如何找深部的、不同类型和产出的矿体。而且，矿区不同，矿体的形成与产出也不同。狮子山矿田的矿床类型与铜官山的就有许多不同，如前者出现爆破角砾岩筒，而后者没有；在东狮子山边部的矽卡岩深部发现了很好的矿体，在冬瓜山（位于东狮子山东南方向）深部600～700米处还发现了新桥式的含铜黄铁矿层，而铜官山矿区也有类似于冬瓜山的成矿地质条件，其深部也应有矿体存在，但现在尚未有发现；在西狮子山和凤凰山矿田所做的物探工作仅在浅部含铜磁黄铁矿体上发挥了作用，但没有发现深部线索；而贵池铜山的成矿模式与狮子山的成矿模式类似，却在发现浅部含铜磁铁矿后找到了深部铜矿体……这一系列问题都等着我们进一步去寻找答案。

冬瓜山的含铜黄铁矿体、江西瑞昌城门山的含铜黄铁矿体，以及新桥的含铜黄铁矿层等，都属于这种类型矿床，其中冬瓜山矿规模很大。这个矿层是常印佛根据狮子山矿区多层位控矿的特点，推测深部存在石炭系的容矿层而提出建议检查的。经过队里集思广益认真研究后，1976年4月设计了6311孔，在880米深度见到容矿层位及含铜黄铁矿体，厚度达50米。后追索主矿体，确定了矿体长1810米，平均视厚度为32.24米，平均含铜1.01%，铜金属总储量为93.7万吨，共生的硫铁矿石为7356万吨。显然，这是一个大型的隐伏的铜矿床，它的发现是地质勘探学家们的杰作，是靠地质分析推测和打深钻探索检验的结果。这种类型矿床应列为长江中下游地区典型的物探找矿对象之一，特别是今后找矿的主要目标。但是，物探方法如何寻找这类埋藏较深的隐伏矿床，是个尚未解决的技术难题，应成为今后物探技术攻关的一个重要的研究课题。因为在长江中下游地区，含矿层石炭系的分布是普遍的，除背斜轴部出露一部分外，大部分地区都与冬瓜山类似，矿层都隐伏在地下。用地质模型的方法分析推测固然必要，但如果物探方法能够明确指示哪些隐伏地段找矿更有前景，将发挥事半功倍的作用。当然，这是就目前的勘探深度内得到的认识，更深部（如1000～2000米）下成矿的规律是什么还不清楚。

这一阶段，除上述找矿工作外，大家还深深地感到，长江中下游这一地区的生态环境非常难得，物产也十分丰富，真是一块宝地。记得在贵池前山、铜山工区工作时，早上出工经常看见狍子、麂、兔子、野鸡在山上出没，数量之多常常让人担心这些小动物会不会掉进地质探井里出不来；从贵池到安庆段的江面上，经常可看到几十只江豚成群结队地在水中嬉戏，我们渡江时都很担心小木船会被它们拱翻，还要选择这些小生灵休息的时候才敢行动。

记得我们物探队第一次吃鲥鱼时，大家发现厨师做鱼时不刮去鳞片，于是就给厨师提意见。厨师告诉大家，鲥鱼的鲜鳞不但营养丰富，味道鲜美，而且对鳞片下的优质脂肪和蛋白质能起到保护作用，防止在烹饪时营养流失，所以是绝不能刮掉的，他希望我们好好品尝一下这一时鲜。就是这种伙食，一个月才七八元钱。还记得1964年，我第三次下长江中下游时到九江地区开展大会战，星期天，我和同事林振民同志一起游九江时，还多次到浔阳楼去吃清蒸鳜鱼，一条鱼才一元钱，吃得很惬意。

九江就是《水浒传》中宋江杀了阎婆惜以后被发配的地方——元江。宋江在这里的浔阳楼上题了反诗，在楼下遇到“黑旋风”李逵与“浪里白条”张顺打架，等等。总之是个很有故事的地方。

2012年铜陵321物探队举行建队60周年庆祝活动之际，大家重聚狮子山区，回忆了过去在铜官山和狮子山战斗的峥嵘岁月（图3-6、图3-7），畅谈1952～1954年在321物探队工作的同志有6位先后当选为院士（图3-8）的荣光，探讨了在21世纪321物探队如何再振雄风，如何在安徽乃至全国的经济社会发展中再创辉煌。

图 3-6　2012 年 5 月，在铜陵举行的队庆

图 3-7　2012 年队庆时合影（左一、右一为 321 物探队领导，左二为常印佛，右二为赵文津）

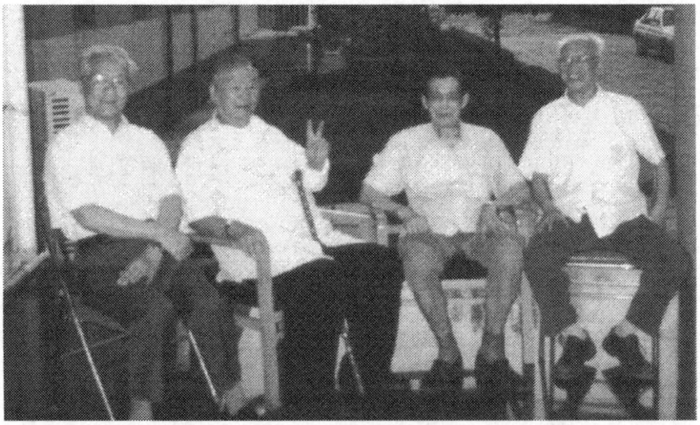

图3-8　在中土疗养院休假（从左至右依次为：常印佛、刘广志、陈庆萱、赵文津）

郭文魁（图 3-9），中国科学院院士，矿床地质学家，1952 年时任 321 物探队队长，开创了 321 物探队的历史。顾功叙（图 3-10），中国科学院院士，地球物理学家，开拓了我国物理探矿事业，后任地质部物探局副局长兼总工程师，物探研究所所长。

图 3-9　郭文魁院士

图 3-10　顾功叙院士

七、到个旧找锡矿，见证个旧金湖的诞生

云南个旧锡矿区是个百年的老锡矿区。中华人民共和国成立后，需要扩大产量，但又面临着资源不足的问题。它是中国的锡都，经济、战略地位都十分重要，物探工作应有所贡献。

1954 年 2～3 月，物探处组织队伍进入云南个旧老锡矿区，研究如何找锡矿以增加锡矿储量的问题，队长为冯克坦，技术干部有吴功建、杨辟元、刘敏、戴荣琦等。但是队伍到达以后，发现问题很棘手。比如，原以为个旧是以锡石硫化物矿体为主，那么找锡石硫化物矿床，物探方法应该是有效的。但没想到，个旧地区浅层硫化物矿脉都已被氧化，变成遍布山坡的砂锡矿，厚度深达几百米，物探队的勘探手段对直接找矿完全无能为力，工作完全陷于困境，这是之前未充分调查的结果。

1954 年 7 月，我作为物探处的代表陪同苏联物探专家沙里柯夫和矿产勘探学家里祖诺夫到个旧锡矿区考察（图 3-11），研究如何使这个百年老锡矿重新焕发青春。当时还没有民航航班，我和专家们一起乘坐了一架里-2 军用运输机直飞昆明再转个旧。运输机机舱内没有装修，龙骨全部出露，仅在机舱内两侧边各设了一条长条座板，没有靠背，乘客只能靠在龙骨上。由于没有增压保温设备，舱内温度变化也很大，乘客坐在上面很是受罪。这是我第一次坐飞机，也是第一次进入西南地区找矿。

图 3-11　1954 年与苏联专家合影
（从左至右依次为：译员、赵文津、沙里柯夫、严育才）

这次出差给我留下了深刻的印象。从马拉格山脚下爬到山腰上的队部，用了半天多时间，一路上见到满山坡都是被水冲刷后堆积起来的砂锡矿，规模非常浩大，很是壮观。据推测，这些砂锡矿层厚可达几十甚至上百米。

图 3-12 是个旧锡矿床的成矿模式，这些砂矿主要分布在湾子街、竹林、松树脚、马拉格、牛屎坡、卡房、期北山 7 个地区，其中松树脚式、马拉格式、卡房式矿体赋存部位都已达到了氧化剥蚀带的较低层位了。按照 1955 年、1956 年提交的三个砂锡矿勘探报告提供的数据，当时已求出砂锡储量达 72.6 万吨，可见氧化矿发育的规模和深度有多么巨大。直到 1956 年，原生硫化锡石矿体的勘探才开始。

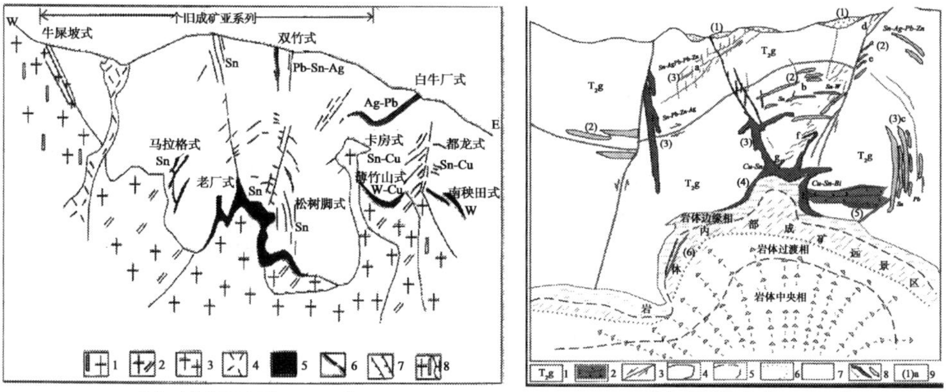

(a)（据罗君烈，1995）　　　　(b)（据陈守余，2010）

图 3-12　个旧锡矿成矿模式图剖面显示

在个旧锡矿的成矿模式图中，罗君烈的模式注明了个旧不同矿区内矿体相对于岩体的位置，对矿体围岩——三叠系地层没有做细分；陈守余的模式细分了三叠系地层和岩浆岩体内的岩相带，以及后来新发现的与深部玄武岩有成因关系的铜矿。图 3-12（b）中标有（5）上方的深灰色地质体及矿体代表了卡房地区变质辉绿岩铜矿。

锡矿体分为花岗岩接触带型、层间原生及氧化矿型、变辉绿岩型等多种类型矿产，矿体围绕岩株分布。依据这些成矿模式，地质人员强调要关注碳酸盐岩覆层下花岗岩体上突起的小岩株部位，再围绕着小岩株找矿，以此提出了用物探方法圈出小岩株及可能赋存矿体的地段来间接指导找矿工作。于是，物探工作就围绕这一思路展开了勘查和研究。

冶金部门云南物探队报告了他们在个旧大岩体上开展的直流电测深方法试验，认为有可能得到沉积层下面花岗岩岩体的起伏情况。图 3-13 展示了岩体顶界面起伏，有 7～8 个点上已有钻探结果的检验。但是，还缺少电性剖面来说明两者的关系。

物性依据：上部风化层电阻率为 1000 欧姆・米以下，中间灰岩为 5300～22 000 欧姆・米，深层花岗岩体为 1500 欧姆・米。灰岩

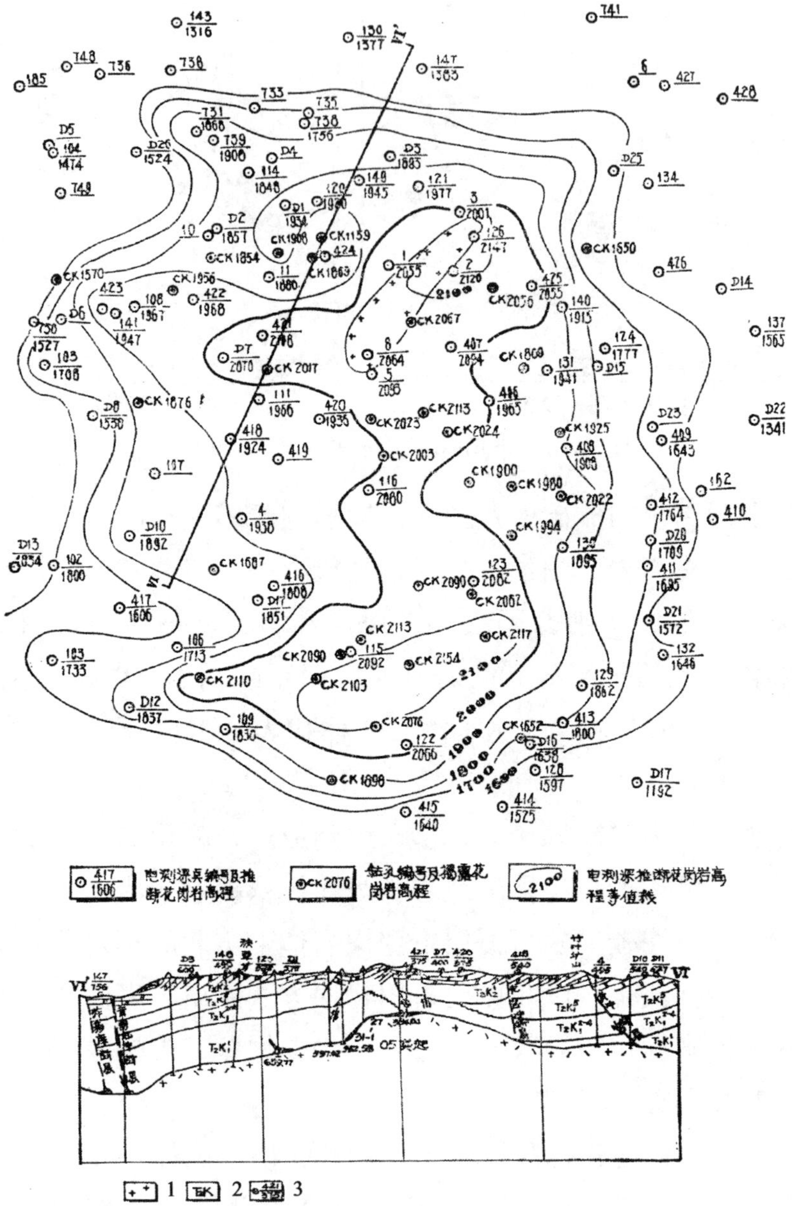

图 3-13　个旧大花岗岩体直流电测深求出的岩体顶部起伏
（引自冶金物化探会议专辑）
1—花岗岩；2—中三迭统灰岩；3—电测深编号（上）及其推断深度（下）

与花岗岩的电性相差不大，可能局部有足够的差异，这成为电法探测的基础。

301 物探队也做了电测深试验，但没有成功，可能是碳酸盐岩地层与花岗岩岩体之间没有足够大的电性差，不足以形成明显的电性界面，从而无法将它们区分开来。我们也曾试着用重力法研究这一问题，但是由于重力法的地形改正极为困难，也没有取得成功。后来，物探研究所还企图用地震勘探方法解决这一问题，但也由于地震方法技术难度大、成本高等一直未能如愿。

在个旧山区我们还发现一个非常奇特的现象：这里的自然电场很强，最强达到 700～800 毫伏，几乎与 1.5 伏的电池电压的 1/2 差不多。这或许与地表覆盖层和地下埋藏的矿体之间的地质结构有关，或许与山形有关。猜测的说法很多，但没有定论。

苏联专家到达个旧后，矿区内连降大雨。个旧选厂正位于一个岩溶塌陷形成的地形低洼处，平日里降雨后，雨水都可以从盆地边缘老阴山下的一口大落水洞排泄掉。可是，这次降雨，大落水洞不但不排水了，反而还从洞中大量地向上涌水。水不断上涌，眼看厂房就要被淹没了，这可把大家急坏了。大家想了很多排水方案，但怎么也控制不了水向上涌的速度，最后只好放弃排水，任由洪水上涨。这时有人提出，不如把水控制起来，形成一个新的湖泊，这可以对个旧城进行一次彻底改造。于是，这个无奈之举就成就了今天的个旧湖——金湖。现在的个旧城依湖而建，湖四周是供市民休息散步的公园，风景秀美，给个旧这个几千年的古锡城平添了不少景色（图 3-14）。

至今，在新市区东部的老阴山下还建有抗洪纪念广场及纪念馆，记录了这段不平凡的抗洪历史。

记得我们离开矿山去昆明时，天仍然下着雨。苏联专家和我们一起坐着用八个大汽油桶捆扎的桶筏子，驶过金湖水面，湖面上到处漂浮着杂物、油污、破木头，人必须趴在筏子上才能勉强从高压线下滑行过去，情形十分惊险。可惜的是，当时没有留下记录这段经历的照片。

一般来讲，从个旧到昆明，要先坐个旧—碧色寨—石屏的小火

图 3-14　个旧新市区

车（图 3-15）到开远，再从开远换乘法国设计的中型火车到昆明。而苏联专家这次来去都是坐着专门的汽车。

图 3-15　个旧—碧色寨—石屏线小火车

1956～1957 年，我在西南工作时，出入个旧都要走这条路线，来去都是乘坐这种矿山小火车，还是很有意思的。

个旧—碧色寨—石屏小铁路是国内第一条民建民营的铁路，是中国人民为了保护国家利益经多年斗争得来的，很不容易。昆明—

开远的原滇越铁路是法国按法国标准修建的，轨宽 1 米；开远到个旧则是乘坐中国民营的小火车，轨宽仅 0.6 米。

在中法战争结束后，清政府应法国政府的要求，开放给他们筑路权，允许法国人修筑昆明到河内的滇越铁路。这条铁路在 1910 年通车后，法国人又要求修筑支线，加快外运个旧锡矿等云南物资。但迫于当地百姓的反对，清政府一直没敢答应，当地乡绅几十人联名申请要自建这条铁路，但是清政府也不敢批准。1911 年辛亥革命成功后，法国人又要求修铁路。当地工商户在 1912 年三度联名上书要求自建，最后获得云南都督蔡锷的批准，蔡锷还同意资助一部分资金。就这样，全长 72.6 千米的个旧—碧色寨—石屏的小铁路修起了。为避免铁路被法国人利用和侵占，设计上采取了一些措施，如将轨距设计成 0.6 米就是基于这方面的考虑。经过 10 年的努力，铁路终于在 1921 年 11 月初通车。虽然运输能力较弱，但经营效益很好，年收入可达 200 多万元。这种小火车，人们面对坐着时要将两腿交叉才有伸展的空间；小火车爬坡时，在坡度大一些的地段就十分费劲，甚至要后退几次才能冲上山坡，越过山岗；车上也没有卫生间，乘客要方便，就自己跳下车，方便完了再去追火车都来得及，可见车速之慢。相比之下，法国 1 米轨的火车就高级多了，和北京市内的有轨电车相似，人可以在车内自由活动，座位之间的空间也比较大，坐着很舒服。尽管如此，坐在小火车上的感觉还是不一样，因为这是辛亥革命以后中国人自己设计、建造和运营管理的，是我们充满爱国心的同胞们靠着不懈的努力奋斗争取得来的，坐在上面能给我们中国人带来力量和民族自豪感。

八、物探工作转向大普查

1954～1955 年是中国物探工作开始大转折的阶段，这时正在物探局工作的我，亲历了这一转变的过程。

1953 年 13 个物探队一年多的找矿实践说明，物探工作只在矿区内外找矿，工作效果是很有限的。大家迫切希望走出一条新路，以便让物探工作为国家做出更多的贡献。

1954 年下半年，地质部召开了第一次物探工作会议，会上，苏联专家歇尔施尼尧夫提出“物探要转向地质普查，发挥自己的优势，做提前普查与评价”“物探工作要远远地走在地质勘探工作的前面”等工作方向性的建议；顾功叙总工程师在会议总结讲话中指出，“正确提出地质任务是物探工作能否取得成果的关键……根据专家建议，物探工作应该远远地走在地质勘探工作的前面……”这里强调指出：一是要选择好物探可以发挥作用的目标任务，二是要走在开展地质普查工作之前。这是我国物探工作转变指导思想和工作路线的开始，也是中国物探走向辉煌的开始。应当说，“远远地走在地质勘探工作的前面”的具体含义还缺乏明确的界定，今天看来，地质找矿工作是一项系统工程，物探工作应在这一系统工程的相关链条上发挥自己应有的作用。

1954 年 8 月，在苏联支持下，地质部成立了中国第一个航空磁测队。这是物探转向大普查的开始，具有标志性意义。据说，何长工副部长访苏时斯大林特批给中国几台航空磁力仪。当时苏联的航空磁力仪是旋转感应式磁力仪，是磁法专家洛加乔夫教授发明的，苏联用它来侦探水下潜艇，虽然这种仪器灵敏度低，但这是中国第一批航空测量仪器，非常珍贵。何长工副部长将其带回国后就放在他的办公室保险柜中，后来又从他的保险柜中拿出来亲手交给了物探局领导。可见其何等珍贵，何等重要！

历史已证明这一战略决策是十分正确的。航空磁测队在接下来的全国铁矿普查及含油气盆地远景评价研究中发挥了巨大作用。当然，这与航空磁测技术不断提高密切相关。现在的技术发展已经从最初的感应式发展到磁通门式，再发展到核子旋进式，到使用量子磁力仪以及超导磁力仪，灵敏度提高了几万倍，找矿效果大大提高。与此同时，局里还决定成立西方物探大队，目标是在白银厂地区海相火山岩分布地带开展大面积的含铜黄铁矿型铜矿普查。

1954年年底，国务院下文，明确要求地质部、燃料工业部、中国科学院“二部一院”今后担负油气工作联合攻关任务。其中，地质部负责石油普查工作，燃料工业部负责勘探开发工作，中国科学院负责有关的科学研究。1955年年初，我们物探处也开始忙碌起来，筹组石油物探队。我们生产技术科人员还走访一些专家征求意见，比如，如何建队，到哪里开展工作，等等。1955年8月，地质部决定在物探处的基础上成立地质部地球物理探矿局，何善远同志任局长，顾功叙任副局长、总工程师，周镜涵同志任副局长等，局下设金属处与石油处等多个业务处，开始向能源进军。

按照国务院的指示精神，1955年，地质部决定在华北和松辽盆地开展综合地球物理大剖面工作（直流电测深、重力、磁法、一些地段的反射地震工作）；1956年年初，又成立中苏航磁合作队，在上述两个盆地开展石油普查工作。这时，身在机关的我也坐不住了，决定申请到野外去，在找矿实践中考验和锻炼自己。于是我提出申请，去参加组建西南物探大队，到四川和云南找铁矿和石油。

九、主动请缨下西南，奋战在川西长征路上

1956年4月，部局领导为了加强西南地区找矿，以推动西南钢铁基地建设和四川盆地找油气工作，决定成立西南物探大队，我就主动请缨到西南去找矿。部里指派华北局肖尊一为大队长，娄云峰为副大队长，我为大队技术负责人、副主任工程师，与从东北鞍钢来支援的一批非地质物探专业的管理干部一起离开北京，赴重庆解放西路租房筹建大队，开展工作。随后，大队人马很快就到了重庆开展工作，组建工作进行顺利。随后我就下到基层研究问题去了。1957年6月，成都西安中路枣子巷的队部基地建成，全队才从重庆搬到成都的新队部。

在西南地区工作，一次出差总要耗费一两个月，所乘交通工具

主要是当地的公交汽车。当时的公交汽车只能坐二十几个人；车烧的不是汽油和柴油，而是木炭炉产生的煤气，每辆车后都竖着一个烧木炭的煤气发生器，跑一段路就要摇一摇鼓风机，增加煤气量，否则汽车就爬不上坡。

西南物探大队的第一项任务是保证西南钢铁基地建设需要的矿石原料；第二项任务是开展四川盆地找油气工作；第三项任务是继续推动个旧地区找锡矿工作。所以，我们出差的地点主要是西昌、会理、个旧、金平、墨江和四川盆地。

每年出差的路线主要有 4 条，一年之内我都要跑个遍，到野外做调查。第一条是从重庆向南，经松坎，过娄山关的七十二拐，再经过遵义、贵阳、安顺，过黔滇边界的二十四拐，进入云南富源，再到沾益，转乘火车到昆明，再到开远与个旧；第二条是走成都、雅安，经凉山，奔西昌、攀枝花或会理，走红军长征走的渡口进入云南元谋等地；第三条是走川南，经泸州、叙永，过赤水河，再经赫章、威宁草海、宣威，进入云南到沾益，再沿铁路线到昆明，然后到个旧，接着沿红河走金平、墨江等地；第四条是到四川盆地的内江自贡等地，开展大足重力高，进行找油气的调查研究。

根据物探局提出的任务，作为大队的技术负责人，我强调的勘查战略如下。

（1）大力开展地质、磁法与化探的综合普查工作，遇到找矿远景好的地段，及时进行地质填图、打钻和山地工程检查验证并做出评价。比较来说，这 3 项工作对开展找矿工作应当是最有效的。为此，我们争取物探局给大队分配了 5～6 名大学地质勘探系毕业生，20 多名地质学校地质专业的中专毕业生，还配备了 4 台 100 米浅钻，并明确由大队的地质人员曾朝铭同志负责组织指导全队地质人员进行化探采样、地质填图，并参与成果的综合解释及矿点检查与评价。

（2）成立化探样品分析实验室，承担化探采样的分析，以及提高化探指标元素的分析精度与准确度的研究任务。因为用 1 米焦距的光栅光谱仪做光谱半定量分析，精度太低，达不到找矿的需要，所以特别强调要提高分析数据的精度和速度，以便及时指导下一步找矿评价工作。我们也争取到物探局将 4～5 名老化探人员调来化探实验室工作。几年下来，我们用化探方法，在西南地区发现了很多异常，为有色金属找矿提供了线索，但深入研究评价还不够。

（3）成立物探电法实验队，加强在铜、镍、锡、金等有色金属矿产上开展方法研究试验，力争找到提高找矿效果的途径，当时专门请朱梅生同志挂帅。

我们的工作规划是，铁矿普查从攀枝花矿区外围开始向北系统推进；铜、镍等金属矿则以会理为试验中心，向南北拓展推进；个旧锡矿及有色矿产普查，则沿着红河两侧开展，由东南向西北展开，即“三点三线”战略。

物探局领导，特别是周镜涵副局长对我们的工作给予了大力支持；大队在肖尊一队长的领导下，作风严正，不搞钩心斗角，对科技人员很信任与尊重，使我能全身心地投入找矿工作中。回想起这短短的两年，我感到十分幸运和幸福，也深深地感激这些领导和共事的同志们的关心与支持。

这里要特别说明的是，最早在攀枝花地区开展铁矿普查的物探队是 1955 年年初组建的会理物探队，全队总共有 40 人左右。1955 年 7 月底，经过一个多月的艰难跋涉，他们才到达会理的鹿厂，又接着走了几天的山路才到达南部的金沙江峡谷，在荒谷中搭起帐篷安营扎寨。没有清水，就喝稻田里和江里的浑水；没有新鲜蔬菜，就吃酸菜和自带的粉条子。大家就在这样艰苦的条件下开展了野外找矿工作。除了先后在金沙江南岸的兰家火山、尖包包、倒马坎已知矿体上圈出强大磁异常外，还在兰家火山、尖包包的东北、倒马坎的西南发现了强大的磁异常，大大地扩展了攀枝花铁矿范围。当时带队出征的曾可兴同志，是川西找矿的先行者、奠基人，他是广

图 3-16　曾可兴同志（右）工作照

东中山大学物理系的毕业生，1953 年参加物探工作，长期在四川地区工作。虽然他已先我们离开人世，但是他的功勋与业绩及其不畏艰难困苦的创业精神永存。图 3-16 是曾可兴同志 1955 年年底在攀枝花矿区的工作照。

1956 年年初成立西南物探大队后，会理物探队改组成 302 物探队，成为川西地区找铁矿的主力军。

西南物探大队先后在川西康滇地轴带内普查铁矿，取得了较好的成果。《中国矿床发现史 · 四川卷》中对这段工作做了很好的归纳。

（1）攀枝花钒钛磁铁矿。该铁矿是与其有关的辉长岩晚期岩浆分异形成的，分为 6 个矿段。1955 年 5 月～1956 年 1 月，302 物探队对 6 个矿段做了 40 平方千米 1∶1 万比例尺磁法测量，根据磁异常分布，确定公山—纳拉箐一带虽经金沙江断裂下切过两次，但底部矿体仍然相连，这就大大提高了矿床储量，使当时仅 6000 万吨的储量一下子扩大到近 10 亿吨。

（2）米易县白马钒钛磁铁矿。华力西早期辉长岩、斜长橄辉岩体，近南北向分布；矿体则是从北到南分为 5 个矿段：夏家坪、及及坪、田家村、青杠坪、马槟榔。1956 年 3 月，302 物探队在西昌会理地区开展 1∶10 万磁法普查时，首先发现了田家村磁异常，北东走向延长达 10 千米以上，封闭异常也达到 3 平方千米。经曾朝铭检查验证异常，发现了铁矿露头。与地质队配合，先后发现了及及坪、夏家坪矿段，及马槟榔、青杠坪南部矿体。到 1991 年，勘明铁矿石储量 11.9 亿吨，二氧化钛储量 4754 万吨，五氧化二钒储量 294 万吨。

（3）红格钒钛磁铁矿。矿体赋存于华力西早期基性-超基性岩体中，为晚期结晶分异形成的，从北到南分安宁村、白草、马鞍山、中梁子、红格、湾子田、中干沟、秀水河8个矿区。1956年1月，302物探队开展1∶10万磁法普查时，在红格矿区东南缘发现强磁异常，面积达5平方千米，经异常查证发现铁矿露头，白草矿区也有强磁异常。开始时认为是贫矿，并提交了评价报告。后又经多次勘探，终于查明矿区规模大，矿石选冶条件好。到1991年，已探明铁矿石储量26.7亿吨，二氧化钛储量3亿吨，五氧化二钒储量647万吨。

（4）西昌市太和钒钛磁铁矿。产于安宁河谷西侧的辉长岩体中，由南北两个矿区组成。1957年11～12月，309物探队（队长是庞学彬，技术负责人是李廷芳）开展1∶10万磁法普查时发现太和乡泡石头沟的南、北两侧有强磁异常，推测为深部铁矿引起的。1958年以后，又经地质队与物探队联合进行了多次勘查，规模不断扩大。到1991年已探明铁矿石储量8.91亿吨，二氧化钛储量0.99亿吨，五氧化二钒储量209万吨。太和矿品位较高，开采后对缓解重庆钢铁厂资源紧张起到很大的作用。

这四大矿区分布见图3-17。309物探队的技术负责人李挺芳同志长年坚持在西昌地区找铁矿，为地区发展做出了很大的贡献，他也是中山大学毕业的。

很有意思的是，这些含矿岩体的成岩时间十分一致，均为258.2Ma，而力马河的基性-超基岩体早了5Ma。为什么这一地区在那个时间段内集中出现了这样大规模的基性岩——辉长岩及玄武岩，这些岩体又携带了大量的钒、钛、铁，及其他铬、镍、铜等共生元素？许多学者不断地探讨这一科学问题。有人提出，这里原来是个二叠纪的老裂谷，但是，老裂谷又为什么会集中这样大量的成矿元素？为深入研究这一问题，在方毅副总理支持下，国家科学技术委员会在“六五”期间立了一个项目——攀西裂谷带研究。

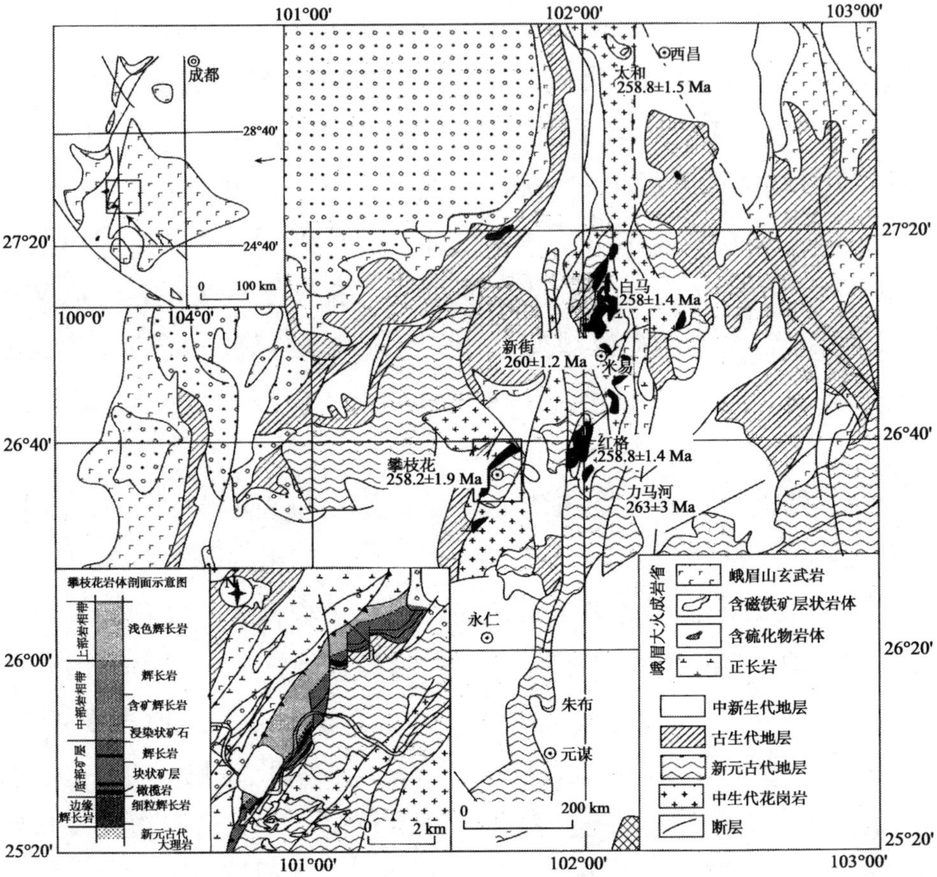

图 3-17 攀枝花、白马、红格、太和四大钒钛铁矿床分布图
（据 1：20 万地质图修改，图中岩体年龄据 Zhou,2004；Zhong，et al.,2005）

十、踏遍了川西的山山水水找富铁矿

为了解决重庆钢铁厂对原料的需求问题，物探队还优先安排了找富铁矿床的任务，但这种矿床的成因与钒钛磁铁矿完全不同。下面是我们找到的两个富铁矿的实例。

冕宁泸沽铁矿山在泸沽镇东约 4.5 千米，矿体产于澄江期泸沽花岗岩的南缘外接触带上，是沉积变质热液叠加改造富集的铁矿床。探明储量为 687 万吨，72% 为平炉富矿，全铁品位为 50.32%，埋藏浅，易开采。这个矿床在我们工作之前就被发现并做过地质评价，估计储量为 780 万吨。1956 年年初，309 物探队、304 物探队做了 1∶2.5 万及 1∶1 万地面磁测并圈出矿体，经地质队钻探及山地工程勘探求得储量为 470 万吨。

虽然这个矿床储量不算大，但这是西南物探大队找到的最大的平炉富铁矿床。这个矿床靠近凉山中心地区，找矿时正值凉山进行民主改革之际，政治形势紧张，来物探队的工作组都要随身携带武器。

在铁矿山工作时，每天都要做好准备：如果敌人来袭，我们如何应对，撤退时如何保护资料、图纸及设备。

当时，除了治安情况很差之外，还常常流传沿安宁河谷一带时有灾难性地震发生，物探队中的女孩子们一有风吹草动就钻到桌子底下，有的还被吓得“哇哇”大哭，精神十分紧张。

另一个富铁矿是泸沽大顶山磁铁矿床，位于成昆铁路泸沽站东 19 千米，安宁河大断裂东侧。与泸沽铁矿山的铁矿同为沉积热液交代铁矿，1956 年 4 月，地质队已发现山坡有磁铁矿转石，因治安条件太差而终止工作。1957 年年初，西南物探大队 309 物探队派刘国庆与陈敬良等到矿区工作，他们克服了很多困难，测制了 1∶1 万的地面磁测图，发现了磁异常，地质检查发现有磁铁矿露头，圈定了矿异常范围，后又做了 1∶2000 比例尺的磁法精测 1.45 平方千米。地质队进一步做了槽井探，圈定矿体求得储量为 318 万吨。后来，又经过多次勘探，储量不断增加。到 1966 年，大顶山富铁矿储量已达到 1516 万吨，高炉富矿占一半以上，还有伴生的锡矿，这又是一项重大的找矿成果。

20 世纪 50 年代初期，国家下令要在中国的大后方建起新的钢铁基地，这是国家战备的需要。而西南地区的重庆钢铁厂是当时可依靠的最现实的力量。因此，保证重庆钢铁厂的矿石资源，是件很重要的事情。

当时，国家对攀枝花类型的钒钛磁铁矿选冶技术尚不过关，利用不起来。20 世纪 80 年代，方毅副总理亲自抓攀枝花钒钛铁的选矿冶炼工作，技术过关后，钛和钒的资源也成为宝贝：钛金属轻、耐高温、强度又大，是制造高级飞机的好材料；含微量钛钒的钢特别耐磨，现在已成为高速铁路钢轨的必备钢材。

十一、血洒登相营，换来凉山青

在寻找富铁矿的过程中，我们物探队有人牺牲了。

在我的内心深处，一直镌刻着这个名字——刘英，一位优秀的年轻警卫同志。1957 年夏天，304 物探队在凉山州喜德县登相营找富铁矿时，他遇到敌人袭击。那一天，物探组早晨出工，在警卫班的护送下，顺着山沟往山上攀登。突然枪响，他们掉进了敌人预先布置的埋伏圈中。从三个方面打来的子弹袭向领头的警卫班长，他当场中弹身亡，枪托都被打碎了，这位好青年就这样牺牲在战斗岗位上。副班长梅士英立即站出来，让大家听他指挥，他沉着冷静地指挥着全组人员有序地撤退出来，把班长的遗体和枪也全抢了回来。

当时几十个人的 304 物探队，就配备了一个有 12 支卡宾枪的警卫班。事后传闻，当时的暴乱者并没有把这些枪支放在眼里，而是设好埋伏等地质队上钩，缴获地质队的枪。恰巧，那一天地质队临时改变了日程，决定不上山了，而物探小组则仍然照常出工，一个 10 人小组，2～3 台仪器，10 位警卫人员，结果全掉进敌人的埋伏圈中。

每当想起这件事，我总感到难过与痛心。如果当时我们事先有所准备，他就不会失去年轻而宝贵的生命了。他用生命的代价教育了我，让我在以后的工作中更加小心谨慎，考虑问题尽量周全。

十二、进入四川盆地找油气　摸摸“大足重力高”

在四川找油气是很有前景的，因为四川用天然气熬盐的历史已有千年以上，这说明它的天然气资源很丰富。但是，可供现代化大规模开采的工业气藏和油藏又都分布在哪里呢？这就是我们亟待解决的问题。

按照 1954 年 12 月国务院的决定，地质部自 1955 年起开始承担石油普查任务。1 月，地质部召开了第一次石油普查工作会议，决定 3～4 月先在准噶尔盆地、吐鲁番盆地、柴达木盆地、鄂尔多斯盆地北部和六盘山地区开展工作。对于四川盆地及华北平原的油气普查，则先侦查一下做准备，积累一些地质资料，为下一步进行全面铺开勘查打好基础。

1956 年 2 月，地质部召开了第二次石油普查工作会议，决定组建 14 个石油普查大队，24 个物探队，提出要加强四川盆地的找油气工作。1956 年中，物探局在决定组建西南物探大队的同时组建了负责四川盆地油气物探工作的 303 物探队（队长是王金堂，技术负责人是万有林）。

1956 年建队后，首先要提出盆地工作的设计书。开始时，物探队对四川盆地找油气的主要对象并不清楚。当时的技术手段有限，能解决四川油气勘查的什么问题也不清楚，所以这项工作具有很大的探索性和挑战性。

鉴于四川盆地侏罗系盖层地表出露较好，地质部规定四川石油地质队的主要任务是做石油地质填图。为了配合地质填图，石油队配备了 6 台机械式浅钻机，后来又增加了一台 500 米型和一台 1000 米型钻机。通过填图掌握了盆地的地层、构造、含油局部构造、评价区域远景，并圈定了地表 29 个圈闭良好的局部构造。后来，又在川中和川西南发现 19 个背斜构造（包括龙女寺构造）。1957 年，又在川东地区发现和圈定了 36 个构造，这些局部构造后来有一些成为油气田。经过这一阶段的工作，逐步形成了以中浅钻探发现油气藏的思路，但对深部圈闭构造的勘探还是不得要领，也缺乏方法。

石油部门开始时也是以局部构造为中心开展钻探找油工作。中国石油管理总局局长康世恩于1955年9月～1956年2月到苏联各油气田参观考察了半年，特别是从第二巴库油区学到了苏联在俄罗斯地台上找大油气田的经验。回国后，他立即开会调整了大家的工作思路，强调“必须打破过去只在盆地边缘局部地区、局部构造上转圈子的做法”，要上地台，要进入盆地内找大而平缓的构造，抓大油气田，并决定要以川中和克拉玛依为重点，另外推动5个新区的工作。

地质部门物探工作选什么任务比较妥当呢？地质部物探局要求，以了解全区的基本地质构造背景为主，选择物探方法可以解决的问题来确定任务。于是，303物探队以海相三叠系为目标层，先从区域着眼，搞清楚区域构造的基本轮廓，然后进行区域性远景评价，优选找油气的远景区。

物探工作部署还从大足地区的重力高下手，探讨其产生的原因及与川中古隆起的构造关系，以深化对区域构造背景的认识。当时认为大足重力高可能代表了一个古基底隆起，上面可能是一个大的复背斜构造，可能是一个找油远景地点。考虑到303物探队仅配备了重力、磁法、电测深、地震法、化探等方法的仪器设备，其中的地震仪还是老的光点记录地震仪，而且处于试验阶段，于是我们将地震试验剖面部署在永川（重庆市西边）—遂宁长220千米的地段，大体上近南北向穿过大足重力高。地震试验时，在古隆起的东南角发现一个生物礁体的地震成像反应（鱼眼式反射体），大家认为这是一个好苗头。因为，作为主要目的层的下三叠统的浅海相嘉陵江组灰岩和早三叠统滨海相的飞仙关组页岩，储油储气条件都不太好，而认为礁滩相带可能更有希望。不过，普遍的看法还是以找构造油气藏为主，以俄罗斯地台式的大型平缓构造为对象，对别的油气藏方式没有概念。

图3-18所示为石油地质调查新得到的构造概念。永川位于重庆、泸州之间，永川—遂宁剖面大致是从永川向北偏西一些的方向伸展。

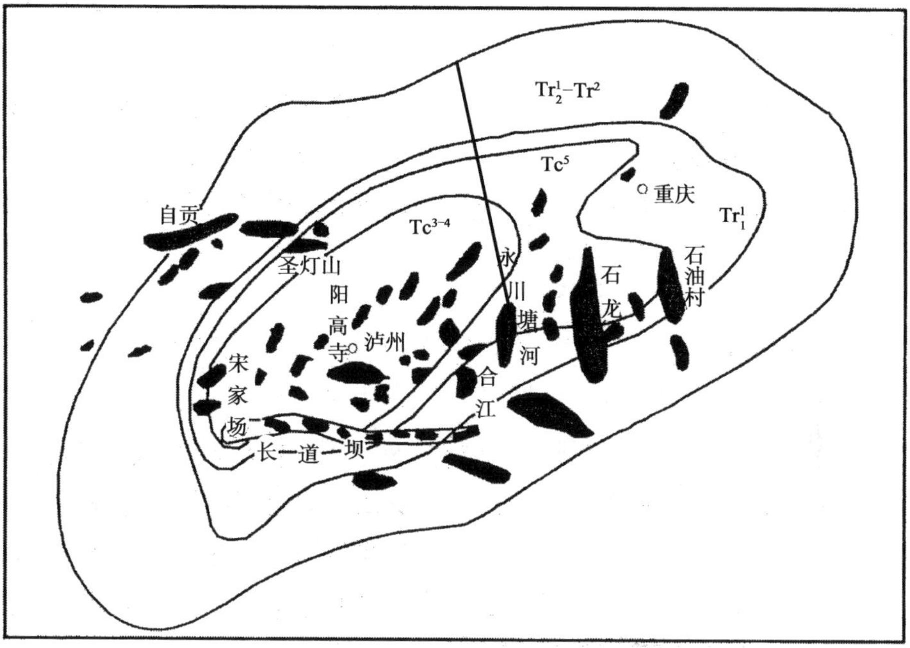

图 3-18　泸州古隆起二叠系、三叠系气藏展布示意图
直线为地震剖面位置

据文献介绍，当时在川东、鄂西已发现有二叠系长兴组生物点礁存在，飞仙关组也有点礁相分布，但一直没有引起人们的重视。长期以来，大家一直以找构造油气藏为主要目标，包括“七五”时期开展的技术攻关也都是以地震技术攻关为主，解决上下构造层构造高点的精细成像问题，指导思想未变，找油气工作一直没有重大突破。

在“十一五”期间，马永生系统地研究了四川地区三叠系与二叠系岩相古地理问题，发现了二叠系的礁灰岩相与三叠系的鲕状灰岩相地层很厚，是很好的储层。经打钻检查后，一下子就发现了蕴藏在这一相带内的普光大气田，礁相带这才引起人们的广泛注意。这一礁相带沿开江-梁平陆棚带与两侧的台地之间分布。普光气田分布在东侧，西侧也在仪陇县龙岗地区和苍溪县的元坝地区相继发现了大型礁相带气藏。这样，就将原来认定的东北向构造方向找油气，改变成沿西北向岩相带的分布方向找油气，使找矿方向变了 90 度。

原来的大足重力高地区则处在西部的碳酸盐岩台地上。今后如何突破仍然是个值得研究的新课题。

回过头来看，首先，根据石油部在川中地区会战的成果，龙女寺等构造带的侏罗系储油层不是砂岩型而是受岩层内的裂隙控制，出油很不规律，得不到什么大储量。这与苏联第二大油田巴库罗马什金油田完全不同，看来我们学习苏联经验有些简单化了，多年的实践也说明，大庆找油的具体经验同样也不能简单化地学习。大庆重力高是大庆长垣的反映，而四川大足重力高则完全是由古隆起引起的。其次，四川地区的确也存在上、下构造层的高点位置不一致的问题，这也造成早期打了很多空白井。在国家“七五”攻关中还立项专攻这一技术问题。当时我已在地矿部科技司工作，具体主持了这次技术攻关，会战的地点选在川东北地区。后来的实践证明，上部地层是以裂隙性油藏为主，深部则是以构造岩相带控油气为主，如普光气田、龙岗气田。现在又进一步推进到古生界地层中找油气，油气藏以什么形式存在，藏在什么地段，都需要进行新的探讨。

由于松辽盆地油气普查工作进展形势很好，地质部决定将西部盆地的物探力量逐步往大庆及其他地区调动。1957 年年底，物探局将 303 物探队的电法队（田正平等）调到大庆，地质部决定将四川盆地石油普查工作暂停下来，并于 1962 年撤销了第四普查勘探大队。直到 1964 年，地质部下令将发现大庆油气田的第二石油地质大队与第二物探大队整建制地调入四川盆地，石油普查工作才又重新开展。但这是后话了。

今天，四川油气勘查已取得重大突破。除突破了二叠-三叠系岩性油气藏（普光气田、元坝深层气田）之外，又在涪陵焦石坝地区深部发现志留系底部的龙马溪组-奥陶系顶部的五峰组页岩含气性很好，并已将之建成我国第一个大型页岩气田；在四川古隆起的深部已揭示出在震旦系灯影组硅质浅海相碳酸盐岩中赋存的大型气田——安岳大气田，远景很大。应当说，这在过去是不可想象的。

它打破了通常的构造油气藏和一般的岩性气藏的概念，而转向烃源层同时也是储集层的概念。不过，这还处于有机质生烃的基础上，仅仅是具体找油气藏观念的调整而已。

十三、建立实验队　在会理铜镍矿上开展找矿方法试验

20 世纪 50 年代，中国不仅缺能源，铁、铜、铬、镍等这类制造不锈钢、特种钢的矿产也很奇缺，因此，西南物探大队的另一项任务是开展铜-镍矿的普查。

1956 年大队建队后不久，我就到会理力马河队蹲点，与队上一起研究找镍矿问题。队部在鹿厂镇，从鹿厂到力马河工区还有近 20 千米的路。当时鹿厂镇附近水质很差，含硫高，人喝了都要闹肚子，队上许多的职工都长期闹肚子，弄得职工出工爬山都是有气无力的。为了解渴，也为了治病，大家就轮流买当地特产的宝珠梨吃，这种梨吃起来又酸又甜，水分又多，虽然质地较粗，但渣子很少，梨味很浓，而且非常便宜，一斤才一角钱。鹿厂集市两天一次，一次一个人买 5 角钱的，堆在桌子上让大家随意吃，这一点给我留下了深刻的印象。2014 年我重返会理时，到处找宝珠梨却找不到了，到昆明又去找，但只找到了宜良产的宝珠梨，价钱是 15 元一斤，吃起来完全没有过去宝珠梨的味道了。

为了找镍矿，大队先后派物探队到力马河硫化铜-镍矿床、杨合五超基性岩体、丹巴铜镍矿、云南金平的白马寨硫化铜镍矿床，以及云南墨江金厂超基性岩体上开展了找矿试验，试图利用已有方法找到矿。

（一）力马河硫化铜-镍矿床

力马河硫化铜-镍矿床是中华人民共和国成立以后探明的第一个镍矿，也是最早投入开采的镍矿，位于会理县城西南 30 千米，含矿岩体南北向长约 800 米，宽 110～170 米，以闪长岩、辉长岩为主，

由东向西依次为闪长岩、辉长岩、少许辉石岩、橄榄岩，岩体的岩相分异情况较好，但地表所见规模太小（图 3-19）。硫化铜-镍矿赋存在下部的橄榄岩中，矿石呈浸染状和陨石状结构，矿体长 500 米，厚 2～29 米，延深 250 米，深部东倾，由镍黄铁矿、针硫镍矿、黄铜矿、磁黄铁矿等组成，经过勘探，探明的镍金属储量仅为 2.76 万吨，铜位 1.38 万吨，镍平均品位为 0.98%，铜的平均品位为 0.51%。

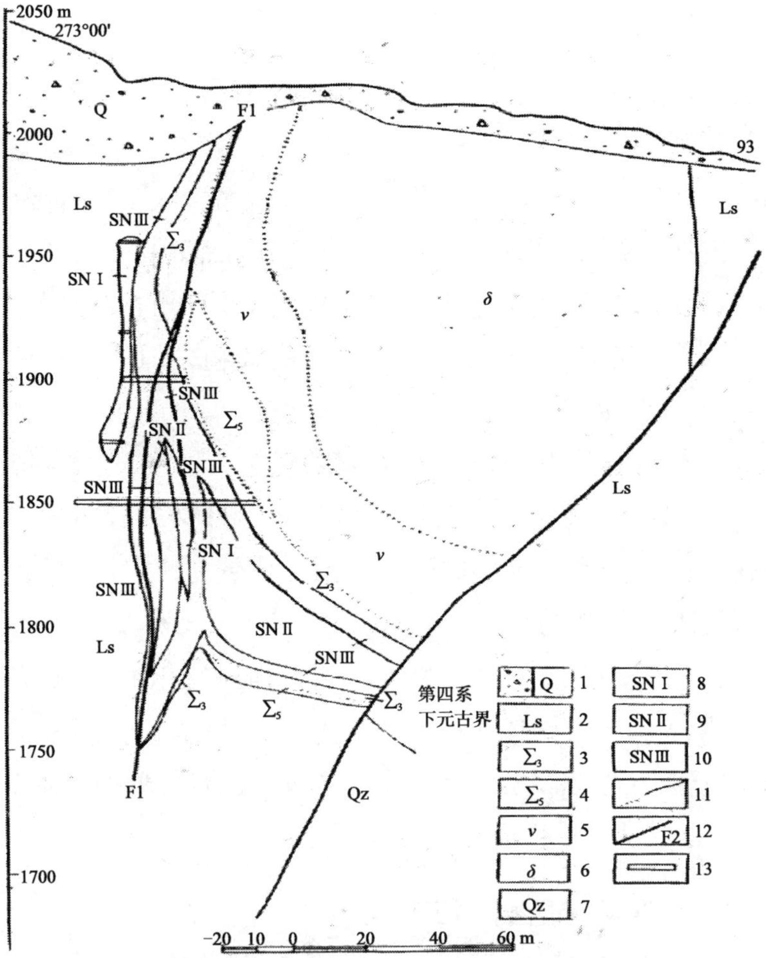

图 3-19　力马河镍矿地质剖面图（据四川西昌地质队，1963）
1—堆积层；2—薄层状硅化灰岩；3—单辉橄榄岩；4—单辉岩；5—辉长岩；6—闪长岩；7—石英岩；8—块状矿石；9—海绵晶铁状矿石；10—浸染状矿石；11—岩相界线及地质界线；12—断层及编号；13—坑道投影位置

还发现了 11 条致密块状矿石的富矿脉，厚 2 米，延长 13～30 米，含镍为 4%～6%，为后期贯入于浸染状矿体内的矿脉。矿石有两种结构，即浸染状与致密块状，又有磁性黄铁矿存在。这一岩体含矿虽然少，但是具有硫化镍矿产出的基本特征，其地质地球物理条件很具代表性。矿体有分异式的，也有贯入式的富矿脉。能不能在深部或其他部位发现新的矿体？我们想，物探工作应以它作为基本矿床模式进行找矿方法的试验应用。

会理物探队于 1955 年 7 月到力马河矿上开展磁法、自然电场法及人工电法试验，圈定了覆盖层下的岩体范围。1957 年，朱梅生率大队的试验队又在矿区进行方法试验研究，但没有什么新的找矿发现。究竟是矿体过小过深，远景有限，还是现有物探方法本身能力有限，或是方法选择不当，还不得而知，我认为不能就此做出无矿的定论。后来，我到物探所工作时，还积极推动在甘肃金川镍矿和吉林磐石镍矿上开展物探方法试验，还亲自到矿山调查，汇集并研究有关资料。总的来说，我们对一个岩体的全面加深调查研究还是很不够的，工作不到位。1962 年，我还一个人跑到吉林磐石红旗岭镍矿去调研，发现它与力马河镍矿的基本岩相结构是一致的，但前者产有很大的贯入式的致密矿体，而力马河矿山有致密矿体（SNII 矿体，海绵晶铁状矿石），但很小，没发现大一些的，其原因一直是个谜。

2015 年，汤中立院士总结了我国找铜镍矿的经验，提出一个论断，即“小岩体出大矿”，认为国内的大型铜镍矿都是如此。力马河岩体是个小岩体，会不会也有大镍矿呢？现在还无法判断，可能需要研究深部成矿物质的来源。小岩体本身不可能产生大量的矿物质，应当深部还存在小岩体与铜-镍矿物质的母源体。人们研究铜-镍矿常常就矿谈矿，对宏观成矿体系与控矿构造是忽视的，这是妨碍深化认识其成矿条件和成矿规律的，也不利于进一步开发新的找矿方法。

（二）墨江镍矿

风化壳型硅酸镍矿床具有世界上最大的镍矿床，以古巴和新喀里多尼亚岛最著名。中国墨江风化壳型硅酸镍矿床位于哀牢山脉中段，元江与墨江两县的交界处，超基性岩体的岩性是以纯橄榄岩为主，而地表未见基性岩。1957 年 2 月，云南地质局地质队开始是按硫化铜-镍矿来部署找矿工作的，后确定为风化壳型硅酸镍矿床，并在金厂、安定、龙潭等地都发现了超基性岩。其中，安定、金厂两个岩体面积分别为 19.6 平方千米与 3.6 平方千米，风化壳一般厚度为几米到 20 米。1957 年 7 月，邓家藩在安定路边发现超基性岩，通过样品分析发现其镍含量很高。转入勘探后，物探队配合着进行了磁法、自然电场法面积性测量。到 1960 年，勘探得到镍金属品位大于 0.8% 的可利用的储量为 42.65 万吨。物探队用磁法圈岩体有效，但在找硫化矿时没有发挥作用。1957 年，我从金平镍矿到达墨江安定镇了解工作进展和问题，当时还认为应当考虑有无硫化镍矿的问题，不过岩体的地表分异现象并不明显，这对找硫化镍矿是不利的。

墨江是一个哈尼族自治县，哈尼族人无论男女，其服装均以黑色为主。我到墨江后，一下汽车就被一群身着黑色服装的哈尼族女同胞围起来，她们问这问那，好像对探矿人员感觉很新奇，十分热情。这个地方热带风情浓郁，到处都是仙人掌科的植物，而且长得很高大，尽显北回归线的风光。

十四、西南物探大队的历史使命结束了

1958 年“大跃进”开始，要求各省建立自己的物探大队，以促进地质与地球物理和地球化学探矿的紧密结合。这是解放生产力的需要。

地质部决定组建各省局物探大队。西南物探大队也随即宣布撤

销，并在当时工作安排的基础上，分别组建成都、昆明和贵阳三个物探大队。1958 年 5 月底，我与娄云峰副大队长等一起经川南、贵州赫章、威宁草海，到云南宣威，再到昆明，筹建云南地质局昆明物探大队，由娄云峰任队长，我任主任工程师。

图 3-20 是我们离开成都物探大队时全体人员的合影。我在昆明物探大队工作几个月后，9 月就奉命调到地质部地球物理探矿研究所（以下简称物探所）工作。此时，我已患有严重的脉管炎病，左脚动脉阻塞，血流不畅，脚色已发暗，有坏死截肢的危险，致病的直接原因是长期在西南潮湿地区坐车造成的血脉不通畅。对于这个病，20 世纪 50 年代时西医唯一的办法就是在病情发展到一定程度后进行截肢。后来我在《中国青年》杂志上看到一篇文章，介绍说北京中医医院可治此病，用中汤药治疗，不用开刀，这让我看到了希望。局领导知道后，决定调我回北京物探所工作，一边工作一边治病。对此，我非常感谢物探局领导对我的关怀，一直铭记在心。

图 3-20　成都物探大队欢送昆明物探大队全体队员合影
（第二排左七为赵文津，左十一为肖尊一）

经过长期的中医药治疗，加上调理，我的病居然治好了，这也是一个奇迹。

1980 年，地矿部在评选 30 年来找矿有贡献的单位时，领导与群众并没有忘记原西南物探大队 20 世纪 50 年代在西南地区找铁矿做出的贡献，部领导决定授予其30年来找矿功勋物探大队的称号。当时部授予功勋称号的共有24个队，其中功勋物探大队只有两个，除了西南物探大队外，另一个就是发现大庆油田的第一石油普查勘探指挥部第二物探大队（图3-21）。

四川省地质局一〇六地质队
四川省地质局原攀枝花队
地质部原西南物探大队
云南省地质局第九地质队
云南省地质局第十一地质队
云南省地质局区域地质调查队
西藏自治区地质局第一地质大队
原西北地质局金堆城地质队
甘肃省地质局第六地质队
原西北地质局六四一队
河南省地质局地质三队
河南省地质局水文地质工程地质队
湖南省地质局四〇八地质队
广西壮族自治区地质局第二地质队
广东省地质局七〇五地质大队
安徽省地质局三二二地质队
安徽省地质局三二五地质队
江西省原铜厂地质队
山东省地质局第六地质队
山西省地质局二一四地质队
原华北地质局二四一队
第一石油普查勘探指挥部原第二普查勘探大队
第一石油普查勘探指挥部第二物探大队
中国地质科学院矿产综合利用研究所

图3-21　1980年地矿部授勋的找矿重大贡献单位名单

第四章

到研究所研发物探、化探新技术与新方法

1958 年 8 月，物探局下令调我到地质部地球物理探矿研究所工作，这是我人生的一个新转折。

我很幸运，刚参加工作就遇到了这么多好领导，特别是顾功叙、周镜涵，以及后来的何善远、田实斋、田树本、沈时全等老领导，他们给予我很大的关怀、帮助和教导。这次决定调我到地球物理探矿研究所工作，一是为了加强所里的技术领导力量，因为顾功叙所长兼职太多，忙不过来，需要有人在业务管理上加强力量，以便于更好地贯彻顾功叙所长对所研究工作的指导意见；二是为了方便我在北京治病，一举两得。这对我真是一个极大的关怀，同时也给我带来了新的机遇。

通过 6 年的野外找矿实践与磨炼，我满脑袋里装的都是如何提高地球物理探矿方法找矿效果的问题。我的亲身经历告诉我，在荒郊野外跋山涉水从事找矿勘探，不但是高强度的体力劳动，还要提防遇到野兽和土匪强盗侵袭，一不小心还会付出生命的代价；而现有的找矿方法技术效果并不佳，不仅常常会使找矿人员白白地辛苦一场，劳民又伤财，而且会把宝贵的时间浪费掉了。现在有了这个难得的机会，我想大干一场，破解一下这个难题，以不辜负野外工作同事和领导们的期望。

但是，我到物探所后不久就赶上全国“大跃进”、大炼钢铁运动，运动中人人都要上阵，贡献力量。我就从参加大炼钢铁运动开始了在物探所的工作，直到 1972 年被调到中国地质科学院院机关。这 14 年时间，大体上可以分成以下 4 个阶段。

1958～1960 年，“大跃进”、大炼钢铁运动等。全所同志都积极投身于运动之中，解放思想，敢想敢干，奋发图强，超英赶美。

1960～1962 年，三年困难时期。随后研究所人员下放，全所职工人数从 189 人锐减到了 62 人，元气大伤。

1962～1965 年，研究所进入新的发展时期。由于几个单位合并，人员大增，但也带来了单位间的严重矛盾。

1966年4月开始，进入“文化大革命”时期。我成为所内的首要“革命对象”，先后被揪斗和劳动改造了近7年，直到1972年我被调到院机关工作为止。

1960年，我与张菡英均已30岁了，在两家老人督促下，便利用1960年春节张菡英回京探亲之机，临时借了间房子，结了婚。婚后她回到东北抚顺设计院去了。

一、奋发图强

1958年9月我来到研究所后，所里遵照局领导指示成立了技术组，技术组在所长顾功叙院士的指导下具体负责贯彻局与所的业务工作方针。技术组由所技术负责人我（任组长）及三个室主任李发美（地震室主任）、程信尧（航空物探室主任）、孙焕振（化探室主任）组成，实行技术民主协商管理体制，重要的技术业务由大家商议着办理。

当时，所的工作中心是落实1956年制定的国家《1956—1967年科学技术发展远景规划》（以下简称《规划》）中有关物化探科技发展的内容。《规划》是经过几百名专家学者辛勤研究讨论制定出来的，1956年12月12日由国务院批准执行。当时，吴功建同志（1953年北京大学物理系毕业）是所里的学术秘书，协助所领导安排了所内的各项研究业务工作，研究所开始时规模较小，后来逐步扩大，到了1958年时，已经扩大到有近百人。

《规划》确定了“重点发展，迎头赶上”的方针和今后12年科技发展的主要目标，列出了包括自然条件及资源、矿冶、燃料等13个方面57项重大科学技术任务、616个中心问题。在自然条件及资源方面列出的第10项任务的题目是“地球物理、地球化学和其他地质勘探方法的掌握及新方法的研究”；内容是，运用探矿方法的最新成就，扩展其使用范围，提高其工作效率，是取得可靠的矿产埋藏量的关键问题。必须研究地球物理勘探、地球化学勘探、钻探、掘探和地质勘探五种方法。在地球物理勘探和地球化学勘探方面，研究航测技术和自动记录仪器，以便迅速完成在大面积内磁场及放射性的测量，研究放射性测量用于油气的勘探方法和地球化学应用于石油测井的方法；研究地球物理勘探扩大应用于各种金属矿床的方法。此外，在十二年内，把地震法、重力、磁力和电测法普遍应用于全国探油区域的生产工作也是一个主要问题。在钻探掘探方面，应研究岩石破碎的理论，提高钻进和掘进的生产效率。在地质勘探方面，应利用直接观测的资料，根据矿床理论，研究最经济的钻进、掘进的布置和采样的规范，以求用较少的钻探工程，获得可靠的矿产埋藏量。

按照《规划》要求，物探所重点承担了航空物探研究，包括航磁仪器与航磁数据的解释方法；扩大电法在金属矿上的应用，开展物探新方法探索；开展化探理论研究，改进化探样品的分析技术，扩大化探方法应用，提高化探的应用效果等。所内广大职工为承接到这一光荣任务而倍受鼓舞，干劲很大。

1957 年，顾功叙所长进一步明确提出物探所长期的工作方针应当是“以发展物化探新技术、新方法及新理论（即‘三新’）为中心，提高找矿的效果”。用今天的话讲，就是研究所要以科学技术创新为指导，发展物化探新技术、新方法，以及基于新原理的找矿技术方法。

他还强调，在野外工作时，关键是要确定好物探工作任务，以便发挥物探方法的作用；物探方法暂时不能解决的任务，部署了物探工作也起不到什么作用。

围绕这一工作思想，他先后提出以下具体的找矿目标。

（1）针对国家迫切需要解决的特种钢所需的铬铁矿，提出找“大、浅、密”的矿体，主要是发展高精度重力测量，提高重力观测的各种改正精度。

（2）针对国家急需的铜矿，提出要找“大、浅、良导电性”的矿体，发展大探测深度的交流电法及高精度重力法。具体找矿对象有铜陵冬瓜山、新桥矶头山、九江城门山类型的层状大型含铜黄铁型的铜矿。

（3）针对中国浸染型硫化矿多（如斑岩铜矿、硫化镍矿、矽卡岩铜矿等）的情况，发展找浸染型硫化物矿床的新方法，后来定位在直流电脉冲激发极化法。

（4）针对找关门山、青城子式的热液型致密块状铅锌矿床的深部矿体，发展井中无线电透视法与原生晕化探方法等。

此外，还积极创造条件开展金属矿地震勘查方法、核子物探方法、利用介电常数的高频电磁法，提高化探样品的分析精度及现场化，以及开展样品中部分组分提取的偏提取等新方法、新技术的探索。

我认为顾功叙所长提出的“三新”方针非常符合我国国情，我非常拥护。所以，我到所之后，便与吴功建同志以及技术组成员一起，热情地推动着如何具体落实这些内容。

这一时期，我们除进行方法技术开发和理论研究工作之外，还先后在典型矿山（如内蒙古铬铁矿矿山、广东大宝山、辽宁关门山、吉林磐石红旗岭铜镍矿以及九江城门山层状含铜黄铁矿、形状复杂的含铜磁铁矿等）上开展了综合找矿方法的实验研究。我强调，一个新方法一定要在地质、物探、化探、钻探方法综合应用中才能更好地发挥其找矿方法的作用和对其使用效果进行全面评价。

“大跃进”运动中，所党委提出研发工作要体现“大跃进”的精神，要求在“五一”、“七一”、“十一”、新年各个时间点上向党献礼，这样献完一个礼又要积极准备下一个献礼，大家工作极其紧张、疲劳。日夜加班，突击式的工作已成常态。

显然，这种突击式的做法与科学研究和技术开发本身的性质极不相符。科研工作要求工作踏实细致，反复试验推敲，直到真正把所能发现的问题解决好，其研究进度与献礼的时间根本不是一个节奏。现在硬要按着一个一个的节点献礼，最后便演变成了为赶上献礼的时间而不得不一再简化研究实验工作内容，导致研发工作变得越来越粗糙，越来越没有实际意义。这样，每次献完礼后还要做大量的弥补性工作，形成一种非常不好的工作习惯，应当说，许多工作是弥补不了的，最后只能是不了了之。

我们此前已经有过很深刻的教训。早在 1953 年年初出队时，因为没有仪器，所以大家就自己动手造，由于时间仓促，实验室造出的仪器没有经过反复试验肯定其性能就拿到野外应用，结果是仪器上了山却不能投入使用，使全队人员处于大窝工状态。现在重蹈覆辙，我心里十分着急，却无力扭转，深感无奈。

"大跃进"中不切实际的急于求成的做法，把科研工作本身的秩序全部打乱了，因此也就很难取得真正有价值的成果。

正在大家为献礼疲于奔命之际，大炼钢铁运动来了，随后又大搞超声波运动。于是，大家干脆停止了科研献礼活动。

二、大炼钢铁和超声波运动

1958～1959 年，全国掀起了一场声势浩大的"大炼钢铁"运动。这个运动本来是一项经济"大跃进"活动，实施起来就变调，成了"超英赶美"的一项政治任务，每个人都要为完成 1070 万吨钢而努力。

为此，上级要求大家放弃一切工作，人人都要到炼钢炉前尽力。这样，我们承担的科研任务就只能放下了，无可奈何，令人很苦恼。可是，我们是找矿的，大炼钢铁中，我们没有炼钢知识和技术设备又能做什么呢？现在要我们为 1070 万吨钢做贡献，我们能贡献什么呢？后来，上级规定：一是捡拾废铁，用作炼钢的原料；二是自己建小土炉，炒钢，即把废铁放在小土炉中，用鼓风机吹风，使废铁熔融，最后炼成钢。但是，大家都感到疑惑不解，这炼出的"钢"是钢吗？

所以，当时我们每人每天想的第一件事就是完成上交炼钢原料即捡拾废铁的任务。我院的一些老一辈地质学家、古生物学家孙云铸等几位老先生沿着院大楼西侧、三里河街东侧到处走动，寻找烂铁废钢，以完成任务。中国地质科学院的炼钢工地就在三里河路东边，天天夜里都是挑灯夜战，通宵灯火辉煌。真是全民炼钢，热气腾腾！商场南头有个森隆饭庄，是个很有名气的饭庄，在大家一天到晚忙着大炼钢铁之时，森隆饭庄就有人推车到炼钢工地送饭送菜，而且是免费用餐。令人感到真是全民一条心，相互协力奋斗着，确实感到中国人团结起来了，令人深受鼓舞。

大炼钢铁时，在那种砖砌的小炒炉中，用鼓风机一吹，炉内温度根本达不到铁的熔炼程度，炼出来的完全是一堆铁渣、钢渣，钢铁产品是有标准的，成分、火候不到，就得不到有质量的产品。干事业只凭热情是不够的，还需要有扎实、严谨的作风才能将工作落到实处，取得实在的进展。但是，形势又摆在那里，必须全民参与这一运动，于是大家就强调通过运动炼出一颗 对党对人民的火热之心。

地质调查研究和找矿，是个实实在在的事。在野外找矿时，地质队员必须在野外一点一点地跑到，跑不到的地方可能矿产资源的线索就在那儿，想有半点儿偷懒都是不允许的。到了现场不做细致周到的观测分析，也同样会与重要的找矿线索失之交臂。研发一台物探仪器时实验工作不够，发现的问题就不充分，生产出来后，野外使用时就难免会出现许多问题，将会大大影响生产。炼钢与做地质调查、找矿、研发仪器设备是一样的，都要求踏踏实实地工作。

1960 年年初，大炼钢铁的运动刚刚过去，大家还没有很好地回顾和总结过去的经验教训、舒展身心之际，全国大搞超声波运动又来了，这又是一个人人参与的全国性运动。当时，人们还觉得有点儿莫名其妙。大炼钢铁运动，是因为当时要“超英赶美”，钢铁产量是一个标志性的指标，需要全民支援，而大搞超声波专业性很强，又是为了什么呢？

但是，我们还没有这方面的知识。我爱人是搞石油化工的，她谈到可能超声波对化工系统有用，但它对地质调查与找矿有何用却是不知道的。

为了做超声波发生器，大家到处找铜管、铁管。其中最好是铜管，比较软，压扁成形容易，只要在压扁的一头上夹上一片刮胡须的刀片，再把空气从管中吹出，刀片振动，就产生声波。但是不是超声波，则没有去测定了，因为没有那个条件。做好规定的数量上交，就算完成任务了。至于做试验，则没有具体指标，也不知要做什么。

全民办科学是好事，大家都急于推进中国的科学发展，愿望是好的，但如果思路不对，做法不当，反而不利于科学的发展，这是应当汲取的深刻教训。

三、困难时期

正在大家热情高涨地为完成《规划》任务奋斗之时，又遇到了三年困难时期。

地质部领导提出要千方百计地保住科技骨干，以利下一步再战。物探所职工人数从 189 人一下子减到 62 人，研究所也改为研究室。当时所内一切活动都是为了大家能糊口，能填饱肚子，保住性命。有一位技术干部，大家管他叫老杨林，是个山东大汉，过去一个月要发给他 60 斤口粮，这时要改为 30 斤以下，把他饿得真成了皮包骨。一般人一顿饭给一个馒头，连咸菜也极少，油花见不到，大家吃了跟没有吃感觉一个样，整天饿得心发慌。

何长工老部长亲自过问清河农场办豆腐房的事，看一看一天能出多少豆腐渣，能给大家掺多少在馒头里以增加些分量。当时，每顿饭一个馒头加上一些豆腐渣，馒头变大一些，大家就像吃了年夜饭那样高兴和充实。中央机关还推广养殖小球藻，据说可以增加一些养分，喝起来口感像泔水一样，我也荣幸地每周分到一小瓶，就当是维持生命的药喝掉。此外，部里、院里还组织力量，特别是请转业军人到内蒙古捕黄羊解决一些肉食供应，还到青海湖捕湟鱼等，以期补充蛋白质度过困难时期。这些活动搞得热火朝天，似乎带来了一些希望。

所内留下的职工生活还这样困难，大精简下放的2/3职工更是一个大问题。把职工一下子下放到地质队，放回到家乡又如何能解决生存问题？

很幸运，1961年年底，部里决定派我参加部的援阿尔巴尼亚调查团，调查阿方地质工作实际的需求，以便决定地质部援阿方案。团长是水文局周刚局长，团员还有水文司的贾福海、地矿司的刘立山、上海水电设计院的於总等。调查团先后在阿尔巴尼亚三个月，从南到北、从东到西，跑遍了阿尔巴尼亚的矿山和河流做调查。记得刚到阿尔巴尼亚首都地拉那时，我们都住在贵宾招待所，距离位于市中心供饭的饭店有一段距离，每顿饭都要步行来回。刚开始一个月，即便是有一日三餐的诱惑，大家也都没有力气步行前去。但是经过一个月的营养补充，大家不但不愁走路去吃饭，每顿饭后还要散散步助消化才行。对比之下，我深深地体会到“人是铁，饭是钢”的真实含义。粮食问题太重要了，没有什么也不能没有粮食，它的战略意义太重大了！这也使我养成珍惜粮食的好习惯，只要见到浪费粮食的现象就无法容忍，心里就会极度地不安起来。这种感受，没有挨过饿的人是很难体会的。

四、到阿尔巴尼亚“救火”去

对阿尔巴尼亚的地质调查援助工作体现了中国大无畏的斗争精神、可贵的国际主义精神，我深受教育，终生难忘，也引发我对国际主义的进一步深思。

阿尔巴尼亚地处地中海的亚得里亚海东岸，海对面是意大利，南临希腊，北方和东方为南斯拉夫。我们跑遍了阿尔巴尼亚各地最大的感受就是，在阿尔巴尼亚，我们走到哪里，当地的老百姓都要向我们展示家中的盆盆罐罐中盛满的粮食，都说这是中国人民给他们送来的，感谢中国人民。

我们在阿尔巴尼亚重点了解地质矿产方面的需求。红土型铁-镍矿是阿尔巴尼亚爱尔巴桑钢铁冶金企业的主要原矿来源，矿层产于6号波格拉得茨岩体范围内。但是，阿尔巴尼亚选冶技术没有过关，提出希望中国给予技术援助。后来，听说方毅同志亲自到矿山了解情况，回国后还亲自到上海督战，研究如何帮助阿尔巴尼亚技术过关。这个矿床是镁铁质超基性岩体的风化产物，我国还没有发现同类矿床。我国云南墨江县金平岩体上的风化壳主要是硅酸镍矿，未见有这类铁-镍矿类型矿的产出。

我们还考察了德林河下游河口附近的地质构造情况，研究建坝的地质问题。

考察团中有两位专家——贾福海同志和上海水电设计院的於总工程师，他们的主要任务是考察在德林河下游建水力发电站的事。这条河也是一条断裂带形成的，是阿尔巴尼亚最大的一条河，坝址处地质情况较复杂，建坝难度不小。

我们还关注了阿尔巴尼亚的石油勘探情况。阿尔巴尼亚的油气田主要位于 Patos-Mariza 地区。当时，负责此项工作的是阿尔巴尼亚地质矿业部门的总工程师德基先生，也是留苏的技术人员，他每天的工作就是如何使石油保产。这些油田都是地块碰撞挤压带内的大逆冲推覆构造体内的碳酸盐岩层作储层的，构造很复杂，勘探的程度还不高，地震勘探工作量也不够，选定远景钻探地区有困难，加之石油钻探力量不足，使保产很困难，好像当时阿尔巴尼亚石油年产量仅在 20 万吨上下。阿尔巴尼亚铬铁矿床的规模很大，而铬铁矿是中国长期没有突破的矿产，如何找铬铁矿是我们绞尽脑汁想解决的难题。所以，我们就想借机学一学阿尔巴尼亚找铬铁矿的经验。

Dilek 等详细研究过阿尔巴尼亚的超镁铁质岩岩体，认为阿尔巴尼亚的超镁铁质岩带南北长约200千米，可分两个带，西带具有洋中脊的特征，东带则有俯冲带的特征。西带洋壳（表层为放射虫硅质岩）厚2～3千米，东带洋壳（表层为放射虫硅质岩）厚6～8千米；地幔部分厚达7～14千米。这是在陆上可看到的较完整的大洋壳的剖面，很有借鉴和再研究的意义。不过，按照大洋壳与大洋地幔岩石圈的平均厚度比较，上述的厚度数字都偏小，甚至是过于薄了，所以可以想象，它们很可能都是碰撞挤压带内形成的构造岩片。这些岩体的年龄都是162 Ma～174 Ma，是中侏罗纪的产物，岩体在两陆块中生代碰撞挤压中已普遍发生塑性变形和糜棱岩化。含巨大的铬铁矿床的4号布尔奇泽岩体则位于东带的俯冲碰撞带的岩带内，是在自西向东的推挤应力作用下的产物。

阿尔巴尼亚铬铁矿现在探明已达一亿吨规模的储量。4号布尔奇泽岩体内的矿体是主要矿层，储量可达2500万吨，平均品位为40%三氧化二铬。布尔奇泽-巴特尔矿体的剖面如图4-1。

记得当时我们对这个矿床的印象是，这个矿床与中国的透镜状矿体不同，是层状矿体，矿层被强烈的褶皱和一系列小断层所错断。矿层位于方辉橄榄岩中，与纯橄榄岩共生，其是否受纯橄榄岩相控制还不清楚。矿层平均厚5米，展平可达2千米宽，走向长还不清楚，层状矿体可下延到1000米以下。此外，还有透镜状矿体及铅笔状矿体等，矿石结构多种多样。

印象深的还有布尔奇泽矿区钻探工人，他们用中国的300～500米钻机架起三脚架就工作起来，装备很简单，条件较差。但是工人们对中国钻机还是很喜欢，评价很高，只是配件缺乏，没有什么更多的要求。

今天看来，还需要进一步研究和厘定这两个岩带的构造性质、矿层与这两个岩带的成因关系、层状矿体与透镜状矿体、铅笔状矿体成因关系、两个岩带中细粒金刚石存在情况、可否有判别作用等。

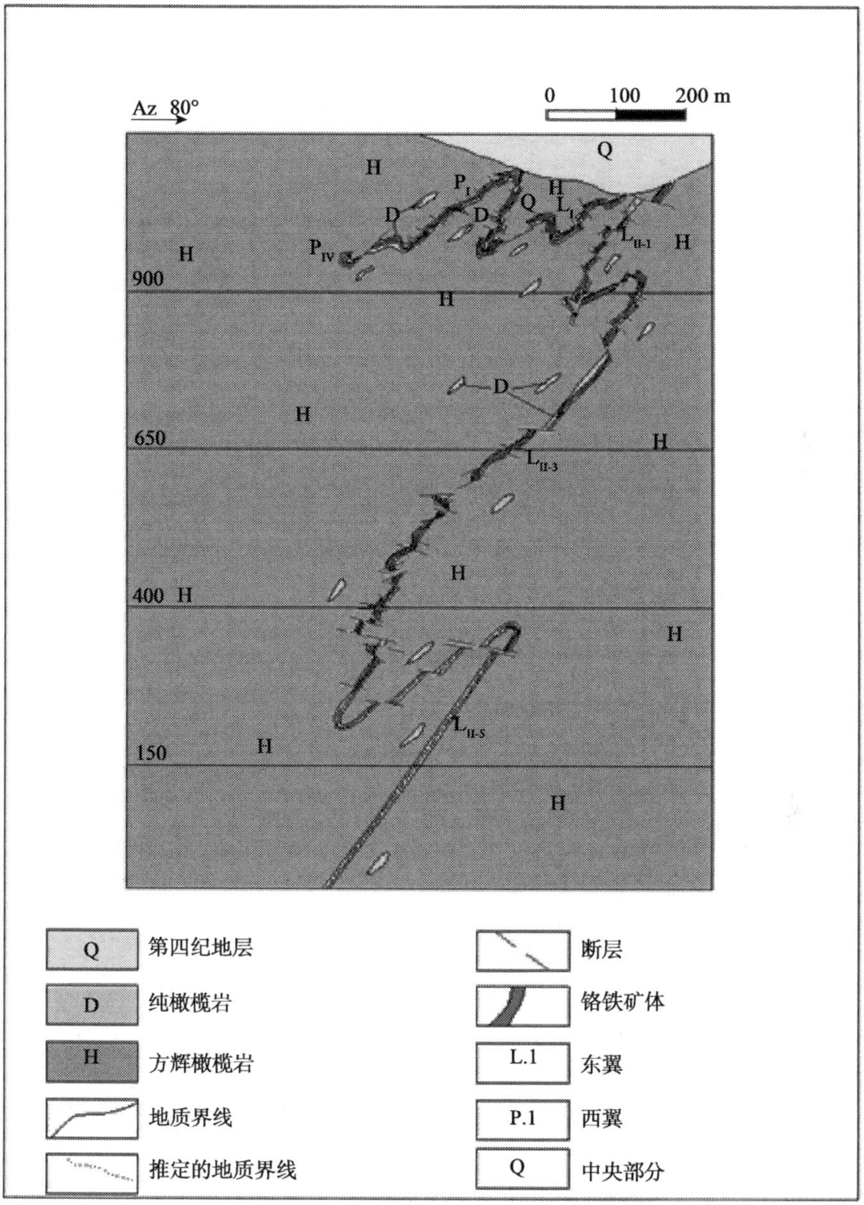

图 4-1 布尔奇泽铬铁矿体近东-西向剖面

D—纯橄榄岩；H—方辉橄榄岩

五、贯彻广州会议精神，再次开始新发展

1961 年 7 月中央颁发了《关于自然科学研究机构当前工作的十

四条意见》，所内积极贯彻，初步整顿了科研工作秩序，明确了科研所的中心任务是“出科研成果和出科技人才”。所里积极贯彻了1962年2月中央召开的广州会议精神，这次会议决定摘掉知识分子头上长期戴的“资产阶级知识分子”的帽子，并再次肯定科技人员为“革命知识分子”，全所科技人员的工作积极性大为提高。加之1962～1963年国内粮食情况逐步好转，大家又开始思考国家发展与矿产资源问题。因为能源矿产资源供需矛盾仍然是我国当时与之后经济社会建设中的主要矛盾，必须采取积极措施解决。

这一阶段，物探所在所党委的领导与推动下积极工作，特别是周镜涵老所长，他日夜与科研人员在一起奋战。研发工作也先后取得一批重要成果，如航空物探组先后完成了402型磁通门式的磁力仪及斜磁化条件下磁异常的解释图册，以用于适应中国低纬度地区的航磁普查工作需要。因为低纬度地区都处于斜磁化条件下，磁异常复杂，需要进行弱磁异常场数据处理与解释。再如，试制长导线式航空电磁仪取得进展，这是1959年副所长周镜涵带队去苏联考察和引进的。这一方法要在地面安设一条长的导线通电作为场源，测量仪器装在米-4直升机上进行了空电磁法测量，希望通过这种方式提高空电磁法找矿深度和效率，因为中国的导电性矿体埋藏深度一般要比国外的矿体埋藏深度大。工作有了成效，大家的心情和精神面貌都有了很大的改观，我作为研究所的技术负责人，也感到浑身有使不完的劲儿。

应当特别说明的是，为了寻求低品位的浸染状硫化金属矿床（如斑岩铜矿床）的找矿方法，我们加强了对国外特别是苏联勘查技术方法的调查研究。我们了解到，苏联有一个20多岁的叫卡马洛夫的人，他提出在浸染状硫化物矿床上用直流电激发可以产生电激发极化效应，通过测这一极化效应有可能用它找低品位的硫化铜矿床。当时，多数苏联专家对这一方法的应用前景并不看好，争议很大。我们征求了当时在北京地质学院的苏联电法专家对这一方法的找矿前景的评价时，他也未明确表态。但是，我和所里的领导们都主张引进这一新方法，并大胆地开展试验。我们认为，只有通过自己的亲身实践才能得出结论，从而评价其找矿效果。所领导与所技术组经过研究，一致同意请张赛珍同志承担这项试验攻关任务，并决定专门邀请卡马洛夫专家来中国做报告，共同研究如何进一步研发这一方法。经过 1958 年、1959 年先后在辽宁绥中八家子铅锌矿、甘肃金川白家咀子铜镍矿等矿区上做实验，张赛珍等用现有的直流电法仪器完成了激发极化效应探测实验，肯定了该方法在浸染状硫化矿床上可以探测到激发极化电异常，但其找矿深度还需要进一步求证。后来又经过多年试验改进后，开始了方法的推广。例如，1959 年在河北迁安县东荒峪地区、1962 年 1 月在杭州，先后办了直流激发极化法的交流推广会。1962 年，我又积极组织了以吴汉荣为组长的交流激电仪科研攻关小组，探索用交流电源进行激发极化法测量，以实现激发极化法设备轻便化与普查化，使之更适用于普查工作。对于交流激发极化法，当时国外已出现两种方案：一种是向地下通一高一低两个频率的电流，分别进行观测；另一种是通一个方波电流，然后测其高、低两个谐波产生的激发极化效应。两种方案各有特色，为了对比，所里做了两种仪器进行比较实验，之后还有了进一步发展。

关于交流电法的发展。发展交流电法是针对找“大、浅、良导电性”矿体提出的。为此，我亲自组织交流电法组，让我的研究生金国元也参与，集中力量做好这项工作。大家还热烈地讨论开发利用电性新参数，发展新探测方法问题，并安排了几个组开展研究，如进行物质介电常数的应用可行性探索、发展振幅相位的一些观测方法应用等。

还应当提到的是，当时，我特别重视如何将电子计算机应用在物探工作中，一直积极地提倡和推动。早在 1959 年开展中国低纬度地区斜磁化条件下复杂磁异常数据的解释研究时，我大力支持和鼓励黄树棠使用中国科学院计算技术研究所的大型电子计算机计算斜磁化条件下复杂磁异常曲线和寻找简便的解释方法，鼓励林振民开展用电子计算机进行重力地形改正的方法等研究。后来又争取到地质部领导的支持，购进首台国产的电子管式数字电子计算机——1963 年产的 DJS-103 型机。这台机器有点“生不逢时”，机器到所时已是在“文化大革命”前夕，在北京的机房尚未建好，1969 年又随所搬迁到陕西蓝田县三线基地去了，没能发挥明显的作用。

以下两张照片是 1962 年 9 月 1 日所拍摄。图 4-2 是清华大学同学纪念参加物探工作十周年时在香山聚会的留影。图 4-3 为我们五个清华大学物理系同班同学的合影，也是我们参加地质物探工作整十年的纪念。

随着物化探科研工作的加强，所内强烈地感觉到人才严重不足，活动场地空间太狭小，工作施展不开，1963 年年初，大家积极地就如何加强物化探新技术、新方法、新原理的研究与开发，提出了很多建议。在大家建议的基础上，我着手归纳写就一个建议——“关于发展物化探新技术新方法以提高找矿效果的建议”，后称为“万言

图 4-2　1962 年清华大学同学聚会合影
（左一为钱宁，左二为赵文津，左四为周镜涵，左五为顾功叙，左七为夏国治，右一为邹光华）

图 4-3　1962 年在物探局工作的五位清华大学同班同学聚会合影
（左一为钱宁，左二为赵文津，右一为聂馨伍，
右二为夏国治，右三为袁学诚）

书”，向部领导正式上书提出。所长在建议书前还加了说明，高度评价了这个建议，并强调了这是全所的建议和希望。

建议书中强调了发展物化探新技术、新方法、新原理（即“三新”方针）对提高地质找矿效果的重要性。这一方针是顾功叙所长提出的，并为物探局领导所肯定，建议我部需要重点发展和提高物化探方法技术水平以提高找矿效果。具体内容包括 3 点：一是将有关物化探研发力量集中起来，一分为三，则力量分散，不利于攻关活动；二是增加仪器设备的中间试验力量，以强化技术开发向实际应用转化；三是成立野外试验研究队，以开展方法的现场试验，发现问题，以改进仪器设备，并为解决找矿难题找出路等。部、局领导研究后，基本上采纳了这个建议，并于 1964 年起先后将地质部综合物探大队（北京），以及中南物探研究室、东北物探研究室及南京物探研究室三个大区物探研究室与物探研究所合并，组建了新的物化探研究所，并任命我为所的主任工程师。1966 年，又将几个物探大队的修配所合并组成物探所的中间实验厂（位于陕西阎良永乐店）。这样，便使物化探研究开发与中试力量基本配套，使研发工作与生产转化工作衔接起来。这些体制改革的内容，很好地理顺了几方面的关系，从而更加调动了物探研究所科技人员的积极性，使所的工作立刻有了起色，大家都劲头十足地投入科技攻关活动中。

没想到，1966年开始的“文化大革命”中，这份建议书竟成为我的“反党反革命的修正主义纲领”，我因此一直被批斗了近7年，我被关进监狱，并在所内、渭南农村、永乐店物探仪器试验厂劳动改造了差不多有7年，这成为我铭记在心的一件大事。

附：关于加强物探、化探科研力量建立高技术研究所的建议（摘要）

地质部物探（化探）研究所于1956年成立以来，发展很快，短短几年内，职工人数发展到206人，干了不少工作，取得了一些成绩。经过一次大的下放，仅保留下不足100人，实力大为减弱了，为尽快地适应我国找矿需要，建议部能重视这一问题，并采取具体措施加强所的建设。现就有重点地发展高新技术和建设相应的研究所向部领导提出建议。

一、发展地球物理、地球化学探测新技术、新方法的重要性

物理探矿技术是地质找矿工作中的新技术、新方法。物探的应用和发展是当前各国地质队伍现代化水平的主要标志之一。

由于实际上绝大部分金属矿都是盲矿体，按苏联统计，它占已发现矿体总数的80%，因而发展寻找掩蔽和盲矿体的物、化探方法对提高地质找矿工作的地质及经济效益具有十分重大的意义。我国仅从一些地区（如长江中下游、中南地区、东北地区、内蒙古地区等）的情况看是符合这一情况的。而国家提出“三按”（按地区、按矿种、按时间提交出国家所需要的矿产资源）方针后，更加促进了我国解决这一任务的迫切性。

要加强物探和化探工作，保持一定的经费投入比例至关重要。近5～10年，加拿大、苏联统计，物探经费占地质工作总经

费（包括钻探）的25%左右（苏联计划1965年达到）。苏联在1959～1965年的计划中地质勘探投资增长67%，其中物探却计划增长2倍多；资本主义国家在1950～1959年统计，物探研究经费平均占物探总经费的14%左右，可以说明物探工作的重要性和各国对其重视的程度。苏联为发展物探科学技术，设有规模从几十人到2000～3000人的12个研究所、室，并有20多所大学、学院参加。

我部物探工作近些年来的发展与地质工作发展的需要不相适应，估计石油物探和金属物探两项总计投资约为我部地质总投资的6%～7%；而地质找矿任务的复杂性因“三按”方针的提出又增加了很多，使物探任务和当前物探水平之间差距加大，因此，亟须发展物探力量，加强物探科学研究。但是，实际上，物探研究力量大大低于1957年的水平，且力量不配套，基本实验室及设备长期未得到解决。我国物探水平大约落后于美国、苏联、加拿大、瑞典等国家10～15年，形势是紧迫的，需请中央和部领导认真考虑。

二、我部金属矿物探科研工作的基本情况和问题

物探所是目前国内较有基础的物、化探研究所，原有人员206人（1957年成立时），现仅有67人（减少67%），力量很不配套，基本设备和基本实验室长期以来未解决，工作开展受到很大影响。

1. 物探所目前正在研究的课题

（1）寻找深部矿体的物探方法。重点是发展扩大钻孔、坑道作用半径，寻找钻孔间、山地工程之间及其附近的矿体找矿方法，其探测深度取决于钻孔深度。正在研究的有找硫化物的井中无线电波透视法，可扩大井孔作用半径达200～300米。

（2）快速普查深部良导电性矿体（铜、铅、锌等多金属硫化物矿床）的各种地面电磁法及航空电磁法。这一方法是目前国际上研究的热门，已发展有20多种方法，以瑞典、加拿大、苏联等国家为先进。

其中资本主义国家每年的经费占金属矿物探生产总经费的第二位。

（3）发展寻找各种浸染状金属硫化物矿体的最直接、最有效的方法——激发极化法。要提高探测深度，提出定量解释方法，查明非矿异常引起的机制及区分方法，探索新参数、新特性的应用。

（4）开发高分辨率地震法，扩大地震法在金属矿、煤田、浅层工程地质问题方面的应用。研究解决金属矿区、煤田、工程地质精细构造问题，探索直接找矿（如层状硫化矿、铬铁矿、煤层等）的作用。

（5）直接寻找稀有及某些重要矿床（如硼、钾盐），直接测定样品中元素品位的核物探方法。它是原子物理现代成就在地质找矿工作中的应用，系当前物探科学的一个新发展方向。

（6）开展了基于雷达原理的直接找水、找石油的无线电波干涉法研究，探讨其在金属矿床上的应用。挖掘利用介电常数这一新参数的途径。

（7）高山区、南方低纬度地区弱磁性、斜磁化条件下磁测方法研究，以及高灵敏度、高精度的航空磁测仪器，解决低纬度及高山区磁法方法技术，用于石油普查和埋深大的磁性矿体。

（8）铬矿重力普查方法研究。特别是高精度重力的工作方法与解释方法。解决矿场深部构造，提供某些阐明成矿规律的资料，研究普查找铬矿体的方法技术。

（9）发展寻找深部盲矿体的化探原生晕方法。寻找深部盲矿体，指导山地工程布置，研究矿床的成因问题。

（10）化探用高灵敏度、高精确度分析方法，为保证化探找矿方法研究的需要，要研究开发高灵敏度（$10^{-5}\%$～$10^{-6}\%$）、高精确度的物理及化学分析方法。

以上这些新方法、新技术对未来的地质找矿工作都是很重要的。（注：20世纪90年代金的现场分析方法过关后大大推动了全国找金工作的开展，发现了一系列的大金矿，给人们留下深刻印象，就是一个极好的事例。）

2. 物探所现存在两大问题

（1）研究力量不足和不配套。①没有金工、电工。研究工作中需要的各种仪器达十五种以上，且多为大型仪器设备，有的要求精密度很高（如航磁仪、井中无线电透视仪等），有的要求较复杂的电子电工技术（如超低频电源、航空电磁仪、无线电波干涉仪）。没有金工、电工力量，既不可能证实工作的基本设想，又不可能做出仪器样品。靠外加工难度大又不易落实，时间还不保证。②各个方法的理论研究力量基本上都是空白。没有足够的基础理论研究力量，就不可能创造性地进行方法研究，正确地指导研究，这涉及能不能在国外工作的基础上前进一步的问题。需要基础好、理论水平较高的物理系、物探系以及其他有关专业的学生和研究生。③仪器研制力量很弱，如航空电磁仪，苏联是由一位通讯院士、两位一级研究员领导10多个总工程师、主任工程师、工程师研究一台仪器，我们虽经专门考察吸收了他们的经验，并已采取协作措施，获得一些成绩，但目前所内仅有一名工程师和两名十三级技术员。协作力量又很少，亦不可靠，致使工作开展有很大困难，至少应有20人参加。核物探组仪器力量空白，其所用的又都是十分复杂的脉冲技术，应有10～20人。雷达探矿仪，应用特高频技术，其复杂程度不低于航电仪，现仅半个工程师，一个助手，需要约20人。超低频交流激电极化仪，仅有2～3个1962年的毕业生，基本上不能开展工作。④方法研究力量薄弱。所内化探室原为48人，后减到11人，搞方法的仅剩3名工程师，因而1962年以后完全无法进行野外工作。这些人都是我国化探现有水平最高的，但未发挥他们的作用，培养干部实在是一个损失。

（2）基本实验室未很好地解决以下问题。①房子问题。物探所成立近10年，3次搬家，实验都是利用办公室凑合着进行的。房子少，一间办公室有7～8人，实验室内地方小转不过身，仪器搬来搬去，既影响工作开展，又无法做好仪器保管，降低了仪器的精度。

房子没有，致使许多基础性实验室（如地震模型实验室、激发极化模型实验室、超高频模型实验室、物性实验室、核物探模型实验室等）也搞不起来了。一些复杂的实验室（如高温高压实验室、电屏蔽实验室、恒温室、放射性标准实验室、振动实验室、精密仪器检测室、超微量分析室等）更无法筹建。过去由于缺乏这些试验条件，给工作带来不少损失，如在北京调好无线电波透视仪到南京试验，因温度、湿度变化大而不得不往返于北京、南京之间；加工质量差，震动试验未做，航空电磁仪试飞了几次就要散掉；因办公室干扰影响大，许多精密仪器无法检验测定等。②基本仪器设备。所内现有设备多为一般性的，向尖端进军时要研究某些特殊问题，如同位素分析、稀有元素分析等设备就显得十分突出了。此外，实验室条件差，多次搬家、人员变动大、新手多，也促使许多国外进口的精密仪器质量大大受到影响。

三、今后怎么办

在这次调整中我们了解到，冶金部已批准物探研究室编制增加一倍（达 70 多人）；石油部计划成立地球物理研究所；建工部大力招收物探人员，成立 20～30 人的研究室；铁道部在铁道科学研究院及兰州设计院成立了物探研究室；煤炭部也计划扩大物探研究；地质部各物探队也亟待加强。两个地质学院能培养出来的学生平均每年不到 250 人（包括石油物探专业学生），估计今后能分配到我部工作的物探系毕业生每年最多是 150 人。因此，怎么用好这点地球物理力量，将直接影响到今后中国矿产勘查、地球物理与地球化学的发展，以及中国实际问题的解决。建议如下。

1. 集中力量建成 1～2 个物探科学技术中心

估计今后我部能分到物探研究所的学生不会多（1961 年、1962 年物探所就一个毕业生也未分到），所以今后应集中力量建成 1～2 个物探科学技术中心，形成“攻坚”主力部队，将更有利于物探事业发展，也有利于干部培养。

2. 关于新成立地质普查勘探方法研究所问题

中国地质科学院发展规划中提出新成立地质普查勘探方法研究所，规定该所的任务是："研究地质工作中的普查和勘探方法问题，以提高地质及经济效果（包括提高和改进各种物探、化探方法的精度与地质效果）。"这样，该所任务与物探所的就没有什么区别了。将来实际上要划分开两个研究所的方向任务是困难的。为什么不能集中力量建好一个所呢？

有一种说法是物探所发展不快，只有另搞。物探所发展不快，不是由于物探所本身不愿意发展，恐怕正是由于大家不重视它，不支持它，领导未加强它所致。如另成立一个所，将物探所放在一边，不是更不利于它的发展吗？

物探所是在经历了十年十分复杂的、矛盾的甚至是混乱的分歧和思想斗争中坚持下来的。关于它的发展方向、任务几乎是一年争论几次，虽然如此，实际上却是一直沿着现在才明确了的方向发展着的，这不是由谁主观决定的，而是客观要求的体现。

撤一个研究单位容易，但要从头建立起一个真正有水平的研究单位则是十分困难的，必须经过相当长的时间。

3. 成立地质设备研究设计院

根据中国地质科学研究院赵心斋处长谈，成立这一新机构是为了加强地质仪器（包括物探仪器）的研究试制。

物探仪器的特点是，种类多（机械的、光学的、电子的、无线电等都有），每种所需的数量少（1～2 台到几十台），改进快（一个型号出来后紧接着又要研究新的，不断改造、提高仪器的性能使之更适合野外使用）。保证仪器研究工作必须从上述特点出发来组织仪器的研究和生产。目前北京地质仪器厂中附设的试制车间，一方面，由于所试制的仪器研究性强，作为工厂中的单位工作受到很大限制，不易被批准进行；另一方面，又使工厂管理困难、混乱。因此，另成立地质设备研究设计院作为一个事业单位是必需的。建议以北京地质仪器厂试制车间为基础扩大建成，设计院应附设较大的试制工厂。从我部情况看，设计院和生产厂应归装备司统一领导。为加强与用户沟通，建议由有关司、局、院、所共同组成一个生产指导委员会，每年召开一次会议共同负责决定工厂的任务。

与工厂保持现有试制车间的同时，另搞一个研究设计院，工作上不仅无必要，实际上也没有条件建立起来。

4. 成立大区地质研究所物探室

原物探所提出成立三个大区物化探研究室（华东、中南和东北），部批准编制为75人，经过一年的努力，物探局领导的关心和支持（调给四个物探大队的技术负责人，两名化探工程师），看来问题仍很大：其他配套人员解决不了，新调入工程师转入新方法研究业务改变太大很难适应；设备问题几乎很难期望1～2年内得到解决。今年4～5月，对三个室的工作情况做了调查，感到不如集中成一个室更有利于出成果和培养干部。

建议将三个大区物探室统一于南京成立物化探研究室，归北京物探所直接领导，人员、任务统一安排组织使用。原三个室75人编制，请部能设法调齐人员。

5. 石油物探研究要落实

石油物探方法在研究区域构造、普查和勘探含油构造中的作用十分显著，目前经过多年普查工作，较容易解决的地质问题已解决了，而大量的复杂问题，如黄土切割地区物探技术方法，复杂构造、小幅度构造、多次反射、寻找地层尖灭类型的岩性储油构造问题等，现有方法已无能为力。1963年，物探局15个地震队中有7个队都是进行着困难问题的攻关研究，可以说明当前我部石油物探工作的重要性和迫切性。此外，已取得的大量资料有待深入研究解释，要研究地下深处高温高压下岩矿的物性，要研究和采用新技术、新方法，只有这些研究工作的进展跟上了石油物探生产的发展，才可以更好地推动生产前进。过去放松了这一环，今天已明显地影响了生产的开展。靠生产队解决上述难题，从目前科技干部条件、基本设备、工作方法和管理制度上看，都是不合适的、不允许的，其结果只能是事倍功半。

有人提出地质部石油物探研究可以依靠石油部解决，这不大可能，因为石油部以油田内外勘探开发为主，地质部以区域普查为主，两者工作性质不同；再者，地质部要解决科学技术问题，而要石油部去研究，既不合理也不可能。

因此，建议应以现在南京的物探局第六物探大队（现有130人）为基础成立石油物探研究所（或室）。

石油物探所以后应逐渐加强新方法、新技术的研究。上海地质仪器厂应和该所合作共同负责，以现代物探技术装备我部的石油物探队及某些区测构造研究队。

石油物探研究是整个石油普查工作战略预备队的重要组成部分，时间已不允许再拖延下去了。

四、物探所发展要解决的问题

1. 关于物探所的领导关系和体制问题

物探所问题多，人员、投资一减再减的情况和物探所多次体制变动有很大关系。在部强调加强对科研领导时，将所由物探局划归地质科学研究院领导，两年后在国家强调要和专业生产结合时，就又将所由院划归物探局领导。每次变动恰好处于机构精简、人员下放时期，新、老领导只抓完成精简任务而很少考虑保护物探所、更好发展物探所的问题。

物探研究的特点是：①针对性强，要求明确地针对具体地区的具体问题研究合适方法解决之，与地质研究不同，是方法研究；②科学技术基础性强，牵涉较多的数学、物理学、电子学基础，密切联系着现代物理学和技术科学的新成就。

既然物探研究具有两重性质，管理上也就必须与其相适应。采取简单地划归某一单位领导的方法并不能解决问题，所以过去几年体制的来回改变就很必然了。建议物探所由部领导，由物探局代部具体领导，除顾所长外，应有一位副局长分工负责，明确所为一个事业单位，按科研机关管理制度进行管理。这样便于物探局更好地从专业管理角度统一安排物探的生产和科研，调配物探专业物资器材，统一组织使用现有物探干部。

在确定物探所年度和长远任务时，局应和中国地质科学院协商，充分考虑地质工作未来的需要。

中国地质科学院作为科研归口单位，有责任指导和帮助物探所组织科研业务管理，贯彻各项科研政策制度。特别是许副部长、张副院长作为部的领导，更希望能直接抓物探所的业务工作，抓汇报，检查工作，加强物化探和地质的联系、交流。

2. 物探所研究用房子问题要解决

（1）地点问题。①物探研究需要经常查阅最新文献，要查阅多学科的文献，如物探、化探、地质矿床、地球物理、原子能、力学、声学、固体物理、光谱学、放射学、矿业、无线电电子学、仪器研究制造以及大地地球物理学等多方面的书刊，目前国内仅北京地区有资料可查，在外地就完全不具备这一条件。没有文献可查看，做研究是非常困难的。②老专家指导以及和部、院局联系不便的问题。顾所长兼中国科学院地球物理研究所副所长，物探所搬出，必将使我们失去老专家的指导。③许多特殊物资、器材外地不好解决。④争取优秀毕业生和科技干部更困难。因此，地点问题是关系到研究所的生存和发展的大事。

物探所应留在北京。解决房子的办法，一个办法是新建，完全按照物探科研要求建筑，为长远工作打基础；另一个办法（临时的）是找现成的房子改，凑合用，如建议在力学所西山所址附近增建一些房子。

（2）物探研究人员培养问题。在国家支持的条件下，物探科研发展速度取决于物探科研干部的成长情况。通过学校培养仍然是一条基本的途径。经验说明，物探系毕业生搞物探科研基础知识是不足的，较合适的是北京大学地球物理系毕业生，该校调整后已将原设的物探专业撤销，仅留下大地地球物理专业，我们认为这不太合适。建议部与高教部联系，能在北京大学迅速恢复这一专业，培养对象是物探科学人员。

（3）尽早确定物探所的领导关系。希望部领导能尽早将物探所的领导关系确定下来，最好能明确至少十年不变，这样也可使院、局领导安心，主动去关心和规划物探科学技术的发展。物探所同志们也好安心，否则一有运动，大家就很紧张怕又有什么大变动。

以上就是我们对加强地质系统物化探科研工作的几点建议，这些建议难免有错误和片面的地方，希望领导能给予批评指正。我们的出发点仅仅是希望引起领导对物探和化探发展问题的关注，能早一点解决存在的问题。

物探研究所　赵文津

1963 年 5 月 20 日

六、到大庆和中国科学院大连化学物理研究所学习

（一）到大庆学习

1959 年大庆油田的发现，极大地振奋了全国人民。大庆人敢于迎着困难上，他们提出的“有条件要上，没有条件创造条件也要上”的口号成为大家的行动指南。在中央的统一部署和有关上级部门的具体组织下，各部纷纷组团到大庆学习。

地质部是 1963 年夏组团到大庆参观学习的。我是参加中国地质科学院的学习团，与程裕淇、王树森等同志住在一起，学习和活动

也在一起，收获很大，但也发现了一些问题。

到大庆油田后，最大的感受是，大庆人真了不起，在这么恶劣的条件和环境下，硬是打出一片天地，形成了一个年产 600 万吨原油的生产基地。他们拿出一种拼命精神，摘掉了我国贫油的帽子，谈何容易啊！当年的北大荒一片泥沼、一片荒原，吃、住、行的条件都不具备，国家一下子调集了 4 万人会战，住在“干打垒”里，露天架灶做饭，露天吃饭。1961 年国家粮食供应还有困难，会战大军就靠挖野菜、开荒种地、养猪等办法解决困难，慢慢渡过了难关。1963 年我们到大庆学习取经时，住的已改为临时性的帆布帐篷，不是“干打垒”了，几十个人住在一个大帐篷里，分两排床，床头接着床尾。图 4-4 是我们在学大庆时住的简易帐篷前合影，帐篷很长。

图 4-4　1963 年四人在大庆合影
（自左向右依次为：王凤展、程裕淇、王树森、赵文津）

后来我又几次去大庆考察，几十年的时间变化实在太大了，今天的大庆已成为北疆现代化的石油城了。

建起石油城又谈何容易！这与克服生活困难就不同了，涉及的问题很多，但是大庆人用中国方式办成了。我们应吸取什么样的经验与教训呢？大庆是靠苦干加巧干过了这一关。巧干，不是投机取巧的巧干，而是通过技术革新和技术改造，按今天的提法就是创新活动。当时大庆人为解决多油层试油试水问题开发了井下多级封隔器，就是一个很好的例子。70多人做了1018次试验，终获成功，给我们留下极其深刻的印象。他们能做到这一点依靠的一是重视野外实际情况的调查，取全取准第一手资料，并形成一种风气，一种作风；二是从实际情况出发，分析找出解决问题的办法，不迷信外国，不迷信前人，不迷信权威，不迷信书本。"两论起家，两分法前进"的口号给了我极大的启发，并成为我终生受用的法宝。我感受到这些内容具有普遍的指导作用。

我通过个人的实践，并在实践中不断学习、总结和感悟，觉得作为一名科技人员需要掌握毛主席的4篇文章，即《实践论》《矛盾论》《中国革命战争的战略问题》《在中国共产党全国宣传工作会议上的讲话》。这4篇文章主要解决对事物的认识和分析的方法论问题，很重要，可以终生受用。后来我给科技人员做报告时也常常推荐它们，讲解它们。

（二）到中国科学院大连化学物理研究所学习

在全国学大庆运动中，国家科学技术委员会提出科研单位要学中国科学院大连化学物理研究所（即"学大化"运动），国家科学技术委员会主任韩光亲自领导这次活动，我又得到了这一宝贵的学习机会。学习后眼界大开，很为中国又出了"大化"而自豪。这个研究所在科技创新方面做出了突出贡献，给我们研究所补上很必要的一课。在这次活动中，我见到了清华大学的同班同学田德诚，我们毕业后一直未见过面，他在中国科学院沈阳金属研究所科技处工作，也参加了这次学习，他是研究特殊金属材料的专家。这次学习我感到收获最大的有两点。

（1）这个所研究处理的是与化学、物理作用有关的物质能量转化的基础研究与技术开发，定好位很重要。它们与煤的利用与转化，与石油加工及化工工艺，以及国防的各种燃料、高性能爆炸物等关系密切，是当时中国工业的薄弱环节。

他们在处理基础研究、开发研究、写论文、出专利、与工业生产结合方面都很有特色，也很出色，很值得学习。例如，这个研究所有一项研究课题就是飞机、火箭的固体燃料，直接与国防相关，研究意义十分重大。我们曾在山区一个试验场观看了飞机固体燃料燃烧试验，效果很好，但现场轰鸣声很大。这种项目的责任与风险都很大。

（2）在介绍如何发挥科技人员的积极性时，听他们讲了这样一个故事：有一位老科技人员，没有承担任何科研任务，所里请他提些工作建议，他提出要发展分子筛学科，所里研究后觉得切实可行，就给予支持，几年后果然形成气候。分子筛与石油化工催化作用有关，当时感到分子筛功能很神奇，很有应用远景。这一事例表明，这个研究所很重视发挥科技人才专长，重视调动科技人员的创新积极性，这是研究单位存在的根本之一。没有科技人员的积极性，又怎么会有科技思想的新创意呢？后来，在这件事的启发下，我抓硬水软化研究，抓分子筛开发以取代三聚磷酸钠做无磷洗衣粉。

七、三下长江中下游，在九江瑞昌开展找深部矿试验

1964 年，地质部领导提出要加强长江中下游深部找矿工作，明令江苏、安徽、江西和湖北地质局派人成立协作组，统筹安排找矿工作。为配合这一活动，物探局党委领导决定从 1964 年起将物探所的工作重点放在长江中下游，重点解决找深部矿体的方法技术问题。

合并后的物探所由几个单位组成，领导力量很强，原综合物探大队有一批领导干部进入物探所和研究室的领导班子，大队的夏国治同志也到了物探所。夏国治原来是我们在校时的党支部书记，各方面能力都比我强，考虑到此，我应当让贤。再说，物探所的一些领导也提出了这一意见。为此，我向局领导正式提出建议，但局领

导没有批示。于是我就主动提出到长江中下游去蹲点，把所里的技术业务管理工作交给他们管理，所党委副书记郭系强非常赞成这一意见。这样，我与所学术处主任黎风一起从 1964 年夏就到长江中下游蹲点。当时，我们有几个队分别在瑞昌城门山、安庆马鞍山及大冶铜绿山等多个矿山不同地质地球物理特点的矿体上开展了找深部矿的方法研究。于是，我们就在九江棉纺厂仓库内租用几间库房建立了科研工作站（站长是黎风主任），以便在现场及时研究问题。这次研究工作的重点是江西的九江地区，因为想就城门山含铜黄铁矿层状矿层开展试验，试图找到深埋层状含铜黄铁矿体的探测方法，然后在九江地区铺开普查工作，争取能在科学技术和找矿上得到双丰收。这次到长江中下游，我们带了 3 种新方法：探测浸染状硫化矿的激发极化法、探测导电性矿体的交流电法、探测深部小矿体的井中无线电波法，还有化探、磁法、重力法等。城门山位于瑞昌城东的赛湖边，境内有多个矿山并且有多个岩体，很有找矿前景（图 4-5）。

瑞昌市区已探明的铜金属矿（伴生）有 118.38 万吨，伴生硫铁矿石 10 262 万吨。此外，还有岩金矿（伴生）46.96 吨，银金属（伴生）1372 吨，铁矿石 1465.7 万吨等。城门山含铜黄铁矿床是这里主要的铜矿床，其次为武山铜矿，矿体主要赋存在泥盆系之上的石炭系底部黄龙组白云岩，与其共生的还有侵入体斑岩内的和角砾岩筒的含铜矿体、矽卡岩型铜矿；侵入岩体有燕山早期的花岗闪长斑岩（含铜）及燕山晚期的石英斑岩（含钼）。瑞昌地区泥盆系-三叠系地层分布广泛（见竖条花纹区），已发现了许多矿点（图 4-5 中黑点所示），应是找矿远景地带，而这些地带工作程度还较低，物探可以大有可为。此外，岩体内也含矿，具有找斑岩型铜矿的可能性。安庆西马鞍山含铜磁铁矿上的试验表明，这一矿体埋藏在 400 米深，在磁异常中心异常高点处打钻深部并未见矿体，后在往接触带上打钻时又遇到矿体，有待查出没有见矿的原因；湖北大冶铜绿山铜矿规模大，开采历史很久，有待研究深部是否还可以找到大矿。

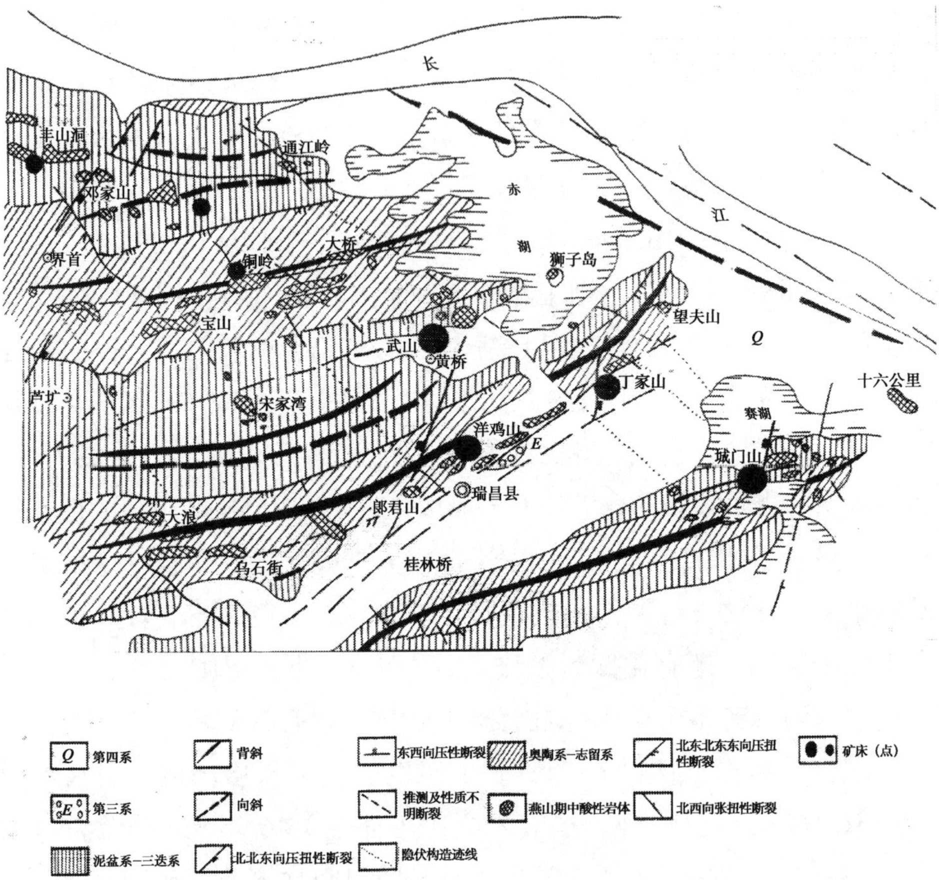

图 4-5　九瑞矿区地质构造示意图

大家心无旁骛地开展着研究。大热天工作之余，大家在棉纺厂仓库内的办公室门前看一看青蛙抓小飞虫吃，议一议见闻，也很快乐。

正在这个时候，也即 1965 年夏天，我的脉管炎病又犯了，不得不入住九江人民医院治疗。住院一个多月期间，我接触到了当地许多农民和工人，他们在下水或湖边劳作时患上了血吸虫病，没钱治疗，拖严重了就导致丧失劳动力、不能生育的悲惨下场。有一位 20 多岁的小伙子，因患病，发育严重受损，个子不高，肚子却很大，他的母亲将其送到医院时，他的病已很严重，因家在农村离医院太远，她不能再来看他，就委托我当病员家属代表。当他要开刀时我要代表家属签字，给医院做个旁证。这个小伙子后来开刀取出一个病脾脏，重达5斤多。还有一个工人身材很魁梧，是在城门湖边上工作时得了这个病，也住进了医院，据说要吃一种药来治疗，而这种药本身对身体的伤害就很大。真是不治不行，治也不行。治病救人，很难啊！

八、我的家庭

1960年，我与张菡英都已近30岁了，两家的老人很着急，于是1960年春节期间，两家老人提出趁张菡英春节来京探亲之际，抓紧时间先把我俩的婚事办完。于是，我们临时借了间房子举行个仪式就算办了婚事。

我的爱人张菡英是河北高阳人，从小跟随父母在北京读书，日本投降后她的父亲与我的父亲都进入北京铁路局工作，并先后被分配到北京铁路局的一个家属院内居住。我们两家住隔壁，由于房屋简陋，这一家说话，另一家都能听得清楚。张菡英在北京师大女附中读高中，我在河北高中读高中，俩人平时没说过话，也无任何交往，但是彼此都知道对方。后来我提前一年上了大学，她则因父亲过度劳累患病早早过世而不得不辍学一年。一年后，她复学到北京大学化工系，后随着院系调整到清华大学石油系，最后又被调整到了北京石油学院，并成为北京石油学院1955年第一届毕业生。

毕业后，她被分配到抚顺石油三厂设计室工作，后来又到新成立的抚顺石油设计院做设计工作。她的母亲与我的母亲常有来往，1959年两位老人搭桥牵线，提出让我们两人交往，以便彼此加深了解。就这样，我们开始了一些交往。可能是我们两人很有缘分，比较合得来，所以虽然身处两地，交往信件没有几次，但一年后就结婚了。1962年北京石油设计院将她借调到院内工作，1963年她就从抚顺石油设计院正式调到北京石油设计院，这也是组织上对我们的照顾。

我们是1960年春节时结婚的（图4-6）。当时，周镜涵副所长正在与我们几位技术干部加班写材料，到了晚上9点时，我向所长请假，说有点私事要办，领导就让我先走了。我到张家将她领到我们家，第二天双方母亲与我们选在一个饭店里会餐，就算正式举行了结婚仪式。

图4-6　我和张菡英的结婚照

1962年她被借调到北京石油设计院后，我们就在百万庄中国地质科学院大楼对面的卯18楼3层一间12平方米的住房内安了家。1963年7月，大女儿出生，这给我们带来了喜悦，但是也带来很大的负担。大女儿满月后，她就要每天带着女儿挤公共汽车到六铺炕去上班。1965年物探所调整住房，我们就搬到北京地校内的东大楼，还是一间房，办公室改的，略大一些，没有厕所。

1969年物探所搬迁到了陕西蓝田，张菡英也带着女儿搬到了北京石油设计院的家属住房。在我停发工资之时，多亏了有她的工资维持家里的生计。在我精神最苦闷、迷茫之际，也是她不断给我安慰与鼓励，我很感谢她在我最艰难的时候与我共患难。记得1970年，我在蓝田已长时间没有和她通信了，她很不放心，以为我又出了什么事，就借到四川出差之机，到蓝田薛家村看我。她一个人从西安坐车到蓝田县，再从蓝田县城走到薛家村，看了我一眼，知道我还好，随后就又从薛家村走路到蓝田转西安乘火车回到北京，话都没敢说几句。我每每回想起这一段过往，心里就感到深深的刺痛。

她的工作要求每年都要到全国各地去配合炼油厂建设工地施工，有时要在工地上待上一年，长期蹲工地配合施工，有时还要长时间去援外。家中生活安排更是困难，只好找亲戚帮忙照看。这样，我们一家四口长期分居在不同的地方，孩子的教育成了大难题。

但是，不管日子过得多么艰难，总算熬过来了。

老伴对我很好，与我患难与共，总在最困难的时候给我关爱和鼓励，使我能渡过种种难关。我们夫妻俩育有一儿一女。女儿 1989 年出国读书，在德国柏林艺术大学读完硕士（工业产品设计专业）后就进入德国公司工作，与一位德国工程师结婚，在柏林安了家，生活很幸福。儿子在南京工学院学习建筑，后来校方要办管理系，就把他调到建筑管理系。但他很无奈，最后干脆放弃了，转而攻计算机程序设计，曾先后在几家公司工作过。后来儿子和媳妇都留在北京，做工业产品设计。他们育有两个女儿，我又有了两个可爱的小孙女，她们给我的晚年带来了数不尽的快乐（图 4-7）。我的一生虽然经历了很多劫难，但每每与家人享受天伦之乐时，我都要感谢上天赐予我这么多的幸福。

图 4-7　2014 年 5 月拍摄的全家福

第五章 开始新的奋斗

一、参与组建院生产办公室，开展管理体制改革试验

中国地质科学院军宣队按照国家计委地质局工作要求，积极组建生产班子。中国地质科学院1969年建的生产班子（林自清任主任）已不能适应新的抓科研工作的要求，需要组建新的强有力的生产办公室。在这一背景下，院军宣队按照郭云麟同志提出的调人名单下令调人，我和一批科技人员于5～6月先后到院生产办公室报到。

郭云麟同志和院军宣队敢于启用这样一批“反动学术权威”抓科研，是十分有勇气和胆略的。院军宣队领导孔迅同志是一位很讲政策的解放军干部，我到院工作后曾与其有多次接触，他给我留下了很好的印象。他说，今后我们还要抓科研工作的，还必须依靠这些人的，这是很实在的认识。

我到院生产办公室不久，国家计委地质局又决定将局内已设置的仅有一个人（齐世仪）的科技组放到院，与院的生产组联合成立院的生产办公室，并明确对外可作为局科技组行事，负责人郭云麟和齐世仪负责统一抓好局与院系统各省局、各直属研究所的地质科技工作，每年的运作费用主要是国家科学技术委员会拨付的“三项费用”，约800万元。生产办公室的党支部书记是王凤展，其直接领导是孟继声副院长。这是1973年的情况。

生产办公室下设综合计划组、地质组与方法技术组（包括钻探、地球物理探矿、地球化学探矿及电子计算技术应用）。后来，又将实验测试管理与后勤、财务工作并了进来，形成5个组：地质组、方法技术组、综合计划组、实验管理组及后勤组。科研生产工作涉及的有关方面工作都由生产办公室统一处理。大一统的管理形式、联合组织管理部院科研工作，工作起来比较协调、顺手，工作效率很高。我参加了综合计划组，经过大家一致协商推荐，再经上级批准被任命为该组组长。大家常常戏称我为“民办组长”，没有定什么级

别，大家也没有什么上下级之分，都只是想团结起来相互配合着干点事。就这样，一晃就到了1977年中期，部决定将部科技组迁回部机关大院办公，这才告一段落。

事后大家回忆起这一段的经历，深感到这是不自觉地进行了一场重大的科研管理体制改革试验，可以说，它也是我们一生中难得的实践机遇。这一次试验有4个特点。

第一，选择的科技管理工作人员本身都是专家型兼管理型的，而不是一批仅仅知道做好上级交办的具体事务的小办事员型的干部。可以说，这批管理人员人人都把发展地质科技当成自己的使命，都在思考着地质科技创新发展的大事，从搞发展规划到具体指导、组织，什么具体工作都干，工作是很高效的。

第二，郭云麟同志具体领导生产办公室，知人善任，领导水平高。他很注意发挥大家的积极性，对大家充分信任并放手让大家去做，但对涉及全局的大事抓得紧，认真讨论，一点也不含糊。王凤展作为支部书记与大家一起干，不掣肘，不打“横炮”。这样就将大家的工作积极性充分地调动了起来，并使之能持续高涨。

第三，除人事工作外，科技工作各要素的分管部门对工作目标都了解，能自觉协调一致地配合工作，不相互扯皮。

第四，科研工作一直在突出重点项目的基础上推进，如找富铁矿、铬铁矿、钾盐等矿产，抓小口径金刚石钻进配套技术、电子计算技术、综合普查技术等关键性的技术方法，以及多种编图及成矿分布规律研究等。发展地质科技的目的性很清楚，大家都很重视把科技发展成果与找矿任务落实密切地联系起来，完全没有为科技而科技的味道。

这样，管理改革试验使生产办公室工作人员的积极性和创造性都得到了很好的发挥。我想，这应当是管理部门机构体制改革的主要要求和目标。在科研开发战场上奋斗，与打仗有许多相似之处。科研开发工作具有很强的探索性和创新性，它不可能像生产部门那样按部就班地进行，而是需要在摸索中走出一条新的路子，更需要发挥科技人员和科技管理人员的积极性、业务能力及创新思维。如果管理人员个个都能主动地思考地质科技发展的大事，积极地从地质找矿工作的需求和科技发展的需要出发，抓科技发展规划，搞好发展的顶层设计，抓地质技术方法、物化探、钻探、实验测试技术的进步，抓成果的推广应用，那么，工作自然就会更加有效，这样才能把有限的经费用好，用在刀刃上。

黄汲清（大地构造学家和石油地质学家，后任中国地质科学院名誉院长）和程裕淇（变质岩变质作用专家，铁矿专家，后任地矿部副部长）两位老专家、老领导，当时也没有安排新的工作去处，一并被安排在生产办公室内，与大家一起活动，自然也就成为办公室的高级科学顾问。

我所在的综合计划组，先后的成员有高卢麟（探矿工程专家，留苏副博士，后调任国家经济贸易委员会科技司司长和国家专利局局长，对我部开展小口径金刚石钻探技术的发展起了巨大的推动作用），于志鸿（留苏学地质勘探专业，后调任院矿产资源所所长），陆春榕（中国地质大学地质勘探系毕业，后任院科技处处长），王学德（北京地质学院地质勘探系毕业，后任部科技司司长、北京地矿局局长），杨明明（物理系毕业，从事钻探有关研究）；组的任务是牵头组织室内各组共同编写年度科技工作计划和五年科技发展规划；每年出一本科研计划经上级批准后，再由各组分头负责组织项目课题的落实问题，每年集体讨论几次，研究科技项目的工作进展和问题，研究如何去解决。大家都极为主动且负责任，对安排的一切工作都自觉地行动，把各项工作都看成是自己对国家尽力的机会和对自己的检验，完全没有应付差事的想法和态度。退休后，大家每次聚会时回想起这段工作经历都感到特别亲切，非常珍惜，也很受教育，更深刻地感觉到管理体制和组织管理方法是上层建筑的一部分，可以对科研发展起到很大的推动作用。

二、恢复地矿部、中国地质科学院的地质科技工作活动

1973 年 3 月，国家计委地质局科技组与中国地质科学院在河北省保定市水文所招待所内召开了全国地质科技工作会议，传达 1972 年 8 月全国科技工作会议的精神，要求力争在今后 5～10 年内，在几个关键的科技任务上要有突破，赶超世界水平，向四个现代化的伟大目标前进；讨论如何编制地质科技 1973～1980 年计划；落实 1973 年安排的重点任务。

这是“文化大革命”以来召开的第一次全国性的地质科技工作会议，也是我从物探专业范围内跳出来的开始，是我第一次从全局、多学科角度思考如何推动找矿与发展地质科学问题的开始。通过会议以及与各局各所人员的接触，我了解和学习到很多东西，这也为我以后的业务发展打下了初步基础，奠定了方向。

记得当时大家热烈地讨论今后应抓些什么大的关键性科技问题，才能更有力地推动我国地质科技水平上一个新台阶，其中大家达成共识的有航空遥感技术、综合物探方法、电子计算技术开发应用、普查化探方法，以及小口径快速金刚石钻探技术等，还有一系列地质、矿产的综合研究和编图。

1974 年 7 月，召开了小口径金刚石钻探技术推广会，初步推广了小口径钻进技术。

1976 年 1 月，召开了小口径配套设备鉴定会，包括千米高速小口径金刚石钻机、小口径陀螺侧斜仪、小口径绳索取心钻具、小口径人造金刚石钻头及扩孔器、高强度管材及低固相泥浆材料等 7 项产品。

开展了安徽庐枞盆地大包庄与云南大红山的铁矿会战，希望在找富铁矿上能有突破。

组织全国地质力学构造体系研究与编图，作为提倡与推广李四光地质力学的开始。

变质岩编图，特别是请长春地质学院董申葆牵头，看看能否将变质岩与变质作用研究深化一步，争取在理论上有所突破。

我还积极地推动电子计算技术在地质找矿中的应用，与部的150办公室合作，大力办学习班，培养干部。图5-1是国家计委地质局金属物探电算班一期结业留影。

图5-1　1974年国家计委地质局金属物探电算班结业留影

三、悲恸与令人沉思的1976年

按照中国地质科学院领导的安排，1976年我还要到清河农场再劳动1年。为什么又要去劳动？我不明白。因为我刚刚在陕南的蓝田县薛家村和渭南县农村劳动了1年，又到永乐店物探工厂当了半年的钣金工，1972年中才到院工作。但是，我想可能还是要对我进行考验吧！既然如此，劳动劳动也很好，我心里没有负担，思想上还可以放松一下。但是，没想到1976年是中国发生许多大事的一年，是让我们每一个中国人毕生难忘的一年。

1月8日，周恩来总理逝世，大家沉浸在悲伤之中，十里长街送总理，这在大家心里留下深深的印记。4月5日，群众自发地在天安门广场举行悼念周总理的活动，我和生产办公室的许多同事都参加了这项活动，大家一大早就赶到天安门广场。此时，广场上早已人山人海，各式各样的花圈遍地都是。我们几个人好不容易地挤到了人民英雄纪念碑前，大家集体默哀，心情悲痛万分，表达对周总理的怀念和敬意。

7月6日，敬爱的朱老总逝世，大家十分悲痛。

7月28日凌晨，唐山突然发生大地震，地震达7.8级，震撼了每一个中国人的心。

9月9日，伟大领袖毛主席突然逝世，全国人民顿时都处于极度的悲恸之中。

10月6日，"四人帮"被粉碎。

这就是我在清河农场劳动前后国内的政治环境，每一个重大事件都引起我们的深思与回顾。

我在清河农场劳动时，分派的具体任务是在副业组种菜，组长是中国地质科学院地质力学研究所的潘建英研究员，他是从事第四纪冰川研究的，后移居加拿大。副业组的另一项任务是养猪，负责人是我在清华大学物理系的学长、钱伟长的大弟子潘立宙研究员，他是李四光同志亲自和钱老商谈后调来支援发展地质力学的力学专家。大家白天劳动得很愉快，晚上就"侃大山"，其中谈了很多地质力学研究所的科研工作情况和问题，特别是地质人员接受力学观念的难点，也谈到"文化大革命"的情况。大家交流着个人的看法，我从中了解了在地质学领域引进地质力学观念时存在的困难，学到了平时很难了解到的学问。

5～6月菜田里种的菜陆续可以采摘了，饲养的猪仔常常跑到菜地里饱餐，把菜地拱得乱七八糟，为保护菜田，我们不得不花很多时间来防止猪仔破坏，天天出现满地猪跑人追的场面，很是热闹。

7月28日凌晨，大家正在熟睡时，突然全屋晃动，响声震天。大家都被惊醒了，赶快起来跑到大院内的安全地带，看一看究竟发生了什么大事。待大家跑到院中，全院各个大铁门和铁皮房又开始晃动起来，真是地动山摇，声势很大，就像有几百辆坦克开来似的，同时伴随着火光冲天，在南方和东方天际，红光黄光乱晃，十分刺眼。

震后，北京各单位组织抗震救灾，院职工开始在百万庄大院内搭建抗震棚。院领导还批准发给我们一套木料，这使我们可以在木床上支上四根柱子，再在上面搭架，安放一顶蚊帐，这就是一家的住处。整个百万庄大院内全是小棚子，同舟同济的氛围浓厚。

后来，由于清河农场领导很关心和照顾大家，我们全家因此又都搬到清河农场的铁皮仓库内搭建的小屋内住下。当时我是带着全家4口人和老岳母一起住到了清河农场铁皮房子内的。这时农场的生产也停顿了下来，人们天天听到的是唐山又发生了余震，又造成多大的破坏，或是北京，或是天津，或是张家口等发生了地震，等等。流言很多，人人都在彷徨中等待着确切的消息。

清河农场有一部分土地是中国人民解放军耕种的。我的两个孩子，特别是儿子赵冲，他才几岁，对中国人民解放军军帽上的红五角星非常痴迷，天天找解放军战士讲五角星的故事。孩子们通过清河农场几个月的生活，直接体会到震灾来临的感受，体会到农业劳动的苦与乐，体会到与解放军贴近的温暖，这也算是精神上的一大收获吧！

20世纪80年代我去唐山考察震灾情况时，面对地震破坏的严重局面，腿还感到有些发软。在唐山车站附近的机车车辆厂，直径1英寸的钢筋被扭成面条状，人如果被这样的钢筋围困住，是很难被救出的。一所学校的房子大部分被夷为平地，一栋大楼被地震劈为多块，七扭八歪地矗立在一个地点。

这一切一切的景象使我受到强烈震撼。我深深地感到，人在大自然面前实在是太渺小了。人类不合理地改变着大自然，过头了，必然会遭到大自然的报复。为了生存，人类必须学会了解自然，认识自然，顺应自然，因势利导地学会生存与发展。唐山大地震也促使我认识到，我国是一个地震多发的国家，中国人民要生存下去，我们地学工作者有责任去研究和弄清楚地震发生的机理，并积极地探索地震预测预报的途径与方法，这是挽救千百万人民生命财产的极为重要的科学技术问题。我们应当向李四光老部长学习，以为人民减轻灾难为己任，要满怀着对人民的感情做好地震预报预防工作。但是，我们现在的思想还很不适应，还有很大障碍，实际工作成果距离这一要求还相差甚远。

唐山大地震引发全国性的大讨论，即地震能否预报的问题争论。这情形又有点儿像20世纪50年代中国人对中国找油气前景争论的那样对立，在主流的认识上至今远未取得一致的看法。但是，我们能就这样一次次等待地震袭击吗？这次唐山地震，加上2008年四川汶川大地震，使我对地震预报这一科学难题一直难以放下，如何推动地震预报工作，已成为我日夜惦念的一件大事。中国的科技人员应当担负起解决地震预报的重任，减少损失。我想，只要坚持，认真总结经验，是可以找到地震预报和临震预报的途径的。这是我不断思索的一个大问题。我将在第八章中进一步阐述。

四、富铁矿会战

1975年12月，国务院有关部门召开会议，要求各有关部门加强富铁矿地质工作。1975年11月，国家地质总局已与中国地质科学院召开了富铁矿科研工作会议。1976年1月，中国科学院、冶金工业部和国家地质总局联名上报了《关于加强找富铁矿工作的报告》，国务院同意了这一报告。报告中称，“……但是在总储量中，含铁50%以上、可以直接入炉的富矿，只有8亿多吨，数量既少又较分散，远不能适应高速发展我国钢铁工业的要求”。此后，全国随即开展了找富铁矿活动。中国科学院、冶金工业部和国家地质总局三家联合开展了富铁矿成矿条件找矿方向研究。当时，提出我国寻找的富铁矿床的主要矿床类型应当是风化壳型、火山岩型和海南石碌型富铁矿。

1977 年 3 月 15 日，国家地质总局在广西桂林召开了总局系统的富铁矿会战工作会议，提出适应国家建设需要，要在全国开展找富铁矿工作，张同钰同志亲自主持了这次会议，我也参加了这次会议。因为物探方法是找铁矿的拿手好戏，我们也想在找富铁矿中起到重要的作用。这次会议选定了皖北霍邱、四川西昌、河南许昌、南京-芜湖、冀西和新疆哈密 6 个地区作为找富铁矿的重点地区，并做出工作部署。会议还对找矿的关键性地质科技问题、基础地质问题和综合研究工作做出安排。与此同时，冶金部也选定在鞍本、冀东、五台岚县、海南石碌、鄂东及邯邢 6 个地区开展找富铁矿会战。

显然，国家对找富铁矿的要求是很急迫的。会上急于求成的思想情绪压倒一切，使得会上会下的分析研究工作做得很不充分。比如说，在中国国土的地质构造背景下可能存在什么类型的富铁矿？中国前寒武纪铁矿是以贫矿为主，存不存在富铁矿？能否存在风化壳型的富铁矿？其地球物理特点是什么？相应的技术方法问题有哪些？这些问题都没有得到解答。

生产办公室内，我们人人都在考虑如何实现这一突破，大家分头从各专业的角度寻求突破的途径。作为综合计划组和物探专业的同志，我们似乎对于这种现状无能为力，一个明确而实际的找富铁矿的战略并没有形成。就现有资料看，地矿总局的 6 个地区中除新疆哈密和南京-芜湖地区有可能找到一些富矿外，其他 4 个点要突破是很困难的，因为目标不明确。冶金部的 6 个点中的海南石碌、鄂东及邯邢 3 个点可能有更大的突破。因此，亟须加强我国富铁矿成矿条件和分布规律以及找矿方法技术的研究。

此外，我们还广泛地调查了国外与中国的富铁矿的地质矿产的实际和产出背景条件。我的看法是，比如，当时认识到世界上的富铁矿有两种主要类型：一种如瑞典的基鲁纳铁矿，为中元古代的含磷灰石的富磁铁矿类型的铁矿，或认为是热液成因，或认为是岩浆分异，或认为是火山喷流沉积形成的，规模大且品位高，用物探磁法（航空磁测与地面磁测）找矿会很有效；另一种是如我国进口的澳大利亚、巴西的富铁矿，为风化壳型富铁矿，属于赤铁矿石，没有磁性，磁法探测起不到找矿作用，对于重力法能否起作用试验的研究工作还不多。

但是，中国的主要类型为前寒武系变质铁矿，磁性很强，却以贫矿为主，如皖北霍邱、河南许昌、冀西、鞍本、冀东、五台岚县等地区。能否在这些贫铁矿中找到相对富集的部分，或者这些地区是否存在如澳大利亚或巴西式的古风化壳型的富铁矿？这两者均尚未得到证实。中国的宣龙式宁乡式赤铁矿层有无富集的风化壳型富铁矿也不清楚。而海南石碌铁矿、鄂东及邯邢等地区的矽卡岩型铁矿富矿石比例较高，物探方法对之比较有效。再就是一些热液型中小型铁矿床（如泸沽铁矿山和盐源的矿山梁子铁矿等），矿石较富，但是这些类型的富铁矿规模都不大，想一口吃成一个胖子是不可能，但可考虑作为中国找富铁矿的首选目标之一，这可能是现实的、有重要意义的。这是我在西南地区找富铁矿的经历和体验。多找一些这类热液型中小型的富铁矿，积少成多，可能更为现实可行。

总之，我认为地质总局选定的6个铁矿区都是以贫磁铁矿床为主，找富铁矿的理论与方法准备是不够的。

记得当时，我部航空磁测大队在许昌发现了一个大磁异常，许多人异常兴奋，认为这是发现了大铁矿，从大铁矿联系到找大而富的铁矿，认为通过展开大会战，也有可能会抱到一个大“金娃娃”。当时部机关里着实地热闹了一场，其中计划司的同人积极性最高，亲自推动会战，并集中了几十台钻机打钻。会战的结果是，大磁异常还是主要由老变质地层中的贫铁矿引起的。矿的含铁品位仍然不高，既没有发现富集地段，也没有发现后期风化淋滤而形成的赤铁矿富矿。会战投入很大，未取得理想的效果。因此，如何在含铁岩系中找出铁的富集部位，包括找到风化壳富铁矿床，就成为物探方法研究攻关的重点。为此做过许多试验，有好有坏。

西昌钒钛磁铁矿类型的铁矿，磁性强，20 世纪 50 年代，我就和它打交道，很熟悉。但它也是以贫铁矿为主，有无相对富矿体、规律是什么也还不清。

南京-芜湖地区的铁矿是陆相火山岩型，其中仅梅山铁矿是富铁矿床，物探磁法重力法起了很大的作用。但这种类型的矿体矿石也含有磷灰石，也是以贫铁矿为主，如何从大量贫铁矿中找到富集的铁矿，又是个难题。

中国地质科学院的科研工作主要集中于宁-芜地区陆相火山岩型铁矿上，提出了玢岩铁矿成矿模式，对指导找矿发挥了重要作用。梅山铁矿大而富，研究者认为它是深部铁矿浆随玢岩侵位而形成的铁矿床。当时冶金部门是在破除“陆相火山岩中无大矿”的迷信后发现的，这一铁矿床显现为一个重力异常与磁力异常叠合型的异常，经打钻检查后才发现是一个大富铁矿矿床。但是，随后在其他陆相火山岩盆地中开展的许多物探工作就再也没有这样的好运气了。

冶金部门在海南石碌铁矿区找富铁矿也取得一些新进展。此外，在铜陵地区、鄂东地区，以及邯郸-邢台地区等矽卡岩型铁矿，也取得不少进展。

许昌会战不成功，教训是什么？不回顾总结就不能获得深刻的体会，从而接受教训。我想，一个对事业负责任的领导是不能让这些错误一犯再犯的。我认为，主要可能还是一种撞大运的侥幸心理，即说上就上，一上就想可能会抓到一个“金娃娃”的心理在作怪，轻视事前的扎扎实实的调查研究，轻视科研先行、创新带动。这是不能不认真吸取的教训。

我的体会是，找矿首先要有明确的对象；其次是要像福尔摩斯和狄仁杰破案那样，仔细观察，尽可能地收集各种矿体赋存的线索，综合分析以后，找出矿体赋存最可能的位置，再利用钻探技术打井检验确证。这里，各种铁矿床既有一些共同规律可循，其地域性的特点也十分突出。中国的地质情况与外国的有很大不同，生成的矿产类型与分布特点也会与外国的不同。

1977 年下半年，总局决定将局科技组再搬回总局院内，先成立科技局，后又改为科技司。于是，我和生产办公室的一部分同志就转移到位于西四的地质部大院内西楼地下室办公。我随即被任命为副司长，主要负责组织科技攻关与成果转化。

我非常重视科研成果的评价和推广应用工作，因为科研是为了推动地质找矿而开展的。为此，我常常与成果处的同志一起分析研究：哪些成果是有意义的，应当狠抓推广；哪些作为重要成果还有什么问题，如何完善；等等。研究人员当事者“迷”，常常不容易认识清楚，而我们比较超脱和视野宽阔一些，更容易看清问题。这样，长期下来，大家结下了很亲密的友谊，从 20 世纪 70 年代一直持续到现在。我们年年都要聚会一次，畅谈人生，其中阎立本同志能力很强，观察问题十分敏锐准确，工作很出色，我们在工作上配合得很协调，工作顺畅，相互帮助多多。可惜他过早过世，实在是地质部门的一大损失。抓科技成果转化和推广，用一般行政管理办法搞推广，是难以向前推进的，反而会使科技成果转化问题成为空谈。

当时，司内对加快矿产勘查评价工作的途径达成以下共识：狠抓小口径人造金刚石快速钻探技术的配套开发，认为只有这样，才可以从根本上摆脱钻探技术落后的状况，从而加快矿产资源评价速度，提高钻探技术的经济效益。所以从 20 世纪 70 年代起，科技司即在部领导下积极推进小口径人造金刚石快速钻探技术的配套开发和推广。1977 年，高卢麟同志调国家经济委员会科技司担任司长，他是钻探专家，更深知走人造金刚石小口径快速钻探之路的必要性，所以一直大力支持这项技术的改造工程。

国产人造金刚石发展的关键是能不能生产出符合钻探需要的大颗粒人造金刚石。在国家经济委员会科技司支持下，部内组织了多个部门力量进行攻关，取得了很好的结果。其中，张家口探矿厂就做出了多种压机，可用来生产制造钻头用的大颗粒人造金刚石。部勘探所、地质大学钻探研究室和湖南地矿局的同志也用多种工艺制造人造金刚石钻头，包括利用金刚石粉制造钻头。多个探矿厂与勘探所和钻探工艺所还完成了多种配套的钻机钻具，使我国的小口径人造金刚石钻探技术设备形成配套系列。这是全国各部门共同努力的结果，也是我国科技创新发展中很突出的一个范例，1985 年部组织了鉴定。

作为科技发展规划组的负责人，我深深地感到搞好科技工作的顶层设计是特别重要的。按照现在的流行语，缺少科学发展的顶层设计，将会使科学成果碎片化，而不能装配成套形成较完整的成果，从而就得不到推广应用。小口径人造金刚石快速钻进配套技术的开发和推广，对加快矿产勘探起了很好的作用。这个典型例子，是在部长关心和亲自领导下，科技司坚持 20 多年组织协调与推动，以及科技人员技术突破的结果。

五、大力进行金矿科技攻关与推广

这是科技司工作具有成效的又一实例。黄金一直是国家财富的象征，除可以做首饰等，以及工业上的特殊用途外，更是一种储备的货币。清光绪年间我国产金最盛之时年产黄金为 13.452 吨（1888 年），1949 年降至年产 4.073 吨，到 1959～1961 年又降至 3.653 吨，直到 1972 年才恢复到 13.425 吨，仅达到光绪年间的水平，占同年世界黄金产量的 1% 弱。中国金矿资源是丰富的，但中华人民共和国成立后黄金生产长期上不去的原因还不清楚。但是，中国黄金找矿与生产严重落后的局面终于引起国家层面的关注。

1965 年，部领导成立了金矿地质局，计划大力加强金矿的普查找矿。

1975 年开始，国务院提出要大力开展金矿的找矿与开发。王震副总理受周总理的委托亲自抓黄金生产，他带领着许杰（地矿部原副部长，地科院院长）等考察各个黄金矿山，提出要大大增加我国黄金产量。科技组及后来的科技司紧紧跟随国家要求，加强了黄金地质研究工作。部决定东北沈阳地矿所的重点任务是抓黄金及铂族金属成矿研究和指导找矿，科技司则由孙培基分工推动工作。他们深入开展以科技攻关来推动和指导找矿，找新类型金矿，使我国金矿有了新发展。

1979 年 3 月，经王震、谷牧两位副总理批示，国务院与中央军委下令成立中国人民解放军基建工程兵黄金指挥部（即黄金部队），要从中国人民解放军中划出一部分人专门从事黄金的普查与生产，以加强找矿力量。

在全国强有力的推动下，河南小秦岭金矿的突破和痕量金的现场快速分析方法的开发，发挥了至关重要的作用。科技司司长方樟顺来自河南省地矿局，他对局实验室的工作很了解，他的介绍和引进起着重要作用。

小秦岭金矿是含金石英脉型金矿床。石英脉不易被风化剥蚀掉，常常有明显的石英脉出露在地表。早期地质普查就是找石英脉，再用重砂方法进行含金性评价。但在覆盖区找矿难度很大，用化探方法找金，则因测试分析的精确度和灵敏度太差而失效，所以他们一直重视对痕量金分析技术的攻关。早在 20 世纪 70 年代初便提出化学溶矿-活性炭富集-光谱法测定的化学光谱法，并取得突破，获得较好的找矿效果。1979 年，又研发出检出限为 0.3～1ppb 的方法（1ppb 相当于 10^{-9}，金矿品位为 $n.10^{-6}$），后来又提高到 0.1ppb，达到世界先进水平。该方法简便，成本低，很适合野外金矿普查之需。科技司和物探局立项大力推广应用，先后培训了1000多人次，取得很好的效果，开创了“以金作指示元素找金矿”的历史新阶段。

此外，1979年，河南实验室（即岩石矿物测试中心）还开展了低品位金矿的堆浸试验，1982年做了万吨级和两万五千吨级堆浸试验且均获得成功。其间，科技司和直管局先后在河南办了5期堆浸培训班，培训人员约13 000人，对试验方法进行推广。

我印象特别深刻的一件事是20世纪80年代我做国家科学技术进步奖地矿评委组组长期间，在评议福建紫金山金矿时，当时地质队申报的内容仅仅是在华东陆相火山岩中勘探求出6吨黄金储量，很少。这一成果还不够达到国家科学技术进步奖二等奖的条件，但评委们特别是核工业地质局刘兴忠同志强调其远景和重要意义，考虑到矿区附近还有大量的低品位金和低品位铜矿，这些资源在未来选冶技术改进后有可能都利用起来。这样，经过反复讨论后，大家认为这展示了华东陆相火山岩区不仅可生成大铁矿（宁芜地区），还可以形成大金矿和铜矿的前景，具有很大开创性。所以，最后评委们一致通过将之评为国家科学技术进步奖一等奖。后来，试用堆浸法将围岩中的含金氧化矿石堆浸成功，使该矿山可利用的金矿资源一下子提高到200吨，成为一个著名的大金矿山。

此外，为深入总结经验，部里科技计划中还列有“中国金矿主要类型、区域成矿条件和找矿方向”（大体在“五五”和“六五”期间）项目，对中国已发现的金矿进行了初步理论概括。

六、第二轮区域化探全国扫面计划

这一计划与找金计划不同，但是两者之间又有着密切的联系。

1978年1月11～26日，国家地质总局在上海召开了局长会议，会议期间，谢学锦、孙焕振、李善芳、方华等联名向总局领导提出建议，开展第二轮区域化探扫面工作。其中李善芳是科技司主管化探工作的，方华是地矿司负责普查找矿的，孙焕振是物探局主持化探工作的。几家联名提出建议，表明这几方面的代表人员已经有了共识，都希望进一步提高化探的分析精度和检出限，以提高找矿效果。这是具有重大战略意义的建议。当然，这项工程也是一项庞大的系统工程，因为它涉及方方面面的工作，并可带动地矿系统实验测试技术上一个新台阶。

建议经总局领导研究后，被纳入地矿总局科技计划，总局领导随即下达了新一轮化探扫面任务，以这一项新工作支持矿产普查。

第二轮化探扫面的最大特点是，要大大地提高分析的检出限和精确度，并从完成全国一张图出发，建立一套严格控制分析质量的措施，即建立标准样的质量控制方法，以统一全国分析质量标准。

为此，在谢学锦的技术指导下，建立起一套大样品（几吨重）的采集及无污染的加工方法，制备出大样，然后分成许多小样，由各选定的单位分头以不同技术方法进行分析，定出 39 个元素的标定值，39 个元素主要是根据找矿对象及其主要伴生元素确定的。此外，不同景观条件下的采样方法也是一个难题，需加紧开发出来。

此后，随着工作在全国铺开后，采样量将大大增加，分析工作量也很大，这将需要投入大量的人力与物力资源，显然这有很大的风险。但是，既然发展到这一步，人们就必须积极而又谨慎地去做。

提高样品分析精度和可信度以后，估计在污染少的新区会收到好的效果。但在老矿区内，一定会发现更多的污染带来的异常，该如何解决？没有做过试点研究，未来可能获得的地质找矿效果还尚属未知。

张同钰副部长对这项工作的战略意义有着极高的评价，一直亲自推动这项活动；科技司从司长方樟顺到全司有关部门工作人员都参与了工作。由于需要进口大量的高精度分析仪器，张同钰同志就亲自去国家计划委员会申请经费，上级批给外汇后，又责成方樟顺司长组采购团到几个国家选购，再由科技司实验管理处组织6个大区的重点实验室验收和投入应用。此外，还与各大学和中国科学院有关所的实验室合作、分工，用不同方法测定，研发分析方法和制作标准样。物探所的化探分析室负责组织各物探队开展有关测试研究。这其中张同钰同志的贡献至关重要。图5-2是谢学锦院士给张同钰同志家属的唁电，唁电中肯定了张同钰同志的“支持与促成，丰功伟绩”。

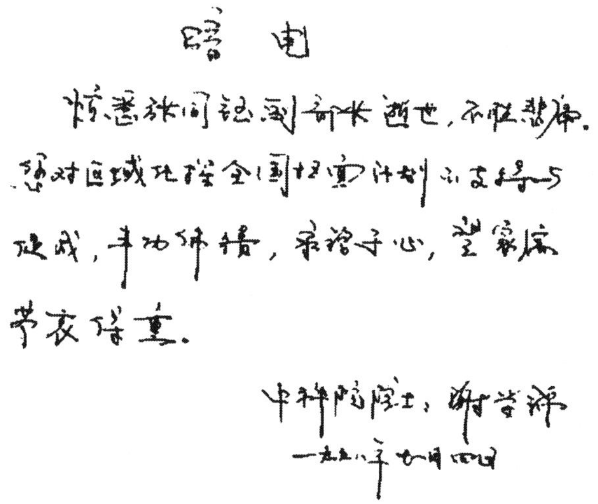
唁电

惊悉张同钰同志副司长逝世，不胜悲痛。您对区域化探全国扫面计划的支持与促成，丰功伟绩，永铭于心，望家属节哀保重。

中科院院士，谢学锦
一九九八年七月四日

图5-2　谢学锦院士给张同钰家属的唁电

我当时最关心的是以下几件事，立项时就给予特别关注。

第一，不同景观区化探样品的采集与加工问题，以保证采样的质量，能得到成矿元素的分散流、分散晕。

第二，弱异常区、带的质量评价问题，即如何可靠地肯定其存在，特别是矿区附近干扰严重情况下如何克服。以前没有好办法消除，而今后，主要矿集区范围内的工作仍然将会是重点。

第三，区域性化探异常的地质解释问题。区域地球化学异常的地质含义是很重要的信息，为了深化解释，就必须从区域地质构造与区域地球化学基础研究着手。在这方面，中国地质大学（北京）

很有基础。用今天的话讲，就是地球化学大数据的应用开发问题。我认为成矿元素在迁移成矿的过程中，在围岩中形成的矿化场及痕量元素分布场是区域地球化学场的解释基础，意义十分重大。

第四，关于提高化探方法找矿产深度问题。如何找深部矿？这是勘探人员都很关注的。但是什么元素能从地下深部穿透上来并形成地球化学晕？开始时，关注的是原生晕，后来又抓汞气测量，做了很多试验。现在谢学锦院士又提出深穿透元素，据说已取得了好的结果。但是，我一直也未见到一个找矿案例。

第五，现场快速分析技术的开发是提高化探地质效益的关键所在，也是人们一直关注的焦点。为此，我们也先后做过多种试点。除去各种现场简易的化学分析设备外，我们还着重抓了现场分析用原子荧光光谱仪研发、生产和推广工作。在这方面，测试所的梁国立研究员做出了很大贡献。

七、1978～1985 年科技发展规划，提出“五大理论”和“五大技术”

为适应新形势发展的需要，国家又着手制定新的科技发展规划，地矿部门也开始了相应的工作。

1977 年 11 月，国家科学技术委员会召开了全国自然科学学科规划会议，编制了《1978—1985 年全国基础科学发展规划（草案）》。与此同时，还组织编制了《1978—1985 年全国科学技术发展规划纲要（草案）》。地质部门也着手编制相应的地质科技发展规划，并争取将地质科技发展重点内容列入国家计划之内。

地矿总局组织讨论了如何编制地质科技 1978—1985 年规划。这样，地矿总局科技司成立后的第一件大事自然就是组织和参与编写地质矿产八年科技发展规划。

1978 年 12 月 18～22 日，党的十一届三中全会召开。这次全会重新确立了解放思想、实事求是的思想路线；做出了把党和国家的工作重点转移到社会主义现代化建设上来和实行改革开放的战略决策；决定调整国民经济，加快发展农业，发展科技、教育；等等。这给了大家很大的激励。

1977年下半年，科技司职工全力投入这项工作中，包括地科院各所的有关人员，大家齐聚友谊宾馆，共同研讨和拟定地矿部门八年科技发展规划的战略目标和措施，其间进行了热烈的讨论。张同钰同志平易近人，和我们打成一片。大家就在宿舍内整天一起研讨未来地质科技抓什么，如何抓，达到什么目标。研究得很细，大家受益很多，提高很多，特别是科技管理人员懂得要学会抓发展战略和工作重点。

首先，地质科技的发展要有明确的服务对象和研究目标，即要解决找什么矿产资源的问题。

矿产种类很多，新的发展规划重点在于解决油气资源问题，以及"铬、铂、金、金刚石、钾盐等急缺矿产，铀矿基本上没有可供新建的基地，铜矿后备资源也比较紧张，铁矿和富铁矿严重不足，质量好的铝土矿比较少，钨、锡、锑、汞等按照出口和国内需求也要加强工作"。地质科技工作部署上则要有近、中、远三步安排，对理论与方法技术必须提前工作，以免需要时没有准备好，这是科技研发工作的不同之处。

地质科技发展规划提出的八年奋斗目标是：到1985年，基本建成门类齐全、布局合理、纵深配备的科研体系，包括一些现代化的实验室和电算站，培养一批第一流的地质技术专家，集中力量解决一批对国民经济建设具有重大意义的科学技术问题。

八年地质科技发展规划的内容可概括为5个方面，33个专业，20个重大科技项目。张同钰同志又与大家反复讨论如何进一步概括，要求提出一个非常明确的战斗目标。最后，他概括出3句话："急缺矿产""五大理论""五大技术"。

"五大理论"是指地壳运动与地壳演化，岩浆作用、沉积作用和变质作用，成矿物质来源与成矿作用，元素运移与富集规律，地质地球物理场理论。这里的核心问题是地壳构造运动和元素运移与富集规律。因为岩浆活动、成矿元素的迁移和聚集等都与其关系密切，是其主要动力来源；而地球化学、元素运移与富集的规律则是成矿找矿的基础，要求在以上几个方面有所突破和建树。此外，还要求把基础地质工作搞好，如建立起我国的地层系统、构造体系（单元）、岩石类型、矿物系列标准；完成大部分省的重要地质时代的岩相古地理分析；完成不同单元地下水资源评价的理论和方法；加强重要成矿战略区的综合研究，提供一批找矿远景地区。

“五大技术”是指航空与遥感技术、综合物化探技术、电子计算和数字化技术、岩矿测试技术、钻探坑探技术。电子计算技术的应用是共性技术，正在显示着强大的技术潜力。遥感技术也正是部里在大力推进发展的内容，1978 年中孙大光部长还带领代表团专门出访欧洲考察这项技术。岩矿测试技术则是对区域化探与矿产综合利用的技术基础。

“五大理论”“五大技术”突出地体现了地质调查的基础包括两个方面：一是地质与成矿理论研究，人们通过调查了解了地区内岩石矿物构造的分布材料，而如何读懂它的含义，就要靠地质构造成矿理论的研究成果；二是勘查及测试技术方法的研究开发。没有一个测年方法，就不会知道岩石、矿床的形成时间；没有时间数字，也就研究不了地区的构造演化和成矿时间等。所以，地质调查、地质理论研究与地质方法技术开发三者是相辅相成的，必须把三者密切结合起来，这是地质矿产工作的特点，也是中国地质工作的优良传统。

现在，国土部门经过两个“三五八”找矿突破计划，使我国矿产资源状况又有了很大变化。报纸上报道，如金、钨、钼、铅、锌、铀、铝、钾等矿产资源，以及油气等能源已取得了一系列的最新发现。今后要着重突破抓哪些矿产、能源资源，需要有个前瞻性的设想。

近年提出的“十三五”地质科技发展规划中，并没有明确地提出要突破的紧缺矿产是哪些。因为矿种和类型不同，成矿的理论与找矿方法是不同的，甚至可以差别很大。

提出创新发展战略的“三深”方针，其内容是：深海、深地和深空对地遥感技术。

深地是向地下进军，干什么？一是找深部矿产资源。找什么矿？赋存深度是多少？可能的产出是多少？没有说明，那么具体的攻关对象就不清楚了。二是探测地下空间，可能以地下 300～500 米的空间为主要目标。我的疑问是，是找地下空间还是进行地下工程地质勘查？油田和矿山的采空区如何利用？

地质科研发展绝不能“为深而深”，为创新而创新，而要与区域地质调查、区域地质成矿规律研究及地质环境灾害防治等工作结合，要与国民经济发展的广泛需求密切结合，同时，要有自身的纵深发展的安排。因为人类的一切活动都是以地球为基础，在地球上进行的，而我们地质工作者研究的目的就是认识地球，摸清地球，掌握地球的“脾气”，并因势利导地寻求人类与地球和谐相处。

地球上的许多重大地学问题，如金属成矿、地震预报、天气变化、温室效应、重大生态环境问题、地方病治理、海平面升降、重大工程地基稳定性、盐碱地改造、沙漠改造及地下空间的开发等，都要求地学与其他学科合作来解决问题。而多学科的结合又是改革中的老大难问题。地质工作不能把自己囿于地质调查找矿的范围，所以地质科技需要顶层设计，而这又涉及领导层的认识、国家工作体制问题。地质工作人员和科技人员必须站在更高的综合角度统揽全局，才能具备开拓创新的思想条件。

八、随部领导访问德国和法国，探讨四个新领域的开拓

1978 年 3 月 18～31 日，全国科学大会在北京召开。在开幕会上，中共中央副主席、国务院副总理邓小平发表重要讲话，指出

四个现代化的关键是科学技术的现代化，并着重阐述了科学技术是生产力这个论点。这是党中央再次肯定了科技工作和科技发展的重要性，知识分子又重新明确为工人阶级的一部分。这就再次重申了1956年知识分子问题会议的基本估计和主要内容，科技人员又受到很大的鼓舞。1978年12月，中国共产党召开了十一届三中全会以后，重新确立了实事求是的思想路线，全国的工作重心转到经济建设上来，我国经济要逐步纳入按比例发展的轨道上。两次大会改变了“文化大革命”以来的沉闷氛围，振奋了大家的精神，再次调动起全国人民向现代科学技术进军的热情。我们科技组的人员到了西四大街地质部机关大院后，第一项工作就是为地质部门参加全国科学大会做各项筹备工作。我也参与了一些工作，但最终我未能参加大会，感到十分遗憾。

大会以后，我即转入孙大光部长出访德国和法国的准备工作。部领导确定我为代表团的秘书长，全面负责出访的准备工作。当时部长思考的事有两件。一是，地质总局为适应今后地质大调查和找矿需要，决定重点发展和推广卫星遥感技术，要建立实验室和培训人才。但是，如何搞好这项新技术的总体设计与具体推动这项工作，心中没底，需要到德国和法国这些科技先进的国家考察。二是，执行外交部下达的要与法国合作开展喜马拉雅地区地壳和上地幔合作研究的具体谈判工作，地质总局领导决定亲自带团赴法国进行具体谈判和签署合作协议。

1978年5月16日出访成行，陪同人员还有张同钰和程裕淇两位副部长及一批专家，其中还特别聘请了北京大学的遥感专家马蔼乃教授和中国地质大学（北京）的李铁芳教授作为技术顾问。同去法国考察的还有中国科学院矿床学家涂光炽先生和孙枢先生，我事后才知道他们参加考察也是为下一步参与中法合作做准备。

代表团在德国先后考察了在汉诺威的联邦矿物原料研究院、下萨克森州地调院、在南部巴伐利亚州的航空与航天研究试验院（图

5-3)、鲁尔露天煤矿及德国中部的一个铅锌矿、北莱因-威斯特法伦州的几个地点。在法国，第一站是访问枫丹白露高等矿业学校，考察了位于法国巴黎的法国国家科研中心（成立于1939年，是法国最大的科学技术研究机构，也是欧洲最大的基础研究机构之一，目前隶属于法国国民教育、研究与技术部，也是向中国提出开展喜马拉雅地学合作的单位）；中部奥尔良城的法国地质矿产调查局（属法国官方的地质机构，担负全国基础地质与固体矿产、地下水、工程地质、建筑材料等矿产普查，与实用性较强的地质科学研究工作，并对矿山的开发进行管理，既为国家服务，亦为私营企业服务）；以及南部图卢兹城的法国空间研究中心（CNES）。此外，还顺路造访了马克思的故乡特里尔古城（位于德国东部，靠近卢森堡边界）和巴黎公社墙，进行瞻仰与朝圣。

图 5-3　参观巴伐利亚州航空与航天研究试验院时留影
（前排左二为马蔼乃教授，左三为孙大光部长，左五为张同钰副部长，
右一为陪同代表团的大使馆徐秘书）

考察团的成员们一致认为这次考察是成功的，有4点主要收获。第一，了解了欧洲遥感技术的发展和应用水平，对我部如何建

设国际一流遥感实验室心中有了数。部决定首先集中办好航空遥感中心，先搞好引进消化吸收工作。实际上，我国遥感技术一直就是沿着两条线发展的，一是引进遥感技术、设备及遥感数据，将其掌握起来并用于实际取得成效，这是以推广应用为主，是以用户为主的；二是，鉴于当前遥感技术还是发展中的新技术，应加强研发工作，则以地球物理部门为主抓手。1979 年还正式发函邀请北京大学办理第一届遥感图片应用培训班，培养了几十名骨干。

1985 年、1986 年，地矿部向国家申请经费，请中国航天部门先后发射了两颗国土资源卫星后，正式开始了应用国产卫星卫片的新阶段。

第二，与法国国家科研中心举行多次谈判，商讨中法联合开展喜马拉雅地区地壳上地幔探测与研究的问题。20 世纪 60～70 年代，国外板块构造理论有了大发展，而我们则处于“文化大革命”之中，长期脱离了国外这次以大陆漂移、海底扩张、板块构造理论为核心内容的地学发展主流，我们迫切需要学习、了解地球科学的新发展与新理论成果。中央和孙大光部长分别从不同角度积极推进这项合作。谈判是成功的。

第三，代表团对德国汉诺威市及下萨克森州用遥感技术进行国土调查和制定国土开发利用规划留下了很深的印象。通过遥感技术对地区的全面调查，可使国土调查与开发利用的规划工作上升到一个新的科学层次，并可以使领导和群众对本区的基本地质特点和规划内容一目了然。

随后，总局便派了北京地质局局长廖希圣率团再赴德国汉诺威市进行考察，系统地学习了对方的经验。回国后，地矿部又主动与北京市政府和建设部领导联系，并去函商讨合作试点问题。北京市试点工程简称 8301 工程，这一工程除用遥感手段外，还鉴于北京地区覆盖广而深部断裂多，增加了地球物理以及地球化学调查。二部一市领导组成工程领导小组，地矿部具体组织管理工作的是部科技司，具体执行部门是地矿部航空物探遥感中心。工程于1983年立项，1986年完成阶段性工作，成效很好。比如，北京市内有多少垃圾堆放场，以及这些垃圾堆放场对水源和市民生活有多大的影响；有多少土地，土地质量情况、土地利用情况如何，农作物产量估算是多少，道路、河流分布与现状如何，地表水及地下水的分布与水质如何，矿山开采情况如何，甚至市内有多少游泳池、有多少黑烟囱、黑色屋面面积有多大、矿山开采情况如何、地下断裂情况等人们长期心中无数的事实，都有了底。在向市领导展示了北京已处于垃圾包围的严重形势时，市领导很快地做出决定，拨出3000亩地建立几个大型的现代化垃圾堆放场，集中处理市内产生的垃圾等。项目最终成果由国家计划委员会和国家科技委员会组织验收，验收评议活动在友谊宾馆进行。我也作为国家验收评审委员参与了工作。这项成果先后获得北京市科学技术进步奖特等奖和国家科学技术进步奖一等奖，评审意见认为这项工作代表了今后国土开发规划工作的方向。应当说，这项工作的特点不仅仅是应用了航空和卫星遥感资料做了广泛的多目标的调查，还在于与其相关的地质、地球物理调查相结合进行，佐证和揭示了深部情况（如隐伏断裂、地下水情况等），研究了如何应用这些丰富的资料进行城市发展规划布局问题（包括城市建设与采矿问题，解决建筑材料，以及不同用地的安排，如不能在垃圾掩埋场上建住宅区等问题）。

现在看来，在今后国家推进城市化建设时应当充分吸收这些经验和教训，搞好城区的深入调查，并在此基础上做好城市发展的顶层规划，而且规划要体现科学合理与可持续发展理念的要求，要能适应人居的绿色生态环境，不能无序地发展。如城市垃圾堆放与处理问题，当时虽然解决了垃圾堆放场的用地问题，但未解决长远的垃圾处理问题，以至于现在北京市又形成了被垃圾包围的状况。垃圾是与城市发展密切相关的基本问题，城市必然天天产生垃圾，每天也必须将垃圾处理掉。我们在参观法国奥尔良地矿调查局时，对方就介绍了该局的选矿车间每天负责处理城市产生的 8～10 吨垃圾的实例。又如区内矿产资源的开发问题、垃圾填埋场上建大片住宅楼问题均与北京城市发展与保持生态环境问题相关；还有北京水资源的科学开发问题，以及城市古迹旅游资源调查等，都表明城市发展规划要有一个长远考虑，不能停留在就事论事的处理问题阶段。

与此同时，国家计划委员会国土局对用遥感技术进行国土综合调查、开展国土规划工作一直很重视。胡如忠先生特别热心地推动这项工作，特别是国产卫星数据的应用。他曾协助国家计划委员会主任宋平同志编制开展了国土开发规划，写了四稿，为推动国产遥感卫星的应用发挥了很大作用。

1992 年 8 月 26 日，各省遥感站等应用部门联合起来，如湖南的刘侠、山西的霍宇林、陕西的管海晏等发起组建中国遥感应用协会，以更好地推广应用遥感技术和提高应用水平。我也是一直积极支持并参与了相关活动。在航天部门活动下，协会终于在 2002 年 12 月 28 日被民政部正式批准成立了。胡如忠先生为了推动各个应用部门和各省的遥感中心加强联系，强化交流，并为推广应用工作出谋划策，1996 年 3 月推动成立了协会的专家委员会，聘请了庄逢甘院士和陈述彭院士担任主任，图 5-4 是专家委员会秘书处迁入核工业地质研究院时的留影。

庄逢甘、陈述彭院士是前两届主任，他们为专家委员会的活动奠定了基础。后来，我与姜景山院士一起被聘任为第三届主任直到今天。大家一心一意地做着遥感技术的推广应用工作。今天，遥感应用队伍有了很大发展，已有成系列的国产遥感卫星飞上天空，我国遥感技术的应用已达到较高的水平。随着大数据阶段的来临、无人机技术的发展、深空探测的要求、遥感新技术的开发，以及我国区域经济的发展和“一带一路”的推动等，遥感技术的应用将会进入一个新的历史时期。国产遥感卫星的应用推广活动已开过四届全

图 5-4　2006 年 1 月中国遥感应用协会专家委员会秘书处迁入核工业地质研究院时留影（前排左三为陈述彭院士，左四为庄逢甘院士，右二为赵文津）

国大会，收效很好。

第四，考察了城市垃圾、矿山土地整治和生态建设问题。

参观了法国地质矿产调查局为处理奥尔良市的生活垃圾而建立的分类厂。奥尔良市人口上百万，每天都有大量的生活垃圾必须及时处理掉。法国地质矿产调查局的生活垃圾处理厂，一方面，从技术开发角度探讨如何处理这些垃圾，摸索出生活垃圾选别要解决的科技问题，同时也起到科技示范作用；另一方面，也直接担负着处理市里分派的垃圾处理任务。这些生活垃圾没有烧煤的煤灰残渣，每天每家清出的垃圾是不多的，但是总体上说量还是不少。

法国地质矿产调查局在向考察团介绍自己的工作时，很为承担奥尔良市的垃圾处理任务感到自豪，并安排了考察团参观了这一工厂，给考察团留下了很深的印象。这个工厂凸显了法国地质矿产调查局重视为地方服务，关注城市发展中的生态保护问题。

在德国考察鲁尔露天采场时，大家看到昔日荒凉破败的开采场今日已变成新的假日旅游胜地，在这里可以看到新的矿场风貌，听到多种鸟鸣，令人心旷神怡。我们还参观了作为水源地的巴伐利亚水库及大坝。他们规定水库四周绝对不许行车，更不能搞开发利用。

可以说，大家都在参观中上了一堂生动的绿色教育课。德国社会具有非常珍惜土地、爱护环境的全民意识，给我们留下深刻的印象。代表团参观了德国中部的一个铅锌矿地下矿山的生产环境，了解了当地地下矿山机械化程度与对环保的考虑，进一步体会到这些矿山开采活动都是离不开地质部门的参与和技术指导的。

我国老矿山土地的复垦和整治是个大问题，有的地方已出现城区大面积塌陷，有的矿区废石尾矿堆积成山，带来很大的地质灾害风险，有的地方大面积的劣质土地的改造任务也很艰巨。我国人多地少，为了人类生存，必须珍惜土地，提高土地质量，不断地扩大土地资源。

此外，部长还关心法国地质矿产调查局如何汇总地质资料及向公众提供服务的问题，特别是如何收集资料的问题。因为法国是一个资本主义国家，私人资本力量强大，私人公司的数据如何收集是值得了解的。法国同行介绍，要通过国家立法和地质矿产调查局执法来解决。法国规定，任何单位打了25米以深的钻井，其得到的资料都必须上交，供大家使用，无一例外，同时规定了打井者有优先使用的权利。

应当说，这次考察导致地矿部门开拓了4个非常重要的新的工作方向。

访问中也出现一些问题，其中有几件事令我永生难忘。

在德国矿物原料研究院考察双方友好谈判合作结束时，德国矿物原料研究院院长提出，既然双方都希望加强合作，可否双方搞个合作协议或谅解备忘录，或是以其他什么方式留个记录。在最后一次会谈时，部长把我派去进行谈判，因为我们没有谈判经验，由使馆一位官员同行做指导和翻译。谈判中，德国矿物原料研究院院长提出一种方案，即在谈判过程中将双方的意见记录下来，然后双方再核对一下，确认无误后打印两份双方各执一份，不签字。第二种建议是，德方将自己的意见写下来，交由中方看一下，如果中方同意，德方将在告别仪式上院长讲完话后即当面交给部长，希望部长能接受而不要拒绝或者当场扔掉。双方因此而僵持不下。后来请示徐秘书，徐秘书说取最后一个方案，即“德方将自己意见写下来，交由中方看一下”，我们没有签字，不承担任何责任。这样，我就带一个双方合作意见回到住地，结果我被批判为无组织无纪律。最后，在即将离开德国之际，中国驻德大使召开会议，与代表团交换意见时，记录稿事件又成了一个问题。我一见态势很严重，感到这是我澄清问题的最后机会。于是我发了言，我说部长派我去谈判，出什么问题我当然负责，绝不推脱，但是，我也要说明一下当时的谈判情况，以及向徐秘书征询如何处理该意见的情况，这也是经过研究后才决定这样做的。徐秘书当场也将谈判当时的情况做了说明，认为这不属于我擅自做主的行为。部长听完后说，既然如此就不算什么问题了，这个问题就这样过去了。

在结束访问法国时部长要举行告别会，关于邀不邀请法国教育总监参加的问题引起了争论，这场争论又使我终生难忘。

国立巴黎高等矿业学院创办于 1783 年，是一所工程师大学校，当时的采矿业还属于最典型的高科技工业。随着工业的进步，学院如今发展与传授对工程师有用的，包括经济和社会科学在内的各种技术。有两门历来享有盛名的工程师阶段课程：矿业工程师职系工程师课程和民用工程师课程（每年毕业生 120 名）。

国立巴黎高等矿业学院还开展科学研究，主要依靠自己的 19 个工学领域的研究所和研究中心，学校研究与工业界的联系在法国被公认为首屈一指。学院研究中心的一半资金来自研究合同。学院研究部共有专职人员 600 名，其中教师–研究员近 300 名，还有博士研究生约 400 名。显然，这一学校的指导思想与办学方针，以及具体的办学方法很值得我们学习与借鉴。法方安排这项活动，也是希望不仅与中方合作搞喜马拉雅山的研究，还希望在培养矿业干部方面有所合作。

法国教育科研部对中国地矿部部长的来访非常欢迎，法国教育总监破例从巴黎驱车50多千米来到枫丹白露欢迎孙部长，亲自向孙部长介绍国立巴黎高等矿业学院及法国学校与教育的情况，并热烈地表达与中国合作的愿望。在休息中进行交谈时，孙部长谈到中国过去的四大发明，很有些自豪感。法国教育总监听着听着冒出一句话，“中国过去发明了火药，是很伟大的，但是现代的大炮就不是中国发明的了”。他这句话令部长很不高兴。现在提到要不要邀请他参加答谢会时，一部分团员强调法国教育总监太不友好，不尊重部长，坚决不能邀请。我的意见是，法国教育总监有点“倔”，说话不符合外交场合，他来枫丹白露亲自接待部长，说明他还是有诚意的，再说，法国外交部已通过译员了解了有关情况，作了解释，并希望中方能邀请他，并强调这个人对未来两国的科学教育合作很重要。最后，中国驻法大使韩克华出面，邀请代表团成员到使馆中讨论，大使听了双方的陈述后，作了结论，认为还是应该邀请的，这样，大家也就不再说什么了。后来，法方也了解到中方的意见分歧后，说他们会妥善处理的。最后，中方正式对法国教育总监发出邀请，他回函以有事需出差为由，不能参加答谢宴会了，谢谢中方的邀请，就这样把事情处理了，这是令人很深刻的一幕。

九、与德国合作开展湖南稀有元素矿床普查研究

在孙大光部长1978年访德的基础上，1979年上半年国家地质总局又派出了一个6人代表团赴德国矿物原料研究院谈判具体合作开展找矿试验事宜。我被任命为团长，团员有朱凯、余志杰（代表地矿司）、李承达和徐贤忠（代表外事司），此外还增派了科技司的李善芳（化探专家）。

这次找矿合作研究的主要内容是开展稀有元素（铌、钽、锂、铍等）的普查评价。经过国家地质总局代表与德国经济部代表进一步交换合作意见，双方于1979年6月19日签订了中华人民共和国国家地质总局与德意志联邦共和国经济部关于开展地质科学技术合

作的协议。协议中将稀有金属勘查科学技术合作作为第一个开展的项目，项目由国家地质总局地矿司和科技司负责执行，地矿司由朱凯处长，科技司由我具体组织落实。当时选择的第一个合作研究地点是湖南省长沙市的望湘花岗岩体，开展伟晶岩脉型锂铍铌钽矿的找矿与评价研究；第二个地点是广东省的毕龙铌钽矿。

望湘花岗岩位于湘东北，是寻找稀有元素矿产的远景地区。1956 年湖南地质局做过矿产普查，填制过 1∶5 万的地质草图 1600 平方千米，并确定了有 396 条岩脉，含有铌钽矿，但是矿的品位低，规模小。在这种伟晶岩脉型稀有元素矿床上如何扩大远景，难度很大。为此，中方希望通过与德方合作学习德方进行稀有元素矿产的普查工作的方法和技术，德方希望通过找到矿以后转入合作开发，获得资源。

德方专家深入工区现场进行调研，经过研究后提出，以岩石地球化学方法为主，即进行全区的岩石地球化学填图，圈定找矿远景地带。利用 X 光荧光分析方法，求出岩石样品中几种矿物含量，然后通过趋势分析做出推断。

由于需要及时做出岩石地球化学分析结果，而湖南地质局实验室的一台仪器过于陈旧，不能满足要求，必须做大的改造才能用于生产，所以德方专家就重点帮助湖南地质局进行仪器大改造。这样做工程量很大，不得不花了很长时间工作。改造后，仪器性能有了很大的提高，可以保证测试的需要了。

伟晶岩型矿床是由花岗质岩浆演化末期残余岩浆形成的。我们希望通过岩石地球化学填图找出残余岩浆部位，评价岩脉的含矿性。起初工作发现了几个远景地点，但是经过进一步检查又都否定了，于是，这一矿区的找矿合作试验也就停止了。伟晶岩型矿床的找矿评价方法探讨也就暂时搁置下来。应当说，中国的伟晶岩类矿床已发现了多个大型和超大型矿床，如新疆阿勒泰的可可托海超大型锂铍铌钽矿床和四川康定地区的甲基卡超大型铍矿床，已发现的矿脉大都出露地表。深部是否还存在隐伏的矿床，没有研究。这些元素都是发展新兴高技术所需要的，它们与稀土元素矿床很不同。

十、抓部机关改革

从德国、法国考察回来后，我的心思就放在如何落实这次考察成果上，即研究落实建立地矿部的遥感技术中心，推动北京市遥感综合调查，落实中法合作开展喜马拉雅山地壳上地幔研究，以及与德国矿物原料研究院找矿合作事务。但是，又出现了新情况，也许是又一次新的机遇——部领导要我协助夏国治同志抓一下机关管理体制改革工作。

1979 年年初，国家地质总局召开了全国地质局长会议，讨论了改革地质工作管理体制和管理方法问题，提出要“按专业分工原则改组地质队伍，通过经济合同组织生产协作”，并逐步进行试点，一年内就先后在 21 个地质队开展了专业化改组，这是适应地质市场化需要迈出的一小步。同年 9 月，地质部恢复，后又改为地矿部。1980 年 2 月，国务院又决定将各省的地质队伍改为以部为主的双重领导体制。

过去长期集权是为了便于全国集中力量办大事，后来放权和下放队伍是为了加强各省的地质力量，以便使地质队与当地社会经济发展需要结合得更紧密，并促使地质队更好地发扬自主自立的精神。现在又提出加强全国矿产普查力量集中的措施。为适应这一变化，部机关相应地也要考虑改革的问题以与之相适应。但是，这次则是在新集权的情况下考虑部机关管理问题。为此，部成立了机关改革领导小组，夏国治副部长任组长，我被任命为常务副组长。这样，我就不得不同时要考虑地质工作管理体制、地质科技工作管理体制，以及部机关的管理改革问题，因为这三者是密切相关的。

这是又一个新的机遇，促使我要从宏观角度，即全国经济、社会发展的角度探讨地质与矿产工作的发展问题。假如理不顺这些关系，地质矿产工作以及地质科技的发展就不会顺畅了。

由于我已被部领导任命为机关体制改革领导小组常务副组长，机关事务也就多起来，这给我带来很大的心理负担。这一期间，办公厅的许多事要找我处理，比如建立部机关的计算机网络、办公厅购置重大设备等，甚至开一些会都要找我处理。我深深地感到我是一个科技人员，习惯于“较真”，不适合在官场上活动，也耐受不了这种工作环境。所以，有时部长找我，我也借故躲开，极力回避参与这类事情。但是，研究地质工作体制改革（包括科技体制改革）是一件具有重大战略性的事，我很感兴趣，并把它作为一个重大的科学研究课题倾注了不少心血，一直到今天。

在部长的直接领导下，部机关改革到 1981 年年底基本结束。1982 年 3 月 27 日，部长召开部务会议，正式宣布传达了中央书记处 38 号决定，地质部成立四人的新领导班子，司局机构从 18 个减为 14 个，司局级干部从 87 人减为 42 人，初步显示了机关工作的精简、高效。

在体制改革中，议论最多的是机构设置问题，实质上是如何管理全国地质队伍的问题。问题集中在：一是地质队下放归省里管理，现在又由部统一指挥，新阶段如何领导这些地质队；二是地质队的组建，是继续推行综合地质大队体制，还是实行专业化改组；三是部里各司局如何管理各省的地质问题。

由此，部里也安排我多次出国进行有关内容的学习与调查，分析各国设立这些管理体制的特色和道理，以期学到有益的经验，为我国今后的发展提供借鉴。因此，我先后走访了南斯拉夫、罗马尼亚、希腊、德国、法国、美国、澳大利亚以及哥伦比亚等国，每次考察各有重点内容，都很有收获。

我们在抓机关管理体制改革之时，也在考虑机关办公计算机网络化问题。我认为改革机关工作，提高行政工作效率是离不开机关办公方式改革的。计算机网络，可以提高办事的透明度，有利于部门之间的交流与公用资源的共享，可以大大地改变机关的官僚主义作风。

在我的建议下，1984 年，部里把这项工程列入计划，孙隆椿副部长还专门批了一笔经费支持建网。经过调研，选用了国防科工委指挥技术学院开发的汉化的以太网作为部机关的局域网，全线共长 960 米，以 18 台长城 0520 微机做终端工作站，服务器是 3 Server 网络服务器。当时的《计算机信息报》头版做了报道（图 5-5）。我们科技司计算机办公室李彦文具体主持了这项工程，技术工作由部计算中心李恕中负责。网络用 5 个月的时间建立起来，1986 年经专家们评审验收后（图 5-6），正式移交给部通信部门管理。该成果还获得部科技进步奖三等奖，但是它后来并没有获得进一步的应用，到 2000 年以后，局域以太网就被国际的万维网所取代了。

支持长城0520微机的局部网络
——汉化以太网在地矿部机关试运行

深圳资源公司引进两条磁盘生产线

图 5-5　1986 年《计算机信息报》的报道

图 5-6　地矿部机关微机以太网络验收汇报会（做报告的是赵文津）

值得注意的是，进入21世纪，深圳国土局郭仁忠同志在万维网的基础上开发出一套国土资源管理系统，把深圳市几十个国土分局（所）全部联成网。国土局处理的有关国土问题的情况，网上各站点都可查到，一目了然，大大提高了国土部门办事的透明度和工作效率，便利了人民群众对国土管理工作的监督，获得群众的好评。深圳国土局也从一个一直受批评的单位，一跃成为市属先进工作单位。显然，现代通信管理技术是一项强大的反官僚作风的技术，在提高工作效率和改善干群关系方面是很有生命力的。深圳国土局的成功经验应当大书特书，加以推广。

深圳国土局开始将这一技术开发成果报到国土部申报科技进步奖二等奖，评审时没有通过。我提出，考虑到这是机关管理技术的革命问题，大家都没有评议这类成果的经验，建议科技司阎立本同志再设法组织一次专家评议，并给郭仁忠同志充分时间说明其成果的重要性和创新性。后来，评委会召开了第二次评审会。经过作者详细介绍，评委又反复讨论，大家一致通过将这一成果评为科技进步奖二等奖。后来报到国家奖励办公室申报国家科学技术进步奖，国家奖励办公室再次组织专家们评议，也一致通过授予国家科学技术进步奖二等奖，这成为深圳地区获得的第一个国家奖。更有意思的是，郭仁忠同志以此项成果向中国工程院申报院士，并在2012年当选为中国工程院院士。

十一、到南斯拉夫、罗马尼亚考察

南斯拉夫是最早与苏联中央计划经济体制分割的国家，他们决定引入市场经济体制，下放权力，以便地质工作与用户建立更直接的供需关系。中国也在探索着如何发挥市场的调节作用，以更好地推动地质工作、地质科技开发工作与国民经济和社会发展需求更好地结合。

在这一背景下，部领导决定派遣一个考察团赴南斯拉夫和罗马尼亚考察他们的地质工作管理体制。1980年9月，我与部里的三位同事（中国地质科学院的郭云麟所长，部政策研究室的专家汪熊麟，及部计划司的经济学家刘家玺等）受部派遣赴南斯拉夫进行考察，共约1个月。南斯拉夫共有6个共和国2个自治省，我们考察了其中4个共和国。了解的情况还是比较深入、系统的，大大开阔了我们的眼界，活跃了我们的思想，使我们知道了南斯拉夫的地质工作体制与我们的和苏联实行的计划经济体制不同在什么地方。回京后进行考察总结时，大家一致感到，他们的做法是强调下放权力，由基层组织直接进入市场找出路求生存，而与我们现在一再强调的计划经济指导下的市场经济的做法和指导思想很不同。特别是中国现在正在下令要将已下放给省管理的地质队重新收回，以加强部的统一集中领导。我们几个人心里都直打鼓，怕犯"鼓吹修正主义"的错误，不知道可以谈什么和怎样谈。但部里工作的许多同志都十分关心这次考察结果，一些人在私底下到处探听着。后来，部领导要听我们的考察汇报，我们心里都很为难，不知如何处理。大家都害怕说出来后，一些人又上纲上线，说什么"鼓吹修正主义"，所以大家一直拖着不敢去汇报。后来，部领导看出了大家的顾虑，于是由张同钰副部长和邹家尤副部长分别找我们每个人都谈了话，打消大家的顾虑，让我们将考察了解的事实如实汇报一下。我因为是考察团的负责人，这时也只能硬着头皮出来做汇报，这些意见主要还是个人的初步看法。其他同志各有各的看法，他们的看法由他们自己谈。

南斯拉夫实行的是联邦制。南斯拉夫宪法规定，参加南斯拉夫联邦的各个社会主义共和国均可独立地制定自己的宪法，保有自己的语言和文字，独立地支配在其领土上创造的剩余价值，并决定自己的物质、文化和社会发展；同时还规定了整个南斯拉夫领土是一个统一的市场，即劳动和资金可自由流动，有统一的货币，在对外经济关系中有共同的经济政策，并明确了联合劳动组织在联邦共和国全部领土上可自由联合，所有经济主体在市场上均可自由地活动等。

基于上述特点，南斯拉夫的地质工作管理体制在1945年初期是实行集中型管理的，从20世纪50年代以后逐渐改为分散型的管理体制。联邦政府和各共和国均设有地质机构，但彼此并没有行政领导关系，也没有直接拨款关系。地质机构的设置按各共和国的实际需求，偏重于基层队伍建设，侧重于与用户的结合。

在这种分权制思想指导下，南斯拉夫地质工作的管理体制改为“一种劳动者自治式的经营管理模式”，可能与我们的农村生产大队实行的以队为基础的生产资料所有制相似，生产者对集体负责，收益也是大家共享，国家和社会也只能在关键时刻给予资助和支持，特别是国家对它们的生产活动控制并不严。

现从4个方面进行简要介绍。

（一）地质机构的设置、分工、责任

（1）联邦政府设有联邦地质局，该局为联邦政府直属的14个专业局之一，仅有15名工作人员，为一联邦组织。该局主要行使专业管理职能，不掌握地质经费或行政管理权，仅对涉及全联邦的地质工作进行规划、任务协调、工作检查，对地质矿产储量进行统计，评价矿产资源远景，汇总地质文献等。如根据各共和国意见，联邦地质机构出面召开了1：20万地质填图规划会，提出各个共和国每年须完成的填图任务、技术要求、经费预算、各自承担的任务等。决定后，每年各共和国科学自治利益共同体即按计划拨款给承担单位，各承担单位完成填图工作后将图直接交给贝尔格莱德地质印刷厂印刷，质量由专家委员会把关，中间不年年办手续。近几年还搞了铀矿普查规划等。

（2）各共和国的地质管理机构。根据南通社1980年12月发表的南斯拉夫《政治和业务名册》，波斯尼亚和黑塞哥维那、马其顿、

斯洛文尼亚和塞尔维亚4个共和国的执委会下设有直属的地质管理局，它与联邦政府的地质局的职能是不同的，但是考察中听到的介绍并不多。

（3）各共和国内设有多个地质工作机构，为具体承担任务的基层工作实体。其中，波斯尼亚和黑塞哥维那有16个，斯洛文尼亚有20个，马其顿有25个，塞尔维亚有24个。克罗地亚共和国的地质机构多，力量强；黑山共和国仅有一个地质机构，政府机构中也没有设置地质管理局，他们的地质研究所就起这个作用。

按照南斯拉夫的社会制度规定，地质工作机构有两级，一是联合劳动基层组织（OOUR）；一是联合劳动基层组织的联合，即联合劳动组织（OUR）。这些组织按照专业可分为两大类：一类是地质、钻探、物探3个专业分别成立的联合劳动组织，即相当于我国的专业施工大队或公司，如塞尔维亚和克罗地亚社会主义共和国；另一类是地质、钻探、物化探在同一联合劳动组织内，按照工作需要分别组成若干联合劳动基层组织，即相当于我国的综合地质大队或公司，斯洛文尼亚、波斯尼亚和黑塞哥维那、黑山社会主义共和国内就是这样组织的。

以下是各共和国的具体情况简介。

斯洛文尼亚社会主义共和国。该国面积不大，矿产资源不丰富，但经济发展水平高。在首府卢布尔雅那设有地质机构，1945年机构的职工多达3000人。这一机构下设6个基层组织，即地质、地球物理、地工技术研究所（160人），矿产钻探服务部（400人），工程地质钻探服务部（700人），矿山钻探施工部（1300人），机修和钻头制造车间（125人），仓库（40人）。可以看出，该地质机构直接和间接从事钻探工程的职工占85.5%。钻探工程中又以矿山钻探较多。3000多名职工中受过高等教育的有110人，其中25人是在研究所工作。其主要工作的45%都在国外市场。

值得一提的是该地质机构的钻头制造车间，该车间仅有35人，一年可生产 187 个品种的 26 000 个合金钻头，除供应全南斯拉夫国内市场需要外，还出口到日本等国。机修车间还可以自行设计试制 600 米岩心钻机，生产效率很高。

卢布尔雅那地质机构利用货款购买了两台联邦德国产全液压动力头式千米水文钻，到伊朗承包，两年后偿还货款，第三年收入全归本单位。

波斯尼亚和黑塞哥维那社会主义共和国。1974 年该共和国国民收入占南斯拉夫国民总收入的 12.4%。与其他共和国相比，它经济较落后，但矿产多，如其铁矿储量占全国探明的 85%、褐煤占 40%、石棉占 60%、岩盐占 100%、铝矾土占 40%，另有铅锌矿和重晶石等矿产。

该共和国地质机构称地质工程设计联合劳动组织，有 1250 人，下设 7 个基层组织，即地质研究所（105 人）；水文地质水工技术研究所（36 人，1979 年才从地质研究所分出来）；地质技术与建筑材料研究所（也是近几年根据职工要求从地质研究所分出来的）；矿产钻探服务部；矿山工程钻探服务部；固结、灌浆钻探工程服务部；修造厂。均设在首府萨拉热窝市。

该地质机构不仅从事地质填图（1：10 万），也从事有色金属、非金属建筑材料、能源矿产的普查勘探，还进行地质科学研究工作。不仅寻找地下水、矿泉水、热水，还从事有关建筑工程的设计（水文地质水工技术研究所的 36 名职工中搞建筑设计的就有 8 名）。钻探工作的服务对象更是广泛。

该地质机构职工的专业构成很有意思，除有地质博士 8 名、硕士 25 名、工程师 150 名外，还有经济学家 30 名、法律专家 20 名，高等熟练的工人、技术员 350 名。有钻机 60 多台，其中 1500 米钻机 2 台。该共和国面积比斯洛文尼亚共和国的多一倍以上，地质矿产丰富，但地质人员还不如斯洛文尼亚共和国多。看来这更多的是与共和国的经济发展程度及经济实力有关。

塞尔维亚社会主义共和国。该国矿产较多，产有南斯拉夫大部分的铜（波尔铜矿）、45% 的铅锌矿、96% 的菱铁矿、40% 的锑、40% 的煤、31% 以上的天然气。该国地质力量较强，主要从事地质工作的机构有 4 个：①贝尔格莱德地质机构。1948 年成立，有 860 多人，下设地质、金属矿产、非金属矿产、水文地质、施工地质、地工技术、地球物理、技术服务 6 个基层组织，相当于该国的地质调查所。以地质、地球物理、地工技术为主，兼搞少量钻探工作。该地质机构下属的地球物理研究所有 320 人，与萨格勒布地球物理联合劳动组织一起成为南斯拉夫的两大物探中心。②贝尔格莱德地质研究所。下设 4 个基层组织，有 1 个基层组织，有 1 台质谱仪。③贝尔格莱德地质钻探企业。主要承担多种钻探工程施工。④贝尔格莱德大学的地质、采矿、冶金学院。有 100 年从事地质工作的历史，有 180 多名教授，500 名研究生，2000 名学生。专业全，设备较好，承担了大量的地质调查、普查找矿和科学研究工作。有一台美国产的电子探针。

克罗地亚社会主义共和国。该国经济发展水平较高，1977 年生产的塑料占南斯拉夫塑料产量的 80.5%，船舶占 79%，原油占 71.5%，油加工产品占 57.7%，铝占 67.2%，水泥占 40%，肉罐头等占 45%。1974 年，克罗地亚在南斯拉夫国民收入中占 26.2%。地质工作力量强，专业化程度高。①地质研究所。约 200 人，下设 3 个基层组织，即水文地质、经济地质和地层古生物。200 人中，地质人员有 100 人，其中博士 5 名，硕士 25 名，主要从事地质测量、地球化学、水文地质、工程地质调查，编制基本图件，找煤、铀、油、气、热水等，以及从事电站、隧道等工程工作。该所配有 50 米手摇钻共十多台。②地球物理企业。1951 年成立，有 500 人，是南斯拉夫最大的物探中心。下设地震队（260 人）、重磁电法和工程地质队、水文地质测井组、修配车间和实验室、办公室 5 个部门，其中工程师 60 人、技术员 140 人。有 5 台美国数字地震仪，组成 4 个陆地队、1 个海上队。该企业 70% 的力量都用于找油，其余从事找水、铁、铜、铬、铝、铀、煤、地热以及解决工程地质问题。大量工作是在地中海、非洲和中东地区。③地工技术企业，共有 3000 名职工，其中技术工人 1500 名。下分 6 个联合劳动基层组织，即水文地质钻探部（1000 人）、矿产钻探部（300 人）、水工建筑钻探施工部（500 人）、矿山爆破钻探施工部（200 人）、设计室（200 人）、车间（300 人）。另有管理部门（约 100 人），这是一个以钻探施工为主的企业，施工范围很广，不仅仅从事矿产钻探。④工业设计企业的地质勘查部。工业设计企业共有 600 名职工，地质勘查部有 90 名职工，为联合劳动基层组织，主要进行油气、地热，铀、铜、铝等矿产地质工作，以及解决城市、工矿供水。该地质勘查部在遥感方面比较先进，是南斯拉夫的遥感中心之一，自己配备有双道航空热红外扫描仪。从 1970 年就开始进行航空遥感测量，1974 年开始使用扫描仪工作。图像资料处理常利用慕尼黑的大型计算机。

（二）经济管理

南斯拉夫的宪法规定，社会主义公有制是指生产资料和其他劳动资料不属于个人、集团，也不属于国家，而是由联合起来的劳动者直接地和独立地管理。所以，联合劳动基层组织和联合劳动组织都实行独立经营、自负盈亏，即相当于我国推行的集体所有制。所以这些地质机构都是独立经营单位，不是政府部门。

地质部门作为一个民营经济实体，都是通过和用户签订合同，取得收入，并向合同的甲方提交自己的调查、设计等信息产品，或者是完成一定的工程。因此，地质机构的活动十分注意经济效益，它是以自己的专长（如地质知识、钻探技术），伸向各个有关领域，开辟着更多的服务项目，取得更多的承包合同。我们的所谓“分外”之事，都是他们积极进行开拓的领域。例如，波斯尼亚和黑塞哥维那的地质工程设计企业找到地下热水后，把游泳池、温室、水路等总体规划和建筑设计一包到底，可以直接出建筑施工图。这样，收入也就比单独搞地质工作的收入大多了。据介绍，该所1980年纯收入达100万美元之多。

正由于他们讲求经济效益，所以配备的经济人员也较多，有些单位的经理就是由经济学家担任的。

地质联合劳动基层组织常常称为×××研究所，其主要工作是从事地质填图、普查找矿、水文地质、地工技术以及物化探工作，也根据需要和经费来源进行一些地质科研工作。为什么叫研究所？我们问了几个单位，他们说主要是为了突出非营利性质，以便不向国家上缴所得税。

（三）关于基础地质理论问题研究工作的安排

参加了科学自治利益共同体的单位可以向共同体提出申请，由共同体批准资助开展工作。属南斯拉夫科学和艺术院的一些研究所进行较多的研究工作，但这些单位人数都很少，如斯洛文尼亚波斯托伊纳岩溶研究所、克罗地亚萨格勒布古生物研究所等，他们的工作经费也常常是靠与科研共同体签订承包合同取得的。

（四）关于国家地质工作规划落实问题

国家实行集中制时，联邦政府对各共和国地质机构进行的区域地质填图、矿产普查工作给予全部资助。1952年以后改为资助一部分（分别为80%和20%）。1964年以后已完全停止拨款。涉及全联邦的地质工作，由联邦地质局（或地质委员会）出面规划、协调，制订具体计划，其实施则交由各共和国科学自治利益共同体或地质自治利益共同体给予经费保证，并进行管理。

（1）共和国政府主管科技工作的部门是科教委员会（有的共和国称科学教育部、科学技术情报委员会、科学艺术委员会等），其职能是运用立法手段管理科教工作，即科学研究和文化教育事业发展中存在的问题，根据情况制定必要的法律、法令，并具体监督法律、法令的执行，没有具体的业务管理工作。具体的科技管理工作由科学自治利益共同体负责。

共和国科学自治利益共同体是组织和管理地质工作的部门，是1975 年 1 月正式开始组建的。由在科学研究或地质工作方面有共同利害关系的联合劳动组织实行联合，以便共同改善劳动条件，改进经营管理，研究市场情况并采取一致的行动。正在建设中的地质自治利益共同体不是一个政府部门，是一种更高层次的联合组织，我想可能是类似地质工作者协会性质的组织。地质机构开始时都参加了科学自治利益共同体。近些年来，由于矿业发展，需要地质工作的单位增加，便提出了建立地质自治利益共同体。我们访问时，听说已有 4 个共和国、2 个自治省提出申请建立，有的已被批准。

（2）科学自治利益共同体的经费主要来自参加单位的收入提成。据贝尔格莱德地质机构介绍，在塞尔维亚共和国有 1000 家以上的企业，其中仅贝尔格莱德地区就有 500 家。这些企业按法律规定都要参加地质自治利益共同体，并将其收入的 0.3% 交给共同体作为地质工作基金。此外，共和国还另外拨给经费的 15%。

卢布尔雅那地质机构介绍，斯洛文尼亚共和国有 3000 家联合劳动组织，每家将其纯收入的 0.5%（也有人介绍是 1.0%～1.5%）上交给科学自治利益共同体，总共可达 3000 万美元之多（约占共和国科研经费的 1/3）。共同体再将其划分为 16 份，一份交地质矿山组分配使用。

波斯尼亚和黑塞哥维那共和国科学自治利益共同体中的地质工作基金，50% 来自共和国拨款，50% 来自各有关的联合劳动组织。

这样，共同体的地质工作基金由 3 个部分组成：共和国拨款、联合劳动组织收入提成和有偿合同收回的款项。

（3）科学自治利益共同体怎样支配使用这笔地质工作基金？塞尔维亚社会主义共和国科学自治利益共同体由 150 名代表组成议会，

其中70名来自科学家研究工作者委员会，80名来自企业界的代表组成的成果利用委员会。两个委员会有同等的权利。塞尔维亚社会主义地质利益共同体是由1000家有关单位共同推举45名代表组成的，这些单位包括承担地质工作单位和使用地质成果的单位。该共同体设有处理日常事务的办公室，有10个人。

斯洛文尼亚社会主义共和国科学自治利益共同体理事会由51名代表组成，其中科研项目承担单位和成果的利用单位的代表各占一半。共同体下设16个专业组，地质矿山组是其中之一，由30人组成。

要求资助的单位可按项目提出申请。地质自治利益共同体或科学自治利益共同体的地质矿山组对申请项目进行审查，并对全部项目（包括联邦政府地质调查所规划的地质项目在内）进行综合平衡，确定全部资助的、部分资助的和不予资助的项目，部分资助项目资助的比例等。萨拉热窝的地质工程设计顾问介绍，科学自治利益共同体主要资助基本研究方面，地质自治利益共同体主要资助直接和经济发展需要有关的项目。

一些项目由共同体确定资助后还要进行公开招标，萨格勒布市几个单位都介绍了这一情况，还提到每一招标项目至少要找3家以上的投标单位来投标。项目确定之后，还要进行经济可行性论证。有的将计划项目登在报上，有兴趣的单位和个人都可参加讨论。论证通过后，由共同体主任和项目承担单位（联合劳动基层组织）的负责人签订合同。共同体拨款是分阶段的，有的3个月拨一次，最后的19%经费要在成果验收合格后才予付清。

我的几点看法如下。

第一，南斯拉夫的工人自治体制，强调了发挥劳动者当家做主和自己管理自己的事务的主动性，自己努力求得发展的积极作用，国家仅仅处于指导与协调的地位。这一点与社会主义国家强调的劳动人民当家做主的原则是一致的。

第二，南斯拉夫的工人自治体制下，共和国与联邦负责整体的规划工作、公益性工作，基础性研究则由地质利益共同体与科研利益共同体来思考，国家也可通过它来体现自己的政策。但是中国人习惯于自上而下的全面负责制，分级管理实行起来也很难，需要提高共识才可能推动。

第三，中国地质工作体制就先后做过几次大的改革。从 1999 年 4 月 9 日国家发文将全国地质勘查队伍下放各省政府管理以来，当时强调的改革管理体制的出发点和目的是：改变“现行的地质勘查队伍管理体制存在的问题，如主要是政企（事）不分，责权不明；队伍臃肿，力量分散；工作重复，效率不高”等问题的存在，这既削弱了国家对矿产资源的管理，又影响了地勘单位自身活力的发挥，也使得国家基础性、公益性、战略性地质勘查工作得不到充分保证。因此，必须对地质勘查队伍管理体制进行改革。这次改革的目标和原则是，建立适应社会主义市场经济体制，有利于矿产资源优化配置和合理利用，有利于矿产资源严格管理和有效保护，政企（事）分开，统一、协调、有序、高效的管理体制。通过改革实行政企（事）分开，强化国土资源行政主管部门对地质和矿产资源执法监督的职责，强化基础性、公益性、战略性地质勘查任务的骨干力量，改建地质勘查单位逐步成为按照市场规则运行和管理的经济实体。特别是，逐步成为自主经营、自负盈亏、自我约束、自我发展的经济实体。

改革方案中也强调了“地质勘查单位主要从事资源勘查、开发和工程勘查工作，同时积极开展多种经营和服务创收，逐步成为自主经营、自负盈亏、自我约束、自我发展的经济实体”。显然，这些内容的基本精神与南斯拉夫地勘单位的经营理念也是一致的。

十二、二下湖南、贵州做调查研究

孙大光部长 1985 年离职之前，制定了一个好制度，即一些司局领导分工负责几个省地矿局，每年都要花一些时间到这些地矿局进行一次调研，以便部领导及时了解地质队基层情况，便于部里决策和解决队上一些重大问题。我当时分工负责的是湖南地矿局和贵州地矿局，每年都要到省内主要的地质队转上一圈，听一听工作汇报，实地看一看队上反映的问题情况，回京向部领导汇报，研究处理。这对我来说也是一个很好的学习机会。再说20世纪50年代时，贵州还是我们西南物探大队的工作范围，自然是我很关注的地区。贵州省与四川省、云南省的地质构造特征与矿产产出都不一样，很有特色，物化探工作难度较大。

湖南省则是我部与德国合作找矿试验区——望乡花岗岩区的省区。我与省局和队的一些领导合作得很愉快，特别是苏局长。现在有了这个机会，也许对局队能有些帮助。

在湖南省调研时，我从长沙出发，先向西北行，经益阳（414队）、常德到石门县，再向南经慈利到大庸的地质队，再向南经吉首县到怀化地质队，再通过湘黔路到新化、冷水江市，再到娄底，再到邵阳的省物探队了解情况听取意见，回长沙后再转向浏阳去看望402队。但对衡阳以南的许多大成矿区一直没有机会跑一遍，看一看队上的工作情况，感到十分遗憾。

在贵州省的调研路线是，从贵阳出发，沿着三条路线：西线是从贵阳向西到安顺、关岭、普安、六盘水，再到赫章；北线是从贵阳向北，经修文、息烽、遵义，到桐梓；南线是从贵阳向东到贵定、都匀、丹寨、独山等地。在两省的调研地质队合计15个，获得的认识总的说来有3点。

（1）这些地质队在“离城5千米以外才能拿野外补贴”的政策引导下，都向远离城市5千米以外发展，形成与世隔绝的状态。这样带来的问题很大，如子女上学问题、家属就业问题、地质队与社会各界联系问题等，造成地质队伍的严重不稳定。最甚者是贵州关岭的122队，它在选建队址时，选在一个城外5千米处。队伍在发展，方向是进入山区。我去调查时，该队已深入山区，而且各种车间都是绕着一个一个小山包进行建设的。当时，正值下大雨，洪水、泥石流就从队内冲流而过，很危险。我进一步了解才知道，山口两侧的小山包，底下都有巨大的岩溶空洞，一个是用作县的汽油库，一个是县的炸药库，而两山之间又有一条大断裂，形成泥石流通道。而车间围绕的山包下面也是一个大岩溶洞，也是一个什么库。一个地质队怎么会选在这样的地方建队？我回部后向部长做了汇报。部领导很重视，派计划司主管基建的刘处长前去做进一步调查后，决定由部出资将全队搬迁到安顺市内，正好与安顺市建设规划结合，市里也欢迎这样做，也算办了一件好事。这也符合孙大光部长做出的地质队向城里搬迁的决定的精神。这一决定对巩固和发展全国地质队伍是非常关键的，地质队不巩固也就谈不上发展提高，又如何去解决重大的地质任务啊！

（2）各地质队都分散在省内各地的农村中，与地方发展隔绝。这些地区经济技术均很落后，而地质队人员相对来说科技文化水平都较高，现在也需要他们面向地方，支持地方的经济、社会、文化发展。但是，这些地质队长期以来都习惯于等领导安排工作，而许多问题是需要与地方发展结合起来才能解决的。显然，这种情况很不适应国家发展的形势要求，亟须改变。这也是必须改革的问题，以释放地质队的综合潜力，为国家多做贡献，为农村发展做出贡献。

（3）各队都不太重视调查研究，对地区的找矿方向主动了解不足，研究不够，习惯于等上级下达任务，很少主动思考地质队未来发展的大事。与南斯拉夫地质部门尽可能地参加到社会经济发展中去的发展方向正好相反，倒像一个加工车间，一个大的无生命的“螺丝钉”。

因此，一是要改变思想，变被动为主动；二是要加强调查综合研究，自己探索解决找矿和生态环境以及地质灾害防治问题，或与有关单位加强合作，吸收营养，要变成一个积极的面向市场的有活力的地质队伍。

十三、开办地质科技管理研讨班

第一，要抓好地质科技工作，首先要抓好地质科技管理工作，而培养一批合格的地质科技管理人才是关键。科技管理人才要有较高的科学素质和管理科学水平，应对攻克什么关键性的科技问题，突破口在哪里，选用哪位科技人员当带头人，组成科技团队，如何调动科技人员进行科技攻关的积极性等基本问题心中有数。科技成果的转化应用，管理人员也可起着决定性的作用，他绝不是一般的行政领导或行政式管理人员，或是小办事员类的管理人员。

“文化大革命”导致科技工作停顿了多年，科技管理人员的培养当然也就无人过问了。新的科技司领导班子很重视这项工作，决定花大力气培养和建立一支新型的地质科技管理队伍。经商议，与成都理工大学（原成都地质学院）合作，从1980年起开办地质科技管理干部培训班，同时创办一份杂志作为供地质科技管理人员总结经验、交流讨论和展示学习成效的平台。司里决定让我分管此事。

我很重视此事，从1980年起就一直想着把这件事办好。1985年离开科技司到中国地质科学院工作时，我仍然积极地参与此事，我把这件事看成是抓好我部，包括中国地质科学院地质科技工作的抓手。幸运的是，成都地质学院的刘茂才副院长和我们的思想很合拍，地质学院的科技处处长史之权也都是我们的老朋友，所以双方一拍即合，很顺利地就把培训班和杂志办了起来。司里的同志也都很重视并参与进来，积极写总结提高的文章。

图5-7为1982年第二期研究班的合影，学员为各省地矿局科技处、各研究所科技处的同志。

在《地质科技管理》杂志试刊时，刊物取名为《地质哲学和系统管理》，强调以地质哲学和系统论为指导，总结和研究地质科技管理工作中存在的问题和经验，提高管理工作规律性的认识水平。后来，经过征求钱学森同志意见，改名为《地质系统管理研究》，这强

图 5-7　地质部第二期科技管理干部研究班结业留影
（二排左四为刘茂才副院长，左五为张倬元院长，右四为赵文津，一排左五为刘壮志）

调了地球是一个大系统，地质矿产则是地球大系统的一部分，地质矿产工作又是整个社会经济发展的一部分。从这一点出发研究地质工作和地质科技管理的改革问题，加强地质工作与社会用户的广泛联系。

杂志的内容先后已有很大的扩展，但刊物一直办到现在，现已定名为《国土资源管理》。

第二，以研讨总结的方式方法开展干部培训，即主要通过个人经验的总结和研讨来提高自己。1980～1985 年，先后培训了各省科技处、各所和大学的科技人员 200 多人，发表文章数百篇。《地质系统管理研究》还开辟了专栏介绍国外地质科技管理的思路与做法，作为中国科技体制改革的借鉴。

在此期间，我带头结合自己的工作经历写了约 50 篇的总结性文章，最后选择性地汇集成一本书《地质科技管理要论》。该书共分为

6部分。

（1）以系统论思想处理好地质工作与国民经济各部门之间的关系，地质工作内部、地质调查、找矿与科技发展的关系。改变将一个统一的社会经济系统分裂化，将统一的地质大系统切割开的现状。强调搞好地质科技发展战略研究是科技管理工作的头等大事，搞好规划使地质工作方方面面协调发展；强调管理要取得“1+1>2”的效益，而管理不好则会事倍功半。

（2）发展战略研究是科技管理工作与规划的头等大事。战略研究就是从长远发展着眼，对影响未来发展的重大事件要有预先的安排，如20世纪50年代中国如何突破油气资源关。针对中国地表广泛分布的陆相地层，国内外普遍持陆相地层贫油的论调。李四光同志强调，一个盆地有无油气和油气量的多少，不取决于地层是陆相还是海相，而是要看当时盆地内产生的有机质是否丰富。中央采纳了这一建议，决定由地矿部门负责开展盆地石油普查。结果，在各陆相盆地内连续获得找油气的突破。这就是一个典型的战略指导问题。

又如，在四川盆地，我们把探测目标局限在找构造油气藏，由于本区构造复杂，地表与深部构造高点不一致，“七五”攻关中就把地震勘探对地下构造复杂地段的准确成像技术开发摆在了首位。后来发现，四川盆地主要还是岩性油气藏。马永生着重抓了岩相古地理研究，找到了巨厚的岩性储层，使四川找油气藏工作一举获得重大突破。而我们当时攻关抓的是地震技术提高，战略方向不对，当然无助于四川油气的突破。不过，地震技术攻关成果在别的地区还会是有用的。

所以，我们在规划工作中不能仅仅着重于战术性安排，否则这样做下来，可能达不到规划的总体要求。所以要做战略研究，把发展的路线和方向明确下来，最后才能达到自己的总体的、战略性的要求。

（3）强调了地质基础理论研究要高起点，与国际接轨。各种地质现象，包括矿产形成、地震发生、特殊的地形地貌、高原形成等都是地球长期演化的结果。地球演化怎样会产生观察到的这些结果，及其今后的发展等，就是地学基础研究的内容。地质填图是收集地质信息的手段，也是认识地球演化的第一步，它不是工作的结束，而是深化对地认识的开始。基础地质研究的成果，不仅可以使人们寻找到所需的能源矿物资源，还可以加深人们对地球灾害发生的认识，并有利于人们寻求一种人与自然的均衡发展。地质基础理论研究起点高，不断有新发现，科技不断创新，才能促进资源、环境问题更好地得到解决。

（4）以市场为导向推动应用开发研究。强调市场包括我国各个部门都很需要地质信息和地质科技的支持。今后随着我国市场经济的推进，市场运作将会扩大，地质科技人员、管理人员要转变思想，除了要完成垂向下达的任务外，还要面向社会、面向市场需求，主动地开拓社会经济发展的需求，并要在竞争中进一步发展地质科学技术。1985 年我着手办院科技开发公司时，体会尤深。

（5）要十分重视科技成果的评审与转化问题。这方面我的经验是：第一，除地质基础理论研究外，开展科技开发研究要从想拿到什么成果出发，落脚在评审成果与成果转化，这与从计划出发，落脚在完成计划向上级交差了事、谁也不管成果的转化问题的做法完全不同；第二，成果一定要进行客观严格的评审，现在的成果评审都是主管部门甚至是项目组自己找专家评审自己的科研成果，对给自己提意见的专家要排斥掉。自己下达课题，自己选人做，自己批准设计并检查工作，再自己组织专家评审，这种全封闭式的研究评价体系是永远评不出真水平的。

我曾先后担任全国科技奖励评审委员会的评委和地矿评审组组长 16 年，对此深有感触。许多单位申报奖励，但是他们对自己的研发成果常常不能说清楚和给予合适的评价。相反，界外人士没有那么多利益牵扯，地位超脱，可以看得更清楚，更容易给出客观恰当的评价。

（6）要重视调查研究。在该书中，我提出将自己做的4个调查报告作为参考，即南斯拉夫地质工作体制，法国地质矿产调查局如何处理地质工作与国民经济社会发展的关系，中国地质矿产部地质研究所以及岩溶所的调查报告。调查的重点内容是：地质工作如何与市场需要、社会发展结合和保证自己的生存发展的活力，如何攀登科技前沿并取得好的成效。其中，中国地质矿产部地质研究所当时曾被评为世界100强研究所之一。南斯拉夫岩溶研究水平很高，很有名。1980年在去南斯拉夫考察地质科技管理之时，我还顺访过这个中心。现在我们的岩溶所已成为联合国设立的国际岩溶中心。

第三，1994年在《地质科技管理》刊物正式办刊十年之际，我写了一篇纪念性文章，总结了十年办刊的体会。文中强调了刊物的诞生与发展成长一直贯穿着一个“重视哲学指导、强调系统研究、加快体制改革、推动走向世界”的基本思想，文章的题目就是“重视以哲学为指导，强调系统研究，加强科技管理”。特别强调，一是地质矿产工作是我国经济社会发展大系统的一个环节，要与其他环节加强联系。二是强调了地质工作调查研究是以地球整体为研究对象，要从联系、对比上去把握地质现象，改变孤立地就一个专业论问题的治学方法。杨超同志亲自为本刊撰写了《地质科学与系统分析》一文，号召地学家们朝这一方向努力。本刊前编委中国科学院南京地质古生物研究所刘第墉教授发表了一系列系统地质学论文，许多作者就多学科合作的问题发表了不少的文章，所有这些均产生了广泛影响。三是，科技管理如何改革以便更加充分地调动科技人员的积极性，解放科技生产力，发挥“科技是第一生产力”的作用。

随着改革开放的深化，竞争将会加剧，竞争归根结底是人才的竞争，无论是基础研究还是开发研究都是如此。有了人才还要去发挥人才的作用，不发挥人才的作用等于没有人才，不善于发挥人才的作用会造成最大的损失。

第四，新时期新任务。

1993 年 5 月，全国科技工作会议召开，会议提出，坚持科学技术是第一生产力的指导思想，经济建设必须依靠科学技术，科学技术工作必须面向经济建设，促进经济建设转移到依靠科学技术进步和提高劳动者素质的轨道上来，努力攀登科技高峰。会议明确，当前深化科技体制改革的指导原则，就是“稳住一头，放开一片”。指出这一原则是我国多年科技体制改革实践经验的总结，是“依靠”“面向”方针的深化和发展，具有深刻的内涵和哲学上的辩证关系，它是对我国科技力量进行结构调整的具体部署。

今后第二个十年，我们首要做的就是结合地矿部门和行业的实际，进一步学习和贯彻中央的工作安排。

地矿部 1993 年 5 月颁发了《地矿工作上新台阶的宣传提纲》(以下简称《提纲》),《提纲》提出，总结十四年经验，我们能否抓住有利时机，加快地矿工作改革与发展的步伐，把广大职工创业的精神力量转化为推动创业实践的物质力量，关键在于我们能否在新形势下进一步做好解放思想、更新观念的工作，使大家既有创业的胆，更有创业的识。当前地质工作处于低潮困境之中，面临着第二次创业的新局面，开创新局面，是需要胆识的。但更重要的是，要有一颗振兴地质工作的心，不愿意去做地质工作的人是谈不上什么胆与识的。所以，进行热爱地质事业的教育极为必要，充分发挥热爱地质事业职工的作用更应当成为我们的工作重点。

《提纲》中着重谈了破除什么旧思想、旧观念，树立什么新思想、新观念，内容很多，十分重要的是“破旧地质生产观，树立依靠科技进步，依靠提高地质职工素质发展现代地质事业的新思想、新观念”。这是经营指导思想的改变。在社会主义市场经济的条件下，竞争是激烈的，竞争的核心就是科技和人才的竞争。舍掉科技进步，忽视人才，从何谈竞争呢？而没有竞争力又何从谈生存与发展？《提纲》中还列出了到2000年地质科技整体上要达到20世纪80年代末和90年代初的世界先进水平，要“提交具有重大地质找矿效果和经济效益的科技成果50个，完成国际地学前沿课题40项”。

十四、大科学时代呼唤战略科学家

这是人才问题的另一个侧面，也是我特别关心和强调的关键问题，我为此做了很多研究。早期我在1994年《地质科技管理》第2期中就已发表了自己的主要观点。

当代科学技术发展已进入了大科学时代，其标志是一项科学研究和技术开发计划需要从国家规模上进行组织，要动员成千上万乃至更多的科技专家参加，投入几千万、几亿乃至几十亿美元的经费，采用复杂的高新技术和设备。大科学计划的执行带来了巨大效益，极大地扩大了人类对自然的认识，不断地改写着世界科学和技术的发展史。

1961年开始的阿波罗登月计划，1963～1983年的深海钻探计划，20世纪70年代开始的大陆深反射调查计划，20世纪80年代初提出的大陆深钻计划，都是典型的大地学计划，是地学进入大科学时代的代表性计划，均具有划时代的意义。

大科学时代，为了在科学前沿做出贡献就不能不集中投入。

要想演出一台成功的戏，首先要有一个好的剧本，然后要选聘一位好导演，拨给必要的活动经费，由导演再物色一批优秀的演员，导演为每位演员设计出表演的内容。而这一切又由总导演、总策划来负责。三级科技管理部门实际上起着总导演、总策划的作用。人们希望对科技管理部门的这项作用能有共识和给予肯定，期待着他们能很好地发挥总导演和总策划人的作用。这里，总导演们能不能“慧眼识英雄”，当好“伯乐”识别人才，用好人才，又是关键的一环。“良驹”总是存在的，但是不一定能遇上“伯乐”。许多项目做得不好就与用人不当有关，“人才才是决定一切的”。“伯乐”也不是人人都一定可当好的。

科技管理部门工作与形势要求不适应，表现在：①科技管理部门在改革中总是处于飘摇不定状态，建了又撤，撤了又建，再三再四地变，似乎“可有可无”；②把科技管理等同于一般生产管理，而实际上两者的特点是完全不同的。生产管理和行政管理基本上可以规范化，项目虽多但可以有统一的操作规程、规范，目标也是一致的。而科研项目则可以说一个项目就有一个要求和一个做法，要以抓成果为中心。科技管理部门如果不抓具体科技规划、计划、立项、经费分配，又如何能保证科技政策落在实处呢？

从过去几个五年计划工作情况看，这些重大项目和计划在突出科学目标、经济、社会发展要求方面是不够的，更多地类似于一件工作任务和研究项目分类管理。另一个现象是研究工作的稳定性差，以五年为期，新老五年计划中许多项目衔接不够。实际上，基础理论研究和开发应用研究的项目很少能按五年为期完成。五年过后，计划取消，经费停拨，工作只好匆匆结束，留下了很长的尾巴，导致出现大量的未完“工程”。

大的科技成果应从科学技术发展整体上去评价。现在对研究成果比较强调成果的水平，强调是国际先进还是国际领先水平。这种评价常常就事论事地议论，而不能从科学发展整体上去做评价。

就基础理论研究讲，它以认识自然现象，了解自然事物发生、发展变化的规律为目的。从研究某一特定现象、事物而发展起来的新学科，作为整体是前沿学科，但作为一个学科发展本身又应明确若干前沿点，只有在前沿点有了突破，才能带动本学科和科学整体的前进。比如岩石圈、深部地质研究、全球变化等，从整体上讲，大家都说这是地学研究的前沿，但它包括的内容十分广泛，只有明确了若干前沿点，才便于集中力量去实施和做出评价。

为了从全球角度研究中国地质问题，我们不仅需要在具体地区与国内外科学家展开讨论，和国外合作，还需要积极参与地球上乃至空间方面的合作研究，吸收先进国家的科学思想、理论成果和先进的技术方法。就这一点讲，只有开放和积极参与国际讨论，才能更快地推动基础理论研究。

科技“总导演”应注意发现新苗头，扶持新苗头，抓住新机遇。这些新想法、新苗头，开始时可能很不成熟，但可能是新的学科和技术的生长点。毛主席1957年在《关于正确处理人民内部矛盾的问题》一文中谈到“双百”方针时，他说，历史上新的正确的东西，在开始的时候常常得不到多数人承认，只能在斗争中曲折地发展。正确的东西，好的东西，人们一开始常常不承认它们是香花，反而把它们看作毒草。当某一种错误的东西被人类普遍地抛弃，某一种真理被人类普遍地接受的时候，更加新的真理又在同新的错误意见做斗争。地学的发展历史一再地证明了这一真理。由于地球本身十分复杂，而人类对其深部和过去的情况了解不多，能够得到的资料少得可怜，深度大于10千米的钻孔，全世界才打了1个。依靠这些少量资料概括提出的理论不能不带有很大的假说性质。反之，随着探测和测试技术方法（包括超深钻技术）的发展，总会有许多重要的新东西被发现，并需要进行新的理论概括。地学的这一特点，正是需要科技“总导演”们给予格外注意，注意发现新的苗头，扶持新苗头，抓住新机遇。

国家和部门应在制度上允许对一些“异端邪说”进行探讨。新苗头十分脆弱，不仅人们不易承认它，甚至提出者本人也不一定能认清它，发现并扶持新苗头是十分不容易做到的。

新苗头的来源有3个：①研究人员自己提出；②专家发现和推荐；③领导和管理人员自己去发现。

如何鉴别新苗头？这是比较困难的。新想法不等于科技生长点，即便是新的生长点又不易为大家所承认。在全国改革开放形势下，科学的春风吹拂了广大科技人员，新的倡议、新的想法会大量涌现，其中许多想法属于超出常规的想法，长期地被认为“不科学”“反科学”，领导者如果支持了这些“反科学”想法是有很大风险的。国家和部门应从制度上给予安排，允许对一些“异端邪说”做些探讨，给它一小块疏松的生长土壤，不要“围剿”它。某些“权威”在这方面过多地表现自己的“权威性”，乱扣帽子的现象应引起注意。

中国是有很多人才的，他们需要伯乐们去识别，去使用，还要尽量避免因学派和派别的不同而受到压制。我们期待着科技“总导演”“总策划”们发挥自己的主观能动作用，在新的历史阶段“导演”出一场又一场的威武雄壮的话剧来。

十五、“钱学森之问”，要关注突出人才的培养

2009 年以来，国内掀起了“钱学森之问”讨论热潮。我很赞成钱老的意见，这涉及“国家长远发展的根本”。鉴于问题的重要，我做了回顾总结，也写了一篇文章《“钱学森之问”实为中华民族之忧：试论“钱学森的三忧”》，在 2010 年 5 月 4 日《科学时报》上发表了，全文长达 9000 多字。中央组织部有关领导阅后专门出了一期简报，发给中央人才工作协调小组各位成员；四局领导还约我前后交谈了两次，达 6 个小时；《光明日报》总编辑还邀请我参加人才培养座谈会；四局还推荐我参加上海人才问题圆桌会议；等等。下面即全文。

《科学时报》的编者按语：

许多例子说明，我们过去在一些重要科技领域曾经起步较早，但最后又落在国外发展的后面。所以要认真总结其中的经验教训，搞好规划，安排好有关的研究工作，还应总结反思一下几起几落的教训。没有政策的连续性，急功近利，工作反反复复是难以征战“科技高地”的。

在杰出人才能不能够受重视、能不能够发挥重要作用的背后，还有一个更深层次的问题，那就是科学技术在经济社会发展中的地位问题。人们常说，科学技术是第一生产力。早年，钱学森的理解是：“既然科学技术是第一生产力，也就是说建设中国社会主义要靠科学技术，今后发展新型产业，就应当以科技创新来引导经济发展。”这与过去人们常常认为的科学技术服务于生产需要，处于从属地位的理解相去甚远。

从根本上讲，这种忽视与忽视原始性创新有关。不需要原始性创新，何需技术科学的基础研究，杰出科技专家也就成为多余的了。不少例子说明，仅有领导的讲话或是中央的指示，但没有人去具体贯彻实行，或是阳奉阴违，执行得很差，或者是社会环境不允许，那么就是有再好的政策也只能停留在一般口号上，长此下去会在人民群众中产生负面影响！

文章全文（略有改动）：

“现在中国没有完全发展起来，一个主要原因是没有一所大学能够按照培养科学技术发明创造人才的模式去办学，没有自己独特的创新的东西，老是‘冒’不出杰出人才。这是很大的问题。”

应用力学、工程控制论、系统工程科学家，两院院士钱学森曾多次向中共中央政治局常委、国务院总理温家宝表达这样的忧虑。

2009年8月6日，钱学森与温家宝最后一次见面时说：“培养杰出人才，不仅是教育遵循的基本原则，也是国家长远发展的根本。”

是为“钱学森之问”。这一问，不仅政治家关心，而且普通百姓也非常关注。可以说已然成为一个民族的追问。

2006年，温家宝曾就此问及国内最有名的六所大学的校长和教育专家；2009年11月11日，安徽高校11位教授给新任教育部部长袁贵仁及全国教育界发出一封公开信：让我们直面“钱学森之问”。之后，“钱学森之问”就在中国教育界引起热议，现在绝大部分讨论的主题仍然是以教育为主。

回应“钱学森之问”，教育界的声音包括：要培养杰出人才，关键是教师；要将基础教育和高等教育贯通起来；高校大改革大发展起来之后，还要做强高等教育。有的强调高校应该“去行政化”，按照教育本身规律办学；有的强调要增加教育经费的比例。

显然，这个问题绝不仅仅是靠办好高校就可以解决的问题。应当说“钱学森之问”其实质是“钱学森之忧”，忧在中国杰出人才冒不出来，忧在如何抓住机遇发扬自力更生的精神与思想，加快行动起来，把自己的“心”增强，使中国人真正“站立起来”。

笔者认为这一命题非常重要，是涉及中华民族的长远发展和民族复兴的根本之所在。笔者认为“钱学森之忧”主要包含有3个命题：

一是现在中国没有完全发展起来，在大好形势下中国还没有完全独立自主地发展起自己的核心技术，站立起来。

二是现在中国没有完全发展起来的原因，是杰出人才不足。

三是杰出人才不足的一个主要原因是没有一所大学能够按照培养科学技术发明创造人才的模式去办学。

一、为什么说“现在中国没有完全发展起来”

当前我国正在推进工业化、城镇化和现代化建设，并且率先克服了全球金融危机影响，实现GDP的持续增长。我国GDP的总量已位居许多先进国家前列；出口贸易总额也已超过德国，成为世界第一出口大国。在这种大好发展形势下，如何理解钱老的判断——“现在中国没有完全发展起来”？他又为什么深为这种状况担忧？

这可以从钱老的言行来体会其含义。如钱老从电视上见到的汽车广告都是外国汽车，听到中国汽车业是“外国心”时，连说“泄气泄气”，连问：“这些人怎么了？……人都干什么去了？……为什么还弄不成？”（苏文洋《钱学森的三问该谁回答》，《北京晚报》2009年11月11日）由此联想到，虽然我国科学技术有了很大发展，专利技术也很多，但是，如先进的战斗机和大型客机的发动机，高级精密机床，许多高新技术设备、核心技术、专利技术、软件等，在中华人民共和国成立后几十年里一直依靠大批量地从外国购买引进，真可以说我们这个大国是“缺少心脏”（即核心技术）的国家。没有自己核心技术的大国就是一个不能真正站立起来的国家，而处于国际“加工和装配”的地位。在当前竞争激烈和风云多变的国际环境下，这是一种极为被动的态势。“心脏”捏在外国人手中的“巨人”能真正站起来吗？在当前难得的战略机遇期，中国人难道不应当发奋图强、自力更生把自己的“心脏”强化起来吗？！改革开放30多年了，还停留在“引进与加工”挣小钱的状态，以片面地追求GDP的快速增长为目标，难道不令人担忧吗？！这正是极端关心人民和祖国命运的钱老的最大忧虑！也应是全体中华儿女最大的危机！

党和国家领导人也清醒地看到当代科技发展对一个国家的重要性，中共中央总书记、国家主席胡锦涛在2006年两院院士大会上说：从世界科技发展看，科学技术特别是战略高技术正日益成为经济社会发展的决定性力量，成为综合国力竞争的焦点。他还说：我国科技的总体水平同世界先进水平相比仍有较大差距，同我国经济社会发展的要求也有许多不适应的地方，特别是自主创新能力不强，发明专利数量少，关键技术对外依存度高，高新技术产业所占比例较低，企业还没有真正成为技术创新的主体，许多技术研究开发的成果还难以实现产业化，优秀拔尖人才比较少，科技体制机制存在不少弊端。这些影响我国科学技术事业发展的突出问题，都需要我们下大气力认真加以解决。

温家宝也强调说：自主创新是科技发展的灵魂，是一个民族发展的不竭动力，是支撑国家崛起的筋骨。没有自主创新，我们就难以在国际上争取平等地位，就难以获得应有的国家尊严，甚至难以自立于世界民族之林。显然，自主创新首先要在影响中国发展的核心技术与基本软件上实现，这样才能支撑国家的崛起。

可是，钱老为什么一直到2009年8月6日，在即将走完人生之路时还念念不忘“中国没有完全发展起来”和“杰出人才不足的问题”呢？可能就是因为，国家多年来在这方面做得还不够，国家领导人的讲话没有得到切实的贯彻和落实，缺乏具体的措施与安排。许多例子说明，我们过去在一些重要科技领域曾经起步较早，但最后又落在国外的后面。所以要认真总结其中的经验教训，安排好有关的研究工作，还应总结反思一下几起几落的教训。没有政策的连续性，急功近利，工作反反复复是难以征战“科技高地”的。

当然，对我们这样一个遭受外国百年侵略而后发展起来的国家，要想尽快摆脱贫穷落后面貌，必须向外国学习先进的科技知识，引进先进的技术和设备以及一切先进思想文化成果。但是，如果几十年持续如此引进下去，不在关键技术、核心技术，产生核心技术的源泉——人才，以及创新环境与工作平台方面狠下决心去发展，形成自己的系统知识产权，那就永远难以真正站立起来。核心技术、开发核心技术的创新人才和创新环境与工作平台的建设是不能靠引进的。对此，每个有识之士，每位爱国者都不能不为之深为忧心、寝食难安。我们要相信，中国人可以自主地解决自己的问题。

二、千里马常有，而伯乐不常有

钱老担心中国杰出人才不足，诚然。但是，事实说明，即使有了像钱学森这样的杰出人才、科学大师，其提议也未得到应有的重视。我们的社会还没有形成一种重视与珍惜人才的风气。此外，一个发现和培养杰出人才的环境和平台也非常重要。这也可以说明为什么我们的杰出人才不足了。

钱学森本人就是一个典型的例子。钱学森生前全面关注我国基础性、长远性、战略性的科技发展问题，提出了一系列建议。这在其1242页书信选集中有全面反映。他谈到的几个主要方面包括：

（1）提倡在化工、冶金、轻工、建材等工业部门拓展系统工程、系统学的应用，提高过程工业的生产技术水平及集约化程度。

（2）发展物理力学学科。包括有：高温气体、高压气体、高压固体及临界态、超临界态等，解决发展大型火箭发动机和宇航事业，以及高强度核辐射等相关技术问题。

（3）发展包括大型水轮机、汽车发动机、先进的喷气发动机，先进的风力发电机等大型尖端技术设备在内的机械制造业问题。

（4）发展化学流体力学，改造我国化工、冶金产业问题。

（5）运用全部的现代化技术，包括物理、化学、生物学这样的基础科学，发展知识密集型沙产业、草产业和海产业问题。

（6）发展生命科学，探讨脑科学与思维科学问题，推动思维学、人工智能、相似论、智力工程等方面的发展。

此外，他还十分关注发展第五代智能超级计算机问题；关注教育与培养工理文艺结合人才的问题。发展地球表层学、系统地理学、城市学等，规划国土的利用与开发问题等。

应该说，这些建议都具有极大的创新性和深远的战略意义。以物理力学为例，如果一个国家真正想建立自己强大的空间国防力量，在空间探测方面做出突破性的贡献，就不能不重视物理力学及其所包含的相关爆炸力学、等离子体力学等学科发展，它是关系国家可持续发展和国家安全的战略领域。

钱老对这门学科倾注了极大的热情。1958 年，中国科学技术大学化学物理系设立了物理力学专业，钱学森几乎每周都要到研究室参加研究讨论。有人诟病钱学森的物理力学是物理化学，但如中国科学院力学研究所研究员崔季平所说，从物理化学家们的工作到工程技术，其间应该有工程科学起作用。跨不出这一步，在工程中就没办法用。“通过这样的处理，把微观的化学家处理的问题，发展到工程应用中去，这个过程就是力学的范畴。”崔季平在研读 20 世纪 90 年代郑哲敏从美国带回来的那批钱学森的手稿后，重新认识了钱学森发展物理力学的内涵。李佩也认为，应该将这批手稿整理成中文，有些事有重新认识的必要。(《从物理力学起落看钱学森学术思想》,《科学时报》2009 年 11 月 12 日)

作为一位有丰富基础知识和科学技术实践经验、有高度科学素养与科学远见的战略科学家，钱学森提出并以毕生精力提倡和推动的物理力学，遭遇却十分曲折：1956 年开始作为本科专业招生，1958 年因“大跃进”被取消；1961 年在中国科学技术大学恢复专业，后来再度被撤销；1979 年再次恢复，1993 年最终还是被撤销。历经“三起三落”，最终遭遇的还是被撤销学科资格的命运！唯一剩下的一个小分支，就是高温气体，因为郭永怀先生在最初保护了一下而得以幸存。

为什么不能大力提倡和发展钱学森提出的这些宝贵的建议呢？

崔季平表示，在急功近利的氛围下，对基础学科的建设没有力行，一些想法没有得到支持。中国科学技术大学教授李佩表示：“如果当时能坚持走下去，可能现在的情况会大不一样。在急功近利的氛围下，基础科学在一些时候无法得到应有的发展，有些甚至消亡。爆炸力学、物理力学、等离子体力学在 1993 年被取消了，这是非常短见的事情。做科学研究不能以能不能拿到钱为主要目标。”

胡锦涛在 2006 年两院院士大会上的报告中谈到“千军易得，一将难求”，国际一流的科技尖子人才、国际级科学大师、科技领军人物，可以带出高水平的创新型科技人才和团队，可以创造世界领先的重大科技成就，可以催生具有强大竞争力的企业和全新的产业。在我们的院士队伍里，就不乏这样的将才和帅才。但是，从整体上看，我国这类人才还不够多。培养造就创新型科技人才，首先要抓紧培养造就这类人才，尤其要培养造就一批中青年领军人物。同时，我们还要培养大批各个层次的创新型科技人才，在学术和技术梯队中形成科技创新的骨干力量和符合科技创新需求的人才结构，以推动科技活动各个领域各个层面的创新实践。

这段话讲得非常好，非常中肯，可是我们请回来的“国际级科学大师、科技领军人物”钱学森，以其身份之显赫、地位之特殊，所提出的发展物理力学的重大建议，尚且遭遇“三起三落”，最后还是难免被砍掉的命运，何况广大一般科技专家的建议，又如何能得到重视？！

我国杰出人才是不足的，但是，已有的杰出人才（如钱学森等）的作用也得不到很好发挥，又是为什么？应当说，从根本上讲，这种忽视与忽视原始性创新有关。不需要原始性创新，何需技术科学的基础研究，杰出科技专家也就成为多余的了。不少例子说明，仅有领导的讲话，或是中央的指示，但没有人去具体贯彻实行，或是阳奉阴违，执行得很差，或者是社会环境不允许，那么就是有再好的政策也只能停留在一般口号上，长此下去会在人民群众中产生负面的影响！很不可取。

中央领导都强调了，重大战略高技术是引不进、买不来的，原始创新是一个国家竞争力的源泉。中国要抢占未来经济科技发展的制高点，就不能总是跟踪模仿别人，也不能坐等技术转让，必须依靠自己的力量拿出原创成果。既然原始性创新是“引不进、买不来的”，那为什么就不能重视去做扎扎实实的基础性的创新工作？社会出了什么问题？决策上出了什么问题？

胡锦涛强调“千军易得，一将难求”。但是，钱老这样的遭遇又如何解释呢？胡锦涛强调了“尤其要培养造就一批中青年领军人物”，这也是很正确的。但是，由谁去培养？用什么方式去培养？要何时培养才能成才？难道又靠由国外大批引进吗！核心技术引不进来，难道掌握核心技术的人才却可以引进来吗？！更不是靠群众或“专家”的推举就可以出来的。此外，国内的杰出人才，应当说尚未很好地发现和使用起来，并发挥作用。现有的许多制度和做法是不可能出真正人才的。以论文数量论英雄，按计划花掉项目经费就是好样的，这能出真正的科技领军人才吗？反过来，像钱老这样的大师，还有像李四光这样的地质学大师等，他们富有真知灼见的建议又被多次搁置，不被支持，我们的自主创新又从何谈起呢！“一将难求”既然这么重要，建议在推动有关学科发展、解决国家有关问题时，要使这一“将”的团队真正发挥作用，改变现在盛行的“行政化”倾向。不仅在科技方面，其他不少方面，如在识人、用人和管人的指导思想与办法上都有很多值得深思的地方！

在杰出人才能不能够受重视、能不能够发挥重要作用的背后，还有一个更深层次的问题，那就是科学技术在经济社会发展中的地位问题。人们常说，科学技术是第一生产力。早年，钱学森的理解是：“既然科学技术是第一生产力，也就是说建设中国社会主义要靠科学技术，今后发展新型产业，就应当以科技创新来引导经济发展。”这与过去人们常常认为的科学技术服务于生产需要、处于从属地位的理解相去甚远。科研与生产两张皮、互不搭界的现象，究其根源，主要在于各级领导在思想上就把这两者分开对立起来，并不认为抓生产就一定要抓科技。就像王义遒（北京大学原常务副校长、教育家）所说，有了政治领导人和经济创业者，再靠大量的老百姓就能把 GDP 搞上去。现在中央领导的提法是让科技引领中国可持续发展，科技的重要性被置于前所未有的高度，但这种提法只有成为广泛共识并得到切实贯彻，才能真正发挥科技的重要作用。

钱学森还一针见血地指出另一个不利于杰出人才脱颖而出的问题是“部门分隔，各占一块搞分隔，是今天科技体制之大病”。（见《钱学森致陈春旺的信》，1992 年 9 月 23 日）他建议应成立中华人民共和国中央科学技术委员会，以加强统筹规划，领导使用全国的科学技术力量。近 20 年过去了，在今天看来，“部门分隔”已成为阻碍科技生产力大发展的严重阻力，而且，还有越发展越严重的趋势，可以说与建设现代化国家的理想完全背道而驰。

三、仅改变教育培养模式，就能培养出杰出人才吗？

“钱学森之第三忧”是指现在“没有一所大学能够按照培养科学

技术发明创造人才的模式去办学”。

（1）钱学森所说的杰出人才是什么样的人才？从他提倡的内容看，应当是具有扎实的数学、物理、化学、社会、经济知识，关心祖国人民命运，立志要为中国发展解决重大科学技术和工程问题，以适应第五次产业革命所需要的人才，包括要能创新性地解决先进的动力机械制造、先进喷气发动机制造问题，解决宇航用大型火箭大推动力系统等人才的问题。

关于培养杰出人才，仅仅改变教育培养模式就能解决问题吗？笔者认为答案是否定的。这样的人才如果没有为祖国强大、为科学技术发展献身的精神力量和思想情操是绝不可能出现的。整天想发财当官的人、个人利益第一的人是永远做不到的。

中华人民共和国成立后，中国也确实培养出许多杰出人才，否则又如何能保证国家今天的辉煌发展。但从整体上看，从第五次产业革命的需要看，现在创新型的杰出人才还不多。

（2）学校教育主要是打基础阶段，对于杰出人才的培养而言是非常重要的阶段，但并不是全部。学校教育学生应是“德智体美群”，再加上一个“哲”字，即哲学的认识论、方法论的培养。“德”的养成非常重要。如果像媒体上报道的那样，个别小学生填报志愿时写“长大了当贪官”，那就太可怕了。这种情况虽说是个别的，但是想当公务员、想当“官”的则不是个别现象。发生这种事情，不能不说是基础教育出了偏差。没有正确的人生观，没有理想与远大志愿，就没有成才的动力。

学生出了学校进入工作岗位后，在不同的社会环境中受到的教育时间更长，遇到的机遇更多，因此，这一阶段同样是重要的。到了工作岗位，遇到机会，你的基础知识、基本技能准备不够，又如何能抓住机遇很好地完成任务，使自己锻炼成长？成才，首先要个人立志奋斗，家庭社会也要为其创造成长的条件和机遇，但这都是外部条件，外部条件只有与内部努力相结合才能起作用。当然，也要有人充当伯乐，发现和推荐使用人才，这种机会同样是重要的。学习绝不是一个单纯的科技知识学习，还有组织能力、处理工作难题的能力，以及与同事共事能力的培养，即“群”的教育。

当前的学校教育，以创收、升学率、就业率为主要考核指标。这种风气对学生影响极大，在这种风气之下的学校是绝不能培养出新人的。

学校教育，老师第一，他们对学生的影响是全面的、深刻的，甚至是一生的。老师的思想境界与学术水平，对学生思想境界的开拓和学术水平的发展关系重大。

关于学校的“去行政化”问题，是教育界讨论的热点之一。笔者认为，学校应以教学为中心，不应当动摇；以教学为中心，就应以教师教学活动为中心，而不应以管理行政活动为中心，让学生、教员围着行政活动转。党的中心工作也应是围绕搞好教学培养人才来活动，其他无关的或次要的活动不能占据过多的时间。

（3）工作岗位上和社会上的教育问题。在科研教学单位，对科技人员的考核则以出论文数和取得的项目总经费为硬指标，现在又加上一个完成经费开支为硬指标（常常是拨款很晚，随后就要成果，要结题报告）。一个科技人员要承担着多个项目（课题或专题），以便维持生计，一年到头忙于应付检查评审，交阶段性报告，疲于奔命，安不下心来研究问题，也没有时间保证研究思考科学问题。如果一个工人没时间操作车床，又如何能完成加工任务呢！现在，官员们通过课题、项目的检查、评审，不断地增加个人收入，这更“鼓励”了官员们要多开会多检查，真是令科研人员苦不堪言。“科研人员干什么去了”，钱老的这一问，问得太对了！

社会上“当官”的风气很盛，影响广泛而深入灵魂。工作做出点成绩，往往就会给戴上各种“光环”。其实含金量很低，有的甚至造假，就被物色为官员。当官收入高、稳定、风险也小，还可以不断“镀金”，加冕什么“硕士”“博士”头衔。当官就等同于当了“老板”，科研人员都要为其服务，还可利用职务之便，捞取不少灰色收入！还有，现在有的年轻人只要当上首席科学家，就有了经费，可以雇用多名院士、老专家为其工作，成果都要归在他的名下。这样，能培养出什么样的杰出人才啊？！

本来，科研单位应以学科带头人和科技骨干为中心进行业务活动，现在则一切以行政官员为主，似乎当上什么“长”就成全才，什么都懂，什么专业的意见都敢于发表，参加评审。整天开会，没时间读文献、做研究，可是“知识”却见长！这也是现代中国科技界的咄咄怪事！

（4）王义道针对“钱学森之问”的一席谈话很有启发，它反映了当前具有普遍性的一种现象。他在接受《中国青年报》记者采访时说：这不全是教育的问题，而是一个时代的问题。我们现在这个时代，也许并不需要太多像钱学森这样特别杰出的人才。出杰出人才是我们对下一个时代的要求。改革开放后，我们的经济发展在世界是一个奇迹，但我们靠的是劳动密集型经济，主要是农民，包括农民工等大量的廉价劳动力，把经济推上去的。《中国青年报》记者问，需要不需要一个引领者？他说：“当然要，但主要是要走中国特色社会主义道路的政治领导人和经济创业者，不需要多少超常的人。普通老百姓就能创造这样一个时代。”实际上，这种观点是有相当大的代表性的，在各行各业都存在，而且还是很主要的倾向。

王义道说，不要着急，形势到了，人才自然会应时而生。钱老也谈到，中国没得诺贝尔奖，主要是国家建设的整体方针政策的结果。这种说法也对。但是，现在应当说形势早已来到面前了，中国必须尽快装配上自己的“心”。中国的杰出人才亟待发掘和培养。显然，现在培养出的科技领军人物是难以带领中国迎接21世纪的国际挑战的，因为如果可以胜任，又何来“钱学森之问”呢？

第六章

办科技开发公司，探索科技体制改革之路

1986年9月30日，地质矿产部下发文件，通知中国地质科学院党委关于部党组的决定：赵文津同志任中国地质科学院副院长、党委委员（正局级），免去其部科技司副司长职务。

我很高兴能够回到有活力、干实事的基层，搞搞科研，做点具体工作对我来说是件很快乐的事情。按照院务会分工，我作为常务副院长，分管院的人、财、物几个处的工作。但是实际工作中我却发现，这几个处的工作大家都有所参与，具体的分工并没有厘清。

离开地质矿产部之前，还是有些怀念在部里工作的那段时光，许多熟悉的同志要分开了，有些舍不得。图6-1是1986年部科技司在湖南长沙市湖南宾馆开地质科技工作会时的留影，非常珍贵。因为这是在我离开科技司之前的照片，照片中那些与我共事的老领导们现在多数已不在人世了，图中后排左四是刘正适，为留苏的选矿专家，是国内选矿界的权威；左五为科技司副司长杨汝学同志，是多年从事钻探工作的老科技干部；左六为科技司司长方樟顺

图6-1 科技司1986年长沙会议留影

同志，地矿专家，后从科技司调到部任副部长，再后调到中国地震局任局长；右五为张炳熹院士，是总工程师，矿床学家，留美博士，金质奖章获得者，曾任亚太经社理事会自然资源司司长；右二为赵运昌处长，为留苏高才生，长期从事水文地质工程地质研究，很有成就；第一排左三为阎立本同志，成果处处长，后升任副司长，抓成果评审和转化很有一套，原在二机部作部长俄文翻译，走遍了中国的核矿山工厂，是一位很有能力的好干部。先后已有10多位同志离我们而去，回忆起来令人不胜唏嘘，人生苦短，感触很深。

一、探索中国地质科学院开展科技开发工作的途径

1986年我到中国地质科学院之时，上级下达的任务少了，全院正处于科研经费严重不足的状况。按照中央科学技术体制改革的要求，研究院所要面向社会开展科技开发工作，以取得必要的经费。如何才能迈出这第一步，打开局面，这是我要面对的第一道难题。

经过一番调查研究后，我形成以下认识：科技界长期存在着科研成果转化难题，或者说科研工作与经济发展需要相脱节的问题。在1980年国家科学技术奖励大会上赵紫阳的报告中就提出“科技要面向经济建设，经济建设要依靠科技”。从这时开始，中央就着力解决这一核心问题。为此，中央先后颁发了十多个科学技术体制改革的文件，可是问题依旧，好像弄不清症结在什么地方。为什么这种状况一直得不到改善？科研工作与经济发展需要脱节的症结在哪里？

我认为，这主要是管理体制上的问题。我院的科研课题长期以来主要来自国家和部局下达的公益性科研任务，直接为地矿系统区域地质调查、地质找矿评价以及水文地质工程地质问题服务，涉及的内容有地质基础理论和技术方法，做出的科技成果也都是由上级有关部门领导组织专家进行评审和验收，这是多年来形成的工作

程序。研究成果验收后，研究者的任务就算完成了。再就是，成果评审后，根据评审意见就可以进一步向部和国家申请奖励了。获奖励后个人可以名利双得，心满意足，然后，科技人员随即转向争取新课题，开展新项目研究。所以，科研人员仅对给经费的部门负责。

管理部门也是仅仅关心下达的科研任务是否完成，完成了，也验收了，工作任务就算完成了。而成果推广转化工作则似乎没有明确是谁的责任。再就是，即使是将成果推广确定为任务，也是为推广而推广，完成任务就算了，因为科研人员、管理人员与成果是否推广没有直接利益关系，大家似乎缺少推动成果转化的动力。

现在直属上级下达给院的科研任务少了，相应的经费也减少了，不能满足整个研究所的日常经费开支。中国地质科学院作为一个独立的科技实体，怎么办？

（1）自己有没有本事和有没有需要面向社会用户需求，通过提供科技成果换取必要的经费？中国地质科学院的各所都有大量的科技人才，有大量的仪器设备，也有很多科技成果（可能存在成果的碎片化问题），我们完全有条件走向社会服务。一些基础研究单位可能有困难，地质部门领导则应考虑解决调查研究经费问题，否则就要大转产了，影响今后的地质调查工作。

（2）上级允许不允许这些科技单位面向社会取得经费？部、院的领导和科技人员都长期习惯于有困难就向上、向国家要办法、要经费，不习惯也不愿意面向社会市场需要开展工作，这是最大的难题。为此，首先需要转变观念，调整思维方式，特别是要对下属单位放权，允许它们走向社会。

过去我们的地质工作存在与社会用户要求脱节，我认为有两个问题。

（1）成果与用户要求不对接。方樟顺同志常常提到他在河南工作时的一个实例，有一年他接受了一个为河南军用飞机场选址的任务，他按照地质部门的规范完成了1：5万的工程地质调查，报告图纸整理好，评审完了，他在向用户提交成果时，军方反映不会用，不知道如何做出设计安排。于是，他按照军方要求，在工程地质调查成果的基础上进一步综合分析，提出使用建议，如哪块地段可设计为跑道，哪块地段可设计为飞机库，哪块地段可设计为机修区，哪块地段可用于生活区安排，哪块地段可设计为弹药库等，并从专业角度进行了论证。军方对这一成果非常满意，最后上报总参谋部，还被评为最好的成果。这说明，当我们直接解决用户需要的问题时，一定要有针对性，使用用户能懂的语言表达地质成果。这最后一步是必须走的，否则就无法使用户满意，造成地质调查与用户使用成果的脱节。显然这是很关键一步。

（2）公益性资料未能做到共享。作为公益性的成果，未能实现成果的公众共享，这是领导和管理部门的责任不到位所致。

公益性地质调查的数据应当是共享的，国家有关部门都说得很好，一定要共享。国家也提出了“创新、协调、绿色、开放、共享”五大发展理念，这也正是针对了中国当前的紧要问题，指出了今后的工作方向，十分重要。但是，人们要想得到这种服务是很困难的。部科技司建立了一个深部探测数据库供大家使用，我们把数据上传了，也入了库。后来，我们提出要用我们上传的一部分数据时，库方又提出许多条件，甚至还要我们得到科技司的批件。这个我们也办到了，最后还是不行，又叫我们找原作者索取。我们在研究月球问题时，也遇到类似问题，我们可以用美国的、日本的，甚至是印度的数据，但在使用中国的探月数据时却困难重重。

我院领导学习了中央科技体制改革的文件，统一了思想，决定积极向社会上找出路，大力推动全院的科技开发工作。

依据国务院颁发的《国务院关于进一步推进科技体制改革的若干规定》《国务院关于推进科研设计单位进入大中型工业企业的规定》，中国地质科学院有的所应当加强面向国民经济主战场工作，并逐步和企业结成多种形式的科研生产联合体。作为从事基础地质调查研究的单位，也应根据自己的力量尽可能开展一些面向社会需求的工作，社会上应当说也是有这种需求的。但是，这样做，首先需要实现自己思想的转变，解决与用户的沟通问题。

于是，院领导决定成立院科技开发总公司，以便将全院的开发工作组织起来，形成院的整体技术优势。1987年3月25日，院正式发文成立院科技开发总公司，并任命了由11人组成的理事会领导班子。院领导同时还决定由我负责院的科技开发工作，同时兼任院科技开发总公司的理事长（图6-2），副院长王兆纪、科技处处长陆春榕和总经理季荣伦为副理事长，公司大事由理事会集体研究商量作决策，公司的创办费是20万元。我想，我没有办公司的经验，自己也不一定是合适的人选，但这也是一个机会，可以作为科技体制改革的试点考虑，力争走出一条与社会需求密切结合之路，在承担公益性研究任务之外，为社会多做贡献。

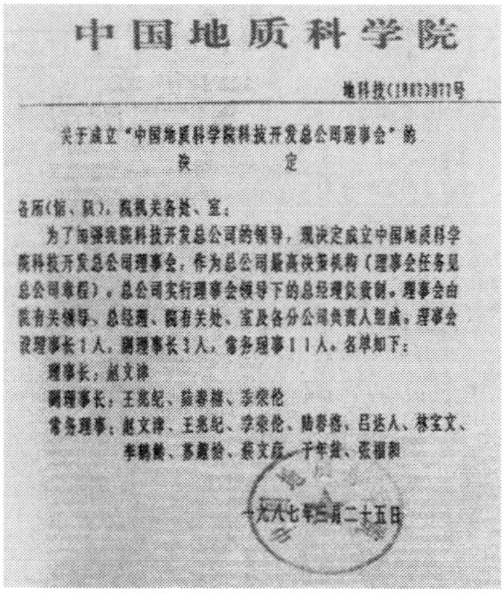
中国地质科学院

地科技(1987)077号

关于成立"中国地质科学院科技开发总公司理事会"的
决　定

各所(馆、队)，院机关各处、室：

为了加强我院科技开发总公司的领导，现决定成立中国地质科学院科技开发总公司理事会，作为总公司最高决策机构（理事会任务见总公司章程）。总公司实行理事会领导下的总经理负责制。理事会由院有关领导、总经理、院有关处、室及各分公司负责人组成。理事会设理事长1人，副理事长3人，常务理事11人。名单如下：

理事长：赵文津

副理事长：王兆纪、陆春榕、季荣伦

常务理事：赵文津、王兆纪、季荣伦、陆春榕、吕达人、林宝文、李鹏举、[illegible]、[illegible]、于年生、[illegible]

一九八七年三月二十五日

图6-2　任命我为中国地质科学院科技开发总公司理事长的文件

为此，我从院属562队物色了一位有开发经验与管理经验的干部季荣伦高级工程师做总公司的总经理。公司的任务是与各所开发工作配合协作，只从事技术开发和技术服务，不搞任何倒买倒卖的事。

季荣伦同志是1965年从中国科学技术大学地球化学系毕业的，拥有丰富的地质矿物学知识，思想也很活跃，事业心强，有开拓精神。重要的是，他是一位很有培养前途的技术开发型人才。再说，季荣伦还是北京市著名的"烤肉季"的第三代传人，家庭影响使他更懂得公司经营之道，是一个难得的经营管理人才。我在与他的合作过程中受益良多，学到不少开发经营之道。

二、中国地质科学院科技开发工作一年探索的小结

1987 年 5 月召开了院科技开发工作第一次会议。这次会上，我以“积极开拓地质科技市场，为国家多做贡献”为题对全院科技开发工作的进展和取得的成果进行了小结，并提出今后工作的主要方向与战略重点。

从 1985 年年初国家开放技术市场以来，我国技术交易活动蓬勃发展，技术市场大量涌现，科学技术与经济发展的结合日益扩大和深化，事实充分证明了中央这一决策的正确性。

一年多来，地质科研部门积极地参加了技术市场活动，对地质科技市场进行了调查研究，在实践中开阔了思路，提高了认识，积累了经验，教训也是深刻的。

（一）地质科技市场活动的基本状况和估价

据不完全统计，1986 年我院各所、队、馆除承担部、院下达的科研项目外，还组织了少量科技人员投入市场开发工作，共承担了 100 多个科研和技术咨询项目，毛收入为 400 万元，净收入在 200 万元以上。估计这些数字是偏小的，目前还没有一个好办法统计得更全一些。这些收入占我院总投资的 15.4%。

这些都属于横向项目，是从不具有行政隶属关系的中央各政府部门、各级地方政府、全民性企事业单位、地质队、矿山、乡镇集体企业得来的项目，也包括从国内外各种基金会申请到的项目。这类项目只能靠我们自己的实力去争取，或者是接受委托和投标得来。甲方有权择优支持，乙方有权不承担任务。

此外，我们还承担了国家重点攻关项目 4 项，国家自然科学基金项目 6 项。但是，这仅仅是所需费用的一部分，还需要从部里的

地质科研经费中争取一部分补助。

如何评价这一年的工作？常听一些同志讲，地质科技市场没多大“油水”，地质技术市场狭小成不了大气候。目前情况的确是这样，但是，可否从长远的和积极的方面去评一评它呢？

科研单位进入地质市场，搞横向任务是一件新鲜事，大家还不了解，不认识，不习惯，也不知道是怎么个搞法，科研单位不知道如何办，取得科研成果的用户也不知道怎样办。能设想一做就可以做成很大的成交额吗？许多外国公司有时在中国花了一两年，几十万美元投入进去，还不一定能做成一笔生意。而我们在市场信息、用户信息不灵，工作不适应的情况下，刚开始就达成几百万元的业绩，这难道不是可观的吗？这个成绩应当肯定。事实证明，只要我们多到一些地方，多到一些部门去活动，横向任务一定可以有更多的增长。从发展上看，地质科技市场的前景是光明的，是有希望的。

地质所通过一个职工的老乡关系和吉林省某县建立了联系，然后派人到该县进行技术咨询，为该县节约了上百万元的投资。接着，研究所和这个县签署了长期协议，开辟了新的合作天地。

天津所和上海、天津有着广泛联系，南京所和上海、华东各省有着大量的信息往来，北京各所和北京市也有着多方面的联系，这些都是我们可以利用的条件。

（二）这些横向任务的性质分类

（1）属于找矿和矿产预测的项目有“加速查明新疆矿产资源的地质、地球物理、地球化学研究（即国家重点305项目）”“吉林某铅锌矿隐伏矿预测”“广西铜坑锡石分布规律”“青海锡铁山铅锌矿典型矿床研究”“白银地区块状硫化物矿床形成条件、成矿模式及找矿方向研究”等。

（2）属于区域地质调查的，如三峡地区1：50万地质及矿产图和说明书。

（3）属于找矿及区调中的基础地质问题研究的，如“江苏三叠系青龙群地层划分、对比”“岩相古地理及油气储集性能研究”“海南岛石碌铁矿地层对比和时代”“苏南及周边地区中生代以来推覆构造”“冀北地层”等。

（4）属于物质组分和选矿试验的，如“老鸦岭金矿物质组成试验”“栾川钼矿中回收白钨矿试验”“福建建瓯县稀土矿的开发”“贵州、广西微粒金矿的提取”等。

（5）在水文地质方面，如宜昌所“宜昌龙潭泉评价与开发”，峨眉所“四川安县沸泉水研究”“广东顺德县矿泉水评价研究”“博罗县矿泉水评价研究”“怀集县矿泉水评价研究”，天津所“天津地下微咸水利用可行性研究”，岩溶所“山西岩溶大泉研究”“四川九寨沟风景区高寒岩溶研究”“广西石山地区岩溶改造利用的研究”，水文所“齐鲁石化地区地下水污染及水质研究”，等等。

（6）在矿产综合利用和开发方面，如“湖北胶磷矿选矿技术”（国家重点）、“白马钒钛磁铁矿选矿技术”（国家重点）；峨眉所为城口锰矿设计了生产锰铁合金工艺流程并负责建立了锰铁合金厂，为四川黑水县设计了硅铁合金厂，为四川汉源县设计了电解锌厂，为云南富源县设计了氧化锌厂等，南京所建立了白金回收厂，使大量废渣中的贵金属得以充分回收利用。

（7）在非金属矿方面，如宜昌所评价了宜昌透辉石矿，并进行了烧瓷试验，设计了矿山；沈阳所在麦饭石开发方面做了相关工作；天津所、郑州所在沸石加工利用方面做了相关工作；562 队在石材加工方面做了相关工作；矿床所对福建郭山高岭土物质进行了分析研究；地质所在滑石矿床评价方面做了工作；等等。

（8）在环境评价方面，如西安所先后承担了渭河电厂、铜川铝厂、钢铁厂环境的质量评价和污染治理；沈阳所先后承担了火电站、核电站选址区域稳定性研究；562 队先后承担了深圳、宁波地区区域稳定性研究等。

（9）在农业地质方面，如成都地矿所承担了四川柑橘、棉花、甘蔗等方面的研究项目。

（10）在技术服务方面，如同位素年龄测定、稳定同位素测定、电子探针分析以及多元素化验分析等。

（三）这些横向任务的特点

（1）项目涉及的范围很广泛。从基础地质问题、找矿评价到矿产加工利用，建厂、建矿都有；不仅有一般社会项目，还包括国家重点攻关项目。这不仅证明地质科技市场存在，而且其范围是广泛的。

（2）已经取得的横向项目内容构成上还不平衡。如在水资源寻找和开发利用、危急矿山找矿、能源地质、环境质量评价、农业地质、旅游地质等方面，我们有科技优势，社会上又急迫需要，但我们承担的项目不多。此外，地质局、队实际上还有不少科研项目未提出来，说明地质科技市场还有很大的潜力需要我们去开发。

（3）这些项目大部分属于科技攻关，周期短、见效快，属技术开发研究性质，成果的实用性和经济效益是明显的，不像过去许多科技成果那样，具体用户和经济效益都比较模糊。

（4）过去取得的大量地质、矿床研究成果，只有少量进入了地质科技市场。技术开发研究成果，如新型罗盘仪、地应力仪器和探头、介电分离仪、同位素样品试验台、铬铁矿及超基性岩标准样，以及一些矿产加工利用、选矿技术等亦仅仅开始进入技术市场，因此可以说尚有大量转化工作有待大力开展。

（5）这一阶段我院的科技市场活动基本上是“所自为战，人自为战”。这在活动初期是自然的、正常的，今后也要求各所树立自我奋斗的思想。但是分散活动，由于信息不通，力量不足，工种不配套，也形不成大的开发优势，揽不到大的项目，不利于将开发工作做大做强，不利于逐步对行业、对国家发展发挥重要作用。

（四）今后可以进一步开拓的业务

（1）为发展我国能源和矿业服务，寻求新的大型隐伏矿产，为国家新建矿山创造条件，解决大量危急矿山的接续资源，为地方乡镇办矿进行技术指导、咨询服务，不仅要提供重要的战略性科技成果，还要与地质队配合找到矿产。

（2）解决找水、改水、用水方面的问题。我国广大地区的许多城市缺水，严重影响工农业发展和人民生活。许多地区的环境地质问题，严重影响着人民身体健康和工农业生产发展。

（3）解决国土资源调查和国土整治工作的问题。为地区、城市发展规划，重大工程环境条件，地质灾害的防止，生态环境治理等提供技术服务。我院各所从事面上工作，开展这方面服务有一些有利条件。

（4）矿产资源的应用开发。扩大矿产资源特别是非金属矿产资源的应用，开发新矿产资源，开发利用矿物原料、废料、尾矿等。这方面工作很多，我院可以大有作为。

（5）农业地质。开展土壤调查、评价，研究大田作物、经济作物、果树、中草药生产与地质背景的关系，发展农业生产，促进农业现代化。

（6）扩大地球科学技术在轻工、日用化工、考古、城市公用事业、旅游业、医学等方面的应用。发展与国防建设、军事活动有关的军事地质；发展旅游地质，扩大我国旅游资源等。我们有一定技术优势，应积极开拓这一领域的工作。每一项活动都可能形成一个产业，带动一方经济社会的发展。

（7）为国家、地矿部和省市政府宏观决策服务，开展发展战略、规划以及有关政策研究，起草各种规范、规程，编制各种图件。我院应面向全国和大区主动地多承担一些任务，目前渠道很不通畅，我们的工作也不适应。

（8）解决区域地质调查和矿产普查中的基础地质问题，发展地质、矿床基础理论和地质勘查新技术、新方法，为地质队提供新知识、新技术和新方法。

（9）提供技术服务，如同位素年龄测定、稳定同位素测定、各种元素微量与痕量分析、物质矿物相与结构分析等。

（10）提供咨询服务、信息服务，进行地质书刊、图件、资料的交换、销售以及技术培训、专业会议服务等。

（五）活动方式

可以将技术承包、技术咨询、技术转让、技术服务、技术培训、技术出口、技术入股联营活动，新产品销售、信息情报服务等多种方式结合起来，要特别注意把开拓科技市场活动与扶贫以及促进地方经济发展结合起来。

基于以下 3 点考虑，今后地质科技市场活动还应当广泛开展。

（1）科技体制改革的核心是改变科研工作运行机制，即通过改革拨款制度，开放技术市场，使科研单位和生产单位直接见面，改变国家对科研工作包得过多、统得过死的弊病。原有的体制会严重地限制科研集体潜力的发挥，需要进一步解放科技生产力。今后国家指令性任务将逐步减少，而横向任务将不断增加，如横向任务不能增加就谈不上改变运行机制。国家减少指令式任务并不意味着一定要减少科研投资，投资还应增加，只是需要更加集中投资，抓住关键性的，地方、企业办不到的，并逐步转为招标承包的横向方式下达。一定要打破部门的垄断性、照顾性的资金分配办法。

（2）一个单位承担的国家和部的项目越多，要给予补贴的费用也越多，而研究所能用于补贴的经费是很有限的，经费不足便成了承担国家和部项目的制约因素。这种情况估计短时间内尚难以解决。如果国家科研拨款再逐年减少，那么这类项目所占比例不得不随之减小，而研究所势必只有加强横向联系和开拓市场这一条路好走。

（3）一方面，研究所科技人员太集中，许多人任务不饱满，甚或有大量人浮于事的现象；另一方面，许多工业部门、矿山、油田、城市、地方乡镇又有许多技术攻关、技术服务、技术咨询等任务需要科技人员去解决。加之国家已采取和将要采取更多搞活科研机构和放宽、放活科技人员的政策措施，推动科研机构和科研人员走向科技市场，社会上横向任务会越来越多。其潜在远景是很大的，大有希望。

（六）从体制改革角度看我们的收获

（1）深化了对科技体制改革的认识。研究所面向技术市场，争项目，取得经费并不是为了赚钱发奖金，而是通过科研运行机制的改变，使科研成果更快地转化为生产力，从而可以提高科研成果的经济效益，提高科研投资效益，这和过去纵向下达任务、成果只对上级负责的情况是完全不同的。

（2）培训了干部，发现了一些可充当科技事业家的人才。搞一项具体的开发研究工作会遇到不少的困难，但是确定开发哪些科研成果，使之转化为产品，并在市场上得到销售，实现资本的增值循环则是一项更为困难的任务，牵涉科技、经济、社会、法律等诸多知识。在技术市场活动中，我们更加体会到人才、信息、经营、法律、科技、联合等的重要性。

（3）摸索出推进改革前进的路子。各所开发研究比重增大，横向项目增加，研究所和各地质局、队，矿山、油田，城市、乡镇横向经济联系增加。研究所将可能发展成地质队、矿山、油田和城镇等地质科技的开发研究和咨询服务中心；研究所和地质队、矿山、油田、城镇可能形成一些勘查-科研-生产-服务一条龙组织。这将开创自中华人民共和国成立以来科研单位工作新的发展方向，意义重大，要坚持走下去，不能动摇。

（七）进一步加强地质科技市场经营活动

应进一步改变对科技市场的认识，特别是对地质科技市场活动与科技进步的关系的认识。一些人认为搞技术市场不利于科学技术发展提高，认为出不了什么高水平的成果。

从过去一年多的实际情况看，技术市场的项目可分为几类：有些项目是科技攻关，技术难度相当大，解决这些问题无疑会使科学技术提高一大步；有些项目是属于对过去科研成果的进一步开发和转化，是原科研工作的延伸，这样就保证了科研工作取得经济效益，显示其价值；有些项目（如区域稳定性、同位素年龄测定、区域地球化学等）需结合市场活动才能收集到大量的数据，为科研工作准备基础条件；有些项目则属于已取得科技成果的扩大推广应用于解决实际问题等。凡此种种，应当说对推动科技的发展都是至关重要的。

有人说面向市场后自己过去从事的学科和专业用上的不多了，因而担心会影响自己学科专业的发展。应当说在过去的科研体制下，用行政手段管理科研，科研经费由国家包下来，使科研与生产需要脱节。今后，科研运行机制改变了，一些学科、专业适应市场需要，因而会进一步获得发展；相反，一些学科、专业不太适应市场需要或者力量过剩，因而可能处于应调整之列。这种情况可能是正常的，我们应当有所准备。

进行技术市场活动必须实现经营管理。我们现在的管理方式是一种生产型、研究院型、“大锅饭铁饭碗”型的方式，组织管理工作不计时间，不讲效益，非常不适应技术市场活动的要求。经营管理体制的核心是高产出管理，即以较少的投入取得尽可能多的产出。

建立起经营性管理机构是当前迫切需要解决的任务。

（1）要放开搞活。国务院颁布了相关文件，强调了改革的中心问题是放开搞活科研机构，放宽放活科技人员。上级部门应当简政放权，减少指令式计划，逐步实行招标承包制。开发单位要加强财务管理，实行核算制、责任制。

为了推动应用开发研究工作，必须按照不同情况划分出一些小的经济核算单位，并制订不同的办法，使从事应用开发研究的职工有经营自主权，即掌握一定资金和行政权力，以便能按照工作需要为开拓技术市场做好储备和经营上的安排。

要做好收入分配，制定明确政策，保证从事对外增收并做出实际贡献的同志（包括中介方、课题承担人、项目协调人）能有较多的收入。同时，也应使承担纵向任务的职工得到一定的补助。

大多数知识分子都有事业心。许多人因在原来单位总实现不了个人的抱负而毅然决然地辞职或停薪留职，转入乡镇企业中工作的事例不断出现。如果领导人统得过死，把一些职工变成单纯的“摇钱树”，只想叫人家去挣钱，其结果将适得其反，没有什么人会再去干了。

（2）不能搞单纯经济观点，要注意从事应用开发研究。开发研究不能是单纯为了个人发财，为了小单位致富，而是为了推动科技体制改革，促使科研更好地为国民经济和社会发展服务，加快我国的“四化”进程，并在这一过程中同时也解决我们的经济收入与科学数据的积累。

（3）要顶住“红眼病”带来的压力。一旦有哪一位收入较多（按制度规定应得的），一些“红眼病”患者就会叽叽喳喳地议论开来，领导心里也容易嘀咕起来。心里犯嘀咕，嘴上就不硬，甚至就不敢坚持规定，于是“政策”就变了。“变”的结果弄得人人心中无数，干也不是，不干也不是。要好好宣传，营造一种人人争做贡献、谁贡献大谁就受尊敬、大家贡献多我们院和所就光荣的氛围。

（4）加强法制观念、合同观念。进入社会，开展经济活动处处都会涉及合同与法律问题。我们要学懂有关法律，学会打官司，用法律手段保护自己，维护自己的利益。我亲身经历的一个例子令我终生难忘。事情是这样的：东北沈阳所的一名职工，从所里退职到社会上从事技术服务，为盘锦市大理石厂咨询买一台锯石机，他们推荐了沈阳名牌锯石机，没想到机器买到后就是工作不起来。厂家不找机器生产厂，而是要求咨询人负责去维修。他们将咨询费全部搭进去也没有修好，但厂家还是不找生产厂家，反而要咨询人员赔偿。咨询人员赔不起就跑了，不知去向。于是大理石厂家就找到沈阳所要钱，所里没有经费赔偿，而且咨询人员已离开所，已不是所的职工，所不能对其活动负责。于是盘锦市中级人民法院就将矛头转向沈阳所的上级地科院，来到北京将地科院账号查封了，冻结了院 80 万元的经费，还勒令地科院领导到盘锦市中级人民法院出庭打官司。于是，我和陆春榕等不得不出庭打我们生平的第一次官司。这就是避免不了的社会现状，我们要学会用法律保护自己的合法利益，要逐步建立起自己的法律顾问班子。

（5）关于保持专业方向，增强技术优势问题。保持专业方向关键是要有本专业方面的项目和必要的经费资助。例如，如果我们每年都可以得到区域稳定性方面的研究项目，我们便可以不断取得有关资料，研究工作便可不断地进行下去，否则就谈不到专业方向。我院各所、各室乃至各组的专业方向既取决于过去长期的科技积累，更取决于今后能否不断得到项目（基金会和横向项目），否则专业分工、专业发展就是空谈。我们应当利用自己已获得的优势去争取更多的有关自己专业方面的项目。应当说，就专业讲，我们的功夫也并不是完全过硬的，仍然需要加强，但是大家也应当要有向综合应用发展的考虑，因为任何实际问题都是需要多学科知识才能解决问题。

（6）总结院、所办公司的经验、教训。今后经营管理上还要着重抓公司的财务制度，实行独立核算、自负盈亏，要健全各种开支、节支的制度。测试所和院部的劳动服务公司及地质力学所的车队的问题都出在财务制度混乱上，账目不清，开支没有原则，仓库无管理制度，这样就容易使一些人浑水摸鱼，搞邪门歪道，既害了公司又害了个人，一定要引以为戒。要强化岗位责任制，实行“奖绩罚过”的制度。每个在岗的人必须发扬艰苦奋斗、积极开拓的精神，完成各自的工作任务。对重大的业务项目，要建立立项可行性论证的制度，以免定了目标，投了资，上了马，又发现许多难处理的问题。现在有些所搞项目，缺乏经验，论证不足，以致工厂投产后难以办下去。今后要避免再出现这类问题。最后是，各所都要制定自己的经营战略、技术市场开拓战略。我们有一种“一窝蜂”的毛病。搞石材开发成风，这个县那个县，这个单位那个单位都搞石材开发；搞找水打井，也是到处出现找水队、打井公司；搞高岭土矿、麦饭石开发也是“一窝蜂”，你搞涂料我也搞涂料，你搞造纸的涂布材料我也搞造纸的涂布材料，从而形成一方面市场拥挤，另一方面许多产品又无人开发的局面。怎样从我们的优势出发，开拓并占领新的市场，实在是一个带有战略意义的经营问题。我们一定要立足于自己的科技优势，不断发展自己的科技优势，提高自己的竞争力。

（7）争取项目是关键。争取不到项目便英雄无用武之地，就不能为国家、为社会多做贡献。在当前竞争激烈的环境下，我们院的声誉还不响亮之时争取项目就增加了难度。

（八）新形势下科技开发工作的鲜明特点

（1）延伸性。即将科研工作向纵深发展。我们不仅要研究成矿规律和成矿条件，还要将工作延伸到具体指导找矿、矿床评价、矿产开发、矿产品加工利用，以及矿产品的销售，一条龙地开发。

（2）综合性。即不仅要注重地质科技工作，还要考虑多学科，如经济学、社会学、政治学诸多方面。科技开发人员要有经营思想，讲究科研工作的经济效益和社会效益。

（3）难度大。这表现在我们要解决的问题是过去未遇到过的，攻关难度大，而且多数项目的完成是有严格的时间要求的；此外，还要处理公共关系问题，和许多经济部门、社会法律部门密切联系与合作。对此，我们的适应性还不强，应变能力较差。

总之，我院、所过去是比较封闭的，面对新形势，我们必须尽快转变“等、靠、要”的思想，振奋起来，放开手脚走出去，到技术市场这个大海中去学会游泳。我院、所有很多特殊性和局限性，我们的工作条件还不十分适应市场要求，但是我们也有许多有利条件。充分利用我们的有利条件，发挥优势，可以大有作为。

要树立竞争观念。取得基金会的项目要靠竞争，我们工作要比别人做得好，才能得到择优支持；取得市场上的横向项目更是需要我们去活动、做宣传、拿出工作成果来取得用户的信任去争取项目，积极去开拓市场。

自己去揽项目，是不是太丢人？科学家、专家、学者、科技人员不少人都有些清高思想。现在要出去揽任务，向人们推销科研成果和自己，是不是变得低人一等，不光彩了呢？不是的。如果我们想到的是为了国家建设，为了地质科学事业发展，那又有什么不光彩呢？我们的一些前辈也都积极活动，揽任务。

（九）联合出优势

地质科技市场中的重大项目都带有系统工程性质。从工种、学科、手段和业务范围讲，我们的一个所甚至整个院都不适应，完全靠自己的力量是很难拿下这些大项目的，我们必须走联合的路子，联合出优势。所内联合才能发挥所的整体优势，院内联合才能发挥院的群体优势，院和其他单位联合才会充分发挥我院的作用并形成集团优势。如果我们发展成“多龙集团”，那就会出现群龙飞舞的大好局面。

院科技开发总公司成立后，已有许多单位和公司提出愿意和我们搞联合，我们正在积极研讨中。

近半年来，已先后出现了这样几种联合形式。

（1）院总公司和所开发公司之间的松散型联合。所的开发公司愿意参加院的总公司，作为其分公司，双方仅在具体业务项目上发生关系。

（2）总公司直接投资兴办公司，它和总公司有着紧密的行政、业务关系。

（3）东北石材建材开发总公司归地质科学院领导，但它本身是独立经营自负盈亏的经济联合体。

（4）测试所、地质力学所与外国公司合办技术维修站、技术培训部，已达到了较大规模，并在深化。

（5）院和地区、所和县政府订有长期协议，协助县搞全面开发，提供技术咨询、技术转让、技术服务等。

（6）所和乡镇联合投资办厂、办矿，收益分享，经济责任共同负担。沈阳所、南京所、宜昌所、峨眉所都搞了试点。

（7）建筑装饰石材协会，是一种广泛的组织松散的联合形式，将来学会办，技术咨询、技术服务等均属这一类型。

（8）天津所和其他公司成立联合公司，天津所以技术服务、资源保证和新矿产品开发入股，参加联合公司的分红。

此外，可能还有其他形式的技术经济联合。对任何一种技术经济联合，我们都应支持和鼓励。

联合必须是自愿的，双方利益均应得到照顾，要通过合同把这些关系明确下来，不能企图用联合的办法“吃掉”对方。联合只有在共同承担任务的基础上，才能获得巩固和发展。技术经济联合是个新课题，我们需要很好地学习，很好地总结经验，大胆地探索。

这里，应着重提到的一点是，如何和外国发展经济合作。我院和外国在科技方面搞过许多项目，这些项目很少能发展成经济合作；另外，我们也没有机会去探索寻找一条中外经济合作之路。但是，只有开展合作，我们才可以引进先进技术，引进国外资金，并转向开发国外市场。

此外，从解决重大的地质基础问题和找矿问题考虑，院必须和地质矿产局、队结合起来。目前的结合有两种形式：一种是通过部的协调，所和队联合承担一些研究项目，或者是由所和局、队发生横向关系，所向局、队承包一些科技项目，这些项目从院的角度看带有局部性、零碎性、偶然性；另一种是院、所和局、队组成联合体，可以承包国内外重大地质矿产勘查和开发项目，因而使开发工作具有较大的区域性、系统性。

目前地质科学院、所和地质矿产局、队之间横向项目比较少，实际困难是地质矿产局、队缺乏资金来支持这种合作。地矿行业科技发展基金仅仅开始设置，尚未具体资助项目。今后要有计划地发展地质勘查和科研的联合体，以便一条龙地进行工作，承包国内外大的勘查项目、区调项目以及矿产开发与矿山生态环境的治理，把地质科研和勘查更紧密地结合起来。

（十）重视经营型（或开拓型）人才

必须注意发现和使用善于抓信息、开拓市场的经营型（或开拓型）人才。报纸上宣传甘肃的樊大鲁、安庆的孙超、石家庄的武吉龙、北京的万润南等，都是靠小本、小贷款起家，发展成营业额上几千万元甚至上亿元以上的。他们每年向国家上交很大一笔税金，有的还有外汇收入。他们靠的是党的政策与上级领导部门的支持，但更重要的是他们自己的经营本事。如果我们用人不当、管理不善，则可能把企业搞得倒闭破产，日子很难过下去。发现和使用一个人就可能开创一项大的事业，对科学技术、经济和社会发展将可能产生重要影响。我们绝不能只看重一位专家、一位学者，而轻视这类开拓型人才。

（十一）要重视信息

这里所说的信息包括市场供需信息、技术开发信息、国际市场动向、各有关公司发展战略等。信息就是财富，信息就是生存之本。如果生产的产品（包括技术、新产品）没有市场，产品卖不出去而转化不成货币，资本便循环不起来，生产也就进行不下去。我院的信息网络尚未建立起来，信息交流很不充分。如何尽快地建立起信息传递系统是当前亟待解决的又一重大问题。院正在着手建立信息中心，也希望各所能积极地把这项工作做起来。

“七五”期间，我们的奋斗目标是总经营额达到1000万元左右，各个所均和有关单位建成3～5个联合体。

三、中国地质科学院的第二次科技开发会议

1988年6月，院召开了第二次科技开发会议，我以“转变观念，积极推进科技开发工作”为题做了会议总结补充发言。

这次科技开发工作会议开了六天。这次会议上听取了陈毓川院长关于加强我院开发工作的动员报告和总结，听取了部李廷栋副总工程师和科技司齐世仪副总工程师的讲话。

会议交流了各所的开发工作情况，讨论了收入分配原则和规定，就我院的优势和推动院内联合问题进行了深入探讨，研究、确定了我院今后两三年的科技开发工作总目标、重点方向和项目，以及围绕这些目标、项目加强联合和协作的措施。

大家普遍认为这次会议时间短、内容多，会议开得及时，开得紧张而热烈。通过会议讨论，大家提高了认识，明确了方向，交流了信息和经验，增强了信心，感到我院潜力很大，大有可为。会议开得很成功，这是院和所共同努力的结果。一些同志还强调指出，这次会议在我院的发展史上具有里程碑或转折性的重大意义。这种说法，我看是切合实际的。

下面就几个重要问题，做进一步的总结分析。

（一）这次会议澄清了关于开发工作的许多误解

“开发工作”一词，在这次会上用得很广泛，也有点乱，常常带来一些不必要的误解。它的含义是什么？应当弄清楚。国家科学技

术委员会在科技体制改革中，提出对研究所实行分类管理。联合国教科文组织等提出，按照研究工作过程，把科研工作分为基础研究、应用研究、开发研究。国家科学技术委员会又把应用研究中短期能见效的划为开发研究，把较长期才能见到实效的并入应用基础研究，即提出了二分法。我们所说的开发工作或开发研究，主要指的是开发研究，以及部分应用研究，即用已知的理论知识和方法技术创造新技术、新方法、新产品、新工具等，并为实现工业化生产而提出技术-经济可行性和设计方案。从这个含义上说，地质矿产调查研究有很大一部分亦属于开发研究范畴。国家科学技术委员会还将开发研究划分为两个阶段：一个是试验研究，一个是推广示范，也就是说，从实验室研究、中间试验到半工业试验或叫工业性试生产，最后到建立工业示范厂。在这个过程中的研究工作，都属于广义的开发研究。再者，我们开展了一业为主的多种经营活动。在多种经营中，要搞些产品，也要涉及一些科学技术的开发和再开发问题。这些问题，并不都是与地质科学技术直接有关的。强调研究所要“转轨”“转向”，解决国民经济中的实际问题，就是指要加重这几部分工作，这是“开发工作”的主要含义。

现在用“开发工作”这个词，还有很多延伸。如矿产品的加工利用，过去不归为地质矿产工作的范畴，现在提为“地质延伸产业”，这对原来的概念有所突破。还有技术应用的延长，如测试技术向医疗部门延伸，测定微量元素对人体的影响。现在甚至把多种经营中的工业生产活动、市场开拓性活动即商业活动，也用“开发”一词代替。准确来说，这些工业活动、商业活动不属于科技开发范围。但是，由于科学技术工作与经济紧密结合开发了一个产品，在生产过程中，产品会出现新的科学技术问题，又要进行研究。因此，我们现在搞的开发工作，多多少少都有研究工作。开发研究是“科学研究”工作，开发研究人员是科研人员，不能认为搞开发的人是不务正业，赚点钱而已。科技开发成果不是科研成果，这是误解，应当澄清，不澄清，对开发工作不利，对科技体制改革也不利。国家大力号召加强开发研究，加强科研与经济的联系，科学研究要解决国民经济建设中的问题。如果我们说开发研究不是科技研究，搞开发研究的人是不务正业，那还有谁愿意去搞开发研究解决国民经济发展中的科技问题呢？这样下去科技体制改革又如何能进行下去？因此，对这些错误的看法和说法，应当毫不含糊地给予澄清。

关于"公益性"项目，则是另外一种分类概念，它是指国家出资并支持的，可以是基础理论研究、应用研究，也可以是开发研究。不能认为公益研究只是基础理论研究或应用研究，不包括开发研究。实际上，在公益性项目中，有相当大的一部分是开发性研究，因为国家希望这些投资能很快地得出对国民经济发展有效益的科技成果。如果项目是长远的，没什么直接经济效益的，那多半要归入基础理论研究。所以，由此分析，我院现在的开发研究比例是35%，但实际所占比例要比35%高。现在，我院对各类研究的比例做了调整，大大增加了公益性比重。我认为，这不意味公益研究都是基础理论研究。我想这只不过是增加了我们的某些安全感，相对地提高了我们对这次改革的承受能力。公益研究占38.9%，实际上这些经费除了人力费用外，用于科研的经费是极其有限的。所以，我们不能不花更大力气去搞开发研究。现在我们整个国家都在强调开发研究。因为，从根本上讲，一个国家的科技发展规模和速度取决于这个国家的经济实力。强调开发研究就是要利用我们的人才、设备条件，解决国民经济发展中的重要科技问题，为国家经济发展，为改善我们工作、生活条件创收、创汇，走出一条路来。有的所提出"先求生存，后求发展"；有的所还提出"市场需要什么就研制什么，开发什么"，这准确地表达了这次科技体制改革的要求，即开发研究要走市场导向的道路。这次各所的情况交流说明我们的认识有了很大的提高。

现在几乎所有的单位都动起来了，都在积极想办法，搞开发研究，搞多种经营，办实业，如郑直、崔盛芹、李先梓等专家教授都在谈开发，想办法创收。

这标志着我们对科研工作的转轨，从犹豫转向坚定，从被动转向主动。朱训部长指出，我们不要再讨论什么类型划分了，要树立背水一战的决心，置之死地而后生。我们5位院长都来参加这次会议，就是表示和各所共同进行背水一战的决心。我们希望各所领导也照此办理。

陈院长还表示，院长、所长都要一手抓基础地质和基础理论问题研究，另一手要抓开发研究，抓成果转化，抓多种经营。

只有度过这一转变时期，我们的研究所工作才会出现新的发展。

从上述背景看，说这次会具有里程碑、转折性意义是不为过的。

（二）进一步解放思想，转变观念问题

在这次会议情况交流中，一个重大体会和收获就是“没有思想解放、观念更新，科技体制改革就迈不出新的一步”。今后要深化改革，扩大开发研究，更要不断地抓好思想解放、观念转变。概括起来，有以下的转变。

（1）从“等、靠、要”转变为“积极开拓市场，广开财源”。

（2）积极面向国民经济发展需要和市场需要，面向地质找矿，从需要中找课题，从成果和信誉中扩大收入。当中，地质找矿需要，当然应首先满足，这是我们的主要职责。但是，也应分别不同情况做不同的处理。

“凡事预则立”。在过渡时期，要利用机会，搞好调整，多做些准备，有个长期打算，将来我们的境遇就会稍好些。

关于我们科研单位的主战场问题，国家科学技术委员会宋健主任提出“科技力量开始向经济建设的主战场转移”，中国科学院院长周光召同志的提法是“把科学院的主力投入国民经济建设的主战场”，陈院长的提法是“把我院90%的科技力量投入地质找矿和国

民经济的主战场”。这里没有一个提法只说“地质找矿是主战场”，这种认识将限制我们发挥作用，贬低乃至阻碍科技开发工作的推动，应当把“主战场”的概念弄清楚。

（三）面向市场需要与坚持研究所的科研方向问题

这次会上有的所提出，坚持所的原定方向与当前市场要求有矛盾怎么办？

谈以下几点意见。

（1）我们院以及各所的方向，是按学科分的，是在科技体制改革前确定的。维持它，必须有经济保证。过去几十年国家拨款维持了它，现在国家不拨款了，少拨款了，对原定所的发展方向没有表态。但是，国家不断采取各种措施，号召和推动大多数科技力量投入国民经济主战场。对基础理论研究，国家强调只能投入10%，每年拨1亿元；要拿更多的钱，财力上不允许。中国科学院也改为4∶3∶3（开发研究∶基础理论研究∶应用研究），并提出“一院两制”，即要发展一批具有国际水平的研究院所和一批外向型高技术企业。谈我们研究所的方向时，不能离开国家和地质矿产部的大环境来孤立地考虑研究所的发展方向。

（2）要在面向市场需要与地质找矿需要，发挥研究所的科学技术专长的过程中，发展我们的技术专长。我们有专长，又能不断得到项目经费，自己的科技专业自然会得到发挥和发展。相反，得不到项目、经费，自己的专业和研究所就不能发展下去。这样，有的专业和所就会有所发展了，而有的专业和所就要衰退下去，这就是在竞争中求发展的机制。

（3）发挥本所的人才特长（包括从外单位引进人才），充分利用天时地利人和的条件，开拓新的市场与学科领域，形成自己的新方向。如西安所在工业污染评价方面，从无到有，人员从1人发展到13人，从1个项目发展到20个项目，预计纯收入可达70万元，现已取得40多万元纯收入。此外，天津所的非金属矿产新产品开发，成都所的农业地质、盐湖开发利用等，都可能形成所的新方向。

（4）地质科学院原来以地质学科为主要发展方向，是不是也应一分为三：一部分为地矿部服务，是参谋性的，属于地质调查的范畴；一部分是面向国民经济发展的矿物应用与新材料的开发；一部分是增强自身活力的专业提高与发展。当前面临困难较多，但是我们绝不能放松，更不能放弃，需要大家关注和认真考虑，找出路。

（四）这次会议暴露出若干思想上的不足之处

（1）对开发工作仍然重视不足，有的领导没把这项工作摆在议事日程上，未给予必要的支持。多数科技开发研究是一种科技-经济-政治活动，对质量、时间有严格要求，失误可能带来很大的经济、政治损失。因此，作为领导，应当及早地对这些有足够的认识。

（2）对从事开发研究的人员，包括科技人员和组织领导干部没有采取必要的鼓励措施。从事开发研究工作，耗费大，风险高，但在奖励、职称、职务、成果评审、住房等方面，待遇不够对称。因此，已经出现搞开发的不安心、想调离、怕冒风险、不敢放手干等情况。

（3）按照科技开发研究工作的需要，改进管理，调整队伍的结构，做得太少、太慢。3年来，我院各单位共建立了开发处11个，开发公司和中心15个，专职人员只有165人。按我院5600人统计，1990年35%的人搞开发，应有2000人，而现在即使把峨眉、郑州两所全算为开发，也不到800人。在开拓地质科技市场中，深感手段、工种不齐全，信息不灵，缺乏经营、财务、法律、工厂设计等人才。一些同志强调加快队伍结构调整的迫切性，是很有道理的。

大事不能糊涂，这是大事，能否搞好这一转变，应当是考核各级领导干部的重要标准。

（4）在解放思想、放开手脚的同时，也要注意工作的科学性。

搞开发研究是科学研究，不能不注意科学性。建厂设计，多种经营，也要注意科学性。天津所搞非金属矿的开发利用，南京所做稀土分离试验等都有这方面的问题。做这些工作的同志十分努力，非常艰苦，在很困难的条件下做出成果，这是应当肯定的。在此提及只是强调注意开发工作要有科学性，要有科学态度，要讲信誉，提高服务质量。

（五）我们的优势及今后开发工作的目标和重点

陈院长在报告中提出了设想，大家进行了认真而热烈的讨论，认为院提出的目标和重点是合适的、正确的。大家发表了很好的意见，丰富了院的规划，并使其具体化了。

我们具有下述 5 个方面的优势。

（1）地质矿产知识、工作特点带来的优势。西安所的董发开同志说，地矿部门与环保部门在分析测试力量上来比，我们不比它强，但是，我们善于从地质背景宏观上分析，对问题的认识更深刻些。靠这样的分析，他打开了陕西地区环境评价治理的领域。

（2）有些方法技术，我们是领先的，如地质力学所的地应力测量；矿床所的介电分离技术；宜昌所、地质所的同位素测试技术；岩溶所的洞穴探测技术和装备；测试所的测试微量痕量分析技术；562 队的区域稳定性评价手段等；还有区域地质、地层、构造岩石、矿物等方面的技术储备等。这些技术，只要和有关部门结合，就会发挥出我们的优势。

（3）地质矿产、加工利用、市场销售等的相对优势。乡镇地方搞经济发展，他们缺技术，缺管理，缺市场信息，我们搞好服务，加强各方之间的联系，就有可能在竞争中占领一席之地，在这方面派科技副县长是好形式。原来沈阳所向康平县派出了科技副县长，影响很大，现在又增加了 3 个。成都所向城口县、综合所向秀山县、郑州所向南阳县分别派出了科技副县长，受到好评。我们应当争取向更多的县派出科技副县长，朱训部长也表示要提倡这种做法。

（4）在非金属矿方面，与建材、轻工、化工等系统相比，我们掌握地质矿产信息多，可以选好的资源用；我们的科技人员多，设备数量也多，可以在许多地方、许多领域他们顾及不到的地方开展工作，争得优势。

（5）我们有信息上的优势，我们掌握的矿产资源信息、矿物利用信息，以及国内外市场的销售信息较多，这个优势应当充分发挥。

会议期间，经过大讨论，明确和形成了今后的开发方向和重点项目：非金属矿产深加工产品和新材料的开发，环境评价和治理，实验测试技术开发与服务，地质研究与矿床调查、开发利用，发展多种经营和全国性销售网。

在这五个方面都有引进外资、发展出口型业务的现实条件。我们正在建天津、北京、厦门、海南等若干出口和发展外向型科研先导型企业的基地。

这次讨论中，大家提出许多具体设想，使大家看到了争生存求发展的潜力和前景，增强了大家的信心。在此，着重说明以下 3 个方面。

（1）关于非金属矿产深加工产品和新材料的开发。据不完全统计，我院有 10 个所和总公司开展了约 70 项非金属矿产加工利用研究，完成了 40 项，已联合建厂十多个。意义重大、效益较高的有高岭土、沸石、蓝晶石、硅灰石、硼镁石、制镁和制碱的开发。其中，涂布级高岭土系列产品、助洗剂开发、蓝晶石选矿工艺较成熟，拟分别组织有关所联合建厂。请郑州所就大中小型 3 种建厂方案提出可行性论证，希望郑州所充分发挥非金属矿产研究中心的作用。

（2）关于环境地质评价与治理。现在已有 8 个所开展了工作，先后进行了 50 个项目，另有 4 个所正准备投入工作。大家一致认为，我们较环境部门具有一定优势。当前，应在已取得成果的基础上，“大造声势，扩大影响，走向全国”，这是我们近期的战略目标。近几年已完成和开展的项目包括区域稳定性评价、工业污染评价、区域环境和水患调查。根据各所正在工作的情况，提出近几年以“沿海一条线，北京一个点”为战略重点。“沿海一条线”包括辽南、秦皇岛、天津、宁波、福州、厦门、海南七个点，连成沿海一条线。“北京一个点”是燕山石化区及其他工业污染治理。

大家一致赞成西安所的倡议，成立中国地质科学环境评价治理研究中心，广泛吸收国内知名专家参与活动，壮大声势。

（3）关于多种经营与做买卖问题。大家认为我院在全国各主要城市都有单位，市场信息灵通，要充分发挥这一优势，开展贸易活动。目前各所根据本所和当地实际情况已开展的规模大小不等、技术含量高低不等、收益多少不等的多种经营活动，如糊纸盒、打毛衣、做木器、办招待所等项目都是很有意义的。搞科研需要经费，我们现在缺经费，应当理直气壮地搞这些活动。当然，我们一定要坚持以一业为主的多种经营。

我院科技开发工作的总目标是“围绕国家所需，1990 年形成几个重要的有竞争力的开发方向，办成 5～10 个能生产产品的企业，初步建成一个开发经营网和一支相对稳定的科技开发队伍。各类科技开发工作，1990 年达到总收入 1000 万元，争取 1500 万元（毛收入）的水平”。经过认真讨论与分析，大家认为这一目标是积极的、可以实现的。有人提出要规定一个纯收入指标，可以初步设想按纯利润率为 35% 计，纯收入可定为 350 万～530 万元。

（六）如何将科技开发工作进一步扎扎实实地推动起来

（1）领导重视，亲自抓，进一步解放思想，转变观念，放开、搞活。要背水一战，胆子放大些，在此基础上搞好本单位开发研究工作规划，包括工作方向、重点项目及产品。要向国民经济部门进行深入的调查，东部单位要向外发展。西部单位要与东部联合，并积极探索，互相取长补短。对院的重点项目，各所如何参加，做何贡献，应明确提出，还要从组织上把开发工作落实下来。

（2）认真贯彻和兑现对科技人员和一切从事开发的工作人员的政策。科技开发工作创收的分配办法，院里提出个讨论稿，大家提了些意见，主要是个人和所、所和院之间的提成比例，院里提成是为了集资办一些大事，我们做些测算再议定。对于院和地方政府的分配办法，哪个更有利于调动大家积极性就执行哪个。放手干，不要怕科技人员富了，贡献大的就该多分一些。

各所应检查一次对从事开发工作人员政策的落实情况。应当体现从优政策，如果体现不了从优，也不能压制。关于所长等负责同志从事开发工作应不应拿些报酬，原则上是参加工作，承担风险，就应和其他同志一样得到报酬。但各单位情况不一，可以提出具体办法，我们再集中议一议。

（3）发现和大胆启用开放型、经营型、开发型人才。现在这样的人才显露太少，我们要勇于发现，大胆使用。技术、产品的竞争，归根到底是人才的竞争。时势造英雄，没有一个好的环境，人才也涌现不出来。没有英雄，又如何打开新局面，成就一番大事业！对这类人才要积极发现，热情帮助。“用人不疑，疑人不用”是历史上用人的好经验。我向院审计负责同志多次提出要定期认真地对公司开展审计，目的是及时发现问题，给予帮助，而不是为了整治他们。

（4）慎重而大胆地推行承包经营责任制。国务院关于深化科技体制改革决定的第一条就是，鼓励科研机构切实引入竞争机制，积极推行各种形式的承包经营责任制，实行科研机构所有权和经营管理权分离。实行承包制，就是明确上下责、权、利关系，上级对下级就是放权放责，承包人完成任务后，应得到相应的奖励和报酬，也就是扩大基层的自主权，把一人当家变成层层负责、人人当家的局面，充分调动职工的积极性。各级的职责明确，大事小事有人抓，减少或消灭人浮于事的现象，把人治变为法治。最近几年，农村一包就灵，工厂也是一包就灵，我院岩溶所、宜昌所实验室承包效果很好，岩溶所物探室承包成效也很明显。可否在 1990 年以前，实验室、技术辅助部门以及开发性研究室实行承包？ 562 队已实行承包，稳住了局面。我们正酝酿第二个研究所实行承包。当然，承包应当是风险承包。

（5）提高法治意识，加强财务管理和市场调查工作。科技开发、多种经营及工业生产、商业活动与学院式封闭型理论研究相比，更需要加强管理，特别是需要加强法制理念，加强财务管理和市场调查工作，这是容易理解的。因为在商品经济制度下，一切经营活动都要建立在合同制的基础上，必须在法律允许的范围内进行。有人形象地比喻为“绿灯跑步走，黄灯加快步，红灯绕着走”。究竟怎么走，必须懂得法律，才能选择既有利又不违法的方案。因此，要求各所都应积极创造条件，聘请一名常年法律顾问或培养自己的法律人才。财务工作也与过去一般研究所的出纳财务或报销财务不同，而是要核算投资效益，要进行成本核算，要考虑投入与产出，用最少的投资取得最大的经济效益和社会效益。这就需要有经营性财务人员。关于市场调查工作，因为今后科研任务多种经营是以市场为导向的，包括国家需要（指令性或者是招标），所以必须重视市场调查和预测，经常掌握市场信息，建立自己的信息网络。成都所创办的科技信息简报，很有价值，应当充实提高。

要加强审计监督工作，在放开搞活的情况下，为了提高经营管理水平，避免犯错误，需要加强审计监督工作，帮助改进经济管理工作。

（6）要加强联合。这次会议花了很多时间研究这一问题，大体上可归为 3 种方式：一是由院出面组织，是行政式的，但是应坚持自愿参加原则，再从行政式逐渐发展成半紧密型的，如通过招揽任务，向各所提供项目，做好服务工作来实现；二是由总公司出面，通过经济手段组织有关所之间的联合，是经济联合，也可以是松散型的，逐渐发展成联合体，最后可能构成经济实体；三是所与所之间，通过具体任务、具体课题的联合。当前已提出许多项目，我们就从这些项目入手，开始探索实际联合之路。

（7）关于安全问题。在抓科研、抓开发、抓多种经营的繁忙活动中，不能忘记安全。

四、中国地质科学院科技开发总公司的活动

中国地质科学院科技开发总公司1987年3月成立以后，本着从事技术开发、技术服务，使生产部门得到实惠的方针进行工作，主要抓了4个方面的工作：①开展社会需求调查研究，探寻开展合作的项目和方式；②非金属矿产深度利用的开发；③北京燕山石化公司企业污染治理与资源回收；④为日本客户进行铍青铜生产工艺、原料来源及建厂咨询。

下面逐项进行简单介绍。

（一）开展社会需求调查研究，探寻开展合作的项目和方式

我们首选了5个点。

（1）到五矿集团公司拜访，探讨双方合作的可行性。五矿集团公司是中国最大的国营矿业公司之一，我们院的优势就在矿产资源方面，双方应有业务内容互补，所以我最早就选定了去拜访探讨合作的内容。五矿集团公司也很重视，包括总经理和各部门领导都参加了会谈，交谈了三四次。他们对我院与找矿、矿产评价、矿产综合利用等有关的研究成果和科研实力很感兴趣，但对有关基础地质研究的内容不感兴趣。他们今后也将加大找矿、采矿业务活动。与中国地质科学院合作可以采用一事一议的办法，如果要建立紧密关系，则研究所经费由公司出，成果也应统归公司所有。后来没有进一步探讨下去。五矿集团公司总经理助理王炯辉就是从事矿山评估的，中铝公司矿产资源部部长王东坡曾在我院地质所做过所长。这些都说明我院与这些大公司建立长期协作或加盟的关系是有前景的。

（2）到韶关市进行调研。韶关位于粤北山区，市区正位于珠江的分支北江上游，是广东省的战略后方。本区有多个大型矿山，如凡口大型铅锌矿，大宝山铅锌多金属矿，南雄、乳源的大型铀矿山和稀土矿山等，靠近南雄的大余县是钨矿之乡，也是矿山环境污染严重的地带。1959 年，中国地质科学院曾组织各所力量在大宝山矿区开展过综合方法找矿试验。韶关市内有地质矿产部建立的第九实验室（现为广东省矿产综合利用研究所），科技力量很强，可以依托。我院人事处处长、公司理事苏趣怡是韶关人，其先生曾东曾任韶关市领导，很希望我们帮助韶关市发展。为此，1987 年 9 月 20 日我带队前往韶关市调查，并商谈长期合作开发和治理事宜。由于苏趣怡处长的牵线搭桥，双方很快就达成一致意见，签订了建立韶关技术经济协作区的协议。1987 年 9 月 23 日上午的签字仪式很隆重（图 6-3），但是随后的工作就没有人管了，太可惜了。听说现在部科技司又与赣南的赣县建立了关系，地科院的王小烈副院长来自江西省地矿局，与赣南也有很深的关系，真诚地希望能把这个技术经济协作区办下去，办好它，战略意义十分重大。我们当时设想是把这一战略地区当成开展矿山治理、资源回收和深部找矿的试验研究，创造些新经验，但是后来一个

图 6-3　中国地质科学院、韶关市人民政府技术经济协作区签字仪式

也未能实现。

我们先后去了南雄县稀土矿选矿现场，参观了凡口铅锌矿、大宝山矿山，参观了英德一个石材加工厂及采石矿山，还到市内第九实验室了解了他们最新的开发成果，收获很大。特别是珠江上游的北江正从市中心区流过，环境很好，显然上游造成污染必然会严重地影响到下游流域。我们约定进一步了解市发展规划设想后，再进一步提出参与的建议。

（3）到房山区燕山石化企业做调研。燕山石化区位于北京房山区，历来以石花洞、北京猿人和石经山（藏有隋唐石经1万多块）著称。开始时我们是帮助房山区扶贫开发的，想办一家超薄大理石厂和除臭剂厂。随后发现房山的牛口峪水库污染已成为一个重大问题，当时水库内污水已满，将要漫库。厂方拟开闸放污水，这将严重破坏流域的生态和生产，沿线农民群起抗议。我当时被聘为北京市的经济顾问，负责房山区的技术经济开发，这样，我就自然地关心起这起污染事件，并到房山区进行了调查，也查看了尾水处理厂现场。回来后，我与季荣伦总经理做了研究，探讨我们可否做些贡献，解决这一严重污染问题，并回收有关资源。

（4）到黑龙江省开展调研。说来话长，我在部科技司工作时，因大庆油田的发现和发展，就考虑到东北的发展问题。总公司成立后，我决定与季荣伦一起到东北做一次调查，研究一下能否为东北的发展做些贡献。我们坐车先后到过朝阳、五常、阿城、尚志、牡丹江市，看了采金矿山、宝石产地、黑加仑果加工厂、五常大米市场，以及一些旅游景点（如镜泊湖）等。后来我又有机会于2012年随中国工程院资深院士代表团，从哈尔滨到齐齐哈尔参观一系列国营大厂、大庆油田及大庆市，留下很深的印象。我总在想，东北各方面条件还是很优越的，我想如何出一把力帮助东北地区更好地发展。

（5）与轻工业部科技司领导交流讨论了全面合作开发问题。缘起于开发无磷洗衣粉之际。郑州综合利用研究所有人用铝土矿废石做成了4A分子筛，可用以软化水，起到三聚磷酸钠的作用。这种工艺产品成本低，原料来源广，比轻工部门的技术方案成本要低得多，为此吸引了对方注意。轻工业部科技司俞司长和轻工基金委的领导同志多次到中国地质科学院商谈合作问题，后来将合作范围从无磷洗衣粉扩大到轻工业部所属20大类44个行业的技术改造问题，比如陶瓷行业、造纸行业、制盐、耐火材料等。

（二）非金属矿产深度利用的开发

非金属矿产的用途极其广泛，但是中国对其利用远远不够，重视不足，其潜力远未发挥出来。如果我们搞得好，它有可能成为我国新的经济增长点。为此，我们总公司首选了高岭土和铝土矿的应用作为突破口，依靠的是郑州综合利用所。

首先，我们抓了如何取代含磷洗衣粉，以进一步解决水污染的大问题。原先国内大量应用的是含磷洗衣粉，用过的废水进入河湖水道又会造成水体的过肥化污染，使水体中藻类植物大量繁殖起来，水体因严重缺氧而变臭，鱼类和其他生物都无法生存下去。现在多个大型湖泊已出现过肥化污染，问题十分严重，而且生产三聚磷酸钠的过程也会带来严重的环境污染。过去我在云南工作，云南滇池的周围地带就是中国的一个大磷矿产区，也是一个双重污染区。所以，从保护环境、发展渔业生产和推动旅游业方面讲，必须去掉三聚磷酸钠的添加和生产。我们总公司首先选择郑州所的这一产品做试验，采了铝土矿废石，请天津地质所做实验室小试，使用效果很好；再请郑州所做中试，出了产品。我们想借此引进日资在河南建厂。经总公司与日本白川章董事长商谈，日方看了我们的成果，还将产品拿到日本测试和试用，效果比日本生产的要好，所以决定投资300万美元在河南选点建洗衣粉厂，交由中方管理与经营。据郑州所领导讲，河南省开全省科技大会时，省长在大会报告中还提到，外国人投资用中国的技术建厂，交由中国人管理，这在河南省还是第一次，对这项引资给予了高度评价。

我们使用的原料是河南省开采铝土矿后丢弃的铝土矿废石，成本很低。按照规定，铝土矿矿石的铝硅含量之比必须大于7，小于7的就不算矿石。用铝土矿丢弃的废石做分子筛，再做洗衣粉完全是一举两得的大好事。轻工业部则是用山东淄博铝厂的工业产品来生产，成本要高得多，质量也不一定更好，所以轻工业部非常看好这一新原料、新工艺，要求合作生产。他们还做了计算，用新原料、新工艺生产1吨分子筛可以有6000元的利润。当时和我们商谈合作的轻工业部科技司俞司长与轻工基金会的负责人曾3次到我的办公室协商，双方还一起制定了发展规划：首先建成一个万吨试验厂，成功后逐步扩大生产，预计到2015年达到年产150万吨洗衣粉的指标。资金没有问题，轻工业基金可以支持，技术则要靠中国地质科学院、所。轻工业部门甚至把这一技术路线看成全行业的技术改造路线。

我们还与轻工业部科技司领导协商，参与对陶瓷产品的升级改造。我们调查了解到，英国骨灰瓷器为什么都是高档品，主要是掺进牛骨灰后提高了质量，即增加了磷酸盐，改进了原料成分和烧制工艺。由于中国的牛、羊、猪等的骨灰不能用，因为骨灰杂质太多，而且质量不稳定，不适用于工业生产。我们设想可否通过制造磷酸盐矿物改进原料成分与加工工艺来达到提高质量的目标，这正可发挥两家的特长，优势互补。

此外，我们还商议并开展了解决造高档纸张所需的高岭土涂料和填料问题，如造铜版纸需要用片状高岭土作涂料，另外，高岭土还可用作造纸充填料。这方面我们已研究加工工艺和高岭土剥片技术问题。中国地质科学院有一批国内知名的黏土矿物专家（如总公司理事吕达人就是国内著名的黏土专家），正可以一展所学，发挥自己的专长。

（三）北京燕山石化公司企业污染治理作试点，开展大协作

北京燕山石化公司有 6 个厂 1 个水库，污染严重，影响很大。公司领导人告诉我们，国务院已拨了资金，要求尽快解决这一重大污染问题。当时，国内外许多公司、名牌大学参与竞标，我们总公司也参与投标。

我和公司总经理等一起到了排污和治污的现场进行考察，调查存在的问题，了解到造成水库污染最主要的原因是，有的工厂生产出来的对苯二甲酸回收率太低，用现有方法十多个小时也沉淀不下来，回收不了，这样含大量对苯二甲酸的尾水排入牛口峪水库，一方面造成物资的极大浪费，另一方面又形成重大的污染；还有的厂尾水中含有大量的杂多酚回收不了，也造成严重的有机污染和资源的浪费。我们提出一条技术路线，初步试验结果很理想，因此我们中了标，很是令人振奋。经过与各厂协商，我们和每个厂选择了一个课题，再加上牛口峪水库污染治理共 7 个课题开展试验研究。成果出来后，燕山石化公司 14 位领导和科技人员到中国地质科学院来审查验收取得的初步成果。我们当场进行了演示，如快速沉淀对苯二甲酸、将杂多酚快速转化沉淀等成果。他们看了试验结果，纷纷表态肯定这些结果，说没想到我们试验工作进展这样快，这样有效。公司的环保处处长说，公司出动这么多领导来看一项治污成果是过去所没有过的，可见领导十分重视公司的环保问题。沉淀下来的对苯二甲酸可以回收使用，只是颜色较重还需要做些加工，但产品是有利用价值的。杂多酚转化成松香也是个很好的工业原料。

在治理这个厂污染的基础上，我们进一步研究了牛口峪水库中尾水内污染物的成分和净化措施，并制订了水库治理方案，力争达到把它改造成公园的目标。总公司很支持这一方案，领导甚至提出希望双方以燕山石化企业污染治理为试验基地，开发出一套治污技术，并以其为基础，双方联合成立石化厂治污回收资源的公司，向

全国40多个大型石化企业污染治理进军，把它们都变成山青水绿、环境宜居的大公园。

这一项目后来因改制总公司后另派了领导，就再无下文了。

（四）为日本客户进行铍青铜生产工艺、原料来源及建厂咨询

总公司刚刚成立时就通过关系结识了一个日本公司，此公司的中国办事处主任叫南条克己，公司的董事长叫白川章。这两位都是很想干一番事业的人，他们与总公司的领导多次交谈后就建立起很好的信任关系，合作十分融洽。白川章提出希望能在中国进行铍青铜的生产，要求总公司进行咨询。当时日方还谈到，日本电子工业高度发展，但是集成电路板插件所需的铍青铜完全掌握在美国人手中，日方希望与中国合作生产这种材料。显然，这项工作很重要，有着重大的战略意义。我们就承担了这项任务。经过学习和调查，认识到铍青铜导电性好，强度、硬度都很大，又耐磨、耐腐蚀，弹性极限很高，可长久使用而不变性，用于电子仪器集成电路插板的接口材料，多次插拔仍可保证电接触可靠，是一种重要的战略材料。我们也了解到，中国也同样有此需求。日方还说生产的产品全由日本包销，中国缺铜也可以进口再出口，将来的资金需要亿元以上，也由他来筹备。

第一步先做好咨询，这项咨询工作内容主要集中在3个问题上。

（1）关于中国铍青铜科技人才问题。调查发现，在白银地区有一批制造铍青铜的专家，他们原来是在苏联黄金学院专门学习这项制造技术的，回国后在湖南水口山厂工作。因工厂搬迁到三线，他们就来到西北，来到白银厂，但是铍铜厂多年未建起来，最后都落得没事干了。他们非常高兴能有这样一个机会再展所学，能对国家有所贡献，他们表态完全可以承担起这项任务。这样，选用专用科技人才没有问题。

（2）关于生产铍青铜的矿物原料和生产工艺问题。铍青铜是在铜里掺进少量的氧化铍，用量为0.2%～2.75%wt。氧化铍中氧原子

量为 16，铍原子量为 9，即在氧化铍中铍也仅占 9/25，即 0.36。我们调查了解到在许多钨矿山开采中会产生许多绿柱石副产品，甘肃省安西地区就有不少可用的，其他如阿勒泰和四川丹巴也有，当时这些绿柱石矿物还出口国外。铜金属中国不够自用，可以采取“大进大出”的办法解决，国家政策也是允许的。加工冶炼工艺，中国没有问题。

（3）关于厂址。经过多方调查并与日方交换意见，初步选定在白银地区或甘肃其他地区。白银市领导也赞成放在该市，条件是要给市里建 3 栋宿舍楼。日方对此很有意见，认为厂子不大，不能盖那么多宿舍楼，水的供应可能还有些问题。

日方曾先后 3 次派专家来华检查了解工作进展情况，并对成果报告进行了评审验收，均对结果表示甚为满意。

咨询工作的第一年我们没有要求日方支付任何费用，工作第二年日方决定先预付 15 万美元作为咨询活动的费用。由于我院没有外汇户头，季荣伦总经理与一位有资格的公司商议，将外汇暂存该公司内，我们用多少向公司先借用，待工作告一段落时再与日方结算。工作结束后，结算时再将汇入北京市科学技术委员会的账户，再由市科学技术委员会按照市规定提取技术咨询服务收入，并按规定提取了奖金。这样，这笔咨询服务的收入约为 95 万元，提取奖金几万元。后来因日方考虑到中国政府有规定不允许铍青铜出口，怕将来投入 2 亿～3 亿美元建起了厂又不能出口，这笔经费就不能收回了，风险太大，决定暂停活动，待以后形势明朗了再议。

95 万元咨询服务的收入是总公司的第一笔营业收入，这笔收入经北京市科委经手和提取奖金，经国家外汇管理局审定、处理和肯定，经有关税务局和工商管理局备案。但万万没想到的是，正是这笔收入给了总公司致使打击，再也办不下去了，我也只好提出提前退休。

第七章

新机遇，攀登地学新高峰

1990年夏，我提前退休，人事关系也转到了离退休干部处。在我思考退休后自己下一步的生活安排之际，没想到又有一个机会找上来了，这就是参加与美国谈判有关合作开展喜马拉雅与西藏高原深部研究之事，这是前人谈判多次失败的一个很棘手的项目。在地矿部副部长张宏仁亲自领导下，谈判几经周折，最后总算成功，双方达成了合作协议。随后我开始了晚年25年的研究生涯，这几乎耗尽了我的大部分精力。下面，我就20多年来负责组织管理和直接负责开展的4项青藏高原及深部探测研究项目的工作情况，以及所遇到的诸多问题进行系统的回顾和总结。

中国地质科学院几十年来一向强调地质基础研究，并将其视为自己的基本业务活动方向和传统。研究找金属矿产与油气资源，以及预防地震灾害等重大问题，都离不开对中国大地构造运动的认识。大地构造运动的理论是地质工作的基本指导思想，也是认识中国地质特点的基础。谈地质工作改革与地球科学革命也要从大地构造理论深化开始。

中国号称有5个大地构造学派。其中，多旋回槽台理论和地质力学两个大地构造学派分别落脚在中国地质科学院地质研究所和地质力学研究所，并成为该学科的主要“圣殿”。

槽台理论发源于欧洲，后来被黄汲清院士发展成为多旋回槽台理论。由于苏联也是倡导槽台理论的，黄汲清写的《中国主要地质构造单位》一书得到苏联专家的高度评价，并被全文翻译成俄文在苏联出版。槽台理论在中国得到了广泛的推广应用，并成为中国主流的大地构造理论体系，指导着中国地质学家观察和认识中国的地质现象。

但是槽台理论是属于一种经验归纳式的固定论的理论思维，“习惯于停留在大量地质现象的归纳”，而“对大地构造发生的机理并不重视探讨，同时也说不清楚”，这是黄汲清先生1998年在一篇综述文章中概括的。

李四光提倡的地质力学则强调要重视从力学的机理上研究构造

运动与变形的机理。在发现大庆油田后，一时间地质力学成为国内学习的热门，各地质院校均设立有地质力学专业，形势很是喜人。

地质力学学派支持德国魏格纳的大陆漂移说，特别突出地强调了大陆块有巨大的水平运动，强调了要用力学观点研究分析地壳的运动与变形，而且强调大陆的变形现象并不是孤立的，而是成体系的。李春昱院士很敏锐地看到李四光地质力学的重大意义，积极地向许多人宣传推广李四光的理论，推动大家学习李四光的思想，他还发表了多篇有关中国板块构造理论的文章。

1967 年以来，由于国际海洋地质调查新成果的出现，海底扩张与大陆漂移学说结合起来，活动论与板块构造理论一下子就变为国际地学界的主流，并促成板块构造理论的大发展，推动了一场新的地学思想大革命热潮。地学界开始用这一新的理论观点重新审视和再认识各种地质现象产生的本质，提出新的解释。

当时，中国正处于“文化大革命”初期，中国地学界完全脱离了国际地学界蓬勃发展的现实。这样，不仅使我们对地球的认知严重地脱离现实，更重要的是，使我们对认识和解决中国有关的地质问题和全球地学问题处于被动无力的状态。我记得李四光 1970 年曾提出过，传统的地学思维“对地质科学的发展，起了阻挠作用。这种指导思想传到我国，给我国的地质事业造成很大的损失”。这当然不是没有根据的，也不是无的放矢。

记得 1972 年夏，我刚刚到中国地质科学院不久，张同钰、朱效成两位老院长曾有一次专门把我叫到皮库胡同地质招待所，要我介绍这方面的情况，与我讨论了应采取的对策，希望院里能关注此事。这使我把引进和在中国传播这一新思想的工作深深地印在脑海之中。我想，这件事太重要了，如何去推动呢？今后如有机会，我就想在这个方面做些尝试。大陆地壳变形，除去地表显示，更重要的是，它一定涉及上部地壳的、深的，也可能达到岩石圈的层次，甚或是上地幔的范围内，但是李四光当时并没有条件涉及这方面情况。我抓的这 4 项研究正是在这点上弥补了过去研究之不足。

一、中法喜马拉雅山合作（1980～1982 年）谈判

1978 年年初，外交部举行了一个招待会，要求地矿部派人参加，领受一项任务。

当时我在部科技司主管科研攻关任务，部决定派我去参加招待会，并领受任务。外交部领导钱其琛同志主持了招待会，会后，他找地矿部代表正式交代了与法国开展科研合作的任务。他说，这是一项政治任务，是我们第一次对欧美国家开放西藏和喜马拉雅地区，是我国对法国带头支持中国参加联合国所做贡献的一个回报，地矿部门一定要搞好这项合作研究。

显然，这项科研合作研究任务非同一般，是一项重大的政研结合的使命。接受任务后，我立即向部长做了汇报，孙大光部长对此十分重视，决心要贯彻好中央对外开放的方针，搞好这项合作。部长决定亲自带领代表团赴法国进行这次合作谈判，并计划通过合作，深入地引进法国所代表的欧洲先进的地球科学思想与研究方法，以及深部探测技术方法。这表明孙大光部长具有高瞻远瞩的战略眼光，他虽然过去长期从事交通行业领导工作，但对地矿行业也能一下子抓到问题的要害。代表团由张同钰、程裕淇等 3 位领导和一批专家组成，参加代表团的还有中国科学院的涂光炽院士和孙枢先生（但是，我们不知道他们是参加中法谈判的），我被任命为代表团秘书长，陪同代表团前往。我感到这是一个极好的机会，可以通过这次合作了解法国板块构造理论思想的发展现状与成果，引进有关的先进技术与方法，推动我国参与国际地学主流活动的进程。

1978 年夏，代表团赴法国进行谈判，谈判进展十分顺利。由于工作关系没有理顺，国务院决定再派方毅副总理兼国家科学技术委员会主任代表中国政府与法国政府代表谈判和签订协议。回国后，国家科学技术委员会领导进一步明确这一合作项目是国家项目，由

国家科学技术委员会主持，由地矿部与中国科学院两个部门承担，具体组织管理工作交由地矿部科技司负责，由我具体对国家科学技术委员会赵东宛常务副主任负责，及时请示汇报。

这次中法合作，法国政府派出了国际著名的地球化学家、法国总统密特朗的科学顾问阿莱格尔教授担任法方的首席科学家，还投入大量资金和设备。

法方为什么如此重视这项基础研究呢？开始时，中方人员对这一研究的重要性认识上不去，总在思考法方如此重视这一地学基础理论研究究竟想得到什么回报，与地区找矿开发和环境保护有什么关系。经过3年的合作，我们逐步了解到，抓地学基础理论研究，这是关乎一个民族的正确思维与达到的思维高度的问题，是在新的地学革命中抢占制高点的问题，是扩大国家软实力，提高自己国家在当代地学方面的发言权的问题。深入了解青藏高原的形成与演化过程，获得地球上最高峰喜马拉雅地区的造山模式和现代大陆与大陆碰撞的基本模式（雅鲁藏布江缝合带结构构造），有助于了解中国大陆内部的许多碰撞造山与碰撞成矿模式，以及造山与成矿作用。这将是现代地球科学的重大发展。在深化认识这些构造运动的基础上，还可以进一步认识其引起的资源环境效应，指导找矿和解决环境问题。要有更为符合实际的地质理论，才能更有效地指导地质实践，这是在中法合作中我们学到的第一课。

青藏高原主体在中国，显然，中国人应责无旁贷地做出自己的贡献，否则如何向历史、向人民交代？

地矿部领导决定派出中国地质科学院院长李廷栋先生亲自挂帅出征，地矿部与中国科学院的地质、地球物理方面的几十位专家参加，设想通过这次科学合作使我国的地学家能直接参与到现代地学革命浪潮之中，亲身领会现代地学革命的内涵与研究特点，学习如何进行多国合作、多学科结合、深部调查与地表地质研究结合的一套工作方法，学习如何从现象的积累和归纳到动力学成因机制的探讨。

对组织这样一个重大的国际合作项目，我自己也是缺乏经验的，所以一直兢兢业业地工作与学习，生怕出问题，又担心取不得好成果无法向国家交代，思想负担很重，总想深入现场了解情况，与参加人员一起研究解决问题。孟继声副院长对这个项目很重视，抓得也很紧，对协调好各方面关系起了决定性的作用。

二、中法合作研究取得好成果

中法合作开展深部探测的地区及主要工程见图 7-1。

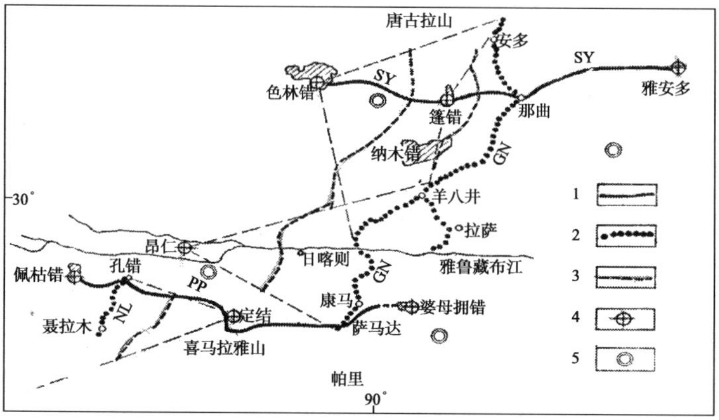

图 7-1　中法第一次合作期爆炸地震工作布置图

1—追踪地震剖面位置；2—扇形剖面；3—扇形剖面反射点连接；4—爆炸点；5—长周期地震台站

这次调查的主要目的，是查明喜马拉雅山和雅鲁藏布江缝合带南北的地壳上地幔（地壳厚度约 80 千米）结构与构造，3 年共铺设和完成了两条东西向地震测深剖面（SY 与 PP）和一条南北向扇形地震剖面（GN+NL），总长约 1500 千米；先后爆炸了 7 个大炮，每个大炮用炸药 2～15 吨，共进行了 14 次爆炸，消耗炸药 86.4 吨。

为了探测到喜马拉雅山的结构，法方还通过与尼泊尔协商在加德满都南北部署了 20 个地震台站，以接收中国境内在定结的爆炸信号（NL）。此外，还部署了 4 个记录天然地震的长周期地震台，以及 9 个大地电磁测深点。同时，还在雅鲁藏布江南北进行了地层建造、地质构造、岩石学及蛇绿岩套以及古地磁研究。这次合作，我国引进了第一台超导磁力仪、磁变异法及仪器设备，填补了中国的空白，第一次取得了南-北纵向广角地震扇形剖面资料。

通过合作，我们学习到许多新的地质理论概念，如建立了蛇绿岩套、洋壳及缝合带概念。原先我们总认为基性超基性岩体都是沿深大断裂侵入地表的深层的岩浆岩，现在有了大洋壳、蛇绿岩套的新概念，知道了许多基性超基性岩，如堆晶辉长岩、辉绿岩墙岩床群、枕状熔岩以及放射虫硅质岩、斜长花岗岩等岩石彼此不是孤立的地质体，而是相互具有成因联系的一个完整的蛇绿岩套，它代表着原来存在的大洋壳；建立了雅鲁藏布江完整的蛇绿岩剖面，肯定了新特提斯大洋闭合的遗迹和闭合的时间，以及其初步结构构造；还再造了洋壳向大陆边缘俯冲时的古沟、弧、盆体系；也了解了国际上板块理论得出的印度大陆向北移动是因中间的新特提斯大洋的消减造成的；我们也按照板块构造理论识别出青藏高原存在5条缝合带，从而被划分为6个亚板块，这些亚板块分别于不同时期拼合在一起；印度大陆是从远处冈瓦纳大陆裂解后漂移过来的；查明9条北东、北西及近南北3个方向的断裂；第一次取得了高原下喜马拉雅地块和拉萨地块的地壳厚度及其变化的数据。

取得的喜马拉雅山与两大缝合带的深部结构的成像，揭示了莫霍界面上下变化很大等。如希恩（Hirn）等在《自然》上发表了南北向500千米的扇形大剖面，显示了上地幔顶界面-莫霍面上下错动严重，出乎人们的想象（图7-2）。

该作者将图中的主要反射界面都解释为地壳底部莫霍界面的反射。其中，在雅鲁藏布江以北出现多处莫霍界面多次叠加现象，而且深浅变化很大。这种情况完全超出人们的想象和一般的经验，使人们对这一结果的真实性产生了怀疑，认为这可能是对反射界面性质判断错误所致，或者是观测出现了误差，需要进一步验证。图中南端的HH代表高喜马拉雅的位置，其下的莫霍界面是由定结处放

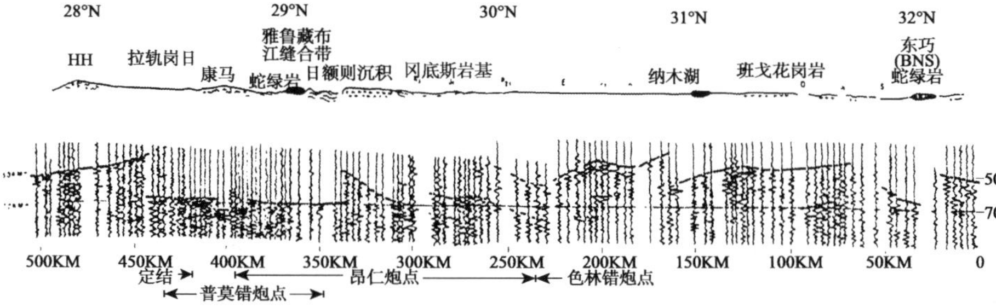

图 7-2　500 千米长跨越喜马拉雅山的扇形地震剖面（希恩，等，1984）

炮、在尼泊尔接收到的广角反射的结果。在剖面中部没有地震记录，其南部莫霍界面深 50 千米，而在高喜马拉雅之下 35 千米深的反射界面可能是中地壳内的一个强反射界面，作者将两种性质不同的反射界面混淆起来，认为都是莫霍界面的反射，导致高喜马拉雅之下地壳厚度却是最薄的错误结论。

两条东西向广角地震速度剖面显示的结果比较合理，其中：南部的普莫雍-佩枯错剖面上，莫霍界面深度为 74 余千米，东西向变化不大；其上面 15～16 千米深处存在一个低速层，厚度为 3～4 千米，速度为 5.6 千米 / 秒；下低速层深约 65 千米，厚度为 10 千米，其层速度为 6.1～6.1 千米 / 秒。

北部的雅安多-色林错剖面位于拉萨地块北部紧靠班公湖-怒江缝合带的地段，莫霍界面深度为 56 千米（未见 Pn 波，但是作者又说利用拟合方法求得其速度值为 8.1～8.2 千米 / 秒），作者认为其下还有一层，层速度为 7.36～7.45 千米 / 秒，层厚为 25 千米，其底界面深度在 80 千米。莫霍界面应当就是上地幔顶部的界面。上地幔顶部是上地幔盖层的顶部，这一盖层一般的厚度至少为 30 千米，其下则为软流圈，速度要有一些降低。如此，7.36～7.45 千米 / 秒速度层就不是壳下层，而是壳 / 幔之间的一个中间速度层，而且很厚。如果这一结果可靠，那么这一发现是很重要的。这条剖面太接近班公湖-怒江碰撞带，碰撞带地带构造复杂，需要有多条南北向剖面的结果，通过对比才利于地质解释。

通过完成广角地震剖面测量，我们学习到如何进行相遇与追逐相结合的观测系统，以及扇形剖面观测，学会如何在高原湖泊中施放2～10吨级炸药大炮的工作方法，以及组合井爆炸（井深40～50米）等。这些都是中国人第一次大规模的实践。野外地震工作由长春地质学院物探系负责，徐中信教授是负责人。他们克服了很大的困难，在多个湖泊中放大炮激发地震波成功，保证了任务的完成。图7-3是在南部测线东端的普莫雍湖中放大炮的情形。

图7-3　在普莫雍湖中放大炮的情形（右图中右一为徐中信教授）

大地电磁法由中国地质科学院物探所的李莉、金国元负责，他们第一次操作超导磁力仪进行工作，完成了9个大地测深点。这也是中国第一次在野外用超导磁力仪进行测量。由于高原区内天然电磁场很弱，信噪比很低，取得好质量的数据也是很不容易的事。在后来中、美、德、加合作时曾为了得到较高的信噪比，不得不加长观测时间。

对9个大地电磁测深及扇形地震剖面的结果，中方也给出南北向剖面的地球物理地质解释（图7-4、图7-5）。

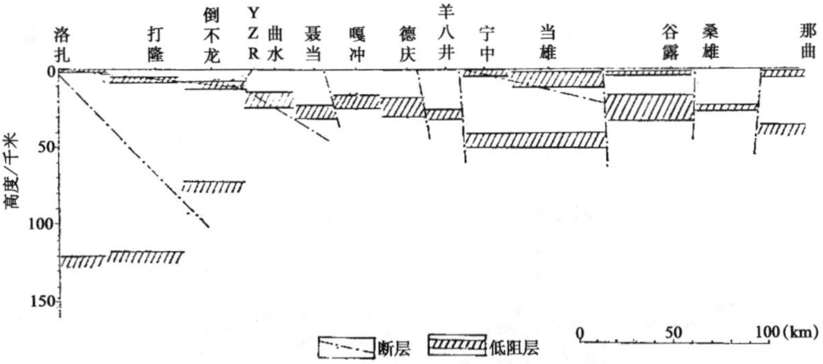

图7-4　大地电磁测深壳内低阻层分布图

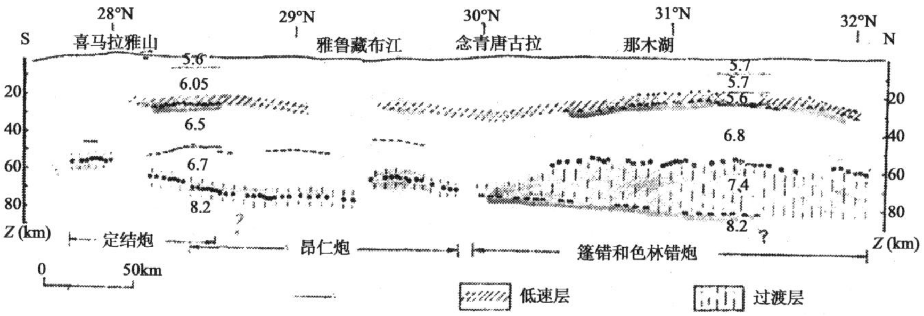

图 7-5 西藏高原南北向地壳速度分层结构图
（深度计算以海拔 4000 米为零线）

对深剖面的地质解释有两个。图 7-6 中上图是李廷栋等给出的南北向地质解释剖面，下图是希恩依据扇形广角地震剖面得出的深部莫霍界面起伏图（粗黑线）。两个结果相差很大。

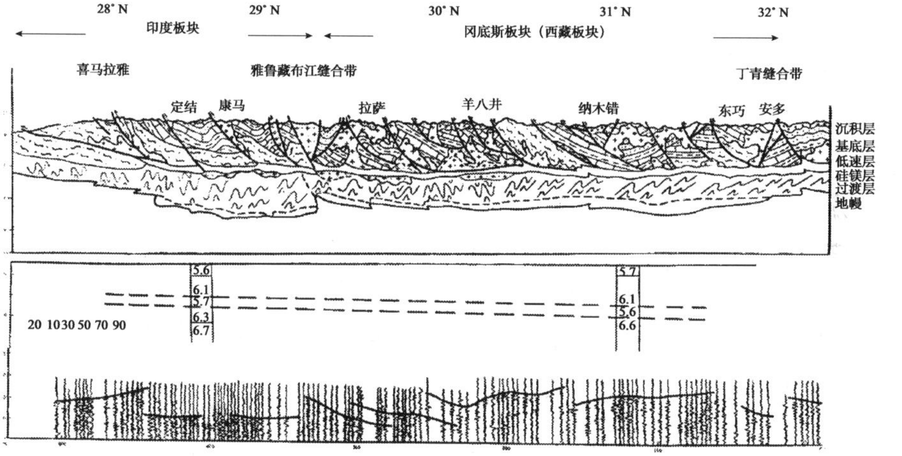

图 7-6 喜马拉雅山-安多地壳结构剖面图

在中方的解释中，全剖面仅有两个点有速度结构柱状图进行结构控制。显然，控制点太少，推测的地段太多了。特别是图中给出的雅鲁藏布江缝合带（或碰撞带）和班公湖-怒江缝合带的结构。完全没有控制，推测的结果更是十分勉强。剖面中，中壳部位出现一层低速高导层也推广到全剖面，这是过于大胆的假设，与后期工作探测结果完全不相符合；将上地壳内出现的一系列逆冲断裂也均以陡倾斜角度倾斜从低速高导层逆推到地表，而实际上它们都是平缓的铲式的断裂构造；下地壳的厚度大致一致，但比上地壳要薄；推断的壳/幔之间的过渡层也是贯穿全区，与以后的探测结果也不相符合。

这一解释与希恩的解释也很不同。除在定结到雅鲁藏布江之间莫霍界面深度达70多千米变化不大，形成一个地幔凹外，其他地段两者都有很大差别。如雅鲁藏布江以南扇形地震剖面给出的莫霍界面是向南陡然抬升上去，并出现一个向南的三重逆冲构造。而中方的解释剖面仅仅肯定了雅鲁藏布江下莫霍界面存在一个大断裂，向北莫霍界面抬升形成一个断距达10千米的大错动，向北延伸深度也没有多大的变化；中方地质解释剖面中强调了在中地壳存在一低速高导层，从定结南向北延伸到安多以北，几千米厚，比较稳定，而在地震剖面上并未显示其存在，可能作者是以大地电磁结果为基础所做的推断。现在高原地壳中部存在一低速高导层已成许多人的共识，这是一个很大的误解。中方还推测在莫霍界面之上、下地壳之下存在一个中间过渡层，基本上也贯穿全区从南到北，后期也并没有证实这一点。这里，作者们对剖面内地壳增厚的机制主要强调是一系列大的深达中地壳的推覆构造造成的。下地壳增厚的方式还是以挤压均匀增厚为主，可能也是有些简单化了。

此外，大地电磁法得出各测点下导电层的深度与厚度，由于缺少约束，这一结果很难说明问题。

总之，这次合作工作规模大，涉及的学科、使用的技术方法比较多，是一次现代地学研究的初航之旅。中方科技人员虽然独立地发表文章还不多，但是应当说，这是中国第一次与法国开展的地学国际合作，基本上完成了原定的学习引进任务。作为国家项目，国家科学技术委员会给予了充分的经费保证，再加上中国地学家们的共同努力，保证了这次合作的成功。

法国因为取得喜马拉雅地区深部探测的第一手资料，在法国国内和国际上掀起一阵喜马拉雅山热，法国俨然是喜马拉雅山和青藏高原地质的最大权威，很多国际会上都列出专题会，听法国专家的描述。后来，我再次访问巴黎第六大学，一到校园就听到学生们反映校内喜马拉雅山热的情况，很是热闹。

应当说，这次深部调查工作，虽然较以前投入了更多方法和工作量，但是，对青藏高原来讲，仍然是处于“瞎子摸象”状态，得到的许多知识仍然是零碎的、片面的。

三、攀西裂谷研究计划（1981～1985年）

中法第一期合作结束后，地矿部与中国科学院组成的合作队伍下一步做什么？是继续保留去完成新的国家任务还是解散？大家希望能继续合作下去，经多方多次商议立项问题，特别是四川地质矿产勘查开发局与中国科学院地球物理研究所非常积极地推动攀枝花-西昌地区的研究，希望弄清楚这一地区的大地构造背景为什么会产出上百亿吨的钒钛铁矿，以及这一地区与高原形成演化的构造关系。有人提出，这个地区即康滇地轴（黄汲清定名）区，二叠纪时可能是个裂谷，三叠纪时已闭合了；也有人提出攀西裂谷系是由攀西裂谷加上龙门山和鲜水河两条剪切断裂构成的三叉型裂谷系（图7-7），与东非大裂谷与莱因裂谷类似，需要研究其形成的大地构造背景演化与成矿作用（攀西大队骆耀南等）。裂谷带的地理位置

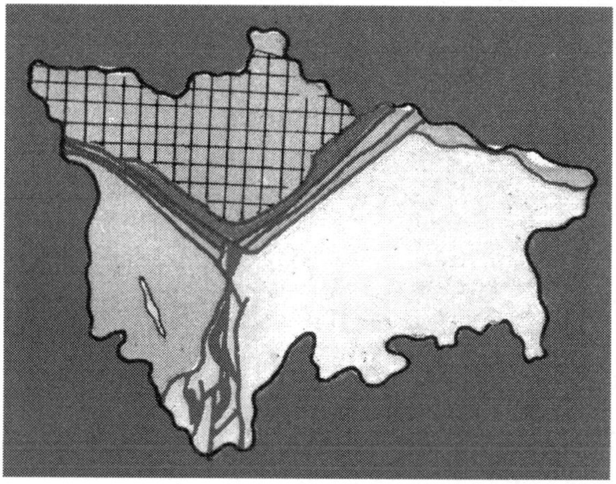

图7-7　川滇西部地区的三叉型裂谷系

恰好处于青藏高原东缘，除去矿产丰富之外，也是中国最大的地震带之一——川滇南北地震带，汶川大地震就发生在这个带的东北支上。显然，这是青藏高原的特征性的边缘地带，是很有研究意义的。

在方毅副总理的支持下，国家科学技术委员会将“攀西裂谷带地质地球物理特征及其对矿产的控制”研究列入“六五”国家科技攻关计划中，要求“以最新的板块构造理论为指导，运用构造岩石组合、岩石地球化学，以及深部地球物理探测、航天遥感技术，对近年来提出的川滇三叉裂谷系的一支——康滇古裂谷带攀西裂谷段的存在及其发生演化进行研究论证”。该项目于1981年7月29日下达，并确定四川地矿局总工程师张云湘任项目首席科学家，由攀西地质大队内组建的裂谷研究队具体组织实施。参加单位有中国科学院地质研究所、地球物理研究所、高能物理研究所，中国地质科学院矿产资源研究所、562队，长春地质学院，成都地质学院，四川省地研所、物探大队、106队等16个单位。项目起止时间为1981～1985年。

这一项目当然也成为地矿部的重点项目，我作为地矿部科技司领导具体分管了这项研究攻关任务，要协助国家科学技术委员会对项目全程进行管理，直到成果验收。项目研究都是按计划进行的，1986年2月23～27日，由国家科学技术委员会综合局、地矿部科技司组织了评审鉴定会，对研究的总报告进行了评审，最后评委会一致通过评审意见书，验收了这一成果。

攀西地区是我在20世纪50年代找矿的战场——找铁矿、铜镍矿，那时我也总是在思考这一科学问题，即为什么会在这一地区集中了这样多的铁、钛、钒、铜、镍等元素。找这类铁矿，物探方法可以起很大作用，但是成矿理论一直是个问题，很需要有个回答。虽已通过成果总报告验收，但是，这一理论问题并没有一个好的答案。我希望有一个再研究深化的机会，但一直没有等到，令人很是遗憾。

图7-8是方毅同志为攀西裂谷题的词，图7-9是我主持攀西裂谷报告评审会时的留影。

对这一研究结果，我个人是有不同看法的，但评委会已通过，我只有自己继续收集资料，作为一次学习机会，来研究这一重要而有趣的问题。

这一项目和喜马拉雅山地壳上地幔研究有很大的不同，后者主要研究现代的大陆与大陆之间的碰撞构造及造山作用，而前者则研究二叠纪-三叠纪时的攀西地区是不是一个古裂谷构造，以及为什么会产生这样一系列的大型钒钛铁矿的问题。

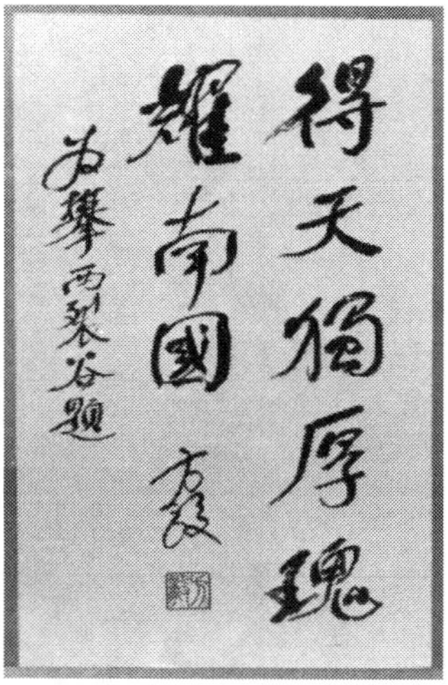

图 7-8　方毅为攀西裂谷题的词

图 7-9　我在主持攀西裂谷研究报告评审会时的留影（1986 年）

现在提出的攀西裂谷，是以攀枝花—西昌为中心的地质，南北长 700 多千米，东西宽几十到百多千米，东缘为小江断裂，西缘为箐河（或金河）-程海逆冲断裂所掩覆，大体上与黄汲清所定义的康滇地轴带相当，这个地轴带则以出露老的前寒武纪变质地层为特点（图 7-10）。研究中进行了大量的地质、岩石、构造、测年等工作，还在裂谷带的中部与南部分别完成了两条东西向的广角地震观

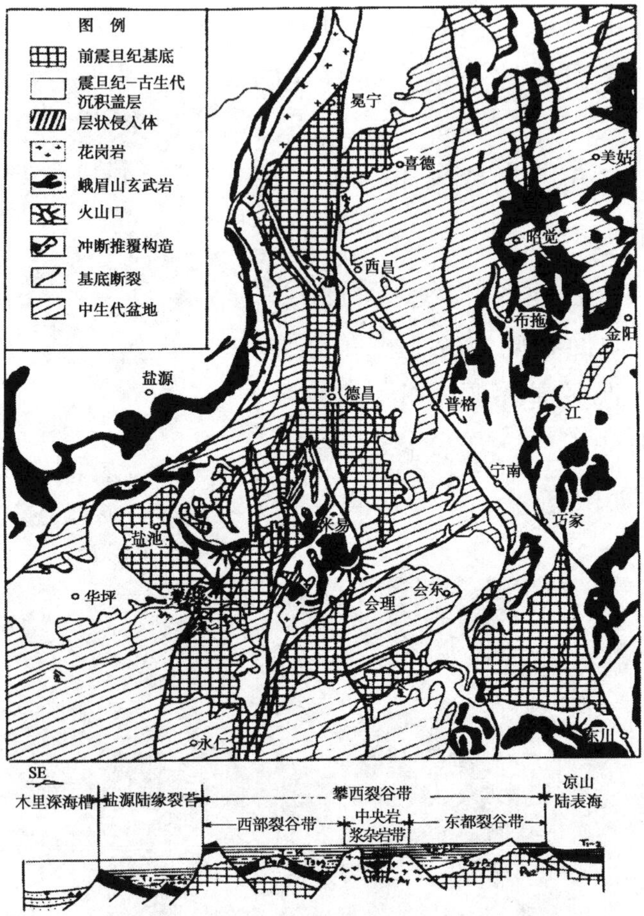

图 7-10　攀西地区构造及矿产分布图

测：一条是丽江–永胜–攀枝花–会理–会东–会泽–曲靖–者海（中国科学院地球物理研究所熊绍柏等），长约 360 千米，设置了 5 个爆炸点（图 7-11）；另一条是丽江–梅雨–西昌–昭觉–美姑–新市镇（地矿部 562 队崔作舟等），长约 407 千米，共放了 4 个大炮（图 7-12）。此外，还完成了沿着裂谷的南北轴向的两条地震剖面。

（1）有关裂谷带所处的大地构造位置问题。它是在一个地块之内发生的还是在两个地块之间形成的？在什么时间段演化的？

所谓的“三叉裂谷”的三条分支断裂带的性质显然是不同的，东北支沿龙门山分布，是巴颜喀拉地块（或称松潘–甘孜地块）与四

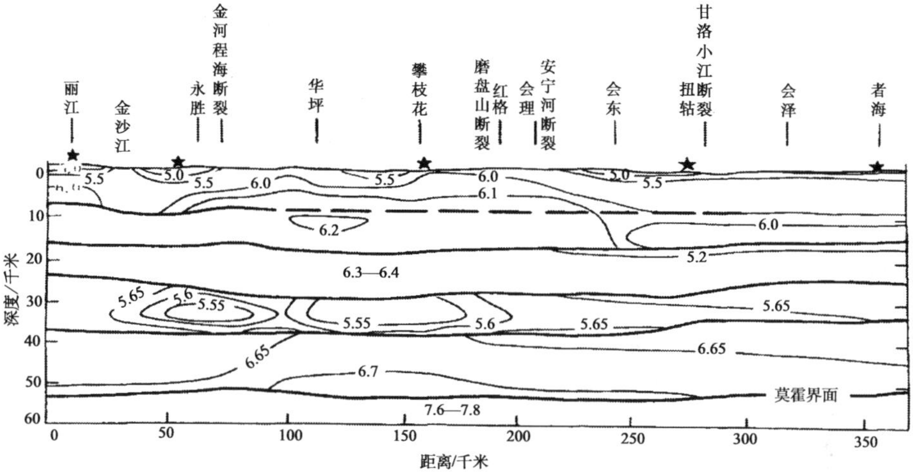

图 7-11 丽江–攀枝花市–者海东西向广角地震测深速度结构剖面及其地质解释图（熊绍柏，等）

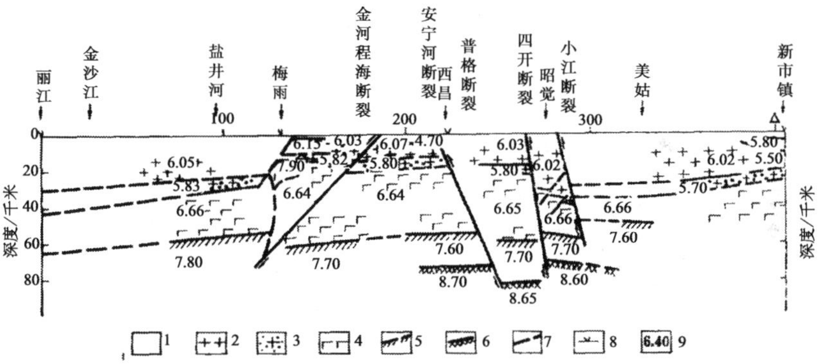

图 7-12 丽江–梅雨–美姑–新市镇东西向广角地震测深速度结构剖面及其地质解释图（崔作舟，等）

1—表层；2—硅铝质层；3—低速层；4—硅镁质层；5—莫霍界面；6—壳–幔过渡带底界面；7—断裂面；8— 爆炸点位置；9—层速度（千米 / 秒）

川扬子地块之间的一条边界，或者是缝合带；西北支鲜水河断裂则是巴颜喀拉地块内的深断裂；安宁河谷系断裂系是位于扬子地块西部边缘与巴颜喀拉地块碰撞带处的断裂带，或已形成裂谷体系，或是地块西部内部的一条深断裂，没有确定，也没有分析。

安宁河裂谷地带，如果是两地块间的断裂系和裂谷，一是要研究地块是何时相碰撞的，碰撞过程中发生的构造演化情况与裂谷产生的动力学机制；二是要探讨二叠纪-三叠纪时成矿物质的来源，及其迁移和积聚成矿的作用，以回答为什么在攀西地区会集中这么多的矿产这一基本问题。

应当说，这项基础研究和应用研究的难度较大，作为国家队来担当是合适的，但是我感到人们还没有一个思想准备与长期打算，他们有点儿借机抓一下看一看再说。果然，这一项目验收完了，进一步的研究工作就未能继续开展下去。

（2）关于裂谷带古地貌特征问题。裂谷带地表结构剖面的特点是，裂谷带是以前震旦系地层为基底上发生的，两侧为盆地，中部则为中央岩浆杂岩带，包括深源岩浆活动。东侧则为扬子陆块的凉山陆表海，基底与裂谷带的相同。裂谷西侧以正断层为主，东侧边缘的构造，其基底并没有显示存在正断层，按不整合面产出看，可能是区域性倾斜加上在更东部出现的滑脱构造或正断层而形成一个正地形。这可能说明不了它是古裂谷的古地貌特征。

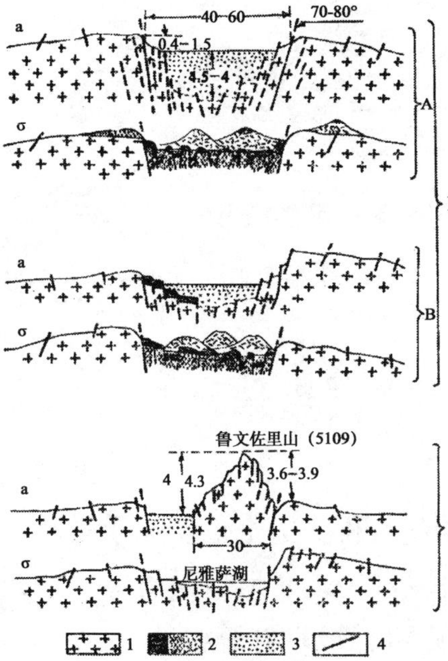

图 7-13　东非大裂谷构造剖面，剖面深度仅 6 千米以浅

项目组人员还先后考察了德国莱因裂谷和东非大裂谷这些现代裂谷，以资对比。

东非裂谷的地质构造剖面（莱因裂谷还附有地球物理剖面）见图 7-13。

从图 7-13 可以看出，东非裂谷系的底部为前寒武纪基底，即非洲大陆的基底，由 30 亿年前～5 亿年前的花岗岩、片麻岩、片岩和混合岩等组成。裂谷中的充填物为晚第三纪到第四纪的火山岩，沉积建造不发育。沉积物的年龄不超过0.26亿年。苏联专家研究认为，在侏罗纪（1.30亿年前～1.80亿年前）非洲地台发生一系列的大断裂（可能与冈瓦纳大陆裂解和印度洋盆地形成有关）。在0.23亿年前～0.26亿年前，陆台基底发生一系列穹隆，使地壳破裂，并形成裂谷。在100万年～200万年期间，裂谷火山活动变得强烈，早期喷发出大量玄武岩、粗面玄武岩以及响岩，晚期喷发有粗面岩、碱流岩、流纹岩及熔结凝灰岩，即构成了双峰式火山岩套。现在火山、地震活动仍然很强烈，地面升降也很强烈。整个岩浆喷发过程持续时间短。

莱因裂谷是在欧洲陆台的前寒武系老基底的基础上发生的。中始新世（约0.46亿年左右）开始发生裂陷，中、晚渐新世凹陷进一步发展，中新世时（0.05亿～0.23亿年），火山作用强烈，主要喷发有碱性岩、碱性玄武岩和超基性岩（如玻基辉橄岩、黄长橄霞玄武岩等），并有金伯利岩，据推测应来自上地幔。但各地段活动强度不同，有的地段活动很弱。它的岩浆岩喷发持续时间也为500万～2300万年，比非洲的跨度要大，但是有没有集中喷发的持续时间，没有查到资料。

这两个现代裂谷实例均说明：①裂谷区的地貌具有明显的特征，即两侧基底高，中间发生裂陷，老地层呈负地貌；②火山喷发活动强烈，喷发的延续时间都很短，已出露地表的岩石有基性的、碱性的和酸性的系列，都是喷发岩系列，并构成双峰式火山岩套，岩浆主要来自深部岩浆分异，表明断裂至少延伸到基底以下；③莱因裂谷区和东非维多利亚湖北部地壳厚度都是40千米上下，上地幔盖层的厚度约为60千米；④东非和莱因裂谷上布格重力场的显示多数为负异常，也有一些分支裂谷出现有正异常带的。有人对正异常解释为，是软流圈物质底侵进入地壳内所造成的。攀西裂谷上区域布格重力异常上是负异常，这与上述两个裂谷实例是一致的。但是攀西裂谷内部叠加有局部正异常，这一特点可能与它内部局部铁矿层有关。

攀西裂谷区的原始地貌是什么样的？研究中并未恢复它，作者给出裂谷带内呈现的“两堑夹一垒”的构造格局，完全看不到“两肩夹一凹”的地貌特征，但是如何能得出“两肩夹一凹”的现代大陆裂谷地貌呢？

显然裂谷内的构造特点应与裂谷期后所受的综合构造作用力有关，攀西裂谷所处的地理位置也有其特殊性：其西缘为海域，东缘可能是大陆，后期又遭受了构造的改造，如西缘的金河-程海断裂和东缘小江断裂之间基底形成一个中央地垒式隆起带，其上出现有海西-印支期锯齿状构造岩浆杂岩带，而其东、西两侧为中生代形成的狭长的断陷盆地带。

攀西裂谷基底岩石可能分两个区：一个为太古代-早元古代的康定杂岩（铷-锶法及铅-铅法全岩等时线测得的年龄为 2956 Ma 和 2400 Ma），为麻粒岩-片麻岩组成的中高级变质岩区；另一个是以元谋普登组为代表的中低级花岗绿岩区。

骆耀南对这些现象做出如下解释：本区原是川中古陆核破裂、分离和漂移出来的一个陆壳残块，从中元古代开始，该古陆核残块的边缘（相当于现在的西部边缘）由于大洋板块的俯冲而发育出一个岛弧带，经晋宁运动（900 Ma）使岛弧带固结和导致沟弧系封闭，并与扬子的陆核残块再拼合形成了统一的大扬子古陆块。大扬子古陆块很可能是自中晚古生代以来再次发生裂解，才逐步形成这一三叉裂谷系，之后才漂移到了现在的位置。在中生代，它的西部形成盐源-丽江边缘海，东边为昆明-凉山台地。在中生代时裂谷系是如何受力的作用，并形成现在的构造格局的？这一描述是很美妙的和丰富的，但是作为一个科学论证需要有更多的地质实际的佐证，这些问题也只能由后人继续探索。

（3）关于攀西裂谷带的深部结构，及其与东非、莱因裂谷的对比。研究中所做的两条横过攀西裂谷的东-西向地震深剖面，分布在裂谷中段及南部，但它们的结构有较大差异，图 7-14 是地质学家依据上述深部探测的结果给出的一种地质解释。

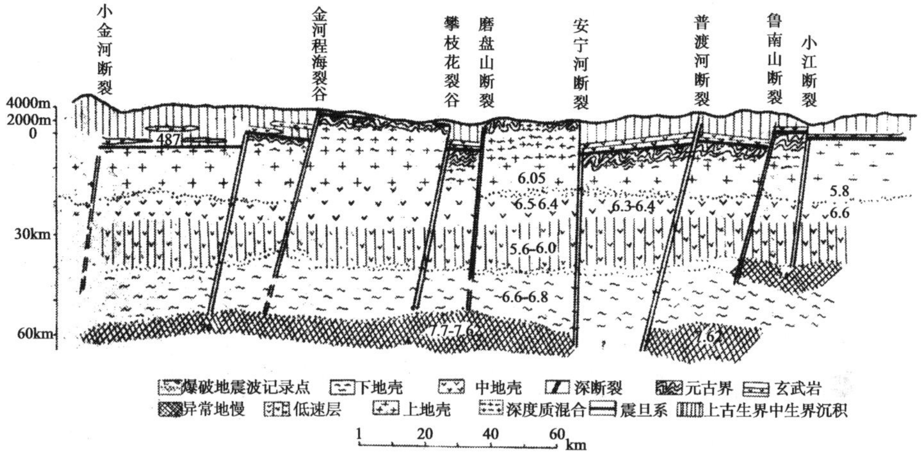

图 7-14　地质学家对上述两条地震剖面所做的地质解释

应当说，这三条剖面显示的结果都是现代的情况，上一条剖面垂直于裂谷轴向，而第二条线则呈北东-南西向，与裂谷斜交。两条剖面表达的地质含义并不完全一致。其中，哪些是古二叠纪裂谷作用发生时形成的构造残留现象，哪些又是后期经过构造改造的构造形迹，则需要很仔细辨别，这一点作者并没有分析。

四、中国地学大断面计划（中国 GGT 计划）（1986～1991 年）

中法第一阶段合作结束后不久，国际岩石圈委员会提出开展全球地学大断面计划（GGT），中国也成立了相应的中国协调组，组织和推动中国的地学大断面工作，这是国际岩石圈计划的继续与发展。我由地矿部和中国地球物理学会推荐作为代表，参加了中国 GGT 协调组，并经代表协商推举为组长。

地质剖面法是地质调查的基本方法之一，其做法是沿一条大致垂直于区域构造走向铺设的路线，然后按一定密度的观测点进行地表地质观测，调查结果形成一张平面地质图，它有很大的作用，但是也有很大的局限性和片面性。地表的表象是深部作用的地表遗迹，再经过后期的风化剥蚀及其他地质作用的结果。

国际岩石圈委员会提出的全球200条地学大断面计划，或称全球地学大断面，简称GGT，要求每条地学大断面形成一条100千米宽的地学走廊域，域内要做地表地质构造填图，还要做深部探测，要有深度达到岩石圈地幔的地球物理深剖面调查结果，以及面积性的重力、磁测图等综合调查结果，还要对剖面给出地质地球物理及动力学的解释，以便进行全球的对比研究。俄国、美国与德国还先后打有8000～9000多米深的钻井检验深部解释结果。

地学大断面是地质剖面法的进一步发展，是地质调查研究进入新的历史阶段的标志。它强调的是地表与深部的结合，地质观测与地球物理、地球化学多学科的结合，一个地区的地质情况与地球其他地区地质情况的对比，从对比中深化认识。

经过与部门协商，中国岩石圈委员会决定由4个部门（地矿部、地震局、中国科学院及石油部）及4个学会（中国地质学会、中国地球物理学会、中国地震学会及中国石油学会）派出的代表组成中国地学大断面计划协调组，8位代表分别为：我（代表地矿部及中国地球物理学会）、肖序常（代表地矿部及中国地质学会）、滕吉文（代表中国科学院及中国地球物理学会）、钟大赉（代表中国科学院及中国地质学会）、邓启东（代表地震局及中国地震学会）、陈运泰（代表地震局及中国地震学会）、陈祖传（代表石油部及中国石油学会）、柴桂林（代表石油部及中国石油学会）。经过协商，大家一致推举我为组长，滕吉文、邓启东、陈祖传为副组长。中国地学大断面计划协调组于1986年7月4日正式宣布成立，任期到1991年，工作期间我们做了五件事。

1987年7月11日召开了第一次协调组会，在与各部门协商的基础上研究提出了中国地学大断面计划，计划包括11条断面。11条断面中2号、3号、4号及10号由地矿部负责完成，5号、7号（南段由地矿部负责）、6号、8号及11号由地震局负责完成，9号由中国科学院负责（东部海域由地矿部负责），1 号由石油部及地矿部两家负责完成。断面总长约 17 000 千米。到 1991 年，各条地学断面已基本完成工作，但各条断面的研究程度有较大差别。

1989 年组织召开了东亚地学大断面计划国际讨论会。在国家自然科学基金委员会、中国石油天然气总公司、中国科学院、国家地震局、地矿部的资助下，在北京召开了东亚 GGT 国际讨论会，中方有 102 人参加，外方 8 人，包括国际 CC-7 委员会主席蒙格尔（加拿大）和副主席盖茨（德国），另有苏联和日本多名专家参加。会上共展出了 GGT 断面 15 条，其中中国 12 条，日本 1 条，苏联 2 条。与会的国际友人对会议内容都很满意，并认为中国做的 12 条断面都可以拿到第 28 届国际地质大会上展出。国内学者对这次会议也很满意，认为开得很好，是国内史无前例的。国际 CC-7 委员会主席还强调，原来推荐各国参考的北美 B-2 剖面，看来需要调换为亚东-格尔木地学断面了。中国 GGT 协调组还借东亚 GGT 国际讨论会之机，与 CC-7 组领导联合召开了新闻发布会，宣传了东亚 GGT 研究进展，多家媒体进行了报道。

1989 年组织推动中国地学断面到在美国纽约召开的第 28 届国际地质大会上展出。1988 年 9 月编写了一本中国地学断面目录（英文），1989 年 7 月于国际地质大会期间展出了中国的 12 条地学断面。大会共展出 50 条地学断面，中国的就占了 12 条；大会岩石圈研究成果 GGT 展台上仅展出两张图，一张就是亚东-格尔木地学大断面，另一张是全球应力图。记得当时参会的代表回国后介绍说，国际沉积学会主席许靖华见了中国展出的图件十分兴奋，赞不绝口，还动员许多代表参观中国的地学大断面，说中国断面研究很不错，很给中国人争气。程裕淇和马杏垣也参加了该大会，程裕淇教授认为得此殊荣是不容易的。

争取到国际 CC-7 协调委员会组资助中国 2 条断面正式出版。为推动国际 200 条地学大断面工作，国际 CC-7 协调委员会拟优选 6

条断面全额资助出版，作为样板，供各国参考。CC-7协调委员会原来仅仅选中了穿过青藏高原的“亚东-格尔木地学大断面”，要求中国GGT协调组正式将其推荐上去。1988年5月10日，中国GGT协调组召开第三次会议时也一致同意推荐。后来，中国GGT协调组决定将该断面与由马杏垣先生负责的“江苏响水-内蒙古的满都拉地学断面”两条断面都推荐上去，由CC-7协调委员会决定取舍，最后国际CC-7协调委员会决定将这2条地学断面全部资助出版。

GGT断面数字化。在地矿部科技司的资助、指导与参与下，在东亚GGT国际讨论会后，我们立即开展了地学断面数字化工作。科技司计算机办公室的姜作勤亲自参与这项技术开发。中国地质大学（武汉）很快就开发出MAPCAD-3.0交互式计算机彩色绘图辅助系统，可在MV-1000和286微机上实现，具有很强的编辑功能与丰富的表现能力。3号地学断面，即广州-巴拉旺地学断面已用这一系统编绘和正式印刷出版了。后来，中国地质科学院矿床所刘心铸同志又联合北京市地质勘查技术院等开发出适用于SUN4/490工作站的GGT编图系统。1991年，国际CC-7协调委员会新主席组组长盖茨听了汇报后大加称赞，说“中国又走在前面了，建议向国际推广”。

国际上高度赞扬了青藏高原亚东-格尔木地学断面这一成果。断面负责人吴功建教授曾说过：我们在1986～1990年研究并完成了青藏高原亚东-格尔木地学断面。1989年4月在北京召开了东亚地学大断面国际讨论会，国际岩石圈委员会下设的全球地学大断面协调组的蒙格尔主席和盖茨副主席参加了会议。在会上，我国汇报并展示了9条中国地学大断面，受到加拿大、苏联、德国和日本等国专家的称赞。对青藏高原亚东-格尔木地学断面研究，是用活动论地体学说，根据古地磁学的数据，显示了青藏高原各地体漂移、拼合和碰撞的时空关系，提出青藏高原为6个地体拼合的大陆。两位主席表示赞同，并称赞我们揭示出大陆碰撞的第三种演化模式：俯冲-叠覆等多因素的隆升，不同于俯冲式的安第斯山和叠覆式的阿尔卑斯山，是一种新型的碰撞造山运动模式。在青藏高原亚东–格尔木地学断面研究中，我们除北美 B-2 剖面的内容外，又添加了古地磁极极移曲线图、地体拼合图及地球动力模型图，使地学断面图的内容更加丰富多彩，被 CC-7 推荐作为新样板，发往各国参考，从而取代了以前北美的 B-2 剖面的样板作用。

为此，中国地质科学院召开了记者招待会，新华社向全国各大报纸发了新闻，并在《北京周报》上向国外报道了青藏高原亚东–格尔木地学断面的研究成果和 CC-7 组两位主席参会的照片。吴功建还回忆了 1991 年 9 月 12～17 日在匈牙利布达佩斯召开第 6 届大陆及其边缘地震反射探测学术讨论会上首次公布了国际 CC-7 协调委员会资助出版的 6 条地学大断面图，并以青藏高原亚东–格尔木地学大断面图为图标。

此外，蒙格尔主席和盖茨副主席还对我们研究中采用计算机进行交互解释给予了充分肯定，说两个月前，他们还在设想彩色计算机模拟，来到中国后，看到我们对重、磁力场做了图像处理，对构造现象研究和划分地体起了增强的效果，他们非常兴奋。他们一定要与岩石圈研究中心的年轻人座谈，尤其对我们开展非线性的研究特别感兴趣。

吴功建还说："中国地学大断面的研究成果标志着我国地学基础研究进入高层次、高技术和多学科综合研究阶段。"

五、地矿部的"4+2"地学断面计划

在 1991 年离开 GGT 协调组之后，我就集中精力推进地矿部的地学大断面计划，特别是中国地质科学院承担的格尔木–额济纳旗地学大断面，以及我承担的中美合作项目"喜马拉雅山深剖面研究"。因为在 1985 年调到中国地质科学院工作后，我作为副院长仍然分工抓中国地质科学院的深部工作，继续参与和推动部的深部探测工作，现将我部的几条地学断面的设想与进展介绍于下。

（1）将亚东–格尔木地学断面向北延长，完成了格尔木–内蒙古

额济纳旗地学断面，即 2 号断面的北端，形成一条跨越青藏高原的长达 2300 千米的地学大断面。

吴功建对这一断面的解释是：在断面内地壳厚度为 50～70 千米，中南祁连地体地壳厚度最大，显示有山根存在；岩石圈厚度为 140～150 千米；高原的北界地表应在宽滩山断裂带，可能是阿尔金断裂的东延部分；应力场模拟计算还表明，祁连山的隆升主要是南北两侧的挤压力所致，祁连山两侧的大陆岩石圈相向运动插入祁连山之下，使祁连山岩石圈上部抬升及下部缩短加厚，形成增厚的岩石圈根。这与传统地质观点不同，从而引起了大的议论。

（2）3 号断面，即广州-巴拉望地学断面，是由广州海洋地质局负责的，也于 1997 年出版了，其样板图见图 7-15。

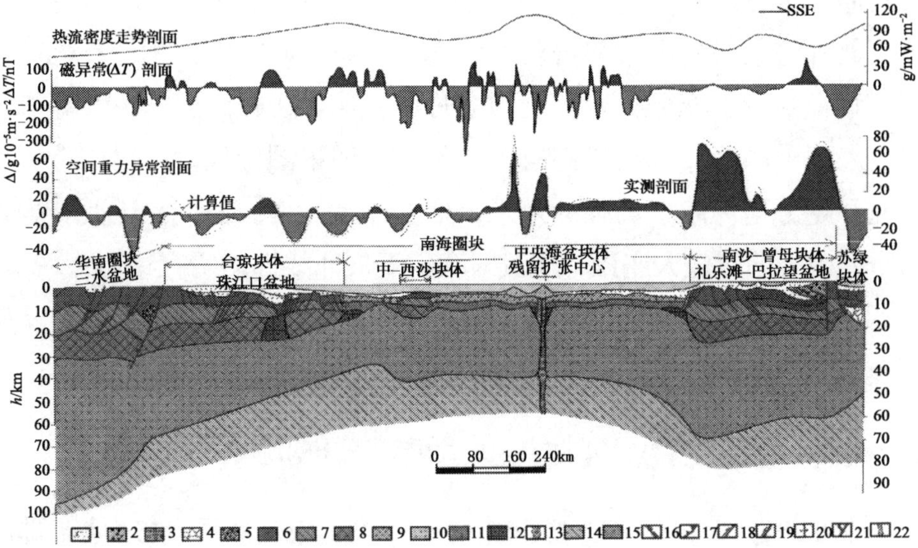

图 7-15 广州-巴拉望地学大断面（广州海洋地质局）（文后附彩图）

1—新生代沉积层；2—中生代混杂岩；3—中、新生代混杂岩；4—中生代增生体；5—古生代蛇绿岩体；6—上地壳层；7—下地壳层上部；8—下地壳层下部；9—大洋层 2；10—扩张期后基性喷发岩；11—大洋层 3；12—异常地壳（幔）；13—岩浆通道；14—上地幔软流层；15—上地幔岩石层；16—新生代聚敛带；17—古生代聚敛带；18—中生代仰冲断层；19—新生代仰冲断层；20—走滑断层；21—张性断层；22—陆洋边界

南海中央海盆代表了一个新生的小洋盆，其地质构造特征、张

开的机制以及油气生成保存条件，既有重大的理论意义，又有实际经济意义。这条断面设计的目标，就是查明南海海盆结构及扩张的动力学机制，大陆坡与海盆的过渡带结构，以及研究油气生成机制与确定含油气的远景地带等。图例中 14 代表软流圈，15 代表岩石圈地幔。图中显示地壳厚度：在海盆区内洋壳是薄的，厚度为 5～6 千米，变化不大；往北到大陆与向东南经南沙-曾母块体到巴拉望则变厚，达到 20～30 千米 ；在大陆三水盆地下地壳厚达 30 千米。南海海盆之下的岩石圈地幔的厚度达 60 千米左右；在海-陆过渡带处岩石圈地幔厚度仅为 20 千米。软流圈的起伏变化很大，在海盆处抬升最高。中央海盆厚度变化不大。从大陆向海出现一系列向海的逆冲断裂使大陆边缘地壳加厚。我认为这些数字是很重要的，也是很需要的，但现在给出的数字不够合理，还需要进一步获得佐证。

（3）继续推进 4 号断面——满洲里-绥芬河地学断面，这条剖面是我在科技司工作时安排的。我很重视这条剖面，希望这条地学断面能为研究西太平洋大陆边缘地带的构造动力学演化与松辽盆地形成机理做出贡献。希望通过这一研究，能对松辽盆地、大兴安岭，与东部的日本海和日本岛弧等盆山海岛体系形成的地球动力学演化的关系有深化的认识，对松辽盆地深部资源远景能做出进一步的评价。

这条地学断面由长春地质学院院长张贻侠负责，已于 1997 年出版了第一阶段的结果，原计划还应向东延长到海域，并将探测深度加深到 200～300 千米的软流圈深度，后来因多种原因而搁浅了。

（4）推动继续完成 7 号断面——安徽灵璧-上海奉贤地学断面（HQ-13 线）南段的工作，断面长度为 557 千米。它是“六五”期间开展“南方海相碳酸盐岩油气攻关”研究时所完成的，是从对下扬子地区构造演化进行的整体分析，评价油气远景的考虑而布置的，也是我在部科技司主管这一攻关项目时所确定的。这条断面以深反射地震测量和广角地震测量为主，同时还进行地质观察、重力、航空磁测、大地电磁、大地热流观测，以及吸附烃和壤中汞测量，打了3～5口参数井，使用的工作方法较多，工作质量较高。下扬子地带也是中国长江中下游铜铁成矿带的一部分，成矿也与南方碳酸盐岩有密切关系，对盆地演化的研究对找这些金属矿产是有指导作用的。当时，在南京进行项目的验收评审时引起激烈的争论，一些石油地质工作者不理解，提出强烈的反对意见。我做了许多解释工作，强调这是第一次进行这类全盆地的形成演化研究，试验是必要的。今天，许多油气盆地都要做这类工作，大家也都认为是必要的、正常的工作。

后来，这条断面被评为地矿部科技进步奖一等奖。但是工作并没有做完，特别是涉及区域深部构造与长江中下游岩浆活动和铁铜矿床的形成关系尚待进行，东海地区大面积含榴辉岩的深变质岩系的生成、郯庐深大断裂的关系、地震发生机制等还未引起重视。

（5）完成上海-菲律宾地学断面。这是作为9号断面向东的延伸部分，我们希望能穿过东海大陆架到琉球海沟。特别是菲律宾海向西俯冲对大陆构造的影响，以及与新华夏系构造体系形成的关系。它由上海海洋地质调查局的许薇玲具体负责进行。断面从浙江舟山的大衢山岛向东伸展到菲律宾海，全长约700千米，拟分成三段完成工作。因种种原因，断面仅完成了西段工作。

（6）地质部勘探技术研究设计院负责进行10号地学断面，即从福建泉州到四川的黑水。断面全长2290千米，由袁学诚负责，也已完成，并在第28届国际地质大会上展出。这一条大断面布置的目标是研究华南地块内部的构造、华南地块与台湾岛的构造关系，以及四川扬子地块与青藏高原的构造关系。这条剖面完成了大陆部分，未能下海到岛上去。结果已由成都理工大学蔡学霖、朱介寿等做了地质解释，并已出版。实际上作者已将这一断面向西北延到天山、阿勒泰，并与俄罗斯的大断面连接起来，总长达5000千米。

至于全国性的地学断面综合对比研究，只有等待出现另一次机会了。

地矿部开展的地学大断面研究应当说是取得了一定成绩的，关键是部设立了一项深部探测专项基金，专门支持这项活动。此外，部领导的重视和深部领导小组很好地发挥了指导与组织管理作用，保证了这些工作顺利进行。

在中法喜马拉雅地壳上地幔合作研究的基础上，地矿部领导认识到深部综合调查研究是未来发展的方向，应积极做好各项准备工作，以适应未来的发展，决定每年拿出一定的地勘经费，设立一项深部探测专项基金，以便有计划地开展全国深部探测。这是在 1985 年设立的，显然，这是极有远见的决定。专项基金由夏国治副部长主持，由张炳熹院士（后被选为国际地质科学联合会副主席）作总业务指导，由科技司、教育司、物探局及石油局 4 个司局和中国地质科学院领导共同组成深部领导小组，推动全国地学大断面计划的实施。我作为科技司的领导担任副组长，协助组长进行工作，学术秘书由科技司高级工程师冯昭贤担任。冯昭贤同志是 1957 年北京地质学院物理探矿系研究生毕业，业务与管理水平都很高，对推动中国的深部调查研究做出了杰出的贡献。

六、中美青藏高原合作的艰难谈判

1990 年，在我办理退休后时，正好赶上中美西藏合作研究谈判之事。这一活动事先我完全不知道，也没有过问过。后来才知道，中美合作事宜已进行过多轮谈判，有的已达成协议只待部领导批准了。正是在协议草案上报到部领导报批时，部长才知晓这一与外国谈判合作的大事。由于事先部主管领导对谈判毫不知情，达成的协议条款也不符合部里的要求，谈判也不符合部确定的程序，所以立即就被部领导否定了。但是，美方不同意中方的决定，坚持要与正式代表再次进行谈判。于是，部领导决定按照程序，先由中国地质科学院向部打报告申请，批准后再组建谈判班子进行谈判。中国地质科学院陈毓川院长、毕孔章副院长等领导提出请我去参加，并负责与美方的第二轮合作谈判，这样我就开始介入中美合作的谈判事务。这次谈判的内容是关于在青藏高原合作进行一条穿越高原的地震深剖面。这项研究内容和我院过去青藏高原的工作内容是一致的，很重要，我也很感兴趣。这是一个难得的机会，我应当把它办成。没想到我一干就是20多年，这成为我人生中的又一个亮点。

在1980～1982年中法喜马拉雅合作取得成功的影响下，美国人坐不住了，1979年美国派了一个国际板块代表团到西藏进行考察。考察结束后，提出一项建议，即在雅鲁藏布江缝合带进行深剖面探测。建议书中强调指出："现今的地质学家们，对大陆碰撞现象了解很差，而印度-欧亚带正是近代碰撞作用的最好范例……之所以具有特殊意义，一是可以认识喜马拉雅山脉本身的特征和成因；二是通过了解现代碰撞，可以促进对以前洋盆关闭和其他大陆碰撞的认识，大大有利于基础科学和应用科学的发展。"于是，从1985年起，美国专家就提出要和中国合作开展青藏高原深剖面调查。

起初，美方找到石油部，认为石油部的地震勘探力量强，但联系上以后，了解到石油公司系统仅对承包勘查任务感兴趣，要求美方支付的勘探费用很大。第二个是找到了地矿部石油局，认为他们有地震队伍，也可以承担野外地震施工，但是石油局也是从承包勘查任务角度谈费用，要的经费也很多，而对青藏高原地壳上地幔研究并不感兴趣。第三个是地矿部勘探技术研究设计院的人，他主动与美方联系并进行了合作谈判，还达成合作协议草稿。待上报到地矿部主管部领导时，才发现这个谈判完全不符合外事谈判程序，谈判内容也不符合要求，特别是美方出资过低，而需要地矿部投入很多经费。因此，前期的谈判也就这样被否定了。

直到1988年在西安国际地球物理学会上经由冯昭贤和吴功建两位先生向美方纳尔逊教授介绍在中国对此项合作感兴趣的是地矿部，其下属有几十个地震队可以承担施工任务，要办成此事应当遵循中国的办事程序，并建议美方与我联系此事。

1989 年，美方康奈尔大学布朗教授和纳尔逊教授就与我取得联系，再由我按程序上报到中国地质科学院，院领导批准后再由院向地矿部提出与美国合作的建议。地矿部外事司及科技司的领导研究后也同意合作，主管部长张宏仁也支持这项建议，并批准了与美方谈判，部、院领导明确由我作为部的代表出面谈判，科技司和外事司领导负责监督指导谈判，最后协议文本还要经过主管副部长审查批准后方可签字。

1990 年开始第一轮谈判。谈判时我的桌子上放有两部电话机，一部通科技司，一部通外事司，在谈判中随时用电话联系，汇报情况和问题。

谈判中最困难的是，美方代表纳尔逊教授（康奈尔大学和锡拉丘兹大学）、布朗教授（康奈尔大学）及郭宗汾教授（哥伦比亚大学）思想上就是转不弯来，说已与我们的代表达成了协议，为什么不算了？我们不便回答，只强调说，鉴于深反射地震剖面施工要穿越喜马拉雅山，工作地段内多数地段海拔达 5000 米上下，路段岩性也很复杂，特别是在一些岩浆岩地段打 50 米深的装炸药的爆破孔很困难，进度将会较慢，为适应连续施工要求，需要动用十多台钻机，材料消耗太大，成本很高。再就是野外几百名工人的工资及劳保条件也要有特殊安排，所以中方要求美方对等至少要投入 50 万美元，这是地矿部的底线。美方说没有那么多经费，还反复强调与中方专家谈判已经达成美方出资 30 多万美元的协议等。最后，中美双方都强调无法接受对方的条件。美方强调说美国国家科学基金会不会再增加费用了，说他们已把教授们的补助费都计算到付费中了，实在没有经费可增加了。谈判中美方还多次叫停，由他们在一处商议如何处理，谈判最后还是停了下来，美方代表团说待回国再议。这样，谈判就停止了，等美方回话后再说。这样，我也就把与美国合作之事放在了一边，不再过问。

经过几个月的沉寂和酝酿活动，1990年9月28日，中国驻美国纽约总领事馆的科技参赞闵志先生致电地矿部的外事司和科技司领导重提此事，他说："……建议充分说明我们合作的诚意，从长远着眼以便扩大今后合作的渠道。"这样一封电报就把中美合作谈判再次推动了起来。

1989年，美国公布了30年大陆动力学计划，已将藏南雅鲁藏布江大陆-大陆碰撞带列为该计划的八大野外实验室之一，着重研究现代陆-陆碰撞带的结构与构造。这既表明雅鲁藏布江碰撞带及西藏高原研究在地学发展上的重大意义，又说明美方是十分看重这一合作项目的，希望通过这项研究，实际探测清楚这个最新的大洋闭合和大陆碰撞带的结构构造，从而可以在这个基本构造格架的基础上深化认识大陆与大陆碰撞的构造作用与成矿作用，改变过去仅凭个人推测来建立陆-陆碰撞成矿的理论以及想当然地解释成矿作用。正是基于这一考虑，美方还是急于将合作计划落实下来。我们当然也需要通过与美方合作引进技术、学术思想和资金，使我国的青藏高原深部研究再上一个台阶，进入世界先进行列。具体内容是：同意与美方合作开展藏南巨厚地壳条件下的深反射地震探测试验，这是世界上首次开展的工作；要加强多学科、多方法的结合，进一步深化对喜马拉雅造山和现代大陆碰撞带的认识，并从更大的空间内综合研究构造与成矿作用。

1991年5月双方再次开始合作研究谈判，这次谈判进行得较为顺利，主要问题还是关于双方对等支付野外施工的费用如何分配。谈判时有了重要进展和遇到卡壳问题，我随时通过电话向科技司通话汇报和请示。协议初稿形成时已接近晚上12点了，我又立即驱车到张宏仁副部长家，请他过目，最后敲定协议文本，部长最后签了字。回到会场后，双方再次核对文本并签署合作协议，这时已接近凌晨1点了。大家这才松了一口气。

谈判中的另一件大事是，如何选定第一期野外深剖面的路线问题。最好的路线是从亚东南部开始向北伸展跨越喜马拉雅山脊，中国的军方及边防部队能否允许那么多美国专家到边界线附近从事研究工作，大家心中完全没有把握。此外，野外施工后勤补给如何解决？ 300 人上去，几十辆车，仅钻探车就有近 20 辆。中外大批专家教授及施工人员第一次上喜马拉雅山高海拔地区高强度地施工，能否适应缺氧环境？出现病号往哪里送？如何抢救？后来的发展证实这些思考都很必要，这些问题都很棘手。

协议明确这次合作项目定名为“喜马拉雅和青藏高原深剖面试验综合研究”（International Multidisciplinary Deep Profiling of Tibet and the Himalayas,INDEPTH）。与中法藏南地学合作不同，这次合作计划将分阶段，用多种方法完成一条纵穿青藏高原的深剖面。项目由原地矿部立项，美国国家科学基金会、德国科学研究协会、德国地学研究中心、加拿大地质调查局也分别立项予以资助。

这个项目，部确定中方由中国地质科学院负责，有中国地质大学（北京）、新星石油公司、长春地质学院等单位参加。部、院领导还批准由我作为中方的首席科学家，组织领导这次活动。美方参加单位有美国康奈尔大学、锡拉丘兹大学、哥伦比亚大学、斯坦福大学、西雅图华盛顿大学、纽约州立大学。美方协调人为纳尔逊（锡拉丘兹大学）、布朗（康奈尔大学）、郭宗汾（哥伦比亚大学）。在第二阶段时，德方参与进来。德方的协调人是基尔大学教授迈斯纳，他也是德国魏格纳基金会的主席。德国波兹坦地学研究中心、波茨坦大学、弗来堡大学等都有科学家参加；加拿大地质调查局也派了大地电磁法专家参加，他们还先后带来了 20 多个国家的学生参加工作。1996 年在美国举行第二阶段成果讨论会时，还争取了法国希恩教授参加讨论会，会议正式邀请法国同行参加合作研究，但是法方表示将与中方合作另外安排探测路线。

这一条深剖面大体计划分 5 个阶段完成。每个阶段的工作部署均以大陆与大陆的碰撞带为中心，探测碰撞带的地壳表层到上地幔的软流圈的结构与构造。1992 年夏，开始第一阶段的喜马拉雅山区深反射地震试验。第二阶段则以雅鲁藏布江缝合带为中心部署探测工作，方法较全，包括深反射地震法（新增加的）、广角反射地震、宽频带地震台阵列（新增加的，记录一年的天然地震的信息）、超长周期大地电磁（新增加的，每个测点记录一个月的大地电磁场信号）和重力等，以及构造地质、地球化学等研究。雅鲁藏布江峡谷地带，地形起伏较大，河网地带多，岩性变化多。第三阶段工作是，穿越班公湖-怒江缝合带及羌塘地块，即高原腹心地带，地形起伏不大，但平均海拔最高，工作条件十分困难，许多人都不能适应。第四阶段是跨越昆仑山及其南北两个地块。第五阶段以柴达木北缘缝合带和祁连山区为主。

最遗憾的是，后 3 个阶段由于得到的经费有限，野外实际探测工作方法与工作量大大减少，导致我们对羌塘地块及其南、北的两个缝合带的调查工作很不充分。但是，这两个缝合带很重要，对研究古缝合带结构与找矿及地震预报都是紧密相关的。

5 个阶段，我们先后完成了约 450 千米长的深反射地震剖面测量，约 1300 千米的广角地震剖面测量，350 个宽频带地震台站记录，355 个大地电磁测深点。

科技部领导也十分关注这一项目，特别是王志雄司长常常参加项目会议，给予我们很大的支持、鼓励和帮助，对项目合作的成功起了很大作用。

七、第一阶段：喜马拉雅山区深反射地震试验

第一阶段工作位于喜马拉雅山区，剖面从亚东北部的帕里，向北跨越了喜马拉雅山脊，经堆纳、多庆，直到萨马达，全长 96.3 千米；并在堆纳做了一条横穿谷露裂谷的短剖面，长 8.7 千米。总长为 105 千米。实际工作测线布置位置见图 7-16。

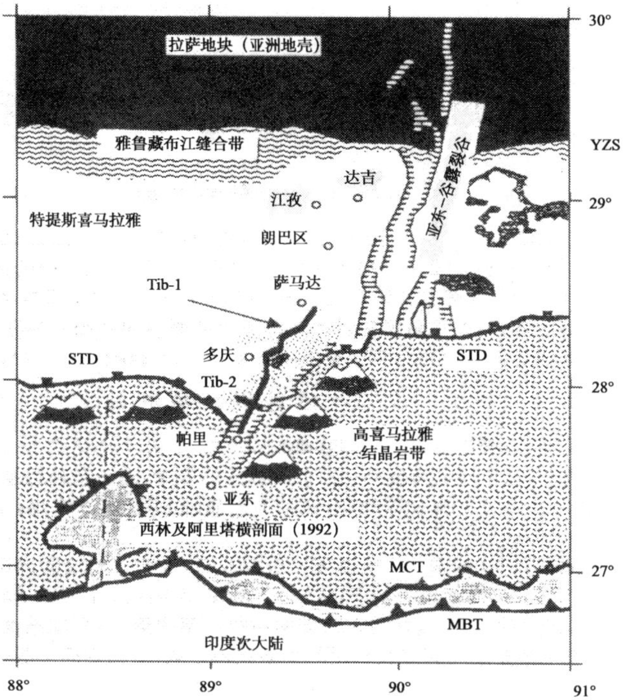

图 7-16　INDEPTH 试验路线地质构造位置图
MCT—主中央逆冲断裂；MBT—主边界逆冲断裂；STD—藏南滑脱系；
YZS—雅鲁藏布江缝合带

亚东是 1962 年中印边界战争的前线地带，军方严格控制民间活动。为了获得军事领导部门的支持，放行这一计划，我专门编写了一个多媒体形式的汇报小册子，与院科技处领导一起到解放军总参谋部作战部作汇报，介绍喜马拉雅研究及这项地震试验对地学及未来地质找矿工作的重要性。两位大校亲自听取了我的详细汇报，并经过几天研究后，才给我们正式答复，表示军队领导很重视这一合作项目，愿意给予支持，但提出中国地质科学院要派一位专职保卫人员与前线部队、西藏军区及有关的公安部门加强联系，及时沟通情况，避免出现安全纰漏。中国地质科学院领导研究了军方的意见后，决定派院的保卫处长陈宏海同志参加野外工作，负责与边防部队及军区联系，共同合作搞好 300 多位野外施工人员的安全教育、安全保卫工作。

外国合作者也很理解大家的处境，都很自觉地配合工作。离开军事部门和西藏地方科委工作可以说是寸步难行。地震队在前线天天在运动中打钻放炮施工，平均每隔 200 米放一个 50 千克炸药的标准炮，平均每隔 6～7 千米放一个 200 千克的组合炮，总共实放了 485 个标准炮和 14 个组合炮，两者折合实放了 535 炮，共耗费了炸药约 27 吨。在施工中保证了大家的安全，施工基本顺利。在这些工作中，陈宏海处长的功劳是很大的，对此，大家都很感谢陈处长的辛勤劳动。施工队伍配备了近 20 台汽车钻，这些汽车钻很像是“火箭炮”，早上出工时沿路一大串“火箭炮”在行动，很是壮观（图 7-17）。

图 7-17　钻井队在施工中

在每个炮点爆炸后，要用铺设在地面的检波器阵列记录地面 50 秒以内发生的振动。设计这一超长的地震记录时间，是希望能记录到地下 150 千米深度处反射回来的地震反射波。使用的地震仪是从美国进口的 DFS-5 型仪器，该仪器共有 120 条测量道，每个测量道又由 36 个检波器组成，一次仪器安放测量排列长度为 6000 米，仪器车共要移动几十次才能完成 96 千米长的剖面测量。

《中国青年报》在1993年2月5日头版上以“切开喜马拉雅山”的醒目大标题介绍了INDEPTH第一阶段的工作。将第一阶段的工作称为“切开喜马拉雅山”还是比较贴切的，因为这条切穿过喜马拉雅山的深地震剖面，就是要了解喜马拉雅造山带下面的地层分布和构造特点。这是国际瞩目的第一条切穿喜马拉雅山的深地震剖面。

这次记录的地震反射时间为50秒，取得了25秒时深，相当于地下70～80千米深处返回的地震波，可通过它对其上覆的地层进行空间成像。藏南地壳厚度可达75～80千米（按中法地震探测结果），50秒记录可能得到150千米以深，可能探测到上地幔盖层即岩石圈以下界面的结构。反射地震法是石油勘查中主要的勘查利器，它借助于岩石地层的地震波速度与密度差将地震测线穿过的地层进行分层和精细成像，以揭示剖面内的岩层，以及与油气赋存情况有关的信息，包括地层错断情况、断裂向下延伸情况、地层的岩石性质、含油气情况，以及油气层赋存部位等。探明这些情况后，就可以判断地下情况，设计钻井位置，进行钻探施工，揭示油气藏。但是，石油勘查探测的深度都在10千米以内（一般记录地震波的走时多为8秒）。而深反射地震法探测的深度在几十千米到一两百千米。石油勘查探测的主要是沉积岩分布地区；而深部反射地震法探测的则是下地壳及上地幔，都是属于岩浆岩、高温高压的变质岩及基性岩的分布地段。能否得到这些地下界面及这些界面的地质属性，都是未知的，所以这次探测的探索性和风险性都很大。如能得到一条二维地震剖面即等于将喜马拉雅山切开，看到切开的地层构造的剖面，使人们可以研究它是如何形成的，即喜马拉雅造山的作用和物质迁移情况。

我们“过五关斩六将”才完成了这项试验任务。

第一关，是过中印边境的军事禁区关。即要将十多位美国专家和几百位中方地震勘探人员开到国防第一线打钻井、放大炮，轰轰烈烈搞起勘探。1980年中法喜马拉雅合作时未考虑到南部边界一带活动，而是通过在尼泊尔布置地震台站求得高喜马拉雅山下的莫霍界面深度的，但效果并不好。

第二关，是保证研究人员、生产人员的人身安全关。喜马拉雅山区海拔在4500米以上，地势普遍高耸，一般人到高原上会因不适应高海拔缺氧环境而患上高原病：一是头痛头晕呼吸困难，甚至发生肺水肿；二是容易受太阳紫外线辐射发生急性结膜炎眼病，睁眼困难，高原病发作后必须撤离高原，否则会有生命危险。各地中外工作人员齐聚高原，年龄有大有小，体质又各不相同，难免会有人发病，发病后如何处置又是一个难题。与外国友人商议后决定采用国际惯例，通过海事卫星联系国际救援组织进行救援。第一阶段还好，发病的不多，也不严重，没有动用国际救援组织。但第三阶段在羌塘地区开展试验时，由于平均海拔高，严重缺氧，又是在湖区，自然条件很恶劣，队伍刚刚进入伦坡拉地区，就有一个西班牙籍学生得了严重的高原病，队上就通过海事卫星联系国际救援组织将这名学生抢运下高原，并运回西班牙救治。我个人第一次进藏时，因对眼睛保护不到位，受到强烈紫外线的照射而得了急性结膜炎，眼睛肿痛并被眼屎全覆盖，根本无法睁开眼，一天冲洗多次症状也不减轻，最后只好入院治疗，后来只能撤离高原。

第三关，是经费关。谈判中明确的原则是“对等出资开展合作研究”，但是到正式开展野外施工时，中方的经费并未落实，可把我急坏了。中方几十位专家与工作人员靠什么来支撑活动开展？真是把大家愁坏了。我想，项目既已上马就没有回头路，只有向前努力找办法、找经费开展工作。美国朋友可能也知道中方的难处，帮助中方积极向国家自然科学基金会委员会、科技部争取资助。后来国家自然基金委员会给予了决定性的支持，从主任基金中拨出一部分经费救了急。随着后来美方资金的陆续到来，人们才喘了一口气。但是资金缺口一直是存在的，压得人们思想放松不了。

第四关，是施工关。设计中要求200米间距放一炮，每一炮点要打4个50米深的钻井，钻井口径要大到足以保证将50千克炸药放到井中深处，还要保证4炮同时爆炸。此外，由于担心50千克炸药的能量得不出深部反射信息，所以又特别设计了14个200千克炸药的大炮，大体平均分布在90多千米长的测线上，起着控制作用。同时，还要采取措施，保证井口要封闭好，以使炸药爆炸后，爆炸产生的能量尽可能多一些进入地下，增加地震波的强度，提高地震记录的信噪比，保证野外工作的质量。这一阶段施工遇到几个问题。一是地震波能量激发问题。测线内地震地质条件变化很大。在南部山区的主要问题是变质岩与断裂多，岩层又硬又碎；中部是多庆湖地段，淤泥层很厚，打井容易，但是井壁易坍塌，炸药放不到井下，而且浅部的淤泥层对地震波能量吸收非常严重，使得向深部下的地震波能量消减很多，噪声能量反而高了，使记录的地震波信噪比大幅度降低了；北部萨马达地区则是花岗岩分布地段，钻探打井速度很慢，一台钻机7～8个小时也进不了几米，钻头磨损十分严重，带来钻头加工与供应困难，供应不及时，使放炮速度放慢，地震勘测不能连续进行。这一阶段总共放了535个组合炮，消耗炸药共26～27吨。完成了一长一短两条剖面，一条南北向一条东西向两条测线，总长105千米。

应当提及的另一件大事是，在多庆湖地区施工时，发现干扰波特别严重，几乎整条记录上都是干扰，识别不出有用信号，全队着急，做了多种试验检查，仍搞不清原因。经商定，决定由试验现场将数据发到北京150计算中心与康奈尔大学实验室，由三地会诊，共同判断干扰产生的原因。会诊时，大家分头做试验查原因，最后判断是传输线有些绝缘不好，再就是雷电的瞬时强干扰所致，车辆行驶带来的干扰也很严重。经现场采取措施解决了问题后，试验工作又得以进行下去。

再有一件事，就是野外施工已经有很长一段距离了，可是现场的实时监测计算机上一直未见深层反射的影子，令人十分着急。全队人员，包括在后方的有关人员心中都像压着一块大石头一样，担心极了。没有深部反射就意味着取得深层反射的任务没有结果了，令人很难想象。后来，在堆纳附近，即亚东向北24千米处得到了22.3秒及25秒时深的反射信号。全队欢腾起来，共同庆祝这一成果。

第五关，是数据处理成像关。美国康奈尔大学是国际上第一个开展深反射地震试验的，已有15年以上的经验。中方参加INDEPTH项目的地矿部150计算中心与中国地质科学院人员则没有任何经验。开始时，中方抱着虚心学习的态度，认真地了解美方有什么好的数据处理方法与经验。我们开始时处理的地震反射成像结果很不正规，图幅小且内容简单，与美方处理的成像图件的质量相比差得太多。所以每次学术会议上，美方的图件总是挂在居中的主要位置，而中方图件仅仅起陪衬作用。于是，中方特别是150计算中心的车敬凯、郭景如这些地震数据处理的专家暗中加紧研究改进中方处理方法与流程，最后得到了更为理想的结果。图件与美方提出的地震成像图件相比毫不逊色，而且更具有专业特色，令人大受鼓舞，使大家感到中国人经过努力摸索完全有可能后来居上。但是，美方一直对中方处理的结果表示很怀疑，随即双方达成协议，中方决定派专家到康奈尔大学地震处理中心，用他们的软件再进行处理，以验证我们的工作结果。为此，中方派去车敬凯、郭景如及高锐（地球物理专家）3位人员专程赴美国接受检验。在康奈尔大学实验室，经过摸索，按中方的处理思路与流程，选定了软件进行处理，结果很出人意料，成像质量更为清晰。这一次的“打擂比武”显示了中国人也可以通过努力很快地提高，并达到先进水平，增强了中国人的信心，也提高了自己的国际地位。大家从此就一致公认，新的地震成像图是真正的中美两国合作的结晶。这就是说，合作也是要拼实力的，科技水平差得太远就谈不上真正的科技合作。

我们处理得到的 50 秒长地震记录 15 次叠加共中点地震成像图见图 7-18。这是世界上第一例超长地震记录的反射地震成像图。

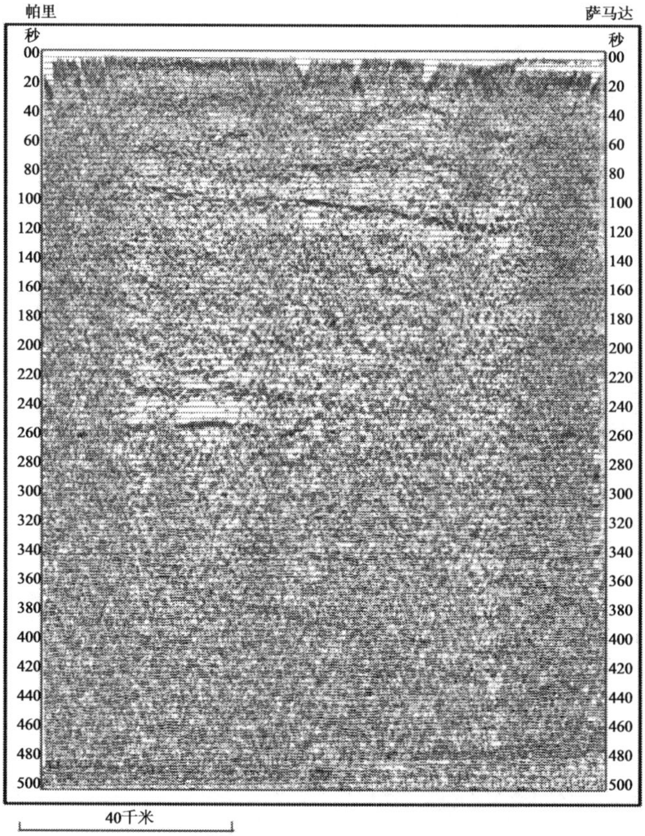

图 7-18　50 秒地震记录共中点 15 次叠加剖面图
（INDEPTH 数据处理实验室绘）

其中 30 秒的地震记录精细处理结果的线条图见图 7-19。

地震成像图有了，如何解释它？由于缺少深部物质的物性参数，地质的解释就不可避免地带有很大的推测成分，要求尽可能减少这种不确定性。

第六关，是地质解释关。有了这张高质量的共中点反射地震成像图后，大家的注意力就转向如何读懂这张图，给出合理的地质解释。这项工作既是工作的最后一步，也是最能体现科学成果的水平与能否得到创新成果的关键。比如，图中的莫霍界面，图上所示是

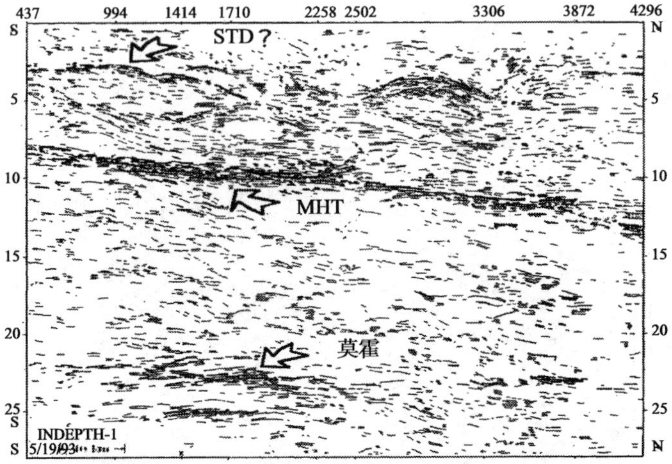

图 7-19　喜马拉雅山 30 秒地震记录精细处理结果的线条图

当时所做的解释，因为我们没有见过深部地壳底部出现双反射界面的情况，所以才做了以上的解释。后来工作方法增多了，发现这一双莫霍界面应当加以区分，上面的界面应是壳 / 幔界面处出现的又一速度界面，两界面间为一中间速度层，下面的界面才是实在的上地幔的顶界面。中间速度层规模较大，南北延伸很长，对成矿十分重要。

八、第一阶段的探测结果

这一地震反射界面成像图等于将喜马拉雅山切开一个地质剖面。

首先是，图 7-18 中 9～12 秒时深处的一条强反射同相轴，广角地震也给出这一强反射带，它代表了一条低速多层的拆离系，南端的深度约为 25 千米，北端深度为 39 千米。美国专家认为它代表印度大陆与亚洲大陆之间的一个拆离层，并提出命名为 IAD，I 代表印度大陆地壳，A 代表亚洲大陆的地壳，D 代表拆离层。我认为这一拆离层发生在喜马拉雅地块之内，应是喜马拉雅地块的一部分，而不是代表亚洲的一部分，所以应该称之为喜马拉雅地块内的主要滑脱层或拆离层。它的性质是逆冲性的，即上部地壳相对下部的中下地壳向南错动，建议称为主喜马拉雅逆冲断裂或拆离层，英文缩称为 MHT 或 MHD。后来大家一致接受 MHT 的命名，它代表了喜马拉雅山区中地壳内的一条主要拆离层。我们推测它向南延伸出去可能与印度大陆中壳部位相连接法（图 7-20）。

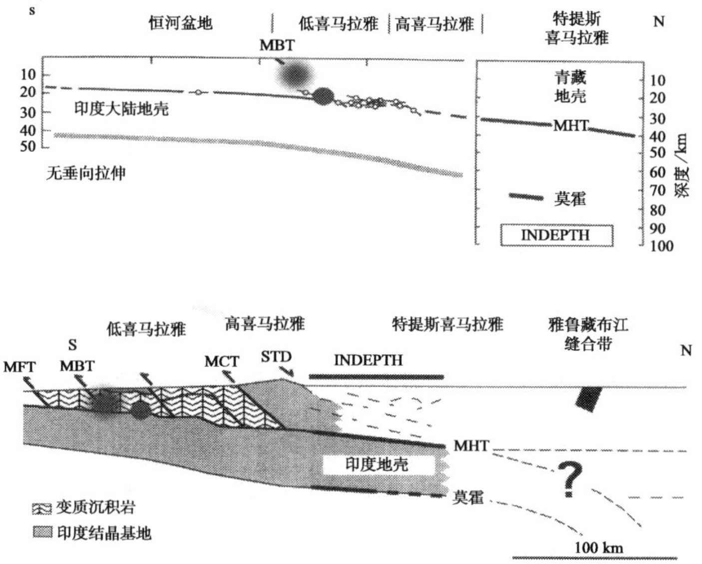

图 7-20　MHT 向南延伸经过高喜马拉雅之下的一系列震源点向南，伸入印度大陆地壳中部位（文后附彩图）

MCT、MBT、MFT 三条逆冲断裂都是由 MHT 上向南逆推上去

红点为 2015 年 4 月尼泊尔大地震震源点和余震震源点

图 7-19 中 23 秒与 25 秒时深处显现两条强反射，其中 25 秒时深的反射界面与前中法合作广角地震所得到的莫霍界面深度相当；23 秒界面代表莫霍界面之上的又一界面，应是下地壳底部与莫霍界面之间出现的又一速度层的界面，是一个中间速度层，应是壳 / 幔混合层，对成矿有重要意义。这两个界面都是 INDEPTH 项目的新发现。中法合作的普莫雍错–佩古错一线的广角地震结果仅仅得到了下一界面。利用这一结果肯定下界面的性质，然后再推测上界面的性质。下面将进一步探讨这一界面。

莫霍界面和 MHT 拆离界面的发现，使人们大受鼓舞。特别是 MHT 拆离界面的发现，美国专家认为它代表俯冲下去的印度大陆的顶部，这一图案证实了瑞典人阿尔冈1924年推论的印度大陆沿着MHT向亚洲下面俯冲下去的模式，1982年美国康奈尔大学的Barrazangi曾依据天然地震数据验证了这一模式。于是一时在国际上形成热潮，大家认为这证实了西方的设想。《自然》于1993年12月9日抢先将稿子刊出后，《科学》杂志主编梅尔维斯又到北京对我进行了专访，了解当时的工作情况后，也于1995年11月17日以“正确合作可以拯救生命和移动大山”为题发表了一篇评述，提出中美合作在喜马拉雅深探测方面取得很大的成果，正是由于中美双方很好地合作，克服了许多难以设想的困难才获得的。图7-21就是1996年在《科学》杂志上发表文章时刊登的我的照片，为梅尔维斯先生所拍摄。

图7-21　梅尔维斯为我拍摄的照片

1993年我们到美国参加地球物理联合会大会时，顺访了康奈尔大学，学校庆贺合作试验取得成功，还开了个欢庆会。图7-22是我与奥利维教授、郭宗汾教授的合影，这张照片是中美地学家友好往来的见证。奥利维教授是美

图7-22　1993年在康奈尔大学的欢迎会上
（前桌左一为哥伦比亚大学郭宗汾教授，左二为康奈尔大学奥利维教授，右一为翻译员，右二为赵文津，中间站立者为布朗教授和纳尔逊教授）

国大陆深剖面计划（CORCOPS 计划）的倡导者和实施者，也是首访西藏后提出开展深剖面的建议者。

后来我又深入地解释了这一张地震图，反复论证了 MHT 不是俯冲的印度大陆顶界面，而是印度大陆中地壳的一个拆离层，其上地壳脆性强，构造现象丰富，在两大陆对挤过程中喜马拉雅地块上地壳分别在 20Ma、10Ma 和 5Ma 不同时间沿滑移面发生了向南逆冲推覆构造而使上地壳增厚。在两大陆挤压过程中，下地壳从地震反射条纹成平行状，表明它具有较大的流变性、塑性强，在挤压中会以推挤增厚方式增厚。通过这两种方式，喜马拉雅地块地壳增厚了约一倍。

2002 年，Pelkum 在《自然》上发表了文章，介绍了利用天然地震的 P-S 转换波接收函数成像结果，它将 INDEPTH-Ⅰ 剖面向南延伸到印度大陆（图 7-23）。

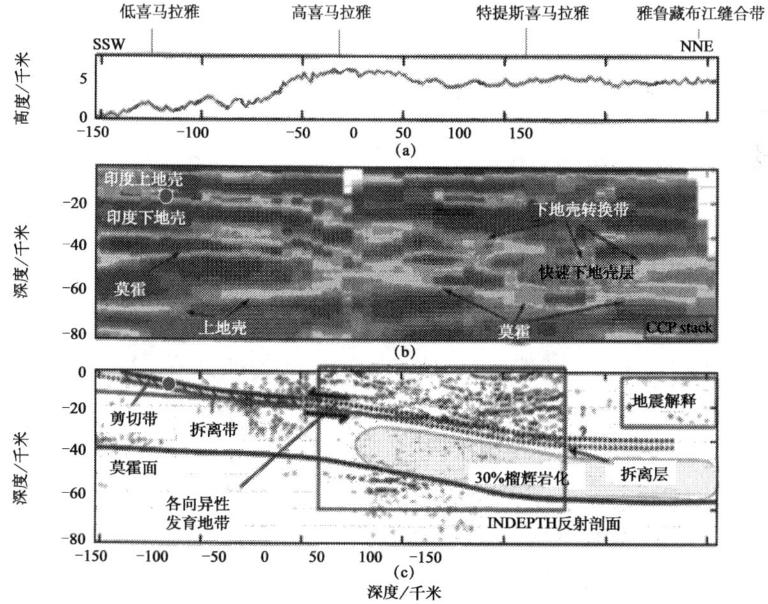

图 7-23　天然地震 P 波接收函数成像图（Pelkum，2002）（文后附彩图）

这一天然地震 P-S 转换波接收函数成像图［图 7-23（b）］可以将 INDEPTH-Ⅰ 地震剖面向南、北两个方向延伸出去。上部 20 千米左右深的红色转换震相代表 MHT，向南伸入印度大陆中壳，约 18

千米的深度；向北延伸到特提斯喜马拉雅之下，与INDEPTH-Ⅰ地震剖面重合起来。注意，图7-23（c）中，原作者认为在剖面南段，第一个红色转换震相向南是向上伸展的，是MFT的反映，但是图上的红色转换震相实际上并没有向上伸展，而是继续沿18千米深的中壳部位向南伸展的，没有出露到地表。显然，这一结果进一步证实了我的推论和解释。

关于深部的第二条红色转换震相也很鲜明，它代表了印度大陆下的莫霍界面，向南在印度大陆下深度在40千米左右，它与印度大陆的莫霍界面深度一致。这一转换震相向北延伸，在高喜马拉雅之下开始逐步加深，直到喜马拉雅地块与其下的70～80千米深的莫霍界面相连接，莫霍转换震相再向北延伸出去约150千米，达到了雅鲁藏布江附近。在INDEPTH-Ⅰ剖面地段，在MHT与莫霍界面之间的下地壳部位内，出现了几个红色转换震相的复杂结构，推测中间可能出现有若干个高速薄层，可能与原作者推测的榴辉岩化带有关，作者还估算榴辉岩含量可能达30%左右。

应当注意在印度大陆下面还出现了第三条正的转换震相，深度为70千米，相当于印度大陆地幔岩石圈层内部存在一个速度界面，说明印度大陆的地幔岩石圈内部是可以分层的，它的厚度大致为30千米。这一现象极为重要，因为一般人们认为这一层是不分层的。对这个重要的发现，需要进一步做工作再次加以确认。

在上地壳部分显示有多个穹隆和断裂存在，构造很复杂，需要进一步解释；而下地壳反射同相轴不丰富，以近平行产出为主。这表明，上、下地壳的岩石性质有很大的不同。

关于喜马拉雅弧形地带大地震的发生规律。2015年4月25日尼泊尔发生了8.1级地震，全世界地震学家开展了热烈讨论，预测尼泊尔大地震今后的发展趋势及地震预测问题。这次地震的震中位于北纬28.2°，东经84.7°，震源深度为20千米，正是主喜马拉雅拆离层（MHT）的深度，表明这一拆离断层有了活动。主震发生后，随后又在这一震源附近发生多次地震。

这次大震正好发生在喜马拉雅弧形构造带上，而且正好发生在MHT向南延伸的层位上；余震则发生在震源点向南的上方，可能发生在新产生的向南逆冲断裂上。我们预测了今后的地震发展方向，与国外预测的刚好相反。我们认为根据地震发生的历史看，不应当立即向西发生一个更大的地震，而应继续向东发展，震级不会太大。后来发生的事实基本上符合这个设想。

九、第二阶段：雅鲁藏布江缝合带结构或印度大陆–欧亚大陆碰撞带的结构

INDEPTH-Ⅱ阶段的任务是查明雅鲁藏布江缝合带，或印度大陆与欧亚大陆的碰撞挤压带的结构构造，这也是中美双方合作要解决的主要问题。

过去的广角地震探测提出过4种构造模式：一是南北地块相对俯冲模式（滕吉文）；二是深大断裂模式，即沿江有一条大破碎带，宽达30～50千米，两侧地层基本上可连接对比（崔作舟）；三是向上挤出模式（李廷栋），李廷栋认为雅鲁藏布江两侧均为一逆冲断裂，使江中部分地块被向上挤出；四是深大断裂模式（希恩）。雅鲁藏布江南侧的莫霍界面为水平产出，江北则抬升了几十千米，有人甚至推测它可以下延几百千米之深。还有多种推测，但都是没有依据的推测。

图7-24是第二阶段野外观测工程的详细布置图，这一观测系统很复杂。

这一阶段工作布置上遇到的最大挑战是：一是如何跨越宽度近100米的雅鲁藏布江段，得出这一江段下面深部的结构，这段江面水深流急；二是工作测线要穿过湖区（羊卓雍湖、普莫雍湖）；三是要穿过冈底斯岩浆岩带，打钻和接收条件很差，而沿谷露裂谷进行又出现新问题，如何进行有效的地震施工；四是碰撞挤压带构造

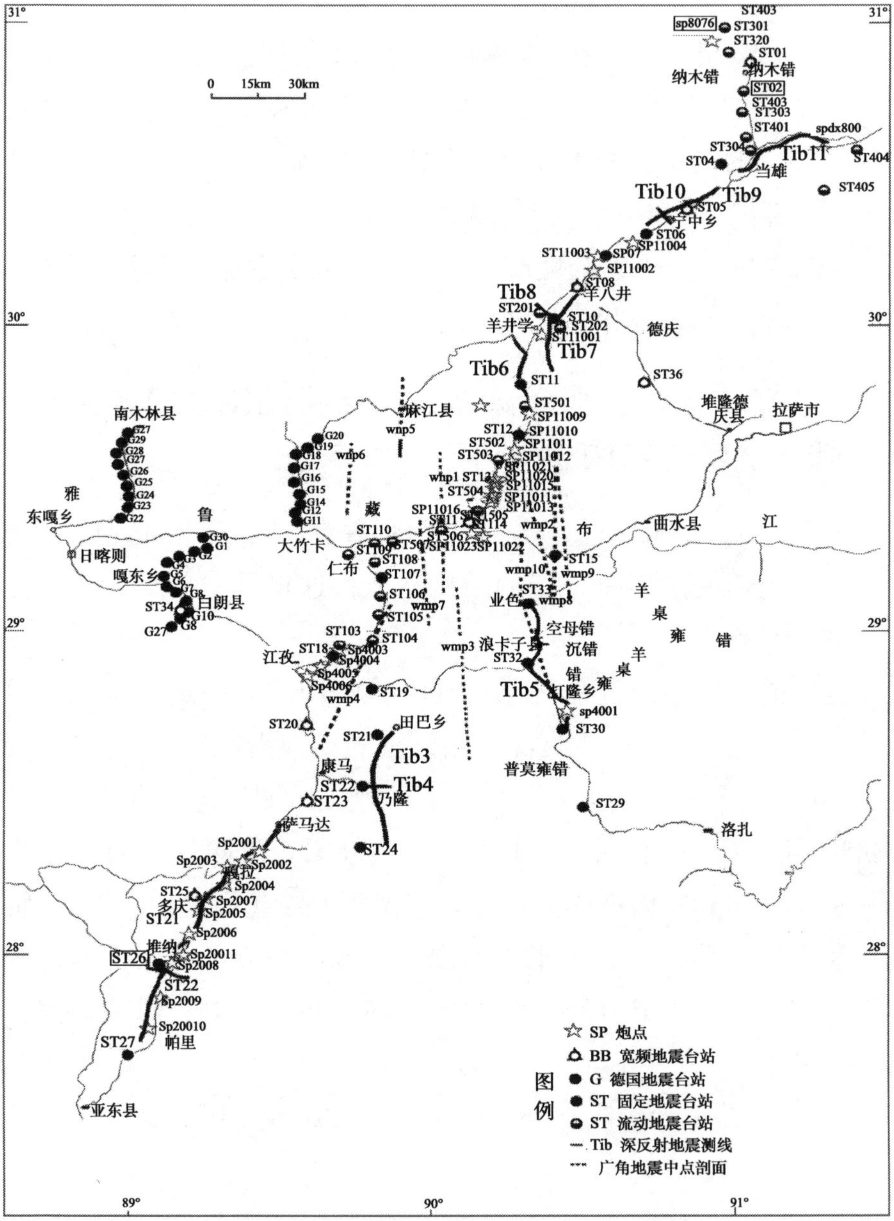

图 7-24 INDEPTH-Ⅱ阶段野外台站部署图

岩性变化也大，如何正确进行地震数据成像及解释问题。所以工作系统的设计难度很大，观测系统十分复杂。经过努力，采取多种措施，反射地震图上仍然有约 70 千米宽的地段得不到反射地震数据，只好利用广角地震方法弥补过江段下面的反射界面的数据，但是成像质量并不好。中方和美方分别做了一张深反射地震图（图 7-25 和图 7-26）。

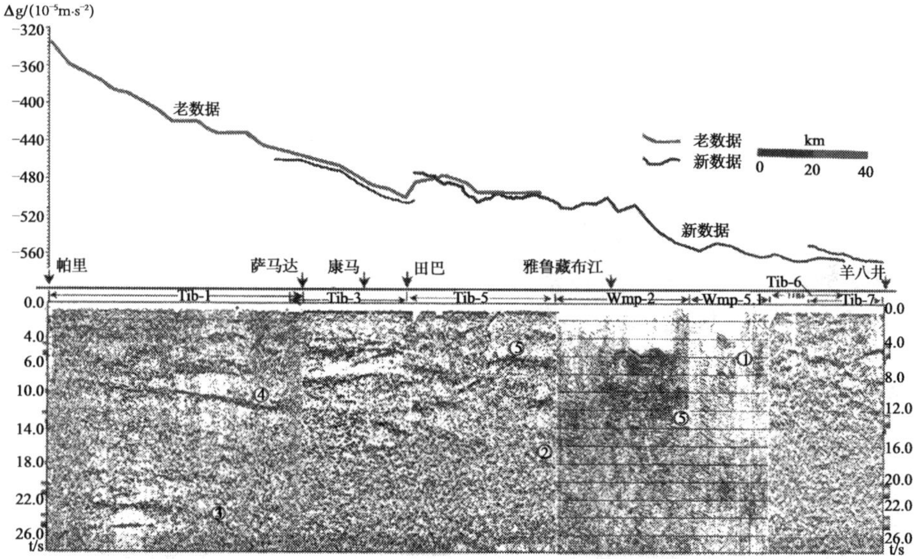

图 7-25　中方处理的反射地震数据和广角地震数据得到的反射地震剖面与布格重力异常剖面的综合图（文后附彩图）

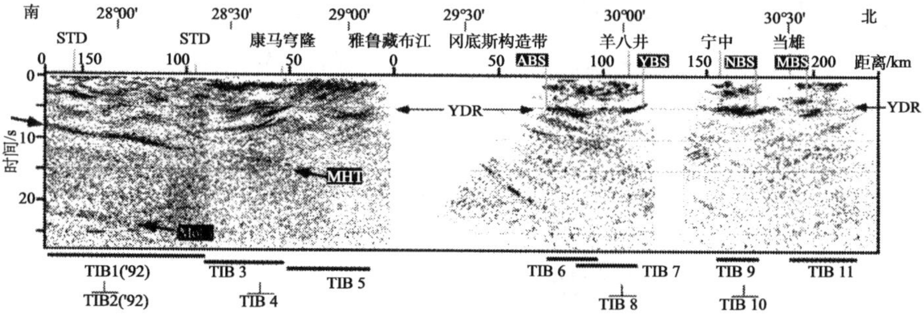

图 7-26　美方康奈尔大学所做的地震成像剖面
（据 Brown，et al.,1996）

第二阶段由于争取了德国和加拿大专家的参加而实力大增，增加了几十台宽频地震仪和大地电磁仪。观测系统：深反射地震共分成 9 段测线进行，Tib3、5、6、7、9、11 为近南北向测线，Tib4、8、10 为垂直主测线的短测线；记录天然地震的宽频地震台站近 100 台，分别部署在亚东—纳木错的主测线上和 4 条进入雅鲁藏布江的支流内（美国与德国的仪器）；大地电磁测量则是沿着主测线和当雄—巴木措测线进行，目的是争取能进一步改善雅鲁藏布江碰撞带结构成像质量。

图 7-27　1998 年在迈斯纳教授家与其合影

德国首席协调人迈斯纳教授（图 7-27）是德国地球物理界的重要人物。记得 1978 年孙大光部长率地质代表团访问德国时，德国方面介绍，德国科学基金会的主要研究力量就在基尔大学等大学，给我们留下很深的印象，现在有幸能与他合作，也是一个难得的机遇。德国地学研究中心是爱因斯坦工作过的地方，也是德国地学研究的国家权威部门，其科学专家都是很有名的。这样，生力军的到来大大增强了研究人员的信心，大家积极开始向碰撞带进军。

雅鲁藏布江碰撞带的精细结构及构造如图 7-28 所示，上图是深反射地震、广角地震及 P-S 波接收函数成像图，下图为地质解释图。1996 年《科学》上刊出一组共 5 篇文章（图 7-29）。

组织这组文章时，给我的任务是写一篇对 INDEPTH 项目设计的介绍，因时间未赶上《科学》的发稿时间而转投给美国的《地球与空间科学新闻》，其他文章中将我列为第二作者。但是，我认为第一篇综合解释性的文章内容对物探成果的解释并不准确，特别是，

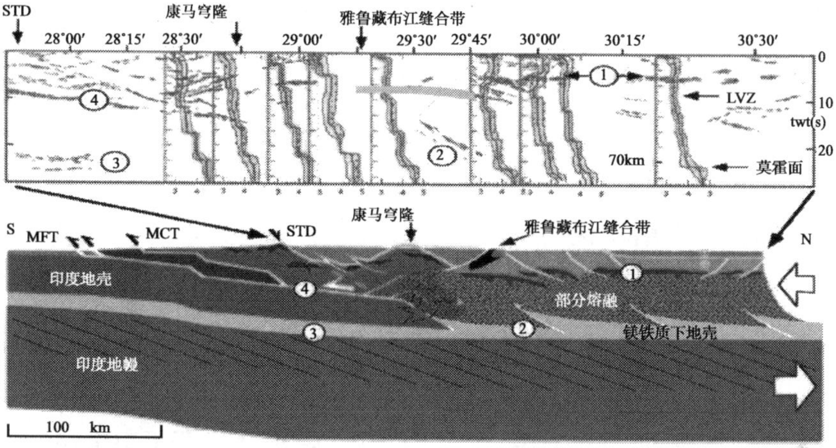

图 7-28　1996 年给出的碰撞带的深部结构（Nelson，赵文津，等，1996）

纳尔逊教授是按照印度大陆俯冲到欧亚大陆之下的构造模式做出解释，我有不同意见。

我的解释强调的是印度大陆没有整体俯冲到欧亚大陆之下，而是上地壳以构造逆冲叠加方式增厚，下地壳则是以挤压增厚的方式增厚的；岩石圈地幔则是沿地壳底部向北推进的复杂模式。我的解释于 2004 年发表在《地质学报》英文版上（图 7-30）。

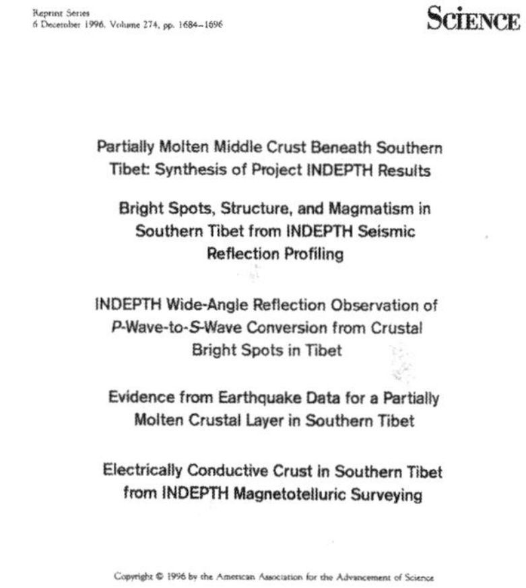
Reprint Series
6 December 1996, Volume 274, pp. 1684–1696

SCIENCE

Partially Molten Middle Crust Beneath Southern Tibet: Synthesis of Project INDEPTH Results

Bright Spots, Structure, and Magmatism in Southern Tibet from INDEPTH Seismic Reflection Profiling

INDEPTH Wide-Angle Reflection Observation of *P*-Wave-to-*S*-Wave Conversion from Crustal Bright Spots in Tibet

Evidence from Earthquake Data for a Partially Molten Crustal Layer in Southern Tibet

Electrically Conductive Crust in Southern Tibet from INDEPTH Magnetotelluric Surveying

Copyright © 1996 by the American Association for the Advancement of Science

图 7-29 《科学》1998 年刊出的 5 篇关于 INDEPTH 的文章

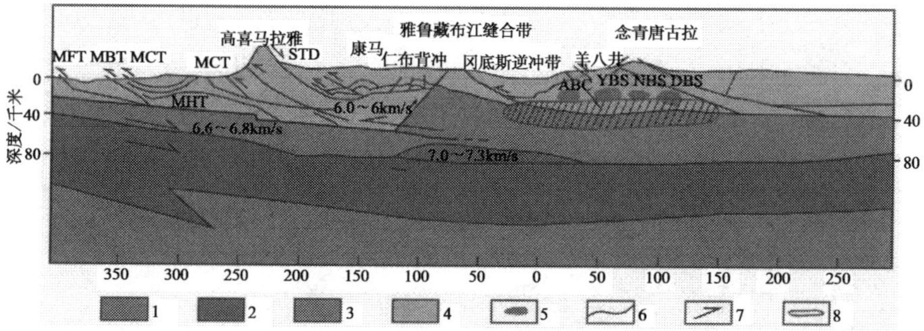

图 7-30　我提出的碰撞带结构图（2004）（文后附彩图）

新的解释主要增加了天然地震的成像结果和重力解释结果，新的模式与纳尔逊模式的主要区别有以下 6 点。

第一，念青唐古拉山下的部分熔融层的厚度从全下地壳范围缩小到中壳的 20 千米厚度之内，主要依据接收函数划定的低速层厚度，大地电磁法给出的导电层厚度缺乏控制，可信度差，不能作为确定厚度的主要依据。

第二，缝合带以北镁铁质下地壳不可能形成锯齿状，这是因为多条短的地震测线处理不当所致。现改用 P-S 波接收函数成像和广角地震成像等其他方法约束，下地壳改为较大厚度，并将锯齿状取消了。

第三，图 7-30 中的 MHT 不是与 MFT 相连，推向地表，而是伸入印度地壳的中壳，成为一系列向南逆推断裂的包络线。

第四，在康马穹隆下面的上升大箭头，表明作者认为下地壳物质转移到中地壳内。新的结果则强调了通过重力约束，推断其应为存在的残留洋壳或新生的下地壳物质，也可能有地幔物质的侵入堆积。

第五，解释了深反射发现的“双莫霍”现象，根据 P-S 波成像确定这是代表一层壳 / 幔混合的中间速度层，对本区斑岩铜矿的成矿至关重要。图中对中间速度层的南北两端延伸画得过短了，层的厚度也薄了，可以再向南北延伸和加厚一些。

第六，两个模式的主要区别是，我的模式是两大陆在挤压中上、下地壳分层增厚模式，并出现有大规模的中间速度层，与图 7-28 表达的印度大陆地壳沿 MHT 向欧亚板块下俯冲的模式有所不同。

归纳新的碰撞带结构有以下 6 个特点。

第一，在边缘岩浆弧区北部揭示存在一部分熔融层，深 15～20 千米，厚达 20 千米左右，南北长达 200 千米左右。

第二，在壳 / 幔之间出现一层中间速度层（表现为“双莫霍”

现象），南北伸展较长，厚度可达几千米，在4条跨越雅鲁藏布江的接收函数成像剖面上均有清楚显示，表明这一现象沿这一缝合带有一定普遍性。

第三，地表及地下有残存洋壳和大量的壳/幔混合岩，地表地幔岩中不仅发现有大量铬铁矿（罗布莎岩体是中国的主要铬铁矿产区），还有诸多细小的金刚石晶体，表明它是深部的来源，即在陆-陆碰撞阶段已有大量深部物质挤了上来。

第四，碰撞带内浅层有两条大型对冲断裂（GTS与RBT）及北部的向南推覆的旁多断裂系等。

第五，大洋地幔岩石圈，可能从两大陆接近碰撞时期，即65Ma以前，在两大陆对挤过程中，脱离残余地壳而拆沉下去；并在两个大陆碰撞后，厚度相对较大的印度大陆地幔岩石圈因不易发生挠曲，将会沿着地壳底部向北伸展出去，并未拆沉下去，也未发生陆内俯冲。

第六，地表细结构见图7-31。这是王希斌等测绘的雅鲁藏布江碰撞带地表岩石构造剖面。碰撞带内地表岩层都变得很陡，并变为向南陡倾斜。而与向南逆推的冈底斯大型推覆构造方向相反。

碰撞带的构造演化过程，我推测可能是这样：随新特提斯大洋俯冲，印度大陆向北运动，当两大陆逐步接近时，由于大洋岩石圈（包括大洋壳）厚度较大，因俯冲与重力均衡而造成大洋岩石圈的上隆，随后在两大陆对挤下会发生整体拆沉，并出现一段大洋岩石圈空白段，这时就诱发了软流圈物质大量的上涌，而印度大陆也加快了北进速度，并随后导致了印度大陆岩石圈沿藏北地壳底部向北伸展出去。这一设想与当前已提出的多种模式都不同。

1996年在北京召开的第30届国际地质大会上，国际岩石圈委员会主席凯文·伯克在大会主旨报告中谈到国际岩石圈研究进展时，高度评价了INDEPTH项目所取得的成果，并提出它“所创造的国际合作模式可以成为今后国际上地质攻关的一种模式加以推广”。

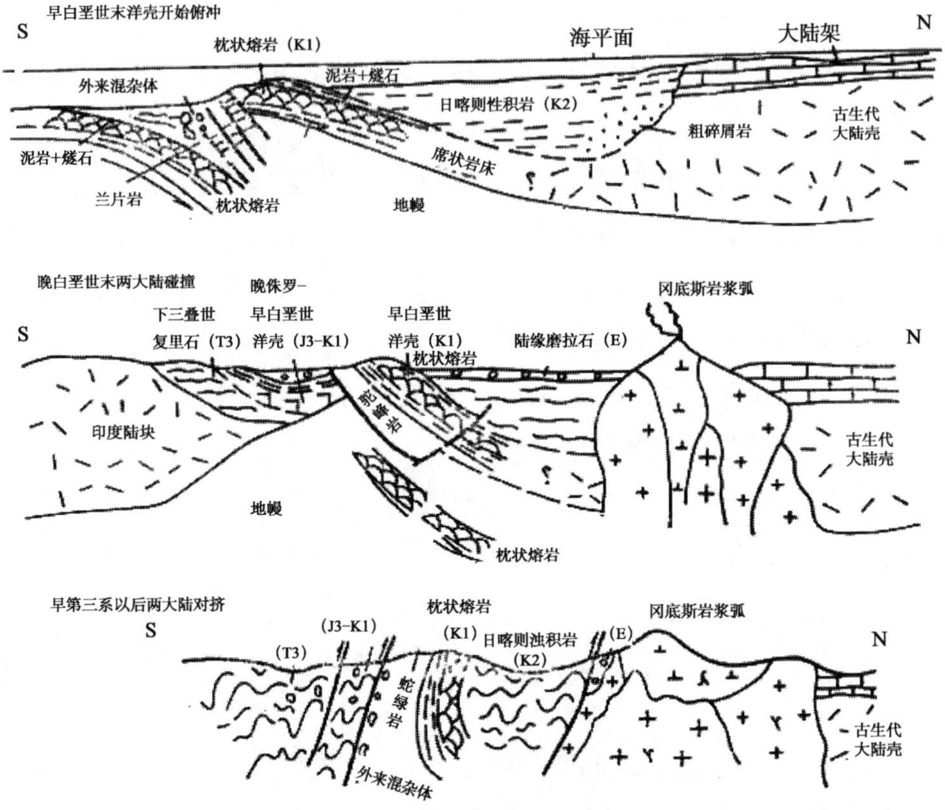

图 7-31　雅鲁藏布江碰撞带地表地质剖面（王希斌等，1987）
此图深部的情况也是推测的

美国国家科学基金会评价说："INDEPTH 项目成果从根本上改变了人们对青藏高原形成以及碰撞造山的认识，深化了对一个活动陆-陆碰撞带的了解，对造山机制、碰撞带地震活动性、矿产形成和地热能源给出了基本的认识。研究工作对了解造山带和与其相关联的高原做出了重要贡献，其科学成就具有全球震撼意义。"

1998 年科技部组织全国专家推荐评审，将本项目的研究成果评为"1998 年中国基础科学研究十大新闻"之一。项目第一、第二阶段成果被评为 2000 年国家自然科学奖二等奖，获奖的 5 位代表为赵文津、徐中信、熊家育、陈乐寿和蒋忠悌。布朗教授获中国国家友谊奖。

上述这些评价，表明了 INDEPTH 国际合作研究工作迈上了一个新的高度。

以上就是第一、第二阶段的主要成果，并先后写了 20 多篇学术论文在《自然》《科学》《地球物理学研究杂志》等国际学术刊物上发表。

显然，由于第二阶段的观测系统过于复杂，需要进一步改进处理工作。遗憾的是，多年来 INDEPTH 科研团队内深反射地震的处理班子的人员流动很大，难以坚持下去和不断改进数据处理工作，难以积累处理经验。所以，今后还需要进一步以统一的、改进的处理软件对这些数据做精细加工；如果可能，还应补做一些野外工作，毕竟这些工作带有首创性、典型性，工作中的许多不足之处应进一步改得更完善一些为宜。

值得提出的是，通过科技合作，许多国外的专家和学生深入高原藏族同胞民的家庭中，了解藏族同胞的具体生活与活动，大大增加了对藏族同胞的了解，特别是了解到藏族同胞对我们开展国际合作的支持态度、藏族同胞对政府的支持态度，及藏族同胞生活的变化等。如天然地震阵列课题组布置了几十台宽频地震仪，十几千米距离布置一台，无人值守，只挂了提示牌（图 7-32）。一年以后中美双方人员回收仪器时，发现一台仪器也没有丢。美国专家非常高兴，说在其他国家一般会丢失 1/10，他说这真是一个奇迹，提议每个国家保存两个提示牌以作纪念。

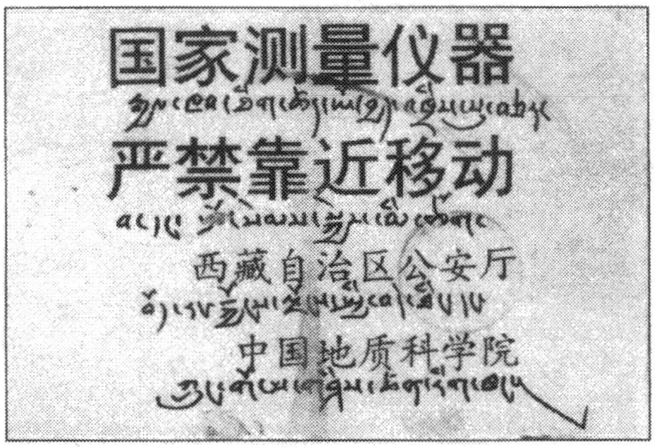

图 7-32　宽频地震仪安全提示牌

应当提到，除军队支持我们的研究外，西藏自治区各级政府对这一合作也持积极帮助的态度。记得这一期野外工作用的仪器设备很多，几个国家都要带进西藏许多件，设备价值高达几千万元，进入西藏时需要交纳一笔押金，可是我们完全没有这笔备用金，于是我们找到西藏自治区科委寻求帮助。当向区科委刘主任提出这一问题时，科委领导一口答应了下来，由区科委担保，这些仪器设备都是进行科研活动的，用后即运出。这样，问题就解决了。图7-33是我们向刘主任汇报后，在区科委大楼外与刘主任的合影留念。

图7-33 在西藏自治区科委大楼外合影
（右三为区科委刘主任，右二为赵文津，右一为熊家育处长，左一为区科委干部，左二为《科技日报》记者于苹明）

1997年夏，项目组在北京西郊宾馆召开了汇报交流会（图7-34）。国家科学技术委员会、国家自然科学基金委员会与地矿部的领导莅会祝贺与指导，会议开得十分热烈。

图7-34 1997年INDEPTH项目总结大会召开时与会代表在西郊宾馆合影
（前排右一为赵文津）

为了进一步扩大国际合作，加强研究力量，我们还做了以下三件事。

第一，1997 年 4 月，参加 INDEPTH 项目的美国俄勒冈州立大学的 Nabelek 教授及伊利诺伊大学的陈望平教授与我谈判并签署合作协议，要同时进行另一个测线宽频探测即爬山计划之事。这条剖面位于 INDEPTH 测线以西约 500 千米处，沿东经 85° 线从吉隆向北经萨嘎-措勤-改则和三个湖到鲁谷，向南穿过喜马拉雅山到尼泊尔的天然地震宽频地震台站阵列测量工作，以与INDEPTH剖面（大体沿 91° E 线）进行对比。

爬山计划经美国国家科学基金会批准于 1997 年开始，工作取得很好的成果，并发表在《科学》2009 年卷期上，其成像结果与 INDEPTH 剖面的成像十分一致。爬山计划剖面 P-S 波接收函数成像见图 7-35。图中中间层显示得非常清楚，南北宽度很大，达 150 千米以上，而且莫霍界面的震相也很清楚，其中在班公湖-怒江下面也有显示。

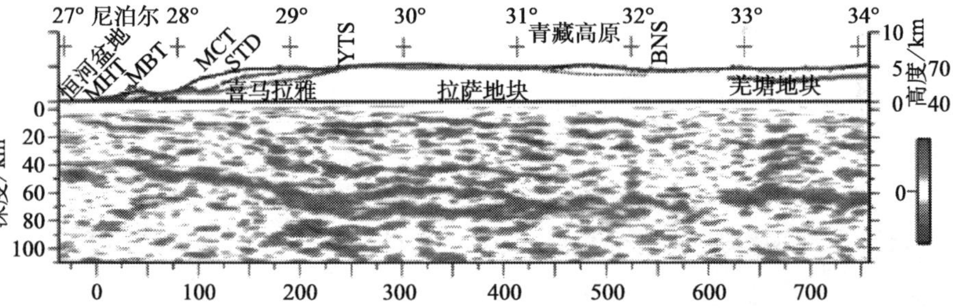

图 7-35　沿 85° E 经线 P-S 波接收函数成像图（Nabelek et al，2009）（文后附彩图）

图中最下部的红色转换震相代表莫霍界面；YZS（图中用 YTS）以北双红色转换相位代表壳 / 幔混合层；20 千米深的红色震相与 10 千米深处的蓝色转换震相之间代表一个低速层，可能是部分熔融层的显示

第二，第二阶段研究总结会是在美国康奈尔大学召开的，我们特别邀请了法国的地球物理学家希恩参加会议，并提出希望法国也能参加这一项目，但是法国坚持自己与中国有单独的合作，不参加 INDEPTH 计划。关于法国与中方开展第二轮中法青藏高原的合作研究还有一段曲折过程。开始时，又出现了与中美合作谈判之前同样

的情况，即有人早就以个人名义与法方进行了商谈合作，并达成合作协议，但是部领导并不知道这一活动，所以不予认可，使这一合作成了问题。当时，我在院里主管深部探测，经过与闫立本同志商量，一致认为还是以中法关系大局为重，尽可能地把这项合作研究推进一步。我们请闫立本同志再次对部领导做些说明工作，建议按部里的国际合作项目立项规定，再重新走一遍立项程序。最后部领导张宏仁同意由中国地质科学院打报告申请。这样，院领导开会确定第二次中法合作由中国地质科学院地质研究所牵头，地质研究所所长郭云麟负责这一项目，并进行谈判准备工作。但是，之后的工作一直不顺畅。

第三，为了使跨过喜马拉雅山的地震剖面更完整，我一直寻求机会与印度有关单位建立联系，通过开展地学合作将 INDEPTH 深剖面延伸到喜马拉雅山南的恒河平原地区。通过中国太平洋经济全国合作委员会的汪巍先生牵线，我们结识了印度使馆人员。到 2003 年，印方有很好的响应，2004 年他们还亲自到中国地质科学院了解 INDEPTH 项目的工作进展，并商谈在青藏高原科学合作事宜（图 7-36）。

图 7-36　印度大使等访问中国地质科学院时留影
（左五为印度大使，左四为张彦英院长，左三为赵文津，
右三为印度大使馆一秘，右五为李廷栋）

2004年6月28日在印度大使馆召开“潘查希拉”纪念招待会时，还特意邀请了我参加这次招待会，我借机又与印度大使馆的科技参赞建立了关系。此外，我还借机向外交部部长李肇星汇报了中印青藏高原地学合作谈判情况的简要汇报，提出希望国家给予指导与支持。李部长当场指定外交部亚洲司的王珞处长负责联系和处理此事。后来国家科学技术委员会也正式立了中印地学合作计划，但后来又因种种问题未能执行。

十、大陆与大陆碰撞带的成矿作用：藏南冈底斯大型斑岩铜矿带的成矿条件的分析实例

沿冈底斯陆缘弧地带已发现了一系列斑岩型铜矿床，总体呈东西向分布，多个矿床成矿时间在15Ma左右，即两大陆碰撞（65Ma或者是50Ma）以后的几十个Ma才成矿的。正如上述，印度大陆与亚洲大陆碰撞，具体地讲就是印度大陆与冈底斯岩浆弧的碰撞。这样，冈底斯铜矿带就与碰撞发生了密切的关系。

现在对碰撞带斑岩铜矿的成矿作用，一些人仍然用大洋岩石圈向大陆边缘弧下俯冲导致地幔软流圈物质进入下地壳，带来成矿物质与钙碱性岩浆，再进入地壳浅部成矿来解释；另一些人则解释为印度大陆岩石圈在碰撞带之下多次发生撕裂，或断离形成岩石圈的构造窗，使软流圈物质及热流体进入地壳形成壳/幔间的中间层，成为浅层岩浆房和矿质的源区。我们开展碰撞带结构构造探测，正是为了研究碰撞带结构构造演化，以为研究碰撞带成矿作用提供一个新的构造框架。

我们发现，无论是大洋俯冲阶段还是大陆碰撞阶段，地球物理探测得到的结构剖面都与地质矿床学家推测的完全不同。矿床学家在建立自己的成矿理论时，应当考虑实际探测出的俯冲带和大陆碰撞带结构，并在其基础上建立自己的成矿模式。

对于碰撞带成矿作用，我认为应考虑以下几点。

第一，冈底斯陆缘弧是新特提斯大洋从晚侏罗世或早白垩世开始向拉萨地块下俯冲过程中形成的。到 65Ma 两大陆碰撞时俯冲过程已持续了近 100Ma，俯冲必然导致在陆缘弧地带形成丰富的斑岩型铜矿床的成矿物质基础，如南美安第斯斑岩铜矿带，这将使得陆缘弧地带地壳内已预存储了大量成矿物质铜等元素及钙碱性岩浆物质。

南美安第斯斑岩铜矿带，经勘查已发现有几十个斑岩铜矿床，铜储量达到 4 亿吨以上，组成约 5 条矿带。另有大量的钙碱性岩浆岩，成矿规模非常之大（图 7-37）。

这一斑岩铜矿带是东太平洋纳斯卡板块自白垩纪以来向南美板块下持续俯冲的条件下形成的。俯冲过程现在仍在进行中。大体上每经历几个 Ma 后就会出现一条南北向的成矿带，最近的成矿期为 5Ma～4Ma，主要分布在南端，其中仅特恩尼特一个斑岩铜矿床铜储量就达到 9400 万吨，规模巨大，成矿物质丰富。

第二，从印度大陆块体向北东运移速度变化分析，印度大陆岩石圈从接近碰撞时开始，大洋岩石圈因被挤压而断离并下沉，可能是在 60Ma 或 55Ma 前后，随后两大陆发生碰撞；碰撞后，从我们用多种方法探测的结果看，印度大陆岩石圈的去向，沿冈底斯陆缘弧地壳的底部向北伸展出去，直到现在。这样，就将经过碰撞改造过的陆缘弧地带的地壳圈闭起来。有人说，印度大陆岩石圈于 20Ma～12Ma 在碰撞带下面曾发生过多次断落、裂离的事件。作者找不到任何现象和发生的道理。

第三，在两大陆碰撞后持续挤压过程中陆缘弧又受到后期构造岩浆作用的改造。现已发现的斑岩铜矿成矿时间大多数集中在 15 ± 4Ma，即主要是在碰撞后几千万年以后发生的。

第四，在 15～20 千米深的部分熔融层（即浅层岩浆房），它应当是在上地壳内发生大型逆冲推覆构造时产生的（可能是在 40Ma 或 20Ma 时）成为向上挤入的钙碱性和含矿流体的供源岩浆房。

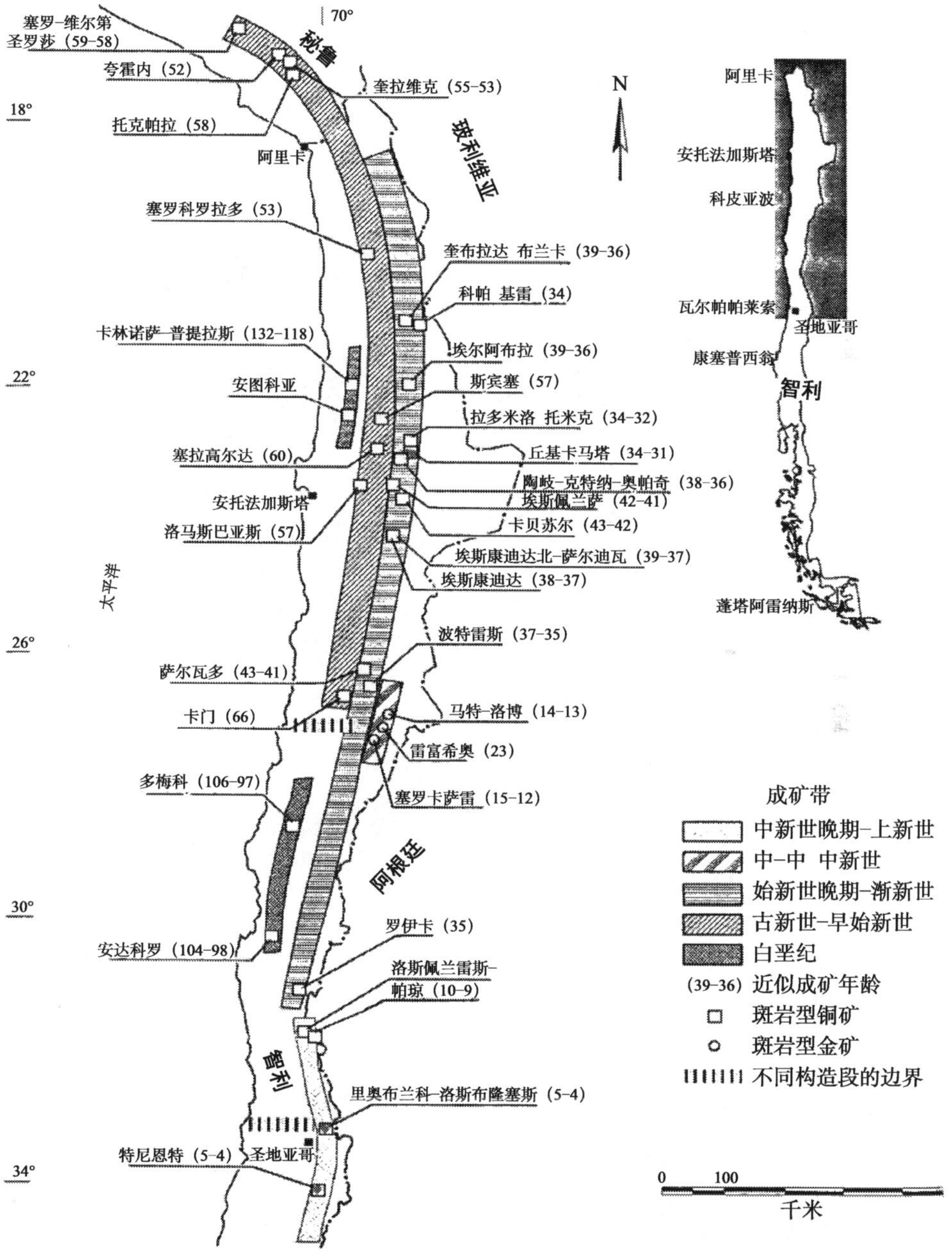

图 7-37 南美安第斯大洋俯冲带斑岩型铜矿床分布图（Camus，2005）

第五，浅层岩浆房之下的壳 / 幔间存在一个大规模的中间速度层，应是地幔与地壳物质作用的产物，是新生的下地壳所在；它是上部岩浆房的源区，规模比地质学家推测的 MASH 带要大得多［图 7-38（b）］。

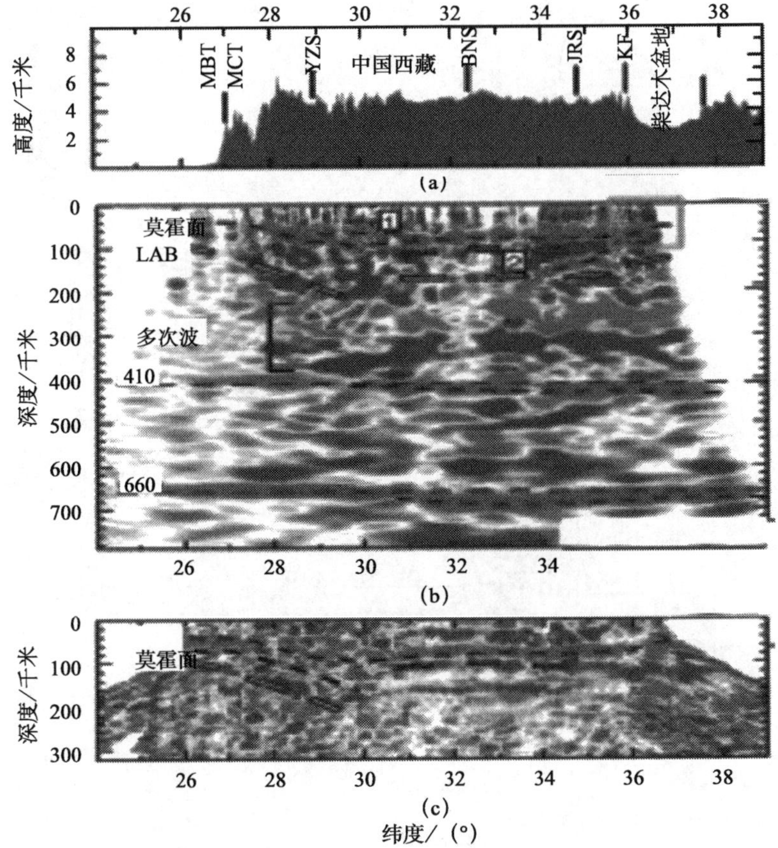

图 7-38　沿 INDEPTH 测线的天然地震 P-S 和 S-P 转换波成像结果（赵文津等，2011）（文后附彩图）

第六，后期壳内大规模的构造作用是造成成矿物质再活化、再分配和再聚集成矿的直接因素和矿床分布的控制因素。

在碰撞带北侧发育的部分熔融层是一个巨大的地热资源库，现在已建立了羊八井高温地热电站，电站位于西藏自治区当雄县境内海拔 4300 米的羊八井。其地下热水取自地下 2000 多米深，地热蒸汽温度高达 172℃。电站自 1977 年第一台机组投入运行以来，到 1986 年装机容量达 1.3 万千瓦。电站由 5 眼地热井供水，单井产量为 75～160 立方米 / 小时，水温为 145～170℃。每年第二、第三季度水量丰富时靠水力发电，第一、第四季度靠水热发电，能源互补。它是中国最大的地热能发电站，成为西藏地区的主要能源来源，其远景潜力很大，还有待进一步扩大开发。

我认为找斑岩铜矿或其他斑岩型钼矿、钨矿、锡矿，在技术上并不复杂。因为：第一是斑岩型矿床生成的深度不能太深，埋藏太深就不能形成斑岩体了，这是斑岩岩体生成深度的约束；第二是这些矿床生成后上部都会经历一段剥蚀过程，使矿体埋藏深度变浅，或使蚀变带广泛出露在地表；第三是这类矿床的规模都比较大。这样，用地质的、遥感的、地球化学的和地球物理方法都有可能发现它。但是，由于后期构造作用又可能使其分布规律复杂化，所以如何查明其分布规律，特别是了解其 2～3 千米深部成矿的特点很重要，它将有力地指导找矿的工作方向的选择与微弱遥感、物探、化探异常的评价工作。现在有人提出要寻找和开采 3～5 千米深处的矿，更需要探寻深部成矿的规律，并进行精细勘查。因为，我们现在总结的成矿规律，主要是根据大量的 500 米深度以浅的勘察结果、更深处的矿产赋存的情况，及矿产的生成与分布还缺乏研究，深部的温度、压力、断裂以及围岩岩性与浅部的不一样，相应的分布规律也会有变化。

中国近期内发现的两个大型斑岩型铜矿床——西藏拉萨地区的驱龙和甲马斑岩铜矿床，其发现的历程实际上就是这样，并不复杂。遥感调查可以发现很好的矿化蚀变带及孔雀河，因为穿过矿区的两条小河中已被铜的次生矿物、碳酸盐类矿物孔雀石染成孔雀蓝色，水流长达 4～5 千米，是很容易被发现的；地表地球化学测量也得到了规模很大的铜分散晕、分散流（图 7-39）。

中国科学院的秦克章及西藏地质矿产勘查开发局的夏代祥、多

图 7-39　驱龙矿区的两条小溪因溶解孔雀石铜成为“孔雀河”(引自郑有业)
驱龙矿区主矿体两侧发育有两条近南北向河流，其中东侧为戎母错，西侧为且津朗。东侧戎母错中孔雀石、蓝铜矿等氧化矿转石分布河段在驱龙勘探区下游1千米的主沟中开始出现，往下游延长距离最远达6千米，它们以薄膜形式覆盖在砾石表面，形成了蔚为壮观的“孔雀河”，西侧且津朗“孔雀河”不及戎母错中的长，但是其长度也达到了4千米，这与驱龙矿体所处位置有关

吉院士等写的《西藏驱龙斑岩-夕卡岩铜钼矿床》一书中对其发现过程进行了描述，这对找这种类型的铜矿是有典型意义的。现摘录部分文字于下。

（1）驱龙斑岩型铜钼矿床位于冈底斯山中段，距雅鲁藏布江缝合带约50千米，海拔4950～5400米，地势险峻，切割强烈。

（2）1986～1988年，西藏地矿局开展1∶20万水系底沉积测量，圈出驱龙铜金多金属元素异常。随后，局区调大队查证异常时发现斑岩型与夕卡岩型铜矿体（后来重新检查卫星遥感图上也可圈出明显的矿化蚀变带）。

（3）1994年开展地质草测36平方千米，圈出驱龙一带的斑岩体。

（4）2001年西藏地质二队对驱龙矿区进行预查；2002年，中国地质调查局介入，列入计划；2002～2005年由西藏地质二队与地质六队对矿区进行普查，并投入钻探5000多米，查明矿区内地层、构造、岩浆岩，蚀变分带及矿化体等；中国地质大学（北京），中国地质科学院矿产资源研究所、地质研究所、成都地质矿产研究所开展了专题研究，提出驱龙有多个矿化中心，成矿温度集中于320～380℃，成岩成矿时代为18Ma～14Ma，辉钼矿Re-Os同位素年龄测定驱龙斑岩铜矿为16Ma形成。

（5）2006～2008年，巨龙铜业有限公司聘请夏代祥为总工程师，多吉院士为技术顾问，对矿区中段与北段开展详勘，投入50 000多米钻探，2008年提交勘查报告，提交了331～333类铜金属资源量719万吨，并通过国土资源部评审验收，2011年获部的科技奖一等奖。

（6）2008～2010年，公司又对矿区南段进行勘探，再次提交了333类铜金属资源量约300万吨。以上勘查平均控制深度仅为500米，少量钻孔勘探深度为1000米，向下铜元素含量变低，钼元素有些增高，但是更深的矿化情况就不清楚了。这也是需要进一步了解的。

十一、一场夭折的科研体制改革试点

1997年年初，我向时任国家科学技术委员会常务副主任朱丽兰提出建议，我认为国家的青藏高原项目岩石圈研究部分太弱，而它又是其他青藏研究的基础，与生态环境研究、找矿、地震预报探索关系也极为密切。我建议将几方面研究工作衔接起来，一条龙地抓，可以使几方面的研究起到相辅相成的作用；并希望以青藏高原研究为基础，进行从基础研究到开发应用研究一条龙的试点，我们INDEPTH项目团队愿意参与这项试验。因为虽然我们进行的是基础理论问题研究，但是它需要同时与有关的应用问题研究结合起来，才能起到相辅相成的作用，促进研究工作的深化。

下面是我向朱丽兰主任提出的建议的原文。

尊敬的朱丽兰部长：

您好！

向您汇报一个情况，并希望得到您的指导和支持。

我们中、美、德、加四国合作的青藏高原大陆动力学研究项目“在深部（INDEPTH）”，已开展两个阶段共七年了。

第一个阶段是在喜马拉雅地区开展深反射地震探测，研究在地球上最厚（80 千米）地壳地区深反射地震的作用，可否探测地壳深部的细结构。

第二阶段是在雅鲁藏布江缝合带进行以深反射地震为主的多学科探测，研究印度大陆和欧亚大陆碰撞后产生的重要构造现象（如洋–陆俯冲、陆内俯冲以及喜马拉雅造山作用等）。

两个阶段都取得了较好成果，有了许多重要的发现，成果先后在国际权威杂志《自然》《科学》上发表了 6 篇文章，另外，《科学》杂志上还发表了两篇高度评价本项目的文章，国际地质科学联合会机关刊物 *Episode* 上刊登了介绍 INDEPTH 项目的进展，欧洲地学联合会机关刊物 *Terra Nova* 上也刊登了 INDEPTH 的成果。现已在国内外重要杂志上共发表了 50 篇文章，在国际上产生了不小的轰动效应。

现在项目的第三阶段合作将开始，今年 5 月 4 日四国的科学家正式签订了合作协议，拟于 6 月下旬或 7 月开始野外工作。

第三阶段工作地区是在藏北羌塘盆地（含油远景很大），纳木错褶皱带（有大金矿）和唐古拉山区（多种矿产），工区平均海拔 5000 米，空气稀薄，属无人区，大雪灾频繁发生，面积达 20 万平方千米。科学目标是研究高原腹地地壳缩短和增厚机制，藏北中壳部位部分熔融层的展布和形成机制，上地幔的结构变化，了解深部物质的迁移等。

这次野外地球物理和地质调查规模是空前的，仅美、德带来的国内没有的高水平的流动式数字地震台站即达 70～80 台，超长周期大地电磁仪 15～16 台（这也是中国所没有的先进技术），要在中国连续记录一年，将可取得大量的数据资料。

我们面对美、德、加的强手，中国人要力争上游，要出高水平的成果，就需要中国国内高水平同行（地震局、中国科学院和大学的有关专家）的积极参与和共同奋斗，以和对方一争高低，基础研究只有第一没有第二！出低水平成果就是浪费。可是我们的经济实力太弱了，不能适应这一形势的需要，如果我们采取能做多少就做多少的工作方针，那么我们就是失败者，对不起国家。我想我们不能这样做，我们应当为中华民族去争上游。

这一项目是美国国家科学基金会和德国科学研究协会、德国地学研究中心全力资助的，参加单位有康奈尔大学、哥伦比亚大学、斯坦福大学、华盛顿大学、新墨西哥州立大学、德国地学研究中心、基尔大学、波茨坦大学、柏林自由大学、维茨伯格大学等国际一流科研单位。而中国仅仅是原地质矿产部的资助（第一阶段国家自然科学基金委员会也资助了部分资金），显然实力较弱，我们希望科技部和国家自然科学基金委员会也能资助一部分，把许多青藏研究项目和这一项目结合起来，充分利用起已获得的大量地震资料，实现少花钱、出大效益、进入世界舞台的目标。国际上科学的竞争需要我们团结，可是我们没有足够的经济实力（国土资源部经费投入有限）组织大家参加，为此，向您呼吁和建议国家能给予资助，解决两部分经费：①大量宽频和中频的地震记录资料的处理、解释和理论研究的费用，我们所得到的资料要比过去的资料多几十倍，非常宝贵，可以取得很重大的成果；②支持西藏大陆动力学基础研究向应用研究方向延伸所需经费。

因为我们工作的重点地区是在西藏的“一江两河”经济开发区和“一油”（羌塘含油气盆地）、“二金”（纳木错褶皱带和可可西里地区）的远景区。中央要加强西藏的发展，而我们已经研究了这些盆地和造山带的深部和浅部地质构造演化，以及深部的水热活动，这都是研究成矿规律的最重要的基础性工作，为什么不进一步向应用方向去发展，这个地区的条件是很难得的。这方面过去国家科学技术委员会社会发展司曾给予支持列入科学技术委员会的滚动计划内，我们建议能继续抓下去，抓出结果，估计补充经费需要300万～500万元，即可干出很多的结果。如果您能安排时间，我们很希望能做一汇报，得到您的指导和支持。

专此上报，敬请指正。

建议上报后，国家科学技术委员会领导采纳了这项建议，并将原来由国家科学技术委员会基础司负责的青藏高原研究项目划归国家科学技术委员会社会发展司，由该司负责统一抓好这项一条龙试验。

1998年1月初春节前，国家科学技术委员会社会发展司领导召集了孙鸿烈（派了代表）、郑度及我开会，会上社会发展司领导宣布国家科学技术委员会拟设立一个大的青藏高原研究项目，分三部分：一是高原岩石圈探测与矿产资源远景，二是高原生态环境，三是高原经济社会发展。按照各单位的基础与特长，司领导提出要强强联合攻关，并将基础研究与应用开发研究一条龙地抓，探索如何从基础研究到开发应用研究相衔接，希望两部门合作搞好这次试点。会上还特别解释说，吸收我参加岩石圈基础研究是为了便于利用INDEPTH科研团队的力量与现成的国际合作渠道。我当场表态拥护国家科学技术委员会的决定，指出这个试点很重要，可以走出一条地学科学技术发展的新路子，自己愿意将INDEPTH项目的国际合作团队与大家合作搞好这一新项目。会后，我还立即邀请中国地质科学院、中国科学院及国家地震局系统从事青藏高原研究的地质、地球物理学家到中国地质科学院的西藏屋开会，传达了国家科学技术委员会的决定，并带头表示欢迎大家参加共同研究，完成这一重大的国家攀登任务，并推进有利于形成中国地学界的大团结活动，共同将中国的青藏高原研究推进一步，为中国争气。

后因种种原因，一条龙的试点搞不成了。国家科学技术委员会社会发展司领导提出愿意支持我们结合INDEPTH项目开展的应用开发研究，希望我们一是转向南海，因其也属于新特提斯带；二是向北部的羌塘开展油气评价研究。于是我们就选择了羌塘盆地的油气资源评价，与INDEPTH-Ⅲ开展的班公湖-怒江缝合带研究结合起来工作。1998年12月正式开始了羌塘盆地的工作。而关于沿新特提斯碰撞带向东南追索的问题——开展南海岩石圈的研究，只能留待以后有机会时再作安排了。

十二、第三阶段：班公湖-怒江缝合带结构构造研究

INDEPTH 第三阶段的工作是：跨越班公湖-怒江碰撞带进入其北部的羌塘地块（或称羌塘盆地），要解决的问题是两个：一是研究碰撞带的结构与构造；二是研究羌塘盆地深部的构造特点，评价其油气的前景和找油气的有利地段。

羌塘地块是高原腹心地带，平均海拔在 4200 米以上，常年冻土发育，其东部为湖区，地势平坦，河网较多，冻土发育，但空气中严重缺氧，工作条件极其恶劣。一般人员因高原反应严重都进不了这一地区，进去了也工作不下去。记得项目组刚开始进入羌塘地区时，就有一个西班牙的研究生随美方专家进入伦坡拉地区，因身体有强烈的高原反应而不得不通过国际海事卫星与国际救援组织联系，很快地直接从伦坡拉盆地将其抢救下来，运回西班牙。很显然，这也是一项困难不小的工程。

拉萨地块与其北部的羌塘地块相碰撞，中间的大洋称中生代特提斯大洋，也有人称其为新特提斯大洋的北支。大洋闭合后形成班公湖-怒江缝合带或称班-怒碰撞带。长春地质学院李才教授经过长期研究，认为盆地中部还存在另一个老碰撞带——龙木错-双湖三叠纪碰撞带。这样，盆地的地下构造变得更为复杂，探测与地质解释的工作难度大大增加了。

羌塘盆地又是中国一个尚未开发的大型海相沉积盆地，找油气很有前景。李四光很早就一再强调要关注它，并已在缝合带附近伦坡拉盆地内陆相第三系地层中求得 3000 万吨稠油的储量；在隆鄂尼地点还发现有大规模沥青分布，推测是古油藏氧化残余。

在班公湖-怒江碰撞带的西段、改则县以北及革吉县的西北都发现了很大的斑岩型铜矿床及若干个有找矿前景的地区。

关于班公湖-怒江洋的俯冲方向及缝合带走向有不同认识。

在改则以西，蛇绿岩带走向是比较清楚的，但出现南北两条花

岗岩带，是大洋向两侧俯冲而产生的配套的陆缘弧岩浆岩带，或是其他原因形成的双岩浆岩带？

这条蛇绿混杂岩带（P-K_1）在改则以东，即达则错（位于尼玛县以东）和色林错以东出现有3条蛇绿岩带。哪一条代表缝合带的主要位置与走向？有人提出狮泉河-申扎-嘉黎是一条蛇绿岩带，但这条蛇绿岩带在申扎-纳木错段走向又变成北西-南东向，与班公湖-怒江带的关系是怎样的呢？

所以，如何确定缝合带的主要位置与走向、几条蛇绿岩带的关系，蛇绿岩带深部产出特征等问题仍未弄清楚。对此问题，可以归纳出以下几种推想：①班公湖-怒江洋（以下简称班-怒洋）向北俯冲到羌塘地块之下，并于中侏罗世时闭合，两大陆碰撞；②班-怒洋一直向南俯冲；③班-怒洋一直向南俯冲，中间产生三个岛弧和三个弧后拉张盆地，并达到小洋盆阶段，后来又先后闭合，以此解释东部3条蛇绿岩带的出现；④也有人认为大洋是在中侏罗世晚期分别向南、北两侧俯冲的，形成两条岩浆弧，并于早白垩世早期140Ma时闭合；⑤有人认为这一碰撞带根本不存在，不过是欧亚板块（即羌塘地块）南部边缘的一条大断裂而已，但未说明蛇绿岩的性质。

图7-40所示是侯增谦团队提出的一种解释。

图7-40中表达的是班公湖-怒江洋在J_1时开始向南西向俯冲，认为永珠、觉翁、依拉山3条蛇绿岩带都是班-怒洋内3条岛弧的弧后拉张带区出现的大洋壳。在K_1时大洋闭合，3个弧后盆地也闭合了，岛弧带先后与羌塘地块拼合并开始挤压过程。其中永珠-纳木错洋向南、北两侧俯冲，其两侧出现配套花岗岩带，残存的洋壳即现在的永珠-纳木错西蛇绿岩带；觉翁、依拉山两洋盆则是向南俯冲，现在的觉翁和依拉山两蛇绿岩带即为其残留洋壳。但是，班-怒洋长期向南俯冲形成的弧花岗岩浆带还不清楚，班-怒洋闭合的主体位置在哪里并不明确。图上画出的缝合带是沿安多-聂荣残余弧-嘉玉桥残余弧延伸着。但是，这一条蛇绿混杂岩带显示得并不明显，而地

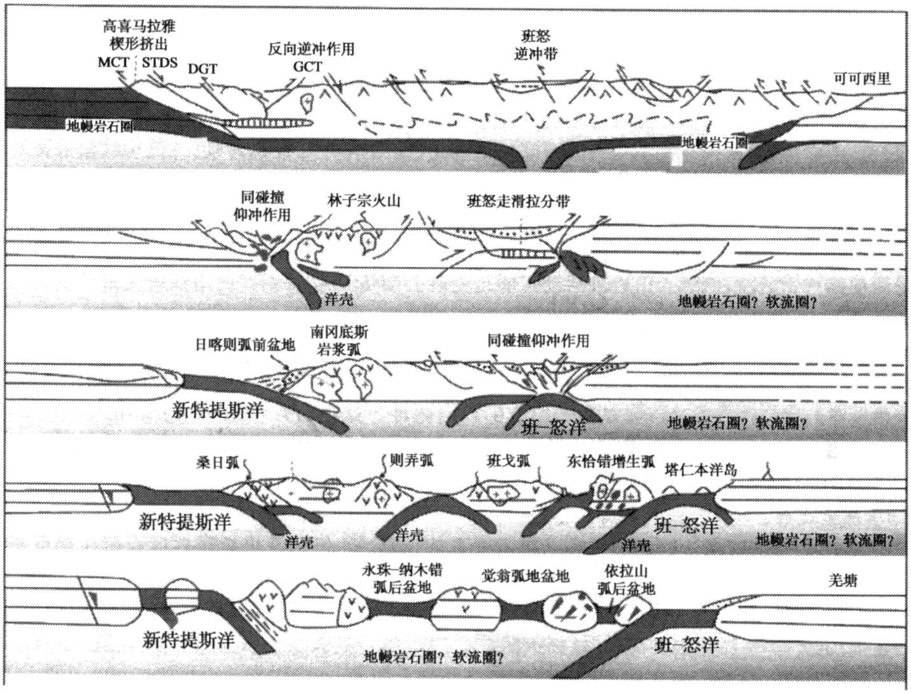

图 7-40　班公湖–怒江大洋演化图（侯增谦，等，2009）

表几条蛇绿岩带与花岗岩带都是呈北西–南东方向，而不是一般绘制的东–西向。

作者在图 7-40 上的班–怒洋位置上标有塔仁本洋岛和东恰错增生弧，而在 K_2 时大洋的洋壳蛇绿岩又都不见了，可能作者认为这里就是班–怒带的主体位置，残余洋壳均已转入地下深处。注意，图中标明了，在中新世（N_1）以后班–怒带又变成南、北两大陆块岩石圈相对俯冲之处。

鉴于上述情况，我提出可以试着从地面上大陆边缘弧岩浆岩和蛇绿岩的配套关系入手，来探讨这一缝合带的走向，这可能相对要稳妥一些。

利用 3 张图，即东段的地质图、地表蛇绿岩分布图、剩余重力图作一试探。

纳木错为一明显的重力高异常，面积也最大。其东北方那曲附近的高异常为白拉-依拉山蛇绿岩体，重力异常规模较大，幅值也较强，反映了蛇绿混杂岩体规模较大。

出现3条剩余重力正异常带：西带为色林错西-尼玛-申扎-纳木错，中带为色林错东-白拉-那曲依拉山，北带为色林错东-东巧-安多北。这3个剩余重力正异常带都比较明显和连续，但是地表出现的蛇绿岩体则是十分零乱的。其中北带正是大家用来划定班公湖-怒江碰撞带走向的主要依据。西带的重力高条带，与申扎-纳木错的蛇绿岩带分布相符合，并可继续向东南延伸到接近嘉黎一线。纳木错湖整个显示为一剩余重力高，从区域对比上看，推测它可能是蛇绿岩体的反映。这一蛇绿岩带整体上呈北西-南东走向，与区域构造方向一致；中带的西北段色林错北与西缘均未见蛇绿岩岩体；北带重力异常带出露的蛇绿混杂岩很零碎。与其他数据联系起来分析，3个岩带的成因机制、和深部结构可能都不相同。

与剩余重力高异常带配套的应是其东北侧存在的剩余重力低带。最明显的是，与西部重力高配套的重力低，是从色林错起的，色林错为一个重力低，向东南与班戈白垩纪（140Ma）花岗岩体的重力低连成一个带。色林错重力低，推测其引起的原因：一种可能是与班戈花岗岩体相同；另一种可能是沉积加厚区的反映，是伦坡拉盆地向西的延伸部分。白垩纪花岗岩引起的班戈重力低，继续向东南延伸到纳木错东，再向东一直延伸到嘉黎北-边坝-洛隆，再转向东南。沿带有多处燕山晚期花岗岩类出露，分布的连续性也较好，根据这一特征，估计这一带可能为缝合带的主要位置，即大洋主要是沿这一带向北俯冲的。

在中部重力高的北部也有一个重力低带与其配套，虽也呈西北-东南向延伸，但向东南延伸有限；而北带，则完全没有配套的重力低，或是花岗岩带，而且北带的蛇绿岩带和重力高本身连续性也不好。

INDEPTH-Ⅲ广角地震剖面是从纳木错西南角的德庆，向北东伸展，经班戈岩体、伦坡拉盆地、多马镇、双湖县到龙尾湖。剖面走向设计得正好穿过这3条蛇绿岩带及其间的低重力异常带。在班戈-多马之间揭示了一个低速沉积凹陷，速度为5.5～5.7千米/秒，宽可达70～80千米，深达10千米。中部和北部蛇绿岩带也位于这个低速凹陷槽内，凹陷槽可能代表了伦坡拉盆地。如此，这一盆地向南北还可以扩宽很多，向西可能扩大到色林错及尼玛一带。这两条重力高带上的磁异常是零乱的，可能反映了地表蛇绿混杂岩向下的规模是有限的。

班戈岩体显示为典型的花岗岩体的速度反映，速度大于5.9千米/秒，斜向宽度可达十多千米。此外，新填制的1∶25万地质图上显示，色林错以北为一系列向南逆冲断裂，可能还存在大的远距离的超覆构造。

色林错向西到改则，这一段缝合带上的剩余重力正异常也显示明显、简单和规整，其北侧也有一系列低重力异常和白垩纪花岗质岩浆岩出露。配套情况也较理想。

从以上分析，我认为班-怒洋闭合后，主体位置最可能的就是沿这一剩余重力图上配套较好的异常带分布，即沿班公湖-改则-尼玛-申扎-纳木错-嘉黎，及沿重力异常低的南缘延伸到波密一带。沿着这一带，洋壳残留数量较多，分布的连续性也较好。其东北侧-北侧的重力低所反映的岩浆岩带则是其配套的陆缘岩浆弧带。大洋岩石圈即沿这一线向北（在西部）和东北向（在东部）俯冲下去，俯冲导致其北部或东北部即北部大陆边缘出现岩浆弧带。当然，还需要加强岩石学研究，以进一步判断岩石属性。

下面再从地表地质构造和岩浆活动特点来探讨这一碰撞带的极性。

东部申扎-纳木错蛇绿岩带，按照吴珍汉等（2006）实测的地质剖面和研究的结果，纳木错西断裂系向西南逆冲推覆发生的时间有两期，即173Ma左右及109Ma左右；而班戈花岗岩体的锆石铀-铅法求得的年龄为120Ma，即表明岩浆活动是发生在第一次逆推构造运动发生之后。纳木错西构造剖面见图7-41和图7-42。

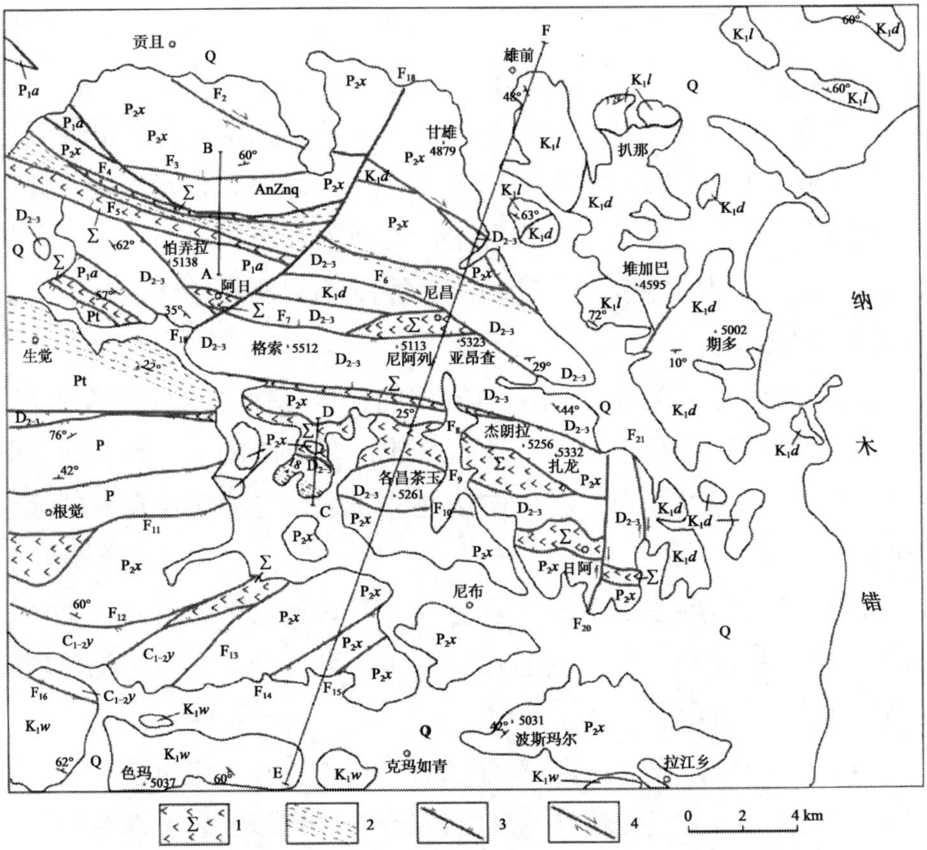

图 7-41 纳木错西岸区域构造图（吴珍汉，等，2009）

1—蛇绿岩片；2—韧性剪切带；3—逆冲断裂；4—走滑断层。Q—第四系；K_2l—上白垩统拉江山组紫红色碎屑岩；K_1w—下白垩统卧荣沟组火山岩；K_1l—下白垩统郎山组灰岩；K_1d—下白垩统多尼组碎屑岩；P_2x—中二叠统下拉组灰岩；P_1a—下二叠统昂杰组碎屑岩；P—二叠系；$C_{1-2}y$—中下石炭统碎屑岩；D_{2-3}—中上泥盆统查果罗玛组灰岩；Pt—前寒武纪变质岩

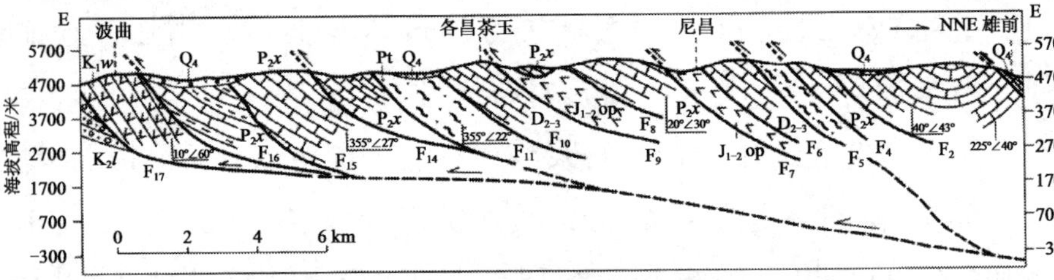

图 7-42 纳木错西岸 E-F 剖面地质图

Q_4—全新世松散沉积；K_2l—上白垩统拉江山组红层；K_1w—下白垩统火山岩；P_2x—二叠纪下拉组灰岩；D_{2-3}—中上泥盆统；P_t—元古代变质岩，经晚期韧性剪切变形形成糜棱岩；$J_{1-2}op$—早中侏罗世蛇绿岩；F_4 ~ F_{17} 表示逆冲断层

班-怒带的西段，已在改则县西北 120 千米处发现了多不杂大型斑岩铜矿床（达 1000 万吨以上）。按照曲晓明文章，大洋闭合时间是在 140Ma，该矿床位于带的北部岩浆弧带内，成矿时间是 120Ma，恰恰是在大洋闭合大陆碰撞后早期形成的，与班戈花岗岩形成是同期的。

祝向平、陈华安等用锆石 U-Pb 法进一步研究了多不杂-波龙斑岩型铜矿床，发现其三期花岗闪长斑岩的侵位时间都集中在 120Ma，闪长岩则为 121Ma；三期花岗闪长斑岩的岩石地球化学特征也相似。作者推测它们应来自同一个岩浆房。含矿斑岩中地壳物质混入较多，可能表明成矿斑岩在侵位过程中，从地壳中混入了较多物质。成矿晚期的花岗闪长斑岩中铜元素含量明显较低，可能是末期岩浆在岩浆房中已释放了较多成矿元素所致。

关于中部那曲一带的局部正剩余重力异常带可能是弧后拉张带内有深源超基性岩体（含铬铁矿）的侵入所致。这一个带的西北部，即色林错北侧与东侧的重力异常高则可能与地下中古生代的地层分布有关，因为地表地质没有见到蛇绿杂岩或超基性岩体存在的显示。

从 1999 年孔祥儒等发表的措勤-改则-三个湖综合地球物理剖面来看，改则之北正好存在一个高速岩浆岩体，与重力推测的结果是一致的（图 7-43）。

从图 7-43 中可以看到：①在改则北的 5.9 千米 / 秒的高速体向上抬升，接近地表，应与弧花岗岩带相当；②在弧岩浆岩带下面，10 多千米深处存在一个 5.8～5.9 千米 / 秒的低速层，同时也显示为高导电层，与雅鲁藏布江缝合带北的部分熔融层相当，但厚度偏小；③揭示了在中壳部位存在一个 6.0～6.1 千米 / 秒的低速层，作者推测为熔融层，南北分布较长，可达 50 千米左右，这是新的发现；④在图中壳 / 幔之间未发现存在有中间速度层，成像清楚；⑤在碰撞带下面两侧的莫霍界面深度不同，南深北浅，相差几千米，但这在方法的观测误差之内。这样，确定它的构造关系还是困难的。在大洋俯

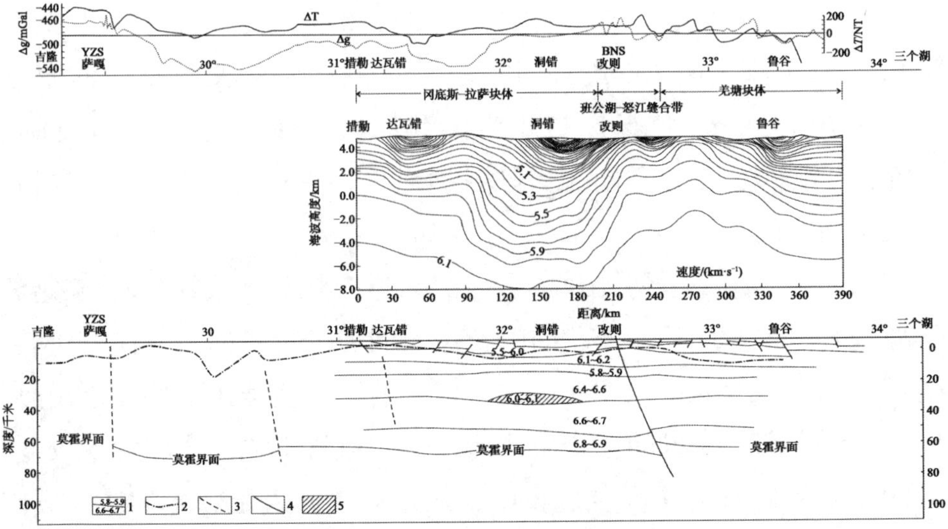

图 7-43　措勤-改则-三个湖综合地球物理剖面（孔祥儒，等，1999）

冲期间岩石圈可能会出现断离现象，构造窗的出现，将使地幔软流圈物质上侵进入下地壳，并可能形成类似壳 / 幔混合层的中间速度层。班-怒带下面中法第一期合作结果已显示它可能存在，有较大的厚度。但是两条转换波成像并未显示有这一层存在，更没有见到南、北地块的岩石圈发生相对俯冲的现象。

本剖面上发现岩石圈有错动，但不大（还不一定可靠），不能完全肯定这是老的岩石圈发生俯冲的标志。因为岩石圈是有厚度的，至少大陆岩石圈平均厚度为 33 千米。两层各厚 30 多千米的岩石层至少相差 30 千米以上，才能有发生相对俯冲的条件。而且，原地块的岩石圈是老的白垩纪以前的，而现在图上显示的应是碰撞后已经历过上亿年了的岩石圈。它可能是老的，也可能已是印度大陆的岩石圈了。

图 7-44 为高锐提供的一条跨越这一缝合带的深地震反射成像图。图中剖面南部显示在班公湖-怒江缝合带部位，莫霍界面反射有些错动，也是南低北高。可惜的是，这一条测线向南跨越缝合带的部分延伸太短了，影响了对缝合带的成像质量。在剖面的中壳部位

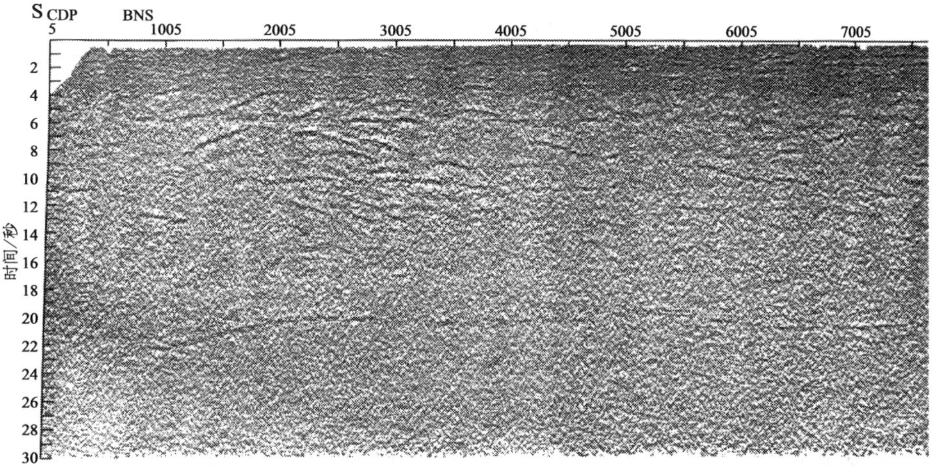

图 7-44　班公湖–怒江碰撞带的深反射地震图（高锐，等，2013）
（文后附彩图）

出现不少倾向不同的反射同相轴，在浅层还出现有多条近水平反射界面，是否是大型推覆构造等都需要做出进一步的解释。

为了确认高锐所做的结果，我的博士研究生邓世广专门改进了处理方法再做处理，得出许多很有意义的新现象，特别是关于莫霍层的结构，发现莫霍界面显示是一个很厚的层。

总的看来，这一碰撞带还需要补做一些地球物理工作以进一步检验和确定碰撞带的详细结构，特别是陆缘弧的位置与走向，这与今后进一步找斑岩铜矿关系很大。

十三、羌塘盆地油气远景评价和找矿方向研究

羌塘地块位于拉萨地块的北邻，即班公湖-怒江缝合带以北的地块，大地构造学家认为它属于古扬子板块的一部分。羌塘盆地则是羌塘地块上的以海相地层为主的含油气盆地，是人们公认的找油气远景地区。我们在国家科学技术委员会社会发展司经费支持下，于1998年结合羌塘深部探测开展了盆地找油气远景评价研究，取得了一些研究成果，并于2006年正式出版了《西藏羌塘盆地深部结构构造与含油气前景预测》一书。

（一）关于本区的烃源层问题

按照有机成油的理论考虑，本区的上二叠统到中侏罗统都有烃源层，其中上二叠统的热觉茶卡组泥质岩及碳酸盐岩，厚度可达 335 米；下-中三叠统的浅海相到滨海沼泽相，总厚度可达 2277 米；上三叠统的肖茶卡群（在盆地北部称结扎群）为泥页岩、煤系地层和碳酸盐岩层，总厚度可达 2242 米；下-中侏罗统包括下侏罗统的曲色组和中侏罗统的布曲组，为厚层泥页岩夹少量碳酸盐岩，总厚度大于 1962 米，主要发育在南部。所以，可以认为本区的烃源是多源层的，油气来源是丰富的；这里上三叠统肖查卡组应是主要烃源层与找油气的目的层。我们还估算了盆地的资源量为 29 亿吨，其中，上三叠统的生烃量占盆地的 54.28%。按地区分：北羌塘占 29%，南羌塘占 23.5%。本区已发现油气苗 165 个，属于上三叠统肖查卡组、中侏罗统布曲组及上侏罗统索瓦组的占到 81% 以上。已发现的隆鄂尼古油气藏位于中侏罗统的布曲组，有人研究后认为，油气来自下侏罗统的曲色组，不过实际上其下部不是曲色组，而是第三系地层。这里可能存在着一个大的推覆构造，这是有待进一步研究的问题。

这些烃源层有机质演化程度都偏高，可能油气藏将会主要以天然气的形态运移和存储。

（二）关于储集层问题

主要有 6 种，即碳酸盐岩、生物碎屑岩、碎屑岩、火山碎屑岩、古风化壳及构造碎裂岩，最主要的应是碳酸盐岩储集层和生物碎屑岩储集层。碳酸盐岩储集层主要发育在上三叠统上部的砾屑灰岩段及侏罗系与白垩系之间两个碳酸盐岩层之间；在上侏罗统还有白云岩层，厚度可达 100 米以上。有人研究后认为，南羌塘隆鄂尼的沥青油苗或古油藏露头就是发育在白云岩层中。生物碎屑岩储层主要发育在中上侏罗统的中及下部的碎屑岩段，许多地段厚度可达 200

米以上，有的地段孔隙率可达 3.64%。

风化壳储集层主要发育在盆地北部的侏罗-白垩系与上三叠统之间的超覆不整合界面，具有区域展布的特点。

碎屑岩储集层在各层中均有发育，上侏罗统的碎屑岩段厚度大，为细砂岩和沙砾岩，上二叠统有砂岩和含砾砂岩，厚度可达 100 米，在有条件的地段可以形成岩性油气藏。

构造碎裂岩储集层，本区断裂构造十分发育，在断裂构造发育地带会出现这类的储集层，关键是要有好的盖层将油气保存下来。

根据中国四川盆地找油气的实际看，在碳酸盐岩层、生物碎屑岩储层和构造碎裂岩中都可能发育有大规模的岩溶洞穴而形成古潜山型古风化壳型的油气藏；在碳酸盐岩台地边缘也可以存在礁灰岩发育地段，而形成大气藏；本区砂页岩层也分布普遍，也可能形成大的页岩气藏，这是要格外注意的。总之，本区地质条件有利于形成多种类型的油气藏。

（三）关于油气藏的密封盖层问题

盆地内泥质岩的总厚度可达 1500 米，它既可作为烃源层，也可作为盖层，上部的泥质岩也可以是下部油气层的盖层；另在中侏罗统中有多层石膏层，单层厚度可达 20～100 米；因此，应当说本区的油气封堵条件也较好。鉴于本区内断裂发育，故油气藏的保存条件成为油气藏存在的关键，找寻和评价油气藏时，首先要关注这一问题。

（四）盆地内构造发育情况分析

盆地内岩浆岩分布、局部构造展布以及区域性大断裂的走向等都呈北西-南东向，这也是李四光强调的西域系的构造方向；已圈定和验证的局部背斜构造有 59 个；盆地内断裂发育，不完全统计已发现大小断裂达 2000 多条，其中逆冲性质的占 98.4%，断裂的产状较陡，对油气的运移有弊也有利。不利之处在于断裂发育会造成大量油气的散失，不利于油气保存；但是从地表出现的大量油苗已变为沥青的事实看，沥青化后又可能会形成油气的封堵，保护住油气藏。

吴珍汉等在羌塘地区多次调查后提出，本区还存在大量的产出很平缓的大型长距离的推覆构造，有的推覆构造还将羌北的侏罗系推到了羌南的第三系之上，经过后期剥蚀作用已将上部地层剥蚀掉，使中下侏罗世地层大规模出露，形成多条侏罗纪布曲组古油藏出露。有的则将东部安多一带推覆到西边东巧、依拉山一带，这是一个重要发现。平缓的推覆构造可能对下伏地层的油气层起到保护作用。

1966 年年底，李四光老部长接见西藏石油队时，对羌塘盆地的油气勘探发表了以下意见："一定要坚持仔细、深入、认真地调查研究，否则你们可能找不到石油，或者即使碰到了石油也不知道石油是从哪里出来的，是怎么出来的。""这个地区要特别注意深部，因为这个地区发育有一系列巨大的叠瓦状的推覆构造，注意被推覆构造掩覆的那些可能的油气聚集部位。"

通过两条平衡剖面计算在挤压作用下盆地的缩短量，羌北坳陷缩短量为 39.3%，即 166 千米；羌南坳陷为 50.7%，即 135 千米。盆地内确实推覆构造很发育。

（五）关于羌塘地区找油气方向提出的几点建议

第一，本区找油气藏应以肖查卡组 + 布曲组、索瓦组这些主要烃源层为中心，以碳酸盐岩、风化壳、碎屑岩及构造碎裂岩储集层为主要对象，并从较好的盖层条件入手找油气藏。应当特别注意古潜山油气藏和岩性气藏；探索推覆构造下的油气藏，并要注意断裂和后期火山岩浆活动对构造油气藏的破坏作用；注意页岩气藏，它应当也有很大远景。

第二，关于找油气藏的远景区块。项目组成员蒋忠惕研究员结合先后几次在羌塘工作的调查研究结果，提出了 15 个三级构造单元作为重点开展找油气工作的重点地区。

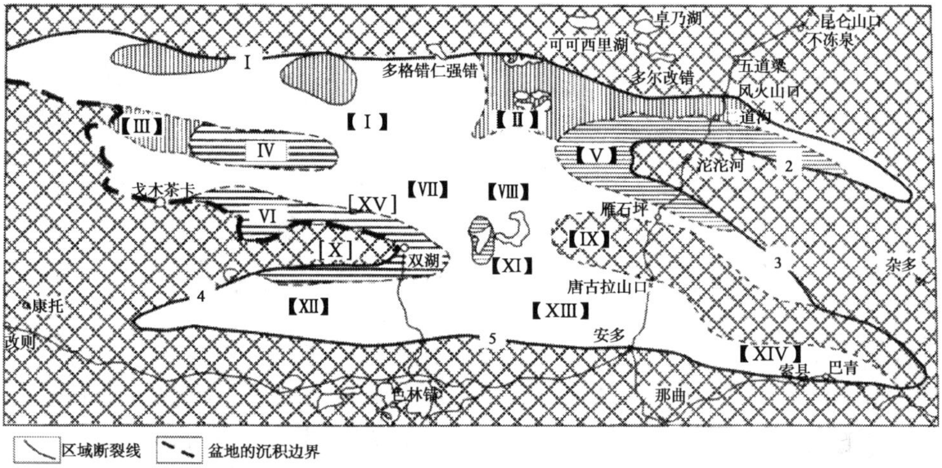

图 7-45　羌塘盆地内部构造分区图（蒋忠悌提供）

1—马尔盖茶卡-岩拉错-多格错仁强错-西金乌兰湖-特拉会湖-曲柔尕卡断裂；2—玛章错钦-乌丽断裂；3—通天河断裂；4—依布茶卡-日干配错断裂；5—雅根错-色哇-白圣山-索县-尺牍断裂；Ⅰ、Ⅱ等为内部划分的第三级构造，其中，Ⅺ—多尔索洞错；Ⅻ—佣钦错凹陷；XⅢ—毕洛错-安德尔错凹陷；XⅣ—土门格拉斜坡带；XⅤ—东湖凹陷

15 个三级构造单元分布为：

① 长颈湖-多格错仁凹陷。

② 乌兰乌拉湖凹陷。

③ 合其补热拉（即拉雄错的北山）盆地边缘基底隆起及其倾没端前缘鼻状构造区，其南面和北面都为生烃凹陷。

④ 司务岗长垣潜伏隆起区。位于合其补热拉盆地边缘基底隆起向盆地延伸的构造线上，是上三叠统及侏罗系中下部地层（包括烃源层）覆盖区，四周都有生烃凹陷，如龙尾错、令戈错（东湖）及半岛湖等。

⑤ 沱沱河盆地边缘基底隆起及其倾没端前缘鼻状构造区。

⑥ 玛尔果茶卡凹陷。四周地面出露有各个烃源层，部分地段有油页岩及泥页岩。

⑦ 普若岗日隆起区。其核心部位有燕山期花岗岩侵入体，四周都是生油气凹陷，凹陷中各烃源层都存在；特别是侏罗-白垩系有一大套黑色泥页岩夹灰岩和石膏层。岩体早期入侵会起破坏作用，晚

期则有利于油气聚集。

⑧ 波涛湖凹陷。中上三叠统和侏罗-白垩系的烃源层都存在，而且保存条件好。

⑨ 唐古拉-温泉-查吾拉凹陷。

⑩ 戈木日-阿尔岗盆地边缘基底隆起带及其倾没端前缘鼻状构造区。

⑪ 多尔索洞错（吐错）地区。四周为生烃源的油气聚集地带。

⑫ 佣钦错凹陷。主要发育三叠系的烃源层及储盖层。

⑬ 毕洛错-安德尔错凹陷。发育有三叠系，中-下侏罗系的烃源层。

⑭ 土门格拉斜坡带。有多种生储盖的组合，又有良好的油气显示。

⑮ 令戈错凹陷。凹陷中发育各主要烃源层。

我们进一步研究之后，建议把下面 4 个地区放在优先地位。

第一，土门格拉斜坡带，即［XIV］三级构造区，这里有煤矿，有多种生储盖组合，突破的概率比较大。

第二，伦坡拉盆地，已探明有几千万吨油气储量，深部已发现非稠油，也可能与盆地外围的前第三系的油气藏有物质交换，它的范围还可以向东、向南北扩大。INDEPTH-Ⅲ广角地震结果也显示了南北向和东西向都可以进一步扩大，建议作为一个已有的第三系油田的典型事例也要很好解剖，如果能进一步扩大储量也可以解决西藏能源的一部分的需求。

第三，毕洛错-安德尔错凹陷，包括隆鄂尼和毕洛错附近出露的大规模沥青露头。这是一些重要的油气苗，需要查明其深部构造及含油气层的分布。吴珍汉等野外调查发现这一带地表侏罗系下面是第三系地层，认为侏罗系应可与北部的对比，因此要注意调查清楚地表侏罗系地层是否是由北边推覆过来的构造推覆体，推覆体范围有多大，以确定油苗来自哪里。此外，还应确定，第三系之下是否仍然保留着侏罗-三叠系各烃源层及形成的油气藏。

第四，对［XI］多尔索洞错（吐错）地区及［IV］司务岗长垣潜伏隆起区应特别关注，这一地带烃源条件好，找到好的圈闭条件，如果找凹中隆起或其边缘封闭处选定首钻地点，可能打出发现井。

鉴于本区内过去没有深探井，为了进一步提高地震构造解释的可信度，应打一口或两口基准井或参数井，以标定地震相的层位。

十四、羌塘地块的深部结构构造

我们用广角地震法求得盆地下面莫霍层的深度为 65 ± 5 千米，其速度为 7.6～8.1 千米 / 秒，未见到大的错动。地壳厚度是东部扬子地块地壳厚度的两倍，相应的重力均衡造成的地形增高达到 4000 米上下。

本区内地壳平均速度变化范围较大，在伦坡拉盆地与多马之间因凹陷深，平均速度要小一些。这也是引起剩余重力负异常的原因。但是，本区地壳如何增厚了约一倍？从图 7-44 地震反射图的宏观图案上看，除边缘外，大多数反射条纹是呈近水平产出的，还看不出来地壳增厚的方式和方向。

苏伟给出的一条面波速度结构剖面如图 7-46 所示。面波层析图，垂向分辨率高一些，但水平分辨率太低，许多横向细节变化显示不出来。但是，它显示了羌塘地块下面直到上地幔的宏观结构，

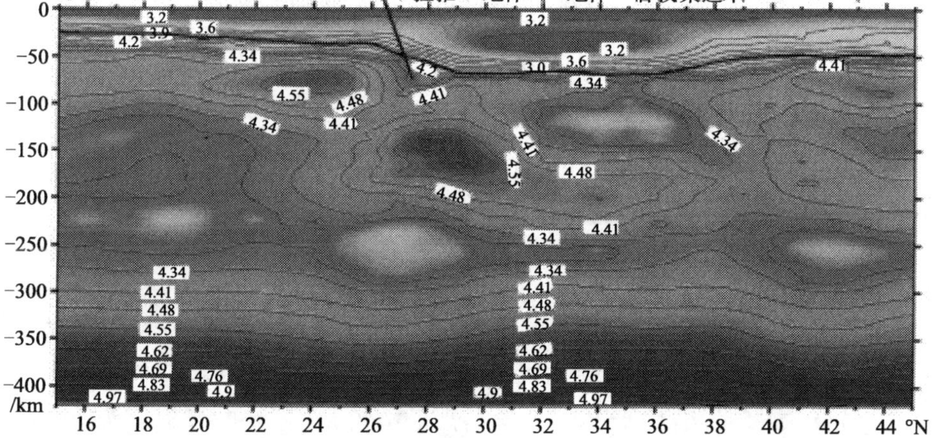

图 7-46　沿 90° E 所求的面波层析剖面图（文后附彩图）

还存在许多令人进一步深思的问题。

图中，蓝色高速体代表印度岩石圈地幔（厚度为 80 千米以上），在高喜马拉雅之下加深，并分成两层，上层沿地壳底部伸展出去，下层则加深到 100 多千米后向北伸展出去；羌塘地块下面上地幔盖层较薄，下层上地幔盖层较厚，中间存在一低速层，可能代表了软流圈物质的底侵情况；羌塘地块中地壳部位存在一个低速度区，规模很大，代表地块温度较高，是否会使地块整体温度升高，使烃类过成熟而大量气化，还需要进一步加以验证。

图 7-35、图 7-38 的接收函数成像图显示，羌塘地块下面中下地壳存在多层低速层，但没显示其特殊性。地表测量热流值并不高。

羌塘地块北边界的金沙江缝合带，与矿产和大地震活动关系密切，很重要，很需要像雅鲁藏布江缝合带那样投入较多方法和较多工作去研究。但是，这次没有条件进行这些工作。所以，只能暂缓了。2007 年开始的第四阶段将转向其北部的阿尼玛卿缝合带。

十五、第四阶段：阿尼玛卿碰撞带及昆仑山造山作用研究

阿尼玛卿缝合带是昆仑山与巴颜喀拉地块（或称松潘-甘孜地块，或可可西里地块）之间的缝合带或称碰撞带。2007 年开始的 INDEPTH-Ⅳ阶段的探测任务是研究这一缝合带的深部结构。

巴颜喀拉地块整体是一个海相三叠系复理石建造，通过其东部一些构造窗已见到深部的古生代大洋壳地层，表示其底部应为典型的大洋壳，海相复理石建造是沉积在这一洋壳之上的。这一缝合带相当于巨厚的大洋地块与柴达木-昆仑地块的碰撞，很有特色。

在印度大陆北向挤压下，羌塘地块、巴颜喀拉地块、昆仑地块相互作用下，引发了巴颜喀拉地块四周边界处多起大地震活动。例如，2001 年昆仑山口西发生了一次 8.1 级大地震，震源正好沿着这一碰撞带；2008 年又在巴颜喀拉地块东缘龙门山地带发生了 8.0 级

的汶川大地震，增强了我们深化认识昆仑地块与巴颜喀拉地块相互作用的迫切性。经过四方三次踏勘后，我们选定了沿青藏公路的工作路线。

此外，昆仑造山作用与柴达木盆地之间的构造作用，及有关的成矿作用（包括昆仑山中的大型铜-镍矿及青海南部的盐湖矿产），也都与地块间的相互作用及其演化密切相关。

这是工作很困难的地段。已选定的工作路线要通过昆仑山口，而这一地段正是一个军事要地，其军事安全密级比第一阶段的喜马拉雅前线还要高。许多地段根本就不许外国人包括合作的外国专家接近测线；此外，我们做地震探测需要系统地打钻、放大炮，更是不被允许，军方认为它将影响军事工程的安全。为此，我们又跑到总参谋部作汇报，请求放行，没有被批准，但是军方又表态愿意尽力支持。

在这种条件之下，跨越昆仑山，跨越昆南断裂-阿尼玛卿碰撞带施工似乎根本就不可能进行了。当时，也听到有关部门通报了两起违反安全规定的事件：一件是，中国地质科学院的一个研究所未处理好外国专家进高原到阿尔金山工作，结果被通报，还被罚了款，外国专家被请走；另一件是，某单位开展野外考察时，因未处理好这一问题，结果中国、外国的专家都被变相地带离野外工区。所以，如何克服这一困难就成为我们能否开展工作的前提。

为此，我们首先要对这一野外施工活动给予特别重视，要精确安排好野外工作，吴珍汉研究员决定亲自带队组织这次活动。我也到昆仑山南北现场进行实地踏勘，以便选定施工路线。我先后沿着青藏公路向南达到五道梁、楚玛尔河以南；另从青藏公路纳赤台、小南山向东沿昆仑山间盆地的雪水河、舒尔干河进入温泉水库，还向北穿越布尔汗布达山到达诺木洪，也试图向南穿越昆仑山主脉到曲麻莱。最后选定了两条工作路线：一条是沿青藏公路，另一条则是沿其东侧的一条路线，将深反射地震放在东边的路线上，即从昆中向南穿过昆仑山南支到达曲麻莱。这条路线既远离青藏公路，减少了军车干扰，又垂直于昆仑山主脊。但还是躲不开昆仑山口的要害部位，这让我们绞尽了脑汁找出路。为了能让军事部门放行这一项目，我再次去了总参谋部进行详细汇报和请示，但仍然没有被批准。这样，我们也就在他们的规定之内做些变通，以便工作开展，但是风险性太大，常常搅得我们睡不好觉，怕出事，怕犯错误。

这一阶段突然发生了一件重要的事，即美国新墨西哥州立大学的一位美国教授提出要求与北京大学的老师们合作，要将他的几十台宽频地震仪转移到青海通天河畔的玉树周围部署天然地震台站网。这个地区不属于我们这个阶段计划之内的区域，上级没有批准；再说，我们也不了解这位美方教授的意图，所以我们对他的建议不作表态。考虑到以前此人已制造过多次麻烦事件，所以我明确表示不反对他离开 INDEPTH 团队，也不反对他与北京大学老师们的合作，但是应明确今后这一团队与 INDEPTH 项目无关，他们的一切活动由北京大学与他本人负责，这可以避免以后再出现一些大问题，令人防不胜防。关于 INDEPTH 的天然地震台站工作，由于中方自己新购到了 50 个宽频地震台，加上德国专家带来的几十台仪器，记录天然地震的力量并没有被削弱，工作起来反而更为协调顺手了。

图 7-47～图 7-50 是我们 2005 年在风火山、五道梁、昆仑山口、昆仑山间盆地等地踏勘情况的记录。

图 7-47　布朗教授（右）与德国 GFZ 高级专家金德教授（左）在风火山口留影

图 7-48　中方踏勘组在五道梁留影

图 7-49　与吴珍汉（右）在昆仑山口地震纪念碑前讨论大地震

图 7-50　在昆仑山间盆地查看南侧山体的剪切构造现象

第四阶段野外工作部署见图 7-51。

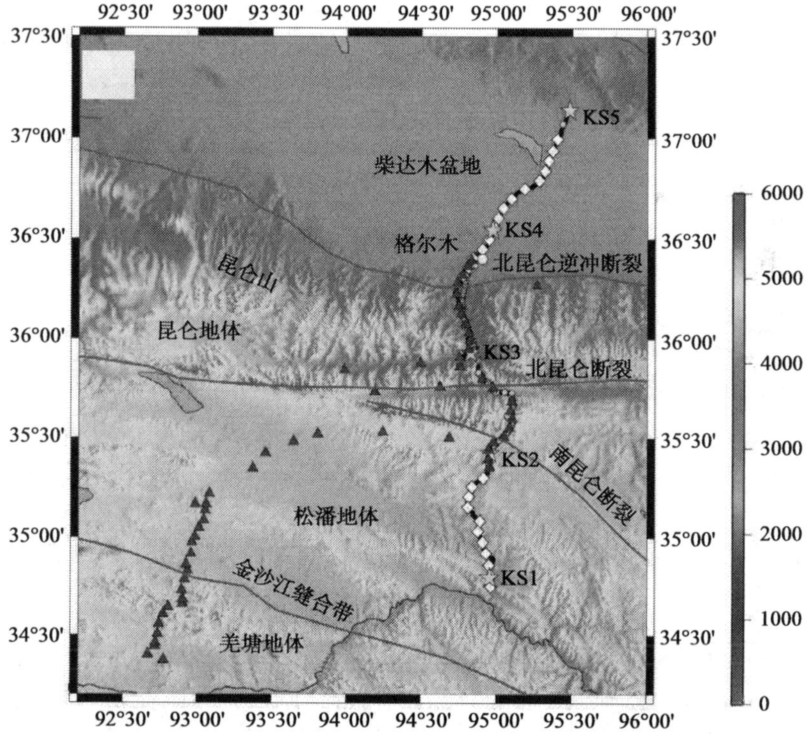

图 7-51　INDEPTH-4 野外工作部署图

图中黑三角代表天然地震台站；白色四方块代表广角地震台站，KS1～KS5 为 5 个大炮，每个大炮爆炸 2000 千克炸药；在 KS2～KS4 区间的连续部署的黑三角代表了深反射地震工作地段其中 KS1～KS5 为主测线，部署了深反射地震、广角地震、天然地震、大地电磁法台站，跨越金沙江碰撞带的测线，仅部署了天然地震台站及大地电磁法测点。大炮、中炮及小炮的分布见图 7-52。

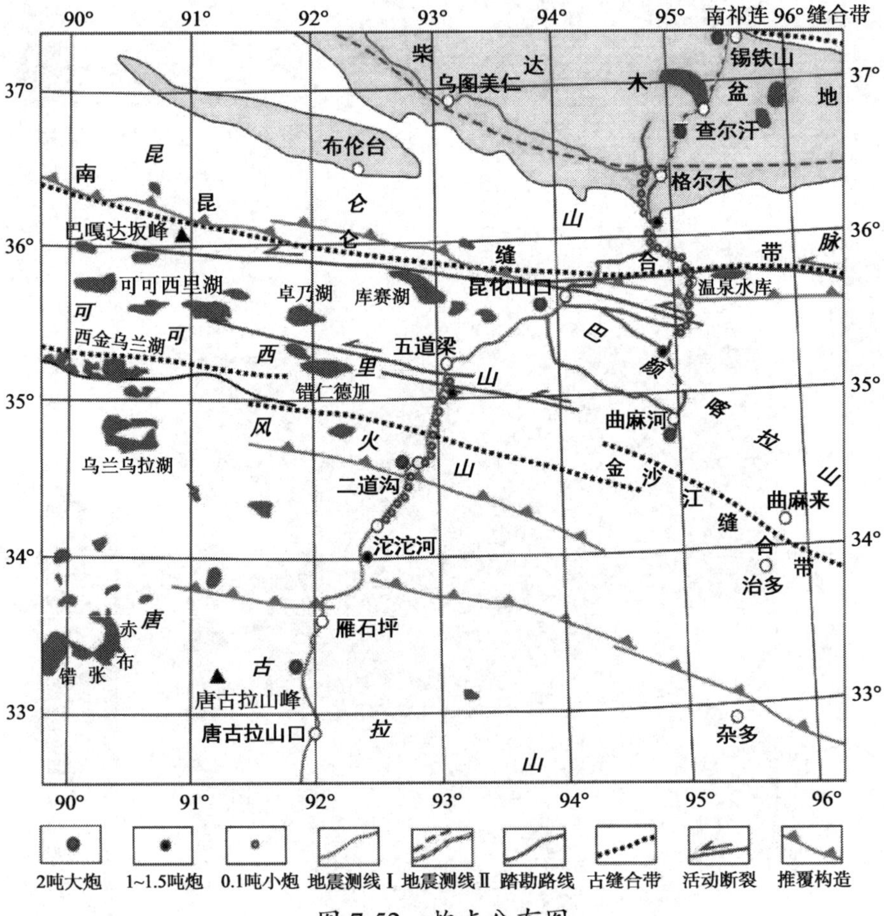

图 7-52　炮点分布图

关于东昆仑造山与阿尼玛卿碰撞带结构构造的探讨。广角地震速度剖面见图 7-53。这是美国斯坦福大学的博士研究生在她与中方合作交流时所作，并已经过多次改进后的结果。

西剖面的广角地震速度结构图见图 7-54。这是亚东-格尔木地学断面研究组李秋生所作，后来又经过重新处理的结果。

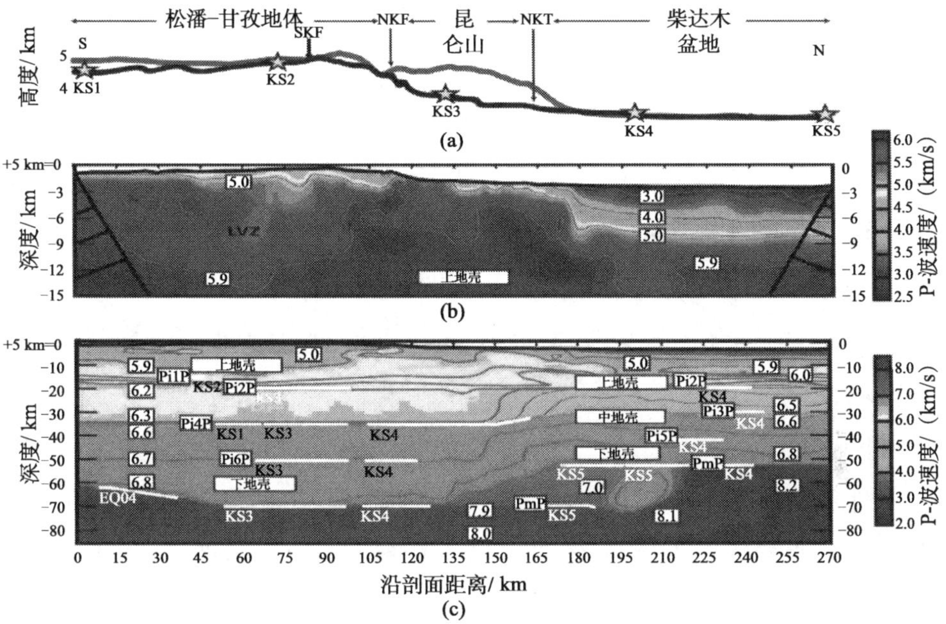

图 7-53　东剖面广角地震得出的速度结构剖面（Mariane 等，2008）（文后附彩图）

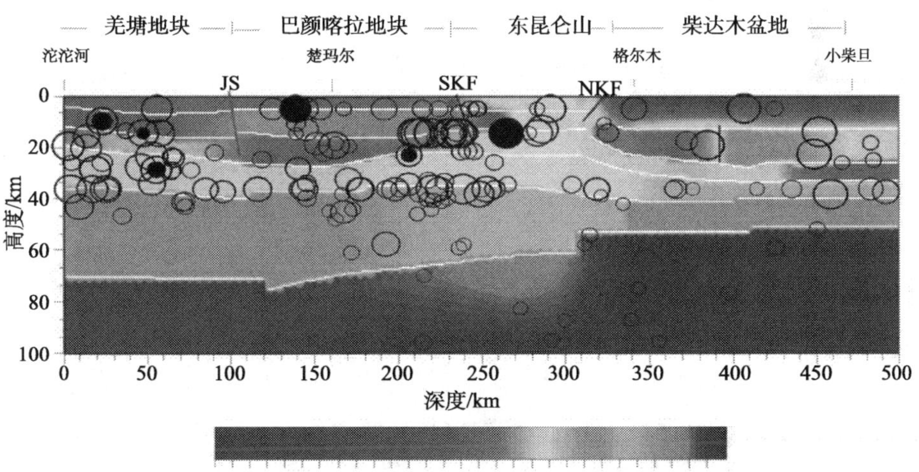

图 7-54　沱沱河–小柴旦的广角地震速度剖面及震源点投影图（李秋生，2004）（文后附彩图）

这两张速度结构图的基本结构十分一致。如何解读这两张图?

在20千米深度以上，从横向上可以明显地分为与巴颜喀拉地块、昆仑地块及柴达木地块相对应的3个地段。其中，昆仑地块从地表到30千米或40千米深处都为6.0千米/秒以上的高速体分布，地表出露的是古老的元古代与太古代的结晶基底，以及后期的边缘弧花岗质岩体。这一高速体向下呈岩基状，表明它可能是因受挤压而抬升的。有人认为，布尔汗布达山为原或古特提斯洋向北俯冲产生的岛弧岩浆岩带。昆仑山两侧均为低速的沉积岩层的显示，南侧为三叠系复里石沉积，北侧柴达木盆地内为第三系沉积。

地表地质分析认为这个地带是早二叠世时巴颜喀拉洋沿阿尼玛卿一线（地表残留有多个蛇绿岩群）向昆仑-柴达木地块下俯冲的结果。俯冲导致昆仑-柴达木地块南部形成陆缘弧（许志琴则又强调东昆仑的布尔汗布达山是一个岛弧地体），其北部弧后区则形成拉张区，但是形成时间很滞后，发生在第三纪时。昆仑山与柴达木地块之间的构造关系，不是人们推测的那样由昆仑地块的一部分向北逆冲到柴达木部分之上所形成的，而是昆北出现了相对下陷成为盆地，这与地震结果是一致的。我们费了几年时间想找到昆北逆冲断裂，一直未能找到。这一大洋到了早三叠世时才闭合。

估计是在大洋岩石圈俯冲过程中使昆仑地块受推挤而不断抬升，并随着长期风化剥蚀使古老的结晶基底和深成岩出露地表；而昆南地块则沿着昆中断裂向北逆冲推覆上来。昆中断裂深达10千米，南倾。在后期持续挤压下还形成向南的二组逆冲型构造——东昆仑南部逆冲推覆构造和风火山逆冲推覆构造。其中，风火山逆冲推覆断裂系由6条向南逆冲推覆构造组成，倾角变化在15°～45°范围内，前缘倾角小，推覆深达几千米，推覆距离还未查清楚，推覆发生的时间在34.5～27.6Ma。

探明昆仑地块和柴达木地块的莫霍界面深度分别为70千米和52千米，相差约18千米，主要断点发生在靠近格尔木的地方，而不是昆仑山的直下方；莫霍界面深度从 70 千米变到 52 千米深时是过渡的，不是断然的。两条广角地震剖面上均显示了这一特征。显然，这一过渡带具有明确的中间速度特点，与雅鲁藏布江碰撞带的中间速度层可以对比，应为巴颜喀拉大洋岩石圈向昆仑地块下持续俯冲的结果。随后，导致巴颜喀拉海洋板块与昆仑地块相碰撞。俯冲导致昆仑地幔楔部软流圈物质上涌，在壳 / 幔间也形成一中间速度带，宽度达 80 千米，使莫霍台阶变成为过渡带。

对这一过渡带，人们原来设想它应是一个清楚的莫霍台阶，但是广角地震数据无论如何处理也得不到这个台阶。同样的，深反射地震也取不到这一阶梯的清晰成像。重力剖面上同样地显示了这一特征。昆仑山下的地幔岩石圈的台阶发生在昆仑山的北缘，靠近格尔木市，这是本区碰撞带的一个特点，与雅鲁藏布江碰撞带深部结构很不同。这意味着地幔岩石圈在昆仑山以北发生了向北的俯冲，下一阶段的探测有助于查清楚它。

巴颜喀拉地块的地壳厚度为 65～70 千米，地表广泛出露的三叠纪海相复理石沉积厚度可达到 9～14 千米。丁林等研究认为其物质来自北部的昆仑山-柴达木地块。其底部为大洋壳（6.2～6.3 千米 / 秒），为二叠纪和泥盆纪海相岩层，总厚度可达 15 千米。中地壳（6.2～6.6 千米 / 秒）较薄，而下地壳厚度较大，增厚的物质来源可能主要来自羌塘地块的物质的挤入。

最近在昆仑山中间地带发现一个大的基性-超基性岩带，已揭示了含有较大的铜-镍矿资源，值得重视。需要查明它产出的断裂带的属性是否与昆中断裂有关，可能不会是孤立的。

十六、巴颜喀拉地块地震转移机制与大震发生规律的探索

巴颜喀拉（或可可西里，或松潘-甘孜）地块的四周边界都是很活跃的地震带。例如，1976 年发生的松潘地震位于地块的东北角，

1997年的玛尼大地震发生在地块的西南部，2001年的昆仑山口西则发生在北边界，2008年的汶川大地震则发生在地块东的部边缘，2010年的玉树地震和2013年的芦山地震等则又转到东南部。松潘-甘孜地块的发震情况和规律与喜马拉雅弧形地带的线性分布情况有很大不同。一次大地震发生后应力如何传递，下一次地震可能在哪里发生？在印度大陆向东北向挤压影响下，导致地块有一向北和向东的运动，这使地块边界受到摩擦力的作用而形成不同的运动状态，进而导致地块四周边缘断裂在不同的时间段发生新错动而产生大地震。

我的博士研究生周春景对本地块四周大震的发生与转移规律，以及最近可能发生大震地段的问题进行了探索。她的博士论文的题目就是“巴颜喀拉块体边界应力场变化及其对强震发生的影响”，主要遵循的技术路线是李四光先生提倡的地震预测理论，即研究地应力在断层上聚集导致再次发生破裂形成地震的规律，希望能了解到一次大地震发生后，地应力如何转移和向什么部位集聚。特别是一次大地震发生后，地应力继续沿该活动断裂再次发生地震的条件与概率，或者沿巴颜喀拉地体周边的转移规律。这一问题难度很大，所以本研究仅仅是个开头。

研究的基本设定：鉴于昆仑山口西8.1级大地震震源深度为10～15千米，汶川8.0级大地震震源深度为14千米等，所以设定发震层的深度为15千米，从图7-53和图7-54看，这个10千米深度应属于地块的结晶基底的范围，计算中设它为一黏弹性介质层；设定印度大陆以每年4厘米的速度对青藏高原作用，巴颜喀拉地块每年向东运动1～2厘米，以地表位移速度代表这一发震层各地段运移速度；再将地块四周断裂划分为8个断层段，利用黏弹性应力应变软件PSGRN/PSCMP计算了1904年以来16个大地震对这一水平分层黏弹性介质四周边界8个断层段的11个关键部位的同震和震后变形场与附加应力场，即计算了构造加载产生的应力变化。这一软件系统是基于震源位错理论，将地震断层错动分为多个子断层，并利用格林函数求解黏弹性层状半无限空间点源对周围空间产生的位移场与应力场，再将其叠加起来，求出对场点产生的总效应，即应力场。利用黏弹性模型，还可以计算震后和时间有关的松弛效应的变形。

取得的主要研究结果见第九章，在此从略。

十七、柴达木盆地深部结构与柴南隐伏裂谷系

柴达木盆地作为昆仑-柴达木地块的北半部，第三纪时为一拉张的下陷的裂谷区，并形成盆地。它汇集了南、北面山区的风化剥蚀产物，堆积形成了盆地的第三与第四系沉积，厚度可达12～14千米。

图7-53广角地震速度结构图上显示盆地的结晶基底发生过裂谷化，位于盆地的南部，昆仑山前，裂谷宽12千米，深约4千米。如图中5.9千米/秒等值线所示。在图7-55的剩余重力图中、在图7-56的大地电磁法电性结构剖面图上也有明显显示。剩余重力低沿昆仑山前延伸从西部茫崖镇向东一直延伸到格尔木北，再向东延伸到都兰一带，长度达500千米。而格尔木下的导电带将盆地南部盐湖区与裂谷及深部地幔联系起来，可能反映了整个盐湖的物质流体的联系情况。

盆地南部边缘处的重力低带即为裂谷带显示，与广角地震得出的裂谷带是一致的。

图7-56显示这一裂谷带呈现高导电性并向下可延伸到100千米以下，并可进一步延伸到200千米的软流圈内。高导电带应为高含盐度的卤水显示，表明盆地内的物质有深部来源。

格尔木市北地下高导电柱为裂谷显示，柴北缘与南祁连也显示为一条大的导电带与断裂带，还有重力高的显示。

柴达木盆地东部地壳厚度为52千米左右，与盆地西部的地壳厚度是一致的。但是，西部因昆仑山沿阿尔金山发生右行走滑导致盆地内褶皱强烈，第三系地壳缩短量可达40%，向东渐减到10%；与正常地壳相比，它的中上地壳明显加厚，与昆仑地块相比下地壳厚

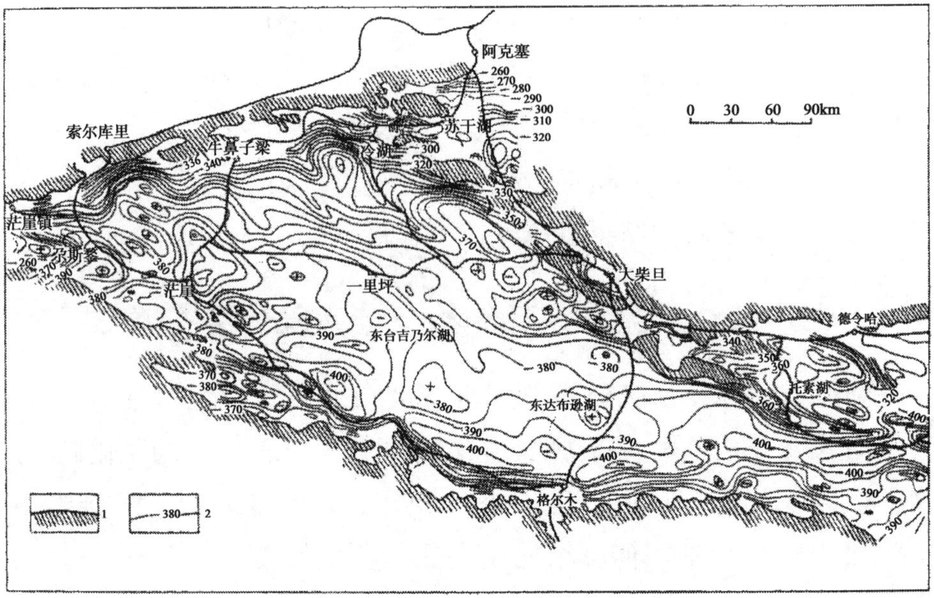

图 7-55 柴达木盆地布格重力图

1—周边老山；2—重力布点伽异常

在格尔木市北部近东西走向的重力低异常带，以-400mgal为主，从茫崖镇向东南沿昆仑山前延伸；大体从小柴旦（大柴旦南部）—里坪—茫崖一线为界，北部重力场以梯度带为主，南部为平级区，裂谷带异常是沿平级区南缘分布

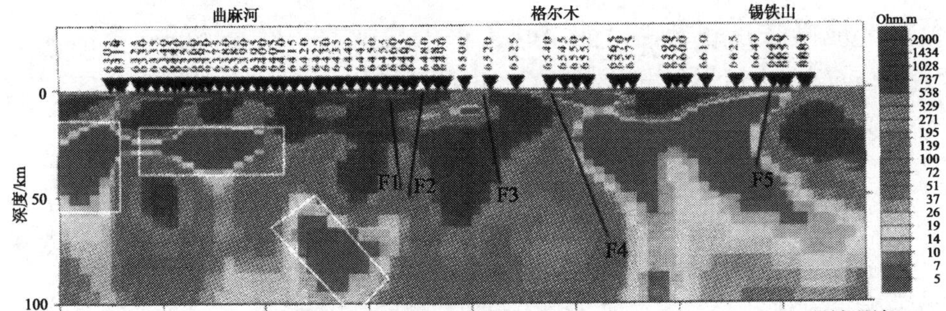

图 7-56 曲麻河–锡铁山剖面大地电磁观测给出的电性结构图（文后附彩图）

图中白框所框的区域在S—G地体内，与20～35千米深的速度层相扣合；导电层还有向南向北伸展成下倾之势，与地质上推测的SG大洋向南、北两侧俯冲消减的推测十分巧合，此图中昆仑地块下为高电阻区，6500～6520点之间的导电带，与中昆仑断裂相当，应是其明确的反映；在格尔木之下为高导电带，向下伸展到100千米之下。图中画出的断裂是原作者初步解释推测的

度大大减薄了。

北部锡铁山导电带规模也很大，向下延深也大，而且局部重力高规模也较大，应为金属矿产找矿远景较大的地带。可能与柴北缘早期俯冲作用有关。

关于盆地内部构造与含油气远景评价，可见第九章有关的内容。

十八、第五阶段：柴北缘的老俯冲带结构与祁连地块

许志琴等发表文章强调“阿尼玛卿缝合带（ANMQS）以北，阿尔金、祁连、柴北缘、昆仑山是早古生代造山系，也是高原最北部的一个构造拼合体，这些地块都是来自冈瓦纳大陆北部的块体，是它们相互碰撞的产物”（图 7-57）。作者并将这一复杂的造山带从南向北划分为东昆仑地块（EKL）、柴达木地块、北柴达木地块（NQD，过去有人命名为南祁连地块）、祁连地块（QLB，相当于以前中祁连地块），及北祁连地块（NQL）等 5 个构造单元。

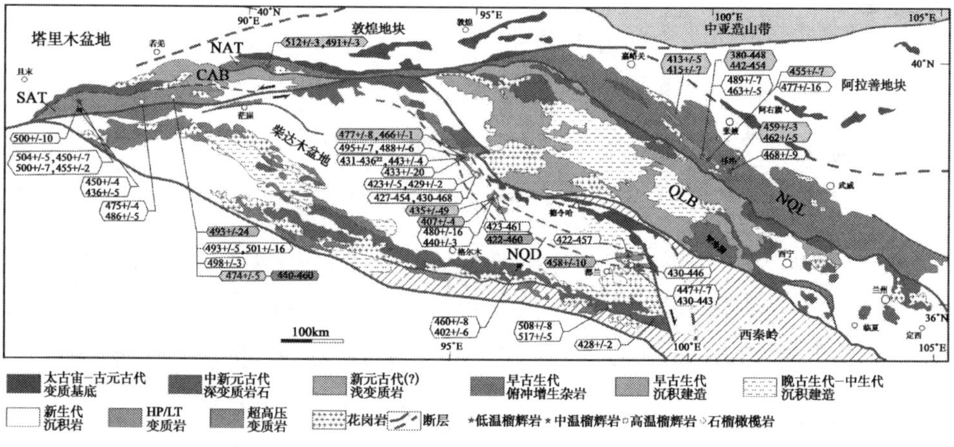

图 7-57　青藏高原北部构造框架及变质年代图（许志琴，等，2016）

（一）关于本区的缝合带与造山作用问题

许志琴认为，本区早古生代存在着两种造山作用：一是，分布在柴北缘及南阿尔金的高压-超高压变质带、区域巴罗式变质作用、

深熔作用有关的岩浆活动及伸展垮塌作用；二是，分布在北祁连及北阿尔金的高压/低温变质带、蛇绿混杂岩，及与古洋壳俯冲有关的构造岩浆作用。前者是与陆-陆碰撞造山有关，后者仅与古洋壳俯冲造山有关。

我认为，要注意的是，柴北缘的陆-陆碰撞带也是发生在古洋壳俯冲进而发展到大洋闭合之后出现的；碰撞应当是在地壳与上地幔部位发生的；高压-超高压变质带最可能发生在这个部位。我认为两个不同的变质带，可能仅仅表示碰撞带受到剥蚀的深度不同所揭示的不同结果。祁连山作为早古生代形成的造山带拼合体，到新生代时，应当已经历过几亿年的风化剥蚀过程，其原来的高地形被夷平化了，并出露了大量的地壳深部物质，包括高压-超高压变质带，以及沿这一碰撞带北侧出现的大面积深源花岗岩体。可能这些深源花岗岩体与超高压变质带是配套产出的。

（二）关于祁连地块地壳增厚问题的讨论

高原北部的祁连地块于新生代以来逐步隆升成为高原的一部分，地形隆升应当与地块地壳厚度加厚有关。但是，这一早古生代的造山带的地壳，新生代以来又是如何增厚的呢？

我认为，祁连地块作为老的地块长期出露地表后，经历了长期夷平化的过程，到新生代时应当趋于正常地壳的平均厚度，即 33 千米；或者是与阿拉善地块的地壳厚度相当，为 46 千米（已经包括后期增厚）。而祁连地块现在的地壳厚度平均为 60 千米，其地形的高度平均为 4800 米上下。地壳厚度与地形高度，与羌塘地块的情况一致，应当说也达到了动态的重力均衡条件。

图 7-58 展示了 Andrew Zuzu、尹安等进行祁连地块地壳新生代以来地壳缩短量研究时所选定的位置，如图中白线所示。在这一地段，祁连地块的宽度约为 300 千米，地壳缩短了 30%。如此，则地块的原来宽度应为 430 千米。

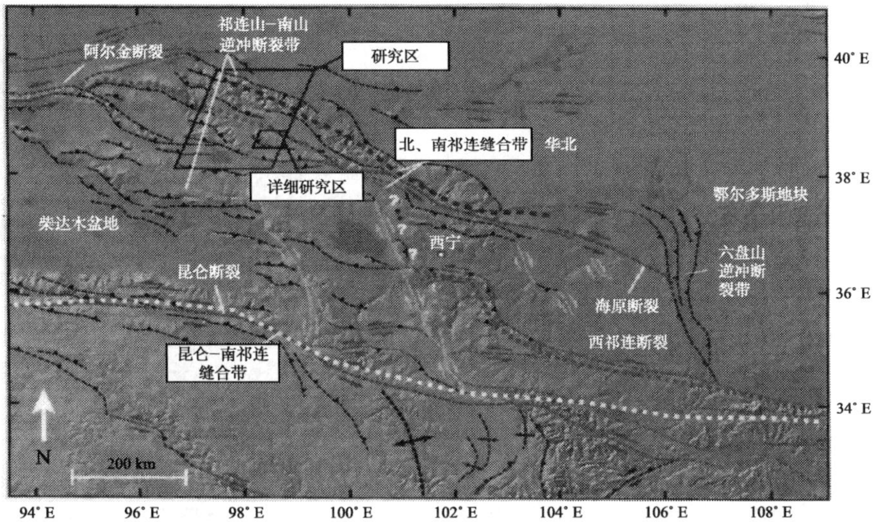

图 7-58 祁连地区新生代活动构造图（据 Andrew Zuzu 等，2013）
（文后附彩图）

断裂系分为 3 组：黑色线条代表逆冲断裂，其中北祁连北缘逆冲断裂西为向南倾斜；蓝色线条近 EW 向为左行走滑断裂为主，黄色线条代表了 NW 走向右行断裂；赭色和红色线条代表了祁连地块北部的北、南两条蛇绿岩缝合带，并认为有 1 条右行走滑断裂，将南部蛇绿岩缝合带的东段向南错开到青海湖的东南部

张培震等用 GPS 的测量结果进行计算，得出横过祁连山地壳缩短量为 5.5 ± 1.5 毫米 / 年。主要活动断裂为：哈拉湖断裂、疏勒南山断裂、中祁连北缘断裂、昌马断裂等。按照每年 5.5 ± 1.5 毫米的缩短速率进行计算，每百万年缩短约 5.5 千米。他们的研究还确定祁连地块隆升是从 8Ma 或 6Ma 开始的。这样，迄今地块共缩短了 44 千米（按 8Ma 计）或 33 千米（按 6Ma 计）。这样，Zuzu 等得出的总缩短量 130 千米中，8Ma 以来缩短量为 44 千米，而之前，即 65Ma～8Ma 期间的缩短量则为 86 千米，即相当于前 57Ma 期间共缩短了 20%，后 8Ma 缩短了 10%。这是一种简单化的思考。

本区现今地壳的厚度，按照靠近 Zuzu 剖面的广角地震剖面（图 7-59）可得到：阿拉善地块为 46 千米左右；祁连山区北部为 46 千米，南部（哈拉湖）一带则达到 73.8 千米，平均为 60 千米。

设老的祁连地块地壳的厚度已变为标准地壳厚度–33 千米，缩

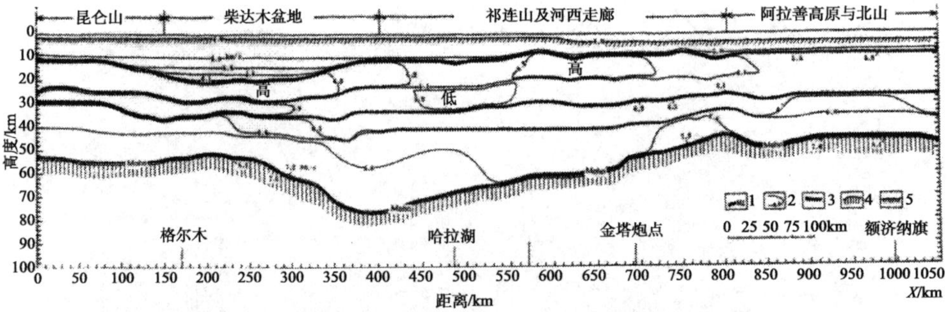

图 7-59　格尔木-额济纳旗广角地震速度结构剖面图

1—莫霍面；2—纵波速度等值线（千米）；3—地壳分层界线；4—上地幔盖层；5—地表低速层

短率按 30% 计算，则因地壳宽度的缩短而使地壳的厚度增加，最多可达到 43 千米。这样，现今地壳厚度 60 千米减去增厚了的地壳厚度 43 千米，还有 17 千米的差距。如果，再加上这一时期地壳被剥蚀的量，可能有几个千米的数量，估计总数可达 20 多千米的地壳厚度，甚或达到 30～40 千米（设想北部出露的大面积花岗岩基原来位于 20 千米深度，现已被剥蚀出露于地表），这一地壳增加量应当是来自祁连地块之外的物质，或者是相邻地块挤入的地壳物质，或者是深部上地幔来源加入的物质。从广角地震剖面及天然地震 P-S 转换波成像结果看，这两种来源都存在。后者成像显示在老的俯冲带上都出现有壳-幔混合层，说明有深部物质的上侵情况。

如按照老祁连地块地壳厚度为 46 千米计，则缩短 30%，即相当于地壳增厚到 59.8 千米，这样的厚度与现今地壳厚度又一致了，即地壳历经 65Ma 缩短过程，地壳厚度未增未减，而是在一个复杂的增减过程中保持了稳定数。地壳减厚作用主要是指后期随着地壳隆升过程而发展的风化剥蚀作用。但是这种剖面结构与现今的剖面结构是不相同的。这样，我就设想老祁连地块的地壳厚度最可能还是以 33 千米为宜。

这样设想，老祁连地块本身因地壳缩短而仅仅使地壳增厚 10 千米。而邻区地块，主要指南部柴达木地块的地壳物质将有一大部分向北挤入祁连地块的下地壳。挤入的特点可从图 7-59 上看出，地壳增厚处位于柴达木地块北缘与祁连地块碰撞带的南缘，即在这一老俯冲碰撞带范围内。

（三）祁连地块深部结构

图 7-59 中的下地壳层中的 6.8～8.1 千米 / 秒速度层位于南祁连之下，形成莫霍界面的深凹，这可能是柴达木地块岩石圈地幔发生向南祁连地块下俯冲后出现的壳 / 幔混合层导致的结果。在图 7-60 的天然地震的接收函数成像情况来看，6.5～6.8 千米 / 秒速度层在祁连地块之下，在壳 / 幔之间未见到这一层，而在北祁连之下又出现了这一层。

注意，在南祁连的中地壳有一低速层，与中祁连的上地壳存在一高速层，可能这就是保留下来的古俯冲带俯冲产生的弧花岗质岩浆体（400 多个 Ma），它经过剥蚀揭露已出现在地表。所以显示为高低速度不同，可能是因所处层位速度不同。剖面也显示了 6.2～6.3 千米 / 秒这一层从柴达木盆地底部向北挤出增厚的特点。

图 7-60 是穿过祁连山的两条天然地震测线位置图。其中，西线

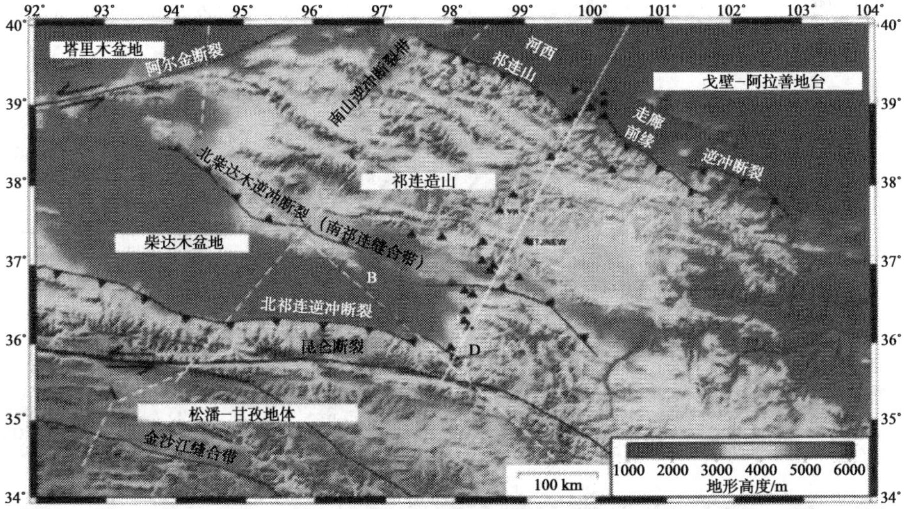

图 7-60　西线都兰–天峻–张掖剖面的位置图（文后附彩图）

见图中北东向的白实线

独立的黑三角星代表台站位置，台站共有 24 个，分布在 98° E～100° E；带黑三角的黑线代表了断裂，三角指向代表了断裂倾向

为都兰-天峻-张掖所在，东线为共和-金昌-雅布赖，在青海湖的东侧穿过。不过西线与更西部的 Zuzu 剖面还有一段距离。

图 7-61 为西线接收函数转换波成像图，是利用了 24 台站记录的 1265 条射线，每条射线经过低通（>1.34 秒）滤波后，以单点散射法及简化的 IASP91 速度模型求得。这一成像高频成分较多，成像分辨率也显得高一些，比用低通（>5.34 秒）滤波显示了更多的细节。后一滤波成像见图 7-62，可供对比。

首先从图上可以看到，祁连地块下莫霍界面以一条近连续的红色转换震相出现。它在柴达木盆地下面深约 50 千米，到祁连地块下深度增加到 60 多千米，到阿拉善地块则减为 50 千米。黑箭头下面第一条红色转换震相所示，可能为阿拉善地块的岩石圈地幔向南俯冲下去，达到 37.2° N；35.6° N 上部 70～100 千米深红色转换震相可能代表了昆仑地块的岩石圈向北俯冲到柴达木地块之下；柴达木

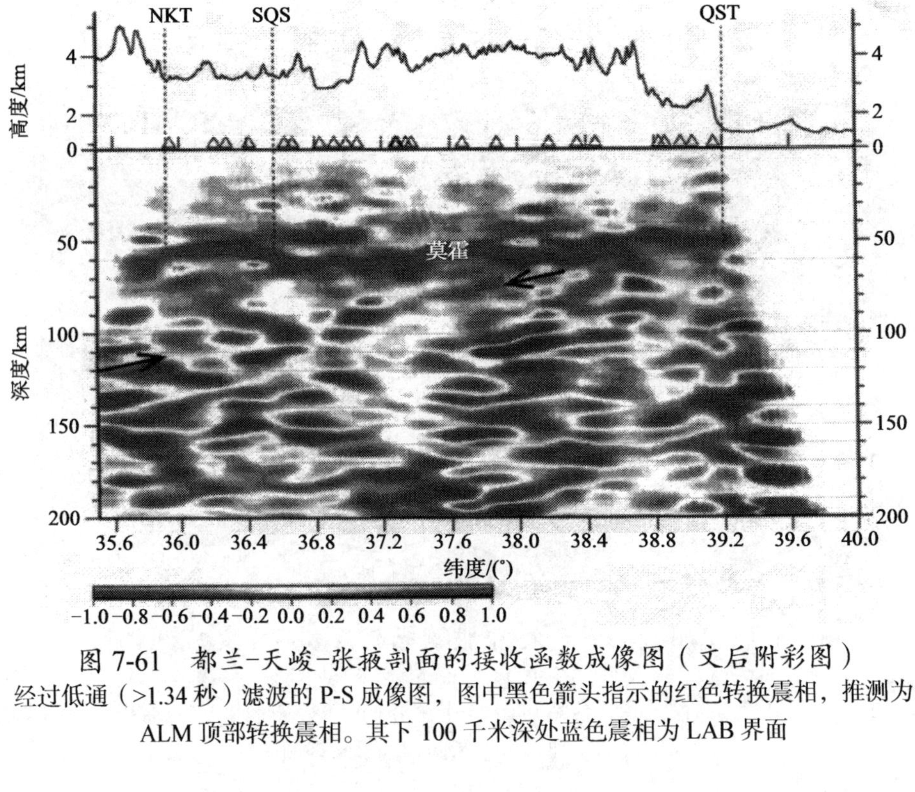

图 7-61　都兰-天峻-张掖剖面的接收函数成像图（文后附彩图）
经过低通（>1.34 秒）滤波的 P-S 成像图，图中黑色箭头指示的红色转换震相，推测为 ALM 顶部转换震相。其下 100 千米深处蓝色震相为 LAB 界面

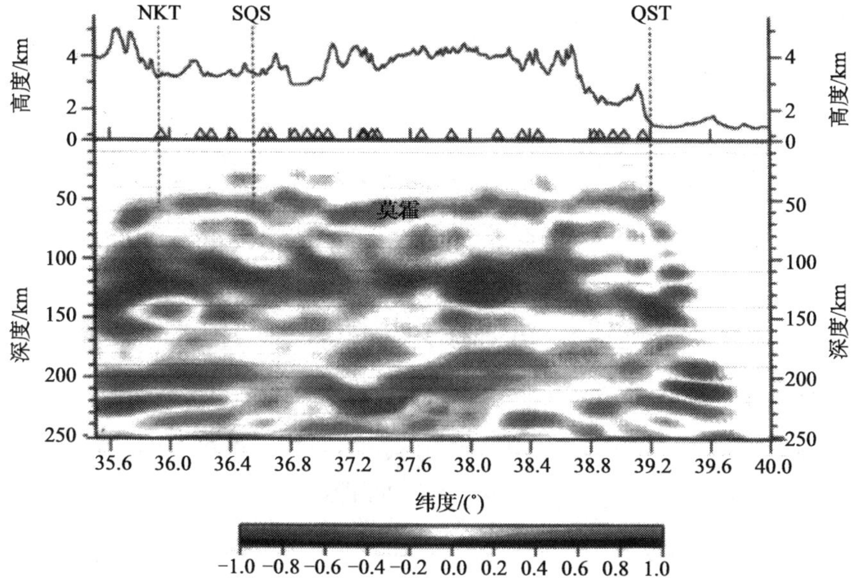

图 7-62　都兰-天峻-张掖剖面的 PRF 偏移成像图（文后附彩图）

用 24 个台站，1265 条射线经低通（>5.34 秒周期）滤波后，以单点散射法及简化 IASP91 速度模型求得

SQS—南祁连断裂；QST—祁连山北缘断裂；NKT—北昆仑逆冲断裂

地块之下的岩石圈红色转换震相也显示了它从柴北缘（或南祁连缝合带）向北俯冲到祁连地块之下。

在南祁连缝合带（36.8° N）的上地壳底部出现新生的下地壳层。在中祁连缝合带下面（38.2° N），莫霍界面之上也出现有第二条红色转换震相，这两个“双莫霍”现象与雅鲁藏布江缝合带下出现的“双莫霍”现象可对比，这一震相代表了出现有中间速度层，或是新生的下地壳层（可能含有一定的榴辉岩成分），表明在古缝合带活动过程中也有地幔软流圈物质侵入下地壳，现在可能已固化了。注意，在昆仑地块与柴达木地块间莫霍层之上也出现中间速度层，多次广角地震成像与深反射地震成像都出现了这一现象。

红色莫霍转换震相，与其下面的蓝色转换震相构成一对，可用以划定岩石圈地幔的厚度。从图 7-61 可以看到，昆仑岩石圈地幔向北俯冲到 36.8° N，并与北来的阿拉善地块的岩石圈地幔相遇，成为高原北部岩石圈独特的结构；北部阿拉善地块下深部的从众多蓝色转换震相分布看，可能岩石圈地幔厚度较大，达到约100千米，呈多层结构；而昆仑地块下的，可能在60～70千米，成层性差一些。

祁连地块深部岩石圈地幔内部呈现多个红色转换震相，不可能是多次波的显示，而最可能反映了岩石圈地幔内部的结构情况。在南北两陆块岩石圈地幔对挤中，祁连地块的岩石圈地幔减薄到30千米左右，这与祁连地块是老的造山带拼接而成的特点相一致。

祁连地块的造山隆起机制。吴功建等在地学大断面研究时，曾提出祁连“造山作用是高原的北界，地表应在宽滩山断裂带，可能是阿尔金断裂的东延部分；通过应力场模拟计算表明：祁连山的隆升主要是受南北两侧的挤压力所致，祁连山两侧的大陆岩石圈相向运动插入到祁连山之下，使祁连山岩石圈上部抬升及下部缩短加厚，形成增厚的岩石圈根。这与传统地质观点不同，从而引起了大的争论。”

如上述分析，我们的结论则是：祁连山的隆升是，在南北两侧的岩石圈挤压力作用下，原有地壳缩短加厚到52千米（如考虑到风化剥蚀的量，则可能要减薄几千米），而由于南部地块地壳物质的挤入又增厚了地壳，加之阿拉善地块大陆岩石圈向南俯冲作用之下，而使祁连地壳达到现在的60千米厚度，并支撑了祁连地块的抬升，到现在近5000米的平均的高度，没有发现山根现象。

十九、高原深部研究有待进一步解决的主要问题

到2016年祁连地块研究已告一段落，INDEPTH项目研究也就暂时停止了，因为我们已得不到有关部门的进一步支持了。

归纳青藏高原沿中部深剖面的研究，主要取得的成果如下。

第一，揭示了3种类型的碰撞造山型式，即喜马拉雅山式、昆仑山式和祁连山式。

第二，揭示了3种类型的碰撞带深部结构构造，即雅鲁藏布江

式、阿尼玛卿式及柴北缘式。

第三，提出一种新的碰撞带斑岩铜矿床成矿模式，即冈底斯碰撞带斑岩铜矿成矿模式。它是在新特提斯大洋长期俯冲成矿作用的背景下碰撞改造型成矿的。

第四，证实了柴达木盆地基底深裂谷带的发现：沿盆地南侧深裂谷带，长达几百千米，宽达3～40千米，深达4～5千米，揭示了盐湖带资源的深部来源性质。柴北缘应是一个重要的成矿远景带。

第五，提出羌塘盆地的找油气远景区的评价及勘查战略，提出4个优先区，3种油气藏对象。

第六，以巴颜喀拉地块为对象，探讨了其四周边界发生地震的规律，令人鼓舞。

第七，提出青藏式复合构造体系，即新生代以来，在印度大陆向北推挤的统一力场作用下高原浅层形成了一个特定的构造体系，即东缘形成多个大反S形构造痕迹，西缘形成一个S形构造，中部形成3条东西向山系，总合起来命名为青藏式复合构造体系。构造到达的深度主要在中部地壳的深度。

高原的深部研究并未结束，今后还需要从以下6个方面深化研究。

第一，从INDEPTH 5个阶段的工作部署来看，我们先集中进行的中线探测，其各个地段的研究程度也有较大差别，特别是羌塘地块及其两侧的陆-陆碰撞带——班公湖-怒江碰撞带和金沙江碰撞带很重要，但研究还很不够，它们既是碰撞带结构构造研究所需，也是找矿远景很大的成矿带，还有高原深部上地幔的结构，构造研究也很不够，现在也只能暂停了。

第二，按照李四光的分析，高原东部是一个超大型的右行压扭性的构造体系分布地带。高原在长期向北推挤作用下，地壳缩短增厚的同时，深部物质将会有一部分发生向东的挤出，云贵高原的出现是否与其有关，高原物质如何向东转移的具体情况都很需要研究；

高原东部地质抬升与地震活动的机制的关系需要研究；东部三江地区又是我国重要的斑岩铜矿带，其成矿条件有一些特殊性，如玉龙斑岩铜矿是 40Ma 时形成的，云南普朗斑岩铜矿则是 200Ma 前三叠纪时期形成的岛弧带内成矿，与冈底斯岩浆弧大量的 15Ma 形成的新斑岩铜矿有很大不同，有特殊性；东侧还有个构造结，揭露有深层物质，其动力学机制值得深入研究。

第三，高原西部是塔里木地块，这是一个相对稳定的地块，相对说来，青藏高原则是较软弱的地块。两者之间为阿尔金山走滑断裂，是高原西边界的一个左行走滑断裂。阿尔金山与塔里木盆地之间还存在一个复杂地块，这样高原西北部的早古生代地质构造演化史需要进一步思考；青藏高原与塔里木地块间的构造关系和物质迁移问题也需要进一步探讨。

第四，高原内部已发现有的蛇绿岩带含铬铁矿（藏南曲松的罗布莎岩体）和含有大型铜镍矿的超基性岩体（昆仑山的阿木哈日镍矿），并含有细粒金刚石等若干地幔矿物；发现存在 4 条高压高温及高压中温的榴辉岩带等，都需要进一步论证。特别是希望能对我国的铬铁矿和铜镍矿，以及铂族元素资源的找矿起到一些积极作用。

第五，需要加强高原的构造模拟——物理的或是数字模拟，以再现青藏高原的形成演化过程，将可以把对高原的认识提高到一个新的高度，形成系统的理论认识。还需要把高原的构造体系研究扩展，即把中国的青海、西藏、川西、滇西，缅甸，直到安达曼、尼克巴、马来半岛及印尼群岛都联系起来，从更大范围解释区域构造体系。也许还需要在进行全球不同高原形成的对比研究中，深化对青藏高原形成的一般性和特殊性规律的认识。

二十、关于建立高水平科研团队的认识和体会

科学团队是完成科研攻关任务的保证，没有高水平的科研团队，是不可能出高水平的科研成果的。INDEPTH 项目持续近 25 年，但

是一直未能建立起来自己起码的科学团队。INDEPTH 项目研究期间是错过了这一培养科技骨干建立起科研团队的宝贵机会。不建立队伍又如何去培养一支队伍呢？没有一支高水平的科技队伍又如何适应未来发展的需要？长期依靠各单位的协作支持，工作任务是完成了，成果是出了，人才也培养了一些，但是高水平的科研团队始终未能形成。

二十一、40 年来深部调查研究的基本经验和体会

从 1978 年中法合作谈判开始开展喜马拉雅山和青藏高原的深部研究开始到现在，我已持续进行了近 40 年研究，付出了大量心血，总结我们的经验和体会主要有以下四点。

（1）深部调查研究很重要，是地球科学发展的主要内容，深化对地认识必须了解地下深部的情况，仅仅靠地表地质调查与 500 米深钻井资料，不足以构成对地下情况的进一步认识，以及建立起新的理论框架。为了提高对深部的认识，必须采取与传统的地面调查很不同的方法和观念；INDEPTH 深剖面与地学大断面方法是主要的工作途径。

（2）新的综合调查方法——以地学大断面的方式，主要包括有以下几点。

第一，要有明确的地质科学目标、任务。INDEPTH 项目确定的主要内容是研究从新生代到中生代到早古生代及更老的陆-陆碰撞带的结构构造。重点内容有：结晶基底及莫霍层的结构，上地壳的部分熔融层及大型逆冲推覆构造和大断裂，下地壳厚度与增厚机制，壳 / 幔混合层的厚度与伸展，中地壳的厚度及变化，在上、下地壳间起的调节作用，软流圈的分布，软流圈物质在地壳内的存在等。

第二，运用综合探测方法。每一种方法技术又要力求有所创新提高。

在项目执行中，同时部署了深反射地震、广角地震及天然地震

台站3种地震方法，灵活安排，要求不同深度区间都能保证较高的分辨率，以分别解决不同的地质问题；区域重力磁力测量与剖面观测结合，重视剩余异常运用；高频与甚低频两种大地电磁法分别突出不同深度的电性结构等，青藏高原大地电磁场强度较弱，增加探测深度就要牺牲分辨率，所以，必须有高频电测测深法来得到浅部高分辨率探测的结果，要加强大地电磁结果的模拟检证。

数据进行以下多种成像处理：P-S和S-P转换波成像，以及高低频滤波成像；P波和S波层析成像；广角地震进行几种处理方法的对比分析。

总之，数据要进行多次处理，以提高成像精度和可靠性，要有地表地质的精细调查，包括构造地质、岩石学地球化学、同位素年代学和热年代学方法，以及结合构造模拟等。

第三，地质、地球物理与地球化学资料要有真正的综合解释。

为了真正意义上的地质、地球物理与地球化学的综合解释，要解决地质观测结果与地球物理测量解释结果的对比印证，需要重点抓好标志层的对比和连接，并将各地块的地壳厚度变化及上地幔结构变化联系起来进行对比，将动力学分析贯穿于整个研究过程，并将走廊域的研究与大区构造运动联系起来，与区域构造体系联系起来，并配合着开展必要的构造模拟试验。

成像结果的研究解释不可能一蹴而就，要不断进行。目前出现有以下特点：把多学科综合当作一个高水平成果的标志，但内容上并没有，还是地质谈地质的，物探谈物探的；有的则是一切以地质为主，弄几张物探图装点一下；有的则是找一张适合自己观点的地球物理结果作佐证，而不问这一结果是否可信等。所有这些都有待进一步提高，特别是把科研当成生产处理，不给反复思考的余地是不合适的。

特别是要结合地质解释不断改进数据处理成像结果。INDEPTH的数据处理都要求几国和几家做出处理，以便对比评价。为此，自已必须建立起一个高水平的强大的处理中心和一批技术开发人员，要力求技术上有所前进，不断向上攀登，没有更先进的探测技术和处理软件是谈不上先进水平成果的。

（3）采取开放、共享的方针。通过 INDEPTH 项目合作，我们已经摸索出一套国际合作攻关模式。在 1996 年第 30 届国际地质大会上，国际岩石圈委员会主席 K.Burke 教授在主旨报告中提出，INDEPTH 合作可以作为国际合作联合攻关的一种工作模式进行推广。这是一种多国（包括更多国家的留学生参与）多学科在复杂环境下的一种联合攻关方式。

（4）要发挥学会的作用，推动深部探测研究的多学科综合与讨论。鉴于在中国的条件下这是很难做到的，为此，我在 INDEPTH-Ⅱ开始时提出愿资助学会成立多学科的中国大陆动力学研究会，以打破学科分隔的现有学会设置的原则。1994 年 6 月底在中国科协召开的学科发展与科技进步研究会上，我正式提出了成立大陆动力学研究会的建议；1994 年 7 月 27 日，中国地球物理学会第五届第七次常务理事会议研究后“同意赵文津理事的建议”，并将其设为学会下的二级组织——中国大陆动力学研究会。同年 8 月 4 日，学会秘书长电话转告我并委托和着手筹备。于是，我邀请了若干有代表性的专家于 8 月 6 日在北京计算中心举行了第一次中国大陆动力学专委会筹备会（以下简称筹备组），会后向学会写了报告。8 月 24 日在长春举行学会年会时，我向学会领导送上正式报告，得到学会理事长刘光鼎先生和秘书长曲克信先生的肯定和支持。理事长、秘书长在大会上的工作报告和大会总结中均对此项活动给予绝对的、无保留的支持。在学会年会期间，筹备组于 8 月 27 日召开了第二次筹备会，征求与会专家的意见。理事长刘光鼎先生亲临会议现场，阐述了办研究会的设想和原则，希望研究会得到大家的支持。会后筹备组按照学会规定的原则，进一步就如何办研究会问题再次征询一些专家的意见，酝酿并提出理事的名额分配和人选。

按照“以科研为依托”的精神，大陆动力学专委会以我承担的中美合作项目“喜马拉雅和西藏高原深剖面实验与综合研究”为依托，组织开展了各项学术活动，该项目办公室承担了专委会的日常管理与组织工作，以及予以经费支持，这为专委会的学术交流做出了重要贡献。

1994 年 10 月，大陆动力学专业委员会正式成立了，迄今已有 20 多年，我担任了 3 届专业委员会主任，4 届专业委员会先后进行了 150 多场次的活动，参与活动的人数达几千人，希望未来有更大的发展，在地球科学的创新活动中做出杰出的贡献。

第八章

关于开展深部找矿战略的思考

随着我国经济社会的发展，我国的能源资源、矿产资源及生态环境问题再次成为国家发展的主要瓶颈。为了突破我国矿产资源的瓶颈，开展深部金属矿产的勘查与开发是出路之一。

按照部里下达的任务，1964～1965后，我在长江中下游的九江、瑞昌地区组织了深部找矿的试验研究，后因“文化大革命”停止了相关研究。中国工程院于2008年设立了“中国工程科技中长期发展战略研究”项目，我积极地参与了工作，这项研究时长为3年，2010年结题。深部金属矿产探测工程科技发展战略，是其中的分课题之一。金属矿的找矿问题，是矿业发展的基本问题，它也将随着矿业发展而不断深化；容易找的矿找过了，要找不易找的矿；浅部找矿告一段落，就需要向更深处找矿，如何开展深部矿产的普查勘探便成为一项紧迫的任务。

中国工程院设立的这个软科学项目，是鉴于过去矿产勘查开发限于800米以浅的矿产。随着技术经济条件改善，加深找矿和开发就成为未来扩大矿产资源的主要攻关方向之一，需要提前思考，并明确未来工作的布局问题。作为分课题的负责人，在3年的研究期间，我先后邀请多名专家开了二十多次研讨会，与大家交换意见。此外，还进行了广泛的调研，阅读了许多文章和报告。最后，形成了一个发展战略研究报告，提出了若干项指导性的建议。

结题后，我并没有停止研究工作，又结合着重点矿产（铬、镍、金）有关的业务活动（如汤中立院士领衔的“小岩体找大矿”“长江中下游深部调查”“危机矿山找矿”等课题活动），继续思考和研究这一问题，以期有所深化。

找寻和开采深部矿产的有关理论与技术方法都具有前沿性，每向地下加深1千米遇到的科技问题都是很困难的。借此机会，我在此记录下在长期研究中形成的一些认识和感受到的问题，希望对未来的工作能有一些启发。

一、中国对能源、金属、非金属矿产的需求与深部找矿

矿产资源（包括煤、石油、天然气，以及放射性铀、钍等核能的原料）是国民经济和社会发展的基础，是加工业的对象和动力。没有矿产资源，经济社会发展就是无米之炊。

到2030年中国将处于工业化、城镇化及现代化的高峰期，能源矿产、金属矿产及非金属矿产将会有更大量的需求。同时，大批发展中国家也将陆续走上工业化、城镇化及现代化的道路，它们也将需要大量的各种能源矿产资源。

2010年，国家主席胡锦涛在中国科学院第十五次院士大会、中国工程院第十次院士大会上的讲话中指出：“大力发展能源资源开发利用科学技术。要坚持系统谋划、节能优先、创新替代、循环利用、绿色低碳、安全持续，加强对我国能源资源问题的研究，制定我国可持续发展路线图。要发展资源勘探开发和高效利用技术，积极发展大陆架和地球深部能源资源勘查和开发，积极发展可再生能源和新型、安全、清洁替代能源，形成可持续的能源资源体系，切实保障我国能源资源有效供给和高效利用，使我国能源资源产业具有国际竞争力。要发展节能建筑、轨道交通、电动汽车技术，加强煤的清洁高效综合利用、煤转天然气、煤制重要化学品技术研发，构建覆盖城乡的智能、高效、可靠的电网体系。”

2016年5月，习近平主席在全国科技创新大会、两院院士大会、中国科协第九次全国代表大会上的讲话中提出，“从理论上讲，地球内部可利用的成矿空间分布在从地表到地下1万米，目前世界先进水平勘探开采深度已达2500米至4000米，而我国大多小于500米，向地球深部进军是我们必须解决的战略科技问题。”

这两项要求的内涵是一致的，即都要求加强对埋藏深度超过500米的矿产资源的勘查与开采技术的研发，以保障国家未来发展

对能源与矿产资源的需求。

按照这一指导方针和中国工程院的安排，围绕铁、铜、铅、锌、镍、铬、金等黑色、有色、贵金属、稀土、稀有金属矿产等国家紧缺矿产和优势矿产，以开展成矿理论与找矿勘查方法技术的研究开发为主线，研究并提出我国矿产资源保证的勘查和开发的科技发展战略。

根据采矿业逐步加深的实际，矿产资源勘查深度可以分为两个阶段，即找矿深度为800～1500米和1500～2000米，乃至更深部的找矿工作。这是一项知识密集型的技术工程，也是一项庞大的系统工程，要以这一指导思想为依据，进行深部矿产资源勘查科学技术发展战略问题研究。

二、深部找矿是一个有待开拓的新领域

（一）矿产资源是一个经济概念

理论上讲，地球是由92种化学元素组成的，在地球形成演化的过程中，经历了长期的岩浆洋时代，岩浆洋演化中形成岩石、矿物及元素的分异，并在一定条件下造成元素的聚集与分散。5000千米以下为内地核部分，直径可达2440千米，是以铁镍金属为主的地质体，是元素重力分异的结果，铁、镍总量极大，但太深了，不能开发出来，所以，它不能算作矿产资源。人类能开采出来矿产品，但没有经济效益，或者带来的生态环境破坏严重，致使这种生产活动也不可持续下去，所以也暂时不能计入国家的矿产资源储量。我国许多地区已不再允许开矿活动，可能就是基于这种经济和生态效应的比较考量后所做出的决定。

我国提出调整经济结构的方针，也与上述考虑有关。在这一大环境下，矿产勘查和开发仍应当继续加强，但是这一切活动都应考虑生态环境效应。因为，矿产是人类生存和社会经济发展的基础，在这点

上它与农业一样，人类是离不开矿产资源的，但是人类赖以生存立足的生态环境则是更为重要的条件。出路就是发展绿色矿山开采，把矿山建设与区域发展规则结合起来。这方面已取得了很好的经验。

为了推动中国矿业发展，建议未来的找矿对象还应放在寻找和开发国家紧缺的，以及未来一个时期紧缺的矿产，而且是以相对的“大、浅、富”与“大、浅、贫”的矿产为主，因为现在还不能说浅部就没有矿了；矿业开发一定要有市场需要和市场竞争力，不能以资源储备为名，将大批资金投入未来可能开发的或者不会开发的找矿活动之中。

（二）深部找矿的含义

深部找矿的“深部”是一个相对概念。我国过去金属矿产的勘探开发深度一般均以500～800米为限，以500米为主。这是当时采矿工程技术经济条件的限制所致。现在随着采矿技术经济条件的发展，今天解禁采矿深度限制是必要的、适时的。实际上，我国许多矿山的采矿深度已加大到1000～1500米，甚至更大的深度。所以，这一找矿与开采深度应是我国东部及西部一些矿山的近期目标，其要克服的困难也应当是我们今后一个阶段要重点攻关解决的科技问题。一些人提出要寻找和开发埋深大于1500米的矿体，如2000～2500米深处矿体也应早做技术准备。

为此，我们建议：2015～2020年应以500～1500米以浅的深度，2020～2030年之间则以1500～2000米以浅的深度为主，并探索3000米深度范围内的矿产勘查与开发问题。

现在还不宜笼统地提出以地下10 000米为限，全面铺开找深部矿产工作。因为，地下上万米的空间内有什么经济矿产，人们还不知道，迄今全世界上还只有俄罗斯科拉半岛元古代地区打过一个12 222米深钻，见到深部有矿化现象，还不知道能不能形成工业规模的矿床。

现在几千米深处有什么矿产尚未弄清楚，如何找它的方法技术也还没有一个有效可用的，总不能到处打深钻井找矿，这不是个办法。

现在我国东部许多矿区内及其四周地区，地质找矿工作的程度仍然是较低的，寻找 500～1000 米深度以浅的矿体还是有很大潜力的。在中国广大的西部地区，调查与勘查的程度就更低了。

找矿工作的一个特点是，当我们的找矿理论认识和找矿方法技术有了新发展、新突破时，找矿也可以出现大的突破。

例如，这些年危机矿山找矿工作证明，矿山附近和深部还是有很大的找矿潜力的。仅据 2004～2010 年的统计，在 230 个资源危机矿山内就新发现了大型、超大型矿产资源 35 处，中型规模的矿产 62 处，小型规模的矿产 40 处。新增储量超过原有勘查储量的矿山 32 个，深部发现新矿种的矿山有 15 个。这些勘查结果证明，危机矿山进一步向附近和深部找矿还是有很大潜力的。不过，这些矿床总的情况还是限于 1500 米以浅的深度。

2017 年 3 月 29 日《科技日报》报道，在山东莱州湾三山岛大金矿附近又发现了一个 550 吨资源量的大金矿，深度不过在 1000 多米（图 8-1）。“藏得深”是对过去找 500 米的矿而言的，是对我国许多老矿山的开发深度讲的，向下延深找矿开采则是顺理成章的结果。该报道中提到，使用的找矿方法是构造叠加晕的化探方法。

藏的深！“史上最大金矿”揭开面纱

“在中国产金第一大省——山东省发现一个世界级的巨型单体金矿床，预计可提交金资源量550吨以上，有望成为国内有史以来最大的金矿。”

3月28日，当山东黄金集团董事长陈玉民对外公布这一爆炸性消息时，很多人并未意识到这座金矿的“世界级”分量：中国是世界上产金量最高的国家，而山东黄金总产值和储量，都居全国首位，而“550吨以上的资源量”又将刷新该省保持的“中国纪录”。

陈玉民表示，“我们用了16年，投资3.2亿元，联合四五家国内顶级科研机构，才揭开了这个孕育了亿万年、深埋地下1000多米的超大型金矿床的秘密。”

这并不容易。作为我国规模最大的金矿集区，胶东地区在以不足全国500/1的面积产出了全国4/1产量的黄金之后，遇到了“瓶颈”——随着矿产勘查程度的逐年提高，地表露头矿和浅部矿越来越少。

“向地下三四千米钻探一次，就要花费上千万元，因此‘在哪找’是决定成败的关键。”山东黄金集团总工程师傅学生提到了“构造叠加晕找盲矿法”。

“地壳中的含矿热水溶液在一定的物理化学条件下，将矿质沉淀在各种有利的构造和岩石中，这便是‘热液成矿’。但它既形成了金矿，也留下了与金矿密切相关的几十种元素（如汞、砷、银、铋、铜等等），我们称之为‘晕’。构造叠加晕找矿就是我们不断钻孔通向地下几千米处，采集2万件样品进行化学分析，一一排除，最终确定金矿富集区。”山东黄金综合部副总赵立峰说，“这种方法对矿山深部找矿很有效，也是中国冶金地质总局化探专家们的‘拿手绝活’，从而使后者成了我们的合作伙伴。”

当前我国绝大多数金属矿床的探、采深度不足1000米，无论从理论上还是施工上，1000米以下还是空白。挑战4000米深钻在我国地质钻探史上属首次。颇具有神奇色彩的山东地矿三院曾钻探孔深2843.18米，创下“全球海洋地球科学钻探全取心孔深”最高纪录；中石化胜利石油管理局测井公司是国内测井界的“翘楚”……陈玉民说，我们大胆突破，沿着产学研一体化发展方向，携手国内顶级科研机构不断在理论和实践上寻求突破。

事实证明，投资3.2亿元，掘地16年是值得的。陈玉民骄傲地宣布：“若按生产规模10000吨/日计算，这座金矿可连续满负荷生产40年。”更深远的意义在于，西岭金矿床不仅仅成为国内有记载以来黄金史上最大的单体金矿床，更为我国深部找矿提供可作参考的范本。《科技日报》2017.3.31 文/王延斌

图 8-1　2017 年 3 月 29 日《科技日报》的报道

2017年4月13日，《国土资源报》又报道了云南省核工业二〇九地质大队在云南南部发现了一个特大型轻稀土矿床（图8-2），该矿床是风化壳型矿床，稀土氧化物量达47万吨，各个稀土分量均达到超大型规模。显然，这一矿床也不会是埋藏在地下深部。

滇南发现特大稀土金属风化壳型矿床

探获稀土矿石量3.6亿吨

2017.4.13 国土

本报讯（记者 郭岸英）记者4月11日从云南省核工业二〇九地质大队获悉，地勘工作者经过7年多的不懈努力，日前在滇南地区发现一个特大型稀土金属风化壳型矿床。该矿床属于国内十分罕见的离子吸附型稀土资源类型。

据悉，该矿床已探获稀土矿石量3.6亿吨，离子吸附型稀土氧化物量47万吨，以镧、铈、镨、钕、钇为主，其含量高达95%；共(伴)生氧化铌57462吨，伴生铷81839吨、镓10818吨、钪961吨，均为特大型规模，矿床潜在经济价值可观。通过试验研究，矿床稀土回收率大于94%，生产的稀土氧化物纯度可达到≥92%。

据二〇九地质大队总工程师王学武介绍，该离子吸附型稀土矿主要特点是碱性正长岩风化后形成的以镧、铈、镨、钕、钇为主的风化壳轻稀土矿，并含有镓、铌、铷、钪等稀散元素，风化壳厚度大、连续性好，属较高海拔地区离子型稀土矿床，具有极高的开发利用和科学研究价值。

目前，该矿床已通过云南省国土资源厅评审中心专家审查。据该中心专家介绍，该矿床的发现，是云南稀土矿地质勘查工作的重大发现，填补云南省没有超大型离子吸附型稀土矿的空白，扩展了云南省风化壳离子吸附型稀土矿找矿空间，使云南省有望成为“稀土矿产资源潜力大省”。

图8-2 2017年4月13日《国土资源报》的报道

西藏西部改则附近大型斑岩型铜矿——多龙铜矿，铜金属量达到2000万吨，成为中国最大的铜矿床。这个矿床位于班公湖-怒江缝合带，也是碰撞型铜矿床，埋藏深度也不大。

现在对深部矿体赋存情况的了解很有限。开展找矿工作的危机矿山，找矿钻孔深度超过1000米的仅有173个，总工作量仅为20万米，平均每个矿区仅为0.72个钻孔，而其中深度大于1500米的钻孔仅仅有13个，总工作量不过2.3万米，所以这些找矿活动还是限于浅层，限于个别地点。这样，也就限制了人们对1000米以下深部地质、矿产情况的更多了解。国内在金属矿区还没有一个超过6000米的深钻。更深部有什么矿？现在的知识还不多。但是，深部与浅部的矿产可以有很大差别。如赣南钨矿的五层楼模式，从地表的云母线，到下面分别为细脉、小脉、中脉到大脉，打了深钻后发现下面的岩体中仍然存在高温高压条件下形成的铌钽矿；个旧地表为锡石氧化矿，向下变为锡石硫化物脉，后来又发现深部存在与玄武岩或辉绿岩有关的铜矿；藏南的驱龙斑岩铜矿，作为斑岩矿床应当是中浅层的深度区间内成矿的，现矿床已被剥蚀出露在地表，矿床也已勘查到1000米左右，下面已变为以钼矿为主，深部是否还存在大的铜矿产，是否还是斑岩类型矿床，并没有钻孔控制。又如长江中下游地区，存在多层位成矿的规律，但是这也限于勘探控制的深度以内，对成矿岩体的深部是否存在矿体、成矿类型、成矿规模等更深层的成矿情况还是很不了解的。

所以，第一步的找矿战略目标还应当以500～1500米深部矿为主。但是，都应要求把找矿工作做细，做够，对微弱异常和矿化显示地段给予更多的重视，那么找矿是有可能取得重大突破的。特别是要像福尔摩斯和狄仁杰破案那样来收集和使用这些资料，做出正确的判断。这就要求勘查工作从粗放型改为精细型，进行精细勘查；一些矿区经勘查发现深部还有找矿前景，企业方面也要求勘探开采更深部的矿产时，应当加强深部投矿工作。为了适应这种要求，需要多打一些深钻，做好相关的理论研究准备，探讨深部成矿模式，以及开发深部找矿技术方法。

这种从浅部矿开采开始，然后随着采矿深度加大，随着深部矿体的发现而逐步转向深部开采的情况，也是当前世界范围内矿产开发的实际工程程序，也是最经济、风险最小的工作方案。当然，如果发现的深部矿体确实很好，技术经济论证值得开发，也可以直接进入深部勘探与开发。

所以，我们谈寻找与开发深部矿产时，还是要遵循由浅入深，逐步向深部开拓的原则与做法，绝不能放松找浅部矿和开采浅部矿。近期内还应以500～1000米深的矿产勘探开发为主。但是，及时加强对更深部的矿产形成与分布规律研究，及时加强深部找矿方法开发研究是必要的，这是前瞻性的战略思考和必需的安排。

现在我国的山东招远金矿、吉林夹皮沟金矿、辽宁红透山铜矿等老矿山的开采，已深入地下千米以下。深部有矿从而向深部开拓是其自然的发展。就南非兰德盆地讲，已有多个金矿区开采深部金矿多年，但也都是从浅处采矿开始。开采深度已达到近3～4千米的有7个矿山。但从全球讲，开采这样深的矿山还是极少数，仅仅局限于几个点，多数矿山开采深度还是在1～2千米。所以，围绕现有矿山的深部优先选择找深部矿突破的地段还是最现实的途径。

矿山及其附近找深部矿体，也不是都会有重大的找矿突破的。深部有矿，而且品位较高，是需要一个特定的地质成矿条件的。品位低的矿石因为开采成本过高而变得没有开采价值。

开采深部矿产，随着开采深度加大，地下压力、温度将大幅度增加，将带来一系列技术难题。加之，生态环境问题要解决，这将使采矿难度和成本大大增加。这将是一种与浅部开发很不同的新概念。

应当说，深部找矿与开发是一个有待开发的新领域。包括深部矿产成矿规律研究及深部地质调查、深部矿化调查、深部找矿方法等几个部分，不能设想将地表浅层获得的知识简单地向下推演就可以了。在完全新区找深部矿，为了多取得一些深部地质资料，更应当加大一些钻探的工作量，积极开发一些有效的地球物理与地球化学探矿方法。“玻璃地球”、“透明地球”，以及三维地质填图，没有具体目标一般性部署工作，我认为都是不切实际的设想。

三、建议突出6种矿产的研究、勘查和开采试验

金属矿产种类近百种。经过多年勘查，我国已探得的钨、锡、钼、锑、稀土（16个元素）等矿产非常丰富和集中，如我国稀土矿产储量已占世界探明储量的60%，钨占60%，锑占70%。钼矿已探明了2917万吨，而我国一年的用量只有7.5万吨。其他一些矿产也是比较丰富的。这些矿产应当已不构成我国经济发展的瓶颈。当然，从持续发展角度看，在局部地区某些矿山的找矿任务还是有紧迫性的。但是，作为基础工业所需的大宗矿产和带有战略安全性问题的

矿产，应当还是富铁矿、铜矿、镍矿、铬铁矿、金矿、钾盐等矿种，以及一些新兴产业所需矿产。要突破找矿关，有许多科技问题需要攻关，要研究其成矿理论、矿产分布规律及找矿技术与方法。

金在我国分布广泛，在多种地质构造条件下都可以找到它，其成矿地质条件和找矿的特点也具有普遍性，但是我国发现的特大型金矿数量还是有限的，需要加强找矿评价工作。金矿除去山东胶东蚀变岩型、陕西秦岭石英脉型外，重点要突破大型金矿的找矿难题，建立新的大型金矿生产基地，并搞好生态环境建设。

铁矿应以找富铁矿为主要目标，一是找小而浅的，积少成多；二是找大而较深的富磁铁矿床；三是找无磁性的可选性能较好的红铁矿床。

铜矿应以斑岩型-矽卡岩型铜矿床为主攻对象，找矿方法技术也有保证。

镍矿应以硫化铜镍矿为主攻对象，同时解决铜、钴、铂族金属元素资源的增长。

铬铁矿，除在西藏罗布莎铬铁矿区就矿找矿以及新疆萨尔托海铬铁矿区之外，亟须找到第三、第四个大型矿产地。中国基性超基型岩体有近万个，深入调查过的并不多，前景应当很大。

钾盐矿产，这是保证粮食安全所必需的。

以这 6 种矿产为中心组织开展深部矿产的分布规律与形成机理研究，以解决到哪里去找矿的问题，并可带动多种科学与技术的发展。

同时，也要注意对我国的优势战略性矿产适当加强工作，以保持自己的优势稳定。

下面再具体分析一下深部找矿中的问题和创新的方向。

四、斑岩型铜矿深部找矿

斑岩型铜矿是世界上铜矿产的主要利用对象，单个矿床的规模可以很大。中国近些年有较多发现，单个矿床储量可达 1000 万吨以上，并正在沿着新成矿带大力推进找矿工作。中国的斑岩铜矿都为大陆-大陆碰撞型，与国外大洋向大陆俯冲增生造山型与岛弧型都不同，要更复杂些。这是中国斑岩铜矿成矿的特点。

但是，它们的勘查深度目前也仅仅限于1000～1500米。以下述我国现已发现的三种产出斑岩铜矿为例，探讨其今后的找矿方向要研究的问题。

（一）江西德兴铜矿

这是一个侏罗纪时代的斑岩型铜矿床，是朱训部长当年发现与勘探过的矿区，储量规模大，一直是我国铜矿的主产区。虽然长期以来在外围做过许多普查找矿工作，但收效甚微，看来可能是对其区域构造岩浆活动及其深部评价工作做得还不够深入、打钻的深度很有限所致，这个铜矿区分为朱砂红、铜厂和富家坞3个斑岩铜矿床（图8-3）。3个含矿的岩株都呈北西-南东向分布，这种矿床的分布一般是不会孤立出现的。但是一直未搞清楚其分布是受哪一条断裂控制，分布在什么岩浆弧地带内。

3个含矿斑岩株都倾向西北方向。

据此作者推测，三个含矿花岗闪长岩岩株都是从深部一个大岩浆房出来的，都是向东南方向向上侵位的，这可能说明岩株受北东向断裂控制。但3个岩株的分布又与区域性断裂和茅桥蛇绿岩剪切带产出垂直，成北西-南东向，但这个方向还没有揭示出控制岩体的主断裂。

图8-4是裴荣富先生提出的成矿模式图。含矿的花岗闪长斑岩时代为172Ma（Rb-Sr法），成岩成矿时代为100 Ma～172 Ma。这一成岩成矿时代是中生代的燕山运动中晚期，与华南第一期成矿时代是一致的。围岩则为中元古代的类复理石沉积，含火山物质，厚度可达万米。

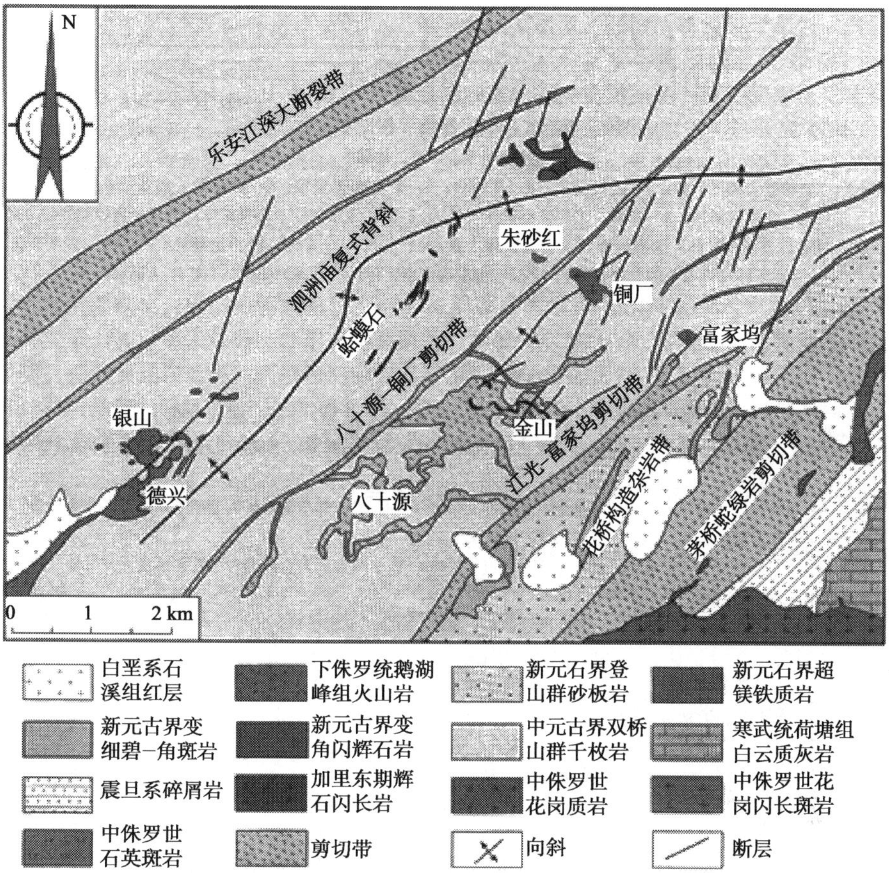

图 8-3 德兴地区铜银金多金属矿床分布图（据李晓峰等，2009，略有修改；原图取自江西地质勘查公司团队，1996）

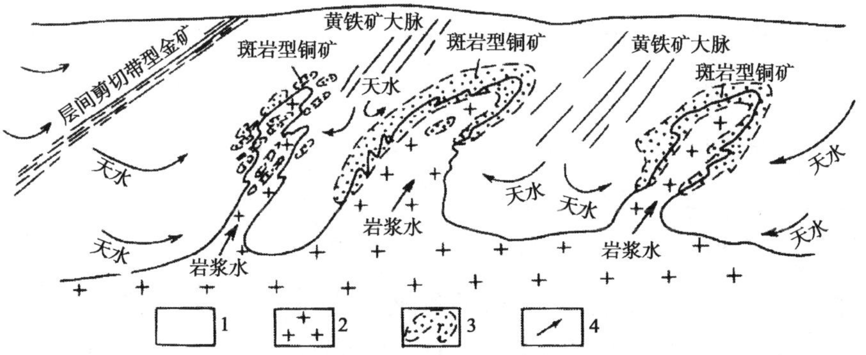

图 8-4 大陆边缘与中酸性侵入岩有关的（德兴式）斑岩铜矿床模式图（裴荣富，1995）

1—中元古界；2—花岗闪长斑岩；3—矿化范围；4—流体运移方向

另有银山斑岩-浅成低温热液型银多金属矿，与区域内主要大断裂走向北东向是一致的。

按照现在流行的斑岩型铜矿成矿理论，斑岩型铜矿分陆缘弧型和大陆碰撞型两类，其成矿过程是不同的。前者以南美洲安第斯山成矿带为典型，是大洋板块向南美大陆板块下俯冲过程中产生的。认为壳/幔之间产生一个壳/幔物质混合层，再由它向上分异出来钙碱性含矿岩浆，形成位于几千米深的岩浆房，再由它不断向上供应含矿岩浆，并聚集成为大型矿床。关于产于大陆碰撞带内的斑岩铜矿，我提出，它是在前者成矿基础上，再经过陆-陆碰撞与大型推覆构造的改造作用而形成的矿床。德兴铜矿也是属于碰撞型的斑岩铜矿床，但是，其所在的陆缘岩浆弧是如何分布的还未弄清楚，碰撞时产生的构造作用尚不清楚，形成的成矿带主体的分布方向也未弄清楚。这样，地表和深部找矿前景与方向就更不清楚了。所以，今后加强区域成矿规律研究很必要。

（二）藏南驱龙斑岩铜矿

这是我国最近发现和勘探的最年轻的斑岩铜矿床，成矿时间在15 Ma～13 Ma，是印度大陆与欧亚大陆碰撞后几十个 Ma 后生成的，是典型的大陆碰撞型矿床。

我提出西藏驱龙铜矿的成岩成矿过程与深度是这样的：在新特提斯洋向北俯冲经历约 100Ma，会有大量的软流圈物质上侵，聚集在中下地壳内；随后，按照秦克章的研究，18Ma 时，花岗闪长岩浆侵位到古深度下 3～7 千米处；约 17Ma 时，又有似斑状黑云母二长花岗岩浆侵入花岗闪长岩内，侵位深度为 3～4 千米，带来了大量的流体，产生多种蚀变；约 16Ma 时，又有二长花岗斑岩浆侵位到 2～4 千米深度，携带了大量的成矿流体；约 15Ma 时，再次发生花岗闪长斑岩浆侵位，侵位深度为 2～3 千米，但这次侵位岩浆没有明显的矿化及蚀变。这里，作者没有谈及岩浆形成的深度，以及如何上侵就位的过程。

从 13Ma 到现在，本区即处于抬升和被剥蚀的状态。矿体现已出露地表，说明它顶部已被风化剥蚀掉了 3～4 千米。换句话说，斑岩型铜矿生成于地下 3～4 千米深处，即作为盲矿体或隐伏矿床，这也就是其成矿最大赋存深度。矿床形成后，盖层都要遭受强烈的风化剥蚀而使矿床埋藏深度变浅。有时后期也可能发生沉积作用，再将其覆盖住，或者由于构造推覆而增加了矿床的埋藏深度。

秦克章等认为驱龙矿床矿区现有的勘探深度（主体 500 米，少数钻孔达 980 米）还未将弥散状的强烈钾长石化和更深处的硅化网脉带揭示出来。依此推测，其矿化蚀变的深度，可以从目前钻探所控制的 1350 米深度向下延至 1800～2000 米深度，而深部的矿产也将转为以钼矿为主。所以，驱龙铜矿矿物堆积的垂向空间深度在 2～3 千米。其他矿区还未得到这类数据。

此外，矿区范围内中新世侵入体与围岩的接触部位，以及知不拉矿体深部，寻找矽卡岩矿化还有很大潜力。秦克章乐观地估计，本区铜储量还能增加 1/3，远景可达 1500 万吨，钼矿储量可增加至 200 万吨。应当说，实际上，本矿区 1000～1500 米以深的钻井还没有，深部成矿作用和矿产分布规律并不是清楚的。秦克章的推测仅仅是个有一定依据的推论，也不是一个定论，需要在深部地球物理与地球化学的研究基础上，进一步打些深钻井，取得深部实际资料，这样既能验证前人的推测与解释，又可以推动理论的进一步深化认识。

第七章中，我已介绍了在雅鲁藏布江碰撞带所做综合调查的结果，给出了驱龙斑岩铜矿所在的冈底斯成矿带的深部结构，揭示了在壳 / 幔之间存在一个壳 / 幔混合层，在 15～20 千米深处的中上地壳内存在一个厚大的部分熔融层，以及中上地壳内的巨大残余洋壳物质和新生下地壳物质。这与安第斯铜矿带深部结构有相似之处。但对更浅层的，以及 1～10 千米深空间范围内的细结构，矿化发育情况研究得还很不够。是否有找矿前景，找矿对象是什么，还提不出什么意见。

（三）普朗斑岩型铜矿

这是另外一种类型的斑岩铜矿床，位于云南西北角中甸（又称香格里拉市）岛弧地带。这一铜矿也是近几年勘探出来的，铜金属总量可达480万吨，钼金属很少。其特点一是为三叠纪时形成的斑岩型铜矿床，成岩成矿时代较老；二是矿床产于古特提斯期形成的义敦岛弧带的南段，岛弧带构造演化与成矿过程的情况较复杂；三是普朗铜矿除中酸性复式岩体外，还包括石英闪长玢岩。

对普朗铜矿所处的大地构造背景和区域成矿作用，人们的认识还有很大的差别。

侯增谦等解释为二叠纪-早三叠纪扬子地台西缘拉开，形成甘孜-理塘小洋盆；中三叠世末-晚三叠世初，小洋盆开始向西俯冲，并产生岛弧带；晚三叠世末小洋盆闭合，岛弧与扬子地块碰撞并造山，出现大量的同碰撞花岗岩（208 Ma～158 Ma），后期又经过了新特提斯时期的陆内构造作用的改造。俯冲与碰撞会引发一系列岩浆活动。后碰撞期，即白垩纪时期则出现造山期后花岗岩（135 Ma～73 Ma）。义敦岛弧带北段为昌台弧，以张性弧为特点；南部为中甸弧，以压性弧为特色。普朗斑岩铜矿产出在中甸弧南端。岛弧带以乡城-格咱断裂与中咱微陆块分开，中咱微陆块之西为金沙江缝合带（图8-5）。

晚三叠世是岩浆弧发展阶段，发育了一套巨厚的碎屑岩-碳酸盐岩-火山岩建造，岩性主要为砂板岩夹灰岩、安山玄武岩-安山岩、英安岩等，构成区内印支期-燕山早期的浅成中-中酸性矿化斑岩的直接围岩。岩体的中心相为石英二长斑岩，时代为216.0 Ma～214.6 Ma，矿区内蚀变含钾矿物定年结果时间是216.0 Ma ± 1Ma～214.6 Ma，铜-金矿化测定为213 Ma ± 3.8 Ma（辉钼矿 Re-Os），即成岩与成矿

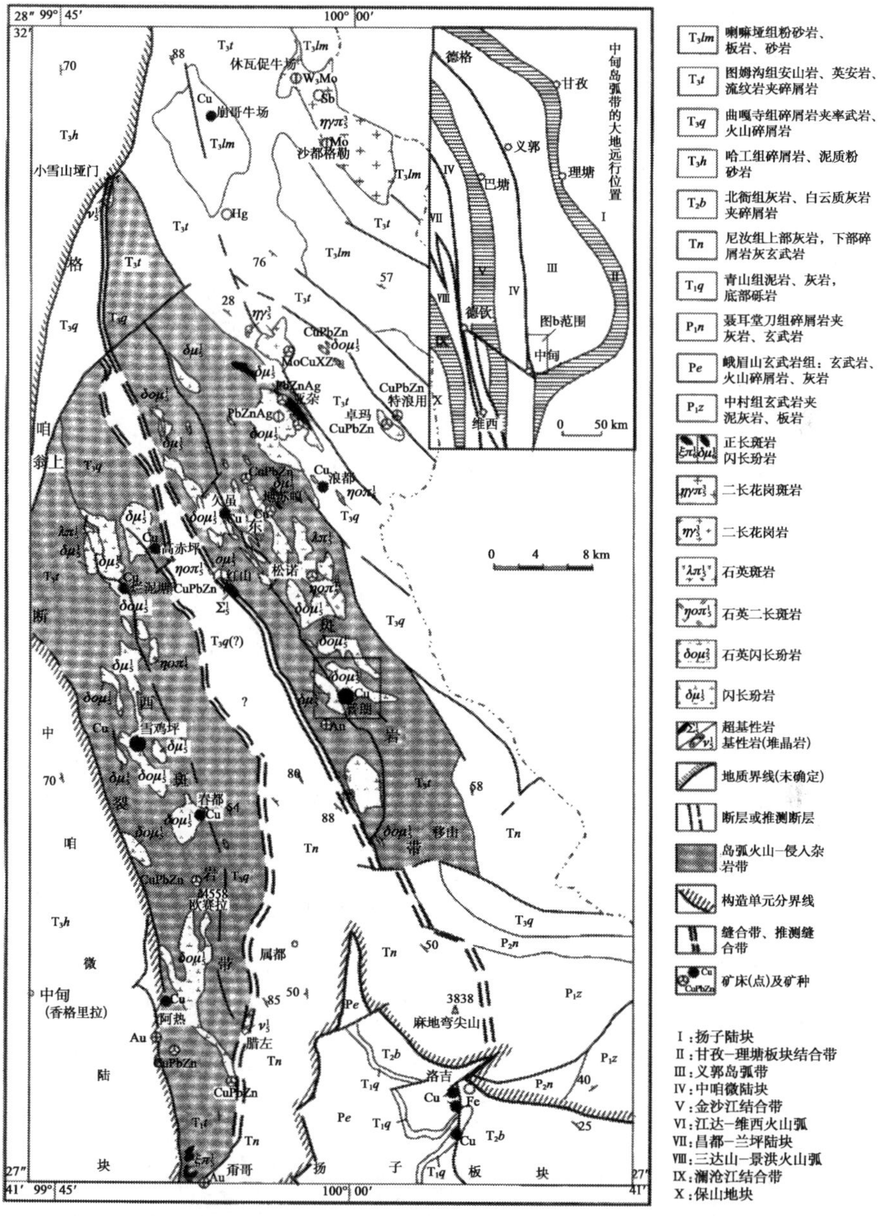

图 8-5　中甸斑岩铜矿区地质矿产简图（曾普胜等，2003）

时间相近。

这里，斑岩带分成东、西两个带：在西斑岩带的西侧出现一条大的断裂——格咱断裂，将岛弧带与中咱微板块分开，断裂为近南北走向；在中咱微板块之西则为金沙江缝合带，是金沙江大洋闭合后留下的痕迹。

许志琴则认为金沙江-理塘蛇绿岩代表一个古缝合带，这一大洋向南和向南西俯冲生成义敦-玉树岛弧带，认为理塘盆应为其弧后盆地（具洋壳性质）。如此，则它应当是弧前而不是弧后盆地；如果义敦岛弧是金沙江洋向北东俯冲的结果，理塘盆则可作为弧后盆地，那么它应在岛弧的后方，即在其东北部。概念有些不清。特别是金沙江洋与理塘小洋盆是一个洋，还是分开的一大一小两个洋？

万天丰教授归纳了多人意见后，提出金沙江洋晚二叠世开始闭合，中三叠世末期完成了左行斜向俯冲和碰撞，而同碰撞期花岗岩的同位素年龄为 255 Ma～227 Ma，这些数字比侯增谦给出的要老得多。作者未指明左行斜向俯冲是向西南还是向东北。联系到义敦岛弧位于金沙江缝合带的东北，推测它可能是向东北方向俯冲。但是，他又说，在云南，缝合带的断层是向东倾斜的，即浅层向东俯冲，但是其下地壳又是向西倾斜的。

以上几种说法表明区域大的构造还不清楚，岛弧与哪一个大洋俯冲有关并未说明白。

关于矿质来源和成矿作用。普朗铜矿的成矿元素来自哪里？为什么会聚集成矿？矿体分布受什么控制？其分布规律是什么？文中没有回答。而这些涉及今后如何部署找矿工作问题。两条岛弧带的找矿远景评价，东部岛弧带、北部张性区与南部挤压区成矿评价有无不同？

关于找矿方法。鉴于普朗铜矿已勘探的部分埋藏较浅，矿体规模又大，已有的化探和物探方法是有效的。但是现在的勘探深度仅在 1000 米以上。与驱龙铜矿一样，大于 1000 米的深度矿成矿情况也是不知道的，有待探查（图 8-6）。

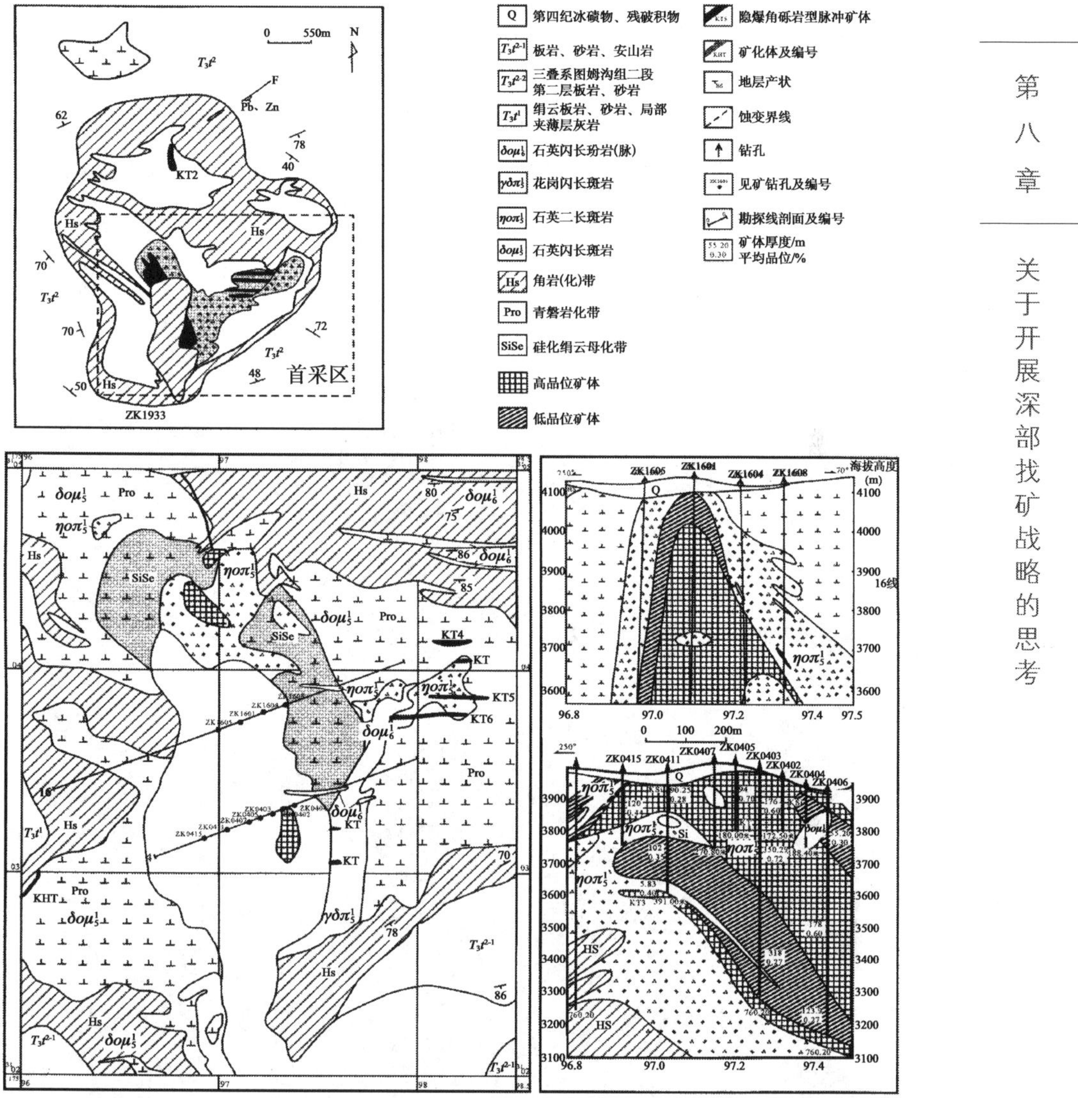

图 8-6　普朗斑岩铜矿地质简图（据李文昌等，2007 修改）

五、长江中下游铜官山矽卡岩型铁铜矿床深部找矿试验研究

最近几年来，吕庆田和董树文等在长江中下游铜陵铜官山矽卡岩铁铜矿床矿集区进行了许多深部探测与找矿工作，成果也发表了，有 6 大本之多，资料十分丰富，为深化找矿研究提供了很多资料。

我长期关注长江中下游地质找矿突破进展，最迫切需要看到有关的深部探测资料，所以及时研究了这些发表的资料，这也就是我第四次下长江中下游地区找矿的开始。但是，因数据不能共享，无法对这些数据进行深加工，现只能就已发表的工作成果进行研究讨论。

图 8-7 是吕庆田开展的深部探测剖面的部署图，共控制了铜陵、宁芜、庐枞及安庆-贵池等四大矿集区，以及南北两条地质地球物理廊带。

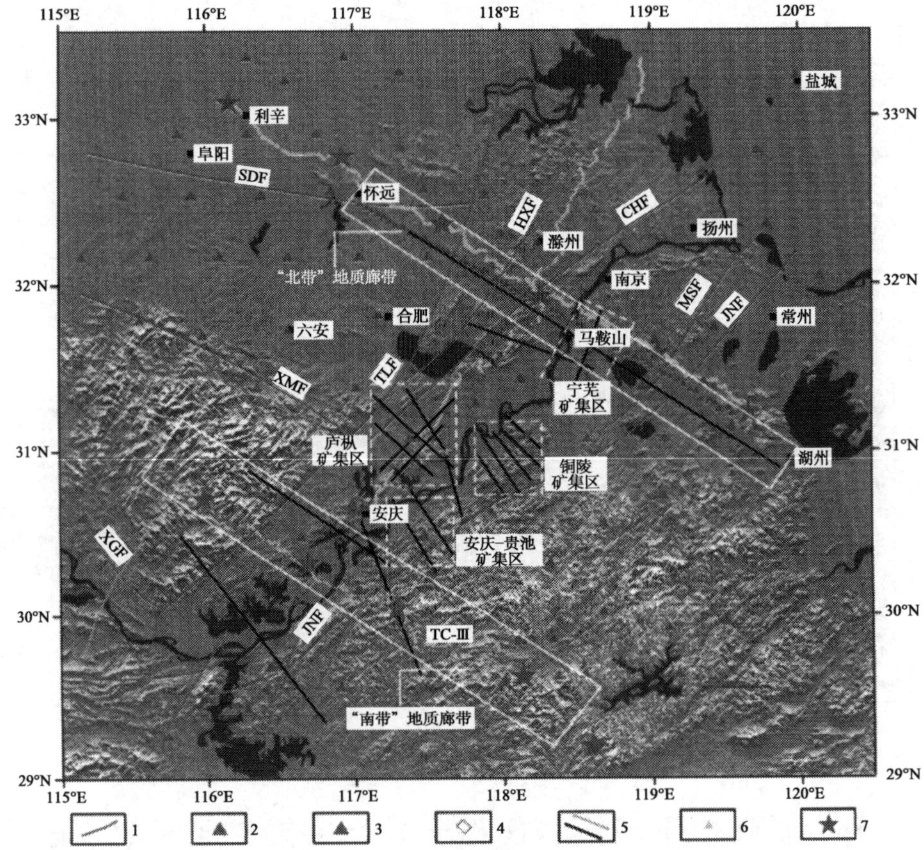

图 8-7　长江中下游成矿带及典型矿集区多尺度综合地球物理探测工作部署图（文后附彩图）

1—主要断裂；2—固定地震台站；3—流动地震台站；4—MT 测深点；5—反射地震剖面，浅蓝色为非 SinoProbe 剖面；6—广角反射接收点；7—广角反射激发点；TLF—郯庐断裂；XHF—响水—淮阴断裂；CHF—滁河断裂；MSF—茅山断裂；JNF—江南断裂；SDF—寿县—定远断裂；XMF—晓天—磨子潭断裂；XGF—襄樊—广济断裂下面我将从如何进行深部找矿角度讨论铜陵地区的找矿问题，特别是深反射地震技术的应用。

（一）铜陵矿集区矽卡岩型铁铜矿床区成矿模式

铜陵地区找矿、采矿，以及冶炼铜铁工作已有上百年的历史。中华人民共和国成立后其地质找矿工作取得了许多新的突破，成为中华人民共和国的一个重要的有色金属矿物原料基地。前人将已发现的矿床的成矿模式做了很好的归纳，见图 3-5。可以看出，已控制的最深矿体是冬瓜山矿区内五通石英砂岩的顶部，即图 3-5 中 D_3w 与 C_{2+3} 的层间含铜黄铁矿层（图例 13），控制钻孔深度为 1000 米上下。

（二）关于未来深部找矿对象的探讨

现在已发现的有可能成为区域内找矿对象如下。

（1）石炭系黄龙组 C_{2+3} 及泥盆系五通组 D_3w 地层在长江中下游地区有着广泛的分布，地下隐伏岩体也有分布。能否在地下找到新的隐伏的含矿岩体及含铜黄铁矿层？这是老铜官山人多年的梦想。例如在铜官山矿区，成矿流体应当是比较丰富的，已在岩体与围岩的接触带形成一系列大小不同的矿体。但是本区内发现的含铜黄铁矿矿床并不多，也不算大。为什么？是重视不够，投入的勘查工作还不够所致？还是因为没有矿层存在？除凤凰山新桥含铜黄铁矿层、冬瓜山含铜黄铁矿层之外，江西九江城门山的层状含铜黄铁矿体规模已达到 50 多万吨。

（2）最近在冬瓜山矿区的北部包村岩体和南部的青山脚岩体之间发现了深部岩体及其围岩五通组砂岩中赋存的呈透镜状的含铜岩体。这一矿体的矿石类型不是含铜黄铁矿层，而是以含铜石英二长闪长岩型为主，其次是含铜角岩型、含铜砂岩型。这些含矿岩体的围岩蚀变作用较强，主要蚀变有钾长石化、黑云母化、绢云母化、硅化、青磐岩化（绿泥石 + 黝帘石 + 绢云母 + 石英 + 黄铁矿）、硬石膏化及高岭土化。蚀变略具分带性，由围岩→岩体边部→岩体中心，依次出现大理岩化或角岩化带→矽卡岩化带→青磐岩化带→石英-绢云母化带→石英-钾长石化带。矿化富集于石英-钾长石化带内，以铜金矿化为主，向深部钼矿化增强，而石英-绢云母带内基本无矿化富集带形成，它的蚀变具有斑岩型矿化的特点。作为一个与钙碱系列岩浆岩有关的成矿系列，在一定深度下，是否有可能会形成斑岩型铜矿床？能否成为另一个新的找矿战略重点？

（3）本地区深部还存在寒武系和奥陶系灰岩地层，当含矿岩株侵入或上侵穿过时，会不会也与这些灰岩作用生成矽卡岩型铜铁矿床？或是其他类型的矿床？

（4）常印佛院士等提出，已发现围绕着洪镇花岗岩体（124 Ma）分布的前寒武纪变质岩系的四周，展布着一系列的逆冲-推覆断裂，形成了以变质核为中心的底辟推覆（层滑）-伸展构造。变质核底辟上移运动，导致其外围形成一系列的逆冲-推覆断裂，可为岩浆侵位及与之有关的成矿活动提供有利场所，并成为最主要的控矿构造，安庆月山矿田就是一例，但它已抬升到了浅部。

这 4 种找矿对象是目前能想到的，在元古代以老地层中，找矿前景如何，还不知道。这里提出的深部找矿对象，深度空间也不过是 2～3 千米。总之，深部成矿规律是什么，现在人们还没有进一步的说法。这里既有实际调查进一步收集地下地质与矿化的问题，也有理论探索问题。

（三）吕庆田等在铜陵矿集区作了 6 条深剖面探测，开展找矿工作

吕庆田等确定了区内大断裂 5 条，已出露地表的岩体与这些断裂的关系未显示清楚。岩体分布似与北东向断裂与构造轴向一致，而沿这一构造轴分布的岩体又受什么断裂控制呢？过去强调了存在东-西向的深断裂直接控制着岩体的分布。很需要再结合重力、磁测

资料深化研究这一问题。

常印佛等（1991）提出：“在太平洋板块向西北方向的推动及大别山楔形体向南推动的对挤下，中段（南京-宿松）发生强烈左旋剪切。这种不断向西北挤压力稍后还造成新生的北北东向褶皱，叠加在印支期弧形褶皱之上，形成一系列不同级别的叠加褶皱……皖、苏地区北北东向叠加褶皱与早期北东向褶皱交角较小，有时接近共轴。此时，区内北北东向和近东西向基底断裂普遍进入活跃期，并以左旋剪切为主。它与早先进入活跃期的北西西、北东东向基底断裂共同构成菱形网络格局，对盆地位置、岩浆岩和矿产分布起一定的控制作用。”并认为最重要的有两条断裂带，即长江深断裂和崇阳-常州深断裂。作者认为“菱形网络格局，对盆地位置、岩浆岩和矿产分布起一定的控制作用”。这对人们预测隐伏岩体和新矿体的可能赋存的位置是有指导意义。这一菱形网络大体由 5 条斜向构造线和 3 条近东-西向构造线组成。

吕庆田提出的 5 条大断裂似乎与这一菱形断裂网络无关系。

吕庆田引用了严加冰、兰学毅等的数据分析结果，提出了隐伏岩体的信息和铜陵矿集区三维地质-地球物理模型，揭示了矿集区结构、构造框架、主要控矿地层（五通组）和岩浆岩的空间展布，预测了深部找矿靶区（图 8-8）。图 8-9 是航磁化极异常图。

在图8-8中，作者利用重力和磁力数据反演求出深部岩体分布图，图中还画出几条北东向的断裂。但是，并未说明深部岩体中哪些是已知的含矿岩体、哪些是新推断出的岩体，特别是有找矿前景的岩体。

预测的岩体沿北东向展布，但是看不出岩体与断裂构造的关系。也可以推测岩体可分成 5 条东-西向岩带，中部岩带即是铜官山-冬瓜山-新桥西-新桥东-戴公山岩体。

将图 8-8 中预测的岩体分布与图 8-9 磁力异常图对比，两者基本上是一致的。这表明，可能预测中航磁图还是起了重要作用。

磁异常的区域性特征具有明显的北东向走向，与区域构造特征

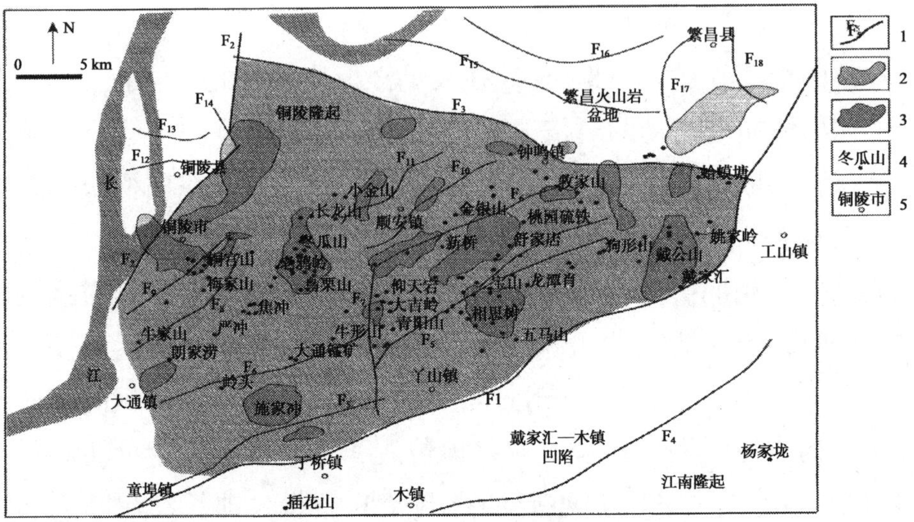

图 8-8　利用重、磁力数据反演揭示的深部岩体分布情况

1—推测断裂；2—隆起范围；3—推测岩体；4—矿床（点）；5—地名

图 8-9　铜陵矿集区航磁化极异常分布图

是一致的。区域特征的起因是什么？这里，没有见到作者如何用高分辨率反射地震剖面与钻孔资料约束航磁解释的论述，作者也未对重力资料与电法的作用做出探讨。

兰学毅等还给出一个剖面，进一步说明对深部岩体预测结果（图 8-10）。同样，这一解释也未见到所用的约束资料。

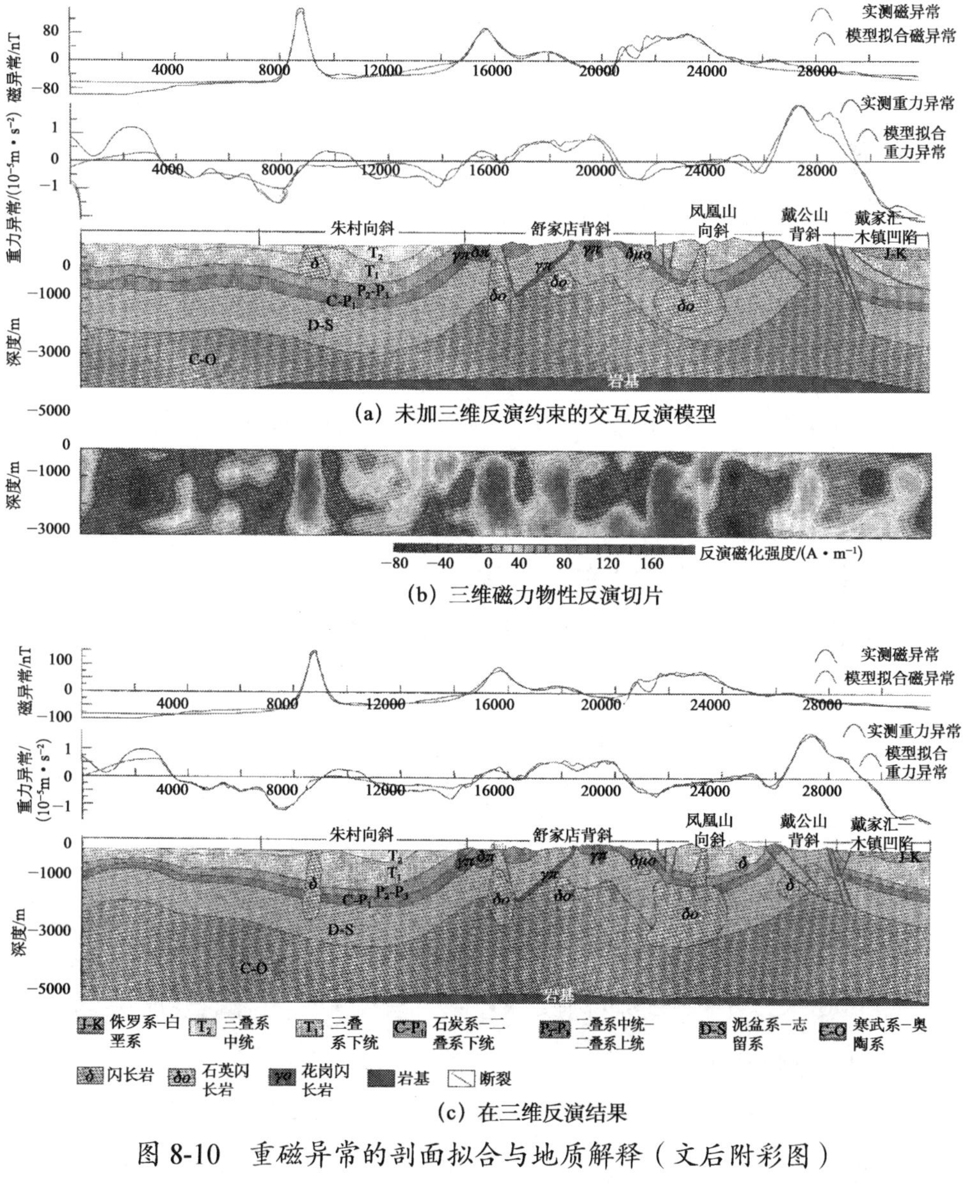

图 8-10　重磁异常的剖面拟合与地质解释（文后附彩图）

图 8-10 的解释有几点要研究的。

第一，如凤凰山磁异常，图中标注为向斜区，1000 米以浅都为 T_1 的灰岩。选取的剖面实际位置在何处？如果是通过凤凰山岩体，则在地表出露的应为大片花岗闪长岩，而不是灰岩地区；在岩体上会有很强的磁异常，而其他地段磁场平缓。如果剖面通过岩体的西南侧或东北侧，几十伽马磁异常也可能是凤凰山岩体异常的侧向场，而不是深部 1000 米以下另一隐伏岩体的反映。所以，这一解释需要再深入研究。

第二，剖面戴公山背斜上，没有磁异常显示，而剩余重力却很强。可是，平面图上异常的显示正好相反，磁异常很强，而剩余重力并不高，是否有错？这很重要。因为该图作者还将这一地段列为主要的找矿靶区。再说，平面图上的强磁异常是由什么引起的，很重要，需要给出解释。

第三，舒家店背斜 300 伽马磁异常分布范围较大，向东北方向伸展。该图作者推断除地表已有两个斑岩体之外，在 1500 米以下还有隐伏岩体存在；但是拟合计算中并没有分出浅部和深部岩体产生的磁异常强度。舒家店背斜地表重力有异常，是否与深部的寒武系-奥陶系岩层大大变浅有关，有没有其他资料检验？作者也未谈及深地震的约束作用。

第四，区内普遍存在石炭系与泥盆系界面，靠什么确定的？鉴于有多个岩体穿过，有无可能选出找层控型含铜黄铁矿的有利地段？

第五，朱村向斜是狮子山矿集区所在构造位置，其中含矿岩体有多个，8000 点号的磁异常代表了哪个岩体，依据什么推断它可以深到 2000 米以下。因为向下延伸多一些少一些，对地表所测的异常强度可能影响并不大。

第六，这一剖面通过重磁场拟合，给出了剖面下方地层及其起伏，深度可达 5 千米以下，剖面很完整。这是如何做到的？有无深钻孔的控制？与深地震反射成像结果并不相同，地震结果与重磁法的推测如何相互约束的？此外，5 千米以下还推测出一个大花岗岩基存在。这结论是靠什么确定的，并没有说清楚。

图 8-9 中提出了 3 个找矿靶区（矩形框所圈定的范围：戴家山、天门山及张家村），都与磁异常直接有关，即有磁性岩浆岩体存在的地区。这三个隐伏岩体，如何肯定其存在和证明其含矿性？不是隐伏岩体就一定是找矿靶区。沿北东走向的磁条带中还有没有隐伏岩体？

（四）关于高分辨率地震反射剖面法的作用

我们希望它能起到 3 个作用：一是，对 1000 米以浅的浅表层地质构造和岩性（包括岩体）的推测，能起到一些约束作用。二是，对 1000～10 000 米，即 4 秒（twt）以内给出精细成像，对岩体是否存在、地下地层分布能提供一些有用信息。这是人们关注的未来找矿前景的地段。三是，了解中、下地壳结构，看一看是否能将浅地表与深部结构岩性联系起来，查明深部岩浆房及与上部岩浆体的联系。现引用两条剖面的探测结果（图 8-11，图 8-12）。剖面中地震反射信息是很丰富的，成像也很清楚。但是，我们找不到说明其可信度的资料，这是很遗憾的。因为金属矿区构造岩性变化比含油气盆地的都要大得多，而人们缺少这方面的经验积累。

TL-11-03 和 TL-11-04 两条剖面可以 TCF 及 MTF 为基准进行对比。

可惜，作者没有提供包括有重力、磁场及电性的相应剖面，及其地质解释结果。这样，人们看不出方法之间的补充与约束作用。几方面资料的利用相互是脱节的。

作者对铜陵深地震剖面是这样解释的。

第一，作者认为 D_2 强反射同相轴为铜陵矿集区的盖层与结晶基底之间的滑脱拆离面；上地壳的盖层部分以逆冲、膝折、断层及褶

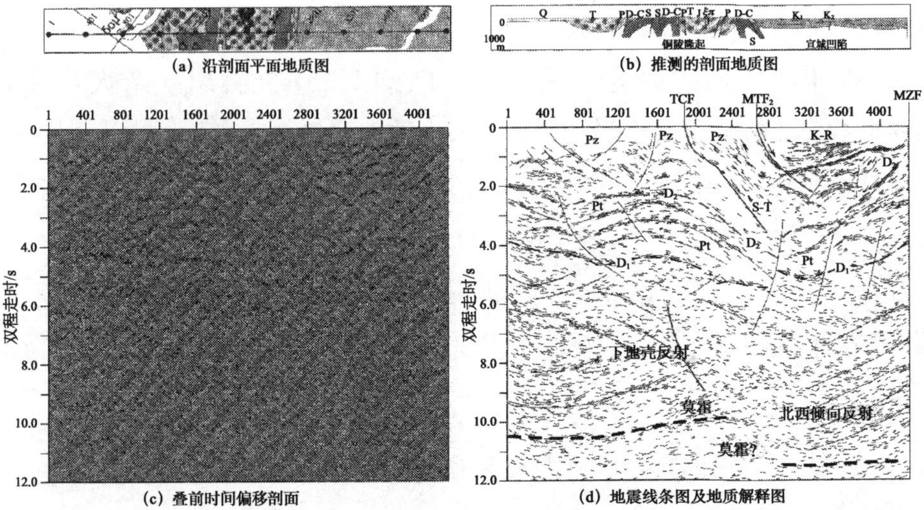

图 8-11　TL-11-04 号深地震剖面（文后附彩图）

图（a）中数字为 GDP 号，图（b）中 T、D、C、S、O 等为地层符号；TCF：铜陵中央断裂（向北与 MTF_2 相连）；MTF_4：主逆冲断裂；K-R：白垩系-第三系地层；Pt：元古界地层；Pz：古生界地层；D_1：上中地壳之间的滑脱层；D_2：盖层与基底之间滑脱层

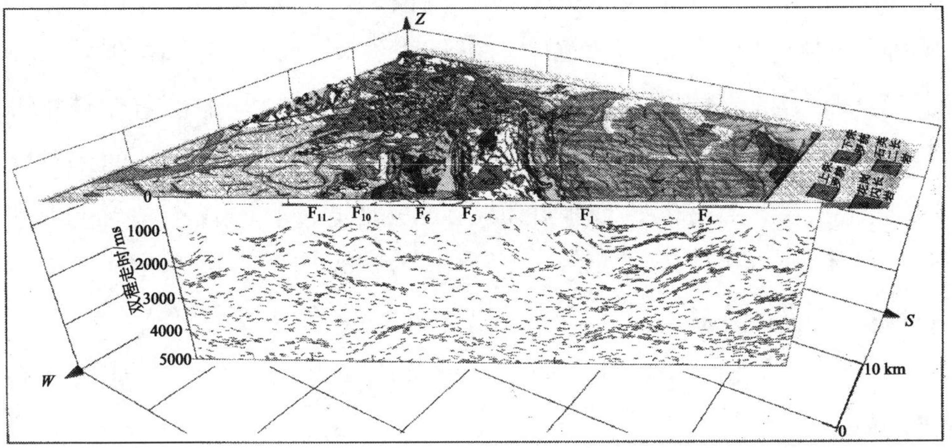

图 8-12　TL-11-03 号剖面（文后附彩图）

皱等挤压变形构造样式为特点；基底变形则以宽缓的褶皱和冲断为特征。

图上标出的基底是元古界地层 Pt，与寒武系盖层之间的强反射界面代表了一滑脱层。这与常印佛提出的地质观察结果“围绕着洪镇花岗岩体（124Ma）分布的前寒武纪变质岩系的四周，展布着一系列的逆冲-推覆断裂，形成了以变质核为中心的底辟推覆（层滑）-伸展构造”是一致的。D_2是否即指这一寒武系底部为一区域性滑脱面？层位可以相当，但是物性、岩性如何联系上？需要求出界面上下的速度和岩性，再以此为准，推向外围。为此，可以从反射数据提取，或补做若干条广角地震剖面找出并追踪这一界面。

第二，认为D_1强反射同相轴为上地壳与中地壳之间的滑脱层。同样，这也需要给出这一界面上下的速度与岩性。一般推测它的上面为酸性的花岗质的结晶变质基底，其下应为偏中性的安山质岩层为主的花岗闪长岩、闪长岩、二长岩类。这类岩石正是本区内含矿岩体的岩性，很重要。特别是要注意能否用综合物探数据对其加以判断和圈定。值得注意的是，在D_1与D_2之间，即结晶基底内，出现了三条平行的背形构造，宽度很大，该怎样解释？它向东、向西都未延伸出去，或者为断层截断。

第三，作者认为中下地壳内反射轴总体表现为“单斜”或负向“对冲”的特点，认为这反映了铜陵矿集区处于伸展状态。

但是，其内部出现了鳄鱼嘴式的构造，显然这反映了下地壳处于受挤压的状态；其内部反射图案，更没有显示所谓的岩浆上升和直接喷出地面的通道。实际上，铜陵地区背斜和向斜构造区内都有许多大小不同的闪长岩类岩体的侵入，所以，不可能内部没有岩浆上升通道。反射地震图上却未见到对这些岩体存在的描绘，这是需要对地震数据反复改进加工的。

第四，莫霍界面沿剖面从西北向东南伸展，经过铜官山背斜、朱村向斜、舒家店背斜和凤凰山复向斜等4个构造单元，其深度变化也不大。但是，从2801点以东南，即进入宣城向斜或凹陷之下，莫霍界面成像质量较差，看不清楚，不足以确定它的存在。作者给出一个大的错断，而其东南出现5～6条向西北倾斜的反射带，直到11秒（莫霍界面位于10秒）。在这一区间，如推测为岩浆岩体的反映，但又出现这么多规则的反射条带，似乎又否定了这样的推测。

第五，高分辨率地震反射剖面揭示的上地壳部分结构与重磁法推出的浅层结构有很大的不同；如何将大量反射同相轴与地层间拆离界面（包括不整合界面、滑脱界面）加以对比联系，例如 T_3 与 T_2 之间，石炭系与泥盆系之间，寒武系与震旦系之间，震旦系与上板溪群之间（D_2），以及元古代的浅变质的板溪群上、下部分之间不整合界面。这对解释地震同相轴性质以便进一步弄清楚地下的构造，很重要。

第六，深地震反射剖面 TCF 以东为舒家店背斜（出露志留系地层）的右翼以三叠系地层为主的向斜（即凤凰山向斜），向斜的右翼又有志留系地层及三叠系地层出露，并有 MTF_2（丁桥–戴家汇断裂）出现，这一断裂主要将老地层与白垩系地层分开，作者在图上标注为先逆冲后又转为正断层。它应当是在白垩纪初发生断陷才能保证了白垩系的保存。在 TCF 与 MTF_2 出现多条向东南的倾斜反射轴，地表与地下如何连接对比？

在三叠纪末（200 Ma 左右），扬子地块与华北地块碰撞后，从侏罗纪开始，扬子地块受到一个扭力后，又如何形成现在的隆凹格局，以及碰撞造成的断裂格构造的格局和变形影响深度，都是与控岩控矿有关的重要问题。此外，本区中生代的碱性玄武岩浆物质怎样会在沿长江两岸大规模底辟上侵，而为什么铜陵地区出现的大量钙碱性岩浆，但同时又在火山岩盆地内出现大量的碱性玄武岩质岩浆？

董树文在国土创新大会上还提出铜陵地区另一条深反射地震剖面，并给出了一种新解释（图 8-13）。作者没有交代是铜陵地区的哪一条剖面。他提出铜陵矿集区下面莫霍界面全消失，而其上地壳部分也呈透明物质，认为他们捕捉到地幔流体的地震成像。图中画的黄箭头，代表了含矿岩浆底侵入地壳，并直接到达地表的情况，很理想。这种模式是依据哪些资料得出的？又是如何证实的？

再有，这一张图与 TL-11-04 号及 TL-11-03 号深地震剖面成像图案完全不同，哪个可信？成岩成矿的时间是 140 Ma 前，140 Ma 以来，这一地区经历了许多运动和构造变形，地壳和上地幔都会发生许多变化，不可能仍然保持着当时的状态。这种岩浆及成矿流体直上型的模式，是很难设想的。

此外，图 8-13 的左图是董树文给出的深部矿产资源远景的估计。他提出，2000 米以下还存有 70.5% 的铜及 66.9% 的铁，并提出这就是深部找矿的理论基础。人们不知道这些数字的来源和根据。此外，作者也没有说明，深部是否存在大型矿床，它们是以什么形式产出的，又如何选定找矿对象与找矿方法。

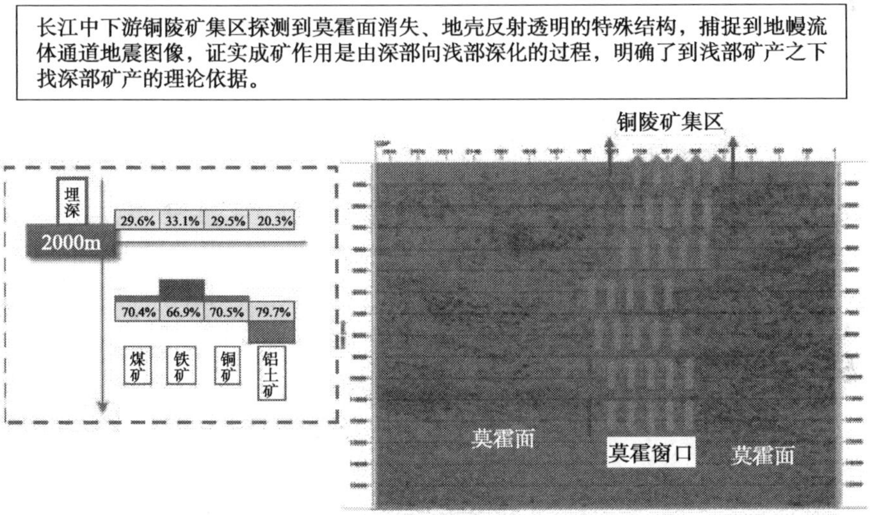

图 8-13　铜陵地区的深反射地震剖面（中国矿产流通报告，2015）（文后附彩图）

第七，图 8-10、图 8-11 以及图 8-13 与依据地质推测的成矿模式、深地震剖面揭示出的地下成像图案及依据航磁数据推测的成矿模式都不同，如何协调起来起到相互验证作用，否则哪个模式也建立不起来。应当说，这种解释还需要深入下去。

2018 年 6 月，321 队建立了院士工作站，我与常印佛、陈毓川三位院士入驻这一工作站以后，一直在推动铜陵地区在加强生态建设的同时重视开展深部探矿工作，以期再现过去的辉煌。相关建设已得到铜陵市几位领导的大力支持。

六、长江中下游陆相火山岩盆地中的玢岩型铁矿床

长江中下游陆相火山岩盆地有多个，其中勘查多的有宁-芜地区玢岩型铁矿床和庐江-枞阳地区玢岩铁矿床，地震勘探涵盖了这两个矿集区。我很重视这些结果，很好地研究了这些成果，提出一些问题。

（一）宁-芜地区玢岩铁矿找矿研究

南京-芜湖地区的宁芜陆相火山岩与次火山岩盆地内的玢岩铁矿床是其典型代表，主要矿床位于盆地的北段。

早在1958年冶金801物探队在此开展普查找矿时，盆地内已发现有多个小型铁矿山，开展物探普查发现的磁异常也都不大。但在普查到南京南部附近的梅山时发现了一个大磁异常，还伴随有重力异常。对这个异常的评价，争论很大，中国地质专家及苏联专家都认为，陆相火山岩地区不可能存在大铁矿。一部分科技人员强调既然有了大磁异常，又有大的重力异常，从物探找铁矿来说，这一综合异常是很理想的，应当查清楚其成因，因此，极力要求打钻证实。最后打了钻，证实下面为一大型铁矿，含铁很高。后来地质人员研究认为，它是一个国内少有的矿浆型铁矿，是一种新类型铁矿床，增加了人们的矿床学知识。这一段历史很有回顾的价值，借此机会记录在此。

经过多年勘探开采，人们归纳了宁-芜陆相火山岩盆地内铁矿的成矿模式（图8-14）。玢岩是指具有斑状结构的中-基性喷出岩、浅成岩、超浅成岩的总称，与安山岩或闪长岩有密切成因联系。

铁矿床的主矿体产于辉长闪长玢岩与黑云母辉石安山岩的接触带上，而贫矿体和一些铁磷矿体则赋存于辉长闪长玢岩的上部。辉长闪长玢岩是次火山岩，它和黑云母安山岩为同一火山岩浆旋回的

产物。这些偏基性的辉长闪长玢岩与铜陵地区的火成岩可能为一个岩浆系列的岩石。这一类型铁矿在长江下游沿江两侧多有分布。其中南京附近的梅山铁矿规模很大，达几亿吨，品位也很高。它是最具特色的矿床之一，矿床的勘探深度都在1000米之内。

图8-14的上图为已勘探出的铁矿床，约有10个类型。上部成矿模式是陈毓川等概括的，而下面的成矿模式是毛景文做的补充描

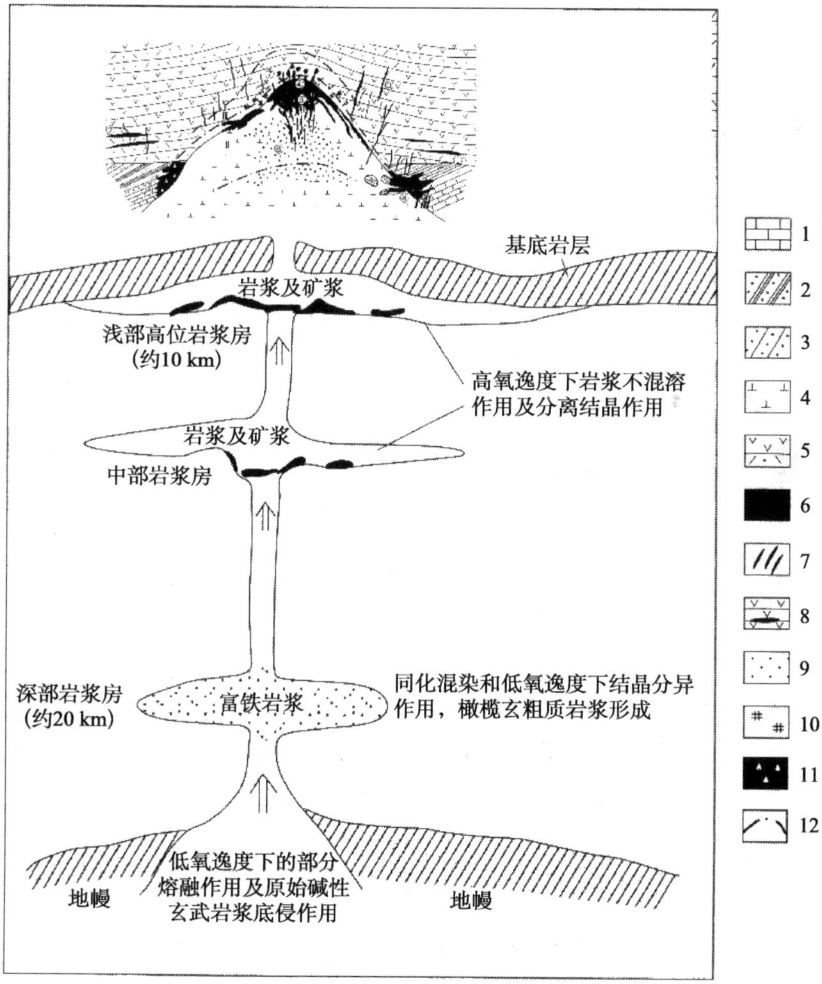

图8-14 宁-芜矿集区成矿模型

1—中三叠统青龙组灰岩；2—上三叠统黄马青组砂页岩；3—中下侏罗统象山群砂岩；4—辉长闪长（玢）岩；5—火山岩；6—块状铁矿体；7—铁矿脉；8—层状铁矿体；9—浸染状铁矿体；10—黄铁矿；11—角岩化带及角砾状矿石；12—蚀变分带界线

述。应当说，成矿母岩-辉长闪长玢岩体，作为一个浅成玢岩体不应是岩基状的，而是一个岩株，它一定有下界面。

毛景文说他的模式是“按照航空磁测的结果推测的”，即地下存在三个不同深度的岩浆房，最深的位于20千米深下地壳内，为深部岩浆房，扎根于地幔隆起带脊部；中深部位的岩浆房埋深在10～20千米，是通道性的岩浆，起到对上输送含矿岩浆的作用；上部为高位岩浆房，大致位于基底与盖层之间的拆离构造或其附近，深度在10千米上下（没有交代如何推出的）。在中生代断陷盆地发生时，地幔发生部分熔融形成碱性玄武质岩浆，然后主动向上侵位，当其通过和吸收了下地壳物质，会改变自己性质。模拟计算表明，仅吸收10%～15%的碱硅质组分，就可将岩浆演变为橄榄玄粗岩浆系列，在半封闭的还原环境中，可能按照Fenner趋势发生结晶分离作用和不混熔作用，导致残浆富集铁质。当其侵入中位与高位岩浆房深度时，受到与地表连通的断裂水带来的大气氧的作用，使得岩浆的氧逸度增高，从而在一定温度条件下，促使岩浆继续进行结晶分离作用和不混熔作用，形成富钠岩浆和矿浆。当这种富钠岩浆及岩浆期后分异出来的气液沿断裂在大王山组（侏罗系上统）旋回末期侵位到地表时，在成矿母岩-辉长闪长玢岩的不同部位（由深部到浅部）依次形成凤凰山式、陶村式、凹山式、向山式和姑山式铁矿。与此同时，形成大范围的钠质热液蚀变。

梅山致密块状富铁矿，凹山、南山顶部富铁矿及姑山铁矿则由矿浆贯入所形成。按照这一假设，即只有通过高位的岩浆期后分异出来的气液沿断裂侵位到地表时，才有利于形成这种类型的铁矿床。

这样，在地下1～10千米的深度空间的高位和10千米上下的中位条件下，还会不会形成矿体？如果有的话，可能是什么矿？产出情况如何？这些都是未知的，如何推测，根据什么去部署深部找矿？

图8-15为吕庆田等2011年进行工作的地震剖面分布图，图8-16为一条地震剖面的处理结果。

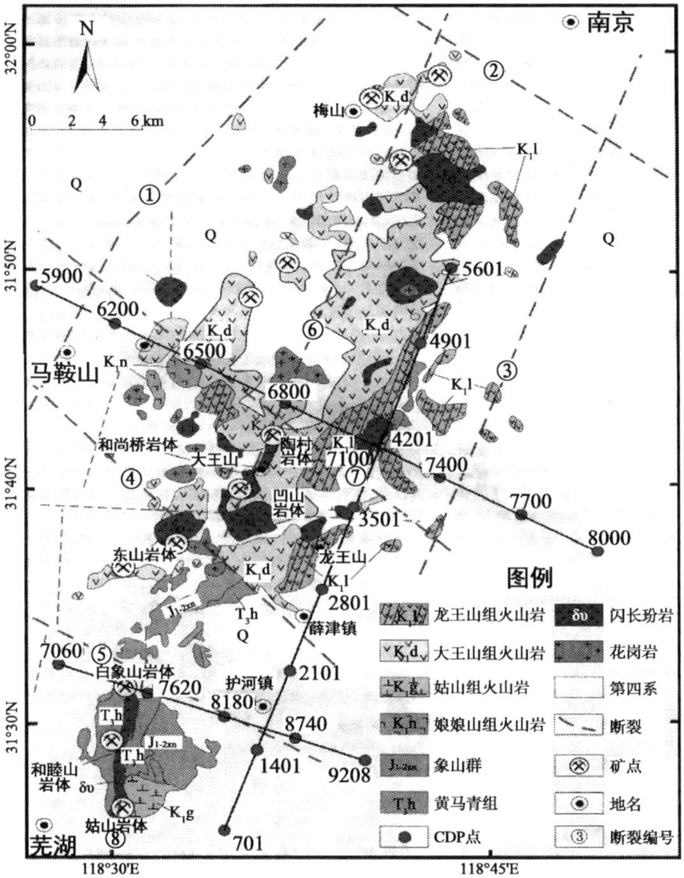

图 8-15　宁芜地质及剖面部署图（据宁芜研究项目编写小组，1978 修改）

①长江断裂带；②南京-湖熟断裂；③方山-南陵断裂；④马鞍山-薛津断裂；⑤白象山-护河断裂；⑥梅山-东山断裂（盆中基底断裂 BCF）；⑦盆中断裂；⑧白象山-姑山断裂；CDP—共深度点

图 8-16 为跨越全区的大剖面 NW-11-01 的一部分。剖面，西北起自安徽的利辛，向东南穿过长江大断裂、马鞍山、宁芜盆地，到达太湖之滨，全长 450 千米。其中宁芜中生代陆相火山岩盆地位于 CDP 6500～9601 桩号（下面文中又说盆地东边界在 8900 桩号）。盆地主要由白垩系及侏罗系火山岩充填，局部出现三叠系地层及岩浆岩（γ）。作者认为，这条地震剖面的信噪比比较高，可代表长江中下游地区上地壳的总体面貌。

文中对宁芜盆地内部结构是这样解释的：

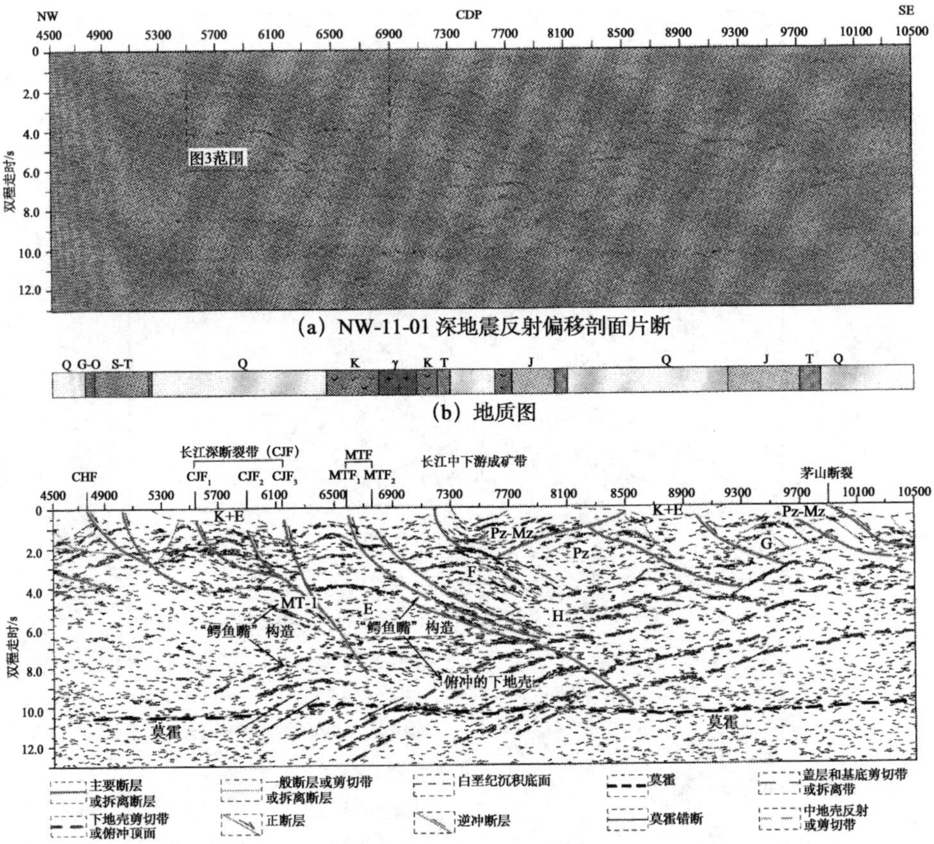

(c) 地质解释图

图 8-16　NW-11-01 深地震反射偏移成像剖面（文后附彩图）

注意沿江凹陷及宁芜火山岩盆地之下的“鳄鱼嘴”构造，以及长江深断裂（CJF）及主逆冲断裂（MTF）的组成和空间形态；Pt-Pz—远古代–古生代地层；Pz—古生代地层；M_Z—中生代地层；E、F、G 和 H 表示相对独立的中地壳块体

（1）CDP6600～6700 之间为主逆冲断裂带（MTF 带），即盆地西部边缘断裂；认为它向下可以一直深到 5.0 秒深度（约 12.5 千米，按平均速度为 5 千米 / 秒计）。

（2）CDP6700～9200 范围为宁芜盆地范围，地表为 K+E 地层，可分为 3 段，即 CDP 6700～7200、CDP 7200～ 8500 和 CDP 8500～9200，总的呈箕状，西北深东南浅。6～7 千米深处出现一 F 地块，形成一沿 MTF 向西北的逆冲岩块，其上出现多组强反射弧。

（3）F 地块强反射弧的上部又出现有“波谷”式反射地段。加上 4

秒深处的 F 地块在内，应当是盆地的全部范围，其深度可达 12 千米。

从图上看，盆地的基底是古生代地层。但是，人们从地震剖面上看不清楚盆地内部的岩性、结构与构造，特别是与成矿有密切关系的玢岩体的圈定。岩体存在不存在，特别是盆地内成矿地段是否有地球物理显示，并未论及。

梁锋等对这一高分辨率地震剖面又做出了一个新解释，他圈出了岩体和主要断层（图 8-17），将反射图案与作者对岩体的解释对比起来两者似乎又联系不上。

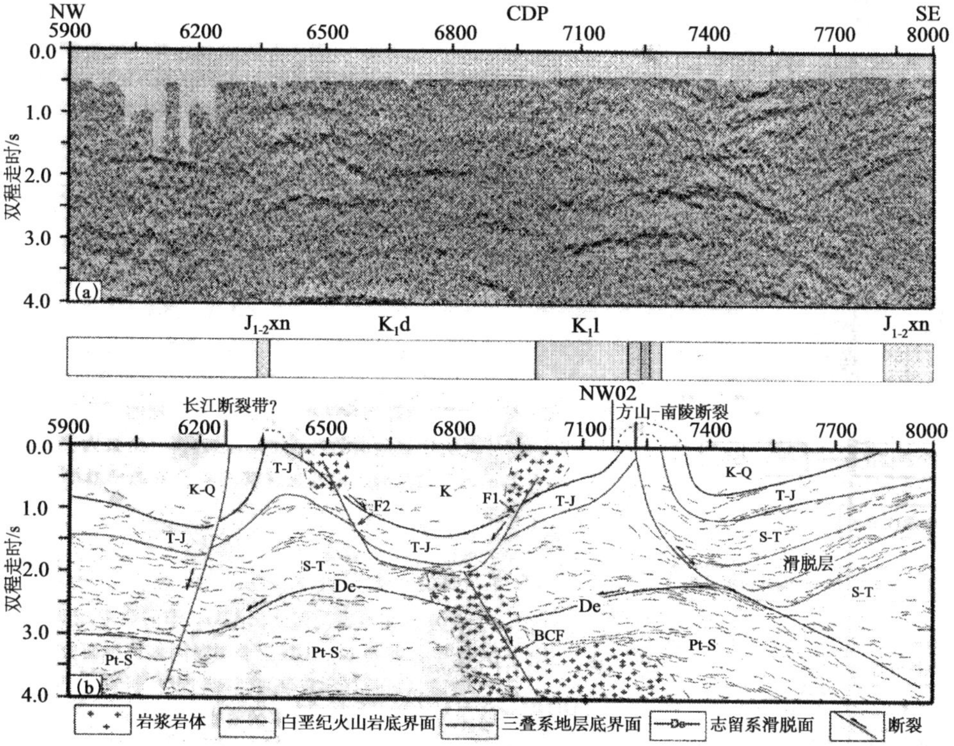

图 8-17　NW01 反射地震前时间偏移剖面及解释结果

F1、F2—宁芜火山岩盆地南、北边界断裂；BCF—盆中基底断裂（梅山-东山断裂）；K-Q—白垩系到第四系地层；T-J—三叠系到侏罗系地层；S-T—志留系到三叠系地层；Pt-S—元古代到志留系地层；De—志留系滑脱面；CDP—共深度点

地质剖面上的 6500 和 7000 点位附近，分别出露有花岗岩和闪长玢岩（作者推断的岩体出露在 6500 点位和 7050 点位处）。在两岩

体下面2.0秒处则出现一个大岩体，向下可深到4.0秒深处，即相当于7千米深度（按平均速度4千米/秒计算），然后向东南侧扩大，达到450个点位，约9千米长。作者关注到岩浆体的问题，提出利用“地震稀疏反射区”的地震图像为标志，确定浅层岩浆房是否存在，这一想法很重要，应当是本区开展深反射地震的主要目的之一。作者还认为已有重磁资料和钻孔结果予以证实了。但是，具体资料证实的结果如何，证实了哪一点，作者没有说明白。是否能证实这一大岩浆体的存在及其向下伸展情况？有一个已知含矿岩体及矿体上地震成像资料以作对比说明是很必要。此外，也需要说明圈定了岩体后又如何进一步指导找矿。

地震图上对盆地的基底没有明确的划分；对盆地内部的玢岩体也没有刻画出来，如何证实上述关于玢岩分布、玢岩与铁矿的关系？对玢岩铁矿成矿的多层岩浆体的模式也没有给出任何启示。

在图8-13相应的部位，吕庆田等则解释为，两条断裂夹持的一段是中地壳“鳄鱼构造”的一支，这样，又把推断的大岩体给否定了。解释没有提到盆地内深部是否存在岩体或岩浆房，而这一点，却正是人们所关心的。此外，这条剖面在数据处理时对大量的线性干扰的压制上还应做得更好一些。

过去322队计算过岩浆房的深度（图8-18）。322队认为宁芜盆地存在3个大岩株，其中霍里隐伏岩株，磁性按2000×10^{-6}CGSM计算，岩体顶面埋深为3.4千米，岩体的中心深度为10多千米。依此，322队认为深部存在着大岩浆房。但是地震剖面上还没有明确认定其存在，这是否表明地震成像已将上述推断意见否定了？

宁芜地区所做的第二条北西–南东向剖面为NW-11-03剖面，见图8-19。

图中7620点以下的稀疏反射区相对较明显，地表位置与闪长玢岩的露头也相当，依据这一剖面推测，岩体向下延伸到3.5秒；在深部，弱反射区范围比作者圈定的岩体要大得多，形状也不同。岩

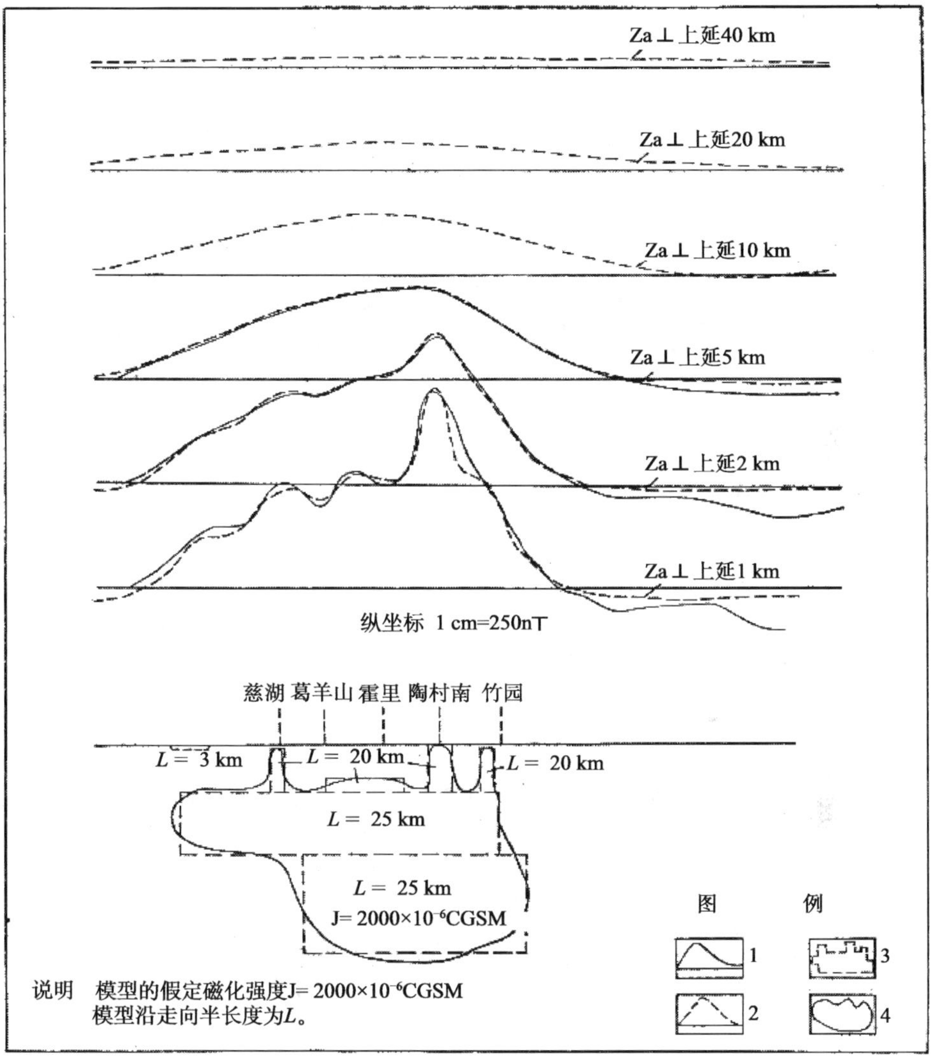

图 8-18 宁芜地区霍里隐伏岩体推断图（据 322 队）
1—化极上延的 Za ⊥曲线；2—长方体组合模型的正演曲线；3—长方体组合模型；
4—推断的磁性岩体

体两侧的反射条带成弧形，也大体可对比。在 7900 点位处也有一弱反射区，作者对此没做解释。弧形反射条带可能与地段内层间不整合面、层间界面有关。

很明显，这一结果得出了岩浆岩体存在的成像特征，很有意义。但是，又如何证实它呢？没有实际资料来验证，这一推断结果仍是

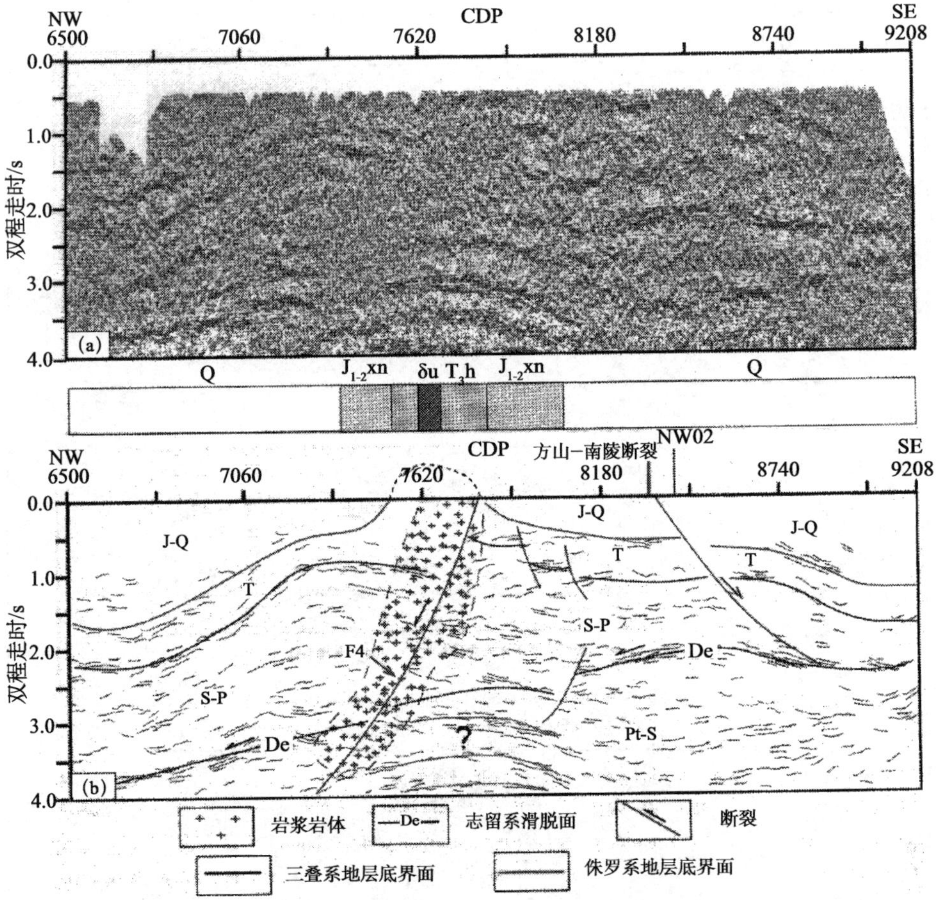

图 8-19　NW03 反射地震叠前时间偏移剖面及解释结果

F4—白象山-姑山断裂；J-Q—侏罗系-第四系地层；T—三叠系地层 S-P—志留系到二叠系地层；Pt-S—元古代到志留系地层；De—志留系滑脱面；CDP—共深度点

个悬案。此外，梅山铁矿能否得到地震成像问题，并没有获得说明。

毛景文提出的多级岩浆房成矿理论，与 322 队提出的多层岩浆房推断结果的设想，如何得到进一步检验？

再有，盆地下方 7 秒深度处的“鳄鱼嘴”代表什么地质意义？可能是沿长江断裂出现的挤压作用，造成中下地壳形成多层次的向南东推覆形成的多重构造，与中生代大型拆离构造的结合构成。中下地壳的分层需要进一步研究确定。F 地块、H 地块及 G 地块可能是固结了的岩浆体反映，它们经后期构造作用而被推到中、上地壳部位。总之，还需要结合多种地质地球物理地球、化学以及钻探成果进一步解释这些地震剖面。

依据这些剖面又如何能指导找 1 千米深度以内的和 1～10 千米内的矿产资源呢？

关于长江深断裂的探测结果。图 8-20 为图 8-16 中长江深断裂带的高分辨率地震成像剖面图。

图 8-20 从研究长江深断裂讲，这一剖面还是有些过短了，需要扩大，以与西北部的地质构造联系对比起来分析。

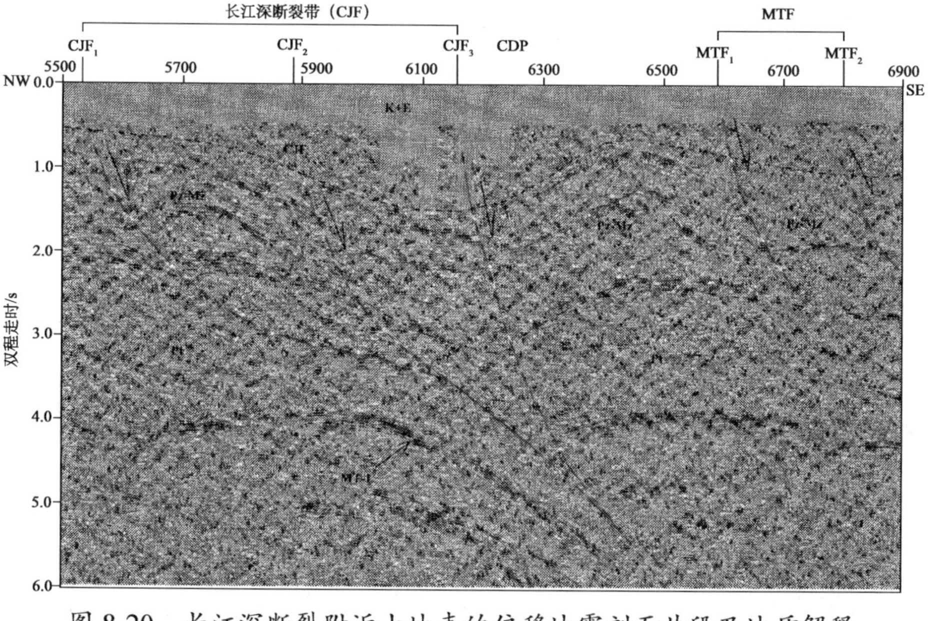

图 8-20　长江深断裂附近上地壳的偏移地震剖面片段及地质解释
（文后附彩图）

注意上地壳（TWT：0～0.2s）的逆冲–褶皱变形和伸展构造，中地壳的巨型逆冲剪切带 MT-1

与 NW-11-01 线近平行的 NW-11-03 线，对长江深断裂系的三条断裂，则给出了全然相反的倾向。仔细分析对比，可能三条断裂有两条不一定存在，CJF3 可能是主要的一条大断裂，它向下伸展到中壳部位，即 6.0 秒处。但是其性质是逆冲还是伸展性的正断层，则难以明确。图 8-16 中标明为正断层，NW-11-03 线上则没有标明，倒像是逆断层，等等。此图显示了长江深断裂系深部呈单斜状构造的结构。

关于区内莫霍界面，从图 8-16 中可以看出，莫霍界面显示还是清楚的，大体是位于 10.5 秒上下的深度，没有大的起伏和断裂显示。这一结果与张明辉等利用广角地震法得出的结果有些不同，他们得到的结果是，大体以长江深断裂为界，以西北和其东南，莫霍界面从 34 千米抬升到 32 千米，这样的深度变化应当是在方法本身误差范围之内的。但是，在趋势上则可能反映了向东南变浅趋势。以前用重力方法求出的结果是沿长江断裂带莫霍界面是抬升的，但幅度也很小，应当说也是在误差范围之内。3 种方法得出的莫霍界面深度基本一致，对矿集区下方并未发现有明显的断开，或其他什么变化。

剖面中部 6400 点以东，中下地壳出现一系列向北西倾的反射条带，几乎占到剖面的 2/3 的长度，局部还可能穿过莫霍界面。它们与来自上地壳的一些反射条带形成鳄鱼状结构，贯穿在整个地壳内。这是一个很特殊的例证，这种构造代表的是什么构造，需要给以回答。也可能是地震数据处理中产生的假象。4.0 秒以上反射图案呈现的是另一种结构——一系列断裂和穹隆构造。这是有代表性的。

（二）关于庐江-枞阳矿集区深部找矿研究

庐江-枞阳矿集区是位于安徽省长江北岸的一个陆相火山岩盆地，在其内部已找到了罗河铁矿、泥河铁矿、大包庄铁矿、龙桥铁矿，以及井边铜矿等多个矿点。董树文等（2006～2008 年）做了 4 条总长 153 千米的深地震反射剖面；吕庆田等（2009～2010 年）做了 5 条总长约 300 千米的深地震反射剖面，并综合地进行了其他物探方法。

盆地的简要地质矿床情况。基底为志留系-侏罗系，出露在盆地的周边。其中，中三叠世月山组由玄武粗安质凝灰岩、角闪玄武粗安岩、粗安岩等构成；侏罗系地层（磨山组与罗岭组）也由辉石粗安岩夹凝灰质粉砂岩、粗面玄武质角砾熔岩夹凝灰质粉砂岩等构成，并成为盆地的主要基底地层。

盆地内部为白垩系陆相火山岩所充填，火山岩有 4 次喷发。

早白垩世龙门院组，为粗面质熔结凝灰岩、玄武粗安岩、粗安岩等；其上的砖桥组下部为粗安岩和中部的粗面玄武岩的年龄分别为 132.8 Ma ± 2.4 Ma 和 132.9 Ma ± 0.8 Ma；再上为双庙组，上部的粗面玄武岩中的锆石年龄为 130 Ma ± 1 Ma；再上为浮山组，粗面岩中的锆石年龄为 127.2 Ma ± 1.3 Ma。盆地内的潜火山岩有正长斑岩、玄武粗安玢岩、细粒正长岩等，其中正长斑岩呈舌状或岩帘状侵位于砖桥组上段地层内。其中焦冲正长斑岩的锆石 SHRIMPU-Pb 法测定年龄为 131.5 Ma ± 1.6 Ma。燕山期侵入岩体有多个，似呈北北东-南南西向分布。含矿地层有：三叠系中上统铜头尖组、拉犁尖组、侏罗系下统磨山组、侏罗系中统罗岭组，以及下白垩统的 4 个组。

作者还做了界面调查，提出龙门院组与砖桥组、双庙组与浮山组之间，以及砖桥组、双庙组、浮山组内部上、下段之间都存在清楚的界面。在龙门院粗安岩与侏罗系罗岭组凝灰质粉砂岩之间也有明显的分界。这些界面能否为地球物理调查所确定在解释中未见引用。

推测区内的主干断裂有 4 组：一组为北西-南东向，一组为东-西向，一组为南-北向，一组为北北东-南南西向。区域内地层是东边老西边新，最老的地层是侏罗系的磨山组。这些主要断裂能产生什么异常效应？还有待分析。

罗河铁矿是由大型含钒磁铁矿体、黄铁矿体（及含铜黄铁矿）、硬石膏矿体和黄铜矿体组成的复合矿床。矿体由上向下依次出现硬石膏-黄铁矿-磁铁矿（假象赤铁矿）-磁铁矿，具有明显的垂向分带性。

硬石膏矿体位于最浅部，顶板主要为硅化蚀变带，平均厚度为

26.76 米，最厚处为 94.58 米，呈似层状与透镜状。

黄铁矿体主要产于 I 号铁矿体之上的蚀变带内，Ⅱ号铁矿体与硬石膏矿体之间，呈似层状与透镜状产出，倾向 NWW-SEE，倾角 10°～15°。

罗河磁铁矿矿体主要赋存于下白垩系统的砖桥组下段上部的层状玄武粗安岩或含黑云母辉石粗安岩中。其中上段 K_{1z1} 为浅黄色细粒粉砂岩，产状为 280°～290°，倾角为 10°～20°；下段 K_{1z2} 为粗面质角砾凝灰岩、玄武粗安岩，为厚层状，近水平产出（小卜岭公路两侧）。铁矿体埋深最浅处深 425 米，最深处 856 米，东浅西深，倾伏角为 3°～12°。其中，I 号矿体厚度平均约 60 米，最厚处 141 米；Ⅱ号矿体平均厚约 20 米，最大厚度 84.19 米；为似层状，空间连续性差，形态复杂。

龙桥铁矿位于罗河铁矿的北北东，它产于侏罗系罗岭组二段内，岩性为凝灰角砾岩和凝灰质粉砂岩。矿体埋深为 340～550 米，产状平缓，倾角为 10°～20°，长 2188 米，宽度为 190～383 米，厚度为 63.53～2.61 米。此外，还可见到铜矿体与铅锌矿体，都很小。从矿体的物性看，有较好的物性条件（磁性强，电阻率高，或电阻率很低，或可产生强的电化学效应）。但产生异常条件如何？待分析。

现以董树文所做的 1 号线（LZ-06-1）和吕庆田等所做的（LZ-09-1）地震剖面为基础进行找矿效果分析。

图 8-21 是吕庆田等提供的盆地地质图及地震测线布置图。其中 LZ-09-01 号线与董树文等的 LZ-06-01 号线是一致的，都是通过罗河铁矿点，成北西-南东展布的。

LZ-06-1 号线长约为 96 千米，穿过罗河铁矿区，并沿北西-南东向横穿过盆地（图 8-22）。吕庆田等所做的（LZ-09-1）地震剖面见图 8-23。最长记录时间为 12 秒，数据经过处理后提供了一条共中点地震叠前时间偏移剖面。

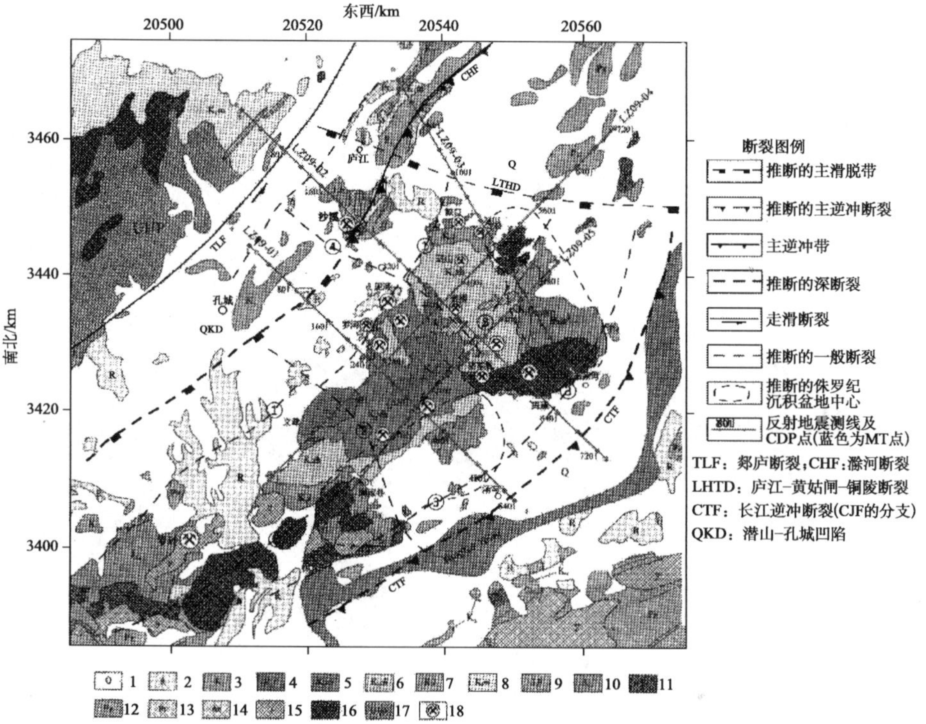

图 8-21 庐枞矿集区地壳结构及断裂系统综合解释图（吕庆田，等，2015b）

（文后附彩图）

正断层和拆离断层的位置由穿过的反射地震剖面解释确定，断裂的平面延伸根据地表地质和重磁多尺度边缘监测结果综合确定。1—第四系；2—第三系；3—晚白垩红色碎屑沉积；4—白垩系浮山组；5—白垩系双庙组；6—白垩系砖桥组；7—白垩系龙门院组；8—白垩系毛坦厂组；9—侏罗系红花桥组；10—侏罗系罗岭组和磨山组；11—三叠系；12—古生界；13—元古界；14—太古界；15—燕山期中酸性侵入岩；16—燕山期碱性侵入岩；17—超高压地体；18—矿床

按照作者讨论的内容，本文着重讨论以下几个问题。

（1）关于确定庐枞盆地的底部和侧向边界问题。

董树文认为，罗河矿的西北段出现密集的短轴反射，同相轴清晰，能量强，为典型的白垩系-第三系红层沉积。罗河矿的东南（CDP2047-3101，约 21 千米）为透明反射区，少有反射。透明反射区延时达 2.0 秒之多。以岩层平均速度 3500～4000 米 / 秒估算，则反映火山岩盆地底部深度至少达 3500～4000 米。

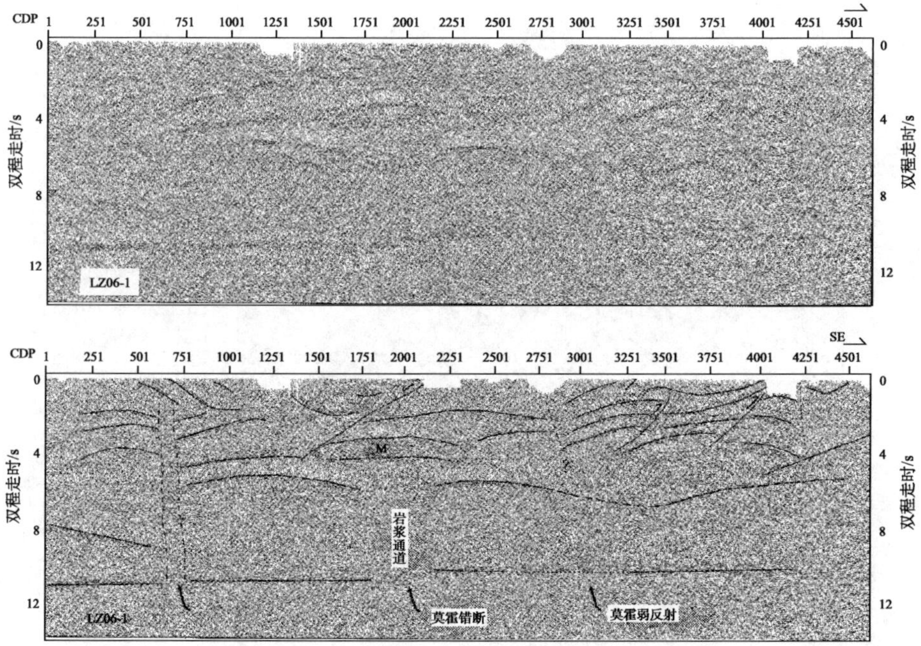

图 8-22　LZ06-01 线反射地震剖面解释图

这里，作者认为西北段密集反射代表了第三系红层，并推测为盆地的西边界，该断裂向西北倾斜。但是，本区典型的红层的结构和地震反射特点是否就是“密集的短轴反射”？界面调查中并没有谈到这点。从第三系地层描述中，也看不到这种分层特点，古近世主要是两个组，各有几百米厚，均以粉砂岩、泥岩为主，看不出多层结构。

与吕庆田等所做的 LZ-09-01 深地震剖面的结果（图 8-23）对比，可以看到两者有很大差别的。这一图中将罗河断裂 BF1 推测成向东南向倾斜，正好与董树文的推测相反。

关于盆地的东界。董树文将盆地的东边界定在 CDP2751，断裂朝东，倾角很陡。吕庆田则将其定在 4001 点，再向东，为盆地的东部边界。而两者的产出仍然是刚好相反。

关于盆地的底界及其深度与形状。图 8-23 给出的深度仅仅是 1 秒之内，而图 8-22 中给出的为 4.0 秒，相差很大。总之，火山岩盆地底部和边缘成像质量都不清楚，解释很勉强，可靠性差。改进数据处理和加强检验，有可能改善一些成像质量。相对之下，吕庆田所做的孔城凹陷地震数据质量可能好一些，孔城凹陷位于庐枞盆地西北。

（2）罗河断裂西侧的孔城红层之下存不存在白垩系火山岩盆地？

董树文等肯定红层下面不存在陆相火山岩盆地。但是在图 8-23 中清楚地显示了第三系红层下面存在着白垩系地层，地震成像也较

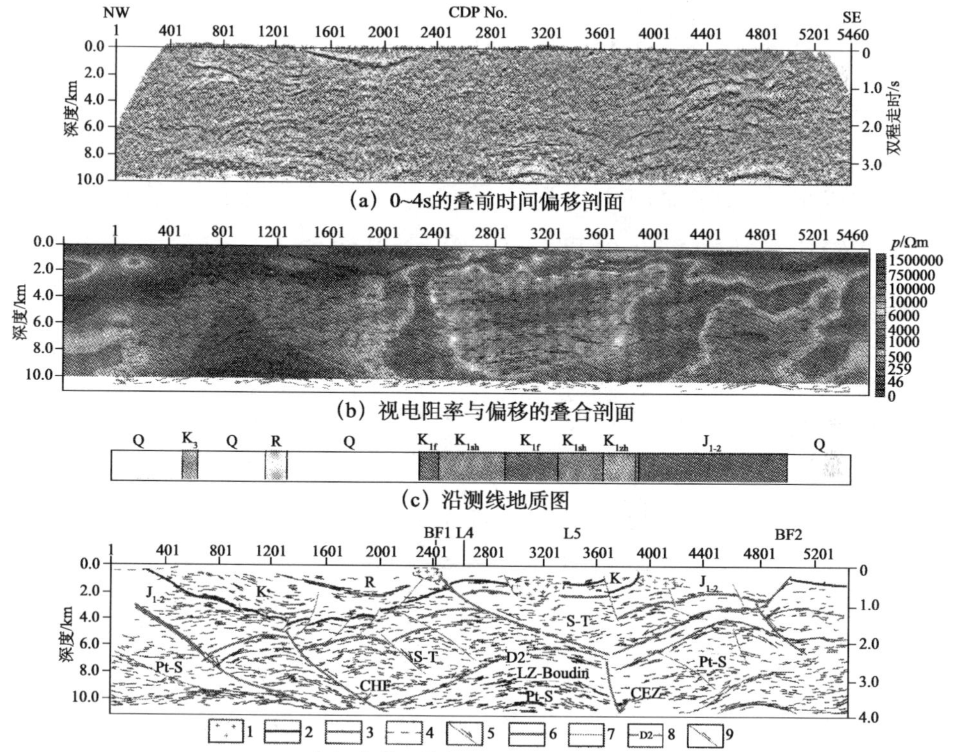

图 8-23　庐枞矿集区 LZ-09-01 线综合地球物理探测及地质解释剖面图（据吕庆田，等，2015b）（文后附彩图）

1—出露或推测的花岗岩体；2—推测的白垩系火山岩或沉积盆地基底；3—推测的主要断层或拆离断层；4—推测的第三系沉积间断面；5—推测的正断层；6—推测的侏罗纪磨山组或罗岭组底界面；7—推测的断层或拆离断层；8—推测的区域滑脱面；9—推测的逆冲断层；Pt-S：晚元古至志留系地层；S-T：志留系至三叠系地层；J_{1-2}：早中侏罗统地层；K：白垩系地层（Kif：浮山组；K1sh：双庙组；K1zh：砖桥组；BF1：庐枞盆地西边界断层；BF2：庐枞盆地东边界断层；CHF：滁河断裂；CFZ：盆地中央断裂带；L4、L5 指示剖面 LZ-09-04 和 LZ-09-05 在此剖面上的位置）

合理。白垩系地层在孔城附近已有大面积出现，它向东南延伸过了罗河断裂，直到盆地边界 4001 号点。这表明罗河白垩系火山岩盆地仅仅是这个大白垩纪盆地的一小部分，其西北部分要比东南部大很多。

盆地西北部分与东南部不同的是，磁异常是负的，重力也低，这也反映了盆地的存在，但是排除了存在大铁矿层的可能。当然，不排除会有火山岩和其他类型矿产。注意，这个区域深部正有董树文推测是岩浆柱存在的地质，应当对找矿是有利的。总之，如何评价其找矿前景，还应再做工作。

（3）关于盆地内部结构与构造，以及与成矿有关的层状粗安岩和次火山岩圈定问题。

董树文认为盆地内为反射透明区，这就使得用地震法探测盆地内部结构成为不可能。但是，作者做了界面调查，肯定了在侏罗系罗岭组凝灰质粉砂岩与龙门院粗安岩之间有明显的分界，在龙门院组与砖桥组、双庙组与浮山组之间，以及砖桥组、双庙组、浮山组内部上、下段之间都存在着清楚的界面。但是为什么没有出现反射界面？原因可能是：一是，反射地震图像垂向压缩太大，信息变得太少，无法分辨；二是，既然作者界面调查存在多个界面，而实际的结果却是透明的，可能界面调查就不准确；三是，在龙门院组与侏罗系的罗岭组之间是存在界面的，盆地底部反射是否就是这一界面，没有加以论证分析。此外，盆地的直接基底侏罗系罗岭组主要是粉砂岩夹泥岩、长石石英砂岩，还有几百米厚的粗面玄武岩及粗安岩，总厚度可达 2000 多米。基底反射界面代表的是罗岭组与白垩系的龙门院组还是罗岭组内部的界面？也未加以说明。

罗河铁矿地震成像上也无显示。罗河铁矿是由大型含钒磁铁矿体、黄铁矿体（及含铜黄矿）、硬石膏矿体和黄铜矿体组成的复合矿床。单层规模也较大。磁铁矿矿体主要赋存于下白垩统的砖桥组下段层状玄武粗安岩或含黑云母辉石粗安岩中。下白垩系的上段和下段均为厚层状火山岩，近水平产出（小卜岭公路两侧）。按照罗河铁矿这一地质地球物理条件，地震法、电法及重力磁法都会有很好的反映。可是，在地震图上却没有任何显示。这应当是地震工作方法设计不当所致。地震方法探浅层结构与探深部结构工作设计要求是不同。看来 LZ-06-01 和 LZ-09-01 两条地震剖面均未达到设计目的。

（4）关于中下地壳内存在多层蘑菇状岩浆柱问题。

董树文的文章中提出本区存在着两个岩浆柱或多层蘑菇状岩浆结构。

第一条岩浆柱位于 CDP501-751 桩号之间的深部，从莫霍面垂直向上达到上地壳 2 秒处（双程走时），相当于深度 5 千米；地表位于孔城凹陷的西北；相应的莫霍界面处出现断开和弱反射地段。岩浆柱向上两侧出现了多条向岩浆柱倾斜的强反射同相轴。

第二条岩浆柱出现在 CDP2001 桩号下面，即庐枞盆地的下面。岩浆从莫霍界面断开处，向上侵位到 4.5 秒时深（约 13.5 千米深）的层位。其上面出现的两条强反射界面，分别位于 13.5 千米深和 10.5 千米深（3.5 秒时），两者构成一个残余岩浆房。作者说按照布朗文章的看法，这两个强反射界面均代表了一个“隐伏的气体或部分熔融的岩浆”的反射，作者称其为 M 反射体。M 反射体厚度为 3 千米，沿剖面长约 17 千米（即 CDP1501-2351 区段），是 CDP2001 岩浆柱向上侵位并储集形成的。在 M 反射体上方也出现一些弧形反射层两侧向中间倾斜。作者认为是“地幔岩浆从莫霍面错断处上涌，顺通道到达上地壳，形成了多层蘑菇状岩浆活动结构”。这里作者反复强调了地震剖面成像显示了地幔岩浆向上侵位形成一个“多层蘑菇状岩浆活动结构”。

罗河铁矿正位于 CDP2047 桩号下面 400 多米深处。矿体与 M 反射体上下相距至少有 9 千米。M 反射体与莫霍面之间还有近 20 千米之距，均为下地壳的弱反射地带；其下的莫霍界面有一个 3 千米错距的断层。这些空间段也正是毛景文成矿理论提到的高位岩浆房与矿体之间的空白区段，也是人们最关心的找矿空间。

在图 8-23 地震成像图中，则完全不见这两条多层蘑菇状岩浆柱的成像。代之，出现两条深断裂——滁河断裂CHF与盆地中央断裂CFZ。这两次成像相差太大了，人们怎么会相信多层蘑菇状岩浆柱的存在。

把多条反射同相轴解释为岩浆熔融层也是站不住脚的，因为做这种地质解释要有前提。这就是它迄今虽然经历了132 Ma，这些侵位的岩浆体还能保留其部分熔融的状态吗？如果这个条件能满足，应当说大地电磁法结果也会有显示的，而图8-23中的电性结构图中并没有这种显示。再从这两张地震图对比就可以看出，多层蘑菇状岩浆柱结构的成像还需要再处理予以确定。

作者强调，专家对这一成果给出了极高的评价："深反射地震实验取得了跨越式的进步，不仅获得了复杂火山岩型矿集区由地表至莫霍面的全地壳有效反射信息，数据处理方法技术实验获得了较好的效果，而且首次揭示了庐江-枞阳火山岩型矿集区成矿的深部控制背景，初步查明庐江-枞阳火山岩盆地深部轮廓，以总体为弱反射的特征来圈定出火山岩盆地的空间范围，火山岩盆地底部最深4000米以上，火山岩厚度平均为2000～2800米。证实罗河断裂以西不存在另一半早白垩世火山岩盆地。在罗河铁矿中下地壳发现弱反射状，似岩浆上涌活动的通道，通道两侧地壳中部发育向通道相向倾斜的层状强反射，通道上方存在反映岩浆活动的弧状强反射。通道下方莫霍面错动，现今保留有大约3千米的错断。全地壳反射剖面展现出岩浆活动的内幕与深部过程，地幔岩浆从莫霍面错断处上涌，顺罗河断裂到达上地壳，形成多层蘑菇状结构。庐江-枞阳火山岩盆地明显受断裂控制，火山岩喷发是向东侧非对称性的。形成单向的弧状的火山岩盆地。"

为解释好这些界面，要进一步探讨一下中下地壳内可能的岩性界面，是否可能成为较好的地震界面。

吕庆田等在解释图8-23的LZ-09-01地震剖面时也提出"多级岩浆系统"结构模型。但是，他的模型与董树文的完全不同。他的说法是，庐枞盆地存在一个中央断裂CFZ（位于3601桩号下方），向下可伸展到下地壳的顶部10千米深（4.0秒，twt）。在8千米深处（相当于中地壳部位）存在一个长的强反射层，作者称之为“庐枞反射体（即LZR，图中标为LZ-Boudin）”。它在剖面内的宽度为5～10千米，沿盆地走向长45千米。吕庆田等说，根据外国多人进行地质研究及模拟结果，推测这一LZR反射体是底侵的基性岩浆沿着区内NE向深大断裂，或地壳薄弱地带上侵到地壳不同位置的岩浆体，或岩浆分异后的残晶体。依据此项推想，吕庆田等（2013）也提出一个“多级岩浆系统”结构模型，并解释了其形成与演化的过程，即矿区内的初始岩浆源于幔源玄武质岩浆，它沿盆地中央深断裂——枞阳-黄屯隐伏断裂（CFZ）多次上侵，经过MASH（熔融与同化）过程，堆积在下地壳底部，在伸展体制下熔融岩浆将会容易流向压力较小的地段；当熔融体累积达到一定的温度压力，熔融体将沿地壳薄弱地段开始沿“烟囱状”垂直通道向上运移，当其遇到中地壳韧脆性界面将滞留，并逐渐形成次一级岩浆房，多个岩浆房可以连通形成更大的岩浆房；岩浆就这样逐级上侵，最后形成不同深度的侵入体，或喷发到地面上形成火山岩。

（5）图8-22中CDP3001～4201区段的0～4.0秒区间大量弧形密集反射，反射能量很强，为北倾，认为反映了地层由北向南的逆冲推覆，可能代表了古生代地层受到因岩浆侵入而发生的先伸展后挤压的褶皱变形。

（6）图8-22中CDP4000～4201区段认为是长江断裂带，处于弧形密集反射的东南端，越过这个区向东再无明显的弧形反射。

（7）图8-22中显示的莫霍界面，作者认为它不是一个单一的反射面，而是由多个反射面组成的，厚度可达1秒（twt），长江下面深10秒（twt），罗河矿（位于CDP2047）下方莫霍错断有3千米，大别山下加深到11秒（twt）。这一结果与其他剖面的结果也不一致。

因此，重新处理和研究这些数据是必需的。

关于罗河铁矿的重力和磁法异常。董树文等给出的结果见图

8-24和图8-25。

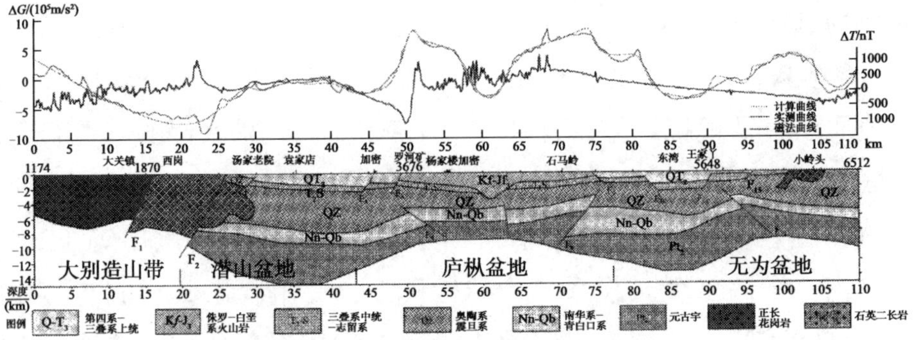

图 8-24　AB 剖面（与 LZ-06-01 一致）

图中为实测布格重力异常与计算拟合曲线及磁测曲线

此剖面上未展示罗河铁矿

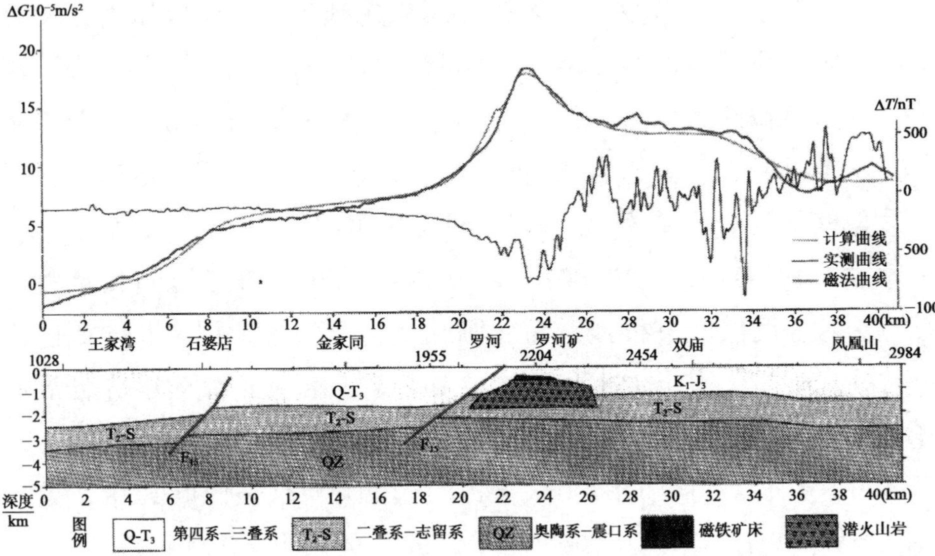

图 8-25　CD 剖面（与 LZ-06-03 线一致）

实测布格重力与拟合结果及磁测曲线

AB剖面长度为110千米。CD剖面与AB剖面在罗河铁矿处相交叉，剖面走向改为北东-西南，方位角为74°。

作者认为，AB剖面的磁测曲线，在罗河铁矿上磁异常高明显，形态较为规则，北侧伴有幅度较大的负异常，认为这一异常是罗河铁矿引起的，但是作者并没有给出罗河铁矿产生的磁异常数量。联系到CD剖面的解释，在矿层上磁异常为负值，达到-700nT，而且随后出现很强的正、负磁异常，长达14千米，远远超过矿体范围；而认为重力异常则为罗河铁矿+基底隆起+深部密度界面抬升的综合效应。这两条剖面的解释是相互矛盾的。文中没有说明罗河矿体引起的磁、重力异常效应值，以及可否成为独立的异常，可用来指示找矿。在AB剖面上出现的+500 nT上下剧烈跳动的磁场，长达30千米，更可能是与下伏的火山岩有关，而叠加在这一背景场上铁矿异常反而突出不了。

图8-26是董树文给出的罗河铁矿重、磁异常曲线，都拟合得很好，但未说明问题。因为计算人员并没有给出矿层与潜火山（可能是闪长玢岩）各自产生的磁力和重力数值。此外，做了很多地震勘查，究竟地震方法在找矿上，特别是找深部矿产可以起什么作用，应当有个说明。

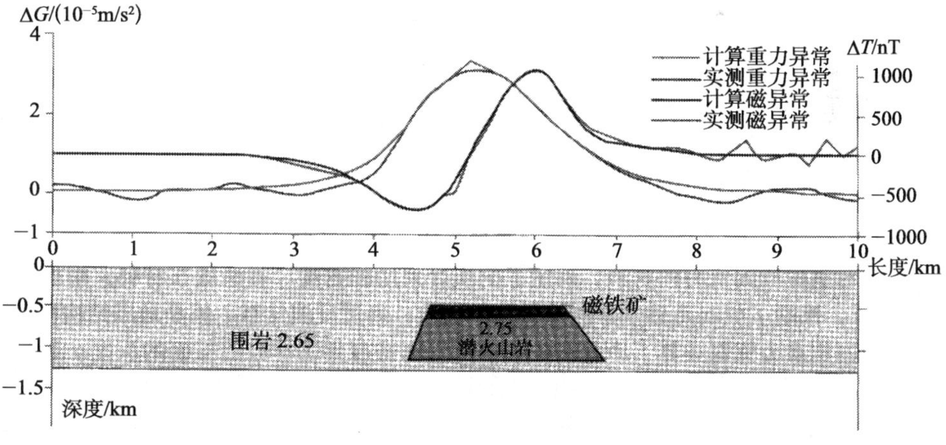

图8-26　罗河铁矿磁重、磁异常拟合结果图

龙桥铁矿的重磁力异常解释也存在同样情况，见图8-27。

这条剖面南北向地穿过矿区。正长花岗岩体的理论计算的重力异常与实测结果拟合得很好，没有剩余异常出现。这样，已探明储量达1亿吨的龙桥铁矿上却未显示出什么矿致重力异常和矿致磁异常。这应当是拟合上出了问题，怎么可能这样大的矿体会没有产生

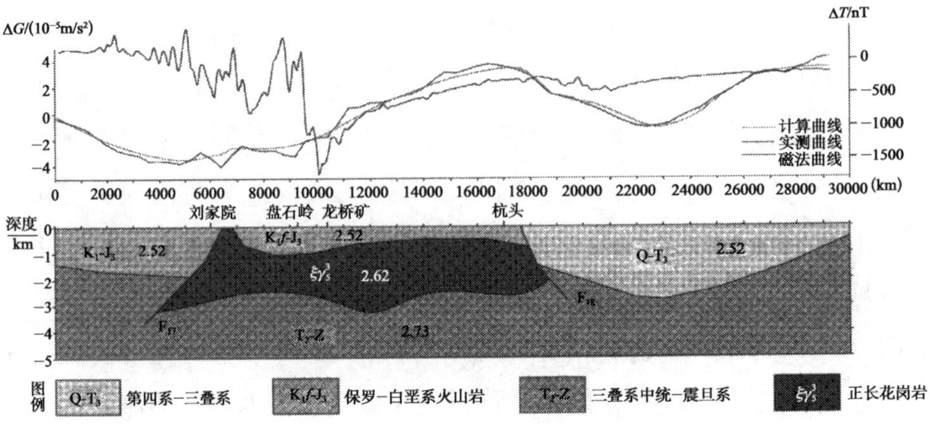

图 8-27 EF 剖面重磁场特征

异常呢？需要进一步做计算。

作者还解释存在 5 条断裂，倾角均较陡。这一解释没有将罗河矿区矿层、地层及构造等地质内容与地震反射图联系起来；也未与盆地内部结构及区域构造联系起来。对主要的地震反射同相轴反映的地质含义，也缺乏一个明确的说明。

（8）对于图 8-24 中部的袁家店重力高，认为系菖蒲山重力高的南部边缘反应，其下部的三叠系和奥陶系–震旦系埋深较浅；南部小岭头的重力高地段没有磁场异常，推断是岩体引起的，岩体向下延伸有限。

整条剖面推断的深度达到 10 千米，而罗河矿体均分布在 1 千米深度以上。其下部在 1～10 千米的空间，还有没有矿体存在，这是人们找深部矿最关心的空间。图中给出，这一中生代陆相火山岩盆地，两侧由 F6 与 F9 限定，但是重力高则向南延到 F10，F9～F10 之间为 Q–T_3，其下面可能仍然有中生代陆相火山岩存在。盆地基底为 T_3–志留系，以及奥陶系–震旦系等老地层。这里地质分层太粗，第四纪是低密度低磁性，而三叠系地层则为高密度。中间有无白垩系和侏罗系地层？这是本区的重点关注对象，是矿体赋存的层位，而且物性变化也大。将这几个地层混起来不分层，不利于地球物理的解释。

总的看来，重力、磁测及电磁法可以给出剖面许多地质信息，而这一点不是高分辨率地震反射法可以包揽的，综合方法的运用是需要的。

吕庆田等如何用这些深部探测资料进行找矿预测的？

董树文强调了祁光（2014）做的一张包括5条高分辨率地震剖面和重磁全三维反演图的综合图件，吕庆田（2015）做出的一张5条高分辨率地震剖面加5条大地电磁剖面的图件。依据这些矿集区的三维格架图进行矿产预测。

矿区内已发现的矿化有：盆地内部正长岩中发育有脉状铁矿化，其顶部有铀矿化；断裂带附近发育有脉状铜矿化；盆地外缘A型花岗岩中的断裂带附近发育有铁矿化，其接触带砂岩中发育有铀矿化；闪长玢岩与火山岩地层及基底地层的接触带内都发育有玢岩式铁矿，等等。

项目组对矿集区大比例尺重、磁、化探等示矿信息进行了系统的提取和分析，通过与已知矿床综合信息异常的对比，建立了玢岩型与斑岩型等主要矿床的找矿模式，再按照"三元"信息判断准则，预测了罗河-泥河外围玢岩铁矿、岳山铅锌矿外围的铅锌矿、大矾山深部的斑岩型铜矿、井边-巴家滩铜铀矿和罗领域正长岩有关的铁矿等多个深部找矿远景区。但是，作者究竟是怎样具体地进行预测的，并没有说明。如关于井边-巴家滩铜铀矿深部找矿远景区内的预测，根据什么确定在刘屯附近，在深钻孔中，并在1500～1740米的正长岩中发现高强度铀矿化，铀含量高于万分之一，岩芯累计达97米；1848米以下的二长岩内仍然有铀矿化。因为正长岩中的铀矿化是通过放射性测井和岩芯分析确定的。这里，深部的正长岩体是如何确定的？作者没有交代。又依据什么判定这个深部岩体的深部存在找铀矿前景的？也没有说明。作者强调提取的矿集区大比例尺重、磁、化探等示矿信息，这些信息与上两个问题有什么关系？如何提取的？ 哪个已知矿床的什么综合信息异常又是与作者的预测有关系？

关于刘屯ZK01号钻井，井位位于庐枞盆地的中部，但作者并没有给出其具体位置和钻井设计剖面。

此钻井深达2012.35米，对了解地下岩层，物性与矿化情况，解释地球物理结果与进行预测研究都很重要。现详细引述如下。

（1）关于井内遇见到的岩石：2～1469.81米井段，主要为砖桥组火山岩，岩性为粗安岩、高岭石化粗安岩、黄铁矿化粗安岩、硬石膏化粗安岩和辉石粗安岩；1488.84～1603.35米井段，为火山岩与下伏岩层的接触带；1603.35～2012.35米井段，为岩体，从上向下，依次为正长岩、石英二长岩、黑云母石英二长岩。

（2）各类岩石的物性。测井进行了视电阻率、极化率、磁化率、纵波速度、超声成像、自然伽马、密度、井温、井中三分量磁测等10多种方法，可惜的是，没有物性与测井井段深度的记录，不便于与物探结果对比。除提到放射性测井外，从解释地震、电法、重力与磁法结果的角度需要进一步测出其他物性数据，找出做地质解释的标志层，特别是找出地震反射的标志层界面。

如此，作者是依据什么找到刘屯正长岩的，又根据什么预测岩体的含铀远景？并没有交代清楚。

从表8-1中可以看出，从纵波速度看，粗安岩与正长岩都是5.7～5.8千米/秒，相差不大；在密度上，火山岩是2.78～2.82克/立方厘米，而潜火山岩为2.66～2.75克/立方厘米，略低一些；在磁化率方面，火山岩与潜火山岩的磁化率相差不大，但是粗安岩本身变化较大，可能会产生较大的磁场起伏；在极化率方面，仅仅粗安岩的极化率可以很大，而且变化也大，估计可能与其黄铁矿含量不均有关；在电阻率方面，石英岩、正长岩及二长岩要高一些，其他都是低的，但也不是导电体。这些数据是否有代表性，待议。矿集区内应当有很多钻井资料，都应当收集使用。ZKO1井已给了我们很多启示。需要有更多的数据以用于为地球物理结果的地质解释提供依据。

图8-28标出了罗河铁矿位置，但是列出的4种方法的结果相互联系不起来，也未做综合解释。如何利用它来预测罗河-泥河外围的

表 8-1 ZK01 孔主要岩性测井响应值统计表

岩性		自然伽马（API）	视电阻率（Ωm）	极化率（%）	纵波速度（$m.s^{-1}$）	磁化率（$\times10^{-4}$SI）	密度（$g\cdot cm^{-3}$）
粗安岩	极大值	476	3785	44.21	6425	2158	3.12
	极小值	71	4	0.19	1600	837	1.27
	常见值	180	170	1.14	5800	900	2.79
黄铁矿化粗安岩	极大值	472	5899	10.94	6764	1669	3.11
	极小值	51	65	0.09	4458	853	2.52
	常见值	190	2050	0.73	5800	1030	2.82
次生石英岩	极大值	857	4692	2.71	6668	1165	3.08
	极小值	94	558	0.77	4608	943	2.65
	常见值	230	4500	1.23	5750	950	2.76
安山玢岩	极大值	233	363	1.19	6015	1050	2.87
	极小值	173	224	0.67	5471	949	2.78
	常见值	205	350	0.79	5780	950	2.81
凝灰岩	极大值	329	760	6.21	6254	1240	3.11
	极小值	123	39	0.35	2834	947	2.29
	常见值	225	80	1.74	5400	960	2.82
正长岩	极大值	2789	1187	9.10	6934	1249	3.14
	极小值	69	509	0.58	4739	937	1.63
	常见值	731	5000	1.47	5800	945	2.66
二长岩	极大值	4032	12265	—	6536	2075	3.07
	极小值	69	1183	—	5435	941	2.32
	常见值	405	6200	—	5880	1219	2.75

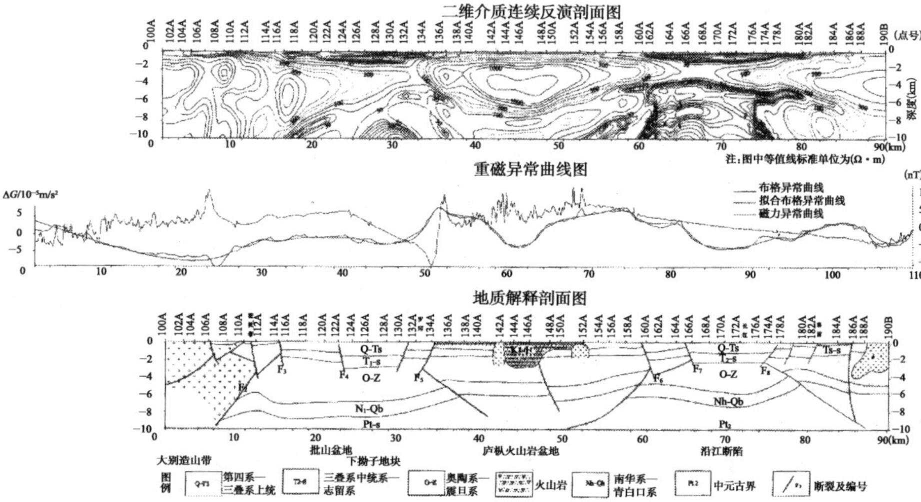

图 8-28 LZ-ABI 线综合剖面图（文后附彩图）

玢岩铁矿呢?

作者还强调了对如沙溪南部岱峤山铜矿、岳山铅锌矿、大矾山深部的斑岩型铜矿等进行了预测，看来也存在同样的问题：读者不明白他们是如何具体预测的。

从上述比较来看，吕庆田等的解释阐述的内容要丰富与生动得多。但是，两个的解释都依据不足，令人难以信服。LZ-06-01 与 LZ-09-01 两张精细地震剖面（图 8-22 与图 8-23）主要反射图案相差较大，不再进行第三次处理是难以作出判断的。

依据上述资料，不仅已发现的罗河、泥河式铁矿的找矿方法技术并未解决，进一步找 1000 米深度以下的或更大深度的罗河、泥河式铁矿的方法技术更是不明确。

七、扩大中国硫化铜镍矿资源问题

镍金属是战略性金属之一，我国 80% 的镍矿依靠进口。镍金属有很好的延展性、磁性和抗腐蚀性，且能高度磨光。镍常被用于制造不锈钢、合金结构钢等，电镀、高镍基合金和电池等，广泛用于飞机、雷达等各种军工制造业、民用机械制造业和电镀工业等。我国主要是寻找和利用硫化铜-镍矿床。中国发现的硅酸镍矿床更少，也缺乏其生成条件。

硫化铜-镍矿床还是一个多元素复合型矿床。以甘肃金川铜-镍矿床为例，它除了含有铜与镍矿产之外，还有钴、金、银、钌、铑、钯、锇、铱、铂等铂族元素，以及一些稀散元素硒、碲、硫、镓、锗、铟等。金川铜-镍矿是中国有名的三大共生矿（另两个是包头铁-稀土和攀枝花钒钛铁矿）之一，也是世界著名的大型矿床。经过多年科技攻关，一矿已经变多矿了，我国的选冶技术又上了一个大台阶，大大增强了我国资源的保证能力。

硫化铜-镍矿床与长江中下游的铜铁矿床成矿条件不同，前者主要与中酸性岩或中基性火山岩活动有关，而后者则与分异的基性-超基性岩浆密切相关，生成的年代也要老很多。

硫化铜-镍矿床的成矿条件是什么？如何找到深部矿体？找到新的大型矿床？汤中立院士重点从事这方面研究，我从1956年开展会理找铜-镍矿试验以来也一直在关注并开展这类矿床的找矿研究。

下面即以金川镍矿为例探讨一下这一问题。本矿区深部勘探（超过1000～2000米）工作较少，也没有做过铜陵、宁芜、庐枞矿集区进行的深部地球物理调查工作。1958年我在物探研究所工作时曾组织人在矿区开展过直流激发极化法找矿试验，取得较好的成效。

金川铜-镍矿床。含矿的基性-超基性岩体侵入古元古时代的地层，岩体全岩单矿物测定成岩年龄为1508 Ma ± 31 Ma（Sm-Nb法），属中元古代。多人认为其成矿期为中元古代的早期，即1043 Ma ± 28 Ma～1408 Ma ± 140 Ma。李献华等依据岩体中SHRIMP锆石U-Pb法测定其成岩年龄为827 Ma ± 8Ma。图8-29是金川镍矿的4条勘探剖面及矿体的纵剖面。

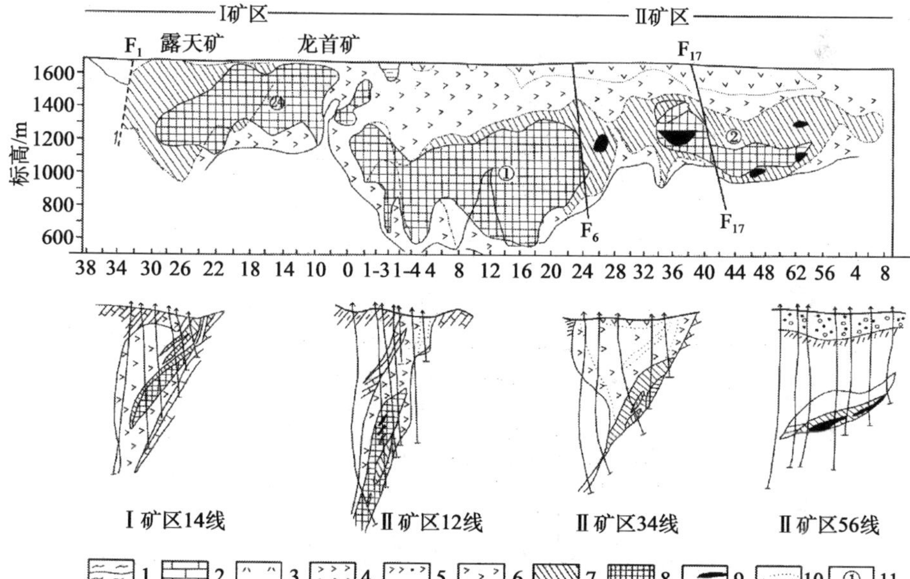

图8-29 金川矿床主矿体纵剖面和横断面示意图（据汤中立等，1995）

1—混合物；2—大理岩；3—斜长角闪岩；4—二辉橄榄岩；5—斜长二辉橄榄岩；6—橄榄二辉岩；7—星点状矿点；8—海绵陨铁状矿石；9—块状矿石；10—岩相界线；11—主矿体编号

从这 4 条断面看，矿体主要受岩相带分布的控制，主要分布在岩体的底部和侧向边缘，矿体中致密块状矿石又位于更底部和更边部。这是有普遍性的。

关于金川铜镍矿的生成，李文渊先生提出过一个成矿模式，见图 8-30。

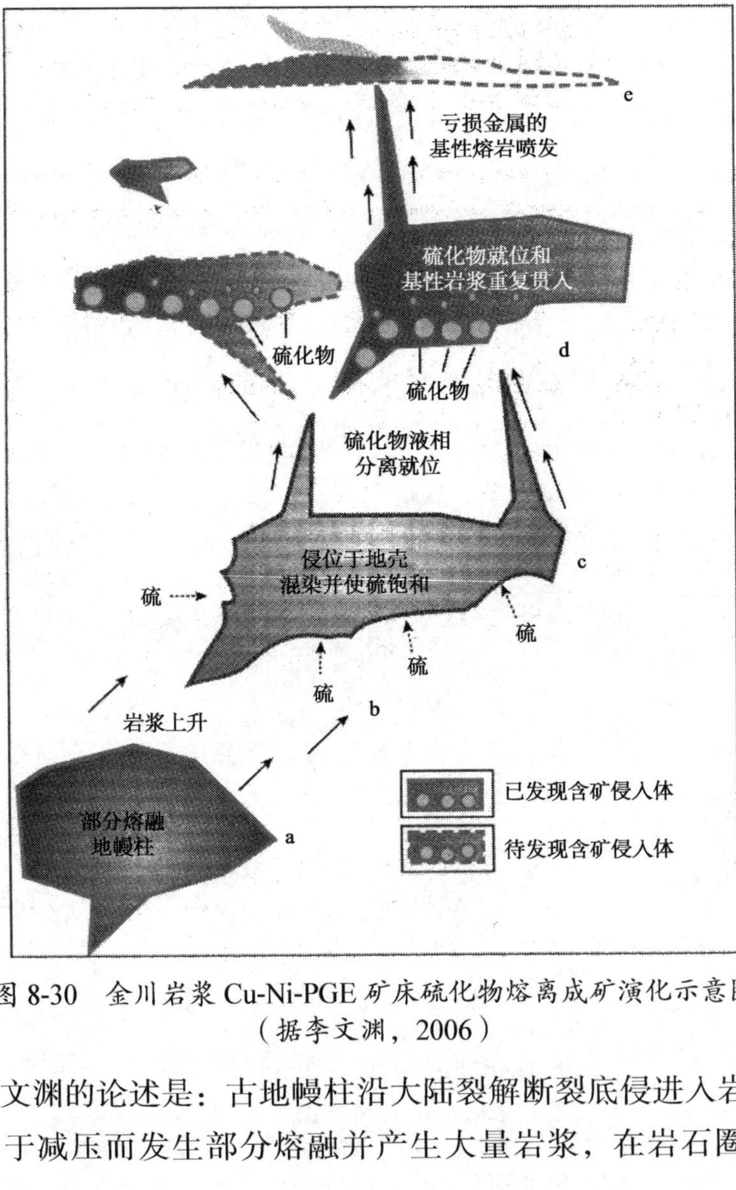

图 8-30　金川岩浆 Cu-Ni-PGE 矿床硫化物熔离成矿演化示意图
（据李文渊，2006）

李文渊的论述是：古地幔柱沿大陆裂解断裂底侵进入岩石圈底部，由于减压而发生部分熔融并产生大量岩浆，在岩石圈碎片加入，上升的岩浆成分会发生变化，并在地壳底部形成规模宏大的岩浆房，这时岩浆中的硫还是不饱和的（图 8-30 中的 b）；随着岩浆上升进入上地壳（硫含量大增），硫的不断进入，使岩浆中的硫进入饱和状态（图 8-30 中的 c），加之上升过程中压力与温度降低，促成大规模的硫化物液相与硅酸盐岩浆发生不混熔现象，即产生熔离作用，硫化物形成集中现象，Ni、Co、Cu、PGE 等亲硫金属元素大量进入硫化物液相中（图 8-30 中的 d）；熔离作用使基性硅酸盐岩浆熔融体中相对亏损 S、Ni、Co、Cu 和 PGE 元素（图 8-30 中的 e 右边）；深部岩浆房中堆积在下部的含矿的硫化物岩浆，由于地壳的挤压作用而向上侵入和贯入，形成地壳高位的含硫化物的岩浆房（或矿浆房）而成为矿床。所以图 8-30 中 d 的左侧及向上贯入围岩中的硫化矿脉就是人们要找的对象和扩大镍资源的首选途径。

实际上，世界各国已发现的基性-超基性岩体有很多，但是含有巨大硫化铜镍矿资源的岩体并不多。金川镍矿外围也是如此。力马河镍矿外围也是如此，新疆克拉通克镍矿外围虽然已找到许多岩体，也找到许多小矿体，但是大型铜镍矿床仍未获得突破。

在上地壳内，地表几十到几百米深度内找矿已取得效果，镁铁质杂岩中硫化铜镍矿物的存在仍然是一个基本找矿标志。地球物理与地球化学方法都可以发挥作用。但是深部几百米以下，特别是 10 千米以内如何直接找到这类岩体及隐伏矿床，还没有找到什么有效的地质地球物理方法技术。加拿大肖德贝里硫化铜镍矿床已开采到 2.5 千米深，是边采边探进行的典型，采用的有效方法就是深钻井，并配合开展多种井中物探化探方法，寻找井孔四周和深部几百千米范围内的矿体。看来，今后我们也应大力开发高效的钻井技术及井中的物探找矿方法，同时也要进一步深化对其成矿理论的认识，力求有所突破，特别是也应做一些深部探测了解其深部结构，以证实深部岩浆房的存在。

八、中国铬铁矿深部找矿问题

中国铬铁矿资源严重不足，虽然经过几次 20 世纪 50 年代以来找矿大会战，但是收效有限。

（1）世界上铬铁矿矿床分为两大类型，即与层状基性-超基性杂岩体有关的层状铬铁矿和与基性-超基性杂岩体有关的豆荚状型铬铁矿床。前者矿石储量占到全球储量的 98% 以上，但后者的产量则占到全球产量的 55% 以上。前一类型的矿床产于古老的太古代地层，成矿时代为 27 亿～22 亿年；后者主要产于造山带与岛弧带，成矿期为晚古生代和中、新生代。但阿尔巴尼亚布尔奇泽层状铬铁矿则为时代较新的碰撞带附近的大型矿床。

我国经过几十年的勘查，已发现的铬铁矿矿床主要是豆荚状的铬铁矿床，规模有限，并集中于 4 个点上：西藏罗布莎铬矿、新疆的萨尔托海、内蒙古的赫根山、甘肃的大道尔吉，探明储量仅 1320 万吨（到 1994 年）。目前的主要产区在西藏罗布莎矿区。最近勘探又在香卡山矿区的深部有新矿体的发现，探明了 450 万吨储量，这是一个很大的成绩。

我国已发现基性超基性岩带 46 个，岩体 12 543 个，其中超镁铁质岩体 9892 个，总面积为 7572 平方千米。另有绿岩分布应是找金矿的远景地区。其中深入研究过的岩体是有限的，而且以浅部调查为主，今后应加强深部找矿研究工作，特别是要加强理论与找矿战略选区的研究工作。

（2）罗布莎矿区位于雅鲁藏布江碰撞带附近的曲松县境内。这一碰撞带，国内专家认为发生在 65Ma，国外专家则认为发生于 50Ma～55Ma，但罗布莎含铬铁矿的纯橄岩与方辉辉橄岩形成时代为晚侏罗世—早白垩世，即是在两大陆发生碰撞之前侵位的。有人说这些含矿杂岩体是产自大洋中脊，不知依据的是什么。铬铁矿矿体成豆荚状或透镜状分散在杂岩体内，其中浸染状矿石组成堆晶矿床，致密块状矿石组成豆荚状矿床。豆荚状矿石中最近发现有金刚石、碳硅石、硅金红石、柯石英等超高压矿物群，表明岩浆流体和铬铁矿的来源应当是在地幔的深处。堆晶矿床，矿体与围岩之间呈渐变过渡的那种原始分异现象；致密块状矿床矿体与围岩之间则不具有渐变过渡的那种原始分异现象，表明矿体可能是异地来源的再就位产物。

毛景文等对成矿过程提出了以下说法。成矿作用经历了两个阶段。第一阶段，原生的铬铁矿形成于过渡带内（即 400～670 千米深度），由于下地幔的熔融体底辟上升，将被破坏的铬铁矿层的部分矿块带到上地幔的浅部。矿块局部熔化形成豆状矿石，并含有过渡带的超高压矿物。第二阶段，铬铁矿在岩浆房内，由于结晶分凝作用形成浸染状矿石。当其底辟上侵中到达壳 / 幔界面时又形成了岩浆房，这是因减压升温而增强了熔融度，形成了一个强熔融带，使地幔橄榄岩演化成方辉橄榄岩或纯橄榄岩。罗布莎铬铁矿具有明显的二次成矿特征。第一阶段的原生铬铁矿与第二阶段的堆晶铬铁矿共存于蛇绿岩的不同部位；在地幔岩浆塑性流变和剪切力作用下，矿体成群分布，呈带集中，并保有一部分地幔超高压矿物。

按照上述铬铁矿的成矿理论推想，可以得出这样一些看法。

第一，铬铁矿堆积在过渡带内，当来自下地幔的岩浆熔融体底辟上侵，经过过渡带时，将一部分铬铁矿浆带到上地幔、地壳乃至上地壳，再进入地表层；随着上升，在减压增温的条件下，它会在中间的岩浆房内发生结晶分凝作用，形成不同的含矿岩浆。所以，含有过渡带的超高压矿物及铬铁矿的镁铁质杂岩应是找矿第一选取的工作目标岩体。

第二，发现了这类有找矿前景的岩体以后，又如何进一步找到大型矿床？中国先后试了多种方法，均不是很理想。苏联在哈萨克斯坦南肯皮尔赛铬铁矿区使用重力方法找矿取得很好的效果，先后发现多个大型矿体。他们认为铬铁矿群分布在岩浆上侵的通道内。

中国也使用高精度重力测量在新疆萨尔托海找到了一个几十万吨的“鲸鱼”矿床，矿体大而埋藏较浅，地表发现了矿致异常；但对于其他较小、较分散的矿床则是靠地质加钻探来突破找矿关的。

西藏罗布莎铬铁矿床现已成为中国最大的铬铁矿床。最近有多人开展了找矿方法的试验研究，先后做了重力、磁法、大地电磁法以及钻孔电磁波层析成像法（利用工作频率为 0.5～32MHz 的电磁波，在两个钻孔中，分别发射和接收，根据不同位置上接收的场强的大小，来确定地下不同介质分布的一种地下地球物理勘查方法）。据称这些方法在西藏罗布莎铬铁矿区进行找矿试验，取得了较好的效果，不过钻井深度仅在 400 米以内。

王希斌等仔细地研究了罗布莎地幔岩，提出了堆晶岩的正常层序为下部堆晶岩由纯橄榄岩 + 辉石岩（ ± 辉长岩）组成（又称“下杂”），中部为堆晶纯橄榄岩，上部堆晶岩为由异剥橄榄岩 + 辉石岩 + 辉长岩组成（又称“上杂”），呈现粗略分带现象。后经构造变动，形成不同产出，使层序复杂化了。

豆荚状铬铁矿中的分凝式铬铁矿（低品位的浸染状矿石）产于堆晶杂岩带中，大体上可分成两个主要矿带；另一种具有地幔成因的铬铁矿体产于上部的斜辉方辉橄榄岩 + 纯橄榄岩带中。这是很重要的发现。可以利用这一分带现象进行钻探结果的对比，指导打钻追踪矿体。

许志琴公布了罗布莎岩体深反射地震与钻探结果（图 8-31）。其中第二个钻孔 LSD-2 打到 1854 米深，见图上所注位置。作者对钻孔钻穿地层加以鉴定，钻孔底部为辉长岩和纯橄榄岩等堆晶岩，上部为方辉橄榄岩和二辉橄榄岩等地幔橄榄岩。作者认为这一层序颠倒了，即上部为地幔岩，下部为下地壳层位，蛇绿岩体上下与围岩均为断层接触。她认为这表明了钻孔正是穿过了莫霍界面，但上、下两层岩体是否也可能是分批侵入造成的倒转层序，而不是莫霍界面层整体上侵并产生构造倒转所致。如此，这又与莫霍界面无关了。图中，超镁铁质岩与侵入岩都显示了很好的成层性，三叠系和第三

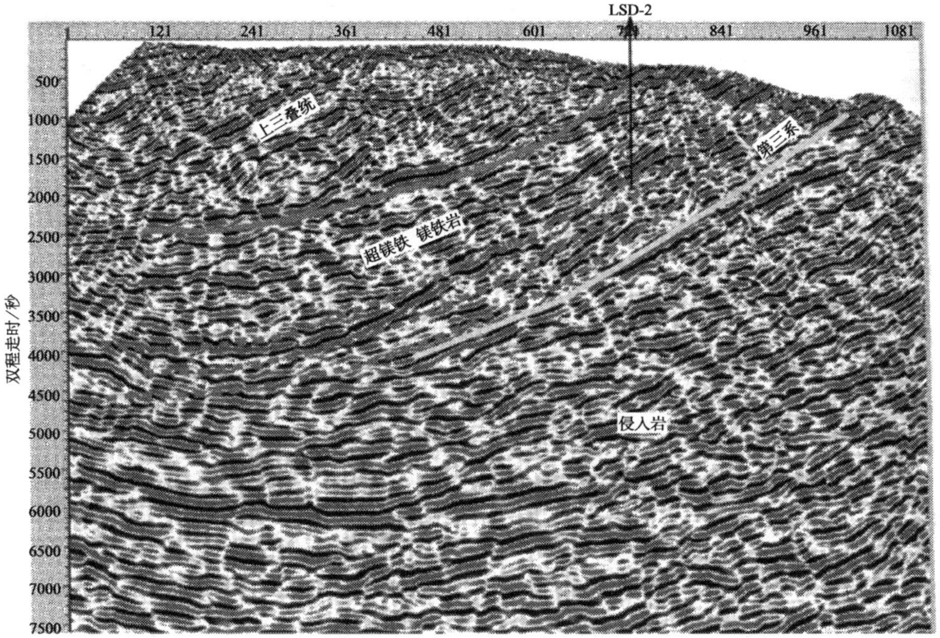

图 8-31　西藏罗布莎科学钻探 LSD-2 井地震、地质解释剖面（文后附彩图）

系成层性也都很好，似乎岩体侵入对围岩没有产生多大的影响。此外，图中有没有标明铬铁矿体的位置？如果确定了含矿层位，可否进一步追索这一层位，以扩大找矿前景？这是更重要的内容。作者还根据岩体内发现的地幔矿物-金刚石、柯石英和青松石，认为这些矿物生成于 400 千米以下的深度，压力大于 10～15GPa，温度为 1300℃条件下，进一步论证了岩体来自地幔过渡带。这是否进一步证实了铬铁矿是来自地幔过渡带呢？这种岩体是一步到位还是多次侵位形成的？见图上所标示的。twt 的单位应为毫秒，不是秒。公布的资料最大的不足是，没有做速度测井和钻孔的地质描述，以便对地震层位和岩性加以标定，因为镁铁质岩体地区速度数据太少。从上下地层层序看，这一地区的超镁铁质-镁铁质岩体侵入后是否又发生了构造变动。

新疆物探队张林在萨尔托海铬铁矿区发现了铬铁矿体四周硼元素含量高，认为地幔岩中硼的存在增加了铬铁矿的溶解度，有利于增加铬铁矿浆的流变性，促进铬铁矿的堆积。这是否可作为一个地球化学指示元素，用以指导找铬铁矿，很值得进一步开展试验研究。

从上述几类矿产找矿问题的分析可以看出，提高找矿效果首先还是要解决找矿方向和优先靶区问题。同时，要改进相应的找矿方法技术。这是今后找矿和扩大资源的主要矛盾。

加大找矿深度和开采深度达到几千米甚至上万米深，是少数矿山的问题。这是一个新领域。这样做，需要预先做好理论和方法技术的准备，才能探索出一条新路。在这方面，我们的工作做得还很不够。

金属矿产种类繁多，不同的矿种可以有不同的类型，产出在不同的条件下，矿体本身大小不一，矿体与围岩的差异也是多变的，而找矿是一个很细致的工作，简单化的做法是达不到目的的，应当以科技创新引导，实施精细勘查，加深勘查，深入地、综合性地解释调查所取得各种地质资料。

为了推进找矿工作，我利用参加中国工程院组织的深部找矿战略研究之机，探索今后找矿勘查战略和路线图，在2016年全国矿业全产业链大会上做报告，着重论述了以科技创新引领，进行精细勘查和加深勘查问题。2016年8月21日，还针对中国地质调查局开展的深地资源探测问题向局领导提出了正式建议。

九、深部金属矿产勘查理论与方法发展路线图

深部金属矿产勘查理论与方法发展路线见表8-2。

表8-2 深部金属矿产勘查理论与方法发展路线

2011～2020年工作时段	2020～2030年工作时段
勘查深度500～1500米	勘查深度1000～2000米，探索至3000米
成矿地质背景基础地质调查	成矿地质背景基础地质调查
10个成矿远景区带5千米以浅的综合地质地球化学地球物理调查，以及岩相古地理填图，提出三维地壳演化的粗线条	10个成矿远景区带地壳与岩石圈深度范围内综合地质地球化学地球物理调查，以及岩相古地理填图，提出三维地壳演化的粗线条

续表

2011～2020 年工作时段	2020～2030 年工作时段
开展重点地带的地壳上地幔结构构造岩浆活动探测	开展重点地带的地壳上地幔结构构造岩浆活动探测
前寒武纪建造及岩浆热液成矿理论研究	前寒武纪建造及岩浆热液成矿理论研究
大量成矿物质来源、堆积过程、成矿空间分布与剥蚀程度	大量成矿物质来源、堆积过程、成矿空间分布与剥蚀程度
5 千米以浅空间内成矿模式与成矿系列	地壳范围内成矿模式与成矿系列
在区域成矿条件基础上总结经验，改进矿产资源潜力评价方法	在区域成矿条件基础上总结经验，改进矿产资源潜力评价方法
勘查技术理论与方法研究	勘查技术理论与方法研究
航空与地面磁力、重力测量和遥感技术用于找深部控矿岩体及金属矿体的技术研发	发展地-井联合观测方案和数据处理解释方法
提高大功率可控场源电磁法与激电法探测深部矿体及控矿岩体的深度、分辨率及确定性	发展井中电磁法或井中无线电波法、井中激电法，以及地-井联合观测方案（数据处理解释方法）
探索高分辨率地震多波反射法及层析成像法等用于找大型金属矿床的可行性试验	有重点地用于勘查找深部金属矿床
探索天然地震与大地电磁法用于金属矿区构造与矿床探测的可行性	逐步开展试验性找矿工作
不同景观条件大比例尺区域地球化学方法技术（包括分析测试技术）及成矿带基岩地球化学填图方法技术	进一步探索与开发深穿透地球化学技术与方法（包括分析测试技术），进一步开展成矿带基岩地球化学填图工作
矿区深部矿体（床）的原生晕、同位素及深穿透方法，找深部矿体的可行性研究（包括采样与分析测试技术）	矿床深部 5～10 千米空间矿床原生晕的分布、同位素及深穿透地球化学找矿方法
矿田构造分析及矿田物理化学方法	矿田构造分析及矿田物理化学方法
发展包体测温度、压力及成矿物质来源	发展包体测温度、压力及成矿物质来源
改进与开发金属矿床成矿作用的年代学和成矿深度测定方法	改进与开发金属矿床成矿作用的年代学和成矿深度测定方法
勘查数据处理软件研发和标准化，三维、四维显示软件，发展多种信息综合解释找矿方法	勘查数据处理软件研发和标准化，三维、四维显示软件，发展多种信息综合解释找矿方法
研制与推广应用轻型 2000 米钻深的小口径取芯钻机、定向和导向钻进工艺与钻探工具等	研制与推广应用 3000 米以深的小口径取芯钻机、定向和导向钻进工艺与钻探工具等
主要勘查仪器设备研制和生产应用。	主要勘查仪器设备的进一步研发和生产应用

第九章

积极学习李四光思想

李四光同志是一位伟大的爱国科学家，他的突出特点就是爱国与创新。党中央和国务院领导评价他是“中国科技界的一面旗帜”。我用了极大精力研究李四光同志的有关著作，还结合自己于20世纪50年代在物探局生产技术科、处工作时了解的有关大庆油气勘查的情况，进行30多年的学习和研究。我深深地体会到，李四光科学思想是中国的思想宝库，是指引我国地球科学实现现代化、指导地质工作、解决中国地质资源和社会经济问题的一条有效途径，也是推动我国地球科学现代化的一个抓手。

通过学习更多的李四光著作，我更深入地了解了李四光这位伟大科学家的人品。学习了李四光的油气勘查理论，也更感到李四光先生的伟大。他不但勇于担当，还从不迷信外国，敢于走新路。这太宝贵了，正是今天中国科技界最缺少的精神内涵之一。

从2004年以来，我先后发表了多篇长文。2005年写就《李四光与中国石油大发现》一文在2005年4月29日《科技日报》头版全版刊出（图9-1），经修改后又将这一篇文章在中国工程院的《中国工程科学》2005年第7卷第2期上刊出；《大庆油田发现的真相，中国独创理论不容抹杀》刊登在2011年5月18日《科学时报》上，此文后来又为凤凰卫视转载。为了更全面地说明李四光油气勘查理论的战略指导作用，我经过研究后写出《从鄂尔多斯盆地油气勘查历程谈李四光找油气思想的发展》一文刊登在《地学前缘》2011年第18卷第2期，文中我特别强调了这一大型岩性油气田的发现是李四光指导的，但不是用地质力学的理论指导的；后来又在《地质勘查导报》2011年10月26日第3版上发表了《鄂尔多斯找油：用历史照亮未来》一文，进一步阐述中国第二个大庆的发现中李四光的决定性指导作用。

科技日報

SCIENCE AND TECHNOLOGY DAILY

http://www.stdaily.com

李四光与中国石油大发现

赵文津

（国土资源部 中国地质科学院）

1、党和政府关于发展石油工业的重大战略决策

图 9-1　2005 年 4 月 29 日《科技日报》头版刊登《李四光与中国石油大发现》

一、大庆油田的发现

20 世纪 50 年代，国外油气勘查理论认为，油气是有机质转化生成的，只有海相地层才能生成大量有机质，并形成良好的储层与盖层条件，所以只有在海相地层分布区才有可能找到大油气田；陆相地层区可以产生油气，但是还没有发现过大的油气藏的事例。我国已发现的玉门油田、延长油田都是很小的，过去勘查过，并已开采几十年，也未见储量扩大。

美国斯坦福大学布莱克威尔德教授 1922 年在《美国采矿与冶金工程师学会会志》上发表的《中国和西伯利亚的石油资源》一文是具有代表性的。文中说：“从地质上考虑，中国缺乏石油，原因有三：一是，中国中、新生界缺乏海相沉积（注：大陆地表浅部中、新生代地层多是陆相地层，即陆上湖泊中形成的沉积地层）；二是，古生代大部分地层是不能生存石油的；三是，西部和西北部某些地区外，几乎所有地质时代的岩石都遭受了强烈的褶皱、断裂及火成岩不同程度的侵入。”他断言：“中国东南部找到石油的可能性不大，西南部找到石油的可能性更是遥远，西北部不会成为一个重要的油田，东北地区不会有大量的石油。”

李四光先生在1928年的《现代评论》第7卷上发表了《燃料的问题》一文，态度鲜明地指出：“虽然民国三年的时候，美孚油行在陕北的延长、肤施、中部三县钻了7口3000米以下的深井，结果并不甚好，他们花了300万元，干脆走开了。但是美孚的失败并不能证明中国没有油田可办。”“中国西北方出油的希望虽然最大，然而还有许多地方并非没有希望。热河据说也有油苗；四川的大平原也值得好好地研究；和四川赤盆地质上类似的地域也不少，都值得一番考察。”李四光在此文中直接驳斥了“中国贫油论”的论点。

“中国贫油”的论点在中国产生了很大影响。20世纪50年代，中国要建设要发展，迫切需要油气，所以，开始时国家是采用两条腿走路的方针，既找天然的油气藏，又抓人造油气，搞煤制油。我的老伴张菡英1955年从北京石油学院毕业后，被分配到抚顺石油三厂设计室就是从事人造油炼厂设计的，全国到处跑，抓煤制油，抓页岩油的炼制。

第一个“五年计划”期间，玉门油矿没有完成国家计划。这时，中国今后能源发展走什么路？有没有找到天然大油气田的希望？未来是走以人造油气发展为主还是走以天然油气为主的路子？这些都是中央决策时要考虑的重大问题。

1953年年底，毛主席、周总理等党中央领导同志召见地质部部长李四光同志，向他征询对中国油气远景的意见时，他发表两点意见。

首先，他阐述了中国油气是有远景的。他提出，中国石油有无前景不取决于是海相地层还是陆相地层，中国地表广泛分布的陆相地层，生油条件也可以很好，后期有好的保存条件时，也可能形成好的油气田。他认为一些外国人与中国人散布的“中国贫油论”（东北无油论）依据不足，明确指出“中国石油是很有前景的”。周总理后来谈到这次咨询意见时说：“地质部长很乐观，对我们说，石油地下储藏量很大，很有希望。我们很拥护他的意见，现在需要去工作。”

1954 年 3 月 1 日，李四光部长又应燃料工业部的邀请，参加中国找油气远景讨论会（会上有一个苏联石油代表团和一个苏联派到燃料工业部的石油专家代表团）。李四光在会上做了长篇发言（后刊登在《石油地质》1955 年第 16 期上），他在发言中开始就强调：油气生成，一是沉积条件，一是构造条件。有盆地有沉积，不管是陆相盆地还是海相盆地，有有机质生长条件和沉积保存与转化成油气的条件，后期又有构造条件利于油气运移与保存，就可能形成油气藏。迄今中国的石油普查工作还太少，许多盆地还没有进行过油气普查工作。

这里还应提到，早在 1921 年李四光就曾指出过，新华夏系是我国东部控制油气区的主导性构造体系，它的沉降带北部与南部，我们有证据表明在白垩纪时发育了一个内陆盆地。如果在华北（即南部）钻井打得足够深，一定会遇到白垩纪沉积，在这个平原进行勘探……将可能揭露出有重要经济价值的矿床。这里，已经说明第二沉降带，即松辽盆地和华北平原都是内陆盆地，下面的陆相白垩纪地层都可能含有油气藏。现在已探明的情况是，松辽盆地下面有巨厚的陆相白垩系地层，是主要含油层；华北平原下面并没有白垩纪地层，其主要含油层系为陆相第三系地层；但两盆地下面都没有见到海相第三纪地层。

其次，李四光还向中央提出加强石油普查工作以解决中国石油问题的具体建议。

中央采纳了这一建议，并于1954年年底下文明确由地质部承担全国石油普查工作任务。李四光的具体建议是：中国盆地面积很大，而进行过普查工作的地区太少，许多盆地含油气情况还不清楚，需要加强石油普查，以尽快了解盆地下面的地质构造与含油气情况。

国务院1954年12月下达决定，其主要内容是，从1955年起，除由燃料工业部石油管理总局继续加强对可能含油构造的细测和钻探外，由地质部、中国科学院分别担负石油天然气的普查工作和科学研究工作，以扭转石油勘探工作的落后局面。这是鉴于石油部门没有石油地质普查的力量，也缺乏石油地质研究的力量而做出的决定。

历史证明，两项建议起了拨转中国油气能源工作方向，使中国油气能源普查进入不断取得突破的历史性作用。

有人说李四光不懂得石油勘探，他没管过石油勘探工作。显然这是否定李四光作用的又一说法。有机质转化生成油气和构造应力驱动油气聚集与分散，这就是李老对构造油气藏勘查理论的核心，李老过去曾多次阐述过。几十年油气勘探开发的实践也已证实了它的正确性。作为部长和战略家，李老能在关键时刻提出正确的工作战略方向，显然尽到了自己的职责。

翻开李老的著作，到处都可见到李老对中国能源的关注，对煤、油气、地热以及放射性矿产的开发、水电站的建设等方面的论述。就在1954年2月中国地质学会第29届学术年会上，李四光提出了积极寻找石油、铀的意见。他说："目前最迫切需要的是油和铀两种矿。地质工作者应向群众大量宣传，发动群众报矿，并希望在油和铀方面多开展一些学术讨论。"

1955年年初，根据部新承担的石油普查任务，地质部党组决定立即将原负责固体矿产普查的普查委员会（李四光亲任主任，刘毅、李奔任行政负责人，黄汲清、谢家荣任技术负责人）改组为石油地质局，局长为白耀明，副局长为李奔，总工程师为黄汲清，具体组织推动全国的石油普查工作。与此同时，部的物探局也积极配合着开展各个盆地石油物探大普查工作。

1955年1月20日～2月11日，地质部召开了第一次石油普查工作会议。地质部领导决定将部内的地质、地球物理等普查力量组成5个石油普查大队及17个物探队，分赴华北平原、四川盆地、柴达木盆地、鄂尔多斯盆地，以及准噶尔盆地、吐鲁番盆地开展油气普查工作。

地质部物探处（后改为局）也从1955年开始了石油普查工作。为了选准盆地部署石油物探工作，物探处有关人员（我当时是物探处生产技术科负责人）曾访问了许多石油地质专家，听取他们对各盆地的找油气远景评价和对物探工作部署的意见。大家很重视黄汲清先生的意见，他强调了在南满地区可能有海相地层，找油气的远景更大一些。南满地区就是沈阳-阜新及下辽河地区（现在这里已建成了下辽河油气田）。所以1955年2月，在部决定成立松辽157石油普查队时，物探局也立即组建了112物探队（即南满物探队，队长为蔡贤因，技术负责人为王懋基）配合157队工作。另一方面，物探处还按照苏联专家歇尔施尼尧夫提出开展盆地大普查的建议与部的批示，部署了华北平原和松辽盆地的物探大普查，内容有1∶100万的航空磁测与重力面积性预普工作，以及横穿盆地的重力、磁力、直流电测深法与地震法综合物探大剖面工作，以了解盆地下面的地质构造情况，为下一步石油普查工作部署指出方向。1956年，部与物探局领导还决定与匈牙利合作联合成立中匈技术合作物探队，部署在鄂尔多斯西南部的六盘山地区，配合石油普查队找油气；在华北平原还成立了中苏技术合作的电法队及地震队，开展横穿盆地的综合物探大剖面测量。

1956年，为加强西南地区的普查工作，物探局领导决定组建西南物探大队西南物探大队，任务主要有三项：四川盆地的石油普查（303队）、西昌地区的铁矿大普查（302队）及在云南个旧地区找与花岗岩有关的锡矿（301队）。我提出申请参加组建西南物探大队。

应当说明，早在成立松辽石油普查大队之前，1955 年 8 月石油局领导先派出一个踏勘组（韩景行带队），沿黄汲清确定的踏勘路线，从沈阳—阜新一带（日本在这一带开展过石油普查，打过钻）开始，然后沿沈阳—哈尔滨铁路线到哈尔滨，再由哈尔滨向东南沿第二松花江一带进行石油地质踏勘。从沈阳到阜新一带开始踏勘，正是认为这一地区可能存在来自辽东湾的海相第三系地层。而大庆地区（即原大同镇）则位于铁路线以北 100 千米以远的北大荒一带，那里一片沼泽草地，根本无法进行地质踏勘。

踏勘组根据从踏勘路线上了解的地质情况，认为盆地含油气远景很大，可能有含油气构造，建议加强石油地质普查和物探工作。这一踏勘成果大大增强了人们在松辽盆地找油气的信心。

应当说明的是，1921 年李四光就曾经指出：新华夏系是我国东部控制油气区的主导性构造体系，它的沉降带是很有远景的含油气带。1954 年 3 月 4 日在燃料工业部召开的中国油气勘探远景讨论会上，李四光再次指出："华北平原与松辽平原的'摸底'工作是值得进行的，从东北平原通过渤海湾、华北平原往南到两湖地区是有重要意义的地区，应组织力量进行摸底。"

在 1957 年 3 月地质部石油地质工作会议上，黄汲清先生也提出了将华北平原、江苏平原、松辽平原、云梦盆地列为可能含油、经济价值一般可能很大的地区。

经过 3 年地质、地球物理大普查，到 1958 年年底，松辽盆地的深部构造情况已有了较清楚的展现。发现了大同镇（后改为大庆）等 17 个圈闭，大庆长垣在重力图、航空磁测图上显现清楚，直流电测深电阻率大剖面上也有反映，使得两部门的领导与科技人员都十分兴奋。就在 1959 年 2 月 11 日元旦期间，两部领导何长工、旷伏兆、余秋里、康世恩，及众多司局长和专家如孟继声、顾功叙、沈晨、张文昭等三四十人在何长工家里召开了两部协作会，商议如何加快勘查，力争早日突破出油关。经协商讨论，决定先打一口基准井（参数井），以便弄清深部地层和含油性。初步选定松基 3 井井位后，康世恩同志会后立即带队去了松辽盆地具体组织落实这项工作。这一井位以后又经过张文昭、杨继良、钟其权（石油部）等与朱大绶、韩景行（地质部）多次讨论。最后依据地质部门刚刚处理出来的最新地震勘查资料，将井位又做了几次小调整，使井位选得能达到“既探地层，又探油气”“一箭双雕”的要求。石油部门还决定由打松基 1 井的 32118 钻井队负责施工。1959 年 4 月 11 日开钻，到 9 月 6 日打到 1300 多米时试油，经过 20 天的试油，该井取得好的成果，喷出油流。大庆油田发现了，向国庆节献了一个大礼！这是两部协作攻关取得的伟大胜利，石油部门职工在极端困难的条件下成功地打好这口钻井，喷出了油流，取得试油成功，贡献重大。

1982 年，国家授予“大庆油田发现过程中的地球科学工作”这一成果国家自然科学奖一等奖，奖励的是中国人的科学理论创新和做出的重大贡献，它是突破了“陆相地层贫油论”的思想桎梏而取得的成就。列出的得奖人为李四光、黄汲清、谢家荣、韩景行、朱大绶、吕华、王懋基、朱夏、关士聪等（地质部），张文昭、杨继良、钟其权、翁文波、余伯良、邱中健、田在艺、胡韩元、赵声振、李德生等（石油部），张文佑、侯德封、顾功叙、顾知微等（中国科学院）。

地质部经过 1955～1957 年 3 年的石油普查工作，进一步确认了中国东部地区生油条件是较好的，有望早日得到突破。于是在 1957 年冬，地质部领导做出将石油普查工作的重点向东转移的决定。随后即将西部工作的石油普查队伍陆续调往华北、松辽及华东地区。西南物探大队在四川盆地找油的队伍也先后调往东北等地。在六盘山工作的匈牙利物探力量也调往松辽盆地的扶余地区（位于松花江以南）工作。扶余构造后来也出油了。中央于 1958 年年初决定任命余秋里为石油部部长，并决定将石油部门的队伍也转向东部，加强东部石油勘探开发工作。

二、鄂尔多斯大油气田的发现

一提到鄂尔多斯，就使人联想到陕北的延长油田，这一油田是典型的陆相油田，并成为中国陆相地层贫油论的活见证。地质部石油部门也认为本区含油气层的孔隙率和渗透率都很低，单位面积含油气的数量也低，因而认为它的工业价值不大，是典型的“贫矿”，工作努力的方向就是找“甜点”，从贫矿中找富矿。地质部第三石油普查大队在盆地西部和北部工作十多年就是想找海相的构造油气藏，但总未能突破。

1988 年陕北靖边大气田的发现引起我的关注。为了弄清情况，我先后到过靖边、延安、延长、庆阳、西峰、乌审旗、鄂尔多斯市（东胜）等地考察学习，也向有关专家了解情况，讨论了发现的过程。我越了解越感到总结一下这一盆地不断地实现找油气大突破的历程是很有意义的事。同时，在总结这段历程时，更感到李四光石油勘查理论指导作用的重要意义。

李四光在鄂尔多斯大油气田的发现中起到的战略性指导作用是非常清楚的，原地矿部石油局的几十年找油气工作的总结中也已谈到这一问题。原地质部第三石油普查大队总工程师孙肇才先生提供的具体情况说明，使我了解得更为清楚了。现将其发现历程简述于后。

地质部在鄂尔多斯盆地开展找油气工作是从 1955 年开始的。当时按照地质部石油局专家的意见组成了两个队：一个队——633 石油普查队在六盘山地区及盆地西缘开展普查，发现了一些局部构造，这项工作是由黄汲清先生具体指导的；另一个队——206 队则在盆地北部鄂尔多斯市的杭锦旗-鄂托克旗一带找油，并以乌兰格尔隆起为中心开展详查，也发现一批局部构造，还打了一些浅钻，这个点的工作是谢家荣先生指导的。1957 年，两个队合并组成第三石油普查大队。与此同时，为了突破技术难关，还与匈牙利合作组成中匈合作物探队，在六盘山地区开展地震、大地电流、扭称等地球物理工作。

当时黄汲清先生曾做过以下远景分析：①鄂尔多斯北段沉积浅，远景不佳；②盆地的东部较差；③西部近六盘山褶皱轻微，有油苗，有构造。地台西部值得进一步工作（1957 年）。

到 1968 年，在这一地区开展了 14 年的普查工作并没有取得什么重要的发现。在“文化大革命”中，全大队工人师傅们纷纷要求撤离鄂尔多斯盆地，重回汾渭盆地内找油气。经全大队职工商定，在大队撤离鄂尔多斯盆地之前再听取一下李四光老部长的意见后，再定夺。于是，队上派了李云海等 3 位工人师傅与队上原总工程师孙肇才一起到北京向李四光老部长做汇报。1968 年 12 月 23 日，李四光同志听了队上汇报后发表了自己的看法，明确地说：渭河盆地可放后一些；鄂尔多斯盆地很值得搞，有找油气远景；应当到盆地中部去开展工作；问题是手段，如果能用物探方法确定覆盖层厚度，指导打钻就好了；关于深部的构造也可以从地貌方面做些调查研究；这个曾经勘查过的地区，有重新进行工作的必要。

由于李四光老部长的意见，第三石油普查大队的职工安下了心，决定在盆地内进一步开展工作。经过当时领导们商定，在盆地偏中部的庆阳和华池分别打一口参数井：庆参一井和华参一井 。1970 年年初开始打钻，到 8 月打到 1000 多米深时进行试油。前者在三叠系的延长组中，后者在侏罗系的延安组中，都获得工业油流，取得找油气的大突破。其中庆参一井发现 19 层油层，总厚度达 90 多米，试油后获工业油流；华参一井在侏罗系延安组获初产 30.3 方的油流，成为陇东第一口高产发现井。同年 10 月，国务院批准开展了长庆油田的大会战。以后的发展结果十分喜人，不仅在中生代地层中发现许多大油田，而且在古生代地层内也找到许多大气田（石油部门的工作结果）。今天它已成为我国继大庆之后的又一个大油气区，加上上万亿吨的煤田及几十万吨的大型砂岩型铀矿床的发现，这一盆地立即成为我国特大型的综合能源基地。

鄂尔多斯盆地找油气的突破再次证实了李四光油气勘查思想的价值及其深远意义。

在此之前，石油地质队也曾学习过大庆的经验，开始选在志丹重力高点上打钻，但没有获得什么好结果。显然，在鄂尔多斯盆地石油普查工作处于还要不要继续下去的关键时刻，又是李四光老部长再一次发挥了战略性指导作用。在六盘山地区的找油气工作后来停顿了下来，迄今也未取得突破，我希望今后能见到一些具体的找矿成效。

李四光先生是怎么思考石油普查要向盆地中部转移的呢？没有见到进一步的说明，于是我又收集了有关的勘查结果，重新研究探讨了他当时思考问题的基本思路。

鄂尔多斯盆地和松辽盆地一样，盆地内部生油气条件是很好的。但是前者三叠系延长组地层整体上表现为一个向西倾斜的大斜坡，倾角不足 1 度，内部没有什么构造作用显示。显然，盆地内的油气聚集将不会像松辽盆地那样。因此，李四光老部长的思考应不会是像对松辽盆地那样，即由地应力驱油和构造聚油的思想设想的；相反，可能是从自生自储的角度推测的，即从存在岩性油藏的角度思考问题的。显然，这是另一种聚油机制。为加深认识，我又收集了盆地内中生代的沉积和岩相古地理的资料，探讨可能的聚油机制，研究为什么油气会集聚在庆阳、华池等地，并写就了《从鄂尔多斯盆地油气勘查历程谈李四光找油气思想的发展》，发表在 2011 年的《地学前缘》第 18 卷第 2 期上。我的理解是，盆地的中心地带应当是中生代时期河流的汇集中心，因而也是沉积中心，其周边的滨湖相沉积地层是靠近生油中心，因砂体比较发育而生成油气后就在附近的砂体中聚集，形成岩性油气藏。本区有机质非常丰富，储集层段也比较发育。从战略选区讲，这些地区应是油气聚集地段。战略方向定了，进一步在这一地区找油气藏就是一个具体战术性问题了。

从三叠系延长组的岩相古地理图可以看出，岩相带是呈北西–南东向展布，庆阳-华池正好位于三角洲前缘与半-深湖相过渡带，砂体非常发育，而向西南和东北两侧则变为三角洲前缘、三角洲平原，再向两侧则为隆起区了。这一实例再次说明李四光的油气勘查思想的核心在于对盆地地质构造演化的具体分析，而不是教条式部署工作。在烃源岩发育地区地质构造不发育的情况下，应当从区域岩相古地理演化角度来预测油气的聚集地段，显然这已不是构造驱油与构造储油了。

还应提到的是，在长庆油田会战时，康世恩部长曾亲临现场指导，他针对本区内发现的致密砂岩油气的开发，强调了要加强压裂工作，提出“压裂一块面积，就是一块油田”的见解。这是 20 世纪 70 年代初提出的，是很有远见的。显然这一思想对致密状的砂岩油藏，以及后来的页岩气和煤层气的评价与开采都具有战略性的指导意义。今天看来，这就是非常规油气资源评价与开采的核心思想。可惜的是，当时人们并没有认识到它的重大意义。直到 21 世纪初，美国传来页岩油气革命及水压致裂方法的关键作用后才有点恍然大悟之感。

从大庆找油气的经历联系到鄂尔多斯和四川找油气的经历，可以看出：大庆地区开始以找构造油气藏为指导思想，效果很好；而在鄂尔多斯盆地找油气工作开始时也是按照构造储油思想进行工作，选择在重力高的隆起区和六盘山东侧的构造区打钻找油气，效果都不好，甚至是很不好，不断打败仗；反之，在注意到岩性油气藏以后则取到很好效果，找油气工作不断获得大突破。四川盆地也是如此。四川盆地早期找构造油气藏时也是选择在川中隆起重力高找油气，后来又搬了苏联第二巴库找油的经验在南充构造，平缓的龙女寺构造上打钻，出现了时而见油、时而不见油的情况，拿不到什么储量。仅仅到了 21 世纪初，马永生同志注意到了这种情况，并从分析二叠系、三叠系地层的岩相分析入手，发现二叠系礁灰岩相与三叠系鲕粒状灰岩相带厚度很大，孔隙率与渗透性都很好，是很好的储气层，于是调整了找矿方向，使四川盆地找油气的局面不断获得重大突破，先后发现普光气田和元坝大气田，探明了上万亿方的天然气储量。听中国石油勘探开发研究院的李明同志介绍，中国石油天然气集团有限公司在四川安岳深部元古代的灯影组中取得重大突破，发现了上万亿方的大型深层气田，但它是页岩气田。

这两个走弯路的实例告诉我们，找油气的指导思想一定要避免犯固定论的毛病，只有获得正确的思想认识和指导，才能取得找油的新突破。

同样的，今天的大庆地区也不仅仅是在原来的主产层白垩系构造油气藏上做文章了，已在大庆东南的“三肇地区”向斜地带发现了储量很大的岩性油气藏；在大庆南部的徐家围子火山岩（侏罗系或白垩系）中还发现了大型气田；更是在盆地外围的突泉盆地的火山岩下面的中下侏罗纪地层中发现了很好的轻质油，展现了新的找油前景。

因此，在地区生烃条件较好的情况下，要从地区具体地质条件出发分析可能的油气藏赋存形式，头脑中不能囿于固定的框框，以至于使找矿受到不应该的束缚。李四光先生在《天文、地质、古生物》一书中着重指出了这种形而上学固定论的思想方式“严重阻碍了地质科学的发展，给我国地质事业造成了很大的损失”。

关于油气聚集问题，过去人们强调地应力对油气聚集的驱动作用，这是对的。但是，这是有条件的。在储层的孔隙率、渗透率高的情况下，地应力的驱动无疑是正确的。但是，陆相地层中的情况要复杂得多，也可能有大量的岩性油气藏；即使是构造油气藏也不一定就是长垣式背斜构造油气藏，可能是其他类型的构造圈闭油气藏。地质应力对油气聚集的驱动作用也需要进行具体分析。

2015 年 5 月我参加了一个报告会，听到陕北油气又有新的重大发现，但是这个新发现是由陕西省石油公司取得的。我很高兴鄂尔多斯地区新的油气突破恰恰在革命老区，而这个地区过去认为是陆相地层贫油的样板地。再者，这个地段正是别人认为已穷尽找油气潜力的地段，却又获得新的找油气突破。我在高兴之余情不自禁地写了一篇文章，剖析了本区找油气的新经验，盛赞了这个公司。

三、柴达木盆地油气分布完整地体现地应力驱油聚油的作用

李四光老部长一直关心柴达木盆地油气普查工作。早在1955年1月20日～2月11日地质部第一次石油普查工作会议上，领导决定在柴达木盆地等5个盆地内开展石油普查工作时，李四光老部长会后立即选定自己的主要助手孙殿卿亲自带队参与柴达木盆地找油气的研究工作。1969年，李老再次提出："柴达木盆地是值得开发的。过去做过工作的地方还值得再做工作。"于是，中国地质科学院地质力学研究所又派出以黄汉纯为首，黄庆华、马寅生、周显强、于长利等参加的研究队，并与石油部青海石油局合作，通过研究阿尔金山系为重点的盆地周边老山及其与盆地基底的关系，探讨了油气分布规律。应当说，没有哪一个盆地像柴达木盆地那样得到李四光老部长这样的重视。今天，通过50多年的勘探，再回头看一看李老的找油气思想的成功与不足，将可以提供一个很好的研究例证。为此，我又进一步研究了柴达木盆地油气问题，这与我的青藏高原深剖面第四阶段工作有着密切联系。

李四光老部长为什么一再强调要加强柴达木盆地找油工作?

按照李老的油气勘查思想分析，柴达木盆地内油气资源应当是很丰富的，至少从侏罗系、第三系和第四系都有生烃层，它作为一个油区是不成问题的。但是，这些油气汇聚的部位及其分布规律是什么？可能他认为第一次孙殿卿等的研究成果还不充分，不能达到他的设想，于是，他又要求地质力学研究所第二次派人到柴达木盆地内，包括已工作的地方再次开展油气分布规律的研究工作。

为了便于了解柴达木盆地的构造和油气分布，现列出盆地内的地理地名标记图（图 9-2）。

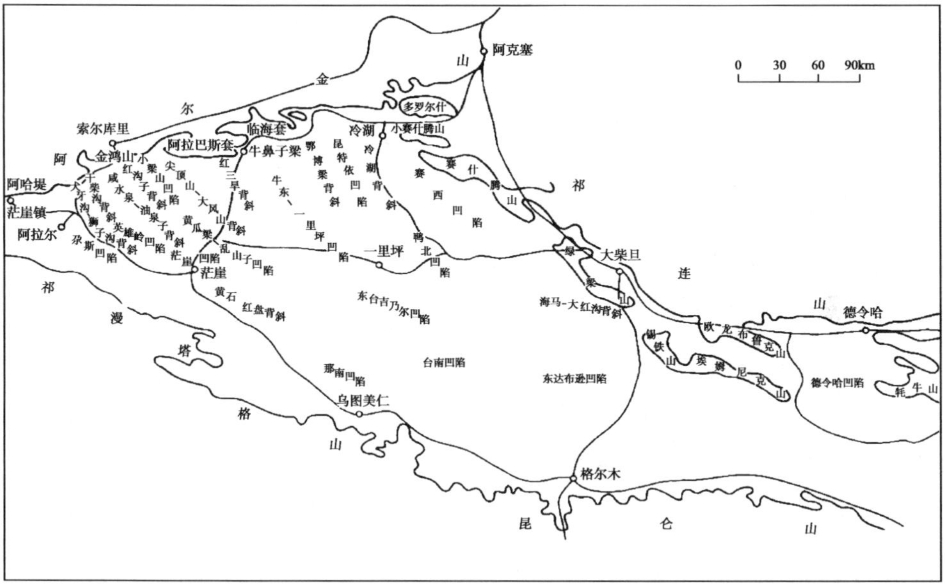

图 9-2 柴达木盆地地理标记图（黄汉纯等，1996）

第一次，1956 年孙殿卿带队研究的是盆地北部侏罗纪地层和构造特征，提出了“水鸭子墩等地‘反 S 形’及雁行状构造型式等扭动构造控制着油气聚集与分布”的见解。

第二次，1981 年黄汉纯等进入盆地时，运用了李四光提出的“先找油区后找油田”的思路，认为柴达木盆地是受西域系和阿尔金系的复合控制的一级负向构造单元，中、新生代沉降幅度最大，达 15 000 米，这是一个油区，并已基本得到证实；第二步是研究和厘定一系列控制了盆地内部油田分布的二级或三级构造。

这次研究后提出，随着阿尔金山的隆起，沉积中心大体上分 3 个时期由西北向东南迁移，即侏罗纪时的沉积中心在盆地西北部，渐新世-上新世的沉积中心转到盆地中心的一里坪及其东部，上新世晚期-第四纪更新世时的沉积中心则转移到盆地东部，即格尔木以北的三湖地区。

明确了盆地北部的生油层有中侏罗统的大煤沟组（J2）；在西部则有新生界的渐新统中部及上部，中新统上部和下部，上新统下部等多个生油层；南部则有第四系中下更新统的七个泉组等生气层。

黄汉纯等进一步提出，中新生代盖层中的“反S形”构造从东向西大致分为4个带：呼通诺尔弧-冷湖“反S形”构造带；临海套弧-鄂博梁“反S形”背斜构造带；阿哈巴斯套弧可分为两支，即红三旱1号-碱山和尖顶山-大风山背斜构造带；阿哈提弧与金鸿山弧，由5个分支组成，即红沟子-南翼山，咸水泉-油泉子，干柴沟，犬牙沟-狮子沟，小红山-七个泉构造带。

其中，英雄岭凹陷是指干柴沟凸起以东，油泉子凸起以南，狮子沟、油砂山、北乌斯构造凸起以北，茫崖凹陷以西的凹陷区。

他们认为，以上构造带都是基底凸起和中新生代盖层的背斜构造带，仅在靠近西北部的山区才可见到侏罗-白垩系及下第三系。柴西地区有下第三系下干柴沟组（E31），下第三系的上干柴沟组（N12）及油砂山组（N21）；三湖地区有第四系的三个层。盖层的变形除“反S形”外，还有雁行背斜构造。

图9-3为柴达木盆地的构造单元划分图。

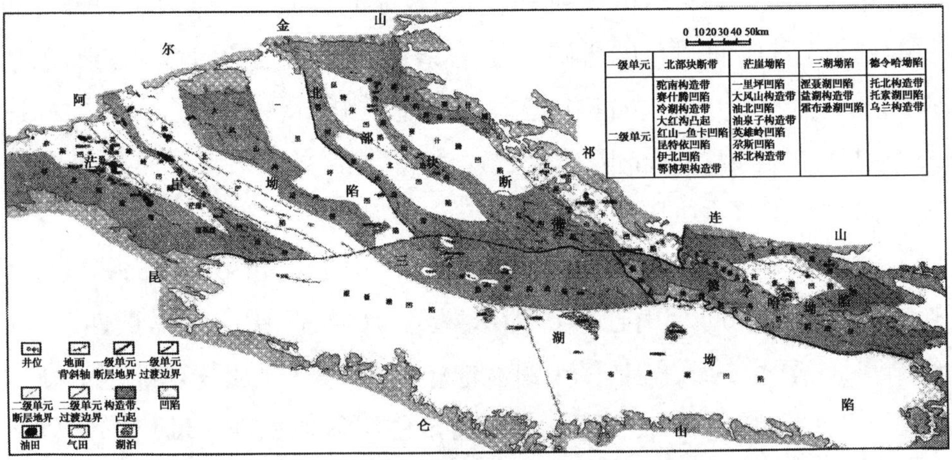

图9-3　柴达木盆地构造单元划分图

其中冷湖“反S形”构造见图9-4。

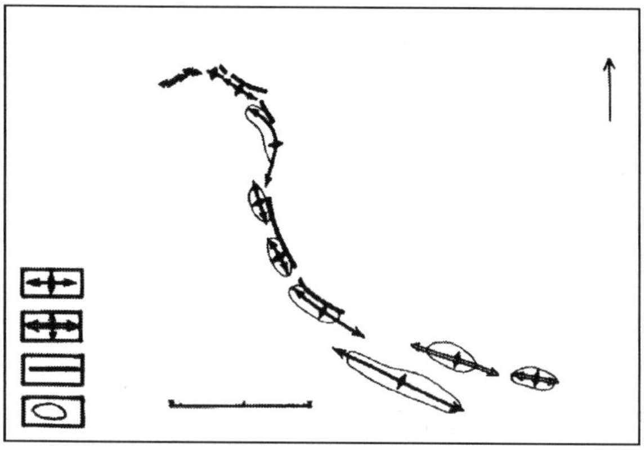

图9-4　冷湖“反S形”构造图

红三旱1号雁行构造见图9-5。

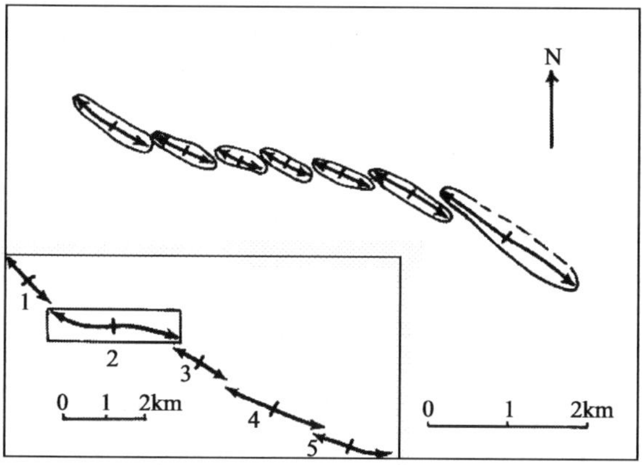

图9-5　红三旱1号背斜各高点排列形式图

每个“反S形”构造都由多个背斜组成。

李老强调的是，盆地内储油构造及其他储集体主要受扭动构造或旋扭构造型式控制。

以上情况表明，盆地西部控制新生代油气分布的构造带也是清楚的。但是具体的含油气构造还未查清，这与当时勘查工作程度有关，所以还没有取得大的突破。我想，这可能就是李老一再强调要加强研究的出发点所在。

黄汉纯等1996年研究提出柴达木盆地生油层、储油层，以及盆地受力分析。将区域应力分为北东边和西南边受一顺时针压扭性的力，而阿尔金山和昆仑山则产生一反时针向的扭动，在此基础上进行光弹介质模拟，求出水平及垂向三维应力及能量分布状态。提出应力和能量降低的方向将是油气运移方向；高应力、高能量圈闭的低值区是油气聚集的有利场所；储油层中油气从生油凹陷指向邻近背斜凸起；生油层中油气从背斜凸起指向凹陷的油气运移、聚集模式。作者将“构造应力驱动”理论创造性地实现了从二维到三维，从均匀介质到非均匀介质，从单层向多层的构造模拟方法的分析。这里，作者将前中生代地层作为基底，3个生油层（J2，第三系渐新统E3中、上部+中新统N1的底部，中新统N1顶部+上新统N2的下部）也起着盖层作用；3个储集层则为各生油层上部的砂岩层。地表的第四系则为总的盖层。油气的运移是在储集层中进行的。

依据上述分析，提出：①尕斯断陷、英雄岭凹陷、小梁山凹陷、牛东-一里坪凹陷、昆特依凹陷、鸭北凹陷和赛西凹陷可能为中、新生代的叠置凹陷形成的生油中心；②主要油气聚集带，如西部英雄岭凹陷，周围已发现有红沟子、南翼山、咸水泉、油泉子、干柴沟、狮子沟、油砂山、南乌斯等油田，推测凹陷内的隆起可能存在未被发现的较大褶皱群体，而成为新的油气田。又如，三湖坳陷（台吉乃尔湖、达布逊湖和霍布逊湖）其南斜坡为一应力和能量低值带，位于格尔木、大灶火、乌图美仁一线以北，达布逊湖和涩聂湖以南的区域，可能存在含气构造。等等。

作者还通过湖盆的演化历史分析，提出“盆地除新生代油气外，在盆地西部与北部中侏罗统是主要油源；在德令哈凹陷基底和盆地西南部-祁漫塔格山前基底可找古生代海相油源”。今天已在这一地带不断发现新油气藏，并已有亿吨级油气田的发现，实现找油气藏取得重大突破。现在很需要再回过头来结合勘探结果进行对比研究，深化对地应力驱油规律的再认识，探讨和评价黄汉纯等提出这套油气分布的预测方法。可能这就是构造应力驱油气运动和聚集成藏的很好的例子。

第三次是马寅生研究员带队开展古生代海相地层的含油气远景评价研究，这是向盆地更深层发展，是开拓新的找油领域。黄汉纯等的研究成果是否仍具有指导作用？也有待进一步求证。

四、海相油气田问题

康玉柱院士多次在报告与文章中强调，他用李四光油气勘查理论指导在新疆塔里木盆地海相地层内找到海相大油气田的经历，这就是发现塔里木盆地北部的雅克拉构造上高产的沙参2井（潜山型油田）及塔河大油田，之后又先后在盆地内北部、中部及西南部海相地层中发现了几十个油气田。这里，有的是溶洞潜山类型，有的是构造控制类型的，类型多种，成藏情况也是很复杂的。应当结合这一勘查历程进一步研究李四光油气勘查理论的内涵，充实和发展李四光的油气勘查思想。特别是如何在海相盆地里发现这种潜山型新类型油田。沈淑敏同志曾经带领一个研究组专门就古潜山油藏驱动与聚油规律做过研究，并写了一本书——《构造应力驱动与油气运移》，分析了这一问题，很有些特殊性，这里就不再赘述了。

关于西藏油气问题。西藏羌塘盆地是一个海相沉积盆地，在羌塘盆地找油的问题已为人们广泛注意。石油部门、地矿部门都做了很多工作，但是迄今尚未突破。对羌塘盆地的找油气方向，李老也有明确的指示。1966年年底，李四光部长接见西藏石油队时提出了以下意见："一定要坚持仔细、深入、认真的调查研究，否则你们可能找不到石油，即或碰到了石油也会不知道石油是从哪里出来的，是怎么出来的。""这个地区要特别注意深部，因为这个地区发育有一系列巨大的叠瓦状的推覆构造，注意被推覆构造掩覆的那些可能的油气聚集部位。"我们2016年才知道这一指示，未能进一步做工作。1998年开始，我们曾在国家科学技术委员会社会发展司的支持下开展了3年羌塘盆地找油气远景的评价工作，工作结果也已发表。回顾多年的工作，大家深感到这一指导性意见十分重要，真有拨云见日之感。这一地区的油源是丰富的，针对油气聚集的部位已提出多种设想：是背斜构造控油，还是推覆构造控油，或是裂隙性油储，争论很激烈。

五、关于新能源的思考，无机生成油气的理论问题

2009年，时任国务院副总理李克强专门到中国地质科学院视察。2011年，国务院总理温家宝视察地矿部时，对地质矿产专家提出了殷切的希望，希望能像李四光先生那样，为国家提出战略性的重大措施建议。为此，我一直在思考中国能源发展战略，并形成一些想法，提出一些建议。

（1）应当发动各界重视节能问题，提高能源利用率以达到国际先进水平。我国是一个发展中大国，维持一个高的生产水平就要大量消耗能源，过多消耗能源会带来许多社会问题。为了中国和人类的持续发展，必须在增加能源供给的同时，发展各种节能技术和社会活动措施，以提高经济社会整体的科学技术水平和管理水平，这也有益于推动粗放型发展的社会风气和思想道德的改变。

（2）探讨一切开源途径，扩大能源的来源。特别是对各种绿色能源，如太阳能、风能、地热能及各种生物能要精打细算地利用。李四光晚年不仅积极宣传地热的利用，还亲自到天津视察指导如何开发利用，给人们留下深刻印象。他强调这类能量的潜在资源量是极大的。按照国外经验，各地可因地制宜地发展新能源。可否将区域性电网与局域电网相结合，将地方电厂能力充分发挥出来？

（3）现在全球都热衷于开发页岩气（包括页岩油、致密砂岩气、煤成气和甲烷的水合物等）。实际上它们也都是化石能源，与过去开发的油气藏本质上是一致的。相对于煤和石油，使用页岩气的污染气体和废渣的排放量可大大减少。又如煤层中的天然气，过去人们

把它当成一大害，采煤时要采取措施防止它冒出来为害；后来知道要主动排放消灾；又后来才知道有意识地把它作为一个清洁能源提前采出，或与采煤同时开采。应当说，这仅仅是观念上的一个改变，不是能源本质性的变化。但是页岩气普遍开发，到处打井压裂注水，将来也会带来严重的环境问题。

（4）加强煤的低污染高附加值的利用开发。除煤制油、气、煤层地下气化等，还应进一步寻求煤的绿色应用，减少二氧化碳的排放，扩大粉煤灰利用与二氧化碳利用的新途径。因为中国煤炭资源量很大，已形成很大规模的生产体系，有效地把煤利用起来仍然是一个基本能源来源。最近提出的超超临界发电和煤制油技术的开发是个开始，它们产生的废料废渣还要进一步找到利用途径。为此，我提出一个技术方案，即将发电后产生的废水、废气和废热利用起来，再制造可燃气体——甲烷，循环利用，已向中国工程院多次提出建议。

（5）关于核能的利用。世界上核能的资源是很多的，核能是地球活动演化的主要内在能量，核的裂变能与聚变能的开发已不断地获得重大进展，这预示着其前景是极其广阔的。从国家层面上应重视对其加强开发利用研究，不仅因为它潜力大，而且因为它排放的二氧化碳很少，是绿色的。但是，有两大问题：一是放射性废料的处理问题；二是如何保持几百年长期的安全运转问题。

2015 年，中国工程院与国家能源局联合召开有关核能安全的高层论坛，我全程参加了有关内容的讨论，深感问题很多，绝不能掉以轻心。即使是世界各技术先进国家，很重视核能电站施工质量问题和管理，仍然会出现严重的安全问题。苏联的切尔诺贝利、美国的三里岛以及日本福岛核事故，证明核事故是很难防止的。而一旦出事故几十年也难以消除其产生的恶劣影响。有人估算，前者仅仅 8 吨核废料就污染了 16 万平方千米的土地，迄今已过了几十年，该地区还是无人区。这应当特别关注。核废料所用的防护材料能不能在几百年内保持性能不变，仍然可起着保护作用？操作维护能否到位？一旦发生事故，一片土地就长期不能利用了，而且核污染的影响非常深远。

从世界局势看，核威胁总是存在的，而一旦出现核战，后果将不堪设想，不仅核弹本身，核电站与核废料都可以成为核辐射的强大来源，全球都可受到严重污染。所以，我坚决主张能少开发利用就少开发利用。

（6）应当重视无机烃生成理论。迄今，石油地质专家多数都认为油气是有机成因的，包括李四光老部长的油气勘查理论也是基于有机成因论的。但是，也有一些石油地质学家一直在思考无机生烃的理论。深层油气藏，特别是前寒武系内的油气藏的发现，引起了许多专家深入思考自然界有无“无机生油”的可能。

一些石油地质学家（如王先彬、戴金星等）、石油地球物理学家（如李庆忠、陈沪生），及地球化学家（如张景廉等）在经历多年石油勘查工作实践之后，都转向探讨自然界中是否存在着无机成因的烃类。杜乐天等还提出地幔中的无机气藏。我也思考和研究了多年，认为这是很值得深思的。可不可以再破一破“有机质生烃”这个框框？ 这是未来实现创新突破的要求。我的最朴素的想法就是，地下深部碳、氢元素是大量的，二氧化碳、水也是到处都存在，地下温度压力可以很高，热源充分，又有各种触媒存在，可能在某些触媒的作用下使这些CO_2、H_2O分子裂解游离，并重新结合成甲烷、氢气和氧气以供作新能源。

1979年，Welham等提出：东太平洋北纬21°处中脊喷出的热液（400℃）中含有氢气、甲烷及氦气。氢的体积浓度可达到10%，每年喷出氢为12亿立方米，甲烷为1.6亿立方米。在大西洋中脊的Lost City中脊附近也有同样的现象。

自然界存在无机物生成甲烷的事实，使我进一步联想到能否发展人工合成。利用地表地下存在的大量海水及二氧化碳，生成烃类能源。这是个长远项目，国家应当重视并开展探索。现在德国、瑞士、日本等国的实验室已开展了大量研发试验，取得了很大的进展。这是一个大方向，值得关注，建议能加强合成气的研发工作。

在2015年核能安全会上，国家发展和改革委员会能源研究所有位专家预测，未来核能将可能很快地取代大部分的化石能源。未来能源消费结构是什么样，这是又一个很重大的问题，需要有一个对未来能源结构的判断，以便能预做准备。最近国际能源市场有很大的波动，可能预示着新变化的到来。

（7）关于甲烷水合物问题。可燃冰最近也引起许多国家的注意。从其外表看，它像冰霜；从微观看，其分子结构是由若干水分子组成一个“笼子”，每个“笼子”里“关”着一个甲烷气体分子。可燃冰是在海底高压低温条件下形成的，海底温度0～10℃为宜，最高限是20℃左右，再高就分解了；压力要够，但也不能太大，0℃时，30个大气压以上（即30米深度以下），它就可能生成；海底要有甲烷气源，如深部有天然气田的泄漏、海底有机物的转化或者是洋底深部无机气的形成等多种来源。可燃冰在海洋中分布很广，特别是东、西太平洋和大西洋西部边缘，以及黑海等地，总量巨大。显然，这是一种有极大潜在价值的新能源。

如何开采利用，迄今开发经验很少公布。开采时如何控制它，避免失控造成严重的环境问题和安全问题，这是人们普遍关心的。可能其压力较大陆深井采气压力小得多，控制也较容易。

六、邢台地震开启了地震预报之路

中国是一个地震灾害多发的国家，地震造成人民生命、财产的巨大损失。人们多么希望科学家能解决这个问题，使人民可以从巨大灾难的威胁中解脱出来啊！1966年河北邢台大地震以后，在国际上普遍认为地震不能预报的氛围下，李老不顾自己年老体迈多病之躯，毅然地站了出来担当国家防震减灾的大任，提出要走自己路，探索地震预报的新途径和新方法。李老强调说，外国人说不成不等于中国人也不行，我们要走出一条自己的路。这一条新的地震预报科学路线，也是李四光老部长晚年对中国人民的最大奉献之一。

1971 年 4 月 28 日晚上，李老睡不着，他对身边照看自己的亲人说："地热工作我比较放心，它已被人们重视起来了，不放心的是地震预报。外国人的路子是走不通的，但是我的观点还没有被人们采纳，还不知道我有没有时间和同志们一起去征服地震预报。"第二天早上，李老的动脉瘤突然破裂，李老没有抢救过来，就急匆匆地走了。我读了这段报道以后深为悲恸，也深受教育，深深地感受到他老人家对后人的殷切希望和壮志未酬的悲壮心情。

1966 年，邢台地区连续发生了 6.8 级及 7.2 级两次大地震，震中区烈度达到 9 级。周恩来总理两次到邢台地震现场地应力站观测，亲自摸索和分析下一步地震走向，后来李四光也到地震现场李四光参加了周恩来总理召开的一次工作会。会上，总理就"地震能否预报和如何进行地震预报"的问题征求与会专家们的意见。这时，李四光老先生又一次站了出来，他对总理说："我看地震是可以预报的，不过我们得艰苦细致地工作，以探索发生地震的规律是什么。"

1969 年 7 月 19 日，国务院成立了中央地震工作领导小组，总理请李四光先生挂帅。李老当时已经 80 岁了，还患有动脉粥样硬化心脏病及总动脉瘤，但他临危受命，义无反顾地带领我国科学家开始向地震预报这个世界性难题发起冲锋，精神令人敬佩。

会议结束后，李老立即组织了一个地震地质考察队，连夜赶赴灾区。他亲自布置调查地震区及其外围的地质构造特征和活动性，查明地震与地质构造的关系，推测地震可能扩展的趋势。他还指导在邢台尧山设立地应力观测站，打了两口测量地应力的钻孔，用他指导下设计的地应力仪器观测地应力的变化。李四光先生日夜守候在办公室，分析研究地应力变化，监测震情变化，展现了一位伟大的科学家的爱国情怀和勇于探索创新的革新精神。

李四光在探索中预测了邢台地震后地震发展的趋势。他提出河间将要发生地震，结果1967年3月27日，河间发生了6.3级地震，地震使河间、大城两县及附近一些乡村房屋受到了特别严重的破坏。河间被损房屋达56 816间，大城全县倒塌房屋6068间，严重破坏20 529间。河岸滩、洼地有裂缝和小喷水口。地震波及范围包括天津市部分县市和河北任丘、肃宁、青县、沧县、雄县、安新、高阳等，面积约8000平方千米。与此同时，梅世蓉等也根据现场发生的大量临震前兆异常活动预测了南宫地震，两次成功预测大大增强了地震预报的信心。李老还提出要加强其东北方向的滦县（在唐山市东偏北）等地的监测。可惜的是，李老的这些预测并没有得到重视，"文化大革命"后才在原地质部地震地质大队资料室档案中查到。

关于唐山地震，天津-北京，清楚地有一条北西向断裂带。北京西山到西北旺一带，可能是一个由剪切力形成的北北西向羽状断裂。即使京津不发生地震，在京津以外发生了地震，也有可能影响到京津。滦县-迁安（位于唐山市东偏北60千米左右），可能东西向构造带的活动更重要一些。东西向构造带很深，范围很大，很强烈，发生震群的话，可能延续的时间长，释放的能量也比较大。这里，地震沿构造向南延展的可能性小，而向东西则可能性大些。因此，我们应向滦县、迁安这条东西向构造带地区做些观测。但这个意见没有引起重视。1976年7月28日唐山发生了7.8级大地震，随后滦县也发生了7.1级地震。一些群测网站的地震预报人员成功地预报了这次大震。

在唐山地震形势的通气会上，与会的青龙县地震办公室的王春青同志在会上会下的交谈中听到了地震地质大队（黄相宁等）提出加强唐山等地的监测意见后，十分重视。会后，他即将这一信息报告给县科委领导，再报县委书记冉广岐同志。冉广岐经与县领导商议后，24日随即在全县召开的农业学大寨经验交流会上进行了传达。26日早8点，全县43个公社干部全部到岗，开始了临震总动员，要求全县立即进入抗震状态。加上青龙县许多地震台又记录到大量的强异常，全县于是进入了震前的高度戒备状态。果然，1976年7月28日早晨3点时分，发生了震惊世界的唐山大地震。地震造成唐山市24万人死亡，16万人受伤，全市建筑悉数被摧毁。与此同时，邻近的青龙县47万人却躲过了这一劫，全县受损毁房屋18万多间，倒塌房屋7300多间，而直接死于地震灾害的仅一人。这是一个了不起的奇迹！1996年，联合国授予冉广岐一枚联合国纪念章进行表彰。对这一重大历史事件，在1976年8月20日河北省科委发出的地震群测群防简报中有这样的记录：县地震办公室主任王春青“在散会的前夕，听到三河地震队预报意见，7月28日到8月5日，在京津唐一带可能发生4～5级地震的消息后，回县立即向县委做了汇报。县委非常重视，当即在全县召开的农业学大寨经验交流会上进行了传达，让各公社回去一个同志，布置防震工作，要求在7月27日以前传达到全县群众中去，发动群众做好防震准备，保护好牲畜。”王青春最近又公布了当时汪成民的一份报告内容：“汪成民说目前京津唐地区震情严重孕育有七级大震，7月22日至8月5日有5～6级地震，下半年有更大的地震。”

值得重视的是，唐山市震中区破坏严重，但是唐山市的地下采煤场由于采取了种种有力措施，避免了伤亡。这也是非常值得深入总结的宝贵经验。

按照唐山地震后的回顾总结，1976年唐山大地震发生之前，市区500千米范围之内有136个地震台（综合的和单项的），观测的项目有地震活动性、地形变、地电阻率、地磁、重力、水化学、水位、地应力（电感法）、油井动态、气象等36项。“震前半个月的临震异常阶段，出现了水氡、视电阻率、地下水位、油井流体动态、地应力（电感法）等的突变性异常；震前1～2天，动物、地下水等宏观异常现象又大量出现。”其中，“唐山地震前唐山地区的地形变异常、重力异常、视电阻率异常是得到国际同行承认的可靠前兆。这些异常大多数是震前发觉的，并非全是震后总结得出的。”表明这些前兆现象是肯定的。

当时，群众预报小组，如开滦马家沟矿地测科的马希融高级工程师提出地电阻率出现大幅度下降的异常。唐山二中，田金武、李伯齐和王书蔚三位老师组成的地震观测小组，提出土地电、地应力和磁偏角都出现大幅度异常，预测将会发生大震；他们还多次上书强烈提出，出现的地震前兆表现已是临震的状态了，要领导部门关注。山海关中学吕兴亚老师则从事水氡观测，依据地应力、水氡和磁偏角出现大幅度异常，也向有关部门多次报告大地震将要发生，等等。还有其他人的预报，详见张庆洲写的《唐山警世录》(2006年)。

这表明李四光强调的到地震现场去监测和搜集临震前兆异常的做法意义非常重大。

在地震预报理论与技术方法还不成熟的阶段，李四光老部长还在探索地震预报的过程中，他对地震趋势的判定有很高的准确性，这应当说也是一个奇迹！我认为应该好好地研究他的地震预报思路，学习他的地震预报思路和方法，并在掌握其内涵的基础上进一步发展他的地震预报思路和地震预报方法。

我是如何介入地震工作的？

我长期从事的是地质找矿与青藏高原深部构造研究工作。从宏观上讲，高原是在印度大陆向北推挤的区域性推挤作用背景下产生的。高原地震多发的情况，正反映了高原长期处于一个积极活跃的应力场作用之下。

高原地震震源深度多是在10～30千米深度区间。我们在研究青藏高原的深部结构构造及动力学问题时，思考的核心问题就是地壳受力到破裂，到运动和构造形成。所以，高原地震的发生和其灾害问题自然就成为我们关注的焦点问题之一。

我后来具体地介入地震预报工作，则与顾功叙先生及地质矿产部原部长宋瑞祥先生主政地震局有关。顾功叙院士是我的老师，是他把我们带到地球物理探矿工作中来。后来他转到了国家地震局下属的地球物理研究所从事地震预报研究。根据多年实践经验，他提出当前地震预报理论与技术还很不成熟，应加强研究工作，提出不能以行政办法管理地震预报研究工作，应改变现行的地震预报的管理体制，为此他上书方毅副总理，提出建议。

2002 年，地矿部部长宋瑞祥主政国家地震局以后，他知道了地震局的历史情况，认为地震预报工作应当走开放之路，吸收国内有关部门参与，以推动地震预报与防灾减灾活动。地矿部门在地震地质、活断层研究，及深部地球物理调查研究方面有优势，所以，他以局的名义正式邀请我及地矿部的一些专家参与了地震局的有关地震预报工作的业务讨论，征求意见，并聘请我作为国务院地震预报评审委员会成员。这样一干就是 14 年（2002～2015 年），每年都要开一次评审会，并向国务院报一次评议意见，中间还参加各种形式的研讨会，2008 年进入国务院汶川地震专家委员会，后来又成为地震局科技委和咨询委成员，为此，我就必须花大力气钻研地震预报这个世界性的科学难题了，否则如何对得起地震局领导的信任、国家的重托和人民的期望啊！而地震预报工作正好是李老晚年负责推动的又一项国家重任。

七、一个工作方针，一条技术路线

在邢台地震防震减灾实践活动的基础上，周总理总结提出了一条地震工作方针，即在党的一元化领导下，深入地震现场调查，将观测结果总结出经验，再逐步提高到理性认识；要专群结合，土洋结合，两条腿走路的地震工作方针；又提出要广泛实践，多路探索，多学科结合的工作要求。

通过多次学习研究以后，我将李四光老部长提出的地震预报技术路线归纳为以下几点。

第一，地震是可预报的，但要做出艰苦的探索。

第二，就多数地震讲，都是属于构造地震，即地下发震层在地应力作用下，当应变能积累达到一定阈值而发生。

第三，活动断层是地壳内的薄弱地带，易于再次发生地震。但其何时活动，在什么条件下活动是人们关注的点。

第四，要特别注意活动断裂及区域应力有密切联系的构造体系，以便判断未来地震可能发生的部位。

第五，研究探索地震的前兆现象，以便找出地震超前预报的途径和方法。李老提出10多个应观测研究的对象，但李老在预测河间地震和唐山地震所用的基本方法，还是很有意义的。这一方法就是沿发震的活动断裂追踪，监测该断层下一个地段的异常现象，测地应力及收集当地的地壳地震前兆现象，并判定其随后发生地震的可能性。

这里的核心问题就是：第一，要研究地震区的地震地质条件，特别是活动断裂系。第二，测定地应力，监测断裂带下一段地带的地震活动性，分析地应力与震源层的作用和发生断裂活动的关系。第三，要研究探索可能的地震前兆现象，包括动物异常显示，并用先进的技术手段进行观测。第四，要对所取得的多种数据进行综合研究和数字计算等，探讨多个构造节点上应力变化对地震发生的概率进行估算和预报。个别孤立的一点地应力值是不能做出能否发生地震的判断的。第五，地震有地域性，各地区震源岩层性质与地质构造背景不同，地震发生的规律（这要注意长期探索积累）也会不同，解释数据时要有区别。

实践表明，这一技术路线有可能解决地震预报问题，需要人们进一步去发展它。

2009年意大利拉奎拉发生地震，造成大量人员伤亡、财产损失。居民将当时的地震预报人员告上法庭，地震预报人员被判了刑，引起科技界一片抗议声，后来判刑被取消了。意大利有关部门组建的一个国际民防地震预报委员会，就当前构造地震短期预测预报的认知水平进行研究讨论，发表了一份报告。该报告认定："迄今寻找诊断性前兆还远未成功"，并认为，大地震是累进变形序列登峰造极的结果，这一过程中有区域应力应变场诊断性前兆变化；对于即将发生地震的诊断性信息可以从对前兆性应力应变变化敏感的观测结果中提取出来。可是这两个假设都没有在经验上得到证实。

这些表明，国外的主流认识是地震预测预报问题迄今尚未得到解决，仍是一个悬而未决的世界性科学难题。我们更应当坚定地走自己的路。

八、汶川地震——一个需要深入研究的震例

2008 年 5 月 12 日，四川龙门山区汶川地区发生了 8.0 级大地震，全国震惊，并再次引发了关于地震灾害能否预防的大讨论。我也是感同身受，特别是国务院批准成立了国家汶川地震专家委员会，我被地质矿产部推荐参加了这个委员会，积极参与了有关的调查和研究活动。在调查的基础上，我先后发表了 3 篇文章，分别是：2009 年 5 月 11 日在《科学时报》上发表的《汶川地震为什么失报？》，2009 年 5 月 19 日在《地质勘查导报》上发表的《地震研究，在反思中前进》，以及 2009 年在《中国工程科学》第 11 卷第 6 期上发表的《从汶川地震失报探讨地震预报的科学思路——再论李四光地震预报思想》。这些文章的中心思想，一是强调要回头看，很好地总结震前发生过的各种现象，进行地震预报所依据的事实和工作思路等；二是提出要从李四光老部长的地震预报思路出发，审视这次地震有何启示，对李四光地震预报思路可以起到的作用，对地震产生的地质构造体系的应力背景分析的启示；三是进一步审视专业预报队伍与群众地震观测队伍相结合的必要性，研究地震发生的地域性构造背景的不同之处。现将其中一篇文章摘录于下。

汶川地震为什么失报?

汶川地震为何失报？是之前没有任何异常迹象，还是地震预报部门的忽略？是宏观异常报送渠道不畅通，还是宏观观测点近年来被有意无意地不断减少？是震中地区居民地震知识不足，还是地震部门因长期没有发生较大地震而在思想上麻痹大意？在汶川地震过后一周年之际，小地震频发的今天，回顾一下历史更显得重要。我借着《科学时报》记者访问之机，谈了自己的看法。

（1）为何不重视汶川地区的宏观异常?

汶川地区2007年下半年就已出现了一些典型的宏观前兆现象：汶川地倾斜、松潘水氡以及郫县的电阻率异常等。而且，这些典型的宏观前兆异常还在持续发展中。为什么这些宏观异常没有得到有关部门的重视？不值得深思吗?

2008年3月27日，在什邡市马井镇万春社区发现浅井水异常，出现青霉素味道，井水泡茶后茶水变黑。德阳市地震局多次派人到现场核实和取样进行水质分析，排除了存在干扰的可能，认为很可能是地震异常。

2008年5月12日下午14时许，就在汶川地震发生前，地震前兆观测员雷兴和前往川39观测井查看时，发现井房边上养鱼池中池水翻滚，大量的鱼跳出水面。雷兴和凭借多年的测报经验，立即大喊："地震了，快跑啊！"本来就感觉有些异常的绵竹市土门镇向阳村5组村民80多人立即跑出屋外，紧接着就发生了汶川8.0级地震，多数房屋倒塌，但本村无一人伤亡。

地震局在震后进行的现场调查也确定，在汶川地震发生前两天内有多达500多起宏观地震前兆现象。按照地震局的总结，"1966年至2007年，我们比较好地预报了24次6级以上地震，在多数地震短临预报中，宏观异常都是重要依据之一。对于那些没有预报的6级以上地震，震后总结中也有相当一部分临震前出现了比较多的宏观异常。”“这就是说，这些宏观前兆异常具有很大的普遍性，而不是孤立的、个别的、偶尔的现象。”问题恰好在地震预报人员对它的忽略！“和汶川地震地点相临近的松潘地区，在1976年发生大地震时，当时也是宏观地震前兆沿着龙门山构造带大量出现，时空分布特征十分类似。”1976年6月至8月14日出现地电阻率、地下水位、水氡、地磁及动物习性等明显异常多达1000多起，以地光、火球、地下水为代表的宏观异常沿断裂带出现二次高潮，第三次地震已是主震级了，而且是3个大震连发，这个主震就在北川这个地点，随后才转到松潘虎牙。松潘地震的预报被认为是成功的，发震地点也相差不多。应当说，这一预报结果已经是相当准确的了。龙门山断裂带连续发生的3个震群的位置。这3波地震活动分别发生在1976年6月5日～7月3日，7月4～28日，8月2～14日。第三波已达到7.2级，随后连发几个大震，结束于虎牙（平武的西北角）的7.2级地震。

所以，这些震前的异常现象是肯定存在的，对研究地震前兆现象是非常宝贵的。可惜的是，有关人士在震前、震后都未很好地收集和深入综合研究。

一些地震预报人员一而再再而三地将大量的前兆现象忽视掉，这本身就应当很好地反思一下，深入总结一下。

特别令人不解的是，汶川地区已经有了齐全的前兆观测台站，但有关部门不知为什么“规定要120天观测一次”。在汶川地震前113天，四川地震局已派人观测了一次，未见异常；在地震发生时，这一支10人的观测队正在向西昌进发，还没有来得及返回汶川地区做第二次观测。我们的观测方案与地震活动特点很不适应。池顺良等在2008年2～3月曾在这一带进行体应变测量时发现了异常，要求加强监测，可是并未受到重视。多个专业和业余地震预报人员提出过一些预报意见，也未得到有关部门的回应和采取措施。“这些忽略说明，我们进行地震预报工作的指导思想与管理制度，既脱离了地震发生规律的实际，又脱离了广大从事和关心地震预报的群众，这难道不应当加以改革吗？深层次地分析，应当说还与‘以鲜水河断裂带为重点监测区’及‘中国无大震的思想’或者是认为‘地震现在还不能预测的思想’等直接有关。”

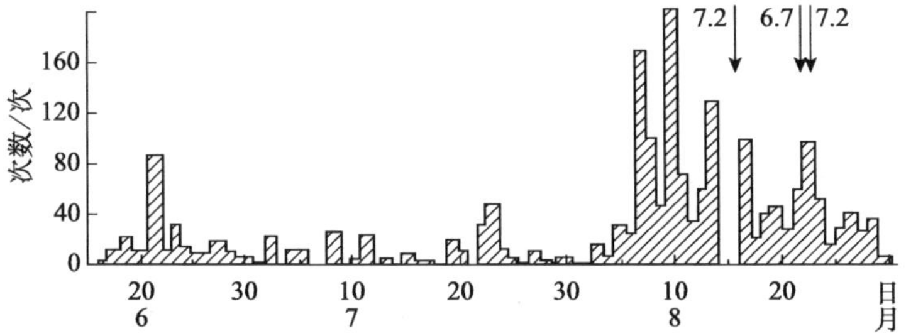

(a) 1976年松潘7.2级地震前龙门山地区宏观异常数量随时间变化
(四川省地震局，1979)

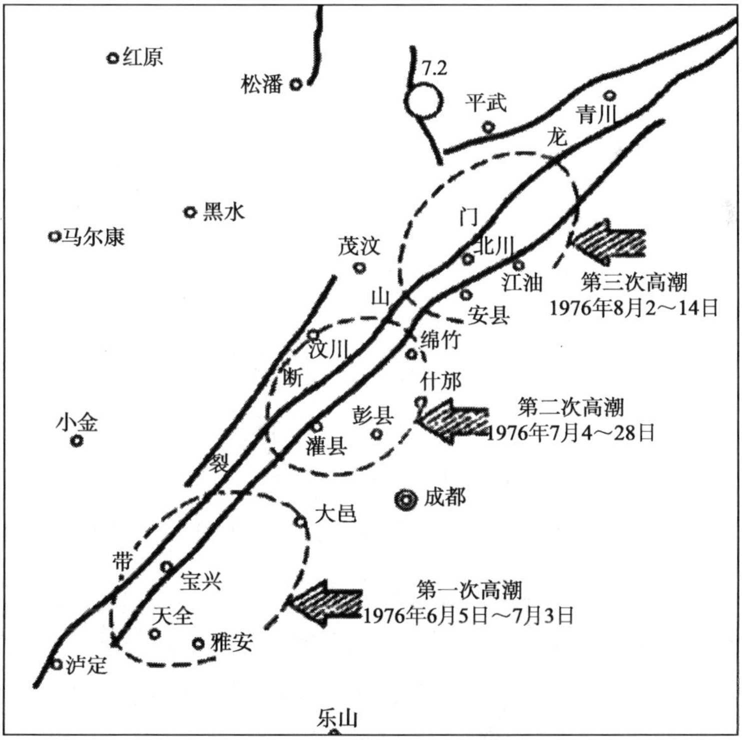

(b) 宏观异常分布地质随时间的迁移

龙门山构造带地震活动规律

（2）对 GPS 观测结果的使用也要有所深入，要在构造运动研究的基础上进行地震预报分析。

GPS 观测结果表明松潘–甘孜地块在向东运动。但是在解释时形成两种意见：一种认为，汶川地区“有应力应变积累”(依据松潘–甘孜地块与四川地块之间有 6.7±3.0 毫米/年速度差)；第二种认为，“无应力应变积累”，高原东侧发生了顺时针的转动，而将应力应变化解掉了，不会形成应变能的积累。

工作人员在一些假设的条件下计算了水平剪切应变，编制了水平剪切应变图。

这样，汶川地区无应力应变积累的观点也就为大家所接受了，于是汶川地区的一切宏观前兆现象的观测也就被排除在外。现在，我们了解到，这两个地段应力聚集方式是不同的：一个是以水平剪切为主，一个是以逆冲兼走滑，而以逆冲为主。这样，我们怎么能以水平剪切异常肯定这一地段而否定另一地段的问题呢？汶川地区的逆冲挤压应力异常可能更突出。再说松潘–甘孜地块与四川地块之间既然有 6.7±3.0 毫米/年速度差，也应当会计算出水平剪切力的，可是为什么没计算出来呢？

从这里，我们也可以看到，对天灾预测的问题，人们总是处于被动状态。看来，除去对这些灾害发生的规律本身人们研究得不够之外，相应地，我们现行的管理工作的指导思想和工作制度也很不适应防灾需要，必须深入推进改革。

（3）对形变观测，中国地震局地震预测研究所研究员张国民等曾经指出过：“1995 年 1 月 17 日日本阪神地震前，虽然在日本有密集的 GPS 观测网，但并没有观测到显著的形变异常。与此形成鲜明对比的是，美国圣安德列斯断层上的帕尔姆地区，1959～1974 年，虽然水准观测到最大达 35 厘米的地面隆起异常，但是至今并没有发生显著地震。”这两个例子仅能表明单纯利用 GPS 观测结果来预报地震的理论依据并不充分。但是，我认为，这两个例子还需要做具体的深入分析，结论下得还有些过早，不能这样笼统地讨论问题。

（4）关于汶川地震的发生机理，一种代表性的说法是："在印度板块总体向北东方向作用下，青藏高原的巴颜喀拉地块向东运移，从而使高原东侧的龙门山构造带受到向东挤压的力，向东的运动受到四川盆地的阻挡，于是在龙门山映秀-北川地带积累了，其突然地释放，引发汶川地震。"这里，印度板块与亚洲板块从6500万年前就开始发生碰撞和推挤作用，一直持续到今天。

为什么地震先后在巴颜喀拉（或称松潘-甘孜）地块的不同地段发生？如1976年在地块东部的松潘发生7.3级地震，1997年在西南边界玛尼发生7.9级大地震，2001年在北部边界昆仑山口西发生8.1级大地震，2008年又在东边界的龙门山构造带爆发了汶川大地震。孕震过程与具体地点地震发生的条件是什么？这是预报地震需要回答的关键问题。"从这个意义上讲，上述关于地震发生机理的论述，并未能解释清楚汶川地震产生的具体原因，因而对地震预报工作的意义是很有限的。"

许多构造地质学家描述了龙门山断裂带地表构造和历史上多次发生过地震的事实，也分析了不少深部地球物理的剖面，但这些都属于地震地质条件背景的内容，并没有涉及发生地震的应力条件，而没有力的作用和应变能的积累，地壳是不会发生破裂运动的，当然也就不会出现地震活动。吉林大学教授葛肖虹引述了汶川地区震前地震活动记录，但并未能说明这些小震就是汶川大震的前兆，国家地震局就曾多次出面否认这些小震活动就是地震前兆。

（5）2017年5月看到一篇对四川地震局李有才先生做地震预报的报道。李先生介绍了以下事实，2006年"在紫坪埔水库周边，出现了不少小地震。只有水库地区不活跃。这就是空区。这是要命的。空区是我们中期预报地震的一个指标。几年时间，这个地方就要地震，这是我们专业上比较公认的。我搞地震研究这么多年，这种现象从来没见过，紫坪埔水库出现空区，世界上都没见过"。"2007

年11月发现四川郫县中期地电异常（2005年10月就已低于正常值往下滑动直到2008年3月才止，4月回升），加上明白无误的地震迁移显示。”“2008年，空区出现两年后，在2008年2月14日，就在这个地方离水库边2～4千米，突然发生200多次地震。最大达3.7～3.8级地震。”“这200次小震使都江堰老百姓纷纷到市中心广场来避震、逃震。成都市防震减灾区在这个节骨眼又做了错事，他去劝老百姓说没有地震，老百姓说是不是修水库诱发的，他们说不是的。怎么没有异常？都江堰地震前一两天，老百姓在钓鱼，他们说怎么这么好钓，乌龟等都钓得上来。地震时，都江堰像海啸一样把钓鱼人卷到水里去。这就是临震异常。地下水异常，固体潮汐正常有规律，但北川防震减灾局一个观测点11号下午开始大幅度下降。他们为什么报不出来？地方上不知道什么是地震异常。另外，这个图纸下来要到11号晚上12点钟才看得出来。地震后就没有数据，压到房子底下去了，全垮了。”

李有才先生把这次汶川地震又一次漏报的问题透彻地提了出来（见2017年5月11日《汶川大地震预测真相：科学的悲歌》一文）。

2003年国家立有“国家地震减灾科学计划”，强调了要“以构造变形与地震的关系为切入点”，即以GPS观测成果为基础的应变应力分析（深部结构和孕震环境探测课题除外），综合研究“地震孕育和发生的物理过程”。但是，在地球介质极不均匀的情况下，应力与应变关系很复杂，很难从GPS观测成果直接联系到应力的大小和方向。我强调说：“我的观点很明显，汶川地震预报失败说明利用GPS结果的局限性，再不能继续沿着这一思路走下去了。”

（6）多种建议一起上，就是缺一个顶层设计。汶川地震后，一些专家以研究地震预报的名义，提出多项建议：在震中区打几个2000～3000米的深钻，在钻孔中放一个地震仪以监测地震；做一条高质量的综合地球物理大剖面，取得地下速度、密度和电性结构剖面；部署大量地震台网，监测地震；布设地应力与多分量体应变测量台网；发射地震预报的电磁卫星，等等。“这些建议各有各的思考，也从不同的侧面反映出国家缺乏一个地震预报研究的战略性指导思想和工作安排的统一方案，其结果必将是投入不少，收效甚微。”我对之忧心忡忡。

2009年，中国地震局发布了地震科研重点支持的7个领域，其中关于地震预测领域的列有4个：川滇强震短临预报的多学科、多手段的新技术新方法研究；地震前兆观测数据异常自动识别与动态演示判定技术研究；数字地震参数动态演化与震兆信息提取技术研究，获取深部应力场演化及介质参数动态变化图像，提取具有明确物理意义的强震前兆信息；电离层扰动及极低频观测技术研究。

这里研究的重点还是放在技术方法上，这是不够的。我认为应当在加强地震发生机理与应力在构造体系内的转移规律研究基础上推进这些技术方法的研发工作，即要研究地震发生之前可能产生的波、场的特征，从中摸索可能成为地震前兆的现象，也仅仅在这个条件下，才能找到地震前兆现象，并依据其特点和规律设计观测方法和程序。离开了这一工作，就很难达到提高地震预报能力的新思路和具体的新技术、新方法。

九、前兆异常的应用基础要特别关注

我认为，地应力的研究应得到重视。现在大多数专家都认为，就浅层地震来讲，构造地震是地壳因外加应力的作用导致岩层破裂而产生地震；也有人强调，构造地震是由于地球介质承受应力的能力骤然降低，而自发地发生于地球介质内的快速破裂现象。要对这些问题作出判断，还是要从研究地震发生的机制和相应发生的各种现象入手，研究开展临震预报的基本科学思路。

李四光在《论地震》一书中强调，一要调查研究地下发震层及其上面岩层的力学性质及破裂强度；二是要抓地应力场及其变化，并研究两者的关系。这应是探索解决地震预报问题的基本途径。要说明的是，地应力增加导致地震发生，这一过程并不是一个平稳的过程，可能因潮汐作用，或异地地震的触发作用而引起。地应力则既要关注地块所受到的稳定的外力作用，也要注意各块体内不同地段有无其他来源的外力作用。这里，有人提出地震破裂是一“自组织现象”，所以不能预测；也有人提出要重视地应力的增大、岩层变形所产生的物理效应，并研究使用这些探测结果进行地震预报的可行性问题。李四光还强调，“(美国和日本)各有各的观点和做法。我们只能根据我国的实际情况进行摸索，不要先画框框，要从实际出发……(对他们的做法)我们虽然不否定，但也不必重视。”从中国地震地质和地壳运动的实际出发，探讨中国地震发生机理，这是关键性的一条。我想中国实际除去地质构造特点之外，还应包括中国社会的实际，特别是党的领导与群测群防的社会积极性。

测震学方法用于监测地震，研究地下应力的活动，以及地震发生发展过程是必不可少的。但是迄今对地震孕育和发生过程中弹性波与电磁波发生的频谱及其演化特征的了解，还是很不充分的。有人提出动物的各种异常反应可能是与次声波有关，但是为什么一些动物能提前感知次声波？其传播速度存在异常吗？有人提出磁场的二倍角可对地震发生有预测作用，这也就需要我们研究在地应力集聚过程中可否产生大的电磁场扰动，及其对地磁扰动的规律。

云南地震局的陈立德在《地震预报基础与实践》一书中是这样评价过去的地震预报工作的：“大家都说目前地震预报处于以物理为基础的经验预报阶段，但实际工作中经验往往占主导地位，而物理及其他学科的基础地位却强调或重视不够，这样就造成有些预报方法缺乏物理基础，经不起推敲……老是从现象到现象地重复讨论，有的科学家曾批评地震预报实践和研究中‘有震无地’，意指地震预报人员缺乏地质学知识，预报中不讲或不研究地质构造条件，例如见到‘空区’就报地震，这是不讲基础的典型……”

中国科学院院士马瑾在一次报告中指出：“预报意见的根据往往

是罗列现象，含糊其辞，缺乏认真的物理分析，成功失败均无明确的功过是非分析。”这里，“有震无地”应当是指就地震论地震，而没有将地震的发生与当地的地震地质条件和地壳受力情况联系起来进行分析。

所以，我对中国地震局选用的短临地震前兆和进行地震预报的做法持保留意见，我认为应该加强地震地质的基础研究，加强地应力研究，这样才能在大震短临预报上有所突破。

（一）关于短临预报前兆问题探讨

中国地震局选用的短临地震前兆和定义如下。

地震前兆应该是“大”震孕育过程中，震源区及周围区域应力状态和介质性质变化的反映。在地震预报研究中，人们习惯于把“大”震前在震中区及周围一定区域范围内所观测到的异常现象称为地震前兆。但由于对多数台站的观测资料，其异常与地震的关系不是一一对应的，因此，在多数的情况下，所称的地震前兆只能说是一种可能的前兆。

从学科观测角度来说，地震前兆主要包括有：地震活动性、地壳形变（应变）、地下流体、地电、地磁、重力、地温、动物习性行为等共8类，并将地震活动性排在了首位。中国地震局预测预报司编写的《强地震短期预测综合预报方法与方案》中提出的西南地区地震前兆，也有上述的8种，但增列了水温。具体做法是：选取信度相对较高的异常进行单项和合项（仅计总的异常月频次，而不问异常反映的地壳活动和受力情况），并利用其随时间的变化来预报，认为其增大时段可能是强震前的一个主要特征。

这些现象可以分成4类：一是与地形变直接或间接有关的，如跨断层的短水准和短基线、地倾斜、水位等；二是震源区物性的变化，如地温、水温、地磁、地电阻率、微地震等；三是大小动物的反应；四是因地发生裂隙而使地下物质上涌，如水氡、水文地球化学指标等。遗憾的是，仍然没有考虑地应力这个内容。这里可提出一例表明地应力观测的重要性。地质力学研究所廖春庭2001年在昆仑山口西大地震前后在靠近断层的两个点上做了地应力测量，发现震前震后地应力值有大幅度变化，一个点是从12.9MPa降为3.5MPa，另一个点离断层远一些，从6.8MPa降为2.2MPa。这是在巴颜喀拉地块的地质结构条件下发生的。昆仑山口西大地震为8.1级。

对这些前兆现象，哪些是要优先考虑的，或哪些地区哪些前兆要优先，并没有一个具体说法。

（二）关于地震活动性的作用

（1）地震学方法用来监测地震是绝不可少的。它对地震发生后进行快速测定其发生时间、地点和震级是不可或缺的。利用数字地震数据，还可以计算地震位错发生的深度和位错大小，地震发生发展的过程，震源机制解（求得地下震源区处的应力变化量的大小和方向），等等。这些工作对监测地震、研究地震过程都是非常重要的。

（2）关于大震前的前震。有没有？有的话，其发生的规律是什么？可否用来预测地震？

李善邦先生过去说过："主震发生前，若没有前震，则给地震预报研究带来很大困难，而这类（无前震的）地震还很多。即使现在观测技术大大提高了，也不是每个大地震都有前震记录的。而且各地区地质构造不同，情况也很不同，如日本中部松代地区的地震约半数有前震，而在新潟一带的地震则很少有前震。我国情况亦相当复杂。有前震记录的地震为数很少……若无前震，表明酝酿中的危险地震，在形变累积到后期时发生的微裂不发育，所引起的震源区体积膨胀很轻微，因而其他前兆现象并不明显。"我想这是现象归纳的说法，还需要结合当地的地震地质条件进行分析，也可能使认识再深入一步。

梅世蓉先生总结几十年地震预报的经验指出，“所谓地震学方法意指以观测的地震数据为基础，研究大震的可能孕育过程，进而对大震的发生做出预报的方法，即‘以小震报大震’的方法”。这就是说，她认为大震前应有小震，而可以以小震报大震。她又说：“仅从地震活动性特点，不能判定为前兆，因为过去多次发生类似震群，其后并无大震。但与其他异常综合，结合震群本身的特殊性，可以得出可能是大地震前震的正确判断。”这些内容，应当说是对李善邦先生经验的补充与发展。再说，中国和日本，一个处于岛弧地带，直接受太平洋板块的俯冲作用的影响；一个位于大陆内部，远离大洋的直接作用，而是长期处于碰撞挤压的作用之中。再说，这两个地区各个地震带的震源层岩石力学性质也很不同，这就需要进一步从地震地质条件和地应力的作用角度加以分析，以寻求预报的途径。

（3）从地震活动的时间序列特征和其平面分布图案进行地震预测，随意性较大。利用地震活动空间分布图像分析找出地震活动“空白地区”或“空白地段”来确定未来可能发震的地段。认为区域内长期的地震活动震中分布平面图，可以反映在外力作用下地球脆裂圈介质里利于应力增强的场所，长期外力作用下它具有相对稳定性。“以基本图像为主，辅以现今区域中小地震震中分布图像的分析来刻画所研究区域与地震孕育、发生有关的现今地壳活动块体的分布轮廓”。“这是国内地震预报使用最多的方法，也始终是近几十年来我国地震预报实践中应用最为广泛的方法”。

（4）关于地震“空区”的普适性问题，“这里仅局限于物理含义较明确，且勾画空区的不确定因素相对较少，并更有实用意义的‘孕震空区’”。“许多人的研究在肯定多数大震前观测到有‘孕震空区’出现的同时，也有人指出，有些地震之前并没有‘孕震空区’出现”。而且确定的空区、空段随意性较大，汶川地震就是又一个案例。

（三） 海城地震显示的前兆现象

1975 年 2 月 4 日，海城发生 7.3 级地震，震源深度为 16.2 千米，是中华人民共和国成立以来成功预报的震例之一。地震前的前兆现象如地下水、地倾斜、小震群、地震频度、水中氯等都有明显的异常，其中动物异常见图 9-6。

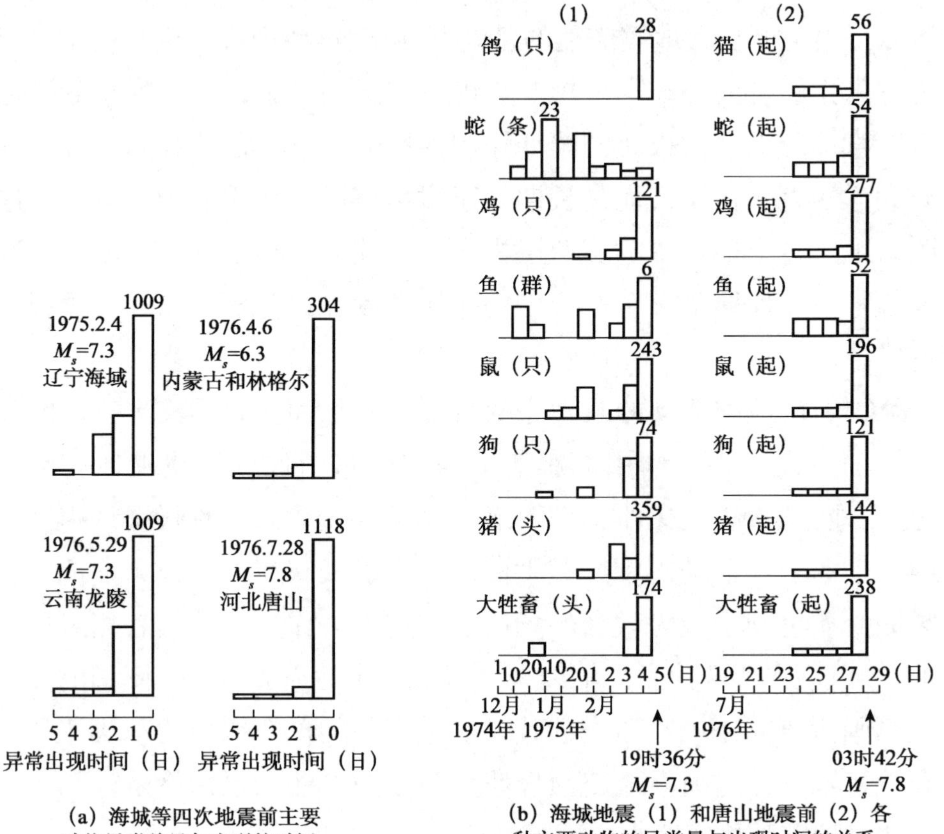

（a）海城等四次地震前主要动物异常总量与出现的时间

（b）海城地震（1）和唐山地震前（2）各种主要动物的异常量与出现时间的关系

图 9-6　海城地震前后动物活动异常情况（据梅世蓉等,《中国地震预报概论》）

从图中可以看出，海城和唐山大地震前，8 种动物都有临震异常显示，十分一致。其中，鱼、老鼠、蛇等地下活动的动物对地震前兆敏感性更高，可以提前 2～3 天就出现异常现象；在地面上活动的动物，如狗、鸡和猫等也有很突出的异常。它们感受到了什么，以致它们有这样的表现？很需要深入研究。其他物理性的“前兆”，如地倾斜表现为单调增大，增大到什么程度就会发生地震，如何用它指示临震？同样，短水准也有类似情况，震前小震较多，地震频数呈现单调增长，与将要发生的地震是什么关系？地化指标（氯指标）在 1975 年的变化，从稳定到略有变化，有什么含义，是否与地震将要发生有关等，仍有待深入研究。

还需要提出，这些动物异常出现的密集区都是在震中附近，这一现象很值得重视与深入研究。在海城、唐山、内蒙古和林格尔地震时都是如此。我想，将动物异常分布区与地区的地震地质条件，特别是与活动断裂和地应力结合可能有助于判断地震震中发生地点。

（四）唐山大地震

1976 年发生了 7.8 级大震，震源深度为 22 千米。

（1）如前所述，唐山市多个地震台，震前观测的项目有 36 项，震前半个月的临震阶段，出现有水氡、视电阻率、地下水位、油井流体动态、地应力等的突变性异常；震前 1～2 天，动物、地下水等宏观异常现象大量出现。其中，“唐山地震前唐山地区的地形变异常、重力异常、视电阻率异常是得到国际同行承认的可靠前兆。这些异常大多数是震前发觉的，并非全是震后总结得出的”。

（2）关于地下水位。1976 年唐山地震前，分布在河北、天津、北京和辽宁的 30 多口地震专用观测井，普遍出现地下水异常变化。其中唐山人民公园内地下水位在地震前是下降的，发震前后，地下水位转为上升，震前两小时甚至变为自流，表明地下水已因受到挤压而变为承压水了。地下水的下降和上升，一定与地下应力变化造成的地壳浅层含水层的拉张与挤压有关。地下水位这样的变化很突出，正需要结合地区内应力变化进行解释，特别是在震中区内区域性水位的变化与发震过程的关系的分析。如据京津冀井孔统计，1981～1985 年在井网范围内发生的 7 次中强地震，在 22 井次地下水位异常中阶变型有 11 次，达 50%。但阶变是向上变还是向下变没有说明，也没有列出发生水位变化井点区域上的分布情况。水位异常变化突出，应当与地壳内应力应变增减关系密切，与区域地质构造运动引起的水动力条件变化等联系密切，这需要有进一步关联性的分析和陈述。

（3）关于唐山地区的重力变化。它是国际上认可的地震前兆。在唐山Ⅰ号点上观测到的重力值逐年变化曲线显示：在震前 5 年即开始了趋势性上升，到 1975 年达到最大值，幅度约为 98 微伽以上，在 1976 年下降过程中发生了地震，到 1977 年才恢复正常。重力值的变化规律与地下水位的变化规律正好相反。梅世蓉等认为这一变化不可能是测点高程和地下密度变化引起的；认为用“地下质量迁移”来解释是一个值得重视的尝试。但是，“地下质量迁移”是地下什么物质的迁移及产生的重力影响？为什么在重力异常减小的过程中发震？推测可能是浅层地下水在地下疏松的第四系地层内的流动引起的。还应当研究一下致密岩石层出露区地下水不可能在其中大面积流动的条件下，是否也会出现重力高移来移去的情况。没有弄清微重力变化原因就直接将其与地震的发生联系起来，将会造成人们认识上的更大混乱，不利于地震预报探索。

（4）关于群测群防作用。唐山二中老师地震观测小组负责人王书蔚（物理老师）在接受记者采访时说：“我们唐山二中地震科研小组预测唐山大地震比较准，因为我们根据两年多的经验，发现一些外地地震对应很多异常数据，比如 1975 年的辽宁海城 7.3 级地震预报，所以我们大胆预测了唐山 7 月底 8 月初有 7 级以上大震，震级、方向和时间都比较准确。”当时，“一直上升的磁偏角曲线在地震前几天突然下来了；保持上升趋势的土地电曲线进入 7 月也渐渐达到高峰，然后又有规律地降了下来；地应力在 1975 年年底达到峰值，到 7 月又降落”。看来这些“土”办法利用了异常突变现象推测地震将要发生，从规律性地掌握和取得的实际效果看，应当说这一预报也是成功的。唐山二中观测点是在震中区内，异常反应强烈，预报也很成功，但是，为什么没能起到减灾作用？相反地，青龙县的王青春和冉广岐、汶川的预报员雷兴和，依据不同异常现象就预报了地震，救了全县和全村人民的性命。难道不值得深入总结吗？所以，地震预报工作可能需要下放到基层，加强基层的力量，才是应选的一条正确途径。

（5）唐山地震的地震前兆现象很多，但为什么上级预报人员给予全盘否定呢？如何深入地总结这些教训是一项应当做好的工作。看来单独就前兆论地震是否发生，还是显得很没有把握。梅世蓉回顾时说："必须将前兆的观测分析与地球内部构造、物理、化学性质和状态、区域应力场的演变、地震力源、震源区的构造物理环境、孕震过程、前兆机理等方面紧密地结合起来。从动力学的观点、方法去分析，把握观测曲线的变化，这样才能抓住本质，将地震预报放到坚实的科学基础之上。"唐山地震已过去 40 年了，但是人们仍然没有看到向这一方向发展及进行深入总结和理论分析，这是极大的不足。我还是一直在等待着。地震预报，特别是临震预报是一项风险性很高的工作，没有敢于担当的思想也是做不了地震预报工作的。

这里，我认为最大的问题是地震预报人员的地质和力学知识缺乏，特别是对地质构造体系及相关的活动断裂体系不够重视。邢台地震后，李四光就预报了河间地震，随后又对唐山地区地震活动做出预测，要求加强监测，也是很明确的。当时，他手中掌握的地应力数据并不多，也没有地震前兆现象数据，竟然可以把握住地震发展的大方向，并敢于做出这样的预测和提出加强观测的意见。他是怎样思考的？具体依据是什么？唐山地震震源位于 22 千米深，应当处于中下地壳内，岩石力学性质与区域性地震地质条件和地应力作用与地表层将有很大的不同，需要进行具体的分析。

为进一步理解李四光做出的关于唐山地震的预测，也为今后唐山地区地震形势的发展做出预测，我们提出，要研究活动断裂系以及震源层内地应力的聚集与转移问题。当然，这也是个很大的难题。同样的，在汶川大震后余震向哪里转移？新的地应力集中点如何判断？下一个大地震又将在哪里发生？这是两个相互关联的地震预报问题，但并不相同。前者是由汶川地震直接引发的；后者则是在区域应力场作用下，由于大地震发生后地壳应力有大的调整，对在其他地点发生新地震的预测。

十、地震转移规律研究要加强

关于地应力地震的转移规律的研究，现在已提出了以下6种做法。

（1）认为这次汶川大震是“主震-余震型”，主震过后，余震将可能沿龙门山构造带传递，向东北活动，不会有大震；而地震破裂沿龙门山向北东方向发展，则是地震发生的不对称性所致。

（2）根据龙门山构造带上闭锁段的长短做推测，西南闭锁段长，东北闭锁段短，冲破长闭锁段就需要大的应变能，这样发生的地震就会是一个大震。这种说法，没有论及下一次地震为什么要发生在长闭锁段的道理。

（3）T. Parsons 等提出，利用模型计算研究了汶川地震触发后相邻断裂带上库伦破坏应力的变化，特别是根据各个断层（a、b、c、d、e、f、g、h、i、j、k、l、m 等断层）应力增加的情况，推测哪个断层可能成为下一个发震地点。

（4）用光弹模拟方法求得应力转移与集聚的规律。马宗晋院士就是利用这种方法进行了华北地区几个地震相互关联的研究，见图9-7。图（a）中的D点应力加强，发生地震后，应变能得到释放，于是应力转向图（b）中的A点；随着A点应力逐渐加强、相对集中，见图（c）和图（d）；在图（e）中表示A点发生地震后，应变能得以释放，如一次未放完，则可以通过余震方式再释放；与此同时，B 点和 C 点应力又开始集中。以此解释地应力的转移现象，这是有意义的探索。但是，作者又强调还需要找到一些标志说明 D 点应力的聚集状况，以作判断依据。不过，作者迄今还未能找到震前显示的必震信息。图中 A 点、D 点、B 点、C 点代表的地点没有说明。

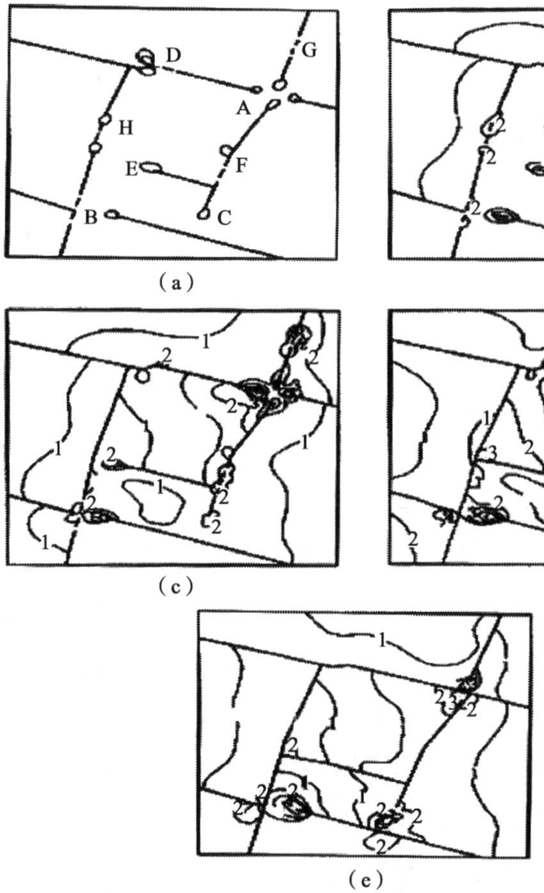

图 9-7　华北地区地应力分布图

A 点相当于邢台地震，D 点相当于唐山地震

作为一种探索手段，进行应力转移试验很有价值。但是，需要考虑的是，这一断裂网络与华北地区实际的活动断裂网络是否相似，需要加以说明。地下发震层是否可用均质的光弹材料来代替？建议：

①要研究华北地区活动断裂网络，再从模拟角度设定模型；②及时在野外追踪地应力的变化，找到应力集中地点，以期验证上述推论；③增加野外地应力的观测结果，特别是已取得的许多前兆现象的数据，看一看可否用于判断应力应变集聚的程度，以与推论相互验证；④在一些地震带建立起构造体系模拟系统，长期试验，长期积累，不断修正。

（5）陈立德、付虹的有限元计算做法。他们以青海北部与甘肃南部，即北纬 34.0°～38.5°、东经 98.0°～106° 的范围为研究区（图 9-8）。取介质厚 20 千米，不另分层。将介质分为断裂带内（弹塑性体）与断裂带外（弹性体）的两类介质，后者不发生破裂。分别赋予不同的弹性模量、泊松比和密度。将全区划分成 482 个 6 面体，984 个节点，各节点在 20 千米深处无位移。设边界作用力为 36 兆帕，方向是 N43° E。计算求得共和 7.0 级地震前，共和地震后景泰 6.2 级地震前平面剪应力情况（图 9-8，图 9-9）。

图 9-8、图 9-9 中显示，在共和震后景泰地区 6.2 级地震前景泰地区的剪应力增加突出，可以引起人们警觉。这一模型是地震发生以剪切作用为主的，这可以代表一大类型的地震，还有一大类是以逆冲作用为主的，以及逆冲加走滑剪切的。不足之处是简化得过多，还需要再设定不同的模型方案进行计算，以作对比。例如，将一条断层带看成由不同焊合程度的多段所组成，其中闭锁段可以成为新地震的发生地。通过不断改进参数选取和改进模型，有可能摸索改变构造模拟方案，给出不同参数，有可能筛选出适宜一个特定地区的地震预报网络方案。中国几个地震带的特定地震预报方案的组合就有可能成为中国地震预报的基础或是地震预报的“沙盘”。

（6）周春景关于巴颜喀拉地块四周地震发生规律，即地应力转移规律的探讨。沿着这一地块四周大地震不断，2008 年 5 月 12 日汶川大地震发生于东部边缘带的龙门山带上，2001 年 11 月 14 日昆

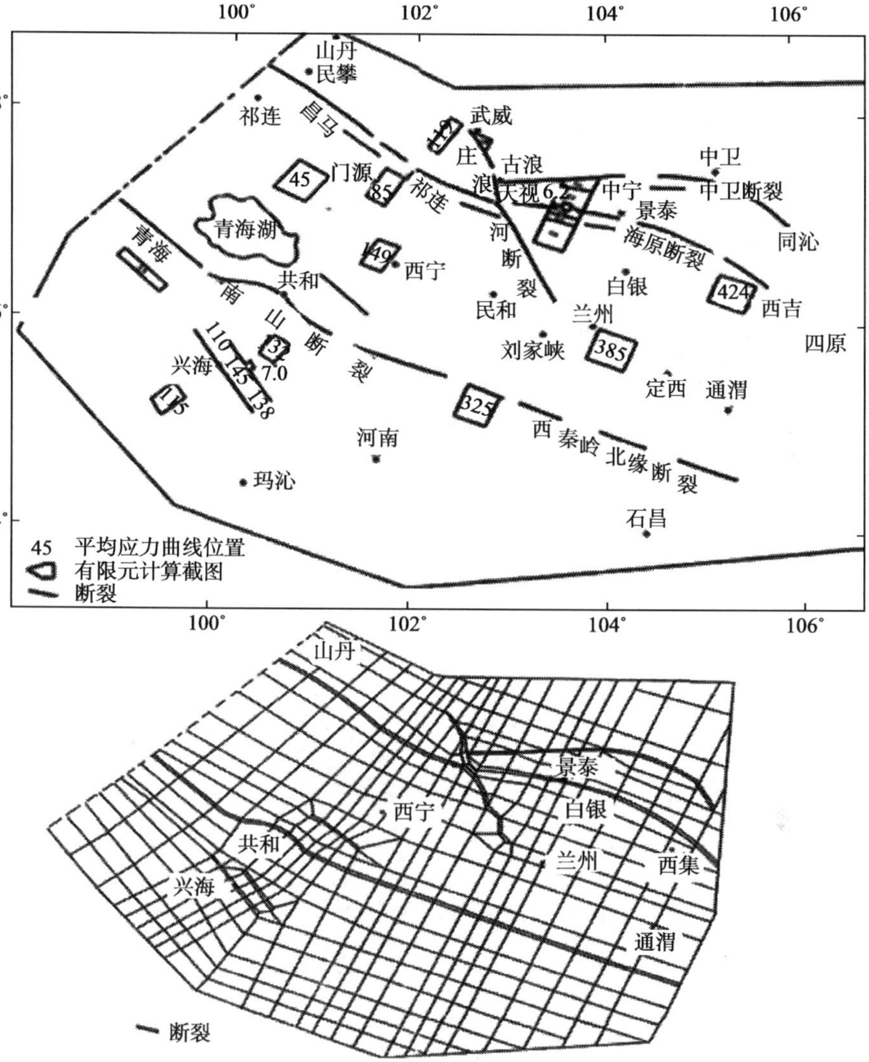

图 9-8 青藏高原北部地区有限单元网格划分图

仑山口西 8.1 级大地震发生在地块北部断裂-昆仑大断裂上等。大地震之间地应力是如何聚集与转移的，周春景带着这个问题进行了探索。计算是遵循李四光先生提倡的地震预测的技术路线进行的。研究的基本设定是：鉴于震源深度为 10～15 千米，发震层属于地块的结晶基底范围；计算中设它为一黏弹性介质层；设定印度大陆以每年 4 厘米的速度对青藏高原作用，巴颜喀拉地块每年向东运动速

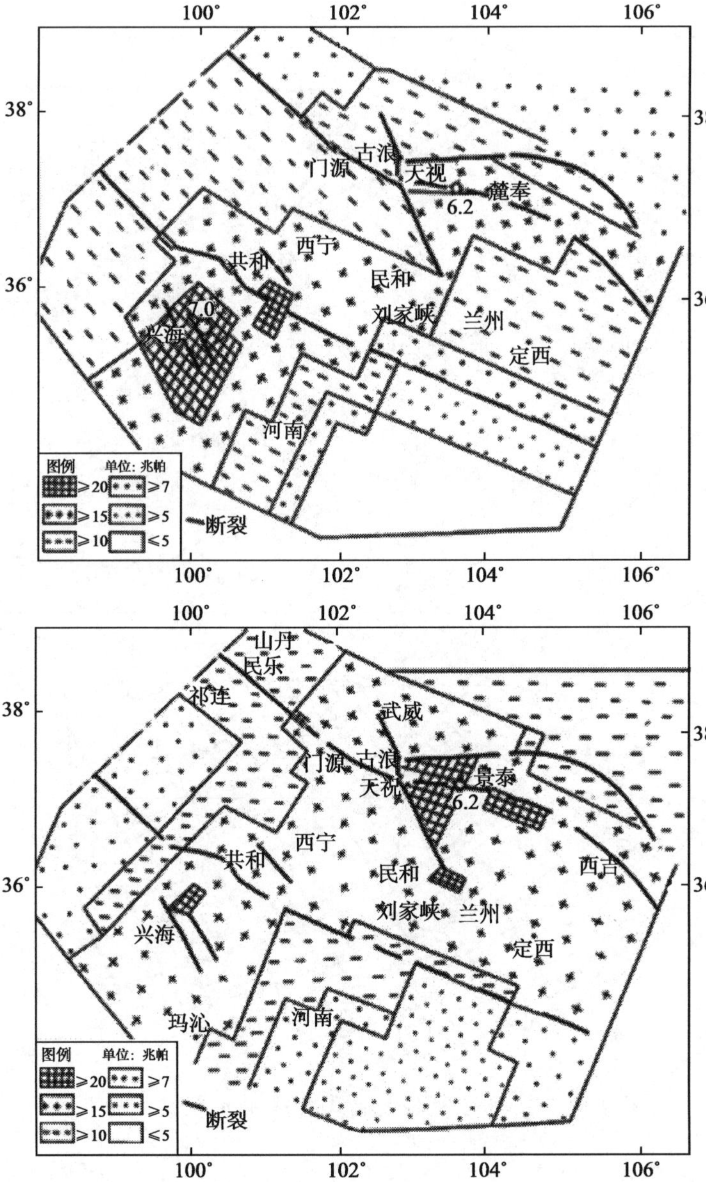

图 9-9　共和 7.0 级地震震前震后平面剪应力分布图

度为 1～2 厘米，以地表位移速度代表这一发震层各地段运移速度；将地块四周断裂划分为 8 个断层段，利用黏弹性应力应变软件 PS-GRN/PSCMP 进行计算。

探槽剖面及测年数据结果表明，其中东昆仑断裂西段强震的复发周期为3000～3500年，中段为2000～4000年，东段约为2000年；玉树断裂带强震复发周期为1000～2000年，鲜水河断裂带为1000～3000年，龙门山断裂带强震复发周期为1100～2100年或2000～3000年。从点上看，平均地震复发周期大致在1000～4000年。

利用GPS观测结果作约束，及巴颜喀拉块体主要边界断裂复发周期（1000～4000年），利用二维黏弹性有限元方法计算了1000年和4000年复发周期间积累的构造应力场，见图9-10及图9-11。

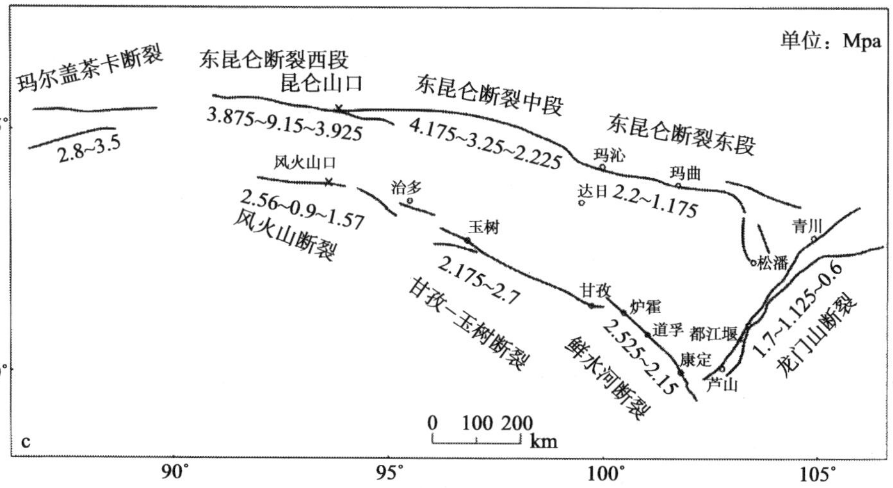

图9-10 巴颜喀拉块体1000年间累计的应力场大小及方向

说明：图中应力方向，带箭头的为正（拉）应力方向，不带箭头的为负（压）应力方向

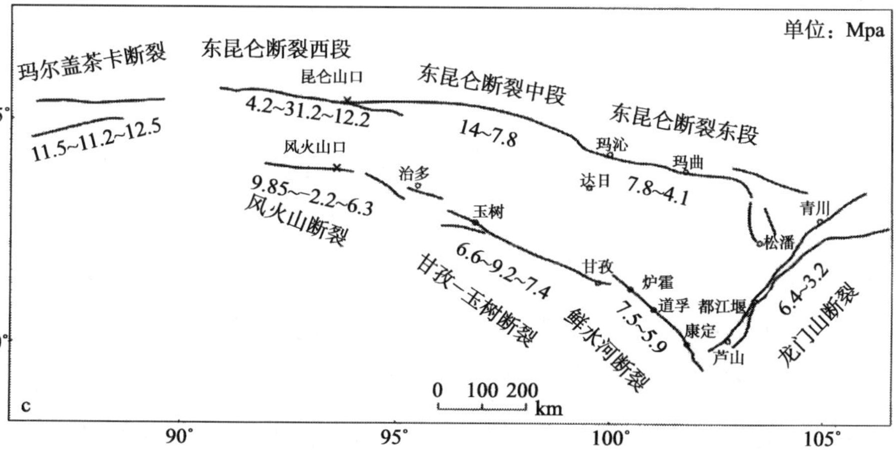

图9-11 巴颜喀拉块体4000年间累计的应力场大小及方向

说明：图中应力方向，带箭头的为正（拉）应力方向，不带箭头的为负（压）应力方向

昆仑山口西地震震源附近，由于构造加载产生的应力差，1000年时间累积应力差为4.8兆帕，到2000年则为8.8兆帕，到3000年则为12.7兆帕，到4000年则为16.4兆帕。汶川地震及玉树地震震源附近应力随时间变化情况与之类似，但是量上有所减小，到4000年时分别为4.7兆帕及8.4兆帕。

计算了1904年以来16个大震在8个断裂段的11个关键点上产生的应力积累，如可对龙门山断裂产生应力积累的有：岷江断裂、虎牙断裂、鲜水河断裂南段、东昆仑断裂的中东段及西部的玛尔盖茶卡断裂上的大震；可对鲜水河南段产生应力积累的有鲜水河北段的大震；可对东昆仑东段产生应力积累的有发生在玛尔盖茶卡断裂的大地震，东昆仑断裂的中-西段、甘孜-玉树断裂、虎牙断裂和龙门山断裂等地的大震；可对东昆仑西段产生应力积累的有发生在玛尔盖茶卡断裂的大地震、东昆仑断裂的中段、块体内的大震甘孜-玉树断裂、虎牙断裂和龙门山断裂等地的大震。

周春景又对1955年以来10个大震发震时刻前震源破裂段附近的库仑应力变化量。结果显示，9个大震在发震前的库仑应力变化量均为正值，其中7个达到或超过库仑应力变化量阈值10千帕。从1904年道孚地震起算，各大震发震时刻前累积的库仑应力变化量为：1955年康定地震前为56千帕；1963年都兰地震前为50千帕；1973年炉霍地震前为138千帕；1973年玛尼地震前为0.4千帕；1976年8月16日松潘地震前为220千帕；1976年8月23日松潘地震前为437千帕；2001年昆仑山口西地震前为4.2千帕；2008年汶川地震前为110千帕；2010年玉树地震前为2千帕；2013年芦山地震前为-7.0千帕。这些库仑应力变化对大震的发生可起着触发作用。1000～4000年大震复发周期内，构造加载引起的应力差一般约为0.5～19.2兆帕，个别段落最大值也不超过32兆帕。因此，巴颜喀拉块体，在岩石摩擦系数为0.6和静水压力的基本假设下，其边界断裂带现今应力状态距离大震发生的临界应力差不会大于

32 兆帕。

探索了对大震“空区”地震危险性的评估。通过对 1320 年以来的历史中强地震活动分布特征的分析，确定了地块边界断裂带存在 4 个大震的“空区”。东-西大滩-秀沟段、玛沁-玛曲段、青川段三个“空区”危险性较大。考虑到青川断裂穿越川陕人口密集区，因此应重点关注该段的大地震的危险性。风火山断裂段危险性相对较小，见图 9-12。4 段主要地震“空区”，为地应力相对集中的地带，即今后地震危险性较大的地带。

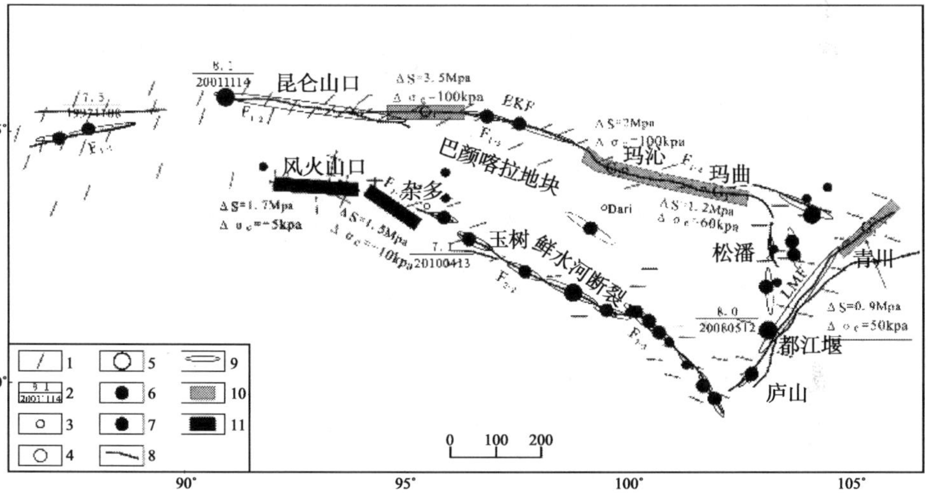

图 9-12　巴颜喀拉地块边界 2013 年后地震危险性评价图

1—构造加载引起的最大水平主压应力；2—地震震级和发震时间；3—$6.5 \leqslant M < 7$ 级地震；4—$7.0 \leqslant M < 8$；5—$M \geqslant 8$ 级地震；6—1900 年以前地震；7—1900 年以后地震；8—主要的边界断裂；9—1320 年以来中强地震破裂带；10—地震危险性较大区段；11—地震危险性较小区段；G_1：东-西大滩-秀沟“空区”段

G_2：玛沁-玛曲“空区”段；G_3：青川“空区”段；G_4：风火山断裂“空区”段

周春景的研究工作着重于认识在一定的地震地质背景下地应力与各断裂地段地震发生的关系，为认识和解释地应力的测量结果创造了条件。这项研究仅仅是个初步探索，但是结果很有启发意义，下一步要做的工作还有很多；关于地震前兆的探测技术研究尚未着手进行。群众性的探测技术开发研究虽已开展多年，也取得一些很有希望的试验结果，但是，继续下去的工作还没能得到很好的支持。

以上6种方法，都需要反复地、深入地检验，改进后可能找出与地区特点相适应的方法，并可能成为地震预报的基本手段之一。

十一、喜马拉雅山弧形地带大地震发展趋势预测

2015年4月25日，尼泊尔首都以北的喜马拉雅山弧形地带发生了一次大地震。对其未来发展走向，议论纷纷。国外Belham发表文章强调未来将在震中西部发生更大的超过8级的巨震，一时间人们心中惶惶。为此，我试着对其发展趋势进行了探讨，于2015年在《科学通报》上发表了《尼泊尔大地震发生的构造背景及发展趋势》一文。

2015年4月25日14时11分，尼泊尔发生了8.1级大地震，位置是北纬28.2°，东经84.7°，深度为20千米。随后，2015年4月25日14时45分，在震源点附近（北纬28.3°，东经84.8°）又发生了一次7.0级地震，震源深度为30千米；2015年4月26日7时16分，又在其南部浅层，即北纬27.8°、东经85.0°、深度为10千米处，发生了一个5.0级地震；2015年4月26日15时09分，又在其南部北纬27.8°、东经85.9°、深度10千米处，再次发生一个7.1级地震。

与此同时，25日在西藏定日县北纬28.4°、东经87.3°，深度为20千米处，发生一次5.9级地震；26日在聂拉木县的北纬28.2°、东经85.9°、深10千米处，又发生一次5.3级地震（有人认为这次地震是被8.1级地震引起的地震）。看来26日的震源点出现向南和向东移动的迹象。迄今已发生余震30多次了。

（1）尼泊尔地震产生的基本地质构造背景。许多人都说，这次地震是印度地块与欧亚板块或汇聚，或碰撞，或俯冲引起的，这样说是无可厚非的。整个青藏高原内部及其周边发生的地震都与印度地块向北东推进有关。但是，在高原不同部位发生的地震，有各自特定的地震地质条件，以及所受地应力作用方式，如昆仑山口西地震、汶川地震、芦山地震、玉树地震等的情况都不同，这就需要对地震点发生的地震地质构造条件及受力的情况做具体

研究分析。

（2）尼泊尔大地震发生在喜马拉雅弧形地带。这次地震的震中位置，在加德满都的西北方向的博克拉地区。这一弧形地带是由多条逆冲断裂及双重构造、多重构造组成，从北向南分别为主中央逆冲断裂（MCT）、高喜马拉雅多重构造、主边界逆冲断裂（MBT）及主前缘逆冲断裂（MFT）等，这些断裂都是由一个称为主喜马拉雅逆冲拆离层（或逆冲断裂）（MHT）控制。

主喜马拉雅逆冲断裂是印度地壳中部的一个隐伏的拆离层，其深度在喜马拉雅地块的南部为 20 千米上下，向北逐步加深，在高喜马拉雅之下达到 42 千米上下，约 5 千米厚，分隔了印度大陆的上、下地壳。在两大陆长期相对挤压的过程中，经过一定持续时间的应力应变能的积累后，上地壳将发生破裂并产生向南逆冲推覆，向北缓倾斜的断裂构造，或多重构造（高喜马拉雅山区很多），使上地壳叠覆起来增厚了上地壳，同时也缩短了上地壳；在逆冲断裂发生后，沿断裂还会在其浅部出现一系列强度较小的余震。震中与震源点在平面与构造剖面上的位置见图 9-13。图 9-14 是 MHT 的成像图，震源位于 MHT 上。

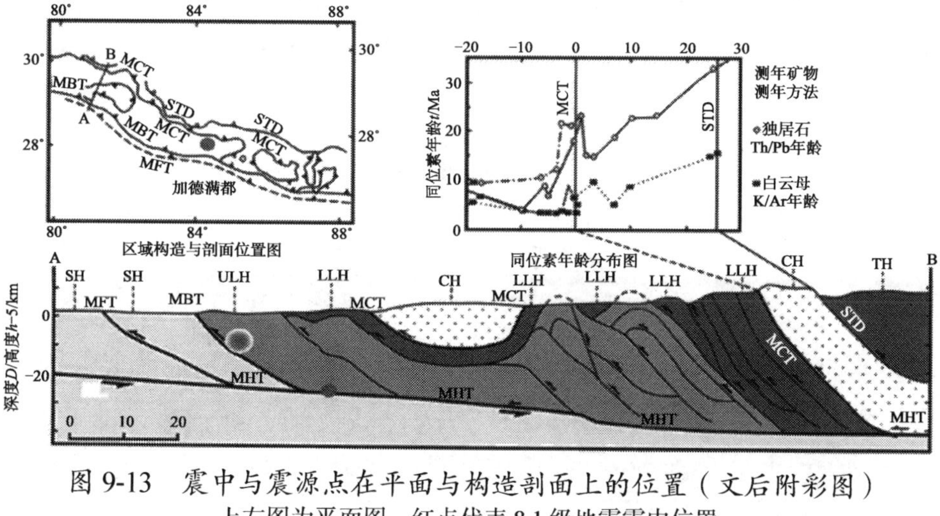

图 9-13　震中与震源点在平面与构造剖面上的位置（文后附彩图）

上左图为平面图，红点代表 8.1 级地震震中位置

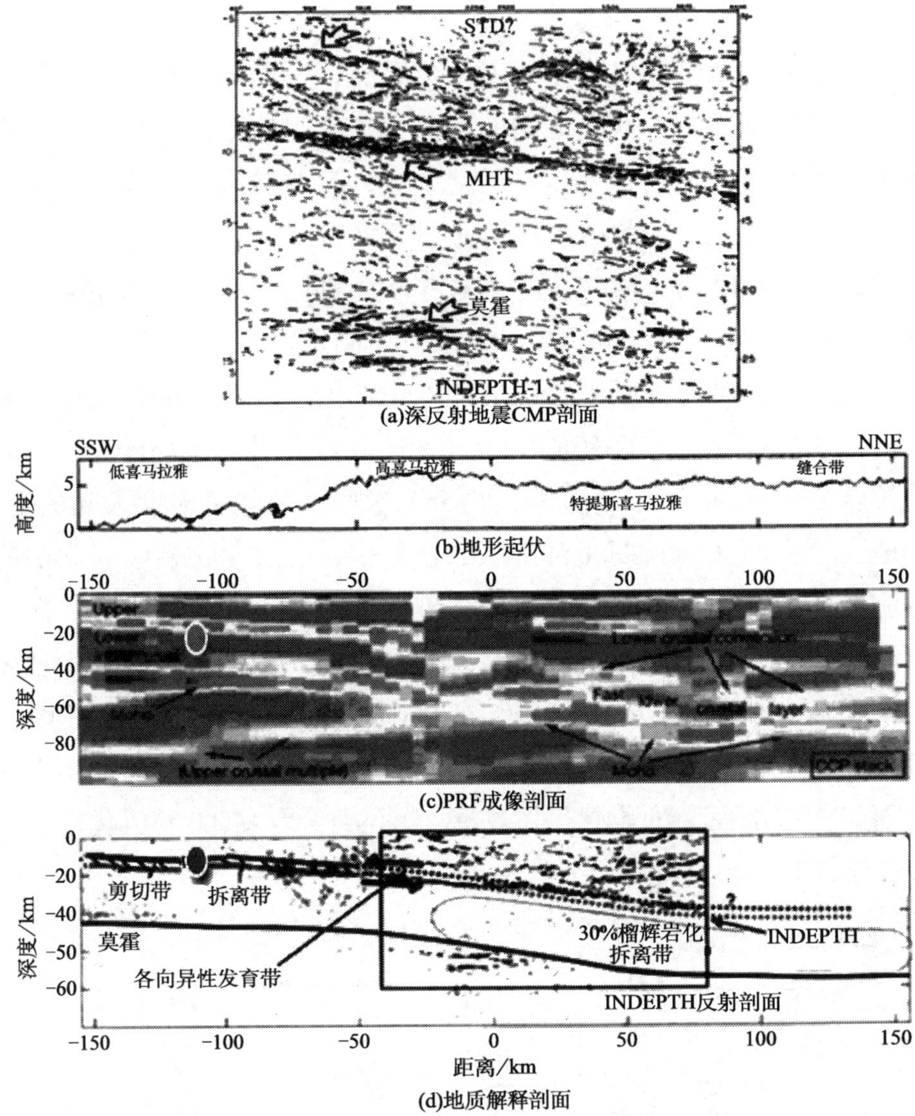

图 9-14 深反射地震（赵文津等，1993）与接收函数法（Pelkum 等，2005）成像图（文后附彩图）

MFT、MBT、MCT 代表 3 条主要逆冲断裂带，MHT 代表主喜马拉雅拆离层（或逆冲断裂），GH 为高喜马拉雅，TH 为特提斯喜马拉雅，SH 为下喜马拉雅，LH 为低喜马拉雅；红点表示 8.1 级地震震源点，带白色晕的红点表示其多个余震（5 级以下）的范围。

7 级余震，1 次在震源点附近，1 次在剖面东约 100 千米，深度为 30 千米。

图 9-13 中，上图中 MHT 的深反射图像；中图中上面第一条红色转换震相，代表 MHT，向南伸展到印度中地壳；下面的第二条红色转换震相，向南与印度大陆莫霍面相连接，代表莫霍界面；下图是上两张图的复合图及其地质解释。

这次大地震震源点位于北纬 28.2°、东经 84.7°、深度为 20 千米，正好位于主喜马拉雅逆冲拆离层（MHT）上；余震则沿主边界逆冲断裂发展，可能是主边界逆冲断裂（MBT）再活动所致，或者是新产生一条与 MBT 平行的逆冲断裂所致。现已得到的震源机制解表明断裂面积约为 90 千米 ×150 千米（据李海兵介绍 USGS 反演的结果），断层产出很平缓，倾角约为 10°（陈运泰口头介绍），美国给出的矩震级为 7.8 级，依此估计可能断面错动 3～4 米（按 Bilham 等，2001）。

（3）喜马拉雅弧形地带是高原地应力最集中的地段，在印度地块随着印度洋的扩展而向北运动，并在雅鲁藏布江一线与欧亚板块碰撞后形成宽阔的碰撞挤压带，随后印度大陆以每年 4 厘米（国外也有提为 2 厘米）的速度持续向北运动。按照过去 5000 万年计算，印度地壳已向北推进了约 2000 千米，其中 1/3 以上为喜马拉雅逆冲带所吸收。另有一大部分为河流所带走，仅孟加拉湾的河口沉积厚度即达 20 千米以上。

（4）喜马拉雅弧形地带各段地震发震是有先后的。沿弧各地段过去曾先后发生过多次大震。印度大陆整体向北推进，相应的北部向南的反向推力是一致的，但各段物理性质不同，在向南推力作用下各段响应情况也就不同，发生地震时间将会有先后。图中黑色地段为近期发生过强震地段，年代数字代表了发生大震时间。白色地段已长期未发生地震了，认为这些地段已临近发震时间，或已超过发震周期，人们可以进行这样推测，即这些长期安静的地段随时可发生大震。但是发生大震的具体时间，则需要依靠对地应力积累程度和其他指标来判定。

喜马拉雅弧形地带逆冲型大震发生的周期（不包括图 9-15 中的两侧走滑型地震发生地段），强震发生周期估算为 50～60 年，相当于每次大震发生时都北移了 2～3 米。但是，按 1934 年发生大地震到现在计，印度大陆已向北运移了 80 年 ×4 厘米 / 年 =3 米，应力已有较大积累了。为什么白色地段安静期这样长？

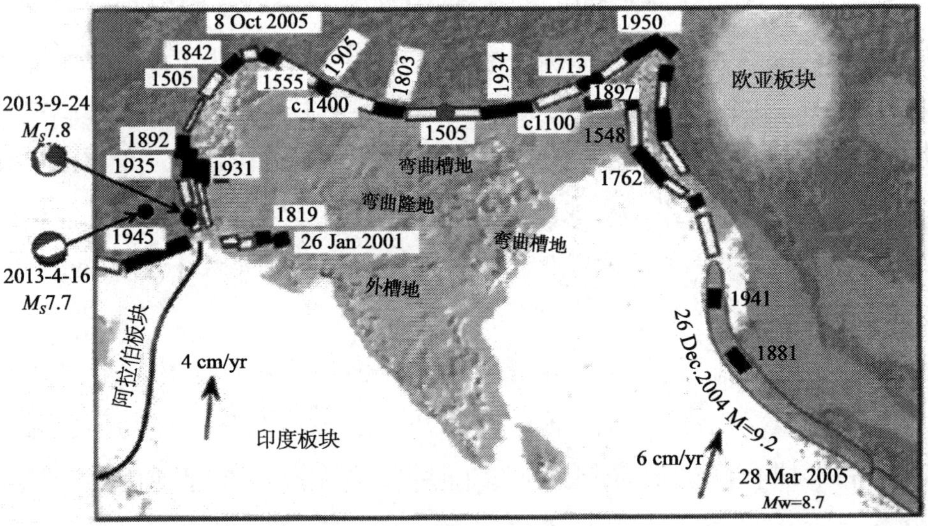

图 9-15　印度板块边界强震破裂空间分布（Bilham et al.，2006）
（文后附彩图）
图中红色点代表这次发生的尼泊尔大地震的位置（估计的）

（5）关于大地震前兆问题。这次大震发生后还没有公布任何地震前兆信息，在此只能做些初步探讨。按照李四光地震预报理论，一是，着重地质构造体系分析，了解各地段的相互关系。喜马拉雅构造系构造体系较为简单，大体几条近平行的逆冲断裂带；地表出露地层为前寒武系变质地层，性质较脆，各向异性较强，但 20 千米深处温度可达 600℃上下，在这种温度下岩层物理性质会有变化的；10 千米深度处岩层可能仍然有较大脆性，易脆裂产生小震，估计主震前会出现许多小震。二是，MBT 与 MCT 之间的构造楔体可能会出现高程变化，甚至有较灵敏的响应。三是，关于地应力特别是南北向地应力也可能测量出来，有明显增强。四是，要调查震区内有无电磁场等扰动等。

今后地震发展趋势，一是，由于南部卸载可能造成北部MCT附近地应力会相对增强而引发一些地震；二是，由于MBT锋面地应力的不平衡而可能导致东部地震发生。与龙门山断裂带，或南北地震带相比，喜马拉雅弧形地带构造结构规律性更强，大地震也多，涉及多国边界地带，涉及未来“一带一路”建设，建议要加强地震的监测研究，采取措施减少地震灾害。地震破坏是不分国界的，这应当成为加强多国合作的理由，以改变现在的地震监测不力的局面。

十二、对今后地震预报工作的建议

首先要对地震预报有信心，既要从认识论，又要从科学途径和地震预报的实践经验中去深化认识，坚定信心。

（1）加强地表和深部地震地质调查。

李四光地震预报的基本思路或称理论基础，是地震是地下岩层在地应力（包括引力、重力、热力或其他什么力）作用下发生破裂的现象，即构造引起的地震现象。李四光要求人们要很好地厘定和研究活动断裂及活动断裂系，弄清这一断裂归属于哪一个构造体系及力学的联系；测定地应力，研究地应力对活动断裂的作用，特别是地应力和导致发生地下岩层破裂发生地震的关系。他特别强调先要了解断裂活动、地应力变化与地震发生的关系，再研究地震发生的时间和地点，最后才是震级问题。

岩层在地应力作用下较易沿着已有的活动断裂发生破裂，即形成地震。断裂力学说明断层的两个端点应力最易集中和产生新破裂；两段断裂之间，即地震空区也是最易发生新地震的地段。这里，岩层发生破裂既与地应力大小及其瞬时增量有关，也与岩层本身的岩石力学性质有关。依据的是库仑应力应变规律。有人强调震源都在地下深部，既看不见，也摸不着，很难去研究。但是震源区应力与地层破裂的关系是地震预报工作的基础，必须有所突破。可考虑通过多种途径去接近它，了解它，如调查已出露地表的古地震震源遗迹（不仅是历史地震），用数字地震记录反演震源破裂过程再反推等。

统计显示，中国东部的震源层主要位于10～20千米深度；中国西部的震源层位于25～40千米深度（但龙门山地区和昆仑山地区也是10～20千米深）。这些岩层应以中上地壳为主，可能是以深变质的结晶基底岩层为主。所以，为研究震源区发生地震的机制，首先应以震源层研究为主；深部地震地质调查还应查明地下的拆离层、破裂带和弱化带，以及刚性块体和断裂带中的闭锁段的分布；鉴于深部地应力的作用可能因地壳内存在的低速体、高导体而使力的作用方向发生变化，所以也要注意这方面的调查。不同地块的结构不同，受力的体系也不同，地震发生的特点也会不同。

（2）开展重点地震带地应力数据的采集和分析。

现在，国内有关部门对地应力的观测和分析是很不重视的，认为人们无法取得震源区的岩石介质的性质、破坏强度、应力状态和积累速度，以及其随时间的区域演化状态……但是，总不能认为深部地应力不能测量而放弃对其进行观测和研究，应积极地开展探索研究，在一定的情况下地表浅层的地应力还是有用的。因为上地壳震源点受力，可能在上地壳内很大范围内形成应力集中区，构成一个范围较大的应力场，我们没有办法找到应力集中点，但可能测到应力增高区。应当重视油田深井中地应力数据的收集和应用，注意不同地区（地震地质情况不同）浅层测量结果与深部地应力的关系等。还要重视地震带的重力不均衡力的作用，以及如汶川地区紫坪铺水库储放几亿方水时可能对地震的触发作用等。再说，人们提出震源点位于地下深处，人们不可触及，无法研究。我认为这不是一个不可解决的矛盾，可以选择老地块经过后期地质构造作用而抬升到浅部的隆升区去寻找古地震遗迹，研究古应力、古构造的遗迹，再将古论今，推动研究的深入。对国内外深钻地应力数据进行采集，建立数据库，系统收集与地震预报有关的数据以供综合研究之用。

（3）要研究地应力在地块内和地块间或构造带内各断层之间转移的规律。

即在一个地点发生地震，应变能得到释放以后，地应力和地应变如何沿着活动断裂向地块内其他地段转移的规律。为此，要在重点地震地区建立若干个试验区（不是局部性的试验场），把地震发生机理研究与地震监测预报工作结合起来，包括打不同深度的钻孔进行综合观测，并根据不同方法研究的需要建立一些联合观测台网。研究与建立地震响应网络。将一个地区内地应力有密切传递关系的断裂体系作为一个地震响应网络（或断裂体系），研究在一个地震响应断裂体系内地应力是如何传递的；研究两个地震响应断裂体系之间地应力是如何传递的；地应力的传递和应变的积累，从地应变的积累到地震产生的判别标志。研究分析要以震源层为主，其上层的断裂应是派生的，也需要在岩层物理力学性质的基础上进行探讨。

可考虑首先建立3个：巴颜喀拉地震响应断裂系和川滇菱形地震响应断裂系，华北可考虑建立京津冀地震响应断裂系。待改进后再逐步扩大范围。初步考虑这些地块的发震层可以选用各地块的结晶基地作震源层，当然也可以考虑存在其他的震源层。

通过建立地震响应断裂系，可将局部点上的地应力测量结果与地震发生的可能性建立起关系，这有助于进行地震预报活动。把这项研究长期坚持下去，并不断改进模拟方案，并将其作为一个地震预报的基本方法，地震预报的“沙盘”。

中国的任何一条地震带的活动都与全球板块运动有关联。在全球板块运动影响下，中国这样一个拼合的大陆，内部很不均匀，震源层的岩石力学性质也很不相同，在区域地应力作用下，自然会产生复杂的图案，地震的发生会有地域性的特点，这是研究地震预报时要关注的。要注意作用在发震层上的力，除地球内部产生的地应力之外，还会有潮汐共振的力、地壳内出现的局部热应力等。必须按照应力集中构造模拟的要求，对重点研究区的浅层和深层的地震地质条件调查加以细化；要加强对地下发震层及上覆岩层从蠕变到破裂过程的研究，深化对其认识。为了及时掌握沿断裂带或薄弱带的应力变化情况，有必要开展野外追踪测量，李四光建议成立野外队进行观测可能就是这个意思。应补充的是，分析应力变化时也要注意月球及外天体对地球的作用力是否也是地震触发因素之一。

（4）要研究岩层变形及挤压破裂过程中伴生的地球物理及地球化学现象，探寻地震前兆发生的规律及其特征，开发新探测方法，以进行地震预报。

李四光先后曾提出 10 种方法，即天文方面，地震台记录，形变电阻率法，地磁，重力，地下水水位、水质、水温，生物物理现象，地形变与断层位移观测，海平面升降，超声波法。这是基本的内容。应当说，这些方法观测的参数哪个与地震发生有着直接的关系还不是肯定，有待进一步研究确定。群众地震预报小组提出的一些方法，如地电红外方法、次声波、地球化学，以及地磁法、地电法、电场法等，也需要进一步确定其有效性。地震局用于统计分析和比较的参数可达 40 多种，但用地震空区理论 + 统计对比的方法评估，效果并不佳，规律性较差。

鉴于临震前兆都是短时间发生的，不可能延续几个月，所以选用的方法必须是能进行大面积快速侦查的方法。这里，温度场与电磁场可能是有前途的，如遥感测温方法、地震电磁卫星、遥感测气体，以及干涉雷达测地形等。此外，地下水位变化和动物异常也是很灵敏的，有可能发挥很大作用。

（5）坚持群测群防的方针。

正如上述分析，中国地域辽阔，各地区的构造和大陆动力学条件差异很大，当地群众对本区地震活动规律有着切身感受。这些朴素的感受非常宝贵，他们是专业队伍的重要补充。对他们的工作不能轻视，更不能忽视，还应主动去做好这件事，发动地方中学老师和广大志愿者群众参与。各行各业的科技专家，他们自筹资金，自制仪器设备开展观测，探索地震预报问题，他们急国家人民之所急的拳拳之心，勇于探索科学难题的精神，是值得人们尊敬的。国家有关部门应予重视，并将他们组织起来，给予帮助和指导，并将之纳入总的规划之中。

要重视对青蛙、猫、狗、鸡、老鼠等动物异常行为的观测和研究。动物对某些物理效应敏感性是很高的，肯定有临震预报的意义。这方面可以通过建立大数据库，开展大数据分析对比，可能有助于分辨地震前兆与偶然因素引发的活动。

（6）加强风险决策研究。

现阶段，可能以后很长的时期内，地震预报都是风险性很大，但又不能不报的状态。决策人责任大，压力大，而决策人及时做出决定又是防灾减灾的关键所在。应研究如何使领导者敢于及时做决定，敢于承担必要责任。在这方面，唐山大地震的失败与青龙县领导的成功经验都是非常宝贵的，应很好地加以总结。

（7）组织起来，发挥集体优势。

中国部门林立，工作分隔、学科分隔的现象严重。而地震预报研究是一个大系统工程，需要全国人民共同努力，形成国家优势，发挥多学科多部门优势，集思广益，多路探索。一家一业，甚至唯我独尊地搞是很难胜任的，也是最不可取的。建议中国地震局除按照自己原定规划开展工作外，也应发挥国土资源部、教育部、中国科学院、民政部等部门各自的业务专长，以及社会上的各种积极力量，群策群力，共同攻关，不能再人为地将统一的地壳活动自然现象分隔开来研究，工作重复做，而数据又不能共享，经费要多花上很多，成效很难提高。建议由中国地震局、国土资源部、教育部和中国科学院联合主持，成立地震预报研究委员会或领导小组，同心同德地推进此事，并请科技部、国家自然科学基金委员会、国家发展和改革委员会给予指导与支持。

（8）要加强全心全意为人民服务的思想教育。

地震预报难度很大，时间长，个人承担的风险也大，完全是一项开创性的工作，与急功近利的社会风气是不相容的，现在的管理体制的要求与这项工作的特点也是不相适应的。这些使地震预报探索研究更为困难，我们希望将来深化体制改革后出现一个宽松环境，以有利于推进这项研究工作。但是，无论形势如何变化，要进行地震预报研究，个人都要有献身精神、勇气与决心，准备坐冷板凳，远离名利场，否则是不可能取得成果的。李四光晚年身体多病，还以中央地震工作领导小组组长的身份亲自下基层进行观测研究数据，是我们学习的榜样。现在更需要有新的领导统率各方面力量形成一个全国性体制，组织千军万马向地震灾害攻关。对社会上的研究小组应给予一定经费支持和数据的解密与共享。

听说中国地震局来了新领导，我冒昧地请宋瑞祥老部长转给他我写的一份地震预报工作建议。没想到郑国光局长很重视，要约我深入交谈，并于2017年5月10日下午到中国地质科学院我的办公室，与我交谈了两个半小时，气氛很好（图9-16）。我感到这可能给地震预报工作带来新气象、新希望，令人十分鼓舞。2017年5月13日《中国国土资源报》第3版刊出了记者周飞飞写的文章《地震预报，人类必须攻克的难题》，对交谈现场

图9-16　郑国光局长到访中国地质科学院交流工作
（左一为地震预报司车时司长，左二为郑国光局长，右一为中国地质科学院吴珍汉副院长，右二为赵文津）

情况和内容做了报道。中国地震局网站上也进行了介绍。

十三、对地质力学构造体系的学习和再思考

我认为，地质力学的核心思想强调地壳的水平运动，提出地壳运动是全球性的，构造形迹是成体系的，改变孤立的研究思维模式。但应当说明，地质力学（实际内容包括地球动力学和大陆动力学）是李四光最重要的学术贡献，但李四光思想包括的内容则要广泛得多。两者不是等同的。

我多年学习李老构造体系思想的体会可以概括为以下几点。

（1）人们对地壳运动的基本看法是有决定性意义的。李四光老部长强调指出，地质工作者对地壳运动的看法“就基本上决定了他对地质工作关键性问题的立场、观点和方法，特别是决定了对矿产资源的勘探、地震地质和水文、工程地质等方面工作的指导思想”。所以，对地质工作者来讲，对地壳运动的看法是一件头等重要的事，它也是地学家看法历来分歧最严重的热点。

（2）为了清楚地表达这些纷繁复杂的现象，李老强调从野外实际构造形迹调查出发，并以地壳构造形迹反映的力学机制为主线开展工作，分析问题。

研究地壳运动首先要弄清楚现在地壳运动是以水平运动为主还是以垂直运动为主。他认为，“两者相比，越来越多的事实证明，水平运动占主要地位；至于次要的垂直运动，可能在某些地区，在一定程度上，反映了地壳的均衡代偿作用的影响，而在另外许多地区，是由水平运动所引起的”。相应地，地壳内水平应力可以大于垂向的压力。

对于大陆漂移说，他评议为，“从大陆的轮廓、地壳上的各种现象，以及从某些陆上古生物分布范围看，大陆漂移的论点的某些方面是值得考虑的”，即肯定了这一新的理论认识。例如，就南北美大陆对欧非大陆之间的关系来说，这个论点是更值得注意的。关于非

洲、印度、澳大利亚大陆，有些人把这3块大陆在晚古生代联在一起，称它为冈瓦纳大陆，看起来也不能说是完全牵强附会的。“然而把印度搬到非洲，甚至搬到南极大陆附近去，从地壳构造方面考虑，这就很难令人信服。”理由是，他认为“化石磁场样本”仅仅能代表样本所在的岩层局部构造的变化，古地磁工作者采样时对局部情况分析得并不够。但是这一点已是全球多数人的共识了。关于遍布全球的水平运动力的来源问题还讨论得不多，这一直是今天人们热议的问题。

（3）他在20世纪20年代提出构造体系的新概念。他认为，大陆上的各个构造形迹和构造现象都不是孤立、相互无关的，而是成体系的。他在1962年发表的《地质力学概论》一书中进行了系统的阐述：“一切构造形迹都是成群发生的。每一群构造形迹和他有成生联系的构造形迹群，往往各别形成构造带。构造带与构造带之间，有时存在构造形迹不甚显著的地块，它们和围绕它们的或半围绕它们的构造带，形成一个整体，构成统一的构造体系。简单扼要地说，构造体系是许多不同形态、不同性质、不同等级和不同序次，但具有成生联系的各项结构要素所组成的构造带以及它们之间所夹的岩块或地块组合而成的总体。”“这个总体，是一定方式的区域性的构造运动（即地壳的一个组成部分的运动）的结果。”构造体系的提出，表明李老已从局部应力着眼扩大的区域应力场来看构造形迹关系。

他强调，从构造形迹出发，研究其构成的构造体系及其所受到的区域应力场的特点，并在其基础上指导对体系内各种地质现象和矿产分布规律深化认识。这是很有创见的。按照区域地应力场的作用特点，他提出主要的构造体系有纬向构造体系（南北向挤压应力作用的结果），经向构造体系（东西向地应力对挤作用的结果），各类扭动构造体系，包括有多字形、“山”字形、旋扭构造、棋盘格式构造和“入”字形构造等（为顺时针方向，逆时针方向力偶作用下产生的结果，其中还可分挤压与拉张两类作用）。此外，还存在着不同期的构造体系的交叉复合等现象。

不过，现在构造体系还是从构造形态分布来归类，很少从力场的作用上分析问题，这是有待加强的重点内容。

（4）李老强调要从整个地壳的结构特点来研究地表变形发生机制。1931 年在《国立武汉大学理科季刊》第 2 卷第 4 期上，他发表了《地壳的观念》一文，强调了要全面认识地壳。

地壳的含义是什么？地球的表层，平均说来约为 33 千米的部分（各地块不同，变化在 20～80 千米），分为硅铝质和硅铁质岩石层；地球半径是 6371 千米，地壳之下为地幔部分，厚度达到 2865 千米，可以分成多层，以硅镁铁质为主。“人们在地表可直接观测的范围仅仅限于表层几千米到十几千米深度范围内的地质构造情况，但它是地球内部复杂运动引起的物质水平及垂向运动的结果，是地球在过去漫长历史中保存下来的遗迹。”对地表纷繁复杂的现象如何认识，如何理出个规律出来，这是一项很困难的任务。进行地表地质填图仅是调查的第一步和最初的一步。如何从地表观测结果认识到过去的地壳发展演化？

（5）他从中国地质实际出发，将中国大陆上分布的大型区域性的构造体系进行了概括，提出：

纬向构造体系有：一是阴山带，向西应该与天山山脉相连；二是秦岭带，向西延长的部分，看形势是与昆仑山脉相连接，向东大体沿北纬 33°～36°；三是南岭带，大致在北纬 23° 30'～25° 30' 之间向东西伸展。这里也应包括喜马拉雅山与祁连山构造带。

经向构造体系有：一是南北构造带，分布在四川西部、云南西部，向北延伸到西藏高原和青海地区，逐步弯向西北；向南延伸进入老挝西北、泰国西部、缅甸全境、安达曼和尼科巴群岛，再转向印度尼西亚的弧形构造。其中，从青藏高原的东部起向南、西南到印尼弧形地带则是一个巨型“歹”字形构造体系，转为压扭性构造体系，他将其命名为“青藏滇缅印尼歹字型构造体系”。其中，川西段则为一经向构造体系。李老还将全国和各大洲划分出一系列经向构造体系，如北美-南美西部滨海的科迪勒拉-安第斯经向构造体系，山西经向构造体系等。

各类扭动构造体系，包括“多”字形、“山”字形、旋扭构造、棋盘格式构造和“入”字形构造等（为顺时针和反时针方向力偶作用下形成的，又可分挤压与拉张两类作用）。除上述与经向构造体系相复合的“青藏滇缅印尼歹字型构造体系”外，还有大量的这类体系的分布，如我国东部的华夏构造体系和新华夏构造体系。新华夏构造体系是亚洲西部滨太平洋区所特有的，为一个巨型“多”字形构造体系；是中生代形成的并持续活动的，形成了一系列北北东向的隆起带与沉降带。

中国地质构造是这样，全球地质构造也将遵循这一规律。

（6）对上述3类巨型构造体系的力源分析。造成上述构造体系的南北向力和东西向力，以及各种力偶又是如何产生的？又如，新华夏系是如何形成“三隆三凹”的？秦岭-昆仑山脉是在受什么力作用下形成的？李老的书中对此集中讨论了3个问题：运动发生的时期；运动的方式和方向；运动的起源和动力来源（见《地质力学概论》的第四章）。

李老强调，鉴于这3类巨型构造体系在各大洲及毗邻海域均有分布，并具有一定的方向性，所以产生这样强大的经向运动和纬向运动的驱动力，一是应从地球本身去找，二是月球、太阳对地球产生的潮汐力，并认为“来自地球内部的原因是更加明显的”。“在地球自转了几十亿年的过程中，地球为了适应自身的重力与离心力联合力场的要求，已形成了现在的处于平衡状态的地表、浅表层和内部的结构。”因此，“在论到决定地壳运动方向的时候，我们应当考虑的不是地球自转，而是地球自转速度变更的问题”。他设想，在地壳分成上层和基底层两层的条件下，地球自转速度变化就可引起上层相对于基底层的运动，就可能产生上述的各种构造现象。

地球自转速度有无变化？李老提出的这种现象，在地球历史上曾多次发生过，这是肯定的。他提出地球是靠角动量守恒定律发挥作用维持着地球的平衡状态。地球自转速度加大后必然会引起物质的上升运动（如中国和印度大规模的暗色岩喷发就是一例），这将导致转动惯量增大，因而这又会使地球的自转速度降低，并迫使地球扁度减小，扁率减小，又会造成表层的构造现象。这就是李老提出的“大陆车阀”理论。他当时以南、北美洲西部为例进行了解说。他说大陆地块向东运动时，由于大陆的上层相对于基底层出现运动滞后，滞后的上层相对向西滑动，这将会受到西部太平洋底基性岩的阻挡，于是就可能在大陆西侧形成褶皱或拗褶。他又说，这一水平力可造成地壳上层发生褶皱或拗褶，再通过重力均衡作用将褶皱地带抬升起来。

今天经过了 100 多年，海洋地质调查已取得很大进展，积累了丰富的资料，再回过来看，这一假设应当如何认识，需要进一步研究补充说明。

（7）需要依据新的研究成果，对李老的构造体系内容做出再解释和发展。

第一，南北美大陆相对于东太平洋海底确实存在着相对运动。今天的认识是，这是由于太平洋洋壳增生和向东持续扩张，当与南美的大陆壳相遇后，在对挤中大洋壳及大洋岩石圈俯冲到南美大陆之下，并在俯冲带上造成了壳幔物质的堆积后，再通过重力均衡作用而抬升成安第斯山。而不是如李老所说的，大陆壳分两层，上层转动滞后造成了大洋壳与大陆壳的对挤。此外，在西太平洋边缘发育的华夏及新华夏体系的形成，更需要做进一步的探讨。中脊洋壳增生是否与“大陆车阀作用”有关，也需要进一步研究确认。

第二，关于青藏高原东部的“青藏滇缅印尼歹字型构造体系”问题，李老强调了这是受一对左行力偶作用下形成南北与弧形构造体系的复合。现在调查的结果是：西藏地块向北的运动，是在印度洋中脊向北扩张的背景下，在地幔岩石圈驮运下印度大陆向北东运移，产生一个很强的向北偏东运动，使得云南的西部相对说来呈现一个向南偏西运动，高原的东部边缘便形成了这一巨大的“青藏滇缅印尼歹字型构造体系”。可是，与此同时，高原的西部，在北进的印度大陆与塔里木地块相对作用下，则形成阿尔金山右行走滑断裂系。在高原中部，则发生大型推覆断裂及褶皱构造，还有多条南北向的裂谷带。喜马拉雅地块与拉萨地块碰撞后发生多次巨型的向南的逆冲推覆构造而造成今天的喜马拉雅山主峰。中部的多条东-西向山脉如冈底斯山、昆仑山等，及其相间的盆地，组成高原中部的盆-岭区，这是由一个统一北东向地应力场作用下形成的，由这 3 部分构造体系组成的一个青藏式复合构造体系。

由于喜马拉雅山高度最高，但是地壳的厚度并不是最厚的，所以喜马拉雅山的山体不是靠重力均衡作用维持的，应当是由向北推进的水平应力产生了垂向力支撑了山体的部分重量。李老过去推测的南北向应力（即离极力），因自转速度变化引起的经向分力，叠加在这个洋中脊扩张力之上，也可能数量还不够大。

印度大陆向北偏东的运动伸展到高原北部和东部，便构成李老提出的西域系。

由此联想到，中国的许多主要构造体系是李老早期提出的，需要再结合区域地质调查新结果以及深部地质调查反映的地壳深部的不同情况，从分析不同时代地应力作用状况，再进一步地给予厘定。

第三，关于物质的垂向运动问题，暗色岩喷发是一种表现，中脊玄武岩的涌出可能是另一种表现。玄武岩流也可以来自下地壳的部位，也可能直接来自深部地幔；而超基性岩浆来自深地幔则没有大问题。有人将这些上涌的物质看成是地幔柱（羽）存在的表现，这样物质的来源就更深了。这一点，李老当时还没有考虑到这方面内容。

从以上 3 个问题看，李老过去关于地壳运动力的来源和物质上下移动问题的论述，有合理的内容，也有不够的地方，需要人们结合 50 多年对地球调查发现的新情况给予再解释。除上述 3 点内容之外，还有，如当时对重力均衡面的认识，大洋壳与大陆壳移动面的认识，大洋壳与大陆壳各地运移速度的认识等，今天都已有许多新的数据说明。

（8）构造体系对矿产产出的控制作用。李老对构造体系与矿产资源分布的关系进行了丰富论述。以南北构造带为例。

云南东部南北构造带是我国锡矿产区。矿石产于花岗岩、花岗斑岩或石英斑岩侵入体与碳酸岩的接触带上，矿脉延伸方向与富集，显然受到南北向构造和相伴的东西向张性断裂及东北-西南和西北-东南向扭性断裂的控制。东川层状铜矿，与辉长岩体有关，也是产于南北向构造带中。几组断裂交叉地点，每为矿体富集之处。在川滇交界地带，如攀枝花-西昌地区，基性岩和超基性岩小岩体较多，大部分都有钒钛磁铁矿和铜镍矿的矿化现象，这个矿化带近于南北方向延展，也受南北向第一级构造控制。其中钒钛磁铁矿主要产于辉长岩岩体的底部，矿体呈脉状，矿体及矿脉的分布在有些地点要受次一级东北向断裂的控制，等等。湖南东南部有很多有色金属及其他金属矿床，如铅锌矿、钨锡矿等，矿脉或矿体的延续、火成岩（包括花岗闪长岩至石英斑岩）的分布，或者富集矿带的延展方向，都在不同程度上受到南北向褶皱带以及和它们有成生联系的各种断裂的控制。李老关于多地岩体、矿体、矿脉受到断裂控制的理论就是他提出的矿田构造理论体系。这里谈到的是内生矿床的分布规律。油气藏，在许多情况下则是受到另一种构造体系的控制。这也是矿田构造体系控矿规律。这里，都未涉及区域成矿的地球化学背景问题。以上 4 个地区形成的矿产矿种是不同的。这是为什么？这就涉及成矿元素的来源问题，涉及区域地球化学特征的问题，而这一点李老未作讨论；第二点是成矿元素赋存深度及其来源问题，这涉及深部壳-幔结构与构造问题，这方面近些年来已做了很多工作，已有条件地进行这方面的讨论了。这也就涉及不同级次构造体系卷入的深度。它们又是怎么样控制着不同种类、不同类型矿床的产出的?这都是综合的多学科的研究课题。

十四、三点心得，四点建议

这些年来，我学习研究李四光著作体会最深刻的有3点。

（1）他的爱国、爱人民的情怀。他总是对人民和国家需求感同身受，积极地想方设法去寻求解困的办法和途径。他对中国找寻油气资源前景的分析与建议，他抓地震预报减轻中国地震灾害的损失，显示得最为突出。有了热爱人民、热爱国家的拳拳之心和深厚的感情，就有了克服前进上的困难的动力和奋进的方向。

（2）他的科技创新思想。对国内外权威从不迷信，不盲从，而是认真研究它是否真有道理，并从最基本原理上寻求开拓新的科学技术途径，如对中国找油气前景和开展地震预报等。

（3）注重科学的方法论，注重实践第一，从本质上、从宏观全局上把握问题，从现象的相互关联的角度上思考问题。其核心思想和方法是我们地学界发展地球科学和解决国际重大科技问题的指导思想和有效的工作方法。他是世界上最早系统性地研究大陆构造和构造体系的科学家。

关于方法论，他说地壳运动问题，是地球内部和外部矛盾诸方面斗争的问题。地质工作者对这个问题的看法有强烈的分歧，其激烈的程度，超过了启蒙时代的那些地质论战。这是很自然的。因为一个地质工作者对这个问题的看法，就基本决定了他对地质工作关键性问题的立场、观点和方法，特别是决定了对矿产资源的勘探、地震地质和水文、工程地质等方面工作的指导思想。地壳的厚度，在地球全部的结构中，只占极薄的一层，然而，这个地球表面极薄的一层，就是地球在过去漫长的历史中保存下来的遗迹。造成这些遗迹的因素包括以下两点。

第一，来自地壳以外的。首先有笼罩着地壳的大气层、太阳、月球；其次是星体的各种辐射作用，可能发生某种影响；最后，还有像宇宙空间的微尘和陨星之类的东西落到地球上，也可能发生些微影响。

第二，就是地壳以下地球内部物质的变化和运动。例如，在高温、高压的条件下，物质的化学和物理的变化，由重力、日月潮汐，主要指体潮（有人称为固体潮，但地球深部，现在究竟是什么体，还不清楚）的作用和地球自转的影响而产生的运动，都不可避免地要集中反映到地壳中来。

地壳内外这两方面，过去和现在发生的一切现象，都只能从构成地壳那些物质的结构和构造中探索问题的实质，才能保证走上辩证唯物主义的正确道路。有的地质工作者，例如美国传统学派的大部分地质工作者和苏联的所谓正统大地构造学派等，都坚持地壳运动的主要因素是垂直运动。他们一概否定水平运动的重要性，对大规模水平运动的现象不加理睬。这种垂直运动论的由来，可能与古老的大陆固定论、海洋永恒论有一定的联系。这样的观点，很明显是形而上学的观点，是地地道道的教条主义，对地质科学的发展起了阻挠作用。这种指导思想传到我国，给我国的地质事业造成了很大的损失。

这表明，李老对中国地质界形而上学的思维方式已深感不安，认为它已经对中国地球科学发展和地质事业的推进产生极大的坏影响。

我也常常借用盲人摸象的故事，来说明人们调查不够易犯片面性毛病。他们各摸大象的一个部位，便形成各自对大象的看法，结果争论不休，得不出统一的看法。必须掌握一种正确的思想方法，才能逐步接近认识这些客观事物。李老的提醒与批评应当说是给中国地质界指出了今后的努力方向。为此，正需要展开百家争鸣，明辨是非，扫清影响地质事业发展和阻碍地球科学前进的绊脚石。

1983 年，张文佑先生借自然辩证法研究会成立之机，提议成立地质哲学研究会，设想从哲学角度组织大家讨论中国大地构造五大学派的问题。这五大学派分别是：多旋回槽台说（黄汲清）、地洼构造说（陈国达）、断块构造说（张文佑）、波浪状镶嵌构造说（张伯声）、地质力学（李四光）。20 世纪 60 年代以后国际上发展起来的板块构造说也传到中国，并为许多学者所重视。如何从唯物辩证法角度分析评价这几种理论，以求得到对中国大陆构造有一个较为一致的认识，这样既有利于中国人对自己国土的认识深化一步，也有利于和外国专家的交流。否则外国地质学家访华时，我们向他们介绍中国的五大构造学派，对方都说听不懂，无法进一步交谈。再说，这样下去，国内也无法进行交流与对中国地质问题达成共识。我希望有关人士重视这一问题。

李老强调地质学和地球科学的研究对象应当是以全球为主，以地壳和上地幔的构造为目标，从构造体系上把握住构造之间的相互关系，而不是仅仅以"地表地质观察研究"为主。强调地表地质是地壳和上地幔综合作用的结果，是其在地表的历史遗迹。

地球表面和内部受力的作用，形成运动和构造变形都是成体系的，不同区域可形成不同级别的构造体系，构造体系概念在地球上和行星上都是存在的，防止孤立地、分隔地看问题和分析现象。

要以地应力为地壳运动的主因进行地质问题分析，而不是停留在现象的归纳概括上；强调大陆漂移理论，肯定地壳内有大规模水平运动发生，但是构造滑移面要进一步弄清楚；重力均衡是客观存在的，到处起作用，但是需要明确不同地区的均衡调节面是哪一个。

要理论与实际密切结合，要关心社会经济的大事，并在通过解决这些地质、能源、矿产、环境等重大问题的过程中学习和发展李四光思想。其中，解决油气、煤炭、地热、南岭铀矿、江西钨矿勘查，以及安全岛、地震预报、第四纪冰川和天气变化等应用问题，李四光理论发挥了很大指导作用。李老的地质力学理论，强调大规模的水平运动，提出了各种构造体系的概念，更是独树一帜，更是需要很好地学习和发展，建议重视。学习绝不应与解决具体问题脱节，要指导问题的解决。

为了传承和发展李四光思想，建议今后抓好以下的 4 件事。

第一，要抓好李老思想传承人队伍的建设，摸清楚还有几位可以起传承人作用的“根”。李老的书不是一看就能理解的，要下功夫和肯下功夫去钻研的人，才能作为传承人。一些人可能一辈子也没能入门，泛泛地开会造势是推进不了学习和应用李四光思想的。

第二，把黄冈市、武汉华中师范大学、中国地质大学（武汉）、武汉科技馆等李四光纪念馆联合起来给予指导帮助，提高对李老思想的认识水平，提高对李老事迹和思想的解说水平。建立一个学习李四光思想的网站，使之成为有志者的一个有效的交流平台。

第三，对各地李四光中队活动给予指导，防止错误地和片面地理解李老的科学思想。

第四，学习李四光思想，要密切结合地质找矿任务，以李四光思想为指导解决地质任务，在解决地质任务过程中学习与发展李四光学术思想。不是为学而学，也不是把李四光几十年前，甚至上百年前所提出的理论去套今天的实际，在学习与继承中要有创新和发展。

为了推动学习交流，5 年多来我积极活动，希望能成立一个全国性的李四光思想研究会。不知何故，一直很难获得通过。最后取得李四光科学基金会的支持，在基金会下成立了一个二级组织。基金会答应每年给予一定的活动资金支持，对此我深表感激。但是，又因种种原因拖 4 年也未取得工作的进展，但愿有一个好结果。

图 9-17 是 2006 年地质力学研究所成立 50 周年时，我与孙殿卿院士、康玉柱院士的合影。这是极为珍贵的一张照片。因为第二年即 2007 年，孙老离开了我们，积极热情提倡和发展李老思想的人又少了一根顶梁柱，令人不胜惋惜！

图 9-17　2006 年地质力学研究所成立 50 周年时的合影
（从左至右依次为：赵文津、孙殿卿、康玉柱）

孙先生早年随李四光先生调查绘制广西全区 1∶25 万地质图，从事第四纪冰川地质和地质力学研究，他协助李四光在确定我国油区和寻找油田方面起了重要作用。在柴达木水鸭子墩“反 S 形”构造带中发现了大油苗，1956 年在大油苗附近打出了油流。1960 年发表了论文《从构造体系的观点来探讨我国石油的普查和勘探远景》，指出了在中国找油的方法。经过长期石油普查勘探工作，基本得到了验证。他协同李四光确定了中国第四纪冰期的存在，开拓了中国第四纪冰川地质的研究，提出第四纪大冰期中可划分为五个亚冰期和一个寒冷期及四至五个间冰期的意见。

第十章

参与我国探月与深空探测活动

20世纪60年代，美苏两大国的空间竞赛搞得热火朝天，给人们留下深刻的印象。

1957年10月4日，苏联发射了人类首颗人造地球卫星。美国于1958年1月31日也发射了一颗人造卫星“探险者1号”。1961年4月12日，苏联又成功地发射了第一艘载人宇宙飞船——“东方一号”宇宙飞船，加加林乘坐这一飞船，在远地点为301千米的轨道上绕了地球一周，历时1小时48分钟，完成了世界上首次载人宇宙飞行，实现了人类进入太空的愿望。美国在太空竞争中落后了，美国坐不住了。于是，1961年当选的美国总统肯尼迪为了扭转美国太空活动的劣势，振奋美国的人心，下令要在10年之内将美国人送上月球。果然，1969年7月20日，美国将人送上了月球（“阿波罗11号”），在静海着陆，实现了人类第一次登月的创举。随后又连续进行了5次发射，先后有12人成功登月，给全世界留下了美国仍然是空间科技第一强国的深刻印象。与此同时，苏联仅仅进行了3次机器人登月，取回少量的月岩样品。

法国在1965年11月26日也发射了A-1号人造卫星——试验卫星-1。日本于1970年2月11日也成功地发射了“大隅号”人造卫星。中国于1970年4月24日也成功地发射了人造卫星“东方红1号”，整个太空响起了《东方红》歌曲。英国在1971年10月28日才成功地发射了人造卫星“普罗斯帕罗号”。

世界各国都把这项太空活动看成一项显示自己国家综合国力，以及主导太空活动、振奋国民精神、凝聚人心、促进团结的重大举措。所以，太空活动一开始就带有强烈的国家竞争态势。但是，对此项活动，当时我没有怎么关注，因为当时我认为自己是从事“入地”活动的，太空活动离我尚远。

一、我如何参与到探月活动之中？

2001年我当选为中国工程院院士，2003年中国工程院院士大会后，也即12月6日，中国工程院院长宋健在京丰宾馆的一个会议室召开了座谈会，请20多位院士就中国开展探月活动及绕月飞行工程规划一事发表意见，提出建议。当时参加会议的有徐匡迪、孙家栋、欧阳自远、肖序常、李廷栋、邓晋福、陈述彭、陈俊勇等中国科学院院士，陈毓川以及多位航天工程界的中国工程院院士。

会上，宋健首先提出，从20世纪60年代美国载人登月（共6次12人登月，取回381.7千克月球样品）和苏联机器人登月（3次机器人登月，采回260克月球样品）形成国际探月高潮以后，进入21世纪以来，世界各主要大国又在酝酿着新的深空探测及探月活动。中国作为一个大国，该怎么办？

有关单位曾于1991年提出过启动探月计划的建议，但未被采纳。1998年，国防科学技术工业委员会又正式向国家打报告，申请立项。现在形势已有发展，已有可能立项了。为此，我们研究了一个“三步走”的初步设想，即2006年实现绕月飞行，2010年实现登月探测，2020年实现月球车采样自动返回。这一规划是否可行，有什么要注意的问题，尚需专家们提出意见和建议。

我为国家开展探月活动所鼓舞，在会上也先后做了三次发言。中心是，强调了中央领导开始思考中国的探月及深空探测问题，这十分重要。第一，从当前世界科技发展的大趋势上看问题，这是一项重大的战略性思考，将会开辟一个新的领域，我非常拥护与支持。第二，从地球资源环境看问题，开展比较行星学研究，对认识地球早期演化和未来发展，都需要关注对其他行星的研究，月球现状与月地关系也都是很需要研究的。这是关乎人类命运的大问题，中国应当有所作为。中央做出这个决定必将产生广泛的影响与作用。第三，月球资源的调查与利用，这是一种思考。国外有人鼓吹过。但是，月球资源还是完全不清楚的，需要调查才能得出结论。不过这是需要时间的。探月是项全民的事业，通过这项活动可以促使全民关注此项活动，在积极参与中提高全民的创新意识，搞好有关的科普工作。

这次讨论会规格很高，内容重大，引起了我对中国探月及深空探测的兴趣与关注。但是，我也感到这项工作目前离地矿部门尚远，很难被地矿部门关注和立项。所以，会开完了，也就抛在了脑后，没有再去想它。更没想到，这一次会议竟成为一次新机会，使我一步一步地参与到国家这一重大的战略活动之中。2004年，我被正式邀请参加到国内探月与深空探测有关咨询和研究工作之中。现在，中国探月活动已进入第三阶段，即机器人到月球上采样与返回阶段。这样，我先后参与了整整14年的有关活动。

二、为什么我们要积极开展探月及深空探测活动？

通过这些年的活动，我形成了三点认识和体会。

（1）人类早就有进入太空的梦想。地球是一个行星体，在太空中与其他星体之间有着密切的联系。地球不是唯一的星体，那么人类在太空中有无同伴？人们常做如是设想。

（2）一个国家进行太空的重大活动，都具有突出地显示自己综合国力和主导太空活动之意，它可以起到振奋国民精神和凝聚人心的作用。显然，这项活动的主要出发点并不是政治家们对月球科学本身发展和需求的偏好，而是政治的需要。所以活动从一开始就带有强烈的竞争态势，显示度很高。例如，苏联在1947～1953年取得了包括仿制和自行设计的近程、中程、远程和战术导弹的发射的成功，利用地球物理火箭将小狗“莱伊卡”送入高空等。1957年8月3日，洲际导弹试飞成功，接着于10月4日成功发射第一颗人造地球卫星，这成为航天时代的重要标志。1959年9月和10月，“月球2号”“月球3号”分别接近月球和拍摄到月背面的照片。这些使美国人明显地感到自己落后了，掀起了全国大讨论。于是，身为候选人的美国总统肯尼迪在1960年11月竞选时承诺，要使美国在太空探索和导弹防御上全面超过苏联。但是，他在当选总统后并没有立刻决定开始实施登月计划，因为太空探索需要大量的资金，这是不易做出决定的。当美国国家航空航天局局长詹姆斯·韦伯（James Webb）要求年度财政预算增加30%时，肯尼迪也仅仅支持加快发展大型火箭推进器的研发，而没有支持其他更大的项目。

1961年4月12日，苏联宇航员尤里·加加林乘宇宙飞船绕地球飞行了一周，实现了人类进入太空的愿望。这件事大大加深了美国对在太空竞赛中落后的恐惧。次日，在与白宫科学委员会的会谈中，许多议员希望能够立刻开始一项太空计划，以保证在与苏联的空间竞赛中不至于落后太多。4月20日，肯尼迪给副总统林登·约翰逊（Lyndon B. Johnson）发去备忘录，询问他对于美国太空计划的意见，以及美国追赶苏联的可能性。在翌日的回复中，约翰逊认为“我们既没有尽最大努力，也没有达到让美国保持领先的程度”。约翰逊还提到未来登月的计划不仅可行，也绝对可以使美国在太空竞赛中获得领先地位。在约翰逊的支持下，肯尼迪下令，要在10年之内将美国人送上月球，以扭转美国太空活动的劣势，振奋美国的人心。果然，1969年7月20日，美国通过“阿波罗11号”实现了人类第一次登月的创举，全国人心大振。现在，美国总统特朗普刚刚上台就又宣布了“要重返月球”的意愿。所以，我们确定太空项目时也必须考虑这一点，要明确显示度在哪一点上。

（3）探月与深空探测也是一个推动原创性新思想、新技术产生的创新平台。同时，也是推动孕育产生新技术产业的平台。美国的太空活动就充分地展示了这一社会功能。

因为探月与深空探测完全是一个新的领域，一个高层次科技领域，大家都不知道怎么办。提出这一任务就为各学科科技人员与群众提供了一个广阔的遐想与创新的平台，发动大家参与，提出各种设想和建议，这就孕育着许多原始性的新思想。显然，这是推动出现原创性思想的现实途径。通过大家讨论，汇总与分析这些新思路，以使这些新思路不断发展，趋向成熟。

在深空探测中，探哪个星球？在一个星球的什么部位着陆？做什么调查？取什么样品？解决什么科学问题？等等。这些疑问对航天技术都会提出不同的要求，从而也会对航天技术不断提出新的要求，从而可以推动航天技术的不断提高与发展。

“阿波罗计划”历时约 11 年，耗资 255 亿美元，约占当年美国 GDP 的 0.57%、当年美国全部科技研究开发经费的 20%。该计划促进了惊人的长期就业增长。在工程高峰时期，参加工程的有 2 万家企业、200 多所大学和 80 多个科研机构，总人数超过 30 万，其科技成果转化所带来的深刻影响，人类至今受益。有人说这次太空活动的投入产出比为 1∶17，这里也树起一个如何超越的样板，一个如何通过大科技活动催生新技术产业发展的模式。

相反，如果不将这一大好的激发国人创造性的机遇加以利用，而仅仅由少数人就事论事地处理这些深空探测活动，不发挥其催生新思想的作用，这将是十分可惜的。

三、参加的探月与深空探测论证活动和体会

2004 年 2 月 19 日、23 日，由中国科学院组织有关专家开会进一步论证了探月工程的“绕、落、回”三步走规划，我被邀请参加了这一活动。

2004 年 10 月 15 日，国防科技工业委员会再次行文成立月球探测二、三期工程（落、回）预先研究专家组，宣布组长为栾恩杰，委员 29 人。其中，我被列为委员，参加科学目标研究组活动。

2004 年 11 月 29 日，在北京昆泰大酒店召开了探月咨询专家委员会成立会。我被邀请作为委员，参加科学目标小组工作。随后，在 12 月 1 日和 12 日又召开了专家组会议，会议是在北京会议中心召开的。非常碰巧，中午就餐时，我见到邻桌有几个人很面熟，仔细

一看，原来是国土部的部长和党组成员们。他们也在会议中心开会，学习贯彻中央关于经济工作会议的精神。这可真是一个难得的好机会啊！

于是，我借机向部长们汇报了我正在参加的、国家拟开展的探月活动的情况和人们对地矿部门的希望。当时，听我汇报的有鹿心社、李元和孟宪来三位领导。鹿心社副部长是分管我部科技工作的，党组成员孟宪来后任中国地质调查局局长。会后，我又到部里，争取到向他们再次汇报的机会，得到他们的肯定和支持而得以立项。于是，国土部的探月研究工作立项活动开始了，部里很支持这项活动。

2005 年 11 月 7 日，在国土资源部科技司副司长高平的主持下，国土部探月科学家小组成立。成立会上决定了三件事：一是，争取参与中国的探月活动，积极发挥作用；二是，加强组内合作形成合力；三是，及时向部及有关部门多汇报与沟通。国土部探月科学家小组成员有熊盛青（航空物探及航遥专家）、施俊法、朱祥坤（陨石学家、地球化学家）、史大年（地球物理、宽频地震专家）、吴才来（火山岩石专家）、李贵书（院科技处处长）及我等 7 人，后来又聘请杨宏伟博士任学术秘书。随后我们即着手调研，找准突破点，开展工作。

2005 年 11 月，由国防科学技术工业委员会月球探测工程中心主任胡浩同志出面协调，组织了一次国土部（高平副司长带队，院里几个人参加）与欧阳自远等为代表的中国科学院探月部门正式会谈，协商国土部门参与的问题。我们提出，希望能得到探月数据的加工产品和有关的原始数据。我们的经验是原始数据加工过程将造成信息的流失和失真，在研究过程中需要多次做加工改进，以推进深化研究。另外，我们也向他介绍了国土部的科技优势。我们长期调查研究地球，从事着区域填图、深部调查及火山岩石学的调查研究，研究月球及其他星体都需要这些知识和经验。欧阳自远院士认为探月数据太多，我们无力存储和处理，原始数据不能提供；我们的优势，中国科学院都有；可以按照条件选定我们一些人来使用这些产品数据。实际结果是，长期以来我们一直没有拿到任何数据。他们选定的可使用数据的专家中有熊盛青和庄育勋等，而庄育勋并不参加探月研究活动，熊盛青是总工程师，参与的时间也很有限。所以，我们决定：一是以研究外国公布的探月数据为主；二是走曲线方式，通过学校取得一部分数据，保证了我们开展研究的需要。

2005 年 12 月 8 日又成立了国家航天局专家咨询评审委员会，评审月球探测二、三期目标和对地观测系统，参加人员有 24 位，国家航天局栾恩杰局长任主任，并主持了会议。欧阳自远和我都参加了该会议。评审会有两个重点，除探月有关内容外，又增加了实现对地高分辨率成像问题。

2005 年 12 月 14 日，国家航天局孙来燕副局长到国土部遥感中心进行调研，鹿心社副部长陪同考察。双方举行会谈，讨论如何实现强强联合推动遥感技术在中国国土资源调查中的应用，并签订了协议。我也参加了这次会议，并在会上汇报了国土部遥感与探月活动情况，并请航天局给予支持。

2005 年 12 月 15 日，中国地质科学院邀请了欧阳自远院士来院做中国探月活动的报告。他介绍了“绕月飞行、机器人登月、采样返回”探月三部曲的内容，提出了要研究的五大科学问题：①研究太阳系起源和演化；②地外生命是否存在的探索；③探测月球上的能源；④太阳活动与空间大气环境；⑤防止小行星或其他天体撞击地球问题。但是关于探月具体要研究什么问题，则没有明说，特别是在美国已经 6 次登月采样后探月目标要如何考虑的问题。此外，上述五大科学问题的研究，应当如何下手，也没有听到他的进一步讲解。而这一点正是中国探月计划正式进入实施阶段后迫切需要明确的问题。

2007年10月24日18时05分左右，我国在西昌发射中心成功地发射了“嫦娥一号”探月卫星，开始了试验绕月飞行与探月的活动。2009年3月，“嫦娥一号”完成使命后撞向月球，温家宝总理在人民大会堂宣布探月成功。

2010年10月1日，“嫦娥二号”发射成功，实现绕月飞行任务后，还在拉格朗日点L2短期停留，并对4179号小行星进行了拍照。

2013年12月2日，“嫦娥三号”发射升空，12月14日21时成功地在雨海的虹湾以东（设计的登月点之外）软着陆。这次携带了一个“玉兔”巡视器，展开月面有限区（约行走了一个“U”字形路线，总长约900米）的调查。12月16日宣布探测任务完成。

至此，“绕、落、回”三步走的计划已顺利地完成了前两步，第三步将执行机器人登月采样，并带样返回地球。这阶段的卫星称“嫦娥五号”。这次登月拟到什么地点着陆和采什么样，很重要。但是，我们一直也未搞清楚计划的要点。

原作为“嫦娥三号”的替补卫星——“嫦娥四号”，由于“嫦娥三号”的探测任务完成得很顺利，所以就准备派作新任务，这就是探月后续项目要解决的问题。

探月后续项目论证组成立后，我又参加了有关的论证工作。

2013～2015年，深空探测活动基本停顿了下来，但是探月研究还在进行中。

鉴于深空探测是建设强大国家的重大战略之一，必须抓紧抓住不放，否则又将严重落后。2015年，中国工程院院长徐匡迪院士与王礼恒等航天工程的9位院士联名上书中央，提出建议，希望继续推进中国载人登月与深空探测活动，并启动有关论证工作。与此同时，王希季院士则提出了一个建议，要求“重新审查‘中国载人登月工程的建议’”。中央领导作了批示。于是，国家国防科技工业局和中国人民解放军总装备部分别正式成立专家委员会开展评估工作。

2015 年 4 月 10 日，国家国防科技工业局发布《关于成立航天重大专项任务深化论证工作专家咨询评估委员会的通知》。徐匡迪院长担任主任，负责对深空探测、重型运载火箭，及载人登月等专题论证结果进行审查评估，提出咨询意见。我又被聘为评审咨询委员。这样，新的探月与深空探测的工作又改由中国工程院抓总。

2015 年 8 月 11 日，总装备部正式发函成立载人月球探测及载人航天中长期发展规划深化论证评审组，由国防科学技术工业委员会原副主任沈荣骏院士任组长，我再次被聘为委员，参加了这一评审会活动。会上明确，载人太空活动由总装备部负责。这样，中国的深空探测（包括探月活动）先后分别由中国科学院、中国工程院及总装备部 3 家牵头负责。

与此同时，探月后续项目的论证工作也开始了，包括两项内容：一是“嫦娥四号”的任务——到月球背面探测；二是“嫦娥五号”及其后续的任务——已提出要为在月球上建立试验基地做准备，及于 2030 年开始兴建。

这些论证活动至今仍然在紧张地进行中，直到中央批准正式执行才能告一段落。

我参与的这些论证活动可以分为以下六项内容：①探月二、三期（月面降落、采样返回）的科学目标的论证；②探月后续项目“嫦娥四号”及“嫦娥五号”等的科学目标的论证；③深空探测长期规划方案的论证；④载人登月的论证；⑤重型火箭研发立项的论证；⑥中国火星探测任务的论证。

每项任务的论证工作次数都较多，有的论证还要求每人会前提出书面意见，花费时间较多。这样，我们就要预先有深入的思考，以便提出中肯的建议。

在参与上述各项论证评审活动的过程中，我感到有以下五个突出问题。

（1）参加评审会、论证会的院士都以航天工程的人为多，探测的科学目标都是一带而过，很少谈及，更谈不上深谈；当然，关于登月，首先是要解决安全登月的问题，火箭、测控、通信与数据传输是前提，而带动航天技术发展也正是这项工程的主要任务。

（2）在科学目标论证组内讨论时，也是就上什么探测仪器及载荷大小议论多，包括各单位开发仪器的优劣比较，很少论及登月点的选择与拟解决什么重要的科学问题。但是，具体的登月点的选择与探寻什么科学问题有关，主持人也没有引导大家去讨论。所以讨论多次，第一次登月在哪里，解决什么问题，也不清楚；第二次月球背面登月；第三次载人登月的登月点，取什么样品，观察什么问题，也是不清楚的。这样，说是论证了，实际上并没有深入论证。

（3）又如提出要研究探测生命问题、环境问题、资源问题等时，也很少论及具体做法和途径；空对空地讨论问题并不能深入下去。

（4）航天部门参加人员议论多的是大火箭，总怕经费不够，风险太大。有人甚至倡导先实现载人绕月飞行，而把载人登月推到以后，也有人从根本上怀疑载人登月的必要性，等等。大型和重型火箭是进入航天深空的核心技术，也是空间大战的基本条件，国家应当像抓飞机发动机和大型船舶发动机那样抓火箭发动机，制订长期计划持续地发展下去，而不是断断续续地夹在一些航天项目中进行。

（5）每次一提到要加强探月数据的研究时，大家也总是强调探月计划内没有安排这笔经费。这是事实。

以上种种现象，都存在“弯道超车”的思想，这不利于像深空探测这类的重大战略行动，必须有统一的有力的部门来挂帅，以科学问题来引领。

大学应当在深空探测活动中发挥自己的多学科的科学技术优势。为此，我借 2011 年 6 月受聘参加教育部深空探测联合研究中心学术委员会活动（图 10-1）之机，积极参与了活动，希望能推动他们关注有关的科学问题。

图 10-1　教育部深空探测联合研究中心学术委员会第一次会议与会人员合影

（前排右五为王礼恒院士，右四为欧阳自远，右三为赵文津，右二为钟志华，左一为彭苏萍，左四为戚发轫，左五为叶培建）

四、国土资源部探月研究

国土资源部探月科学家小组着重从研究推进行星科学和开发月球资源角度开展研究，积极协助有关部门从科学角度搞好探月与深空探测活动，主要做了大小十二件事。

积极调查了 20 世纪国际探月取得的进展和存在的主要科学问题，这应是我国探月活动的科学起点。

为此，我们与美国同行合作，将美国 2006 年出版的美国和欧空局的探月专家对 20 世纪国际探月活动成果进行的科学总结 *New Views of the Moon* 一书翻译成中文出版，并做了广泛的散发和宣传，以使国人了解探月的意义，及前人已取得的成果和水平，弥补我国对新的探月知识了解不足的欠缺，以便于我们在前人肩膀上向上攀登，避免做重复性调查和研究工作。这是实现探月活动的科学引领的第一步。

图 10-2 《月球新观》中文译本及其他图书

《月球新观》（图 10-2）全文共 720 页，书中包括 1998 年“月球探测者”的结果。我参加了部分翻译和全书的最后审定。书中最精彩的内容是，将 6 次阿波罗载人登月取回的 381.7 千克月球样品，及苏联 3 次登月取得的 262 克月土月岩样品的研究成果和各种遥感探测的结果进行校验，以及对这些调查成果的理论概括。

书中得出 9 点科学结论，也提出有待深化解决的九大问题。这将是新一轮探测研究的起点，有待未来的探测去深化认识，或纠正误解，以尽可能避免低水平的重复观测。

结合我自己的理解，将这 9 个科学问题进一步补充扩大，提出了以下 12 个重要的科学问题。

（1）月壳的垂向和侧向结构变化，以及月壳的形成演化。依据月震、重力及地形数据建立的一些月壳厚度的地质地球物理模型，都采用了单层或双层的月壳。这些简单模型或许能通过月坑中心峰和盆地抬升构造的多光谱研究予以约束和改进，但是我们多年的中心峰岩石矿物的研究，并没有得出更鼓舞人心的结果，深部物质仍然没有更多发现。

月壳最上层普遍发育月砾土（前人译为月壤，与土壤的定义不符合），相当于地球上的第四系，但月砾土主要由撞击物本身、四周来的溅射物质及其风化产物所组成。由于长期反复撞击溅射而造成物质属性不明，其分层的地质作用和规律还不清楚；还没有一处地点的月砾土与月壳基底岩石的关系是清楚的。月砾土分层很多，代表的地质含义并不清楚。地球的地壳主要分成五层：地表第四系、沉积盖层、结晶基地、中地壳和下地壳。月壳分层情况不清楚，其垂向和侧向上，不仅厚度变化很大（有的地段计算月壳厚达 58 千米，有的地段仅仅 26.9 千米上下），而且岩性上变化很大；月球样品提供的约束还是很有限的。

（2）关于月表物质显示与月球内部结构的关系。月砾土的主要成分是被撞击体的物质还是撞击体带来的外来物质？如是月球本身的物质，其原岩又在何处？人们采集到了许多类型的岩石，了解了它们的位置与分布，但是对这些火成岩石的来源地几乎一无所知。大型撞击坑边缘的隆起构造显示的岩性可提供一些岩石（火山玻璃、斜长岩、苏长岩、辉长岩、橄长岩等镁铁质岩套等）的来源及其形成深度的信息，风暴洋大面积出现的放射性物质及磷与稀土矿物，但是月球的克里普岩迄今尚未发现一块致密岩块，对重力异常和放射性异常的地质解释也缺乏来自其他方面的约束与校验。找到生根的原岩也可能提供测定绝对年龄的样品，这将有可能从根本上改进月球的定年工作，使月球演化研究建立在可靠的基础上，但是迄今还没有解决。迄今发现的月表物质都是很古老的，为什么没有见到年轻一些的地质物质？

（3）月幔的成分和结构如何？月幔的地质特征如何？ 作者认为月震波速度模型可用玄武岩和火成碎屑岩的岩石学研究结果来约束，强调了月球岩浆洋的分异作用产生了月壳。地震观测结果显示了月球内部分层现象，这表明月球已发生分异作用，但是各层的速度差别不像地球各层这样大。如月壳下的高速度层，速度为 7.74 ± 0.12 千米 / 秒，比地球的地幔盖层–亏损地幔速度低，与壳幔混合层相当，也可能是含铁较高所致。但是，迄今仍然未找到实物证实。仅靠现有的区域重力 +6 个地震台 +3 个雷达探测结果 + 遥感数据，并不能弄清楚这些基本问题。月球风暴洋、月陆斜长岩高地、南极艾特肯盆地等三大地块地表与深部的情况都还不清楚，它们是否构成大的地体，还需要有更多的数据验证和具体分析。地震层析结果显示地幔内存在成层与成块的结构，但是其地质含义及其形成机理还不清楚；地幔分层的概念可能不存在；月球是否存在小月核还有待进一步求证；等等。

（4）关于岩浆洋的形成机理与规模，分布范围。现在是依据月壳成分、结构及月球总成分建立起来的岩浆洋理论，这个理论认为含大量的不相容元素的克里普岩是岩浆洋分异的最后的残渣，是岩浆洋存在的地球化学证据。但是，仍然缺乏对斜长岩、镁铁质矿物和克里普岩层面上和深部分布的了解，不清楚它们到底是不是具有全月性分布的特点。其成因是岩浆洋分异，还是也与侵入的岩浆体有关，抑或是与撞击盆地的巨厚熔融物分异体有关？大型斜长岩体产生与分布的原因是什么？再有，这一岩浆洋形成的时间和条件、形成的规模，以及形成机理等是什么？

（5）月球非对称性的本质是什么，因何引起？月球的质量中心与形态中心偏离 2～2.5 千米，为什么？如月球正面密度大，是否可能是先形成的？或许能以此解释克里普岩大量出现在月球正面的原因。不过，人们到现在也没有发现大块的克里普岩，更没有证明其密度大小；月球内部物质运动驱动力的来源有几个？如何推动月球内部物质运动？可能的放射性元素的含量是多少，其所产生的热能否驱动月表物质的分配？

（6）月海火山作用的分布、起源和演化。作者认为，月海玄武岩是由于月幔的部分熔融作用而形成的。已采的月球样品，年龄都在 39 亿～31 亿年；撞击角砾岩中的玄武岩碎屑，记录了 42 亿年的火山作用。样品的成分变化也很宽，TiO_2 含量从 1% 以下到 16%。已采集到的玄武岩类型不及遥感测得的一半，而对月球背面小月坑的玄武岩类型还知之更少。对月海玄武岩的年龄与其成分之间的关系还不清楚。

（7）主要撞击事件的时间及其对月壳形成层序的影响如何？南极艾特肯盆地的性质是什么？它对月球演化的影响如何？撞击作用

是造成月球表面大尺度特征和成盆的重要作用，月球也保留着撞击作用的记录。需要研究其形成机制和动力学过程，以改善人们对盆地形成作用的认识；进一步研究盆地内的沉积物的分层结构和层序，如何通过盆地测得20千米深盆地侧壁揭示出一条深地层剖面；如何根据月球热演化的可能时序，探讨主要盆地撞击作用发生的时间；探讨重力高的性质和产生的原因；以及南极艾特肯盆地成因和早期演化研究。要寻找一种新的定年方法，以提高演化研究的可信度。

（8）月球古磁性的起因。按照现在的提法，月球古地磁的存在表明月球已演化到分异出来金属质月核的阶段。现在虽然已从月球轨道上（电子反射器）和在月球上（地面磁力仪）探测到月球局部磁场的存在，但对其起因还没有统一认识。

（9）月球的重要资源是什么？月球上有什么资源？聚集在什么地方？为什么聚集在这些地方？现已发现月球上有丰富的氧、氢和太阳风气体（可能指氦-3），这些资源已被封存在低温的月砾土中。又根据“克莱门汀”双工态雷达试验和“月球探测者”中子能谱仪的测量，确定在两极永久阴影区的月坑内可能存在水（含量很低）；某些月砾土内铁和钛的含量高。这些发现需要进一步调查，查清可能的数量，可否考虑开发等。

关于其他，如未来太空大战中如何利用月球问题则是另一个重大内容，也需要开展对月球的一些调查研究。

（10）月球过去是否存在过大规模的水或其他流体，是否发生过大规模的喷气作用？已发现一些星体存在着大规模的流体。火星、水星、金星等都存在这种现象。

（11）关于空间的风化作用和碰撞事件研究。依据月表地貌（到处是平缓的山包，即使在强烈撞击作用下）和人类登月体验，月球上的风化作用是很强烈的，对人体会有伤害的。人类要登月和利用月球，就需要研究清楚并做出评估。此外，月球上大气稀薄，陨石撞击月球规律也需要调查研究，以做好未来的防范。

（12）关于地球-月球的相互作用研究。地球对月球会产生什么作用？月球对地球也会有重大影响。要特别关注月球对地球地震发生与大气变化的影响，地外天体对地球撞击的危害等。

2009年6月我们积极推动和筹备了一次国际会议，会议名称是“探月与地学科学研讨会”，由中国地质调查局资助。我与美国华盛顿大学的王阿莲教授作为会议执行主席，组织大家讨论探月与地学研究的关系。为什么要组织这样一次活动呢？因为国内有一些人认为，探月与深空探测活动和地质部门没什么关系，我们参加进来做什么呢？有些人不了解情况，这是未认识到当前探月及深空探测已进入新阶段的形势所致；有些人则有排斥地球科学家参与之意，这将十分有害于未来的行星研究。显然，统一认识是十分必要的。所以，我们组织了这次国际会议，听一听前人的体会，借此宣传一下当代探月与深空探测的情况，及它们与地球科学的关系。图10-3是与会人员合影。

图10-3　探月与地学科学研讨会与会人员合影

会议集中表明，当前探月活动已经从在地表用天文望远镜观测和利用陨石研究月球的阶段（Ⅰ），进入发射绕月卫星进行遥感探测阶段（Ⅱ），去月球采样的阶段（Ⅲ），进一步派人登月进行实地地质调查研究的阶段（Ⅳ）。这样，派人登月直接在月球上进行观测和探测，需要运用在地球上进行区域地质调查、地球物理及地球化学研究的经验与知识来研究月球了。它与前三个阶段的做法有着本质上的不同。

会上，我的发言集中于对比了登月人员现场观测的特点，这是遥感技术探测所做不到的。现以美国6次载人登月中的3次——“阿波罗12号”“阿波罗15号”“阿波罗17号”登月活动为例。美国“阿波罗计划”的登月点（A字母开头）与苏联“月球号”（L字母开头）取样点的分布图见图10-4。

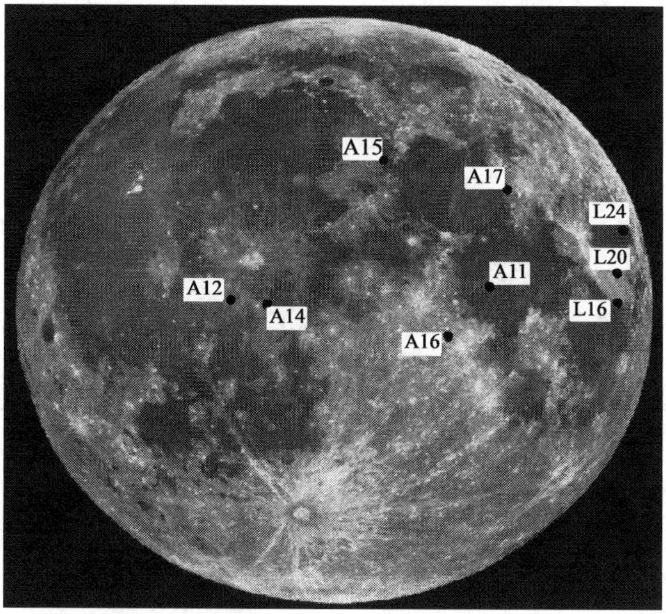

图10-4　美国登月点分布图

“阿波罗12号”的着陆点在风暴洋的东南角。调查路线长1.35千米，取了63个样，共重34.4千克。航天员将地层分为6层，都以溅射物为主，钻孔控制深度不到两米，见图10-5。

“阿波罗15号”的着陆点在月球雨海的东缘。宇航员在月面上巡视了27.9千米，采样77千克。该宇航员也是一位地质学家，他将观察的结果绘制成地质剖面图（如图10-6、图10-7所示），并与遥感测量结果进行了对比。

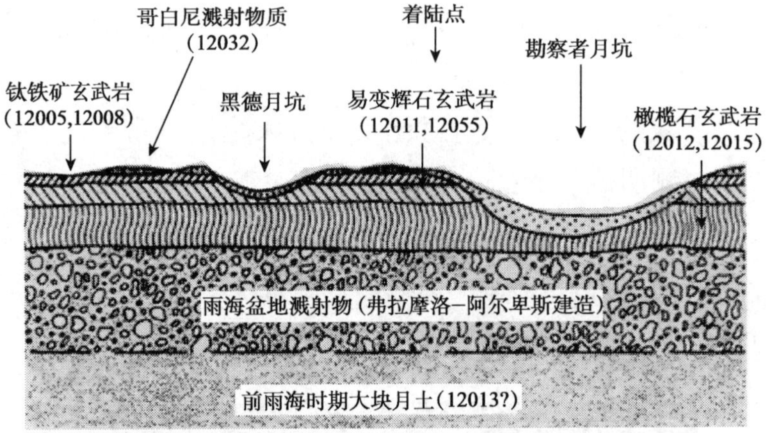

图 10-5　穿越“阿波罗 12 号”着陆点的东西向剖面图
（据 David M. Harland，2002）
表示大型冲击盆地中覆盖在更古老溅射物上的几个玄武岩熔岩单元的结构情况，这是推测的雨海溅射物覆盖层；数字代表在不同地质单元采集的标本编号

(a) 立体图及计划勘察路线

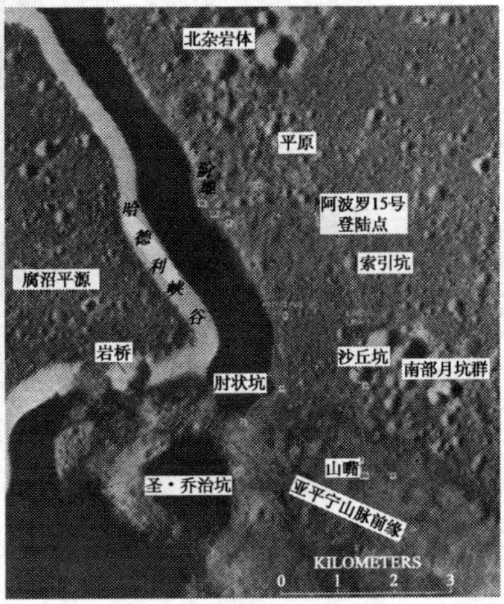

(b) 实际勘察路线

图 10-6　“阿波罗 15 号”登月点哈德利-亚平宁地区
（据 David M. Harland，2002）

登月航天员需要在月面进行地质调查，就要准备许多地质调查方面的知识：一是在月面现场采集样品的思路要改变，即要能采集到尽可能多的具有不同地质意义的样品，改变在一个地点大量取样（图 10-7 括弧中的数字代表样品的编号）的做法；二是可以绘制地质剖面图，将月面取样点与地质剖面联系起来，以便看出样品在空

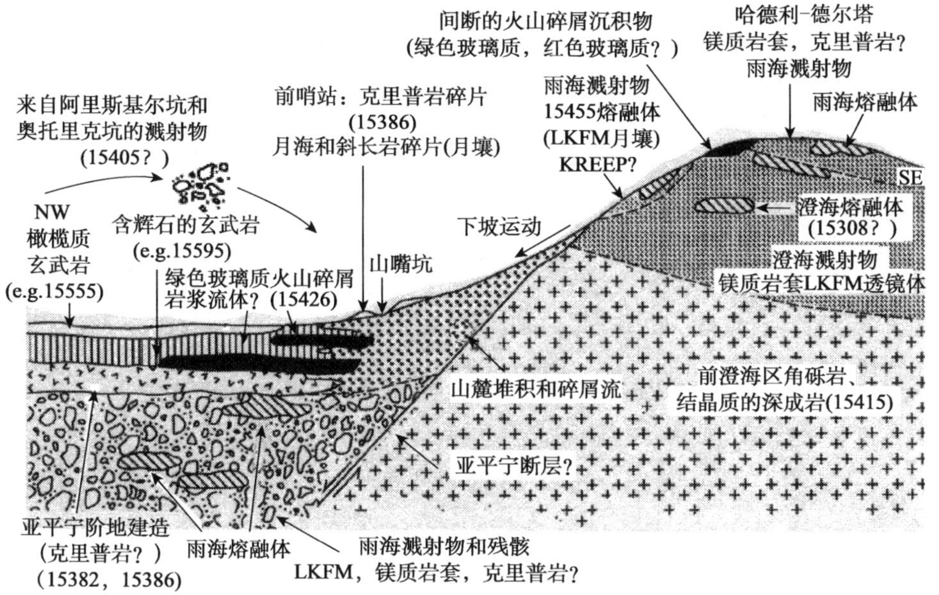

图 10-7　穿过“阿波罗 15 号”登陆点的北西-南东向地质剖面
（据 David M. Harland，2002）

显示了从月海到高地的复杂地质变化（据 H. Spudis 和 Rgder，1985；Swann 等，1972；Swann 等，1986，改编）；在月海处（左边）后雨海玄武质岩浆覆盖在雨海溅射物的厚堆积层之上；在高地区域（哈德利山，右），来自于澄海盆地的更老的（前雨海）溅射物覆盖在古老月壳之上；数字表示从不同单元体挑选出的月岩样本；LKFM 为比典型斜长岩月壳更富铁、镁组分的撞击熔融物

间与时间的关系。而利用遥感的信息是难以确定样品间的关系的；三是要观察遥感技术观测不到的地质现象，如从图 10-8、图 10-9 中可以看到玄武岩的层理，可能这是生根的原岩，而不是外部溅来之

图 10-8　哈德利山显示出的倾斜纹理（据 David M. Harland，2002）

为远距离拍摄的照片拼图，显示了倾斜的“条带状”纹理出现在哈德利山的表面

图 10-9　银色山嘴西北面显示的“软硬层”形成的倾斜条纹（据 David M. Harland，2002）

太阳位于地平线附近，在前景图中（右边）就是哈德利-德尔塔山的山脚

物，这一点十分重要，有了生根岩石，才可以测定样品的绝对年龄，从根本上改进岩石定年的办法，这样才能确切地论述星球的演化问题，可惜9次月球采样都没有取得原岩样品；四是可以在月面上做进一步的地球物理（如地震、电测、热测等）测量、气体测量，以及地质观察，以得到地表以下不同深部的数据，这是研究月球的结构与形成演化不可缺少的数据；五是人类亲自体验月球的环境和生存问题，这比空间站更接近太空环境，将来人类要走向太空，在月球上做的过渡准备是必走的一步，已发现月尘和空间辐射环境对未来航天活动有很大的危险性；六是机器人登月，从科技上讲，它与第一阶段的"绕、落、回"本质上一致，科技提高有限，而载人登月，要考虑的问题多得多，科技的难度要大得多，相应地对科技发展的带动作用也大得多。

"阿波罗17号"登月点在澄海东部边缘山区——金牛-利特罗峡谷盆地内。巡视车的调查路线见图10-10，调查路线长达30千米，停留了3天又3小时，取样110.5千克。给出的地质剖面图见图10-11。图中对

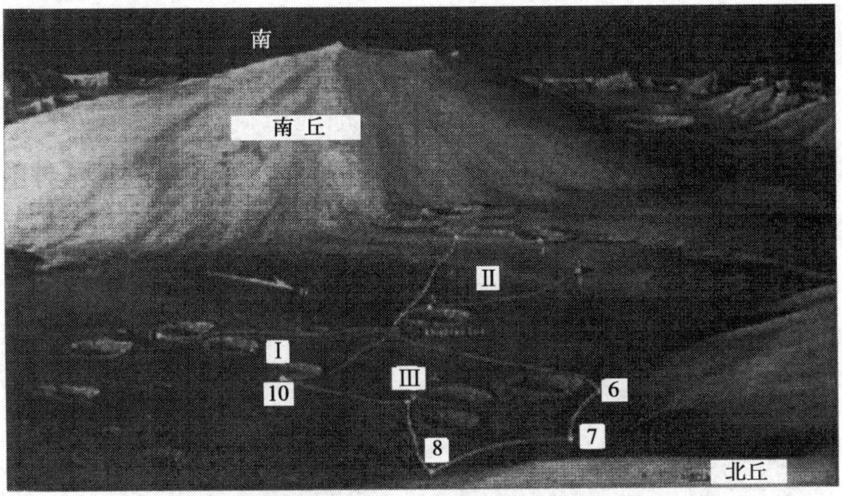

图10-10 "阿波罗17号"的登月点及调查路线图
（据 David M.Harland，2002）

该图视角是从最西边的雕刻山往南丘看去；第一次（Ⅰ）调查是向东南行走，到埃莫里坑（Emory）；第二次（Ⅱ）调查向西行走，到达南丘底部的南森月坑；第三次（Ⅲ）调查向北行走，到达北丘及雕刻山的底部；数字为观测点

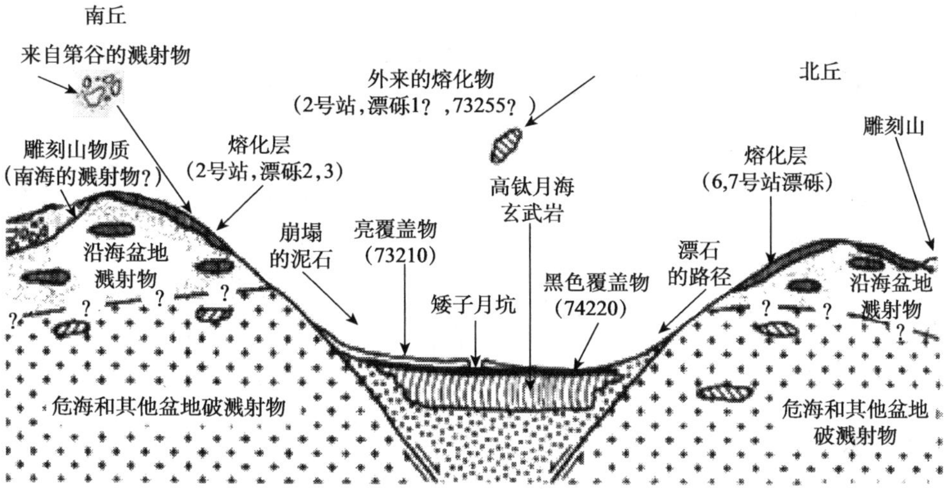

图 10-11　施米特调查后绘制的“阿波罗 17 号”着陆点附近地质剖面图
（据 David M.Harland，2002）
剖面方向是从南丘向北东方向的北丘，数字表示从相应单元体挑选出的月岩样本

观察到的溅射物的来源和性质进行了推测，特别是给出了着陆点的地质剖面，剖面中溅射物分为危海、澄海及雨海 3 层，但把盆地中的堆积物分了 4 层。利用遥感技术对山间盆地探测则得不出这样的信息。

从这些月表照片看，月表可能全部为溅射物及其风化物所形成的月砾土所覆盖，少数地点有熔化层分布。但是，对大漂砾的岩性和矿物组合缺乏描述，它的来源是什么？它是如何形成的？从整个山势来看，还看不出是从哪里出来的。是不是大块的溅射物？会不会是陨石块体？图 10-11 中，峡谷盆地内存在层状高钛玄武岩分布，也是看不清楚它的来源，特别是在峡谷中钻了一个三米深的钻孔，发现表层半米深度为搅动层，其下出现了 40～50 层稳定层，而深部存在的一层 10 厘米厚的玄武岩熔岩层，是用重力与地震方法确定的，可惜未见到进一步的研究成果发表，以帮助查明其层序和时代。图 10-12、图 10-13 为北丘山坡上的一块大砾石。它来自何处？是致密岩石还是胶结的砾石？未见说明。

从中可以引出以下几个认识。

第一，这三次登月共采集月岩、月砾土 34.4+77+110.5=221.9 千

图 10-12　北丘山脚下 6 号点处的大漂砾（据 David M. Harland，2002）
注意大漂砾四周的月尘堆很厚

图 10-13　从北丘山顶滚下来的大漂砾（据 David M. Harland，2002）
杰克·施米特朝东拍摄的第一张全景图；图上显示了巨型岩石的碎块，它是从北丘上滚下来的，破碎之后就保存在这里了；右边的山峰是东丘

克，数量已很大。调查路线总长达 70 千米，但都是围绕三个着陆点进行的，所以从大区域上讲，仍属于三个点的采样。

第二，月表全部为溅射物所覆盖，所采的样品仍然都是溅射物，而且从航天员绘制的地质剖面图看，剖面深部也都是来自三个时代的溅射物堆积体，只不过推测来自不同的撞击坑而已；这些溅射物的来源并未很好地得到说明。因此，进一步讲，如何利用这些样品，还是个问题。这些样品中，哪些是月球本身被撞击出来的，哪些是外来撞击体带来的？若是月球本身撞击出来的，其原岩又在哪里？岩性如何？都不清楚。这种情况下采了更多的样品又能说明更多的什么问题呢？

值得思考的是，雨海、澄海、危海的溅出物，也有个时代问题。是撞击形成雨海、澄海、危海之时形成的，还是三海形成之后的后续撞击所形成的？这些三海溅出物有什么不同？从上下堆积关系能否判断出时间的先后？

卫星上和在月表进行的雷达探测结果，看一看可否进行分层对比。

“阿波罗 17 号”的 ALSE 仪器共有 3 个频段，即 5 兆赫（HF1）、15 兆赫（HF2）和 150 兆赫（VHF），实际垂向分辨率大约为 25 米和 407 米（R. J. Phillips et al. 1973b）。日本的 SELENE 卫星的月球

雷达探测器（LRS）只用了HF1（4～6兆赫）频段（T. Ono，et al. 2010）。中国“玉兔”则用了两个较高频率50兆赫和500兆赫，频率高，主要是用于探测浅层结构。三家均取得较好的成果。雷达界面主要与地下物质的介电常数差有关。但是，如何进行分层对比，并将各界面的地质含义和时代意义讲清楚，仍待进一步研究。

美国雷达是在“阿波罗17号”上安装的，得到5个海深部的雷达成像，区域性显示很清楚，特别是在大的撞击坑及边缘山地的显示。900米和1600米深的界面延续很长，也很完整。

日本雷达同样扫描了5个海，但分别得到320～460米和780～870米（风暴洋）、320米和920～1050米、320～370米（澄海）、180～320米和500～550米（危海）等2～3个界面。这些界面延伸也比较长。

这两次探测，美国和日本都用了5兆赫主频，但结果并不一样。美国探测到了更深部的剖面，但发现的浅层界面较少。相反地，美国有两个高频段，却又未能显示其取得浅层界面的作用。原因没有说明。雷达波频率再降低，是否可以增加探测深度？还没有数据说明，但不会达到5千米深。

中国“玉兔”巡视区位于雨海北面的一个年轻的撞击坑边缘，探测器行走了“U”字路径，总长114米。这是一个很局部的点的探测。

肖龙等得出界面的深度为：1米、4米、8米、50米、60米、140米、240米、360米等，其中在140～240米又分出4个层。用这样的高频雷达波探出了240～360米深的界面也是不简单。作者还对各层岩性和年代进行了推定，认为60米界面以下为雨海纪的物质（即32亿年以前的物质），8～60米为爱拉托辛纪的物质（即12亿～32亿年的物质），8米以上为哥白尼纪地层（12亿年到现在的）。在雨海纪堆积层内部又出现5个界面。但是，这是依据什么将这些雷达界面代表的物性界面转为岩性界面，再从岩性界面确定其时代的，作者没有说明。雨海纪堆积层内部的5个界面又代表了什么地质事件？这些界面如何与美国及日本所测的300米、900米及1600千米深的雷达界面对比？

关于地震探测的结果。

关于库珀等1974年的结果。“阿波罗17号”在澄海金牛-利特罗峡谷盆地月表开展的人工源广角地震探测结果。地表几十厘米内岩层的速度为50米/秒，约几米深升至310米/秒，随后到约40米深提高到近500米/秒，到400米深速度再提高到近800米/秒，再到1400米深处速度又升至近5000米/秒。后3个速度界面很明显。

剖面上，400米深的地震界面与日本雷达在澄海测得的320～370米深度界面大体相符合，1400米深的界面与“阿波罗17号”测得的1600米深的界面也基本符合，但地震法未显示900米深的雷达界面。

鉴于雷达界面与介质的介电性变化有关，地震速度界面则与地层的密度和地震波速度有关，两者又都与堆积层的压实作用，或物质本身的物性变化有关，这两个界面有可能对比起来。联系到其他撞击坑测得的结果，综合起来分析，可以推测在400米和1600米深上下的两个界面可能在月球正面具有重大的意义。它们可能代表两次重大事件。那么是什么重大事件呢？

利用天然地震得出的月球深部速度分层剖面（Nakamura，1982）：

0～1.6千米深度段，为50米/秒、310米/秒、500米/秒、4900米/秒，这相当于地球浅表层的第四系上层的砾石、沙、土的堆积层。

1.4～15千米深度段，速度为5千米/秒，相当于地球上的第四系地层。但是月球的浅层完全是玄武岩的溅射物形成的含有大小不等的岩块的月砾土，以上为月表层，表明“阿波罗17号”登月点金牛-利特罗峡谷表层的厚度。

15～30千米深度段，为6.25千米/秒。从速度值大小看，相当于中地壳的安山质和玄武质岩层。在月表环境下，还没有发现酸性岩浆岩，月表月砾土之下的硬岩区，上月壳的岩性应为玄武岩。但是6.25千米/秒的速度对深部玄武岩来说又显得低很多，所以设想它是经过撞击而形成的碎裂或裂隙发育的玄武岩层。

30～58千米深度段，速度为6.89千米/秒。相当于地球下地壳的底部速度值，可看成为月球的下地壳，厚度达28千米；这一速度比玄武岩的速度要大一些，可能与其镁铁质成分高有关。

58～270千米深度区间，速度为7.74±0.12千米/秒，即比下地壳速度提升了近1千米/秒。在这个212千米厚的区间，速度增加很大，这个区间与地球上的下地壳过渡到上地幔盖层（即莫霍层）相当，所以可以看成是月球的上地幔盖层，即月球上的莫霍界面。其速度略低一些，可能反映了其超镁铁质成分低一些。这一点可能与月球岩浆洋分异程度低有关。“阿波罗12号”和“阿波罗14号”登月点处月壳厚度用地震法得出的值35～45千米相比，增厚很多（见《月球新观》第204页）。

270～500千米深度段，速度为7.46±0.25千米/秒，厚度230千米。有意思的是，这一层速度降低约0.3千米/秒。它与地球内的上地幔盖层下出现的软流圈相当，地球的软流圈深度一般为80～270千米，而月球软流圈的深度则达到270千米，其深度加大可能是因其上地幔盖层的散热时间长有关，其厚度与地球的软流圈厚度也相当。此层之上出现高频地震。

500～1000千米深度段，速度又升高到8.26±0.40千米。这与地球的上地幔底部层速度相当，比地球下地幔的速度（9～10千米/秒）低得多。但是从纵向速度结构变化看，两者的特征还是很一致的。

对1000千米以下的速度变化就不清楚了。有人将1000～1400千米这一深度区间划到了下地幔，并认为它是一个部分熔融层，但依据还不清楚。可能是作者认为深源地震层位于700～1200千米深，应当与其下出现软流圈有关。我想，如果月心存在一个小铁镍核，其外围出现一个与地球外核部分的熔融地带类似的层带是可能的。

但这两点都需要进一步求证。

与 270 千米深低速层上部存在一个高频地震带（9 个浅地震）相似，1000 千米以上也出现一个深地震带（记录到 44 个地震），两者有可对比之处。

月球半径平均是 1738 千米，月球的深剖面结构特点正反映了月球经历过岩浆洋阶段。

“阿波罗 17 号”登月点得出的月壳和月幔结构是否有代表性，有待研究。

图 10-14 是日本赵大鹏教授做的地震层析结果，这一结果显示了一些月球内部结构的新的信息。赵教授利用 6 个地震站长期观测的数据进行层析成像分析。

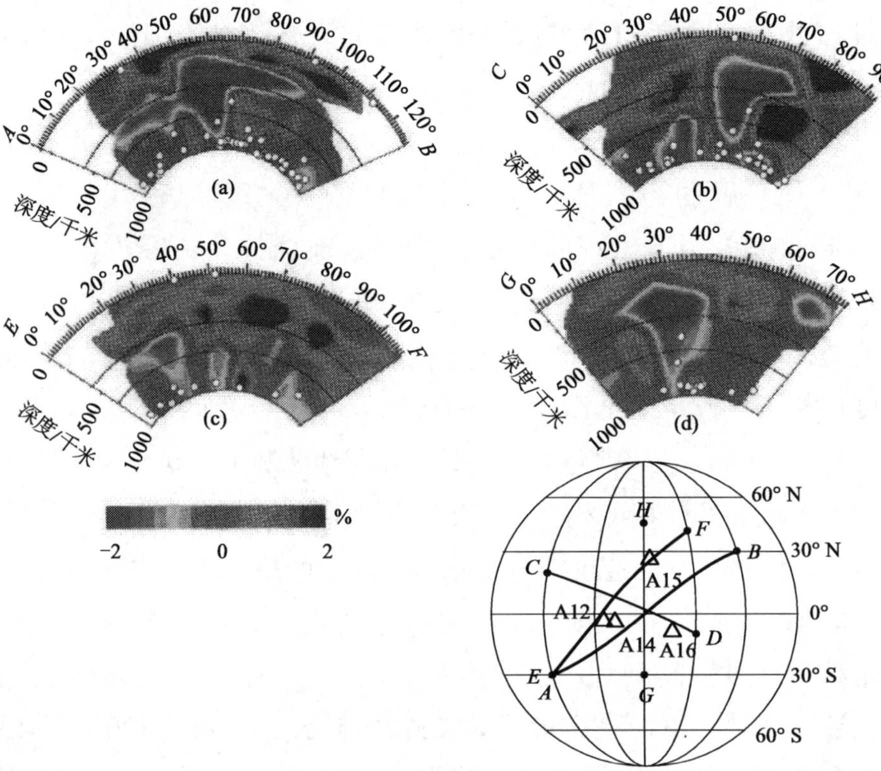

图 10-14　P 波层析成像图（文后附彩图）

因为阿波罗地震数据质量并不理想，一些地震到时的确定误差较大，所以这两个结果可信度都较低，特别是S波成像结果。但是，从P波成像图可以看出以下几点。

A-B剖面显示，浅层为高速层，在E-F剖面上也有成层显示。

A-B剖面的50°～90°经度之间，在500千米深度上下出现一低速体，向西南变深变薄，向东北也有些加深，中间部分垂向伸展可达700～800千米，直达地震震源层的深度；最浅处位于50°经度和15°纬度，相当于“阿波罗12号”“阿波罗14号”南部，正好与这个地区薄地壳相对应。这一异常体在E-F剖面则不见显示，表明向西北方向延伸有限，需要进一步查明这个地点有什么异常现象，可能会有火山活动迹象，需要查一查地区内放射性元素含量是否有所增高。是否表明这一异常是地下放射性元素集聚区产热所造成的低速异常？如果说，放射性元素集中于克里普岩中，低速层的分布则可能代表了深部克里普岩的分布，显然它不具有成层性的特点，更看不到风暴洋的轮廓，风暴洋是否可构成一个大的构造单元也值得再研究。

从S波层析成像（图10-15）结果看，速度分布的情况更为复杂了。本来S波信号很难分辨，而月震信号的S波更弱，转换震相的S波的识别更困难，所以这个成像图的可信度需要检验。

此图最突出的特点是，红色的低速区范围要比P波的成像的结果大得多，甚至显示的内容高低完全相反。

关于月球上，特别是正面出现一系列重力高，规模、强度都很大，它们的产生原因是什么？还没有定论。一种说法是，撞击体将撞击面上的物质全挖走，随后因月球深部物质弹性回跳而抬升上来，产生了中心峰，并将深部物质推到表层，再在其上堆积了后来的溅射物；一种说法是重力异常是由密度大的撞击体的残留物引起的。但是都还需要有其他旁证。

2011年10月18～20日举办了月球与火星探测科技高层论坛

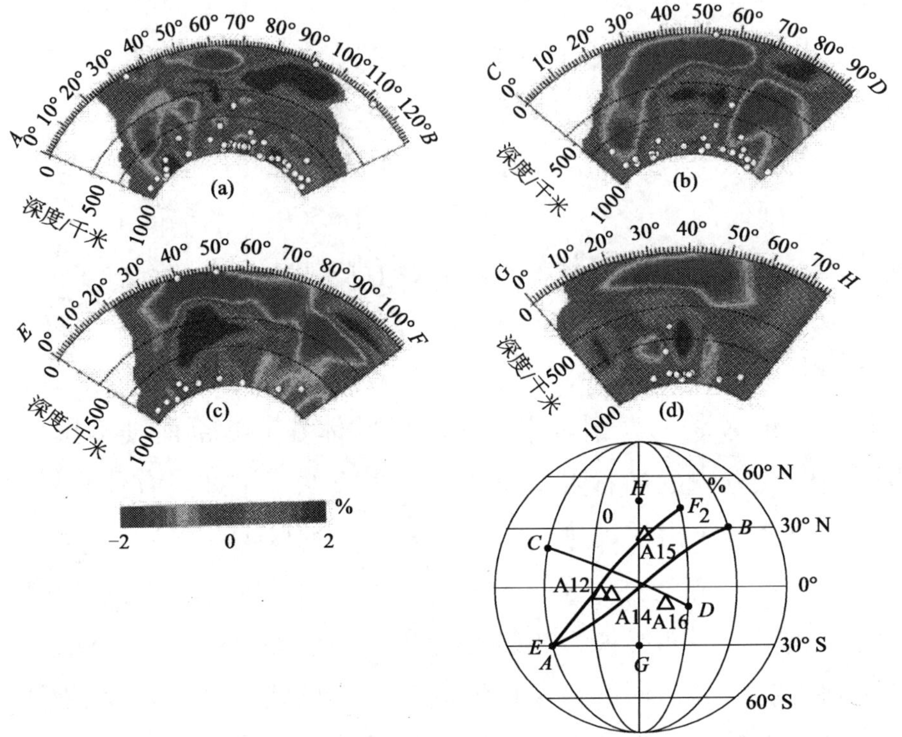

图 10-15　S 波层析成像图（文后附彩图）

（图 10-16）。这一高层论坛以国土资源部、中国工程院、中国科学院及航天科工集团四大部门的名义主办，具体由中国工程院学部办公室与中国地质科学院承办，会议仍决定由我与王阿莲教授共同主持。我们积极宣传探月与深空探测应以科学引领活动，强调只有着眼于取得大的科学成果，来设计登陆区和进行取样调查，才能获得科学上的丰收，可提高对航天技术的要求，带动航天技术的发展。

9 位国际知名的行星科学家参加这次论坛并做了 14 个报告，中方也做了 20 个报告。王礼恒、张履谦、姜景山、陈毓川及郑绵平等院士和有关领导参加并指导了这次会议，给了这次论坛很大支持。参加会议的专家学者共有 200 余名。论坛取得很好的成效，会上美国科学家还联名向中方有关部门提出四项工作建议。

图 10-16　2011 年“月球与火星探测科技高层论坛”代表集体留影
（图中右起第四位为主管我国探月与深空探测的王礼恒院士，右五为国土资源部总工程师，右一为国土资源部科技外事司司长姜建军，右二为中国工程院学部主任谢冰玉）

这次会议的中心为以下三个主题：①为什么要以科学引领探月与深空探测活动；②深空探测要有个长期规划问题；③推动开放与国际合作问题。通过这次会议，国内进一步了解了各国对未来深空探测的思考和动向。

下面就上面三个主题进行说明。

（1）关于科学引领问题，以及深空探测的意义和目的。

深空探测，探测什么可以增加什么新的知识？计划取得什么新发现？这就是以科学目的为前导引领深空探测的意义所在。由于探测任务的要求不同，新的任务要求也必然会带动航天技术的不断发展提高，以适应发展需求。

当然，航天技术是深空探测的技术基础，没有强大的火箭航天员是不可能到达月球和火星上的。

美国提出深空探测规划的指导原则就是：科学第一，所有的建议必须是科学驱动的；开放原则，要组织科学组织有关成员全程参与活动；透明与公开的原则，对所有感兴趣的科学组织成员公开，这些成员可以查询提出建议。美国国家航空航天局发布的“2013～2022 年行星科学愿景与旅程”是经过 12 次以上的大会与几十次小型会议，1669 位参与者提出 199 个白皮书，并在 18 篇报告的基础上形成的 10 年规划草案报告。报告提出的建议内容可归纳出三个中心课题：一是了解太阳系的起源；二是寻找生命存在的条件及其可能存在的行星；三是揭示行星的形成与演化。报告中提出了 25 个候选任务并做了详细研究，草案已经过 18 位高级评议员评审过。

这里我理解的是，当前深空探测主要着眼于了解太阳系的形成与演化，太阳系之外的则属于另一些研究领域。因为太阳系也仅仅是银河系的一小部分，而宇宙中存在无数个星系。

太阳系则包括一系列行星、小行星、卫星及彗星等。地球、火星、金星等是行星，许多行星的卫星虽然称为卫星，但是在规模、质地和演化特征上与行星相近，人们也就把它们与行星类一起进行研究，成为比较行星学的一部分研究对象。太阳则属于恒星类星体，它本身又有自身的形成、发展演化，以至死亡的规律，但这是属于恒星学的范畴了。深空探测，第一步是就个别星体进行探测研究；第二步则要求进行星球的对比研究，探讨星体差异形成的原因，研究行星的形成与演化，星体相互之间的作用；第三步，则是着眼于太阳系的形成与演化；第四步，则是研究生命存在的条件，及其他行星生命存在的可能性等。

人类对深空的探测还是有限，除美国之外，俄罗斯次之，其他国家则仅仅是刚刚起步。但是，今天应当把太阳系作为一个整体思考，走上太阳系探测研究之路，这一事业绝不是一个国家能胜任的。许多国家也正在进行行星的调查研究，研究行星的形成与发展演化，以求了解行星与地球的关系，研究行星演化的异同，如气体的产生和演化，探讨地球温室气体增加和减少的规律等。

以科学问题为导向和引领，科学目标高，采用的探测器及路线设计的要求要高，才能取得科学的大丰收；也可以避免调查研究的不必要重复，推动研究探索的深化。同时，由于对调查研究工作提出了更高的技术要求，还可以推动科技更快地提高。再者，加强科学问题研究还可以避免调查研究的成果碎片化，有利于深化研究。

（2）深空探测长期规划问题。

深空探测要有长期打算，必须有长期的战略思考与当前的战术性安排。凡事预则立。深空探测绝不能是想起来才考虑干一干的事，而需要长期的多代人的共同努力探索。

利用这次会议的平台，美国科学家介绍了美国2013～2022年10年行星科学研究的设想与安排。从中我们看到美国作为深空探测的大国，开展深空探测是有全面安排的，它的许多经验可作为我们的参考。

美国的这一十年规划，可归结为三个中心问题和25个候选任务。美国已批准执行的有三大行星科学研究任务，按照计划内容分成四个方面。

第一，旗舰性的任务。为大型任务，需要10亿美元以上的费用，大约10年一次，如火星采样返回；木卫二研究；探讨太阳系外层存在海洋的可能性；天王星轨道探测器；水星环境等。

第二，新领域或新前沿性任务。为中型任务，约需经费10亿美元，每10年可进行2～3次，如冥王星轨道器，又名“新地平线号”，已飞掠冥王星，前往柯伊伯带；木星轨道器，又名“朱诺号”，现已进入木星轨道；OSIRIS-Rex任务，探测小行星$1999RQ_{36}$，并采样返回，现处于开发中。

几个候选任务包括：彗星表面采样返回；月球南极艾特肯盆地采样返回；土星探测器；水星原位探测器：木卫一观测；月球地球物理网络等。

第三，发现性（Discovery）的任务。为小型任务，每10年可开展 4～5 次，是能够产生巨大科学效益，并能够在未来继续实施的任务。

第四，其他任务，主要是火星探测任务。包括“卡西尼号”土星轨道器；“奥德赛号”、火星全球勘测者号及“火星快车”——火星轨道探测器；火星实验室、火星侦察兵计划——火星探测器。其中，火星实验室已在火星上的盖尔陨石坑登陆和完成任务，还有月球大气和尘埃环境探测器。这些任务均已实施，取得了丰富的科学成果。

以上内容多数已在实施中，而不是停留在纸面上。值得关注的是，在深空探测方面，美国具有绝对的优势，居于领先的地位，短时间内是无人可以挑战的。

2017 年 2 月 27～28 日和 3 月 1 日，美国又召开了 2050 年行星科学规划工作会议（Planetary Science Vision 2050 Workshop）。会议的目的是，通过太阳系行星科学及相关学科的专家以及空间科学顶级专家的集体探讨，提出未来 35 年美国深空探测的战略布局问题，拟定深空探测未来以 2020 年、2030 年及 2040 年为三个时间节点的科学目标，以及可以实施的技术，形成自己的 2050 年行星科学发展的框架，以支撑下一阶段太阳系探测任务。

会议在 240 多篇报告的基础上形成了以下五大主题。

第一，探索生命的存在。探索未来 35 年生命存在的可能位置，改进对于地球生命的起源和演化的认识，以指导在其他地方寻找生命。①下一代太阳系以外行星观测；②未来长期火星科学探测；③在建立生命信号原位分析之后的欧罗巴（木卫二，Europa）探测路线；④海洋世界探测之路；⑤寻找太阳系及以外生命；⑥从 Rube Goldberg 到 Tricorders：天文生物学所需要的技术；⑦空中移动能力：探测泰坦（土卫六）丰富的化学多样性的关键；⑧寻找太阳系内生命存在的科学和技术方法；⑨火星和欧罗巴寻找生命计划，火星特征区域发现活跃的火星生命圈；⑩地球和小行星：测试宇宙中复杂生命的概率；⑪ 恒星重力焦点任务：探测类似地球的外星体；⑫行星气候模拟和天气预测的未来；⑬ 从地球科学技术到行星和外行星的视野；⑭欧罗巴及以外的先导性外部行星海洋探测；⑮ 宇宙质谱仪——基于生命探测。

第二，行星起源。讨论未来 35 年对于行星系统、行星、卫星的起源和演化，以及在这些地方生命存在的必要的起始环境。①柯伊伯带和奥特云探测任务；②未来水星探测：来自太阳系最内部行星的唯一科学机会；③冰巨星探测视野；④ BAOBAB 工程：巨大、凶险、醒目的陨石带；⑤小行星研究：一个 35 年的前瞻；⑥太阳系采样：下一步认识；⑦基于行星表面真实基础的未来太阳系起源研究；⑧外行星体比较行星学的同位素地球化学。

第三，探测工作。至 2050 年，关于星云系统运作的关键主题；已经探测到千万系外行星并获取第一个类似地球的系外行星的图像。①从哥白尼到牛顿到爱因斯坦：面向太阳系不断变化的认识；② 2050 年外太阳系科学和探测；③泰坦大气和气候：未能回答的问题；④ 2050 年金星探测；⑤行星壳探测：到月球东海盆地的载人 / 机器人探测计划的竞赛；⑥ 2050 年火星探测科学；⑦多个十年样品返回竞争将加强到 2050 年的月球和太阳系科学探测；⑧至 2050 年地质年代学作为行星历史的框架；⑨基于红外空间平台的外太阳系小行星大小和基本成分的勘查；⑩利用小型聚焦性任务探测外行星磁层；⑪ 利用大型紫外和红外探测器（LUVOIR）开展太阳系探测。

第四，防御地外天体带来的灾害和资源勘查评价问题。未来 35 年认识和描述近地物体对于地球的危机以及危机的缓解。①行星防御的未来；②增强的 ISRU（原位资源利用）科学；③开放之路：2050 年月球探测；④未来 35 年小行星探测；⑤表面和近表面的水的特性，以研究行星历史和资源勘查问题；⑥利用火星和行星体的黏土类矿物中的水和资源问题；⑦ 21 世纪行星科学活动的经济学；

⑧长期的环境监测：必要的策略和合成技术，保证在人类探测期间完成成功的科学、资源利用和行星的保护。

第五，政策、路线、技术和能力。未来 35 年一系列政策、技术和劳动力问题以及更多相关主题。① 2050 年行星科学探测：商业活动和国际活动之间决策性分歧处理；②小型行星科学应用仪器：状态和未来路线；③ 2050 火星探测：载人和机器人探测交互作用问题；④月球和火星载人登陆与取样品返回等；⑤ 2050 年的挑战：百年或几百年的行星数据的一致性分析；⑥未来火星环境的科学和探测。

详细引述以上的内容是为了展现美国深空探测的广阔视野和场景，它们活动的主要目的可归纳为以下五点：①明确下一个十年行星科学研究的主题和长期规划目标；②思考在国际背景下，交叉学科在行星科学和人类探测活动中的安排；③研究在科学研究目标基础上，可以产生科学新概念的探测任务；④思考为了达到科学目标的具体的探测技术；⑤确定挑战点（如测量方面的挑战、技术方面的挑战等），需要早期投入来解决。

显然，这一规划是现在执行的十年规划的继续和发展，体现的精神是一致的，即通过太阳系的多方面调查研究，带动人们一系列的思想和技术的创新活动，其中有些属于纯基础研究，但更多的是应用基础的研究与开发内容，这是一项更有意义的全民科学创新大活动。

2017 年 4 月 20 日在美国休斯敦召开了第 48 届月球和行星科学大会，会议的主题包括：①关于月球研究。月球火山作用、月砾土演化、月球挥发分、从月表到月球内部；月球样品的岩石学和地球化学、月壳的形成、月球岩浆洋、大型撞击和月球后续撞击作用。②太阳系大火山岩省。③火星挥发分、火星火成岩及热液过程；火星沉积学及地层学、火星上的水。④金星研究，金星壳到金星核的形成、类地行星分异作用。⑤泰坦的研究。美国将太阳系的卫星从地质角度重新将其定义为行星。

很显然，这次会议集中展示了最近国际上在上述几方面研究取得的最新成果，很值得我们深入地研究学习。

深空探测是建设科技强国的标志性内容。而深空探测的内容，除航天技术之外，实现科学成果丰收的难度要更大一些，需要培养更广泛的行星科学的基础人才。

中国作为一个大国，在深空探测方面实现什么目标才能体现科技强国的要求，引领未来呢？中国必须走出一条新路，实现大国担当和增加关于人类的新知识的贡献。目前，我们的注意力还是放在登月和探火星上，远远谈不上对太阳系的调查。如何做到有所赶有所不赶，赶要赶出水平与特色，这应当是深入讨论的一条路线。

中国科学院提出的深空探测的规划内容是："以火星探测为切入点，统筹开展小行星、太阳、金星、木星系统等探测，在太阳系的起源与演化、太阳和小天体活动对地球的灾害性影响、地外生命信息探寻等研究领域取得一批重大的科学成果。"如何使这项计划落实？特别是取得高水平的科学成果，体现出中国的引领作用，更是核心问题。我认为有计划地重点推进类地行星及其相互影响的研究，并取得高水平的科学发现与理论研究成果应是关键和可取的途径。其中，火星、金星及近地小行星（可能撞击地球带来灾难的）研究，又应当特别关注，要在这一研究中体现自己高超的航天技术能力与行星科学知识水平。

围绕"嫦娥五号"的任务，提出的2030年建立月球村、推进开发月球资源的设想，能体现中国的超前意识和敢为人先的气魄，具有重大的里程碑意义。这项任务也很能吸引全球的目光。但是，要开发什么资源？在无空气、无水、无电、无材料、重力较低的条件下，如何建立起一个村落，而且能维持其运转，完全是一个新的巨大挑战。到2030年就做好这一切准备，可能性、现实性如何？需要有更多的思考。更大的问题是，建起了月球村干什么？到现在也没有一个明确的说法。

（3）推动开放与国际合作问题。

太阳系及行星科学研究，是一项巨大的科学工程事业，单靠哪一个国家都是难以胜任的，必须全球多国合作，实现新知识的共享。

美国“阿波罗计划”先后6次登月，在月球上安置了6台地震仪，其所控制的月面范围仅仅占到全月面的8.8%，还是很有限的。所以，近些年来欧空局有人提议通过国际合作推进全月球地球物理网络建设，各国分工安放仪器，数据实施共享。这个建议很好。

关于月球及火星的坐标系问题。没有公认和使用的坐标系，各国探测结果无法对比联系起来。可能认为是同一地点的探测结果，实际上并不是，这会造成思想混乱。再有就是数据格式和数据精度的不统一，也将影响对数据的分析判断。为了促成这件事，我多次拜访了国家测绘部门领导，商讨请他们参与国际有关组织问题，但没有结果。

会议期间，外国学者从推动国际合作角度向中方有关领导部门提出了四点建议，其内容为：①在中国组织定期的开放式的科学讨论会，推动不同观点和思想的沟通交流；②支持有创见的行星科学组织活动是非常重要的，可以使数据应用的科学价值最大化，吸收最好的年轻科学家参加；③建立起独立的行星数据系统，以提供给有关单位和用户使用；④数据集的定标和出版物，以解释所取得的大量数据，供全球内的科学共同体使用。

在美国华盛顿大学帮助下，已在山东大学威海分校建立起来一套行星数据系统（Planetary Data System，PDS），内容很丰富，但是这套系统并没有获得国内公认，有关单位还在思考建立自己的系统和数据库。还有一个问题是，中国建立起的数据库如何做到共享，也是个难题。

关于开办一个全国性的行星科学讨论会问题，在中国做起来也是不容易的。2013年9月中国科学院召开了首届北京月球与深空探测国际论坛，共 150 多人参加（图 10-17），我出席了这次论坛。论坛组委会秘书长刘晓群介绍，论坛致力于加强我国月球与深空探测领域科学、技术和发展战略等方面的国内外交流与合作。首届论坛的主要研讨内容为国际太阳系探测发展战略和规划，月球、火星、太阳和小行星探测的科学前沿和热点问题，太阳系探测相关技术发展。本次论坛共收到报告 74 篇。论坛还拟一到两年举办一次。我们希望论坛将更好地推动我国月球与深空探测科技界的联合，推动科学和技术的发展，提升我国在该领域的国际影响力，将这一高层次平台常态化，促进中国的行星科学家们团结起来。

图 10-17　2013 年北京月球与深空探测国际论坛与会人员合影
（前排左九为赵文津）

2016 年 7 月，教育部深空探测联合研究中心与探月工程中心在清华大学罗姆楼联合召开了深空探测发展战略研讨会。这次会议也是国内的大型会议，会上展现的内容很广泛，涉及许多新想法。但是，对深空探测要解决的科学问题，探讨仍然是很不足的。图 10-18 是参会代表的集体合影。

（4）国土资源部探月研究工作。

测定了月岩样品的年龄。在科技部的支持下，通过与美国华盛顿大学合作，我们进行了 A-12 和 A-14 的月岩及月球陨石样品 SaU169 中的锆石、磷灰石及陨磷钙钠石的 U-Pb 年龄测定，建立了

图 10-18　2016 年 7 月深空探测发展战略研讨会与会人员合影
（前排左七为赵文津）

年龄测定方法，共取得了 135 个分析结果，发现月球早期历史中，在 43 亿多年、42 亿年左右、40 亿年和 39.2 亿年分别发生过撞击事件和岩浆活动。与以前被普遍接受的雨海撞击的年龄值 39.1 亿 ± 0.1 亿年是一致的，而与新建议的年龄值 38.5 亿 ± 0.2 亿年和 37.7 亿 ± 0.2 亿相差较多。雨海撞击盆地的年龄，是按照 A-14、A-15 和 A-16 三个登月点采取的样品年龄、遥感地质解译、月坑密度，以及成坑模型分析所提出的。这里依据的四点内容都还有较大的不确定性。所以，月球定年工作还需要进一步做大的改进。没有准确的定年，就谈不到准确的发展演化问题。

测定了全月 9 个元素、4 种矿物的分布，编绘了约 30 幅图件。

我们利用了“嫦娥一号”、美国克里门汀数据及印度 M3 的探月数据综合解译出结果。九大元素为铁、镁、铝、钙、钛、硅、铀、钍、钾；4 种矿物为斜长石、单斜辉石、斜方辉石及钛铁矿。图 10-19 为风暴洋-雨海地区斜方辉石、单斜辉石及橄榄石的分布图。

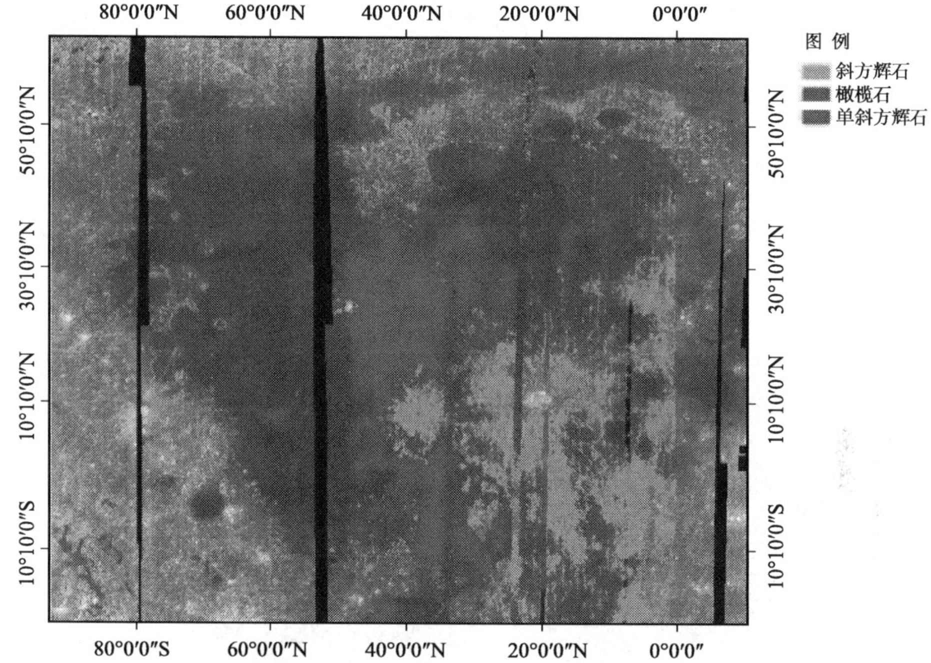

图 10-19　风暴洋-雨海地区矿物分布图（文后附彩图）

图中，绿色表示斜方辉石的分布，红色表示单斜辉石的分布，紫色表示橄榄石的分布，稀少。橄榄石来自深部的最早结晶的矿物，斜方辉石代表岩浆洋最后的结晶产物，单斜辉石则是后期玄武岩的主要矿物

图 10-20 为全月二氧化钛的分布图。

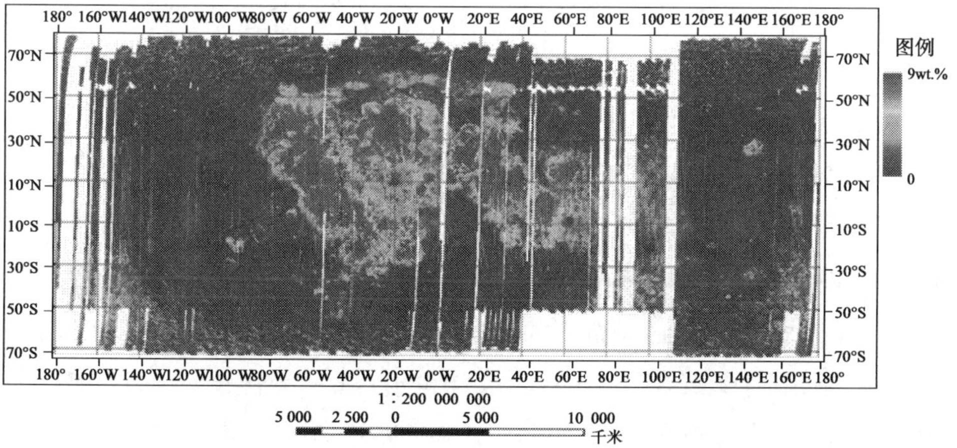

图 10-20 “嫦娥一号”IIM（干涉成像谱仪）二氧化钛成分全月球分布图（文后附彩图）

结果表明，钛元素主要分布在风暴洋和正面几个较大月海盆地内；月球背面二氧化钛成分普遍是低的，仅仅发现了几个很局部的高钛异常点。低钛区可能主要反映了斜长岩分布地区。而高钛区内左侧又以单斜辉石分布为主，右侧则以斜方辉石分布为主。联系到图 10-21 中“嫦娥一号”的伽马测量的结果对比，又可以看到以下几点。

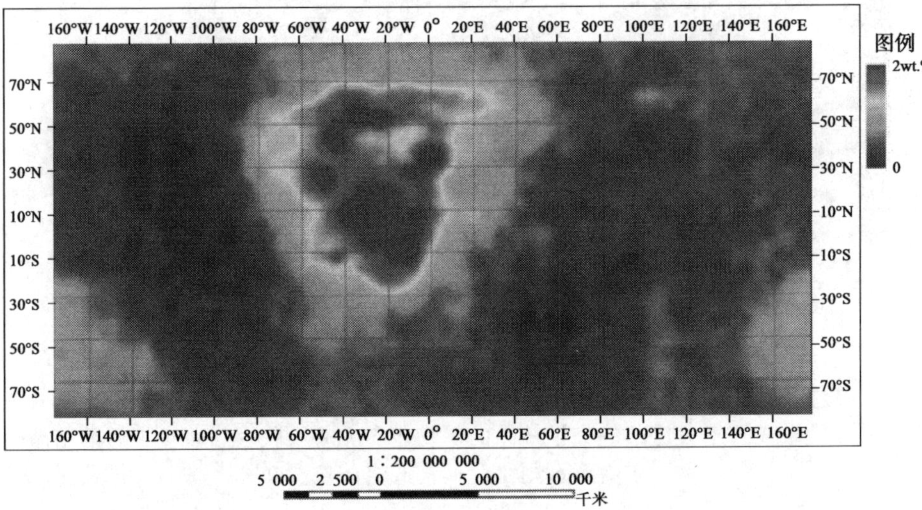

图 10-21 “嫦娥一号”伽马能谱 U 元素全月球分布图（文后附彩图）

铀元素在风暴洋与雨海地区（0°～西经 60°）出现高铀异常，其中铀最强地点集中于西经 20° 与赤道带附近；这个地区钛异常数值不高，而斜方辉石异常高一些。

此外，还在月球背面艾特肯盆地发现存在高的铀异常；月球背面月陆地区的东、西部，铀含量也存在一定差异，这样又可将斜长岩高地一分为二地划分。这些异常区是孤立的点异常，还是可以做对比联系？我们关注的是，按照岩浆洋理论，这一含放射性元素的层是克里普层，是在岩浆洋演化到一定程度时的产物。月表见放射性异常点的地方是否出露有克里普岩？其地下分布有无联系？

此外，我们还关注克里普岩生热情况。是否地下 P 波层析成像中的低速异常会与放射性元素生热有关？从中也可以对月球现在的热状态做出新的评价。

从这几张图对比联系分析看，这些元素与矿物的分布很有规律性，仅仅是在月球正面几个大型撞击坑范围内出现这种特征性的区域地球化学分布的稳定性，可能反映了月球下面的基岩性质特点，虽经过多次撞击和溅射物堆叠而未有根本性的改变。

对 86 个中央峰岩性进行了遥感光谱分析（委托山东大学凌宗成教授牵头）。

这是为了取得撞击坑深部的岩性而进行的探测。按照撞击坑的形成模式，中央峰可能是月表受到巨大撞击后产生了弹性回跳，造成深部岩石抬升上来。所以，我们开展了中心峰岩性分析，以期得到一些深部岩石信息，并验证这一撞击坑形成模式。我们使用了来自“嫦娥一号”的 ILM 数据和印度的 M3 高光谱数据，重点研究了代表三大地体的 6 个典型撞击坑（厄拉多塞盆地、哥白尼盆地、芬森盆地、杰克逊盆地、西奥菲勒斯盆地及帝谷盆地）中心峰的矿物化学信息。结论是：风暴洋地体的厄拉多塞中心峰同时存在辉石与橄榄石，哥白尼盆地中心峰主要为橄榄石；艾特肯盆地地体芬森盆地中心峰以斜方辉石为主，镁含量相对较高；斜长石高地地体的三个盆地的中心峰中两个以斜方辉石为主，一个以单斜辉石为主。

86 个中心峰的分布及测定的矿物含量情况见图 10-22。与图 10-19 进行对比分析，其中橄榄石主要集中于风暴洋的东南部分。

这个地区，在层析成像图上深部为相对高速区，两者可以对应起来。

该作者认为，在纵向上，无论是斜长石还是镁铁质矿物，随着深度的加大，含量都没有明显的变化趋势，但作者没有说明如何测定样品的深度，同一个地体内几个中心峰采样深度的变化有多大。如果按照作者的结论，则说明各中心峰都是基底岩石组成的，即上

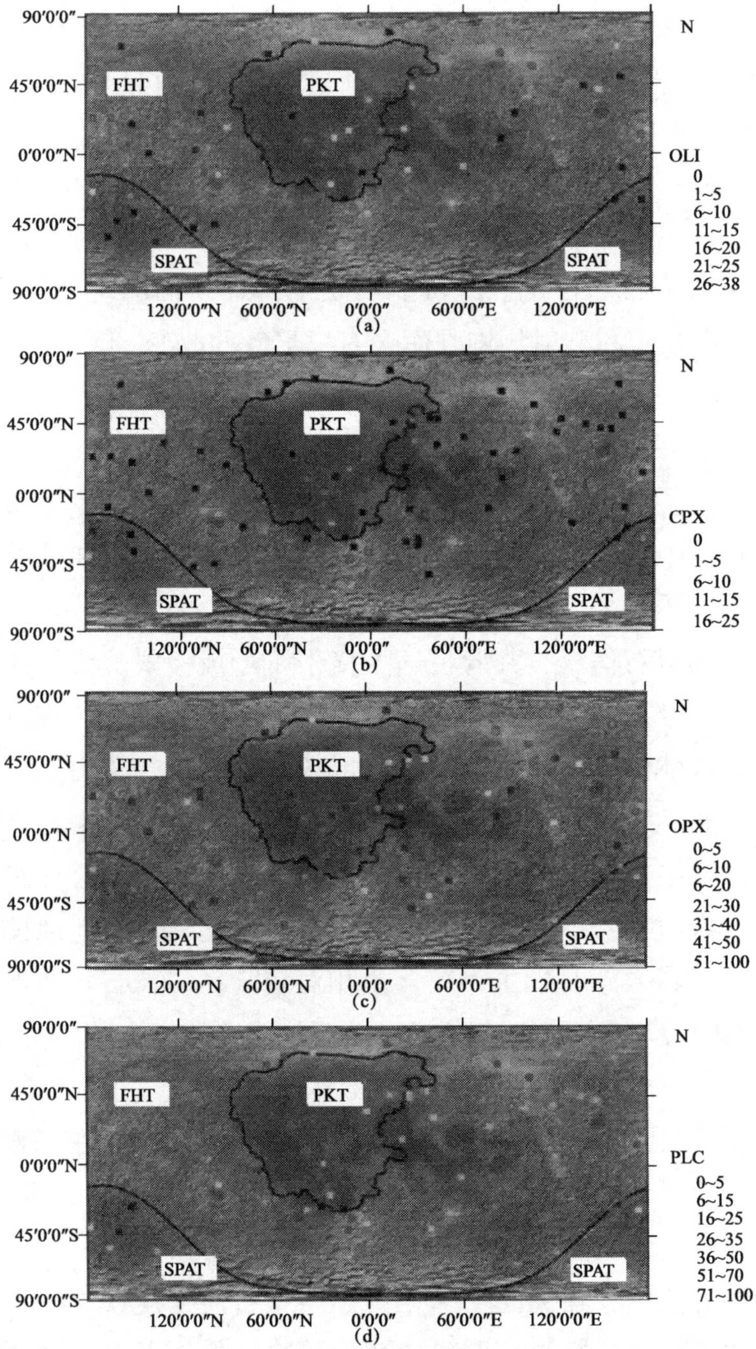

图 10-22　86 个撞击坑的位置以及（a）橄榄石、（b）单斜辉石、（c）斜方辉石、（d）斜长石矿物的含量（文后附彩图）

底图为克莱门汀号 750 纳米影像图与“月亮女神号”地形渲染彩色图图像的叠加

覆的堆积的溅射层都已不再存在了。这可能吗?

着重研究了如何改进月球重力场的分辨率工作。

月表重力场的分布，反映了一定深度内月球质量分布，是了解月球全月地壳上地幔变化的唯一数据。利用中方“嫦娥”数据，只能得到50阶上下分辨率的重力异常场。杨宏伟博士利用了日本探月卫星+中继卫星，通过一种解算方法得到了53阶次的重力图（102千米精度）。图10-23为本成果与美国“月球勘探者号”建立的LP165P模型的对比。

以位于月球背面的阿波罗坑为例。

此外，还利用美国最新发射的GRAIL重力卫星数据建立的GL0660B模型，对不同高度处重力异常分布进行分析，获得了150阶次的高空间分辨率全月自由空气重力异常场和330阶次布格重力异常场（分辨率为16千米）。

图10-24中布格重力高、低异常显示都很清楚。其中，风暴洋与艾特肯盆地的布格重力异常是最高的，而斜长岩地体重力是低的，局部出现重力高点，可用于了解其不同的深部物质分布特征。同时，GL0660B模型不同高度处的高精度月球背面重力异常，可以为“嫦娥四号”月球背面着月探测提供参考依据。

基于获得的60米24幅高精度的全月地形图，识别出由撞击坑和月球自身不同作用下产生的裂谷，同时发现月球上没有像地球上由板块作用产生的大尺度线状山脉。

对月球地貌的成因分析与是否存在过大规模的水体问题。

韩同林通过编绘月球地质图，对月球地貌成因进行了研究。他从月球的月溪、沉积平原、月坑内沉积物特征、冲积扇分布、泥裂与冲沟的关系，大胆地提出月球历史上曾有过大量水存在的见解。通过冻融泥、冻胀丘和冻胀裂隙、石海、岩屑坡、石环、石笋、热蚀塌陷、热蚀滑塌等地貌特征论证了“水冰”的存在。虽然还需要进一步求证，但是这一看法的提出还是有启发意义的，涉及行星历

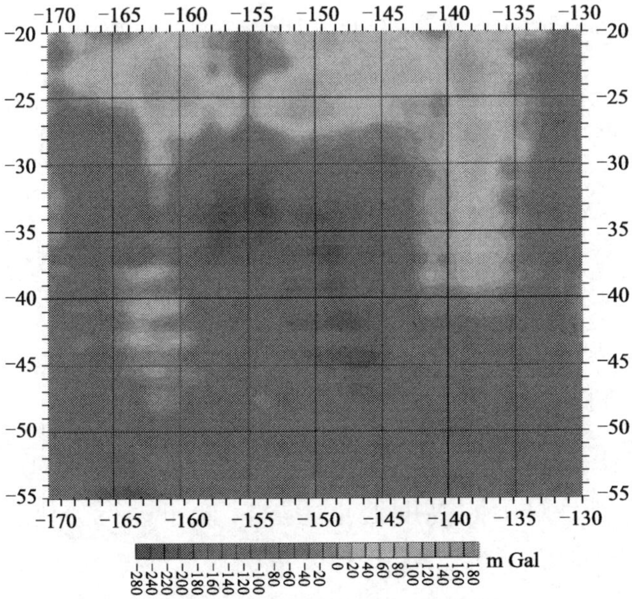

(a)美国“月球勘探者号”建立的165阶次重力模型（LP165P）

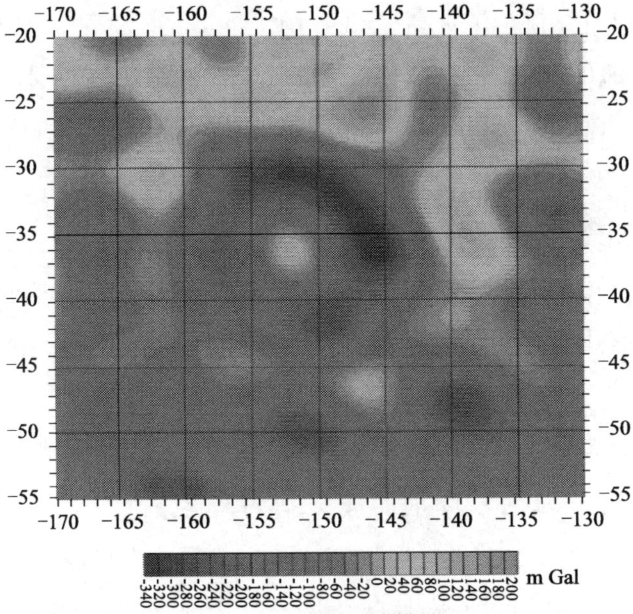

(b)LG-53（53阶次重力模型）

图 10-23　与美国“月球勘探者号”建立的 LP1659 模型对比
（文后附彩图）

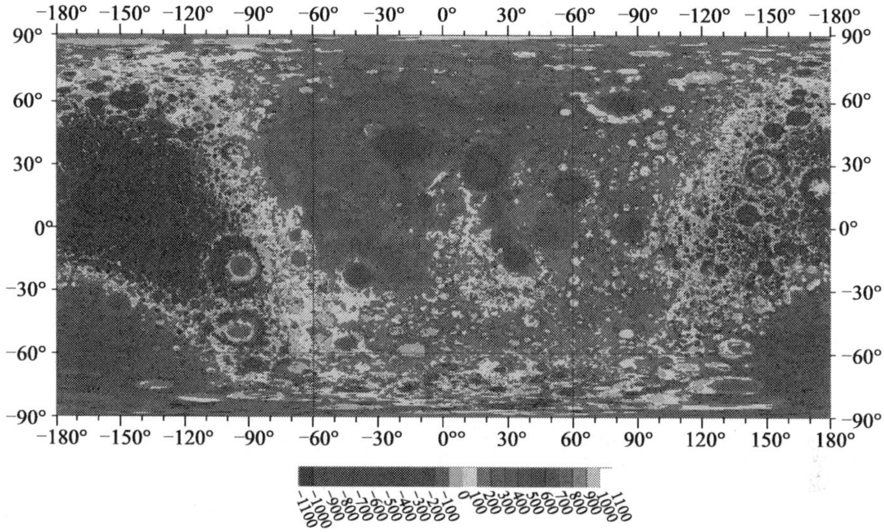

图 10-24　330 阶次全月布格重力异常图（文后附彩图）

±90° 范围内为月球正面，90° 到 180° 及−180° 到−90° 为月球背面；

西经 90° 、南纬 15° 的高重力点为东海盆地

史上是否都出现过大规模水体或流体的问题、水的来源与后期散失问题。

设计了月球取样钻机。考虑到月表大气层压力低、无水、微重力、高温高寒等特点，以月球无人自主钻探为目标，设计和研制了国内首台月球微型钻机。特别是针对月球重力为地球 1/6 的极端环境，为增加钻进压力而专门设计的冲击功能，可以在保证整机重量减少的同时，增加钻进动力。

建立了甘肃柳园月球试验场。月球地表分布以玄武岩及其不同时代的溅射物。在这种地质背景下，遥感测量得出的元素、矿物的分布图，可以通过月球上采样分析结果加以校验，但是，如微波测量结果得到的微波辐射，可以反映什么地质内涵，还不是清楚的。因为没有建立一个基于观测结果形成的模型作为解释的依据。再就是对月球上玄武岩地区的地球物理、地球化学探测结果如何解释，人们也是缺乏经验的，因为人们对地球上的玄武岩区结构构造与地质属性也很少研究。为了增加这方面的感性知识，我们选择地球上

与月球玄武岩地区类似的地区——甘肃柳园，作为开展方法试验基地，以求增加一些关于玄武岩地区的遥感和各种地球物理方法的试验结果的认识，以作为行星探测结果地质解释的依据。在这一玄武岩类比试验场，开展了人工地震、雷达探测、重力磁法，以及遥感观测，并结合地质调查研究，研究如何用这些数据研究玄武岩区的结构构造问题，为以后开展探月新方法、新技术研究提供试验基地。这是杨宏伟同志亲自抓的，成果正在整理中。

建立了青海大浪滩的火星试验场。这一试验场是郑绵平院士与美国华盛顿大学王阿莲教授一起选定的，是目前国际上公认最为接近火星盐类环境的试验场区。这个试验场是以火星上盐类岩石为研究对象，包括火星表面硫酸盐类矿物和碳酸岩类矿物的生成条件，探讨了在火星盐类沉积环境下的生物存在可能性的问题。已得到的成果是“提出了火星低纬度大量分布的硫镁矾为次生矿物”，在火星环境下，六水泻盐可快速脱水后形成这种次生矿物。此外，还探测到嗜盐微生物的存在。本试验场可为今后开展火星环境演化及生命研究的一个试验场。图 10-25 为中美科学家在青藏高原大量试验场联合考察时的留影。

图 10-25　中美科学家在青藏高原火星试验场联合考察

编制了我国首幅月球表面地质图（1∶250万虹湾幅）。这是在国家有关部门支持下由地质所编图室完成的，包括有：虹湾（位于雨海西北部）、雨海、风暴洋、露湾、冷海等地。

这是为"嫦娥三号"登月的需要而编绘的。实际上,"嫦娥三号"登月点位于虹湾之外的东北部，现称为"广寒宫"（面积约1000平方米）之地。

月球表面存在着三种主要的岩石类型：月海玄武岩、克里普岩、高地斜长岩。其中，月海玄武岩是大型撞击盆地形成时撞击-岩浆喷发/溢流-冷却结晶作用的产物，但是月球上又普遍覆盖着陨石撞击的溅射物。根据目前的探测与分析结果，月球上有22个大型月海都被玄武岩所充填，其厚度可达500～1300米，少数盆地的中央厚度可达4500米。据推测，分布在这些月海平原或盆地上的玄武岩的总体积大约有100万立方千米。研究小组还根据玄武岩中的钛铁含量，对月球岩石类型进行了更加精细的划分，并制作了月海玄武岩单元划分图。通过对月海玄武岩的研究，可以勾画出月海玄武岩源区的演化历史，从而为月球演化历史提供制约。

五、对我国探月与深空探测活动的改进建议

我认为地质部门应当积极参与国家的深空探测活动。一方面，可以用自己长期积累的研究地球所取得的技术和理论知识，支持国家深空探测活动；另一方面，可借参加深空探测之机，推进比较行星学研究，在对比中进一步弄清楚地球本身的问题，就"地球论地球"与"对比中深化认识"是互不可取代的两个方面。作为一个科技强国的地质部门，是不能不进入这一工作领域的。

借着科技部高新司副司长梅建平等领导春节前（2017年2月25日）来院调研与我交换对中国深空探测的意见之机，我提出以下三点建议。

第一，我国探月与深空探测活动的规划与管理是高度分散的。

在我国，航天部门负责火箭发射，总装备部负责载人登月，嫦娥工程的一期是中国科学院负责，二期则是中国工程院管理，缺乏一个类似欧空局，或者美国国家航空航天局那样的统一组织。在科研上，科技部、教育部、国土资源部、中国科学院都有自己的科研力量，但由于没有一个目标一致、各司其职的科学顶层设计，或项目设置方案，各部分力量经常是各自为战，很难形成合力。这也造成了一定的任务重合和资源浪费，以及成果碎片化。反观欧洲国家、美国、日本、印度、俄罗斯，它们在科研院校的科技力量组织上就协作配合得较好。

探月与深空探测活动是个长期的国家战略性活动，航天技术开发与行星、太阳系研究是一项长期活动，必须有个长远的分阶段的实施规划。人员培养和使用，以及技术设备的研发，都不是想干就干得起来的事。

第二，我国航天领域科技创新突出，而行星探索基础的地学问题研究则比较薄弱。比如月球调查研究的基本科学问题有 4 个：月球现状的调查、月球的形成演化、月球资源的调查、月球与地球的关系。但是，直到现在还没有形成一个明确的国家层面的月球探测研究的规划，更缺乏深空探测和研究的规划与清晰的科研体系。因为，太阳系的研究是一个整体，探测结果需要相互联系与对比分析，不能孤立地一事一议，一个单位管一段，今天是探月，明天又是载人探月，后天又想探火星，这样效率是不会高的。大火箭是深空探测的基础，应当像研发飞机发动机那样，本身也要有计划、成系列地发展，才能保证出效益和出质量。应当防止科技成果的碎片化。

第三，科研的开放性和社会参与度不够。美国在航天和深空探测领域，实行的是“技术绝密、科学放开”，即在技术上高度保密，但把探测获得的数据向全球开放，鼓励各国科学家应用这些数据资源从事相关研究。他们认为行星探测的数据越深入广泛地研究，科学效益就越多。同时，科技成果的科普程度也非常高，从而积极吸引全民参与。相较而言，我国的探测数据即便是在科学界内都没有做到资源共享。对航天技术成果的转化也是一个大的薄弱环节，转化了几件成果也没有人说得清楚。在深化改革中，国家应当有所作为。

与会的国土资源部科技与国际合作司副司长高平也向科技部的客人谈起了这些年的努力和困惑，“由于没有专款资金，我们只能尽可能地安排一些与月球和火星地质有关的小项目”“许多科学目标的落实尚有缺憾”。她呼吁国家尽快设置有关深空的“大科学计划”，以科学目标为先导，带动相关技术和装备的快速发展，逐步解决国家在深空探测领域的长远需求。我们有人才也有能力为国家探月工程服务，希望能通过更高层面的科研平台，提供更多基础性和应用性的科研成果。中国的管理体制，当前还是以科技部牵头为宜，把它作为科学最高层的协调单位。

最后补充一点，即通过深空探测活动如何带动一系列新技术产业的发展，并使之转化产生经济效益问题，以及如何将取得的科学成果普及转化为全民的意识问题，提高全民的科学水平问题。这些都应加以考虑。

附录 | 一 |

赵文津大事年表

1931年2月1日生于天津。父亲赵连祥，母亲姚振华。原为沈阳市大北关望花屯人。1929年父亲因工作关系进入河北省地方工作，天津是第一站。父母育有5个子女，我是老三。4岁时，母亲因得黄疸病不治去世。

1936年，父亲迎娶了继母刘俊峰（河北省宁河县芦台镇人）。全家随即迁到北平市东城区妞妞房胡同。我进入地安门东的东不压桥小学读一年级，后又随家转移到多所小学读书。

1942年夏，进入北平市鼓楼区烟袋斜街内教子胡同小学读五年级、六年级。

1944年夏，进入北平市鼓楼东的宝钞胡同市立第一中学读初中，开始住校。

1947年夏，同时考上北平四中、北平一中和北平地安门附近的河北省立北平高级中学。因河北省立北平高级中学入校不要商铺担保，还管吃管住，而北平四中入学要商铺担保，所以选择到河北省立北平高级中学读书。这所中学原是清朝光绪皇帝推行戊戌变法、改变旧式科举制度、实行西式人才教育制度而兴建的顺天中学堂。

1949年夏，以同等学力考入清华大学读物理系并就读（靠人民助学金读书）。1949年12月参加新民主主义青年团，1950年夏到京郊肖家河乡建青年团组织，1952年6月被批准加入了中国共产党。

1952年夏，按照国家统一规定，提前一年毕业并被分配到地质部地矿司物探室。突击学习找矿知识1个月后，即赴铜官山铜矿山实习用物探方法找矿。

1953年4月，任321队物探队队长，带领物探队先后在铜陵狮子山矿区、凤凰山区的药园山矿区，及贵池地区铜山等地区找矿，发现了很好的矿致异常，后经地质队打钻见到一个中型铜矿。物探队被地质部地矿司物探室评为模范物探队，我被评为模范队长。

1954年5月，在部物探生产技术处工作，任生产技术科负责人。研究如何提高物探的找矿效果，参与物探全国布局研究，酝酿着物探工作如何开始转向大普查。

1956 年 4 月，主动请缨去西南地区，组建西南物探大队，开展国家急需的铁矿、石油等矿产的找矿研究。被任命为西南物探大队技术负责人，副主任工程师。大队在西昌地区找攀枝花型钒钛磁铁矿、热液型富铁矿，在会理地区找硫化铜镍矿，在云南墨江地区找镍矿，在个旧地区找锡矿，在四川盆地找油气藏。因找铁矿获得重大突破，1980 年地矿部在评 30 年找矿有贡献的单位时，西南物探大队仍然被评为 30 年找矿功勋物探大队称号（全国仅两个）。

1957 年夏天，患左脚脉管炎，住在队部边工作边治病。

1958 年 8 月，西南物探大队宣布解散，分建四川、云南及贵州三个省的物探大队。转去昆明组建云南物探大队，任技术负责人，主任工程师。

1958 年 9～10 月，被调到地质部物探研究所工作，任技术负责人、主任工程师，协助顾功叙所长抓物化探新技术、新方法、新工作原理“三新”的找矿方法，以提高物探化探找矿效果。

1960 年春节，与张菡英结婚。

1961 年，赴阿尔巴尼亚考察地质工作需求，提出地质援阿的建议。

1963 年，大女儿赵青诞生。

1964～1965 年，按照地矿部和物探局领导的指示与要求，在长江中下游的九江地区、安庆地区、大冶铜绿山地区，开展找深部矿的方法研发工作。

1966 年年初，从长江中下游试验现场回所后，在运动开始时即被戴上“反革命修正主义分子”的帽子，受到批斗和劳动改造，被关入监狱几个月，此后一直在运动中和劳动改造。

1969 年夏，首批被搬迁到物探所陕西蓝田基地。先在所内，后又到渭南坝上继续进行农业劳动和接受批判。

1973 年夏秋之际，转移到永乐店物探仪器实验厂当钣金工，从事体力劳动，继续劳动改造约半年。

1972年4月，几经周折后，调到院生产办公室（同时兼地质总局科技组）工作，任计划和规划组组长，负责编制部门的地质科技发展规划和年度计划，以及组织技术攻关。

1976年4月，到清河农场劳动一年，分工种菜，适逢唐山大地震，全国人民沉浸在一片悲痛之中。

1977年9月，地质部组建科技司，被调到部科技司任副司长，主管科技攻关和成果转化等工作。

1978年6月，陪同部长去欧洲德、法两国考察国外遥感技术的发展与应用、遥感中心建设方案，以及城市规划管理的遥感应用等。与法方进行喜马拉雅山地壳上地幔研究合作的谈判。

1980年9月，到南斯拉夫和罗马尼亚进行地质管理体制调查，特别是考察如何适应市场经济条件下的地质工作管理。

1980～1982年，代国家科学技术委员会主管中法喜马拉雅山地壳上地幔合作研究。

1983～1986年，与国家科学技术委员会综合司一起管理攀西裂谷构造演化研究项目，这一项目是由国家科学技术委员会方毅主任亲自指导的。

1984～1986年，经部领导批准，在部机关开展计算机办公系统试点，建立起以以太网为基础的管理系统，这是国家机关首次开展的成功试验。

1985～1990年，任中国岩石圈委员会下的地学大断面协调组组长。组织制订和实施了全国11条地学大断面计划，地矿部具体承担了6条大断面调查研究。

1985～2001年，被聘担任国家科学技术奖励评审委员兼复审委员，以及地矿组组长，系统地研究了地矿有关的20个部门地质科技工作的进展和问题。

1986年9月，调到中国地质科学院任副院长（分工为常务副院长），主管院的科技开发工作；任院科技开发总公司理事长，研究和探索了研究院所面向社会服务的问题。其间，被北京市聘为两届经济顾问，分管房山区开发和化工厂污染治理之事。

1990 年，提出退休，并将工资关系转到离退休干部管理处。

1991 年 4 月，参与了与美国谈判合作开展喜马拉雅地区深剖面研究事项。随后被部任命为合作项目的中方首席科学家，主持了中、美、德、加四国合作开展的喜马拉雅山和西藏高原深剖面研究工作，直到 2012 年。工作先后进行了 5 个阶段：

1992～1994 年为第一阶段，开展喜马拉雅山深剖面野外施工及综合研究。

1994～1997 年为第二阶段，开展雅鲁藏布江缝合带深部结构构造野外施工和研究。

1998～2000 年为第三阶段，开展班公湖-怒江缝合带及羌塘地块深部结构构造研究。

1998～2001 年为开展羌塘盆地油气远景评价研究，这是新插入的一个课题，2001 年结题。

前两个阶段的成果，获得 1998 年国内科技十大进展之一的评价；1998 年获中国地球物理学会首次颁发的顾功叙地球物理科技发展奖；2001 年获国家自然科学奖二等奖。

2001 年，当选为中国工程院能源与矿业学部院士。

2003 年，获何梁何利基金科学技术进步奖。

2001 年，因颈椎病严重恶化住院开刀，刀口长达 16 厘米，休息了很长时间才逐步恢复。

2007～2012 年为第四阶段，开展阿尼玛卿缝合带及昆仑山造山机制研究。

2012～2015 年为第五阶段，开展祁连山及柴北缘缝合带结构构造研究。

2002～2015 年，被聘担任中国地震预报评审委员，2008 年汶川地震后又被聘为国家汶川地震专家委员会成员。用了很多时间研究地震预报问题，以寻找一条可靠的工作途径。2007 年 8 月，获 5 部委联合颁发的“全国地震科技工作先进个人”称号。

2003～2017 年，担任国土部月球及深空探测科学家小组首席科学家，开始了多年的探月与深空探测研究，并先后被聘担任国防科学技术工业委员会、总装备部、科技部及中国国际工程咨询公司有关深空探测、探月及载人登月的咨询评审委员会或专家组成员，主要精力用于研究如何以科学问题带动探月与深空探测的问题。这项工作目前还在进行中。

2004 年，开始钻研李四光油气勘查的思想并写就一系列文章，大力研究和宣传推广李四光的油气勘查、地震预报及地质力学的科学思想，积极推动成立李四光思想研究会。

2008 年，获李四光地质科学奖荣誉奖。

2014 年，当选为中国遥感应用协会专家委员会主任，积极在中国推广应用遥感技术。

2015 年，开始准备并着手写自传，总结过去的经验与教训。

2016 年，被河北省聘为廊坊市技术顾问。

2017 年，进入河北省水勘院院士工作站。

附 录 | 二 |

赵文津主要著述目录

一、文章

赵文津.2003. 城市地质与地球物理. 地质通报，22（8）：558-563.

赵文津.2004. 我国西北地区水资源开发利用对策的建议. 中国工程科学，6（8）：21-24.

赵文津.2011-05-18. 大庆油田发现真相，中国独创理论不容抹杀. 科学时报.

赵文津，吴珍汉，史大年，等. 2014. 昆仑山深部结构与造山机制. 中国地质，41（1）：1-5.

赵文津，Mechiel J，冯梅，等.2014. 祁连山造山作用与岩石圈地幔的特型结构构造. 中国地质，41（5）：1411-1415.

赵文津.2015. 尼泊尔大地震发生的构造背景及发展趋势. 科学通报，60（21）：1953-1957.

赵文津. 2016. 从藏南陆-陆碰撞带深部结构构造演化探讨斑岩铜矿的成岩成矿问题. 地球学报，37（1）：7-24.

赵文津.2016. 发挥遥感技术优势，推动京津冀一体化开发的顶层设计. 卫星应用，6：8-12.

赵文津，宋洋. 2017. 青藏高原形成演化有待深化研究的几个主要科学问题. 科技导报，35（6）：23-27.

Zhao W J，Nelson K D，Project INDEPTH Team.1993. Deep Seismic reflection evidence for continental underthrusting beneath southern Tibet. Nature，366：557-559.

Nelson K D，Zhao W J，Brown L D，et al.1996. Partially molten middle crust beneath southern Tibet synthesis of project INDEPTH results. Science，274（5293）：1684-1688.

Brown L，Zhao W J，Nelson K D，et al.1996. Bright spots，structure，and magmatism in southern Tibet from INDEPTH seismic reflection profiling. Science，274（5293）：1688-1690.

Zhao W J，Mechie J，Guo J，et al.1997.Seismic mapping of crustal structures beneath the Indus-Yarlung Suture，Tibet.Terra Nova，91：42-46.

Zhao W J，et al. 2001. Deep structure and structural evolution of the Himalayas and the Yarlung Zangbo river suture zone . Beijing: Geological Publishing House.

Zhao W J, Zhao X，Shi D N，et al.2004. Progress in the study of deep profiles of Tibet and the Himalayas（INDEPTH）.ACTA GEOlogica Sinica，78（4）：931-939.

Zhao W J，Kumar P，Mechie J，et al. 2011.Tibetan plate overriding the Asian plate in central and northern Tibet. Nature-Geoscience，4：870-873.

二、专著

赵文津 . 1997. 地质科技管理要论 . 北京：冶金工业出版社 .

赵文津，INDEPTH 项目组 . 2001. 喜马拉雅山及雅鲁藏布江缝合带深部结构与构造研究 . 北京：地质出版社 .

赵文津，赵逊，蒋忠惕，等 . 2006. 西藏羌塘盆地深部结构构造与含油气前景预测 . 北京：地质出版社 .

赵文津 . 2006. 李四光与中国石油大发现 . 北京：地震出版社 .

赵文津 . 2011. 月球与火星探测科技高层论坛论文集 . 北京：地质出版社 .

赵文津 . 2012. 青藏高原深剖面研究 20 年的回顾与展望——INDEPTH 项目 20 周年纪念会文集 . 北京：地质出版社 .

Bradley L. 2012. 月球新观 . 国土资源部探月研究小组，译 . 北京：地质出版社 .

后　　记

我的传记历经3年多的努力终于完成了，这是很不容易的。因为我已是近90岁的老人，回忆过去漫长的人生之路，许多事件早已印象不深了；而我的经历又是大起大落，工作与地区变化多，许多过去经历的事情记录很不完整，查找资料又很困难；亲朋好友又多已不在人世了，这样回忆起来就更为吃力。再说，现在已出版了很多科技专家的传记，内容都很精彩，很有教育意义，我又缺乏文笔，所以，长时间以来，我对写传记是很犹豫的，下不了决心。

感谢中国工程院的领导提出了编写个人自传的要求，吴晓东、郭永新同志又不断地督促和鼓励，终于使我下定决心，要把自己的一生记录下来。重新回忆并总结一下自己，也许能让后人有所借鉴。

葛能全先生对自传的原稿进行了详细审阅，纠正了我写作中的许多错误，提出了宝贵的修改意见，我都尽量地做了修改，对葛先生的爱护之情，深表感谢。郑召霞、徐立两位同志以及科学出版社的编辑在自传出版的过程中给予我很多帮助，中国地质科学院的同事们，以及我的老伴和其他家人、学生也给了我多方面的支持与鼓励，借此机会向大家表示衷心的感谢。

我一生最大的心愿就是发展中国的科学技术，使中国在科学与技术方面重现过去的辉煌。在后来从事的地质找矿和青藏高原深部研究过程中，我都是以积极宣传、学习、应用和发展李四光思想和大陆动力学为抓手，推动中国地球科学革命，并用以推动我国资源探测和生态环境保护。进入21世纪，有幸涉足深空与比较行星学的探索。为支持国家深空探测活动，我着重于研究行星的对比与演化及其对地球的影响。在这些活动中，虽然努力很多，但成效有限，许多事情令人甚感遗憾。

在我的自传已基本完成之际，也正是在我86岁的时候，我的小孙子赵轩奇出生了。现将一张2017年7月25日摄于家中的生活照附上，以志之！我的孙女赵萱婷是一个活泼可爱且上进的孩子，我很爱她，希望她好好学习，天天向上。现在刚刚出生的小孩，到2040～2050年正是20～30岁的时候，也正是一个人人生中风华正茂、最富有创造精神和思想之际，他们将会承担建设未来世界之大任。但是对于他们能否当此大任，孩子们的教育是一个关键性大问题，这是最令人担心的大事。祝他们有好运，能在一条正确的道路上取得成就，至少要学会老老实实做人，认认真真做事。

2017年7月25日与老伴、孙女、孙子在家中合影

赵文津

彩 图

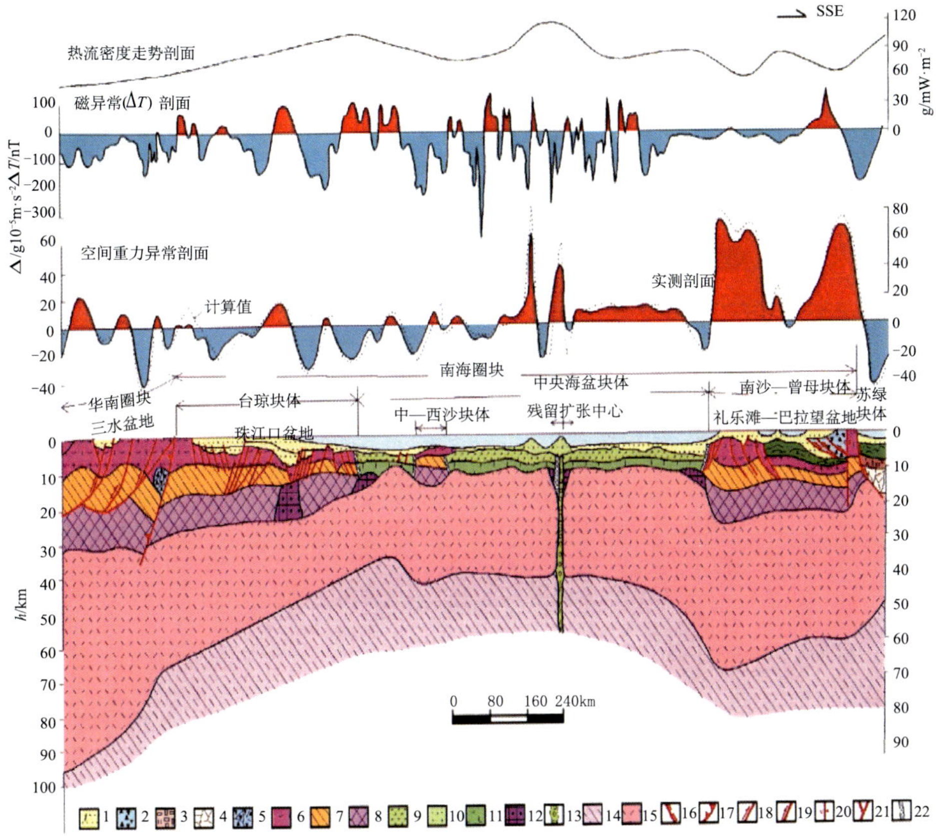

图 7-15 广州-巴拉望地学大断面（广州海洋地质局）

1—新生代沉积层；2—中生代混杂岩；3—中、新生代混杂岩；4—中生代增生体；5—古生代蛇绿岩体；6—上地壳层；7—下地壳层上部；8—下地壳层下部；9—大洋层 2；10—扩张期后基性喷发岩；11—大洋层 3；12—异常地壳（幔）；13—岩浆通道；14—上地幔软流层；15—上地幔岩石层；16—新生代聚敛带；17—古生代聚敛带；18—中生代仰冲断层；19—新生代仰冲断层；20—走滑断层；21—张性断层；22—陆洋边界

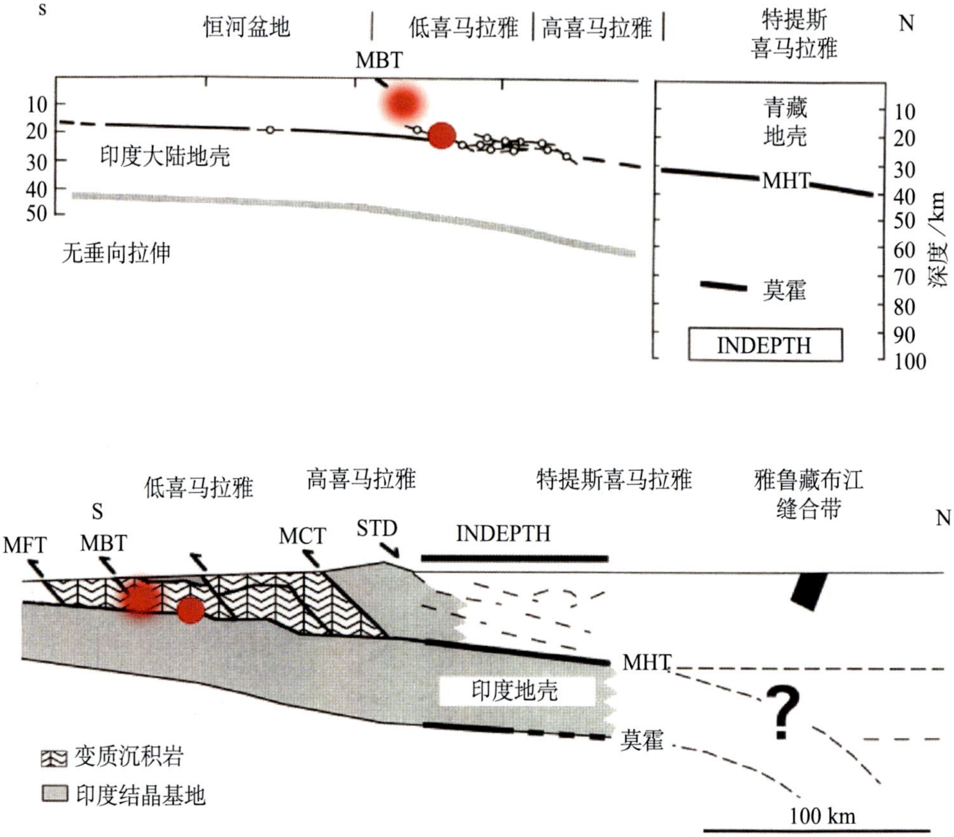

图 7-20　MHT 向南延伸经过高喜马拉雅之下的一系列震源点向南，伸入印度大陆地壳中部位

MCT、MBT、MFT 三条逆冲断裂都是由 MHT 上向南逆推上去

红点为 2015 年 4 月尼泊尔大地震震源点和余震震源点

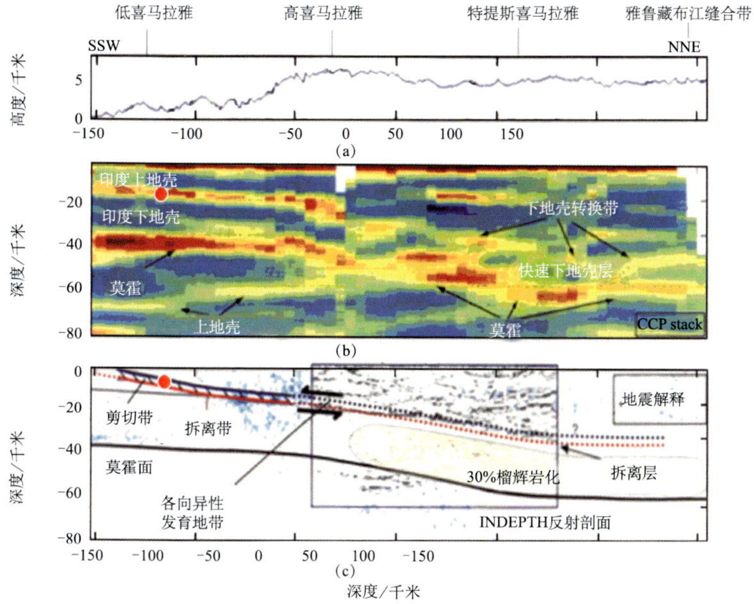

图 7-23　天然地震 P 波接收函数成像图（Pelkum，2002）

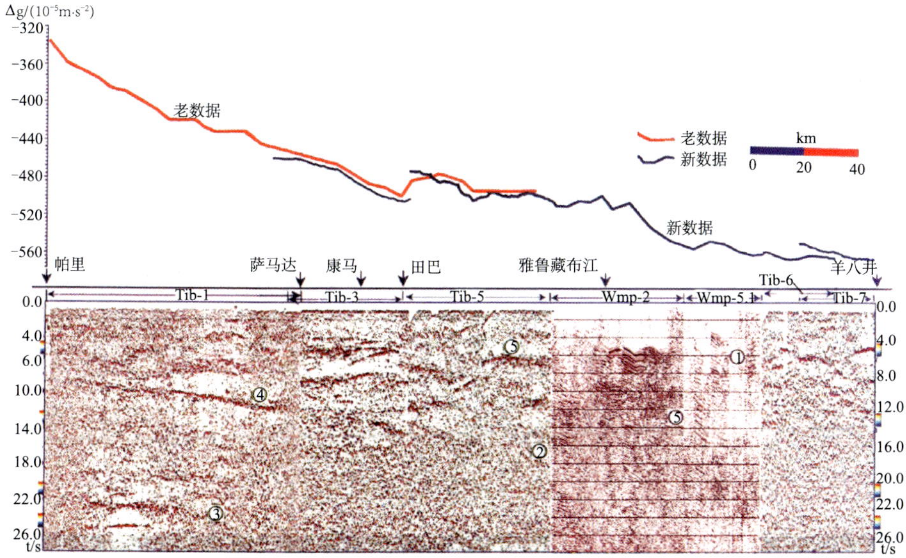

图 7-25　中方处理的反射地震数据和广角地震数据得到的反射地震剖面与布格重力异常剖面的综合图

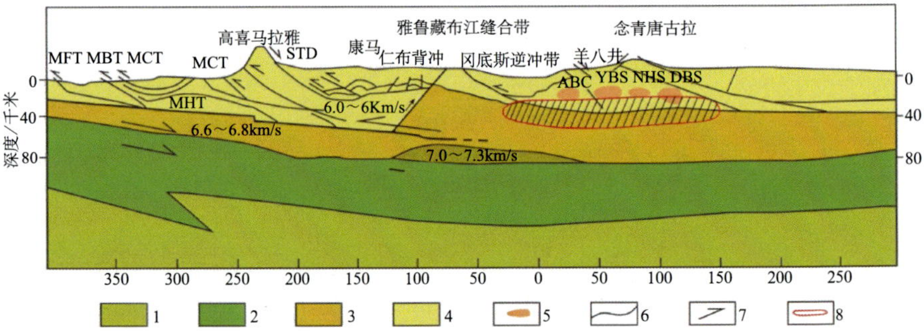

图 7-30　我提出的碰撞带结构图（2004）

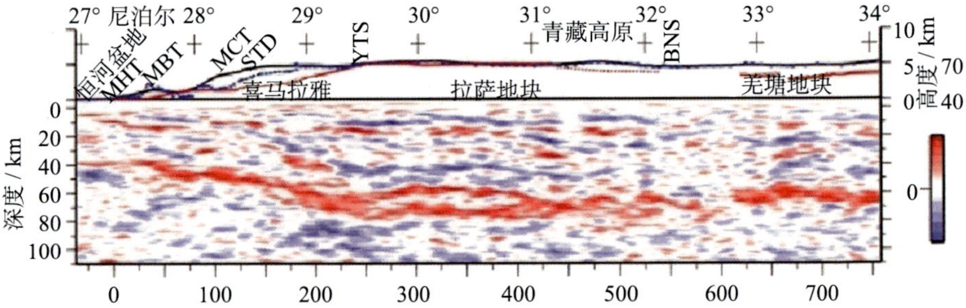

图 7-35　沿 85° E 经线 P-S 波接收函数成像图（Nabelek et al，2009）

图中最下部的红色转换震相代表莫霍界面；YZS（图中用 YTS）以北双红色转换相位代表壳 / 幔混合层；20 千米深的红色震相与 10 千米深处的蓝色转换震相之间代表一个低速层，可能是部分熔融层的显示

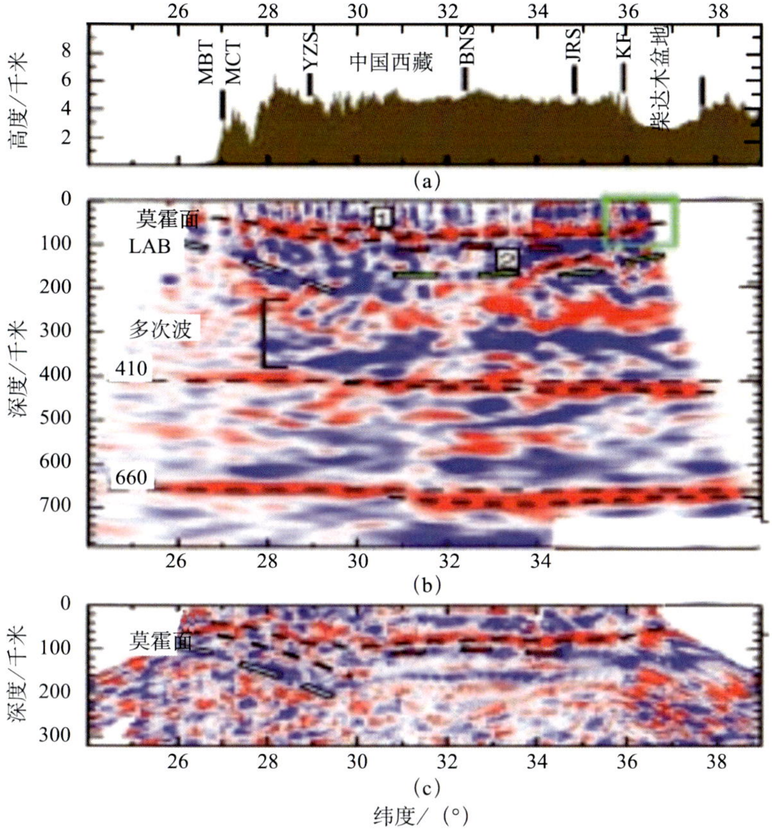

图 7-38　沿 INDEPTH 测线的天然地震 P-S 和 S-P 转换波成像结果
（赵文津等，2011）

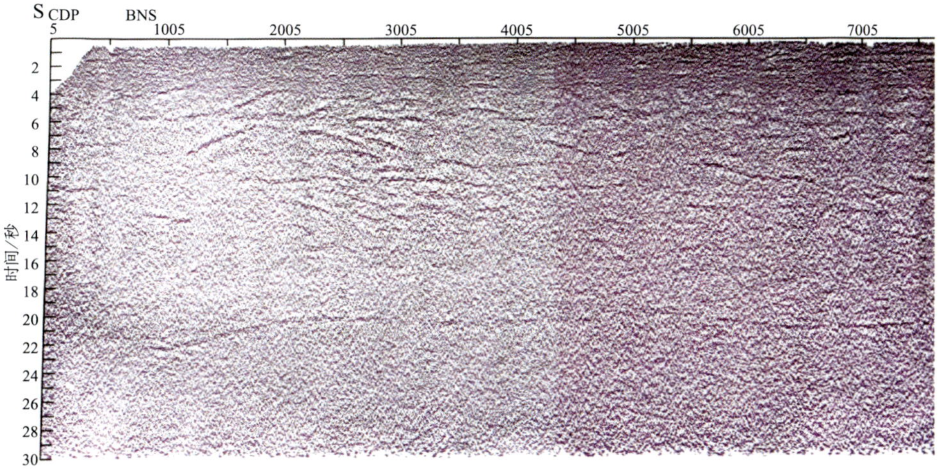

图 7-44　班公湖–怒江碰撞带的深反射地震图（高锐，等，2013）

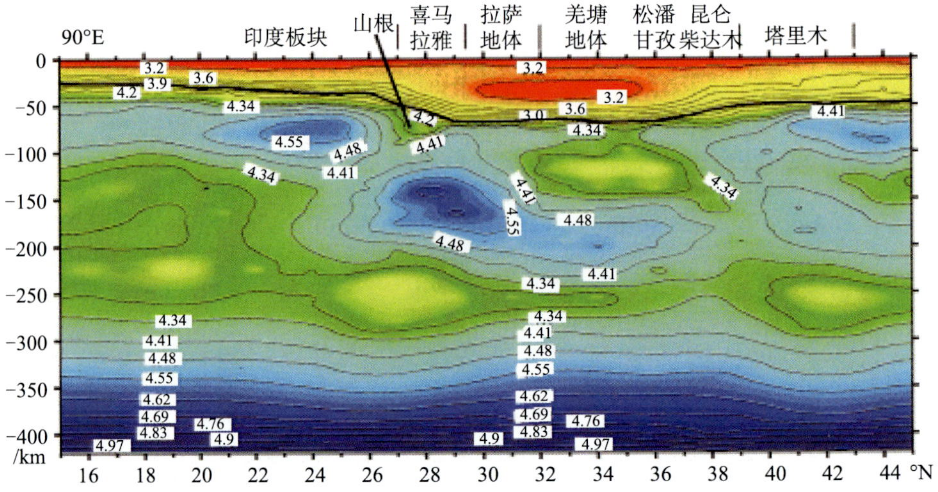

图 7-46　沿 90° E 所求的面波层析剖面图

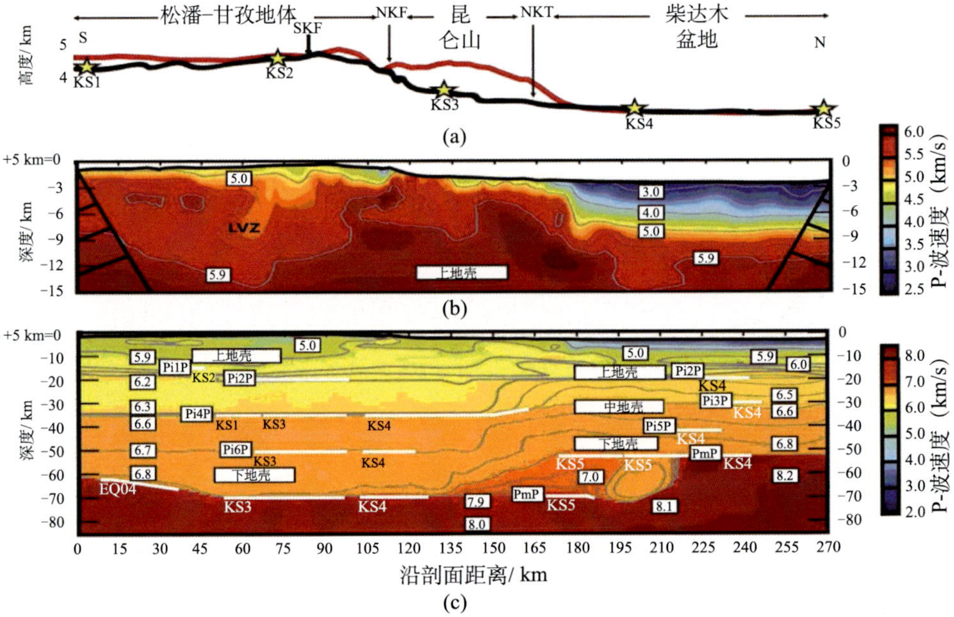

图 7-53　东剖面广角地震得出的速度结构剖面（Mariane 等，2008）

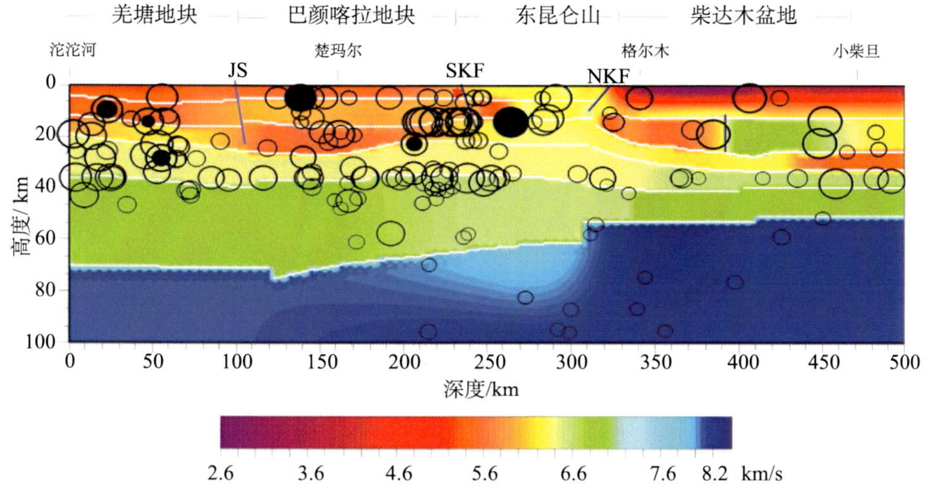

图 7-54　沱沱河–小柴旦的广角地震速度剖面及震源点投影图
（李秋生，2004）

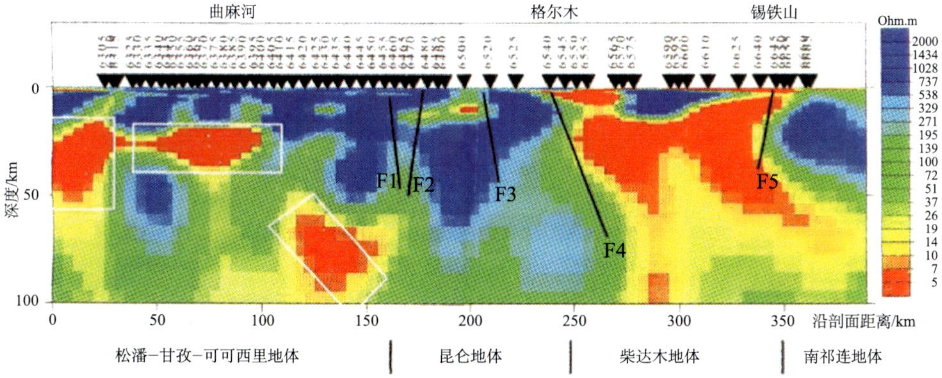

图 7-56　曲麻河–锡铁山剖面大地电磁观测给出的电性结构图
图中白框所框的区域在 S—G 地体内，与 20～35 千米深的速度层相扣合；导电层还有向南向北伸展成下倾之势，与地质上推测的 SG 大洋向南、北两侧俯冲消减的推测十分巧合，此图中昆仑地块下为高电阻区，6500～6520 点之间的导电带，与中昆仑断裂相当，应是其明确的反映；在格尔木之下为高导电带，向下伸展到 100 千米之下。图中画出的断裂是原作者初步解释推测的

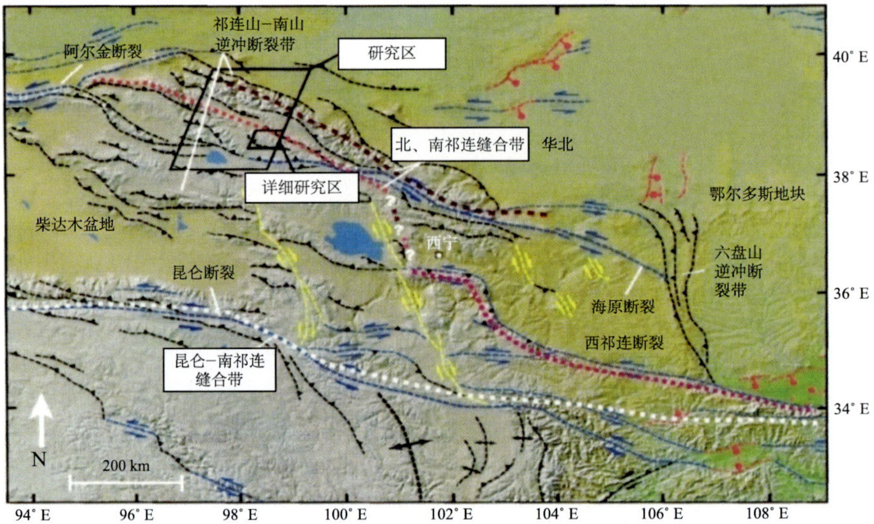

图 7-58 祁连地区新生代活动构造图（据 Andrew Zuzu 等，2013）

断裂系分为 3 组：黑色线条代表逆冲断裂，其中北祁连北缘逆冲断裂西为向南倾斜；蓝色线条近 EW 向为左行走滑断裂为主，黄色线条代表了 NW 走向右行断裂；赭色和红色线条代表了祁连地块北部的北、南两条蛇绿岩缝合带，并认为有 1 条右行走滑断裂，将南部蛇绿岩缝合带的东段向南错开到青海湖的东南部

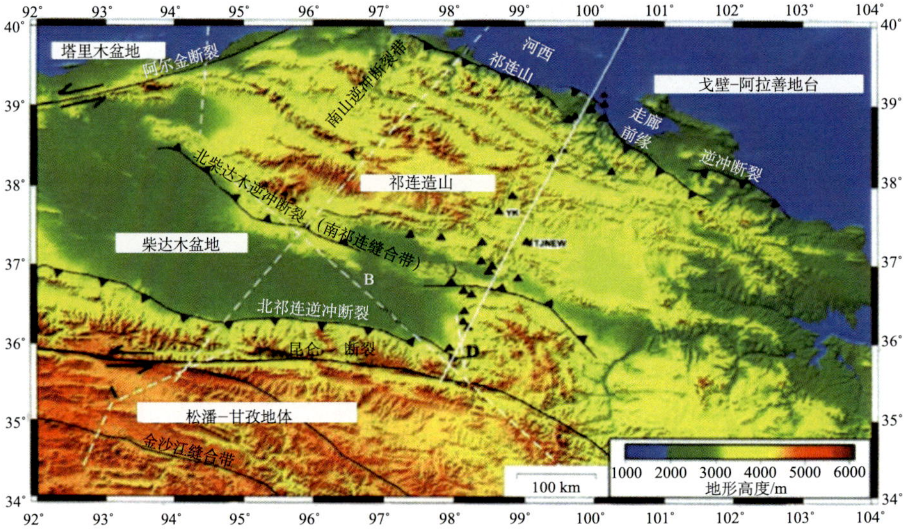

图 7-60 西线都兰-天峻-张掖剖面的位置图

见图中北东向的白实线

独立的黑三角星代表台站位置，台站共有 24 个，分布在 98° E～100° E；带黑三角的黑线代表了断裂，三角指向代表了断裂倾向

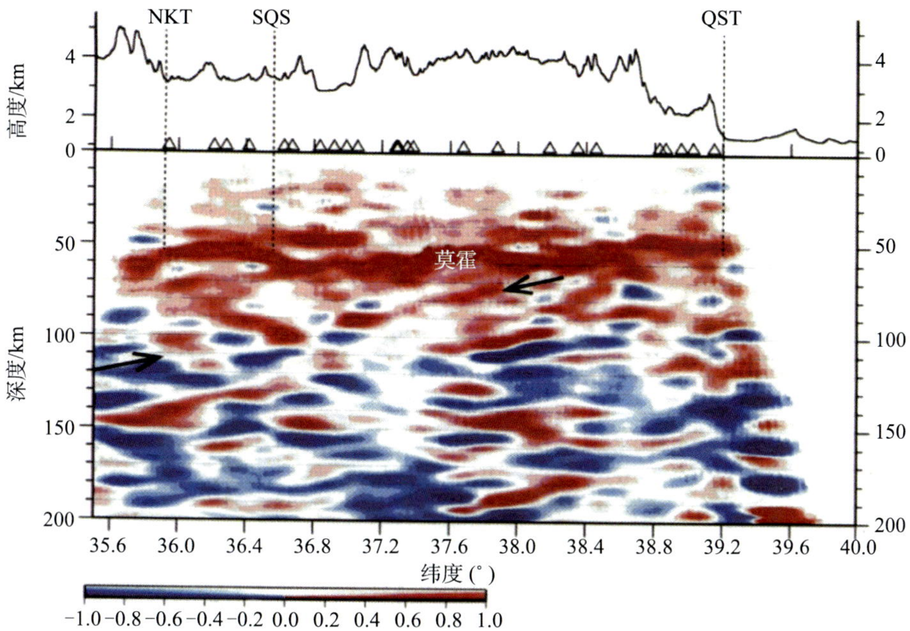

图 7-61　都兰-天峻-张掖剖面的接收函数成像图

经过低通（>1.34 秒）滤波的 P-S 成像图，图中黑色箭头指示的红色转换震相，推测为 ALM 顶部转换震相。其下 100 千米深处蓝色震相为 LAB 界面

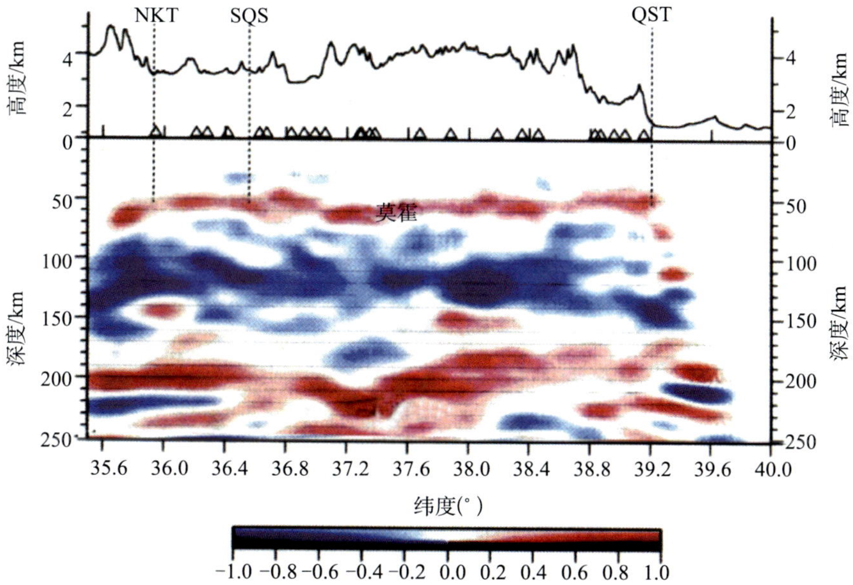

图 7-62　都兰-天峻-张掖剖面的 PRF 偏移成像图

用 24 个台站，1265 条射线经低通（>5.34 秒周期）滤波后，以单点散射法及简化 IASP91 速度模型求得

SQS—南祁连断裂；QST—祁连山北缘断裂；NKT—北昆仑逆冲断裂

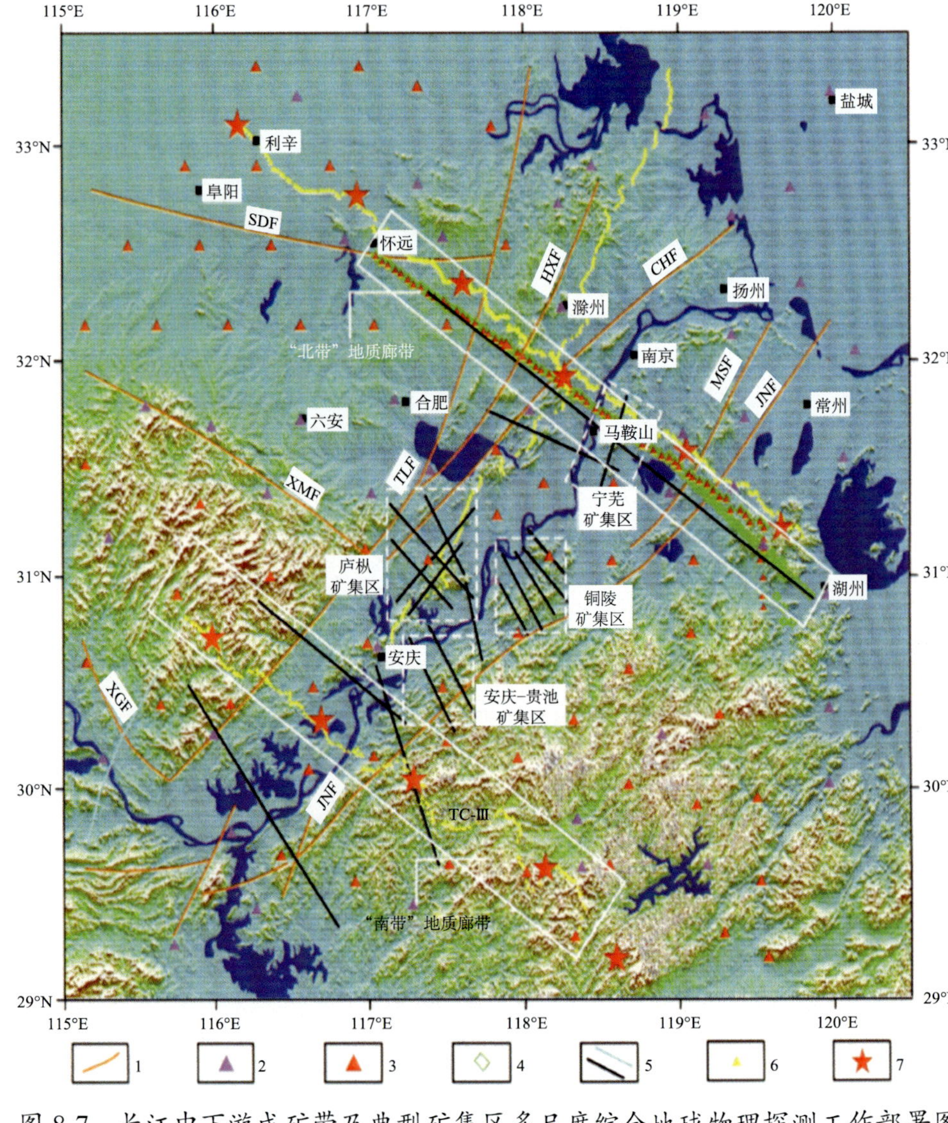

图 8-7 长江中下游成矿带及典型矿集区多尺度综合地球物理探测工作部署图

1—主要断裂；2—固定地震台站；3—流动地震台站；4—MT 测深点；5—反射地震剖面，浅蓝色为非 SinoProbe 剖面；6—广角反射接收点；7—广角反射激发点；TLF—郯庐断裂；XHF—响水—淮阴断裂；CHF—滁河断裂；MSF—茅山断裂；JNF—江南断裂；SDF—寿县—定远断裂；XMF—晓天—磨子潭断裂；XGF—襄樊—广济断裂

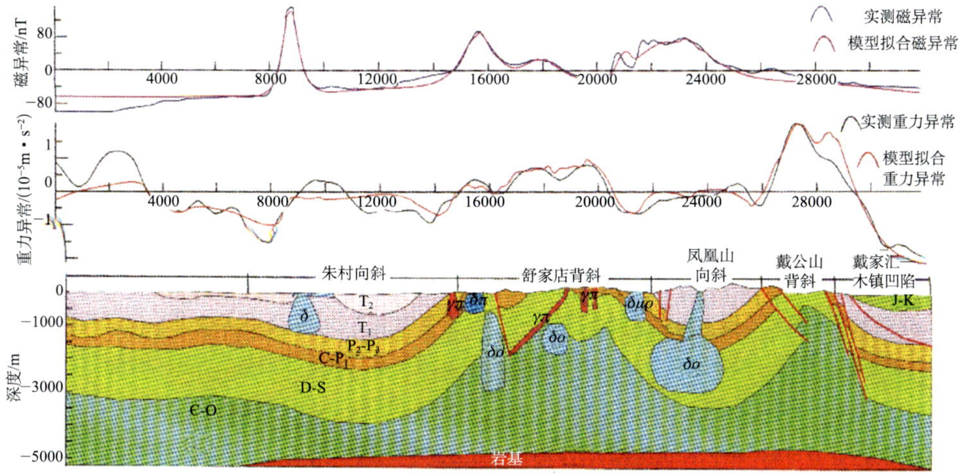

(a) 未加三维反演约束的交互反演模型

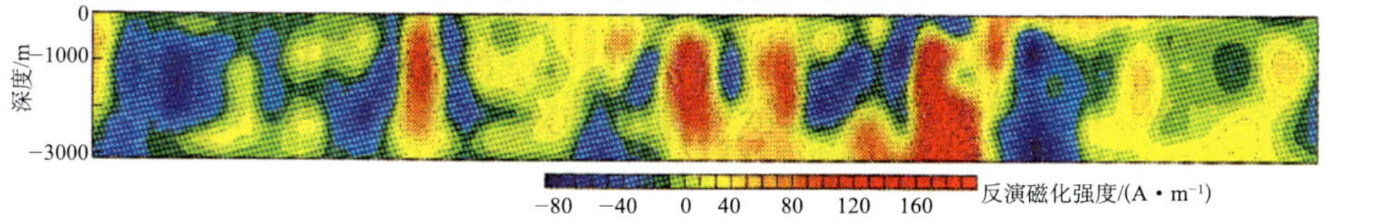

(b) 三维磁力物性反演切片

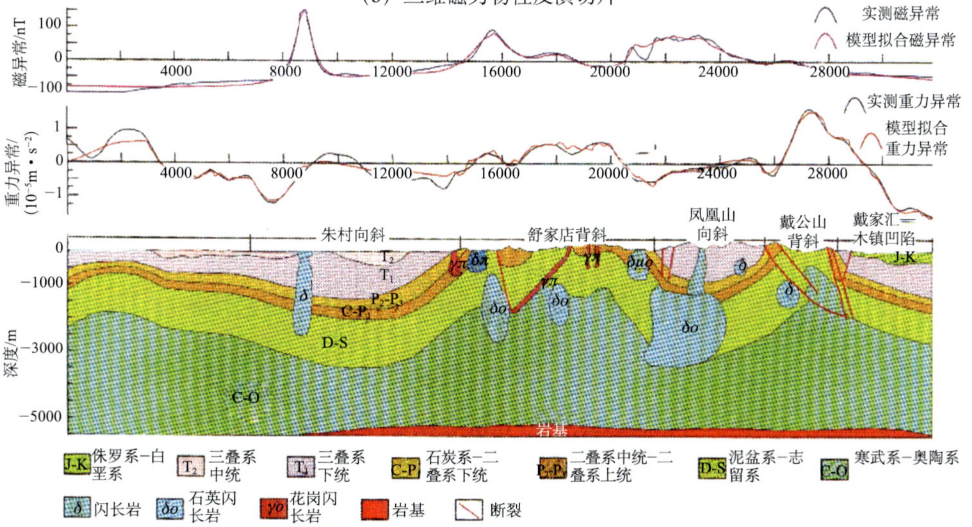

(c) 在三维反演结果

图 8-10　重磁异常的剖面拟合与地质解释

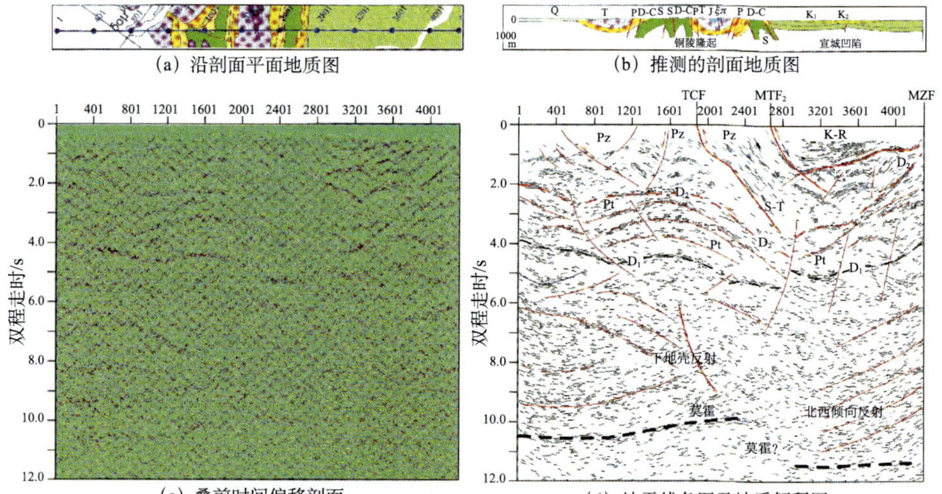

(a) 沿剖面平面地质图 (b) 推测的剖面地质图

(c) 叠前时间偏移剖面 (d) 地震线条图及地质解释图

图 8-11 TL-11-04 号深地震剖面

图（a）中数字为 GDP 号，图（b）中 T、D、C、S、O 等为地层符号；TCF：铜陵中央断裂（向北与 MTF_2 相连）；MTF_4：主逆冲断裂；K-R：白垩系–第三系地层；Pt：元古界地层；Pz：古生界地层；D_1：上中地壳之间的滑脱层；D_2：盖层与基底之间滑脱层

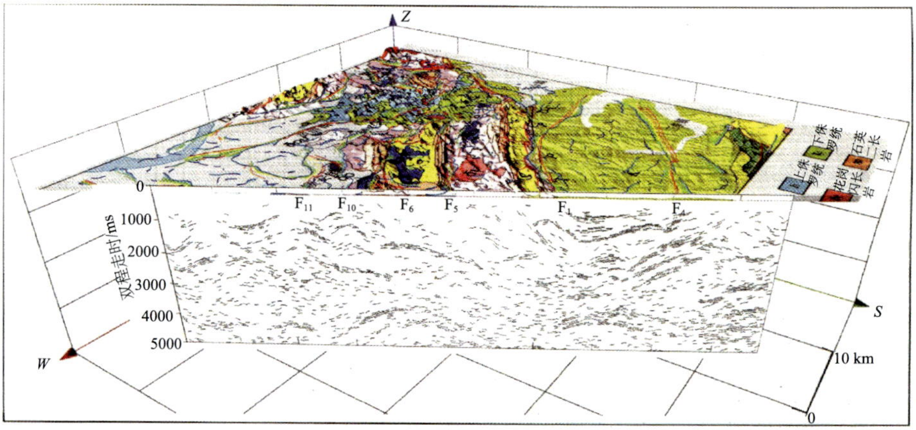

图 8-12 TL-11-03 号剖面

长江中下游铜陵矿集区探测到莫霍面消失、地壳反射透明的特殊结构，捕捉到地幔流体通道地震图像，证实成矿作用是由深部向浅部深化的过程，明确了到浅部矿产之下找深部矿产的理论依据。

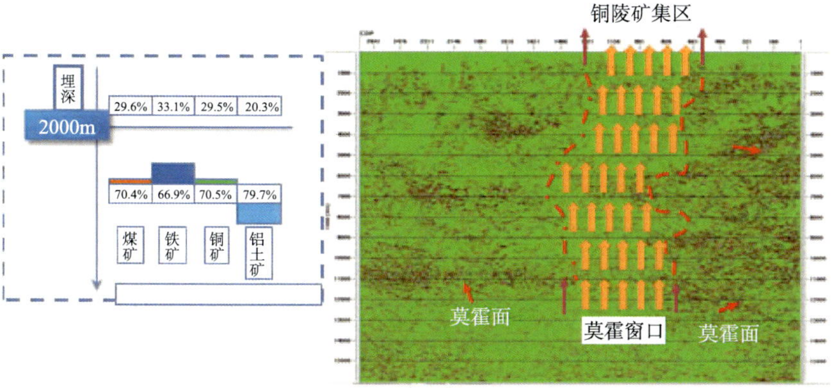

图 8-13 铜陵地区的深反射地震剖面（中国矿产流通报告，2015）

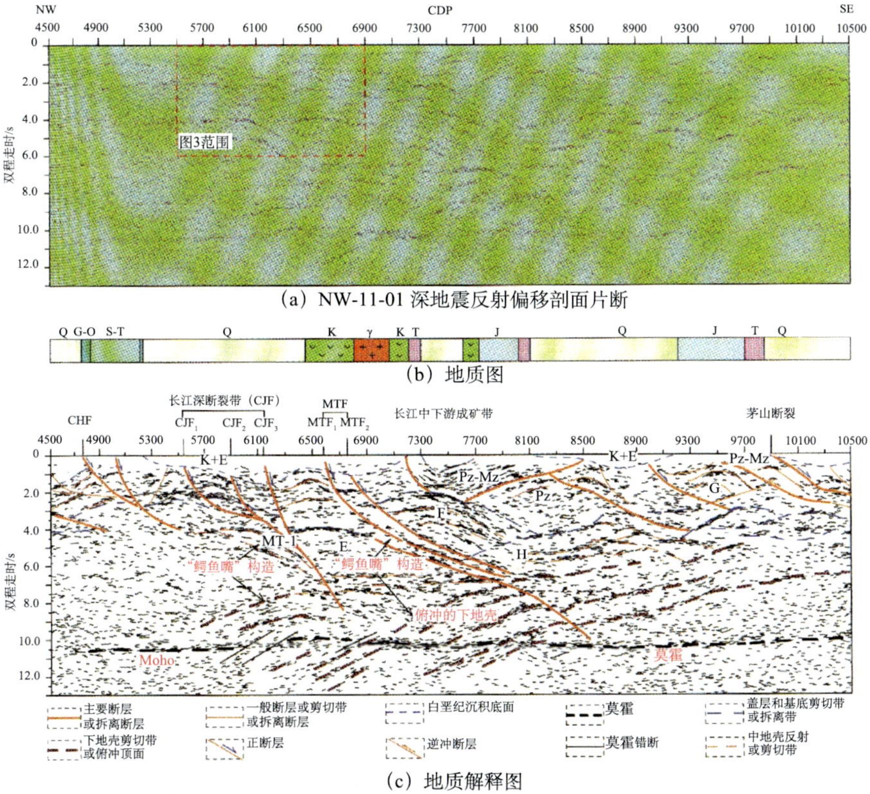

图 8-16 NW-11-01 深地震反射偏移成像剖面

注意沿江凹陷及宁芜火山岩盆地之下的“鳄鱼嘴”构造，以及长江深断裂（CJF）及主逆冲断裂（MTF）的组成和空间形态；Pt-Pz—远古代-古生代地层；Pz—古生代地层；M_Z—中生代地层；E、F、G 和 H 表示相对独立的中地壳块体

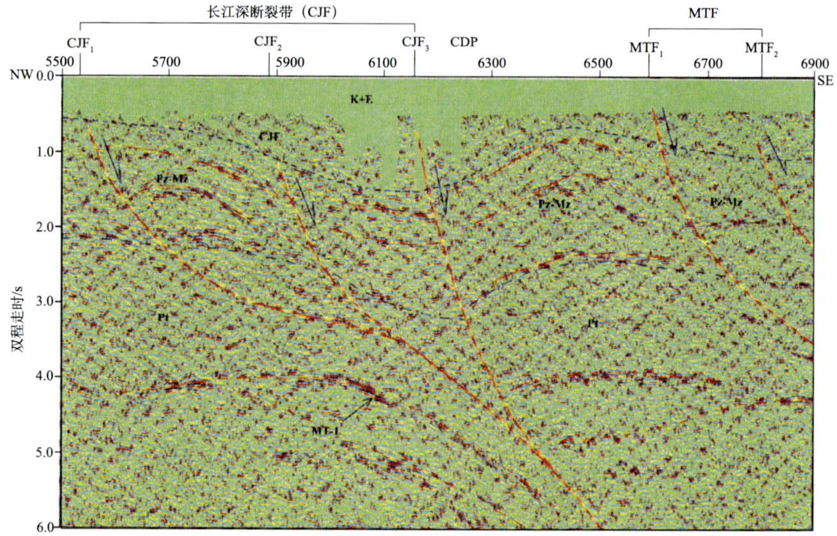

图 8-20　长江深断裂附近上地壳的偏移地震剖面片段及地质解释

注意上地壳（TWT：0～0.2s）的逆冲-褶皱变形和伸展构造，中地壳的巨型逆冲剪切带 MT-1

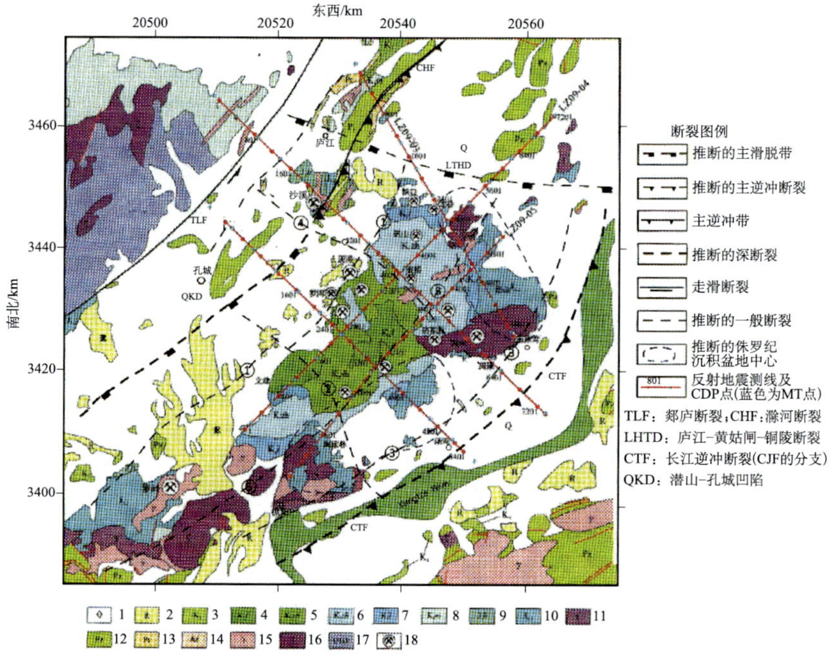

图 8-21　庐枞矿集区地壳结构及断裂系统综合解释图（吕庆田，等，2015b）

正断层和拆离断层的位置由穿过的反射地震剖面解释确定，断裂的平面延伸根据地表地质和重磁多尺度边缘监测结果综合确定。1—第四系；2—第三系；3—晚白垩红色碎屑沉积；4—白垩系浮山组；5—白垩系双庙组；6—白垩系砖桥组；7—白垩系龙门院组；8—白垩系毛坦厂组；9—侏罗系红花桥组；10—侏罗系罗岭组和磨山组；11—三叠系；12—古生界；13—元古界；14—太古界；15—燕山期中酸性侵入岩；16—燕山期碱性侵入岩；17—超高压地体；18—矿床

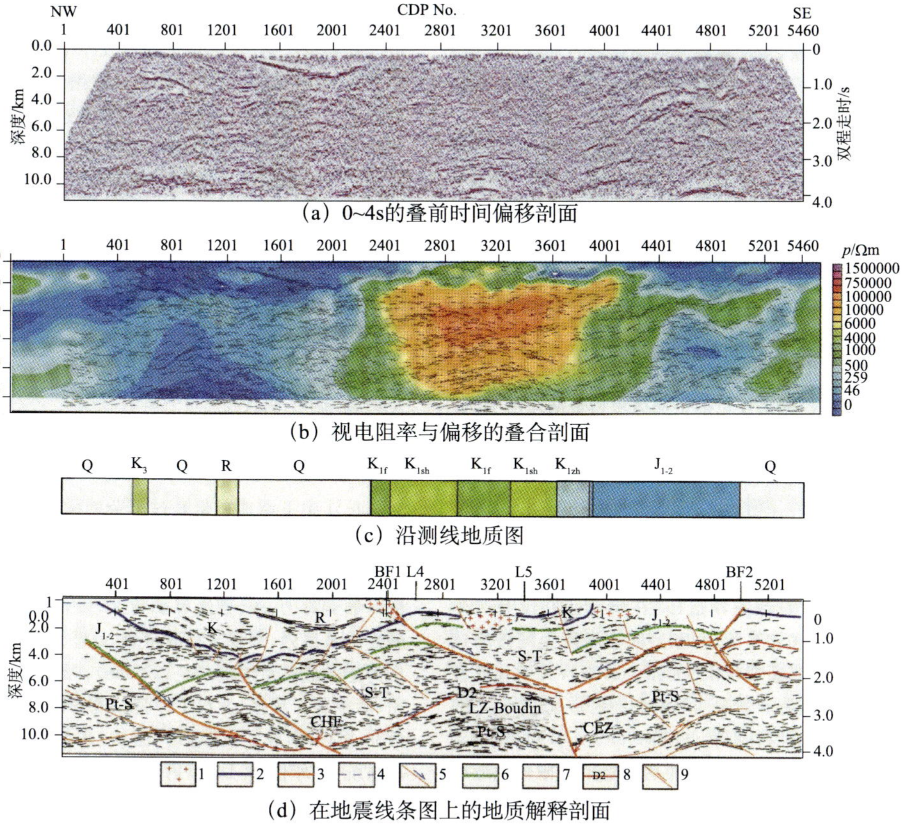

图 8-23 庐枞矿集区 LZ-09-01 线综合地球物理探测及地质解释剖面图（据吕庆田，等，2015b）

1—出露或推测的花岗岩体；2—推测的白垩系火山岩或沉积盆地基底；3—推测的主要断层或拆离断层；4—推测的第三系沉积间断面；5—推测的正断层；6—推测的侏罗纪磨山组或罗岭组底界面；7—推测的断层或拆离断层；8—推测的区域滑脱面；9—推测的逆冲断层；Pt-S：晚元古至志留系地层；S-T：志留系至三叠系地层；J_{1-2}：早中侏罗统地层；K：白垩系地层（Kif：浮山组；K1sh：双庙组；K1zh：砖桥组；BF1：庐枞盆地西边界断层；BF2：庐枞盆地东边界断层；CHF：滁河断裂；CFZ：盆地中央断裂带；L4、L5 指示剖面 LZ-09-04 和 LZ-09-05 在此剖面上的位置）

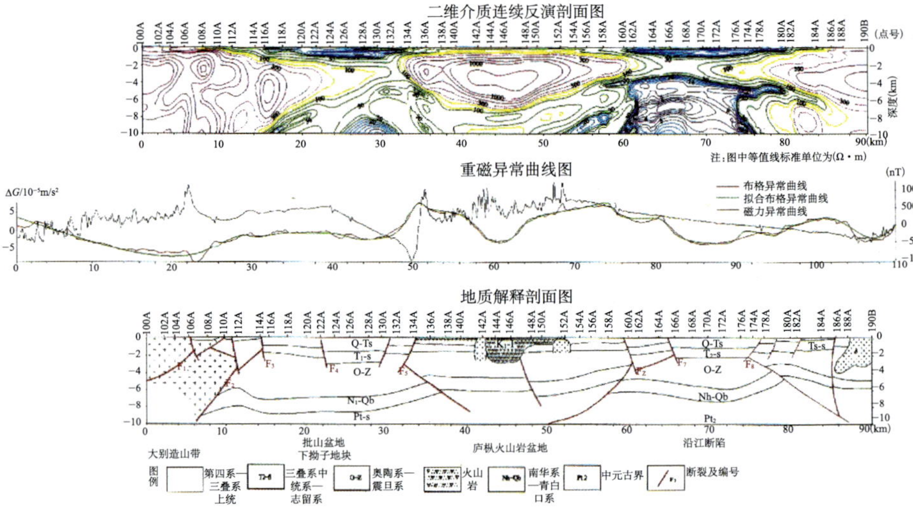

图 8-28　LZ-ABI 线综合剖面图

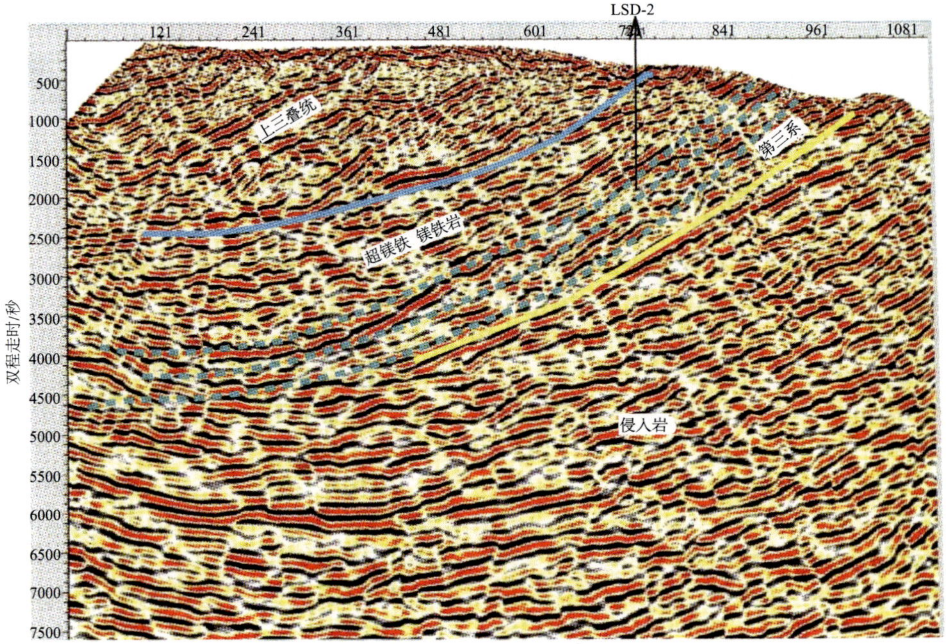

图 8-31　西藏罗布莎科学钻探 LSD-2 井地震、地质解释剖面

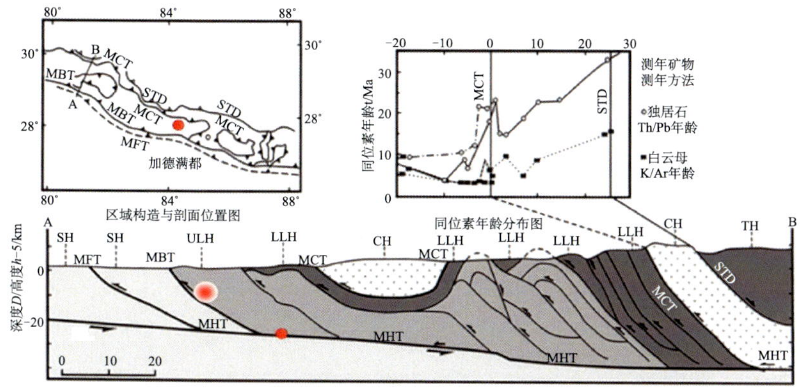

图 9-13　震中与震源点在平面与构造剖面上的位置
上左图为平面图，红点代表 8.1 级地震震中位置

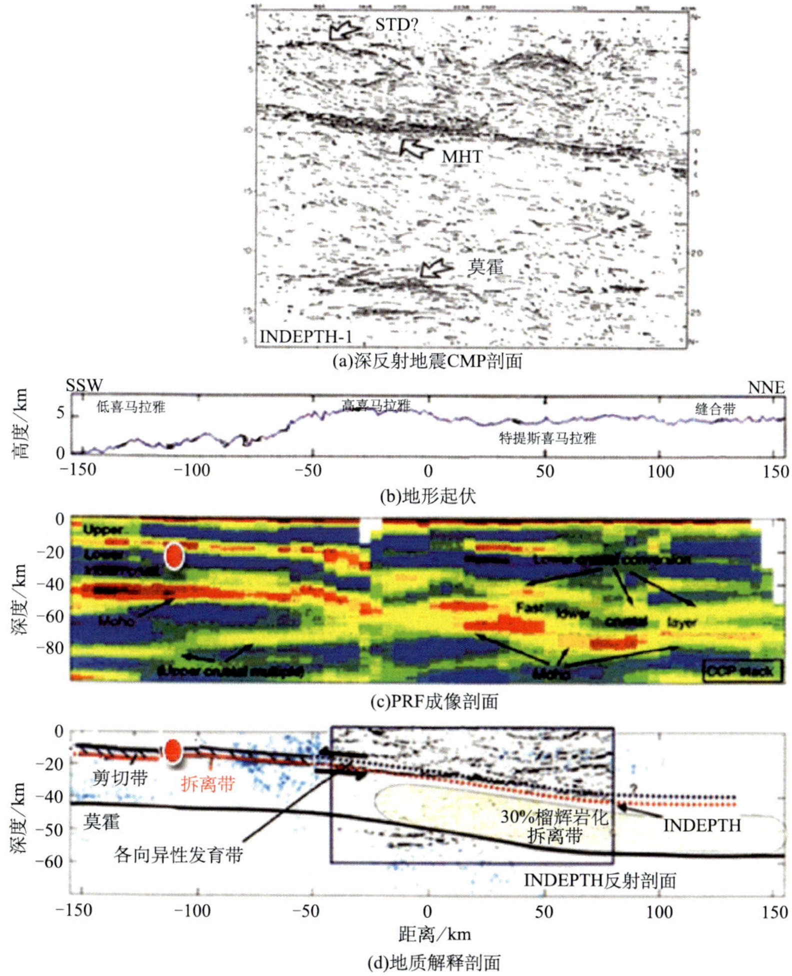

图 9-14　深反射地震（赵文津等，1993）与接收函数法（Pelkum 等，2005）成像图

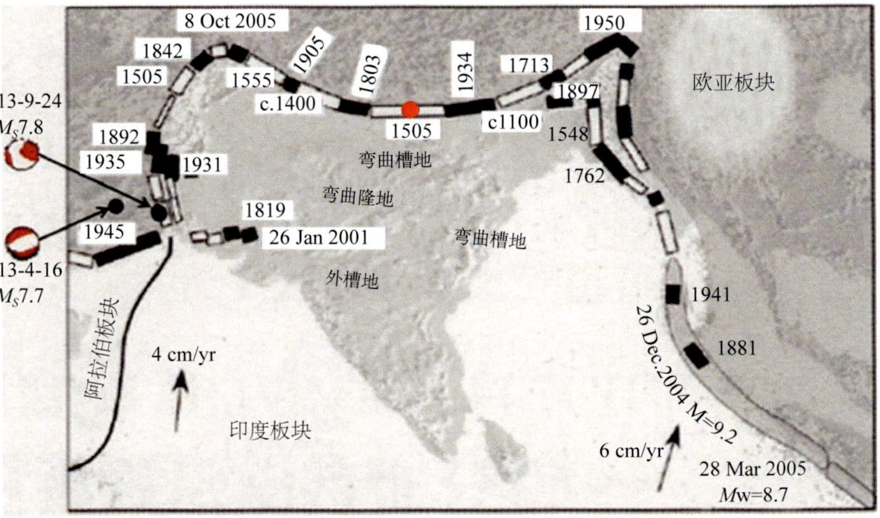

图 9-15　印度板块边界强震破裂空间分布（Bilham et al.，2006）

图中红色点代表这次发生的尼泊尔大地震的位置（估计的）

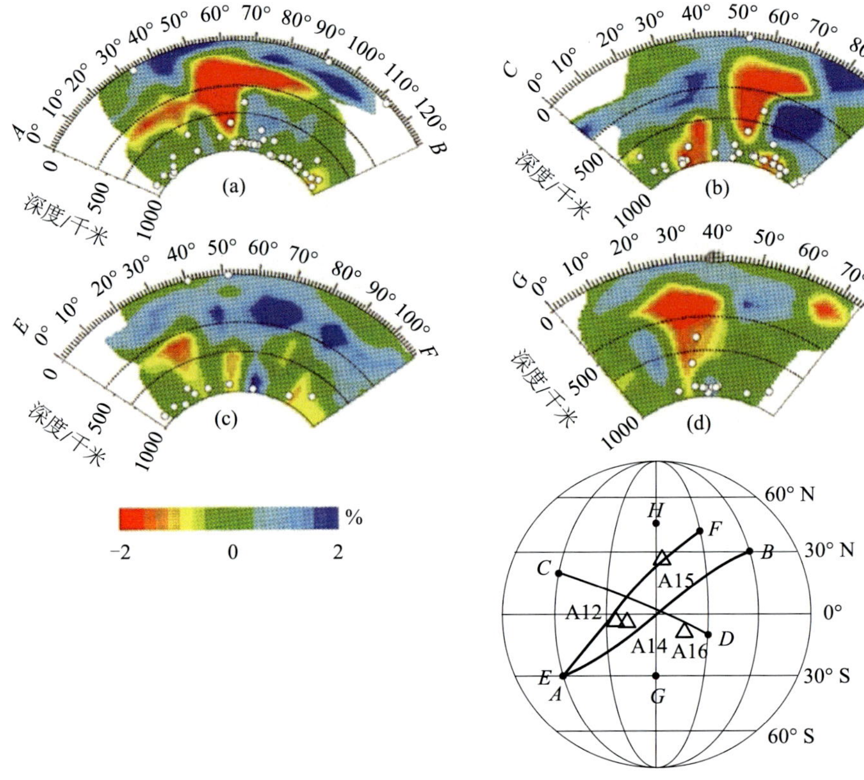

图 10-14　P 波层析成像图

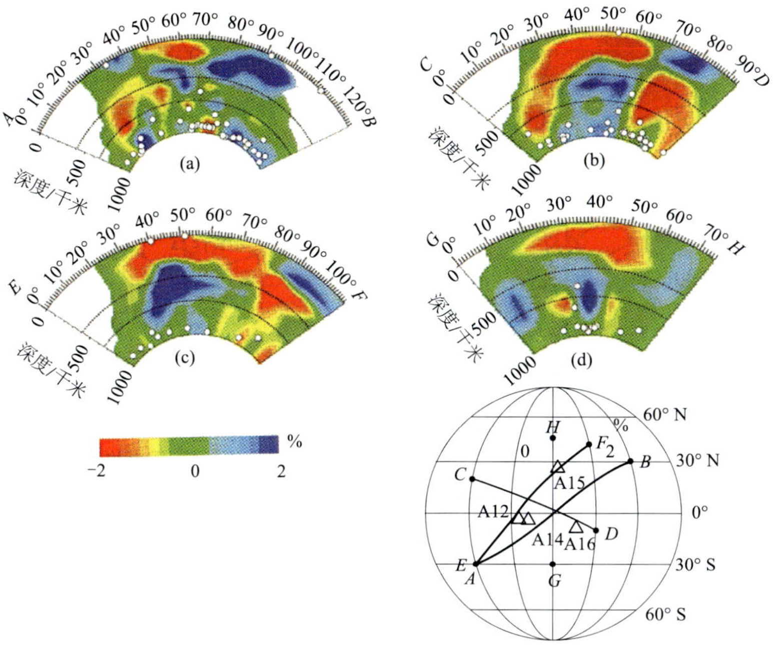

图 10-15　S 波层析成像图

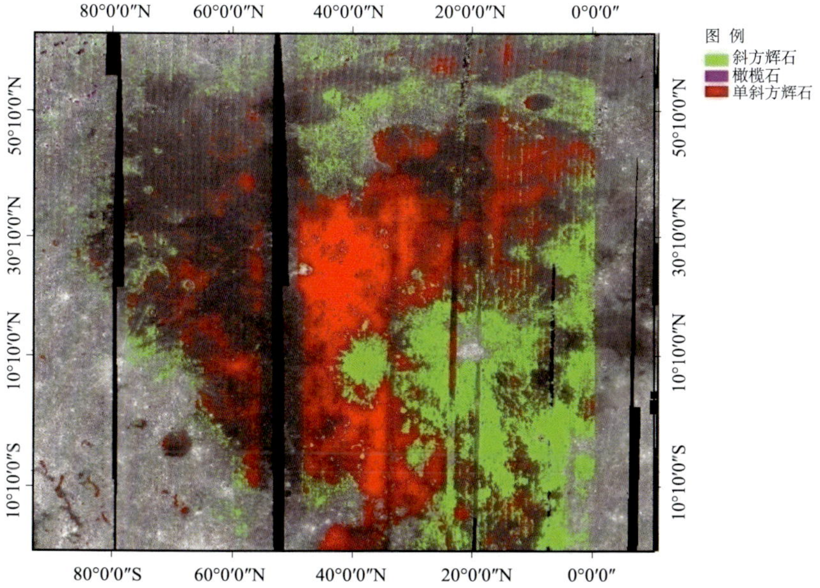

图 10-19　风暴洋-雨海地区矿物分布图

图中，绿色表示斜方辉石的分布，红色表示单斜辉石的分布，紫色表示橄榄石的分布，稀少。橄榄石来自深部的最早结晶的矿物，斜方辉石代表岩浆洋最后的结晶产物，单斜辉石则是后期玄武岩的主要矿物

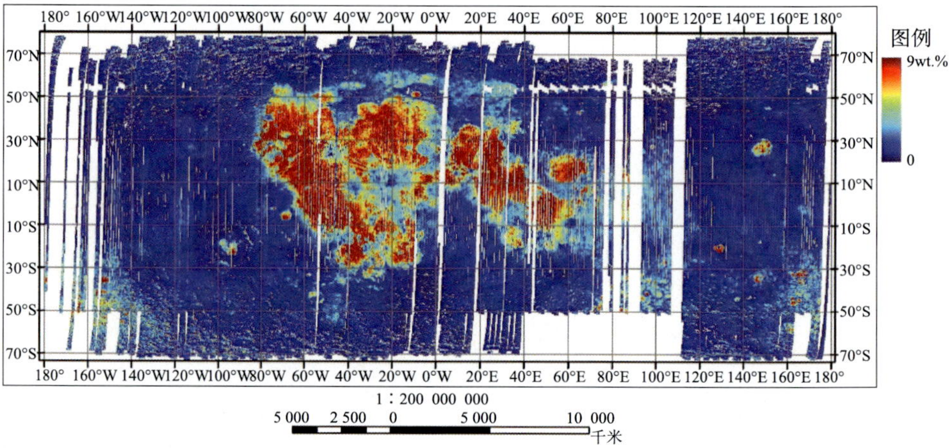

图 10-20 “嫦娥一号”IIM（干涉成像谱仪）二氧化钛成分全月球分布图

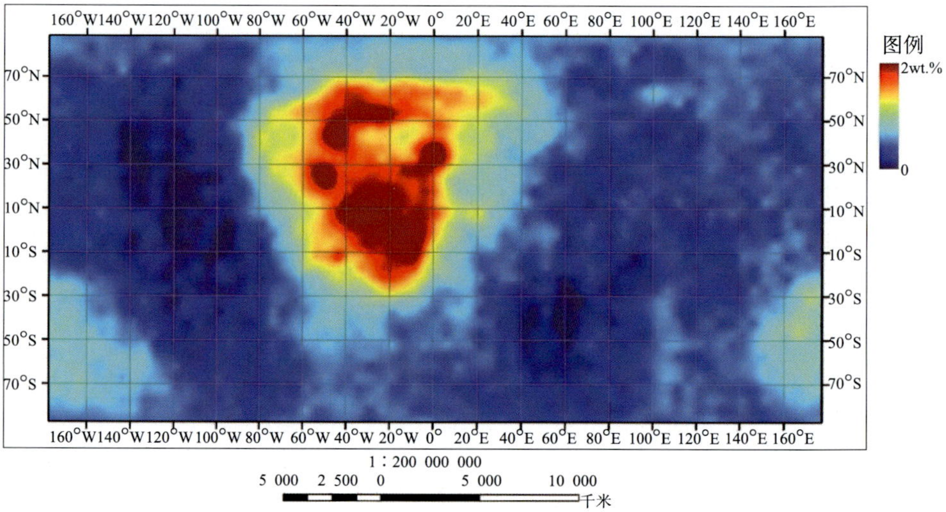

图 10-21 “嫦娥一号”伽马能谱 U 元素全月球分布图

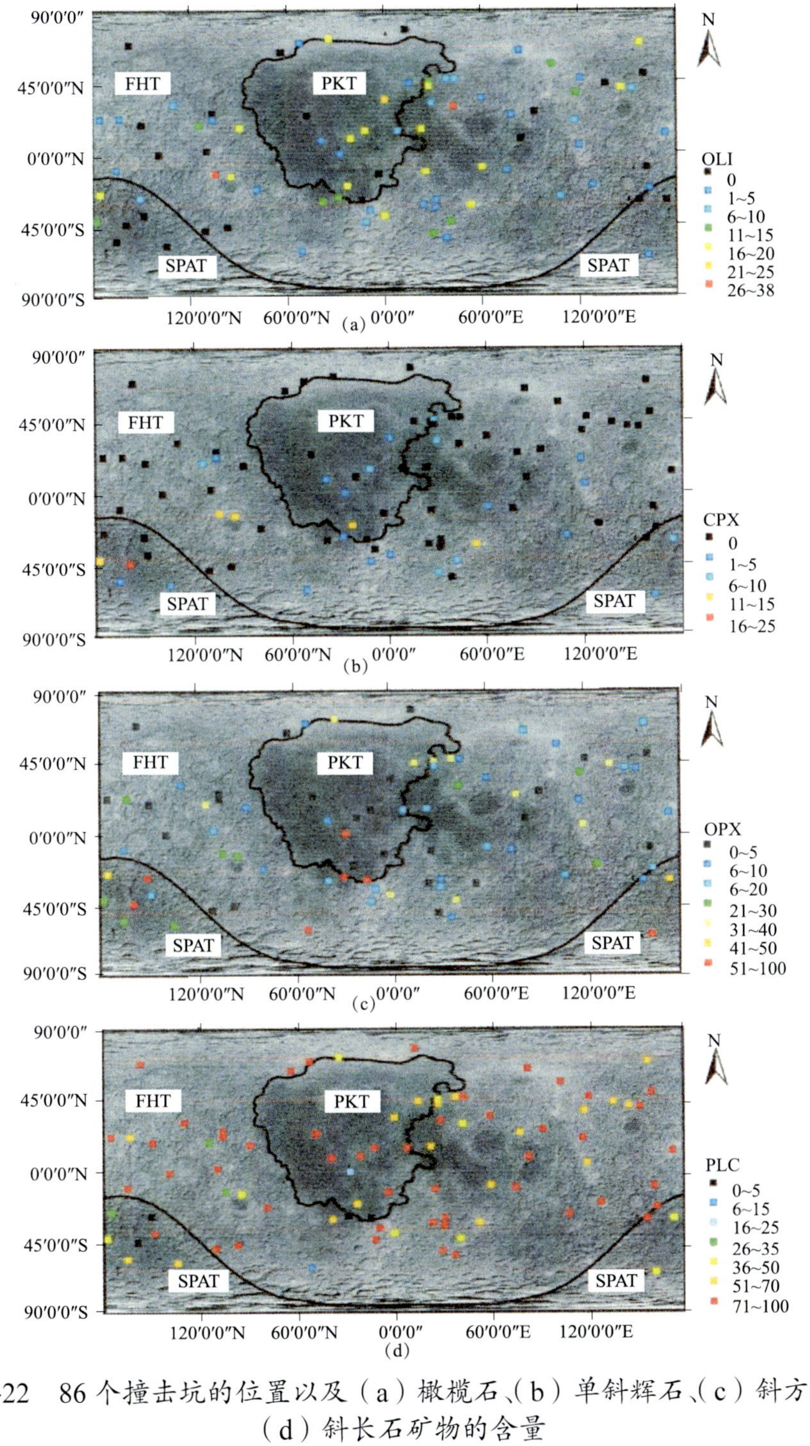

图 10-22　86 个撞击坑的位置以及（a）橄榄石、（b）单斜辉石、（c）斜方辉石、（d）斜长石矿物的含量

底图为克莱门汀号 750 纳米影像图与“月亮女神号”地形渲染彩色图图像的叠加

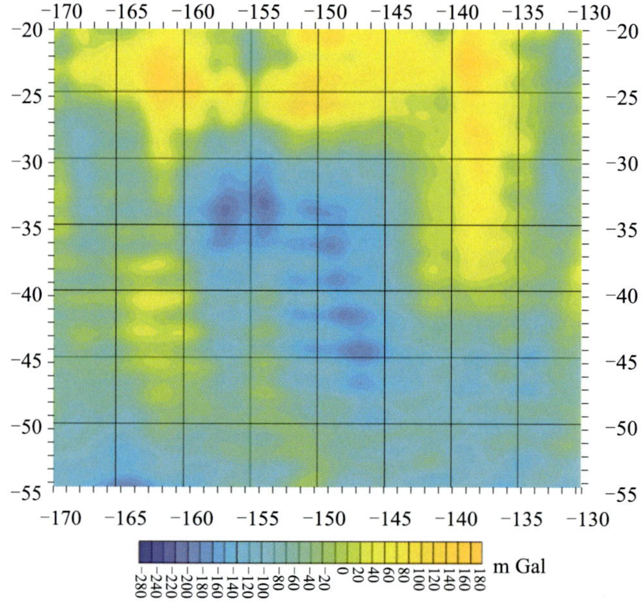

(a)美国“月球勘探者号”建立的165阶次重力模型（LP165P）

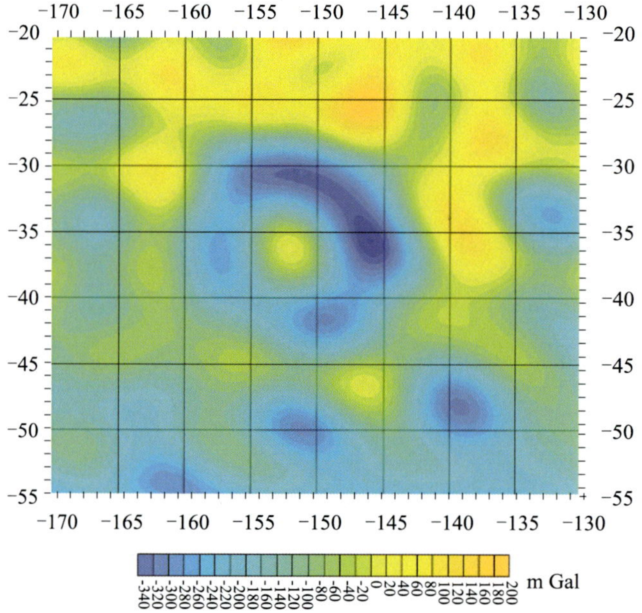

(b)LG-53（53阶次重力模型）

图 10-23　与美国“月球勘探者号”建立的 LP1659 模型对比

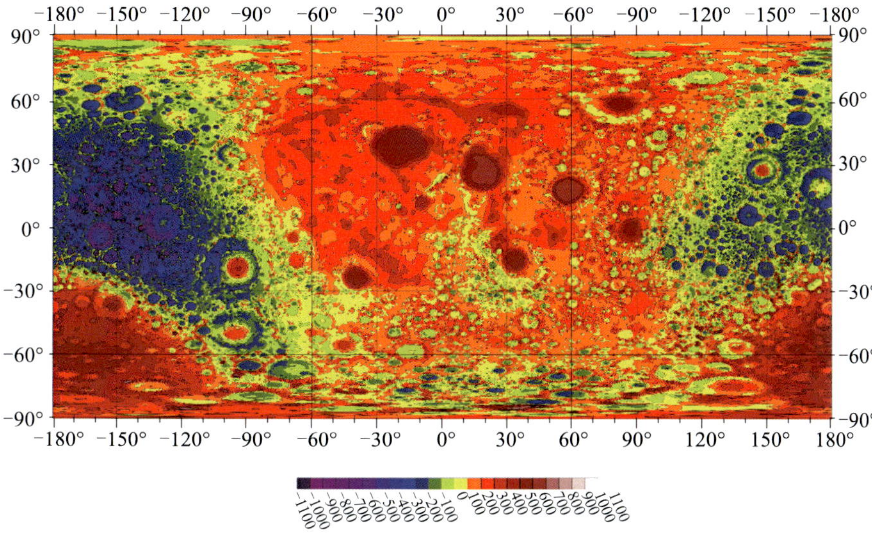

图 10-24　330 阶次全月布格重力异常图

±90° 范围内为月球正面，90° 到 180° 及-180° 到-90° 为月球背面；西经 90° 、南纬 15° 的高重力点为东海盆地